I0729530

THE POLAROID BOOK
SELECTIONS FROM THE POLAROID COLLECTIONS OF PHOTOGRAPHY

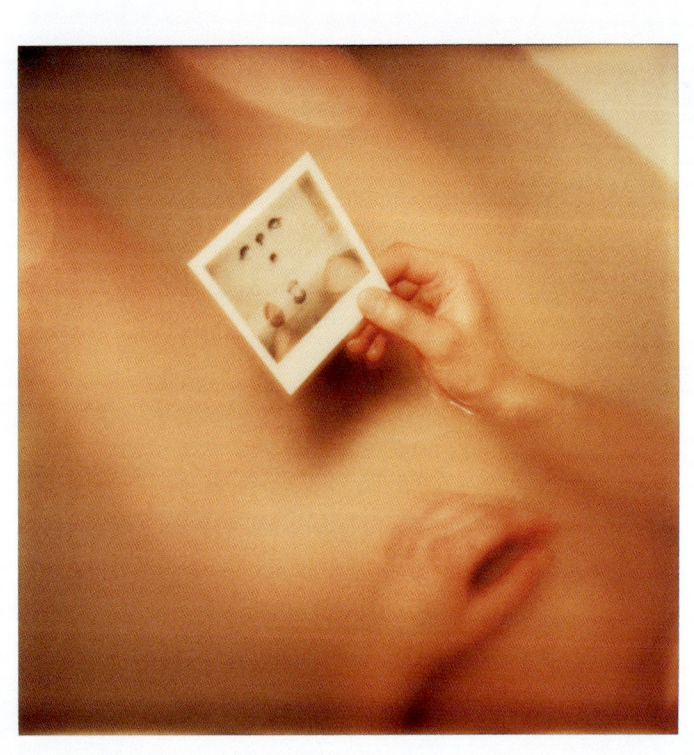

THE POLAROID BOOK

SELECTIONS FROM THE POLAROID COLLECTIONS OF PHOTOGRAPHY

Edited by Steve Crist
Essay by Barbara Hitchcock

TASCHEN

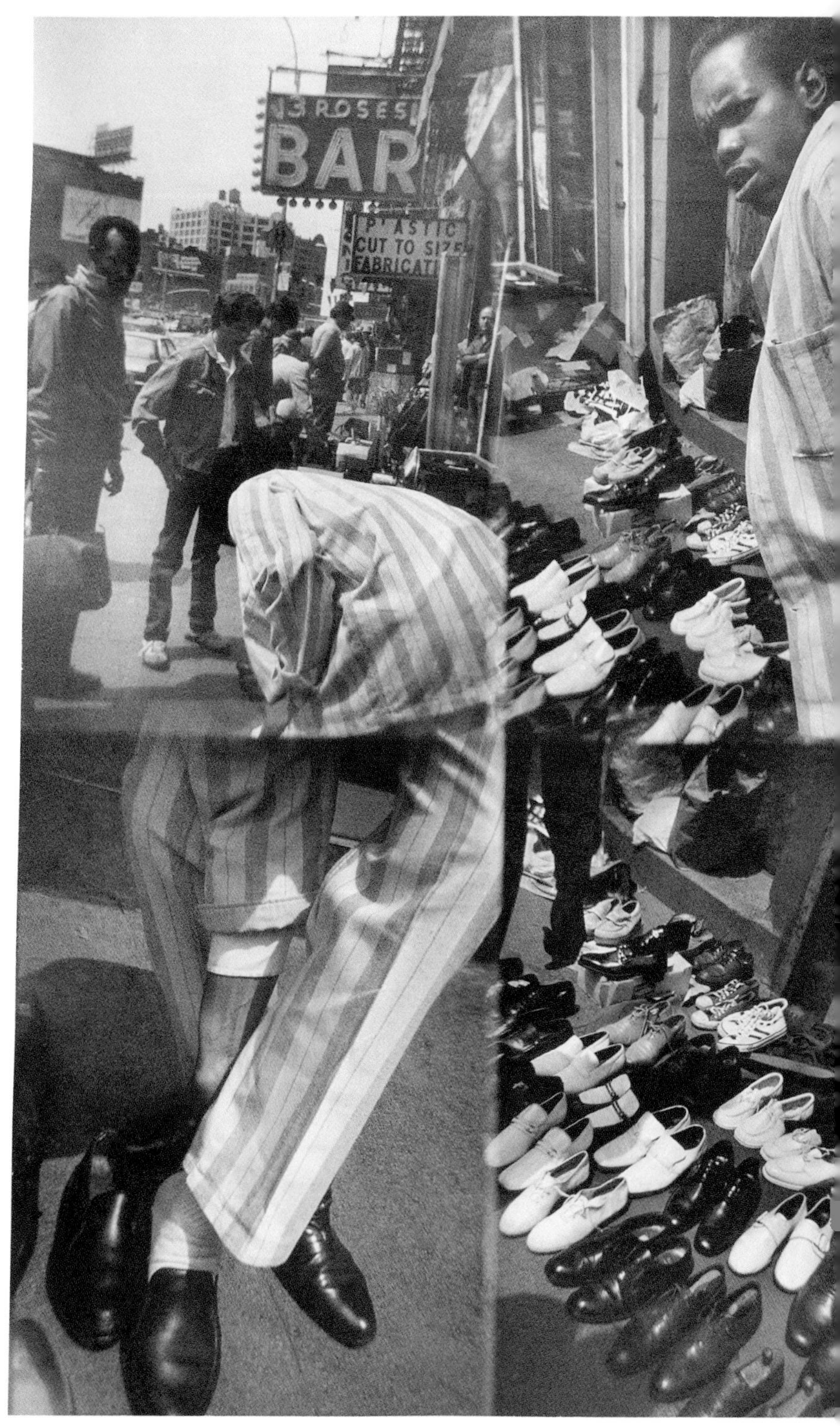

MICHAEL SPANO

4

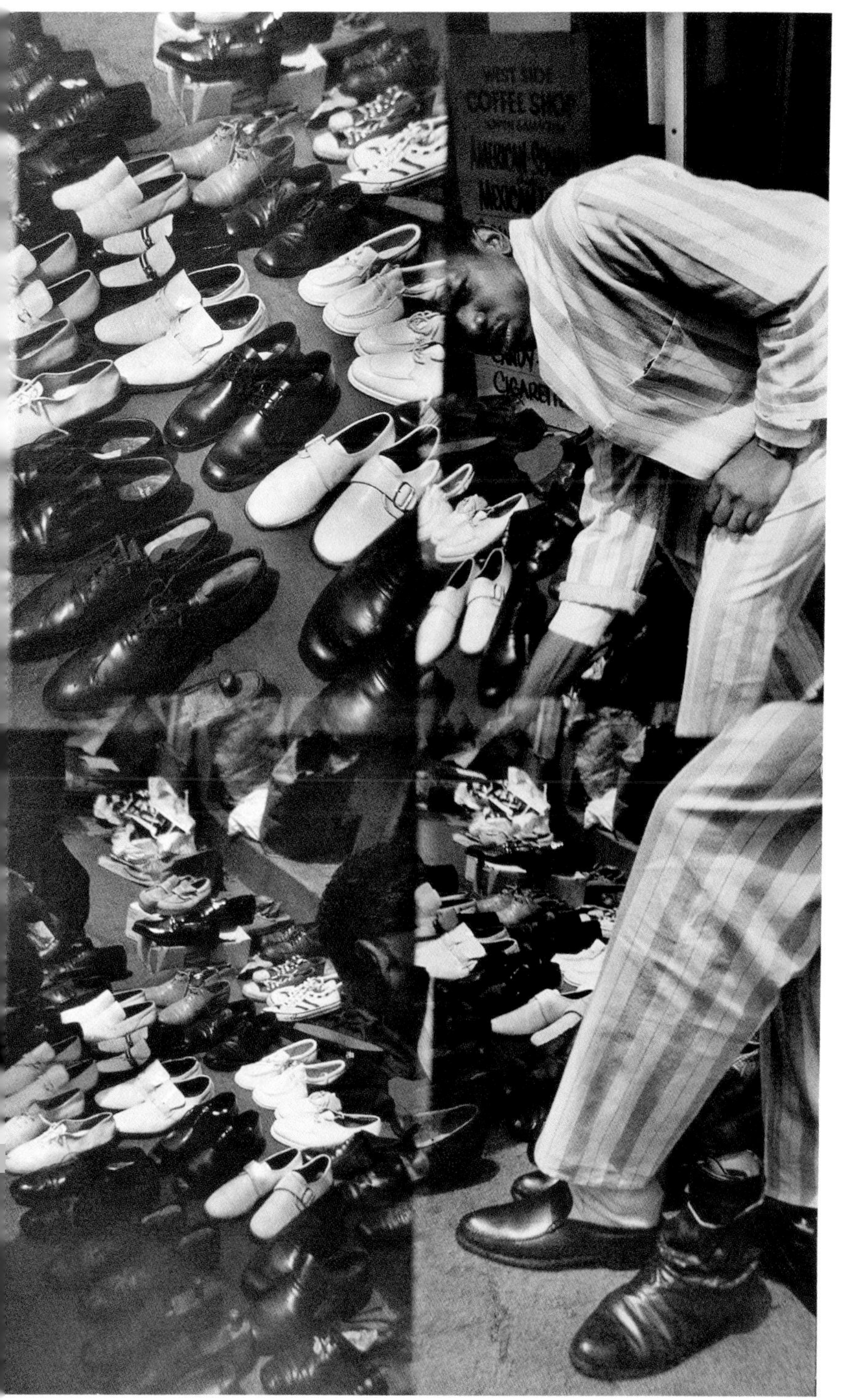
WEST SIDE
COFFEE SHOP
CANDY
CIGARETTES

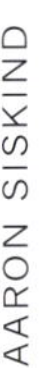

CONTENTS

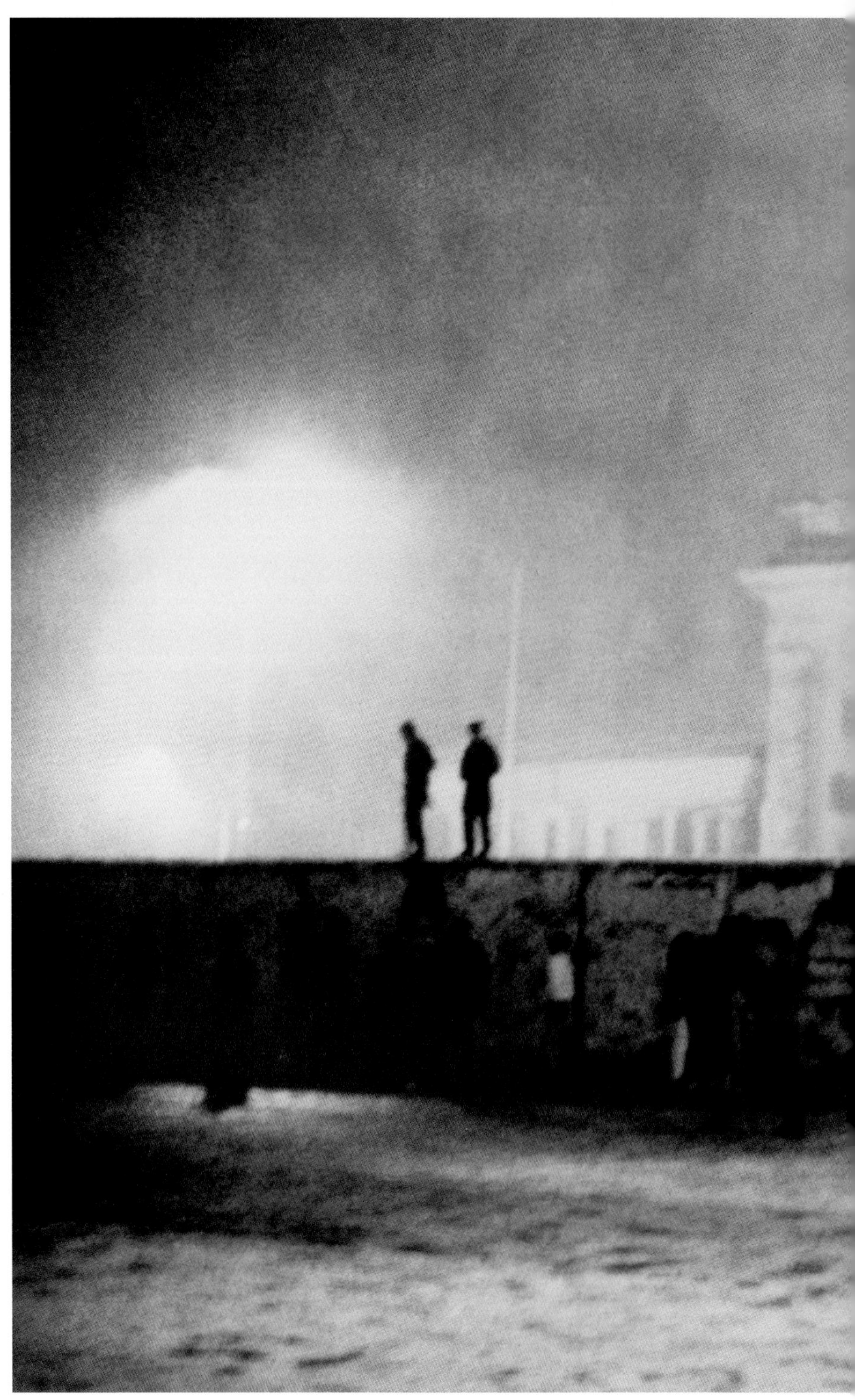

ANNE-FRANÇOISE BRILLOT

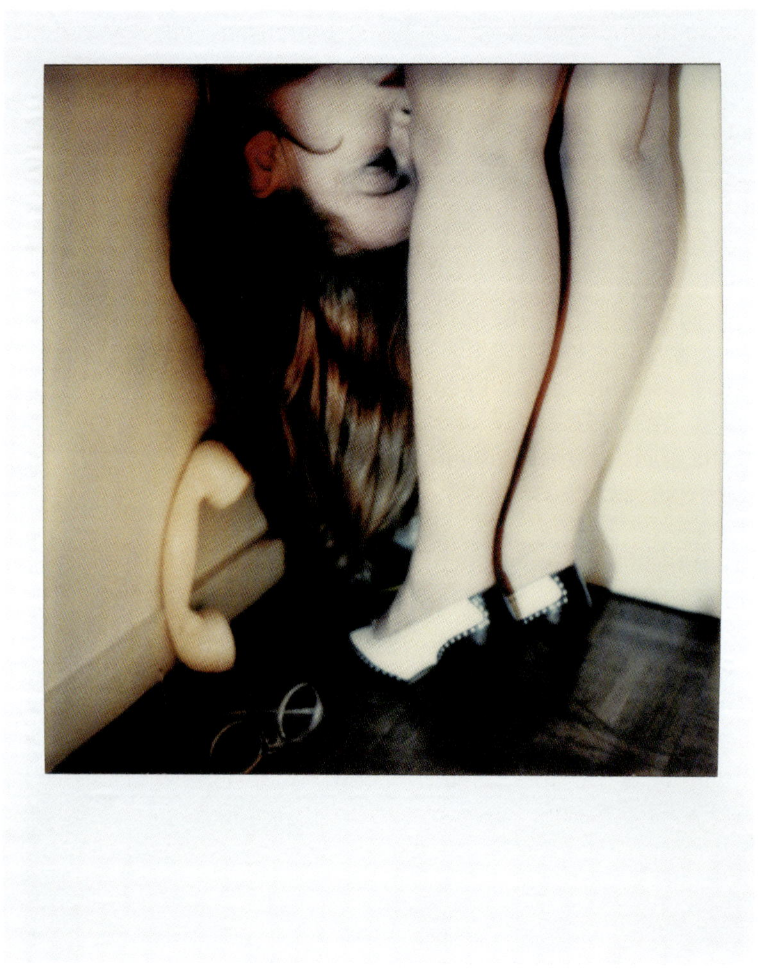

TOTO FRIMA

INTRODUCTION

The photography reflected within the pages of this book represents some really amazing examples of what can be accomplished with Polaroid film.

When I first visited the Polaroid Collections in the fall of 2003, I was impressed with the variety and quality of the images. The collections were vast, and making selections for this book was definitely not an easy task. Barbara Hitchcock watched over this precious treasure trove and graciously granted the access to the archive.

Much of everything, and especially photography, is "instant" today. Digital cameras have changed our lives forever, but it is interesting to note that Edwin H. Land and his company first made the "instant photography" experience possible for the average person. The sense of seeing your pictures develop in your hand, and the ability to make creative and technical adjustments while shooting photographs was really an amazing new experience!

While conventional photography has changed dramatically in the past few years, Polaroid continues to be a vital, sensitive, and expressive material that has a unique look and feel of its own. While the digital world has seemed to take over, Polaroid has remained a true love to many devout users and finds new followers all the time.

After spending time with this book, my hope is that you, the reader, will be as inspired as I am to pick up a camera and create some wondrous Polaroids of your own.

STEVE CRIST

EINLEITUNG

Die im vorliegenden Buch versammelten Fotografien vermitteln einen wirklich erstaunlichen Eindruck davon, was man mit einem Polaroidfilm alles machen kann.

Als ich die Polaroid Collections im Herbst 2003 zum ersten Mal aufsuchte, war ich von der Vielfalt und Qualität der Bilder beeindruckt. Die Sammlung war sehr umfangreich und es war keine leichte Aufgabe, eine Auswahl zu treffen. Barbara Hitchcock war die Hüterin dieses kostbaren Schatzes und gewährte großzügig den Zugang zum Archiv.

Fast alles hat heute „sofort" zu passieren, besonders in der Fotografie. Digitalkameras haben unser Leben für immer verändert, aber man darf nicht vergessen, dass es Edwin H. Land und sein Unternehmen waren, die den normalen Verbrauchern die Erfahrung der Sofortbildfotografie als Erste ermöglichten. Mit eigenen Augen zu sehen, wie sich die Fotos entwickeln, und künstlerisch wie auch technisch Einfluss auf das Ergebnis nehmen zu können, war eine völlig neue Erfahrung!

Während die herkömmliche Fotografie in den vergangenen Jahren dramatische Veränderungen durchlaufen hat, sind Polaroids weiterhin ein lebendiges, sensibles und ausdrucksstarkes Medium mit einer unverwechselbaren Anmutung und einem ganz eigenen Appeal. Wenn es auch oft so scheinen mag, als hätte die digitale Welt alles andere verdrängt, so ist die Polaroidfotografie für viele treue Fans doch nach wie vor eine große Liebe und gewinnt ständig neue Anhänger hinzu.

Meine Hoffnung ist es, dass Sie, die Leser, von diesem Buch dazu inspiriert werden, genau wie ich gleich eine Sofortbildkamera zur Hand zu nehmen und selbst ein paar wunderbare Polaroids zu schaffen.

STEVE CRIST

INTRODUCTION

Les photographies rassemblées dans ce livre sont autant d'exemples étonnants de ce qu'il est possible d'accomplir avec une pellicule Polaroïd.

Lors de ma première visite des collections Polaroïd en automne 2003, je fus frappé par la diversité et la qualité des images exposées. Les collections étaient tellement vastes que j'eus bien du mal à sélectionner les clichés destinés à figurer dans ce livre. Barbara Hitchcock, qui veillat sur ce véritable trésor, mit gracieusement les archives à ma disposition.

Beaucoup de choses sont instantanées de nos jours, à commencer par la photographie. Les appareils numériques ont changé notre vie à jamais, mais c'est à Edwin H. Land et à sa compagnie que l'on doit d'avoir mis la photographie instantanée à la portée de tout un chacun. Quelle sensation merveilleuse que de voir se développer la photo qu'on tient à la main, et de pouvoir réaliser divers effets techniques et esthétiques au moment même où on la prend !

La photographie traditionnelle a énormément évolué au cours des quelques dernières années, mais le Polaroïd reste un outil essentiel et plein de sensibilité, à l'aspect et à la personnalité propres. À l'heure des technologies numériques, de nombreux photographes lui restent fidèles et il fait sans cesse de nouveaux adeptes.

J'espère que ce livre incitera de nombreux lecteurs à se munir, comme moi, d'un appareil Polaroïd afin de créer leurs propres chefs-d'œuvre.

STEVE CRIST

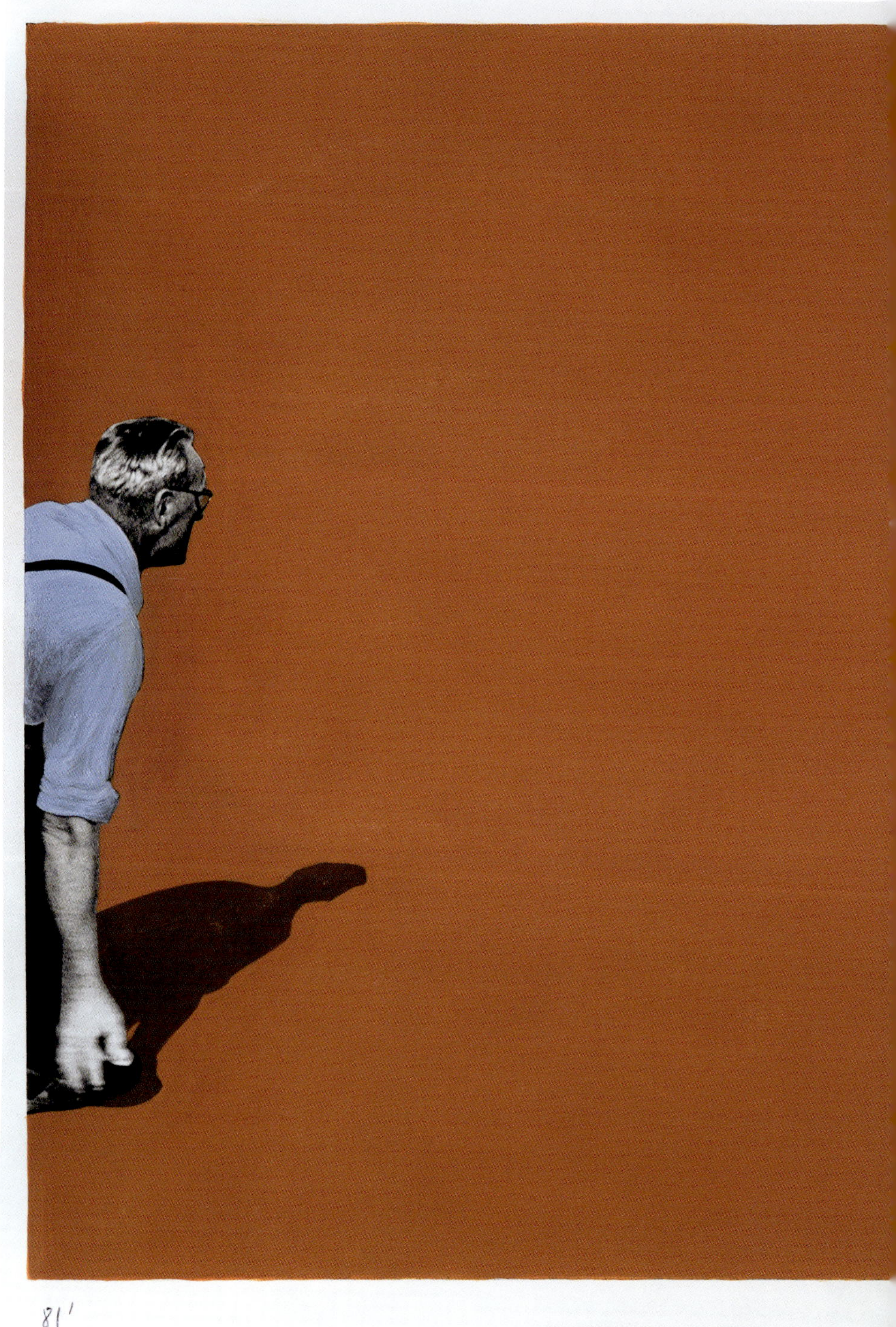

ALAIN FILHOL

14

WHEN LAND MET ADAMS

BY BARBARA HITCHCOCK

At age 26, I walked into a Polaroid laboratory where I met the legendary figure for whom the camera was named, Edwin H. Land, the company's founder. My knowledge of instant photography was limited then, so I was amazed at the new world that opened before me.

Little did I know that my new job would also place me in a group that worked with another famous figure, Ansel Adams, a warm, affable gentleman who is regarded as the preeminent landscape photographer of our time. What brought Land and Adams together was what attracted me to Polaroid: photography.

Perhaps it was destiny that Land and Adams should meet. Both were brilliant and intellectually curious. Developments in science and technology fascinated them, yet they were both artists at heart. They had delicious senses of humor. Land was rather reserved. Adams was an extrovert. Most of all, they were men of vision.

Edwin H. Land, scientist, inventor, and founder of the Polaroid Corporation, met Ansel Adams in 1948. The art historian Clarence Kennedy, a business colleague of Land's who photographed classical sculpture, introduced the two. Kennedy had approached Land in the 1930s to explore the idea of using stereo photography as a classroom aid. This business relationship grew into a warm friendship and set the stage for what became a model, the long-term collaboration between artist and industry.

When Land announced the invention of instant photography to the Optical Society of America in 1947, he had taken a detour from his company's original path, the making of polarizers, that led him to a new business adventure—one-step photography. Click! You snap a picture. Seconds later, you peel away the negative to reveal a sepia print. It was magical! Seeing this demonstration, Clarence Kennedy knew that Land had to meet Ansel Adams.

Invited to Cambridge, Massachusetts to see instant photography for himself, Adams was immediately enthusiastic. He envisioned the enormous possibilities of instant photography as Land demonstrated his invention. That night over dinner, the conversation continued. The seeds for another long and fruitful friendship were planted that evening.

Shortly after this meeting, Land purchased Adams's Portfolio I. In a letter to Adams, he wrote: "My own admiration for your combination of aesthetic and technical competence is complete. As a small indication of this I should like to send you a camera and associated equipment and film as a personal gift."[1] Receiving the gift, Adams replied: "I look forward to trying the camera out. … I am tremendously excited about the actual use in the field and studio. I think it promises to be one of the greatest steps in the development of photography."[2]

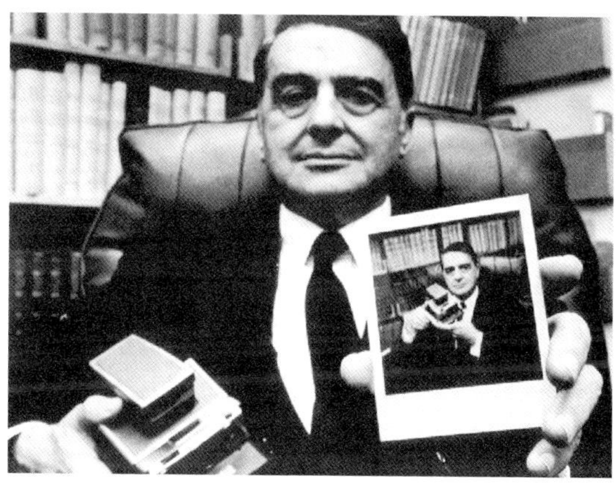

Edwin H. Land with SX70 self-portrait, Boston, 1972, © Getty Images

Co-workers at Polaroid have said that it took Edwin H. Land about one hour to figure out the basic concept of how one-step instant photography could work. Turning the idea into practical steps, however, took five years of hard work in the lab. But the science of instant photography wasn't everything. Land believed in the innate, creative potential of instant photography and that there were many people with an artistic bent who would love to use it. Recognized as a scientist, inventor, educator, and leader, Land viewed himself, he once said, as an artist. To him, artistic inquiry was a critical element in the exploration of Polaroid products. The work of creating a fine, successful photograph could push the limits of a film in a way that was unlike the theoretical blueprint of the company's technical staff. This notion pitted making pictures in the field against a film's mathematical paradigm—the empirical performance plan—designed by scientists and engineers.

Consequently, Ansel Adams had by 1948 become the first of several artist consultants hired by Land. The assignment was to test cameras, films, and related photographic paraphernalia, using them in the field and in the studio. How did a camera function? What could be done to make it better? Would a film capture high-key highlights or would it burn out, leaving no details to be seen? What improvements were needed for the next film generation? These questions and thousands more formed the basis for a dialogue between Adams and Land—and later select colleagues—that continued for more than 30 years.

Adams was meticulous and thorough. In Yosemite National Park, he would photograph and re-photograph El Capitan, rock formations, waterfalls and friends, making exhaustive exposure records, analyzing film and camera performance and committing his discoveries to paper. His friend, the modernist painter and photographer Charles Sheeler, sat before his camera in dappled light. Could the film handle the extremes of light burning into the dark trousers and weathered boards of the cabin behind him? Letters to Land detailed this experience. Adams enthused over points of excellence and explored ideas for improvements where he saw a need. Ultimately, he wrote more than 5,000 pages of letters, memoranda, postcards, and notes to report his findings and to explore the technical and aesthetic essence of photography.

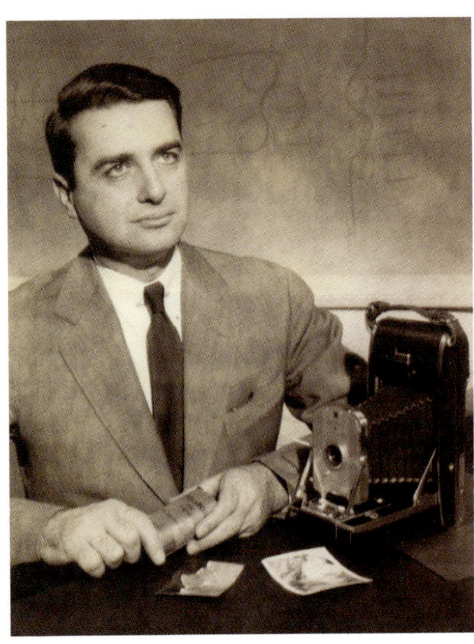

Edwin H. Land and model 95v2, courtesy of Polaroid

Land found in Adams a proponent of the acceptance of photography as a fine art form. Adams felt it important that Polaroid photographs should be exhibited with museum-quality photos made by renowned photographers. This goal was not to legitimize the Polaroid photograph, but to illustrate its superb quality when displayed side-by-side with conventional prints.

In early 1956, Land requested Adams's help in selecting and collecting photographs by American masters as well as his friends and acquaintances whose work he admired and respected. This collection would be a model of excellence. "I have always felt that Polaroid could interest itself in photography in general," Adams wrote in a letter to Land, "thereby associating itself with the art in its entirety and avoiding 'compartmentization.' The association of fine Polaroid-Land pictures with the best photographs in other media will only enhance the value and importance of the Polaroid process,"[3] Adams concluded.

With a budget in hand, Adams decided first to acquire works by Edward Weston and Paul Strand. By the end of the year, he had purchased works, ranging in price from $5.00 to $100.00 each, by Eliot Porter, Dorothea Lange,

Laura Gilpin, Minor White, Eugene Smith, Margaret Bourke-White, and Brett Weston. "I have approached Paul Strand," he wrote, "but he has a too-high minimum ($125.00 for a 5 x 7!!). Enough is enough!"[4] His own Portfolio II: The National Parks and Monuments, containing fifteen 8 x 10-inch pristine prints, Adams sold to Land for $100.

Known as the Library Collection, Ansel Adams's selection of prints forms the model of distinction and achievement with which Polaroid photographs would be compared. Any photographs made with each newly invented instant film would need to match the technical and aesthetic brilliance of works in the Library Collection. It was quite a standard to set, but also an expensive one, judged by 1957 dollars. How could this small, young company afford to continue to purchase original art by the best artists?

One solution was to commission additional artists and young photographers as consultants, charging them with the task of experimenting with the cameras and films they were given. They would then share their resulting images with Polaroid. The best pictures would be set aside for the company's collection. Among the accomplished artists who accepted this arrangement in the 1950s and 1960s were Paul Caponigro, Marie Cosindas, Philippe Halsman, Bert Stern, Arnold Newman, and Yousuf Karsh. Nick Dean, then a fledgling Boston-based photographer who was also hired, described in a letter to Polaroid years later the atmosphere of working as a consultant to the company:

"For five or six years in the late 1950s and early 1960s, early weekend mornings often saw a car loaded with Boston area photographers and their view cameras headed out to Gloucester or Essex or perhaps to Bald Head Cliff, just over the Maine border. It was not a formal or planned group excursion, but somehow the same people used to head fairly regularly to a number of favorite spots. After a while we could predict what the light would be like at a given place and time of day or tide. There was a shared perception that they were involved in doing something very unique."[5]

One of Land's trusted associates, Meroe Marston Morse, had another idea: give Polaroid equipment and films to young, unknown, but aspiring photographers in exchange for a selection of their best photographs made with the films. If a concept like this could be sustained, a collection of photographs could simultaneously document the technical growth of instant photography and aspects of American culture. Polaroid's technical staff would still obtain important insights into the equipment and films from these photographers, so everyone benefited. The grant idea evolved into a formalized arrangement, the Artist Support Program, which assisted photographers and artists.

Initially, there was no curatorial professional to review submissions and make grants. Individuals throughout the company—from research to advertising, from film manufacturing to marketing—were engaged in shipping film to photographers. One Polaroid pundit described this condition as "controlled anarchy." With the establishment of the Clarence Kennedy Gallery in 1972, however, a structure was designed to facilitate—and channel—the grant making. Fifteen Polaroid employees volunteered to meet bi-annually to review portfolios and authorize grants. In the 1980s, a steering committee of six employees who worked regularly in the arts and the Kennedy Gallery's director took over the decision-making process. The committee faded away as experienced curators took over the reins. I was lucky enough to have participated in each of these curatorial strategies.

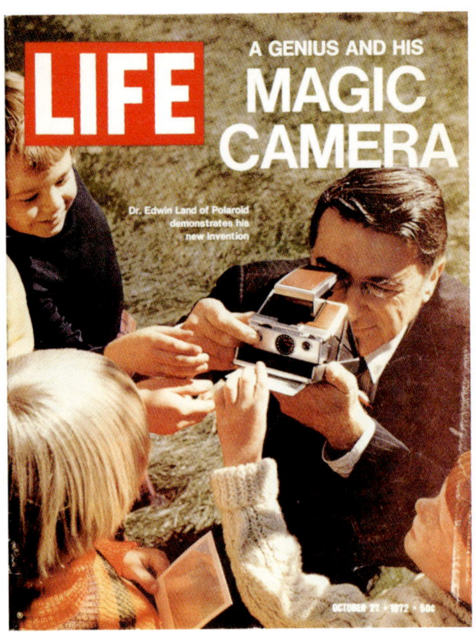

Edwin H. Land, cover of Life Magazine, October 27, 1972

The Library Collection and the prolific work by Ansel Adams formed the foundation of the Polaroid Collections. The Artist Support Program opened a new, rapidly growing avenue of acquisition that often deviated from the black-and-white-landscape genre influenced by Adams. The 1970s heralded an age of photographic experimentation in both the technical and aesthetic arenas. Polaroid curators selected artists' imagery that "pushed the envelope," reflecting the company's self-perception of innovation, creativity, and invention. We did not neglect the perfect print or a beautiful, evocative image, but we were open to hand-worked prints, antique processes, and the artist's imaginative visualization of ideas and experiences.

Fewer and fewer portfolios that were submitted for review contained "straight" or documentary photography. Instead, we reveled in the adventures into the imagination that were placed before us.

For many artists, the Polaroid print is an unfinished canvas, begging for a personal touch. Lucas Samaras embellished his self-portraits with designs in ink and paint in the 1960s. When Polaroid introduced the revolutionary SX-70 camera system in 1972, Samaras pushed the emerging dyes with a stylus to create malformed versions of himself. Robert Rauschenberg painted his black-and-white 20 x 24-inch photograph with a swath of printcoater and allowed the remainder of the print to go un-coated for days. The un-coated surface began to oxidize, transforming that section of the print into a rich sepia color. Other artists applied ink, acrylic paints, dyes, pastels, and even blood. Some pierced the prints with needles, scratched on the negative or positive and printed with liquid light, platinum, palladium or other antique processes.

Stories abound about how Image Transfer, a uniquely Polaroid instant film process, was discovered and by whom, but one with great credence is that students at the School of the Museum of Fine Arts in Boston stumbled upon it. Another rumor suggests that Rosamond Purcell, a Boston photographer who loved experimenting with Polaroid pack films, accidentally created the first transfer. Regardless of its provenance, image transfer was initially a well-guarded secret. Those who made these rather pastel, watercolor-like prints remained silent about how they created them.

John Reuter, Polaroid's director of its 20 x 24 Studio, pioneered the art of the image transfer and began teaching its technique in response to the clamor

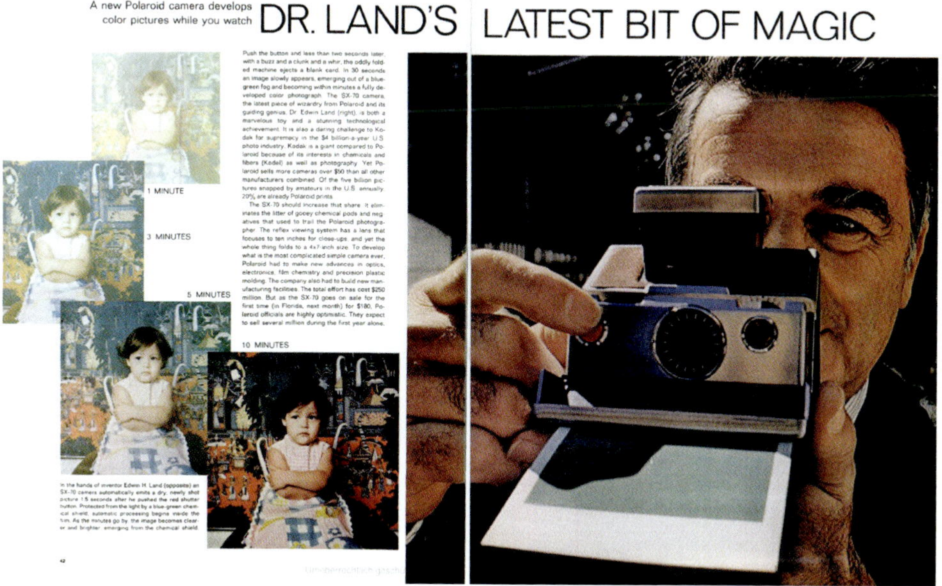

"Dr. Land's Latest Bit of Magic," Life Magazine, October 27, 1972

of professionals and amateur photographers alike. Within a couple of years, transferring the dyes in a Polaroid photograph to unorthodox receiving "sheets" like bees wax, glass, silk or watercolor paper proliferated. Today, the desire to make "straight" transfers or to embellish them with paint is as strong as ever, evidenced by its use in personal artwork as well as photographers' commercial assignments.

Two Italian artists, Antonio Strati and Sergio Tornaghi, made the first Polaroid Emulsion Lifts that I had ever seen. It was 1990. They presented portfolios that held 8 x 10-inch prints characterized by a dimensionality I had never before witnessed. They explained how they'd heated water in pots, then submerged their developed Polacolor prints in them for about 5 minutes. Then they gently loosened the emulsion off the plastic base and slid it on to a piece of watercolor paper, pushing and pulling the edges into place. Tornaghi's print of goldfish swimming in deep blue waters was transformed. The image, cap-tured in the ragged-edged gel, appeared to float on the surface of the paper, simulating the presence of water. With a delicate touch, you could feel the bas-relief of the emulsion beneath your fingers.

I have long been fascinated by the artist's imagination and technical explora-tion of Polaroid instant films used in the pursuit of visualizing ideas. In har-boring this preoccupation, I point my finger at Edwin H. Land and Ansel Adams, whose words and deeds influenced my thinking about and love for photography. Both were primarily concerned about the art of photography—the aesthetics— but they knew it was essential to investigate the techniques and create the technology to make the aesthetic possible.

Thanks to the vision of Land and Adams, we are able to enjoy, share, and learn from the approximately 23,000 photographs—created by almost 2,000 photographers—that are held in the Polaroid Collections. Their friendship and mutual concerns led to an exceptional relationship between an artist and, ulti-mately, a corporation. There were many outcomes, but the Polaroid Collections in my view stands as a shining example of the quality and diversity of images created in art—and industry—throughout the world.

BARBARA HITCHCOCK
Director, The Polaroid Collections

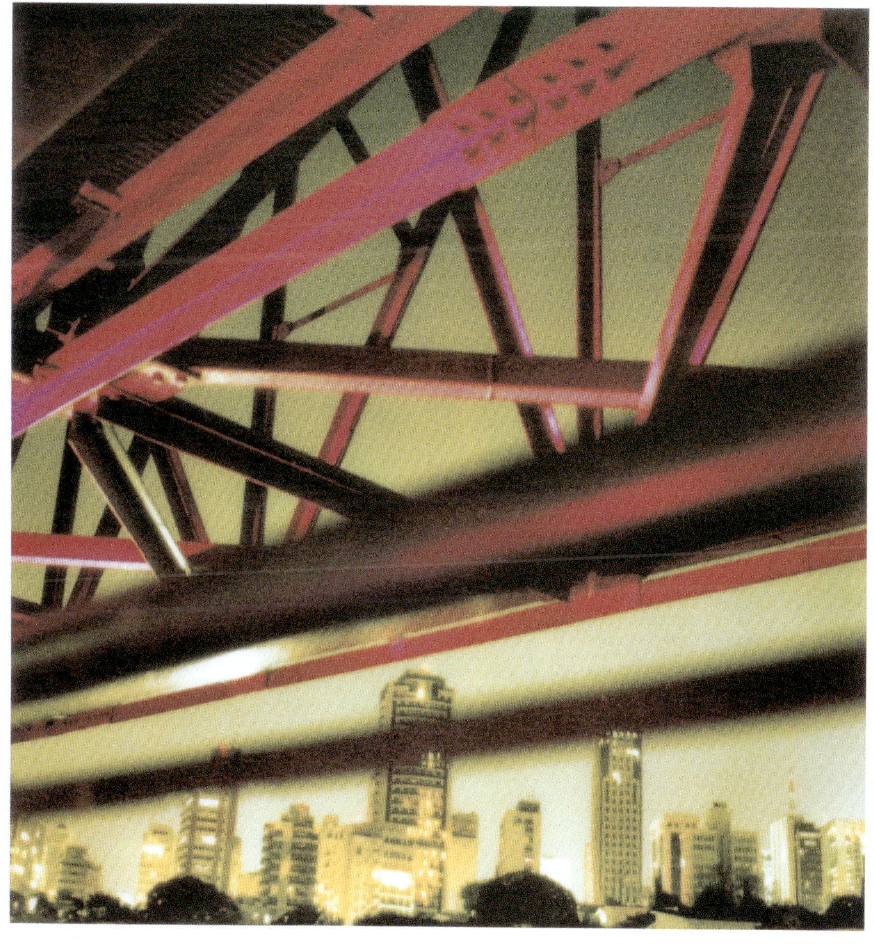

CASSIO VASCONCELLOS

ALS LAND AUF ADAMS TRAF

VON BARBARA HITCHCOCK

Als ich 26 war, betrat ich zum ersten Mal ein Polaroid-Fotolabor und traf dort den legendären Erfinder der Kamera, Edwin H. Land, den Polaroid-Firmengründer. Meine Kenntnisse der Sofortbildfotografie waren damals noch begrenzt, weswegen ich über die neue Welt, die sich da vor mir auftat, nur staunen konnte.

Ich ahnte nicht, dass ich in meinem neuen Job zu einer Gruppe stoßen würde, die mit einem anderen berühmten Mann zusammenarbeitete, mit Ansel Adams, einem warmherzigen, umgänglichen Gentleman, der allgemein als der herausragendste Landschaftsfotograf unserer Zeit gilt. Land und Adams hatten aus dem gleichen Grund zusammengefunden, der auch mich zu Polaroid geführt hatte: die Fotografie.

Vielleicht war es vom Schicksal vorherbestimmt, dass Land und Adams sich treffen sollten. Beide waren hochbegabt und intellektuell aufgeschlossen. Beide waren von den Entwicklungen in Wissenschaft und Technik fasziniert, doch im Grunde ihres Herzens waren sie Künstler. Sie hatten einen wundervollen Sinn für Humor. Land war ein eher reservierter Mensch, Adams war extrovertiert. Vor allem jedoch waren sie Männer mit einer Vision.

Edwin H. Land lernte Ansel Adams 1948 kennen. Der Kunsthistoriker Clarence Kennedy, ein Geschäftskollege von Land, der klassische Skulpturen fotografierte, stellte die beiden einander vor. Kennedy hatte Land in den dreißiger Jahren vorgeschlagen, die Stereofotografie für den Einsatz im Unterricht zu erforschen. Aus dieser Geschäftsverbindung erwuchsen eine enge Freundschaft und eine modellhafte, langfristige Zusammenarbeit zwischen Künstlern und Industrie.

Als Land 1947 vor der Optical Society of America die Erfindung der Sofortbildfotografie bekannt gab, stellte das eine Abweichung vom ursprünglichen Konzept seines Unternehmens dar, der Herstellung von Polarisationsfiltern. Sie führte ihn in ein ganz neues geschäftliches Abenteuer – die Einstufenfotografie. Klick! Man schießt ein Foto. Sekunden später konnte man das Negativ abziehen und hatte den fertigen Sepiaprint vor sich. Es war das reinste Zauberkunststück! Als er diese Demonstration sah, wusste Clarence Kennedy, dass Land und Ansel Adams sich kennenlernen mussten.

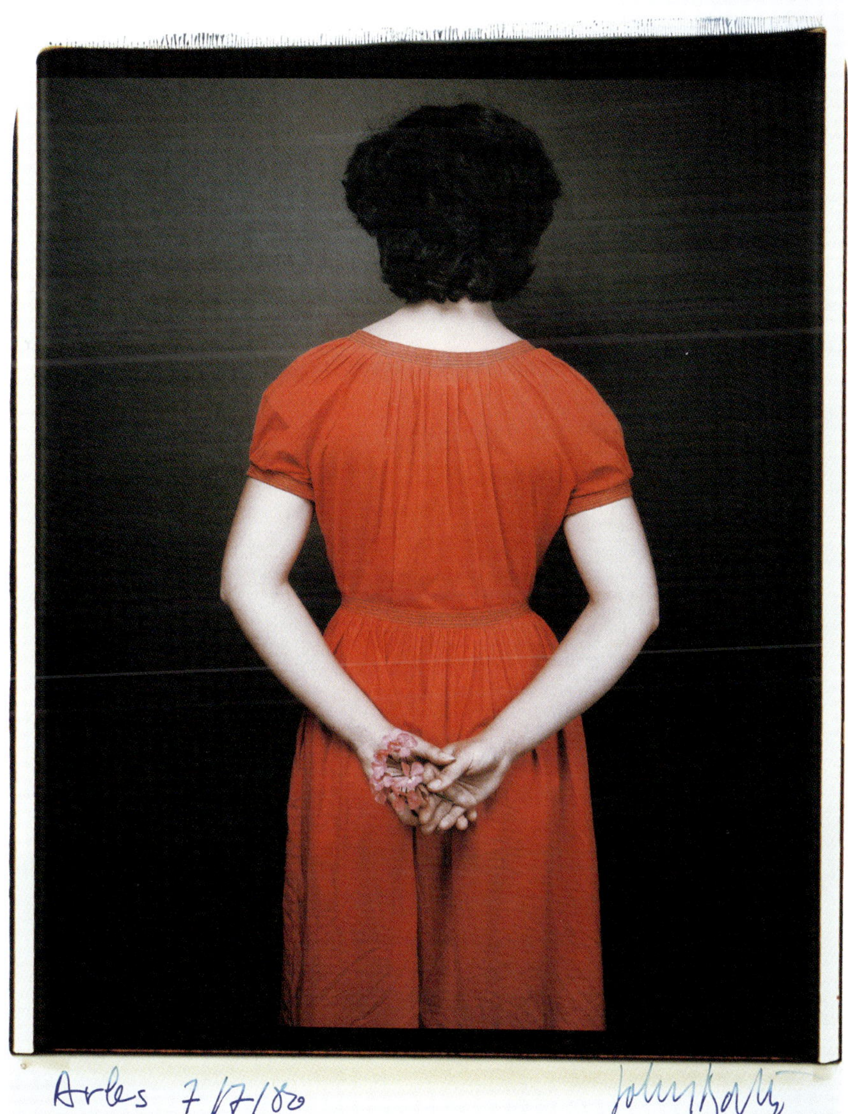

JOHN BATHO

Als Adams nach Cambridge, Massachusetts eingeladen wurde, um sich die Sofortbildfotografie selbst anzusehen, war er begeistert. Er hatte die enormen Möglichkeiten der Polaroidfotografie sofort vor Augen, als Land seine Erfindung vorführte. Beim Abendessen ging ihr Gespräch weiter. Der Grundstein für eine lange und fruchtbare Freundschaft wurde an jenem Abend gelegt.

Kurz nach dieser Begegnung kaufte Land Adams' Portfolio I. In einem Brief an Adams schrieb er: „Meine Bewunderung für Ihre Kombination von ästhetischem und technischem Können ist total. Als kleinen Ausdruck meiner Verbundenheit möchte ich Ihnen eine Kamera mit zugehöriger Ausrüstung und Filmmaterial als persönliches Geschenk überreichen."[1] Adams antwortete ihm: „Ich freue mich darauf, Ihre Kamera auszuprobieren ... Ich bin sehr angetan von den praktischen Anwendungsmöglichkeiten unterwegs und im Studio. Ich glaube, dass sie sich als einer der wesentlichsten Schritte in der Entwicklung der Fotografie erweisen wird."[2]

Polaroid-Mitarbeiter haben mir erzählt, dass Edwin H. Land nur ungefähr eine Stunde brauchte, um das grundlegende Konzept zu entwickeln, wie die einstufige Sofortbildfotografie funktionieren könnte. Die Idee dann jedoch praktisch umzusetzen, erforderte fünf Jahre harter Arbeit im Labor. Aber die Wissenschaft der Polaroidfotografie war nicht alles. Land glaubte an das kreative Potenzial der Sofortbildfotografie; er war überzeugt, dass viele künstlerisch begabte Menschen liebend gern damit arbeiten würden. Land, der als Wissenschaftler, Erfinder, Lehrer und Führungspersönlichkeit Ansehen genoss, betrachtete sich selbst als Künstler. Für ihn waren künstlerische Fragestellungen ein entscheidender Aspekt bei der Weiterentwicklung der Polaroid-Produkte. Der kreative Prozess zur Schaffung eines schönen, wirkungsvollen Fotos war in ganz anderer Weise geeignet, die Weiterentwicklung von Filmen voranzutreiben, als die theoretischen Überlegungen von Technikern dies vermochten. Aufgrund dieser Erkenntnis wurden die tatsächlichen Erfahrungen der Fotografen vor Ort mit den von Wissenschaftlern und Ingenieuren entwickelten mathematischen Paradigmen abgeglichen.

In der Folge wurde Ansel Adams 1948 der Erste einer ganzen Reihe von Künstlern, die von Land als Berater angestellt wurden. Seine Aufgabe war es, Kameras, Filme und Fotozubehör vor Ort und im Studio zu testen. Wie funktionierte die Kamera? Wie konnte man sie besser machen? War ein Film in der Lage, die Glanzlichter zu verzeichnen, oder würden keine Details mehr zu erkennen sein? Diese und tausend andere Fragen bildeten die Grundlage für den Dialog zwischen Adams und Land – zu dem später ausgewählte Kollegen hinzugezogen wurden –, der über dreißig Jahre lang weitergeführt wurde.

Adams ging bei seiner Arbeit sehr methodisch vor. Im Yosemite National Park fotografierte er den Berg El Capitan, Steinformationen, Wasserfälle und Freunde immer und immer wieder, wobei er umfassende Notizen zu den Belichtungsverhältnissen machte, die Leistungen von Film und Kamera analysierte und sämtliche Beobachtungen auf Papier festhielt. Sein Freund, der moderne Maler und Fotograf Charles Sheeler, saß in Streulicht vor der Polaroidkamera Modell. Würde der Film in der Lage sein, die extremen Kontraste des Lichts, das grell auf seine dunklen Hosen und die verwitterten Holzplanken der Hütte hinter ihm schien, zu bewältigen? In Briefen an Land beschrieb Adams seine Erfahrungen genau. Adams schwärmte von den hervorragenden Eigenschaften der Polaroidkamera und schlug, wo notwendig, Ideen zur Verbesserung vor. Insgesamt verfasste er mehr als 5 000 Seiten Briefe, Memos, Postkarten und Notizen, in denen er seine Beobachtungen festhielt und die technische und ästhetische Essenz der Fotografie zu erfassen versuchte.

Land fand in Adams einen großen Fürsprecher für die Anerkennung der Fotografie als Kunstform. Adams hielt es für wichtig, dass Polaroidaufnahmen bekannter Fotografen zusammen mit Abzügen in Museumsqualität ausgestellt wurden. Sein Ziel war dabei nicht die Legitimierung des Sofortbildes, sondern die Darstellung seiner hervorragenden Qualität.

Anfang 1956 bat Land Adams um seine Beratung bei der Auswahl und Sammlung von Fotografien amerikanischer Meister sowie seiner Freunde und Bekannten, deren Werk er bewunderte und respektierte. Diese Sammlung sollte exzellente Fotografie modellhaft vorführen. „Ich habe immer den Eindruck gehabt, dass Polaroid ein Interesse an der Fotografie im Allgemeinen entwickeln könnte", schrieb Adams in einem Brief an Land, „und so einen Kontakt zu dieser Kunstrichtung als Ganzer schaffen und die Beschränkung auf eine bestimmte Nische vermeiden könnte. Die Verbindung hervorragender Polaroid-Land-Bilder mit den besten Fotografien auf anderen Medien wird den Wert und die Bedeutung des Polaroid-Prozesses nur noch steigern"[3], argumentierte Adams.

Als er dann mit einem Budget ausgestattet war, beschloss Adams, als Erstes Werke von Edward Weston und Paul Strand anzukaufen. Am Ende des Jahres hatte er Fotografien zum Preis von 5 bis 100 Dollar pro Stück von Eliot Porter, Dorothea Lange, Laura Gilpin, Minor White, Eugene Smith, Margaret Bourke-White und Brett Weston erworben. „Ich habe Paul Strand angesprochen", schrieb er, „aber sein Mindestpreis ist zu hoch (125 $ für ein 13 x 18!!). Was zu viel ist, ist zu viel!"[4] Sein eigenes Portfolio II: The National Parks and Monuments, das fünfzehn makellose 20-x-25-cm-Abzüge enthielt, verkaufte Adams für 100 $ an Land.

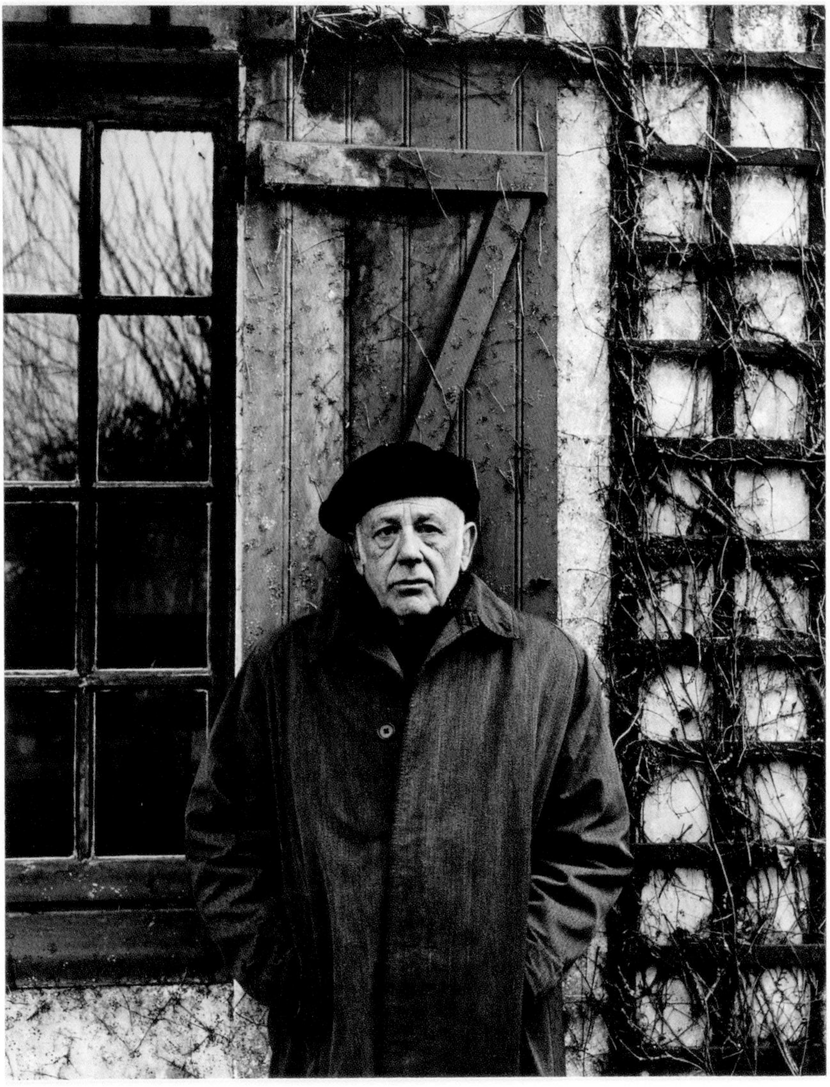

PAOLO GASPARINI

Ansel Adams' Sammlung von Fotografien, Library Collection genannt, war das Vorbild in Rang und Leistung, an dem sich die Polaroidbilder zu messen hatten. Die Aufnahmen, die mit jedem neu entwickelten Sofortbildfilm gemacht wurden, mussten der technischen und ästhetischen Brillanz der Werke in der Library Collection entsprechen. Das war ein sehr hoher Anspruch, aber auch, gemessen am Wert des Dollars im Jahr 1957, ein sehr teures Unterfangen für ein kleines, junges Unternehmen. Wie konnte es sich finanzieren?

Ein Lösungsansatz war, andere Künstler und Jungfotografen als Berater zu verpflichten. Ihre Aufgabe würde es sein, mit den zur Verfügung gestellten Kameras und Filmmaterialien zu experimentieren und die dabei entstehenden Bilder Polaroid zu überlassen. Die besten Bilder würden in die Sammlung aufgenommen werden. Zu den bekannten Künstlern, die in den Fünfzigern und Sechzigern auf diese Bedingungen eingingen, waren Paul Caponigro, Marie Cosindas, Philippe Halsman, Bert Stern, Arnold Newman und Yousuf Karsh. Nick Dean, damals ein noch ganz unerfahrener Fotograf aus Boston, der ebenfalls angeheuert worden war, beschrieb viele Jahre später in einem Brief an Polaroid, wie es war, als Berater für das Unternehmen zu arbeiten:

„Ende der fünfziger, Anfang der sechziger Jahre konnte man am Wochenende oft frühmorgens ein Auto beobachten, das vollgeladen mit Fotografen und ihren Großbildkameras aus der Bostoner Gegend hinaus nach Gloucester oder Essex oder vielleicht zum Bald Head Cliff direkt hinter der Grenze von Maine fuhr. Es war keine förmliche Gruppenexkursion; aus irgendeinem Grund fuhren dieselben Leute ziemlich regelmäßig zu mehreren Lieblingsstellen. Nach einer Weile konnten wir vorhersagen, wie das Licht an einem bestimmten Ort zu der und der Tageszeit oder dem und dem Gezeitenstand sein würde. Alle Beteiligten hatten das Gefühl, mit etwas ganz Einmaligem beschäftigt zu sein."[5]

Einer von Lands Vertrauten, Meroe Marston Morse, hatte noch eine andere Idee: Man gibt jungen, unbekannten, ehrgeizigen Fotografen eine Polaroid-Ausrüstung und -Filme im Austausch gegen eine Auswahl ihrer besten Bilder, die sie damit gemacht haben. Wenn dieses Konzept dauerhaft durchführbar wäre, könnte die entstehende Sammlung von Fotografien die technische Weiterentwicklung der Sofortbildfotografie und gleichzeitig wichtige Aspekte der amerikanischen Kultur dokumentieren. Die technischen Mitarbeiter von Polaroid würden nach wie vor wichtige Erkenntnisse von diesen Fotografen erhalten, so dass allen damit gedient wäre. Diese Idee eines Förderprogramms entwickelte sich zu einem offiziellen Stipendienprogramm, dem Artist Support Program, das Fotografen und Künstler unterstützt.

Anfangs gab es keine professionellen Kuratoren, die Bewerbungsunterlagen bewertet oder Fördermittel vergeben hätten. Überall in der Firma gab es Einzelpersonen – in Forschung und Werbung, in Filmherstellung und Marketing –, die Filmmaterial an Fotografen verschickten. Ein Polaroid-Kenner beschrieb diese Situation einmal als „kontrollierte Anarchie". Mit der Einrichtung der Clarence Kennedy Gallery im Jahr 1972 wurde jedoch eine Struktur geschaffen, mit der die Stipendienvergabe durchgeführt und kanalisiert werden konnte. 15 Polaroid-Mitarbeiter erklärten sich bereit, zweimal im Jahr zusammenzukommen, Künstlermappen zu bewerten und Stipendien zu vergeben. Ab den achtziger Jahren unterstanden diese Entscheidungen einem Lenkungsausschuss, der aus sechs Mitarbeitern, die regelmäßig mit künstlerischer Arbeit zu tun hatten, und dem Direktor der Kennedy Gallery bestand. Dieser Ausschuss löste sich auf, als professionelle Kuratoren die Leitung übernahmen. Ich hatte das große Glück, in jeder dieser Phasen mitwirken zu können.

Die Library Collection und die in großer Zahl vorhandenen Arbeiten Ansel Adams' bildeten die Grundlage der Polaroid Collections. Das Künstlerförderungsprogramm eröffnete einen schnell anwachsenden Bereich der Neuerwerbungen, der oft nichts mehr mit dem von Adams beeinflussten Genre der schwarzweißen Landschaftsfotografie zu tun hatte. Die siebziger Jahre läuteten eine Ära technischer und ästhetischer Experimentierfreudigkeit ein. Polaroid-Kuratoren wählten Bilder von Künstlern aus, die die Herausforderung suchten und das Selbstbild des Unternehmens als innovativ, kreativ und erfindungsreich reflektierten. Wir vernachlässigten das gelungene Bild oder das schöne, ansprechende Foto nicht, waren aber ebenso offen für von Hand nachbearbeitete Abzüge, historische Druckverfahren und alle Arten einer phantasievollen Visualisierung der Ideen und Erfahrungen von Künstlern.

Immer weniger Mappen, die zur Beurteilung eingereicht wurden, enthielten „normale" oder dokumentarische Fotografien. Wir hatten unsere wahre Freude an den Höhenflügen der Phantasie, die da auf unseren Schreibtischen landeten.

Für viele Künstler ist der Polaroidabzug eine Art unfertige Leinwand, die geradezu danach schreit, dass man sich ihrer mit einem persönlichen Duktus annimmt. In den Sechzigern verzierte Lucas Samaras seine Selbstporträts mit Tinte und Farbe. Als Polaroid 1972 das revolutionäre SX-70-Kamerasystem einführte, drückte Samaras mit einem Griffel auf die sich entwickelnden Farbschichten, um verzerrte Abbilder von sich selbst zu schaffen. Robert Rauschenberg bemalte ein schwarzweißes 50-x-60-cm-Foto mit einem Streifen Schutzlack, während die restliche Fläche tagelang ungeschützt blieb. Die unbehandelte Oberfläche begann in einem kräftigen Sepiaton zu oxidieren. Andere

Künstler trugen Tinte, Acrylfarben, Farbstoffe und sogar Blut auf. Manche durchbohrten die Abzüge mit Nadeln, zerkratzten Negativ oder Positiv und stellten Abzüge mit lichtempfindlicher Emulsion, in Platin- und Palladiumdruck oder anderen historischen Verfahren her.

Es gibt eine Vielzahl von Legenden über die Entdeckung des Image-Transfers, eines Prozesses, der nur mit Polaroid-Sofortbildfilm durchgeführt werden kann. Höchstwahrscheinlich waren es Studenten an der School of the Museum of Fine Arts in Boston, die zufällig darauf stießen. Ein anderes Gerücht besagt, dass Rosamond Purcell, eine Bostoner Fotografin, die gern mit Polaroid-Packfilmen experimentierte, aus Versehen den ersten Transfer durchführte. Jedenfalls war der Image-Transfer-Prozess anfangs ein wohlgehütetes Geheimnis. Die Hersteller der typisch pastellfarbenen, aquarellartigen Prints bewahrten strenges Stillschweigen darüber, wie sie diese machten.

John Reuter, Leiter des Polaroid 20 x 24 Studio, war einer der Pioniere in der Kunst des Image-Transfers und begann, diese Technik gegen den lautstarken Protest von Profi- und Amateurfotografen zu unterrichten. Innerhalb der nächsten Jahre wurde die Übertragung der Farbschichten im Negativ des Polaroidfotos auf so unkonventionelle Bildträger wie Bienenwachs, Glas, Seide oder Aquarellpapier sehr populär. Heute herrscht nach wie vor ein großes Interesse an der Herstellung „unveränderter" Transfers oder an deren Weitergestaltung durch Übermalung.

Zwei italienische Fotokünstler, Antonio Strati und Sergio Tornaghi, machten die ersten Bilder mit Polaroid Emulsion Lift, die ich gesehen habe. Das war im Jahr 1990. Sie hatten Mappen mit 20-x-25-cm-Abzügen eingereicht, die eine Plastizität aufwiesen, wie ich sie noch nie zuvor gesehen hatte. Sie erklärten, dass sie Wasser in Kochtöpfen erhitzt und ihre ausentwickelten Polacolor-Bilder ungefähr fünf Minuten hineingelegt hätten. Dann lösten sie die Bildschicht behutsam vom Trägermaterial und übertrugen sie auf ein Stück Aquarellpapier, wobei sie die Ränder vorsichtig zurechtzogen. Tornaghis Bild von Goldfischen, die in dunkelblauem Wasser schwimmen, war verwandelt. Das Bild in der Emulsion mit den ausgefransten Kanten schien auf der Papieroberfläche zu schweben und versinnbildlichte das Motiv des Wassers. Wenn man es vorsichtig berührte, konnte man sogar das Relief der Emulsion mit den Fingerspitzen spüren.

Es hat mich immer fasziniert, mit wie viel Phantasie und Lust am Betreten technischen Neulands Künstler die Polaroid-Sofortbildfilme zur Visualisierung ihrer Ideen benutzt haben. Meine große Begeisterung für diese Bilder verdanke ich Edwin H. Land und Ansel Adams, deren Worte und Taten meine Haltung und Liebe zur Fotografie maßgeblich beeinflusst haben. Beiden ging es im Wesentlichen um Fotografie als Kunst, um Ästhetik, aber beide wussten auch, wie wichtig es war, sich mit der Technik zu beschäftigen und die Technologie zur Verfügung zu stellen, um das Ästhetische möglich zu machen.

Der Vision von Land und Adams ist es zu verdanken, dass wir in den Polaroid Collections ca. 23 000 Fotografien besitzen – aufgenommen von fast 2 000 Fotografen –, an denen wir uns erfreuen, die wir zeigen, ausstellen und studieren können. Die Freundschaft und die gemeinsamen Interessen dieser beiden Männer führten zu einer außergewöhnlichen Beziehung zwischen einem Künstler und einem Unternehmen. Sie hat viele Früchte getragen, aber in meinen Augen bilden die Polaroid Collections den Höhepunkt. Sie sind ein leuchtendes Beispiel für die Qualität und Vielfalt der in der Kunst – und Industrie – geschaffenen Bilder in aller Welt.

BARBARA HITCHCOCK
Direktorin, The Polaroid Collections

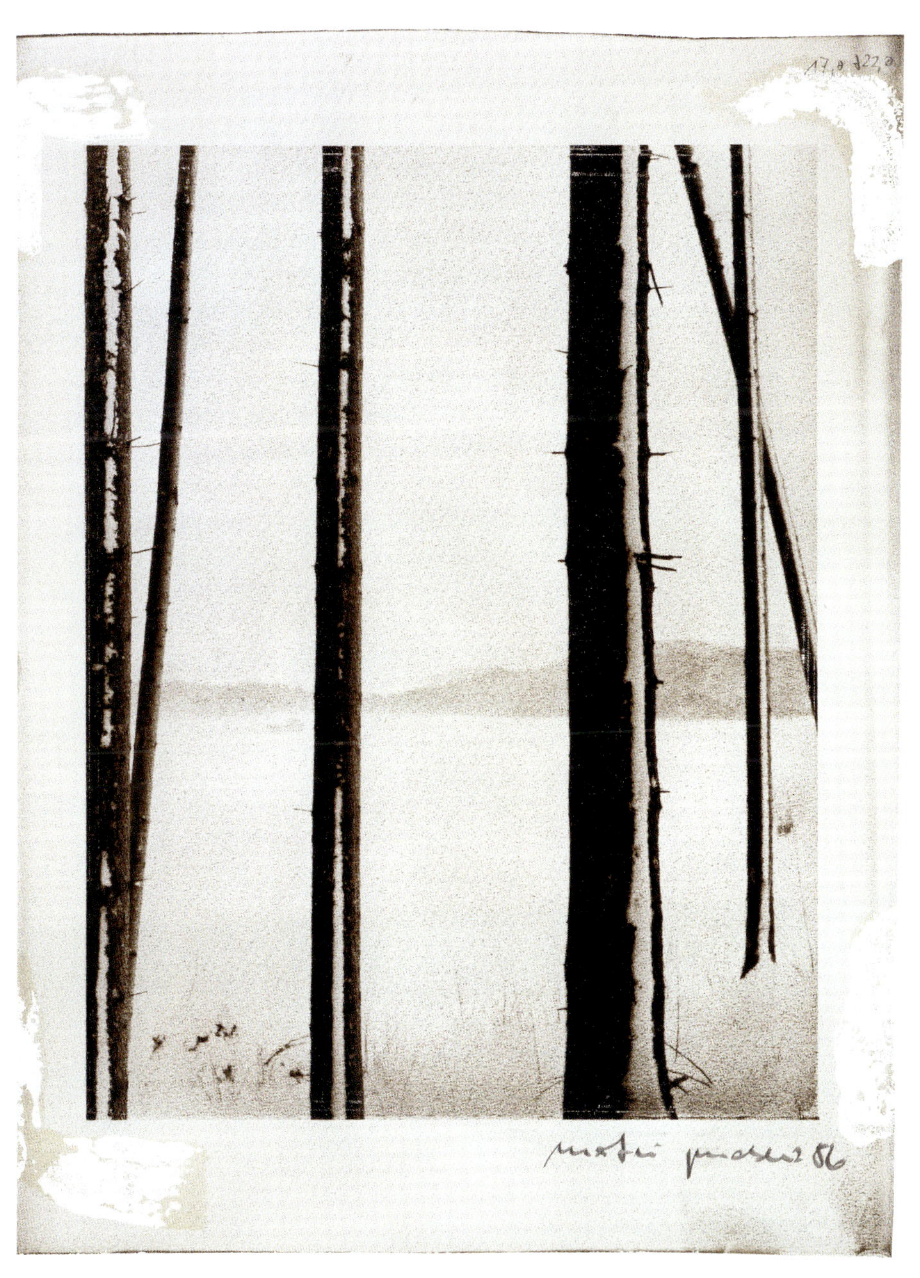

MARTIN PUDENZ

QUAND LAND RENCONTRA ADAMS

PAR BARBARA HITCHCOCK

J'avais 26 ans lorsque, entrant dans un laboratoire de la firme Polaroïd, je fis la connaissance de son fondateur : Edwin H. Land, célèbre inventeur de l'appareil photographique instantané. À l'époque, je ne connaissais pas grand-chose à ce domaine. Je découvris donc avec émerveillement tout un nouveau monde.

J'étais loin de me douter que mon nouvel emploi allait aussi m'amener à côtoyer un autre personnage légendaire : Ansel Adams, homme chaleureux et affable, que beaucoup considèrent comme le meilleur photographe paysagiste de notre époque. Land et Adams avaient gravité l'un vers l'autre pour la même raison qui m'avait fait atterrir chez Polaroïd : l'amour de la photographie.

Land et Adams semblaient voués à se rencontrer : ils étaient tous les deux très doués et d'une grande curiosité intellectuelle. Ils s'intéressaient l'un comme l'autre au progrès scientifique et technique, mais restaient au fond d'eux-mêmes des artistes. Leur sens de l'humour était savoureux. Land était plutôt réservé, Adams extraverti. Mais ils étaient avant tout, l'un comme l'autre, visionnaires.

Edwin H. Land, scientifique, inventeur, et fondateur de la Corporation Polaroïd, fit la connaissance d'Ansel Adams en 1948, par l'intermédiaire de l'historien de l'art Clarence Kennedy. Celui-ci avait contacté Land au cours des années 1930 parce qu'il s'intéressait à la photographie stéréo et à ses applications possibles dans le domaine de l'enseignement. D'associés, Land et Kennedy devinrent bientôt des amis proches, jetant les bases de ce qui allait devenir un exemple parfait de collaboration harmonieuse entre artiste et industriel.

Lorsqu'en 1947, Land présenta son invention – la photographie instantanée – à la Optical Society of America, il s'était écarté de l'objectif initial de sa compagnie, à savoir la fabrication de polariseurs, et s'apprêtait à s'embarquer dans une nouvelle aventure – la photographie instantanée. On appuyait sur un bouton et quelques secondes plus tard, ôtant le négatif d'un geste, on découvrait comme par magie une photo sépia. Clarence Kennedy assista à cette démonstration et décida d'emblée de présenter Land à Ansel Adams.

Invité à Cambridge, dans Massachusetts, Adams eut droit lui aussi à une démonstration et fut immédiatement conquis, pressentant les immenses possibilités de cette nouvelle technique. Le soir au dîner, les deux personnages poursuivirent leur conversation. Ce fut le point de départ d'une longue et fructueuse amitié.

Peu de temps après cette rencontre, Land acheta le Portfolio I d'Adams. « J'ai pour vos compétences esthétiques aussi bien que techniques la plus grande admiration », lui écrivit-il. « En gage de celle-ci, j'aimerais vous faire cadeau d'un appareil photo et de quelques pellicules et accessoires. »[1] Ayant reçu le cadeau, Adams répondit : « J'ai hâte d'essayer l'appareil... Je suis véritablement enthousiasmé à l'idée de m'en servir en studio et sur le terrain. Il s'agit là, à mon avis, d'une des plus grandes avancées en matière de photographie. »[2]

Les collègues de Land affirment qu'il ne lui fallut qu'une heure pour établir dans les grandes lignes le fonctionnement de l'appareil photographique instantané. Sa mise en pratique, en revanche, ne prit pas moins de cinq ans de recherches

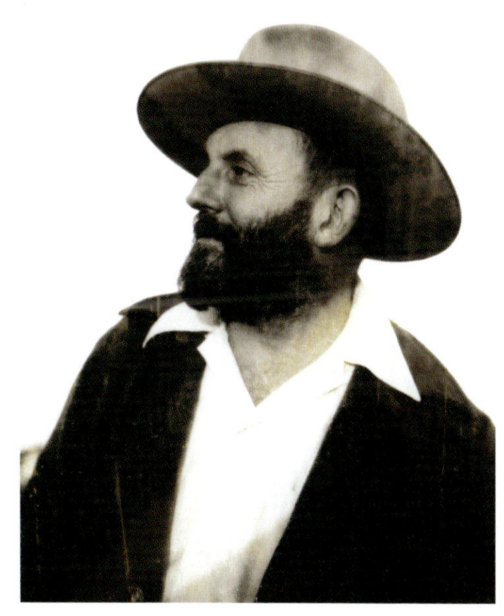

Portrait of Ansel Adams,
courtesy of Polaroid

assidues en laboratoire. Mais l'aspect scientifique n'était pas tout. Land était convaincu de l'immense potentiel artistique de la photographie instantanée, et que nombreux étaient ceux qui voudraient s'en servir à des fins créatives. Land, qui jouissait d'une grande reconnaissance en tant que scientifique, inventeur, éducateur et chef d'entreprise, se voyait, disait-il, comme un artiste. Il estimait que la recherche artistique avait un rôle essentiel à jouer dans le développement des produits Polaroïd. C'était en s'efforçant de créer une image aussi belle que possible qu'on pourrait repousser les limites de la pellicule – pas en multipliant les études théoriques en laboratoire. De la même manière, le paradigme mathématique d'une pellicule et les études empiriques élaborés par les chercheurs et ingénieurs ne pouvaient se substituer au travail sur le terrain.

C'est ainsi qu'en 1948, Ansel Adams fut le premier de plusieurs conseillers artistiques à être engagé par Land. Son rôle était de tester des appareils, de

la pellicule et du matériel photographique, en studio comme sur le terrain.
Comment fontionnait tel appareil ? Que pouvait-on faire pour l'améliorer ? Telle
pellicule allait-elle mettre en valeur les points les plus lumineux, ou au contraire
être surexposée et noyer tous les détails ? Ces questions et bien d'autres consti-
tuent l'essentiel des conversations qui eurent lieu entre entre Adams et Land
– et, plus tard, quelques autres collègues triés sur le volet – pendant plus de
30 ans.

Adams travaillait de manière méticuleuse et consciencieuse. Au parc national
de Yosemite, il avait pris de multiples photos de ses compagnons ainsi que de
formations rocheuses, de cascades et du mont El Capitan, notant scrupuleu-
sement les temps d'exposition et analysant les performances des appareils et
de la pellicule. Son ami Charles Sheeler, lui-même peintre et photographe
moderniste, posa pour lui au milieu de taches de lumière. La pellicule serait-
elle capable de rendre la manière dont celle-ci éclairait son pantalon sombre et
les planches usées de la cabane qui se trouvait derrière lui ? Dans ses lettres
à Land, il relatait en détail ses expériences. Adams s'enthousiasmait pour les
qualités du matériel et suggérait des améliorations lorsqu'il les jugeait néces-
saires. Il écrivit, en tout et pour tout, 5 000 pages sous forme de lettres, cartes
postales et notes diverses, détaillant ses découvertes et réfléchissant en profon-
deur sur la photographie dans ses aspects techniques et esthétiques.

Land trouva en Adams un défenseur de la photographie en tant qu'art à part
entière. Celui-ci pensait que les clichés Polaroïd gagneraient à être exposés
aux côtés d'œuvres de maîtres. Leur but n'était pas tant de légitimer la photo-
graphie Polaroïd que de mettre en évidence ses qualités intrinsèques en la
confrontant avec des tirages plus conventionnels.

Au début de l'année 1956, Land demanda à Adams de l'aider à choisir des
œuvres de photographes américains célèbres en vue de constituer une collec-
tion. Il souhaitait aussi inclure des images prises par des amis et connais-
sances qu'il tenait en estime. Cette collection se voulait un modèle d'excellence.
« J'ai toujours pensé que le Polaroïd devait garder un lien avec la photographie
au sens large », écrivit Adams à Land, « ceci afin qu'il en fasse pleinement
partie, et pour éviter tout compartimentage. C'est en associant les clichés
Polaroïd-Land avec les meilleurs exemples du genre que la technique Polaroïd
pourra être jugée à sa juste valeur. »[3]

Adams obtint un budget pour acheter des œuvres d'Edward Weston et
de Paul Strand. Avant que l'année se fût écoulée, il avait fait l'acquisition de
plusieurs œuvres d'Eliot Porter, de Dorothea Lange, de Laura Gilpin, de Minor
White, d'Eugene Smith, de Margaret Bourke-White et de Brett Weston, coûtant

entre 5 et 100 dollars chacune. « J'ai pris contact avec Paul Strand », écrivit-il,
« mais son prix minimal est trop élevé (125 $ pour un 13 x 18 !!). Trop, c'est
trop ! »[4] De son côté, il vendit à Land pour 100 dollars son propre Portfolio
Two : The National Parks and Monuments, qui contenait quinze tirages impec-
cables en 8 x 10.

Baptisée la Library Collection, la sélection constituée par Ansel Adams se
voulait un modèle de qualité et de réussite auquel les instantanés Polaroïd
allaient pouvoir se mesurer. Toute œuvre réalisée grâce à cette nouvelle tech-
nique devrait égaler l'excellence technique et esthétique des œuvres de la
Library Collection. La barre était haut placée, et le prix à payer l'était égale-
ment – n'oublions pas qu'on était en 1957. Comment une petite compagnie
nouvellement fondée allait-elle pouvoir continuer à s'offrir les originaux de
grands artistes ?

Une solution était d'engager d'autres jeunes artistes et photographes
commes consultants afin qu'ils testent les appareils et la pellicule. Les clichés
ainsi obtenus seraient ensuite partagés avec Polaroïd, qui garderait les plus
réussis pour sa collection. Au cours des années 50 et 60, plusieurs artistes
accomplis, dont Paul Caponigro, Marie Cosindas, Philippe Halsman, Bert Stern,
Arnold Newman et Yousuf Karsh, acceptèrent de participer. L'un d'entre eux
était Nick Dean, jeune photographe débutant habitant Boston. Plusieurs années
plus tard, il décrivit en ces termes son travail et l'atmosphère qui régnait dans
l'entreprise :

« Pendant cinq ou six ans vers la fin des années 50 et au début des années
60, on voyait, le samedi et le dimanche matin, partir une voiture pleine de
photographes de la région de Boston armés de leurs appareils. Ils se diri-
geaient vers Gloucester ou Essex, parfois vers Bald Head Cliff, au sud de l'État
du Maine. L'excursion n'avait rien d'officiel ou de préparé, mais les mêmes
finissaient souvent par retourner aux mêmes endroits. Au bout d'un certain
temps, on pouvait prévoir quelle serait la lumière à tel endroit et à telle heure,
en fonction des marées. Tous avaient le sentiment qu'ils étaient en train de
participer à quelque chose d'unique. »[5]

Meroe Marston Morse, l'un des associés les plus proches de Land, eut une
autre idée : pourquoi ne pas confier du matériel Polaroïd à de jeunes photo-
graphes encore inconnus mais prometteurs, en échange de quelques-unes des
photos les plus réussies qu'ils réaliseraient avec celui-ci ? La collection ainsi
constistuée permettrait de souligner l'évolution technique de la photographie
instantanée, tout en servant de témoignage sur certains aspects de la culture
américaine. Tout le monde aurait à y gagner, y compris les techniciens de

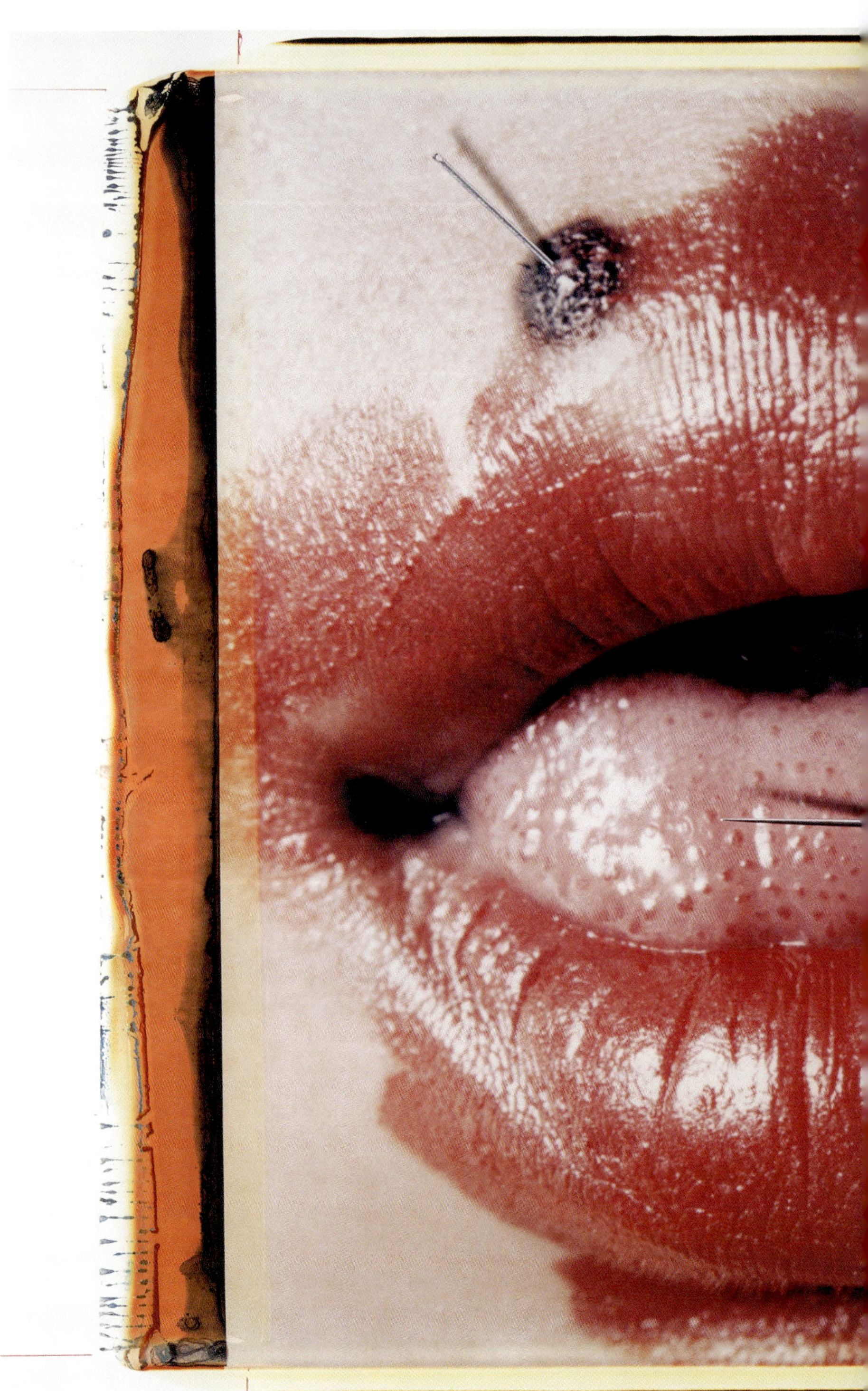

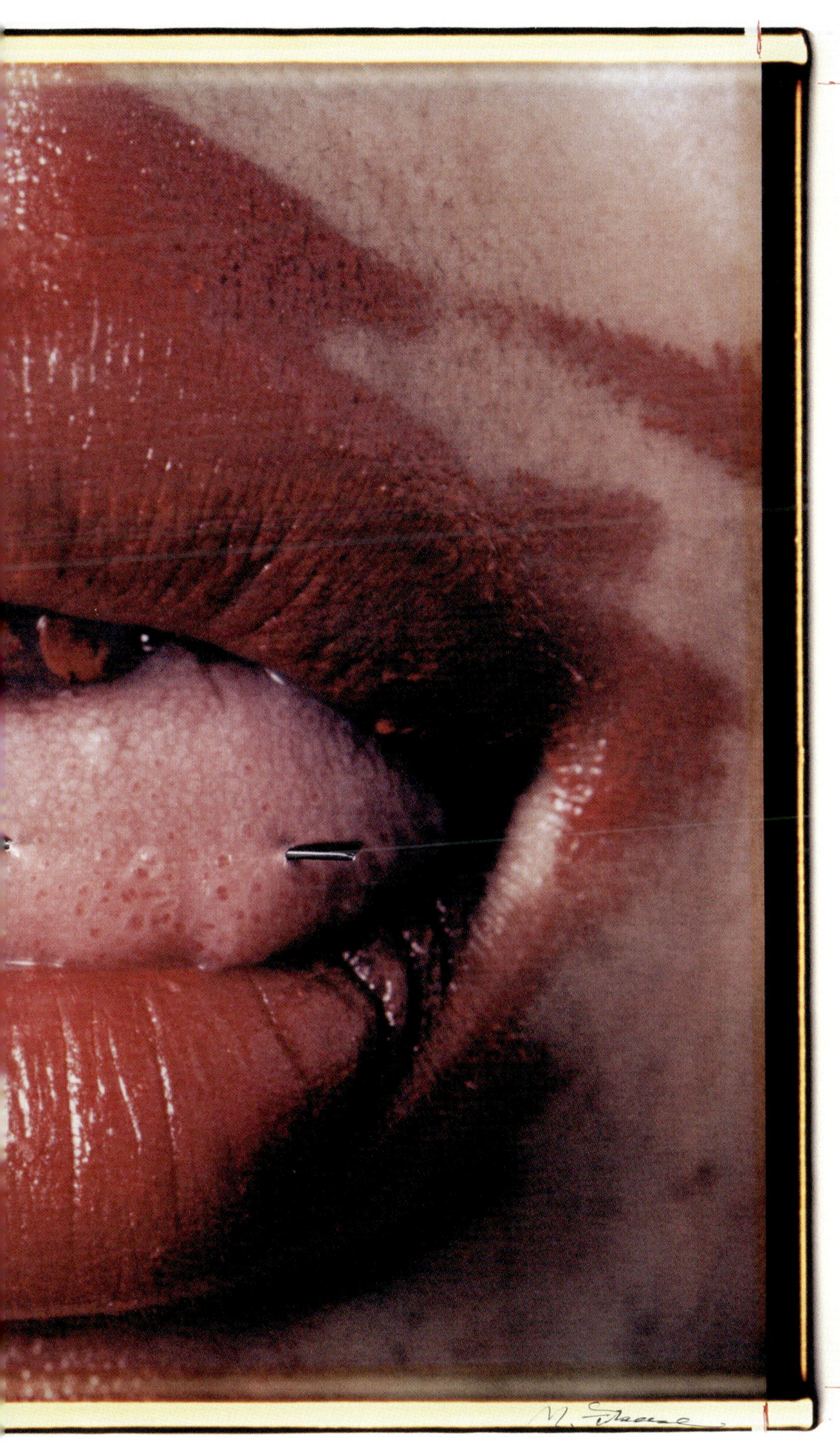

la firme Polaroïd, qui pourraient en tirer des enseignements précieux sur le matériel et la pellicule. L'idée se concrétisa en un système de bourse, l'Artist Support Program, qui apporte son soutien à un certain nombre d'artistes et de photographes.

Au départ, il n'y avait pas de conservateur professionnel pour réceptionner les propositions et distribuer les bourses. Des employés de divers départements – de la recherche à la publicité, en passant par le marketing et les ateliers de fabrication de pellicule – étaient chargés d'acheminer la pellicule jusqu'aux photographes. Un observateur qualifia cette situation d'« anarchie contrôlée ». Il fallut attendre 1972, date de la fondation de la Clarence Kennedy Gallery, pour qu'une structure fût mise en place pour faciliter – et canaliser – l'octroi des bourses. Quinze employés de chez Polaroïd étaient volontaires pour se réunir deux fois par ans afin de passer en revue les portfolios et décerner les bourses. Pendant les années 80, cette tâche fut assurée par un comité de direction composé de six employés habitués à travailler dans le domaine artistique, et du directeur de la Kennedy Gallery. Ce comité disparut ensuite progressivement et fut remplacé par des conservateurs professionnels. À chaque stade, j'eus la grande chance de prendre part aux décisions.

Les œuvres de la Library Collection et celles, très nombreuses, d'Ansel Adams constituaient au départ l'essentiel de la collection Polaroïd. Avec l'Artist Support Program, de nouvelles acquisitions commencèrent à affluer, dont beaucoup s'affranchissaient de l'influence d'Adams et de ses paysages en noir et blanc. C'était les années 70, début d'une phase d'expérimentation en termes techniques et esthétiques. Conformément à l'image de marque de l'entreprise, qui se voulait innovante, créative et inventive, les conservateurs de Polaroïd privilégiaient les œuvres les plus avant-gardistes. Certes, nous n'avions rien contre les tirages bien léchés ou les belles images évocatrices, mais nous accueillions aussi à bras ouvert les tirages retouchés à la main, ceux qui avaient été réalisé d'anciens procédés de fabrications à partir, bref, toute image dans laquelle l'artiste faisait preuve d'imagination pour exprimer ses idées et ses expériences.

Nous recevions de moins en moins de photographies conventionnelles ou documentaires. Au contraire, nous découvrions avec joie de véritables chefs-d'œuvre pleins d'imagination.

Pour beaucoup d'artistes, un tirage Polaroïd est comme une toile inachevée qui n'attend que leur touche personnelle. Au cours des années 60, Lucas Samaras retouchait ses autoportraits de dessins à l'encre et à la peinture. En 1972, lorsque Polaroïd lança son nouvel appareil révolutionnaire, le SX-70,

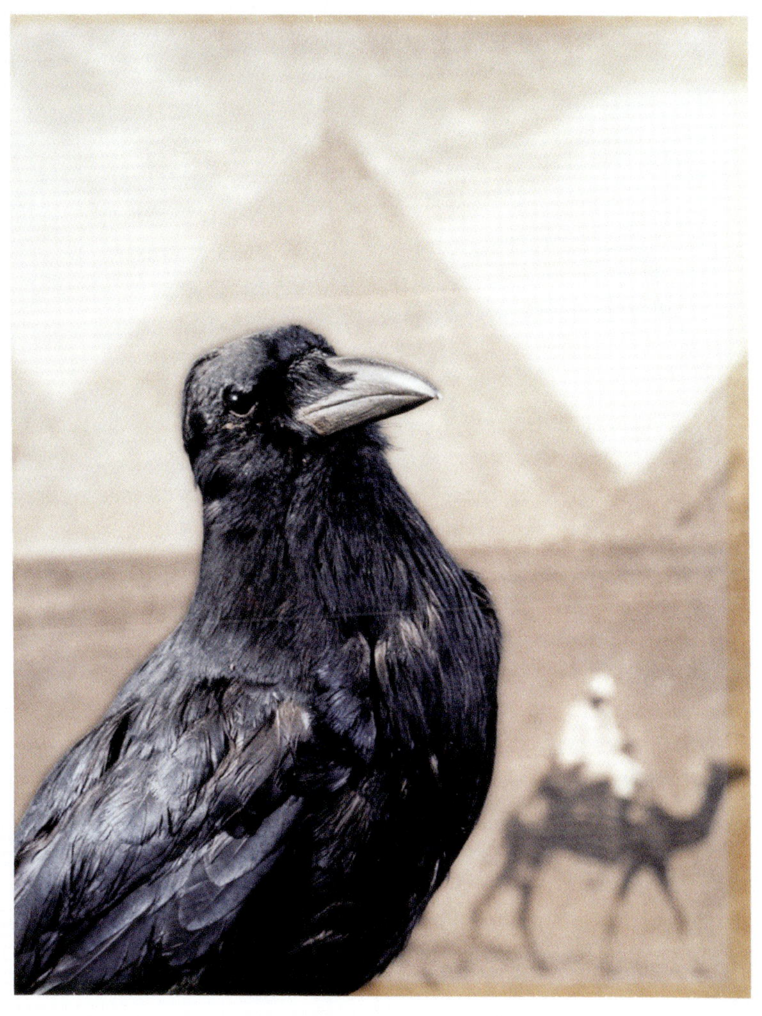

Samaras manipulait les pigments avec une aiguille de manière à créer des effigies déformées de lui-même. Quant à Rauschenberg, il badigeonnait grossièrement ses photos 50 x 60 cm pouce en noir et blanc de fixateur. Les parties non traitées s'oxydaient au bout de quelques jours et viraient au sépia. D'autres appliquaient sur leurs œuvres de l'encre, de la peinture acrylique, des teintures diverses, voire même du sang. Certains perçaient les tirages avec des aiguilles, grattaient les négatifs ou les positifs, et faisaient leurs tirages au platine, au palladium et autres formules anciennes.

Il existe une foule d'anecdotes sur l'origine du transfert d'image, procédé unique à la photographie instantanée de Polaroïd. La plus crédible raconte qu'il fut découvert par hasard par des étudiants de l'école du musée des Beaux-Arts de Boston. D'autres prétendent que c'est Rosamond Purcell, photographe de Boston qui adorait expérimenter avec les pellicules Polaroïd, qui réalisa malgré elle le premier transfert. Quelle que soit son origine, le transfert d'image fut au départ un secret bien gardé. Ceux qui réalisaient ces tirages aux couleurs pastel et aux allures d'aquarelles ne révélèrent rien de leur technique.

C'est John Reuter, le directeur du studio 20 x 24 de Polaroïd, qui fut le premier à mettre au point la technique du transfert d'image et à l'enseigner à la demande pressante de photographes amateurs et professionnels. En quelques années, la technique, qui consistait à transférer les pigments d'une photographie Polaroïd sur un support inhabituel (cire d'abeille, verre, soie ou papier aquarelle) rencontra un énorme succès. Sa popularité continue d'ailleurs aujourd'hui, comme en attestent le grand nombre de transferts réalisés par les particuliers comme par les professionnels.

Les premiers transferts d'émulsion Polaroïd que j'ai vus étaient les œuvres de deux photographes italiens, Antonio Strati et Sergio Tornaghi. C'était en 1990. Leurs portfolios contenaient des tirages en 20 x 25 cm qui ne ressemblaient à rien de ce que j'avais vu auparavant. Il expliquèrent qu'ils avaient fait chauffer de l'eau dans des casseroles, dans lesquelles ils avaient ensuite plongé leurs tirages en Polacolor pendant environ 5 minutes. Ils avaient ensuite délicatement décollé l'émulsion du support en plastique et l'avait fait glisser sur du papier aquarelle en ajustant les bords. Une photo de Tornaghi, représentant des poissons rouges en train de nager dans une eau d'un bleu profond, en était transformée. L'image était comme emprisonnée dans la gélatine au rebord déchiquetés, qui imitait l'apparence de l'eau, et semblait flotter à la surface du papier. En touchant délicatement l'œuvre du doigt, on sentait le relief de l'émulsion.

J'ai toujours été fascinée par l'imagination des artistes, et par la manière dont ils parviennent à mettre à profit la technique du Polaroïd pour donner formes et couleurs à leurs idées. Je rends donc hommage à Edwin H. Land et Ansel Adams, qui ont tous les deux, par leurs paroles et leurs actes, profondément influencé ma vision et mon amour de la photographie. Chacun s'intéressait avant tout à la photographie en tant qu'art, mais ils savaient aussi que cette dimension esthétique devait d'abord passer par une exploration des aspects techniques.

Grâce à Adams et Land, nous disposons d'environ 23 000 clichés, réalisés par près de 2 000 photographes, qui sont conservés dans les Collections Polaroïd et dont nous pouvons tirer plaisir et instruction. Leurs affinités d'esprit et leur grande amitié sont à la base du rapport exceptionnel qui exista entre l'artiste et, finalement, la compagnie. Quelles que soient les autres issues de cette collaboration, les Collections Polaroïd offrent, à mon sens, au monde entier un exemple admirable de la qualité et de la diversité auxquelles l'art – et l'industrie – peuvent aspirer.

BARBARA HITCHCOCK
Directrice, The Polaroid Collections

1 "Ansel Adams: An Autobiography", Ansel Adams and Mary Street Alinder, New York Graphic Society, 1985

2 Letter from Ansel Adams to Edwin H. Land (1948). Reprinted in "Ansel Adams' Polaroid Connection. Part 1". Mary Street Alinder, The Polaroid Newsletter for Photographic Education, Spring 1987 Volume IV, No. 2

3 Letter from Ansel Adams to Edwin H. Land (March 2, 1956), Polaroid Corporation Archive

4 Memorandum from Ansel Adams to Edwin H. Land, Meroe Marston Morse and Mrs. Sykes (January 23, 1957), Polaroid Corporate Archive

5 Letter from Nick Dean to Polaroid Corporation (n.d.), Polaroid Corporation Archive. Reprinted in "Polaroid and the Arts", Reference Volume Seven, prepared and compiled by Cheryl Collins, 1984

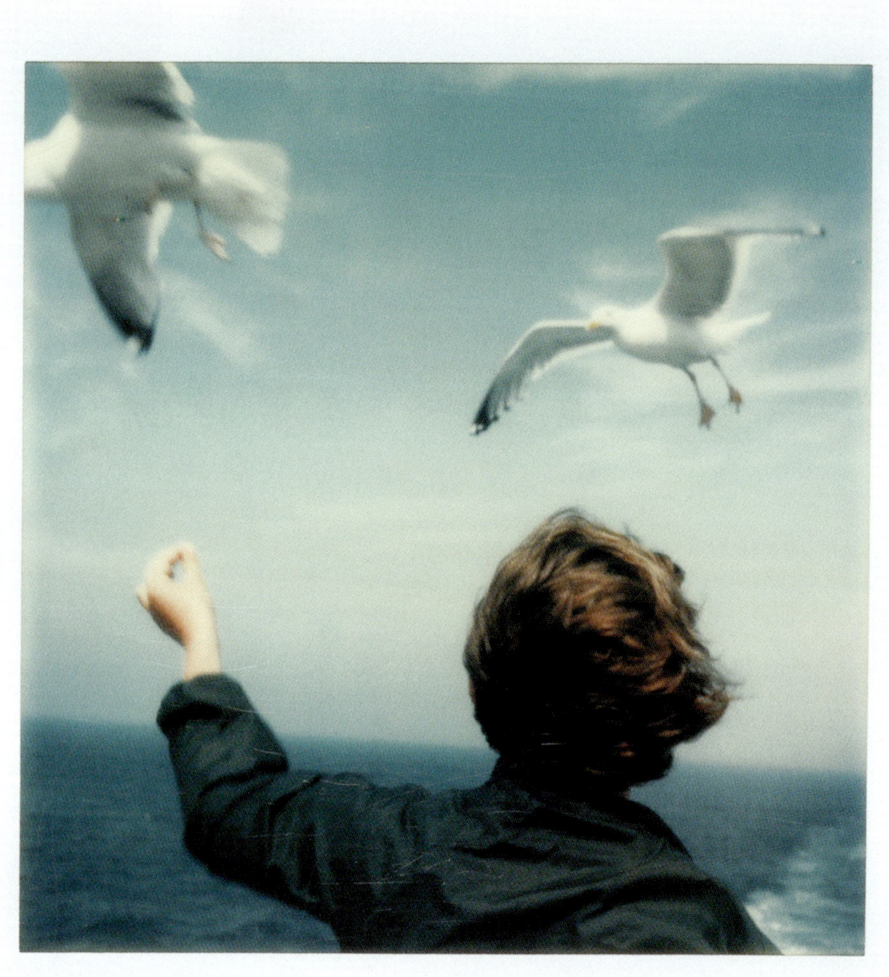

FROM THE POLAROID COLLECTIONS

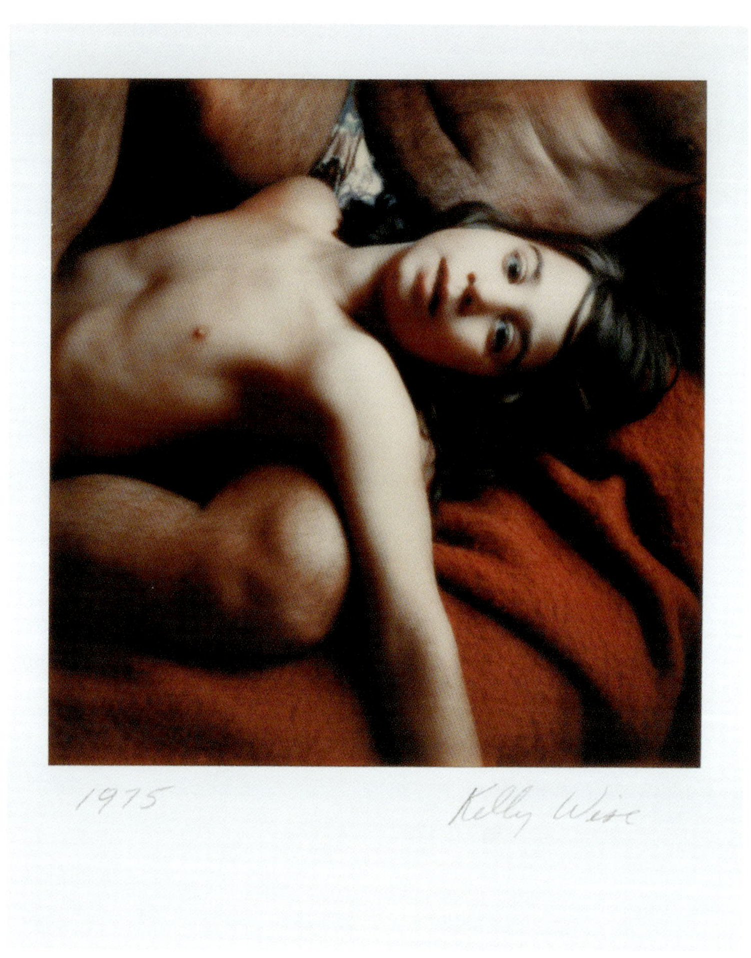

1975
Kelly Wise

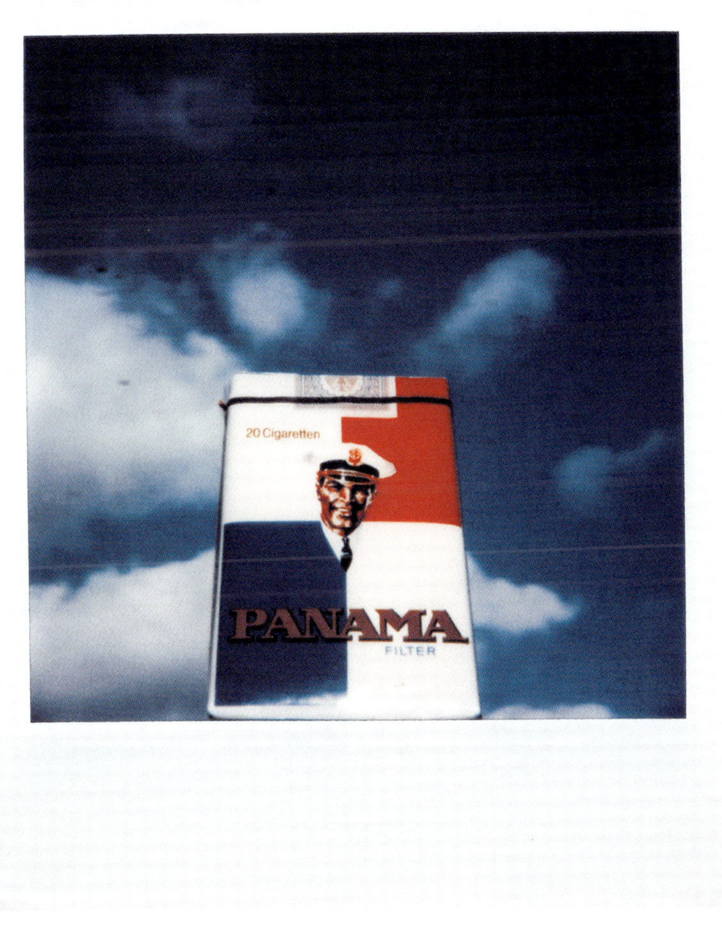

20 Cigaretten
PANAMA
FILTER

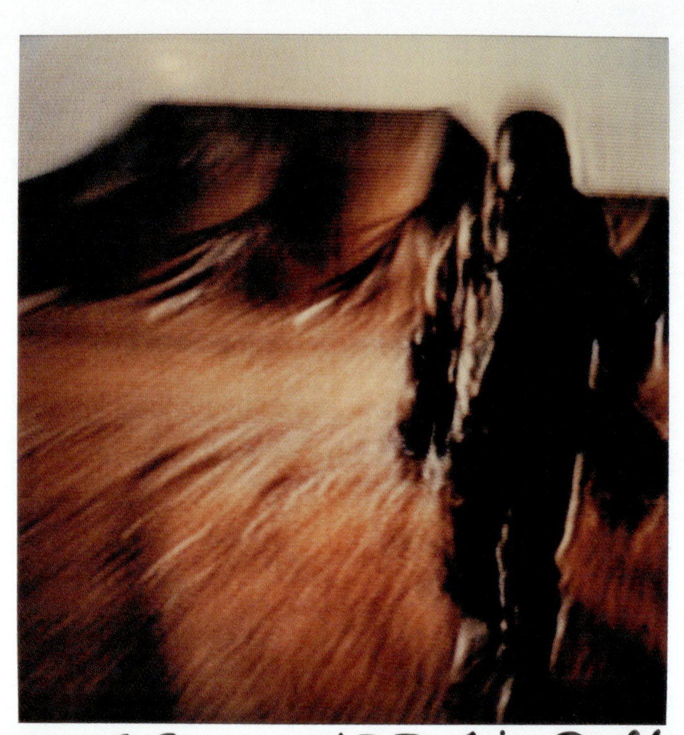

1-18-91   18:32 Jim Radke
Saudi Arabia

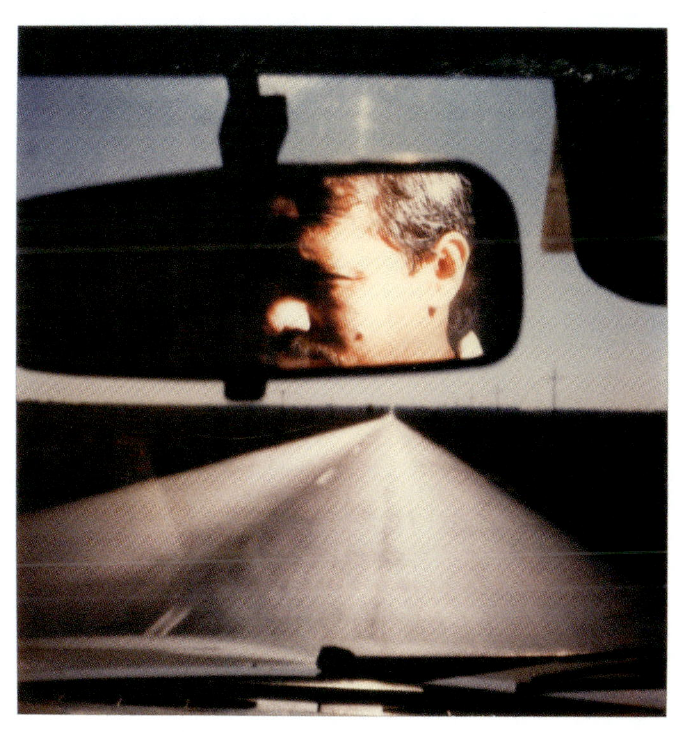

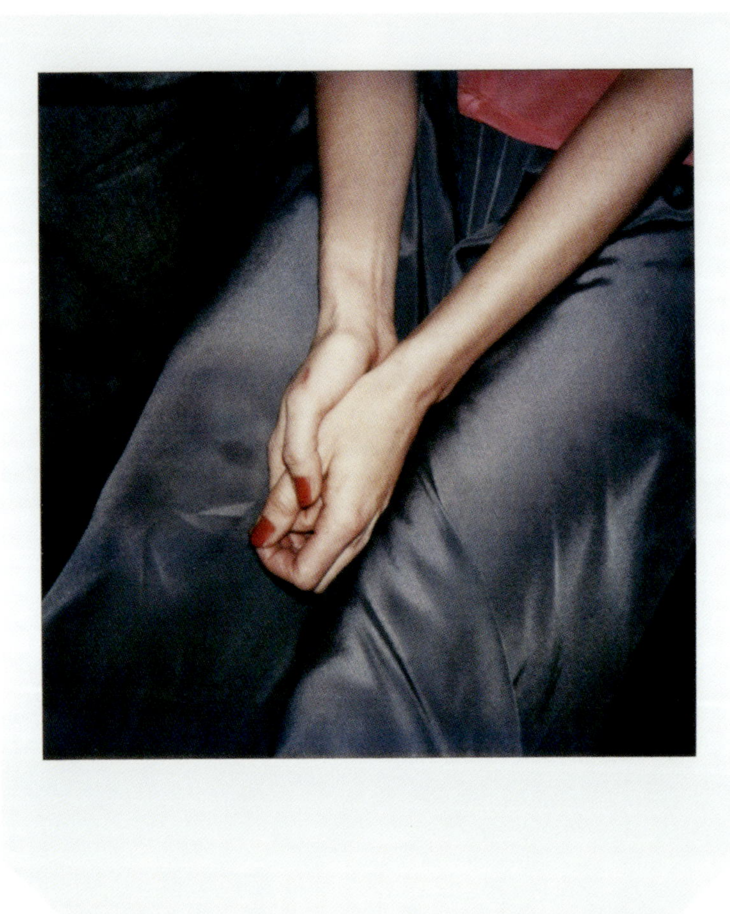

DENIS SIVACK

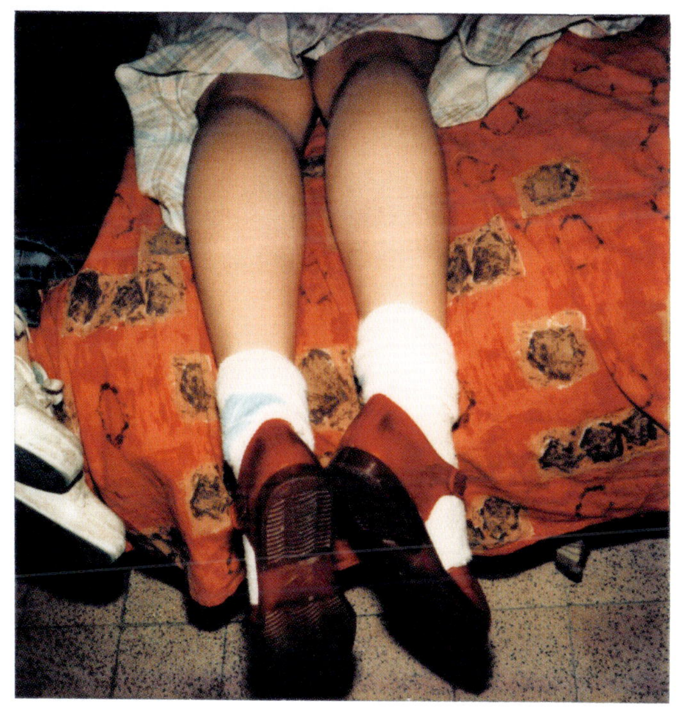

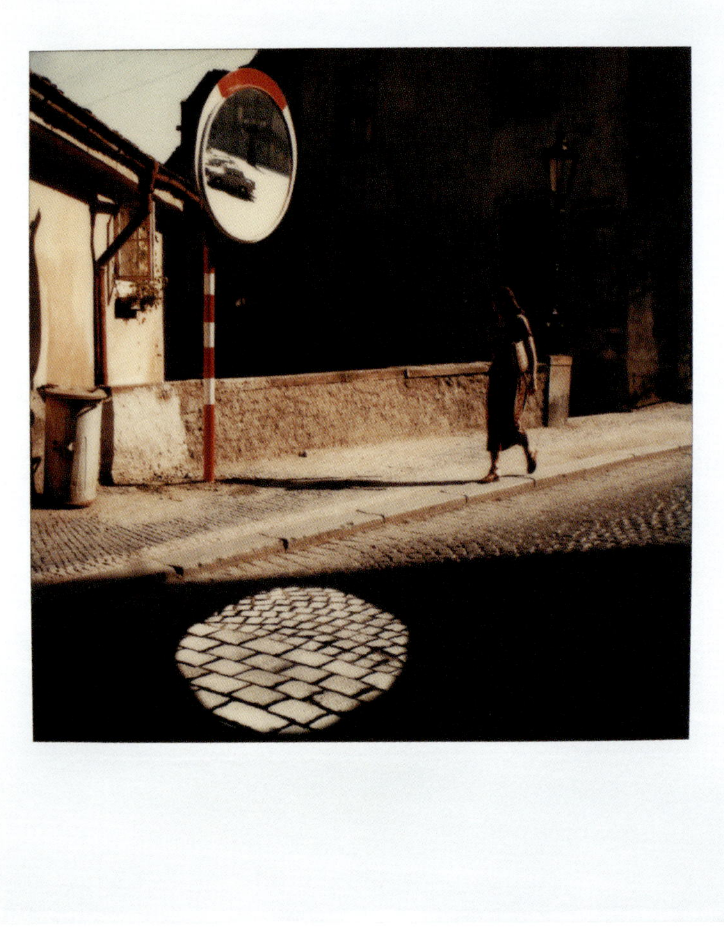

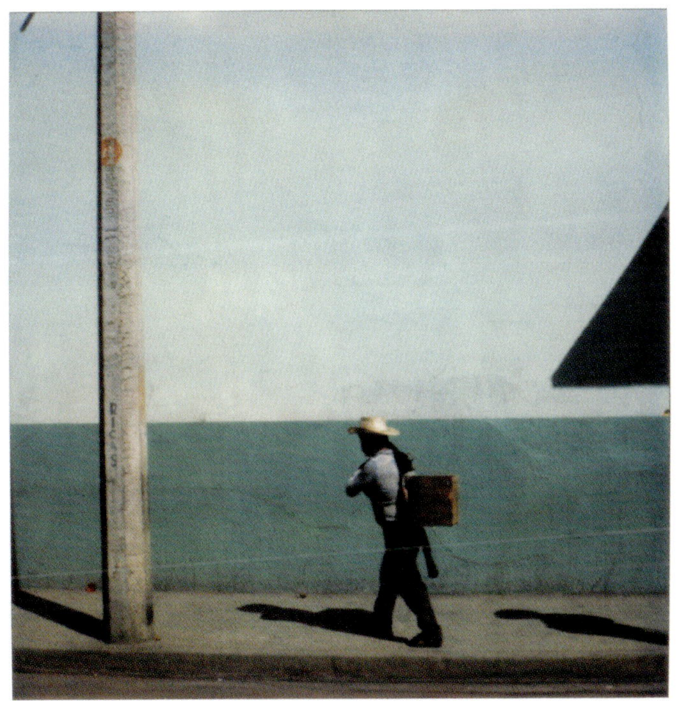

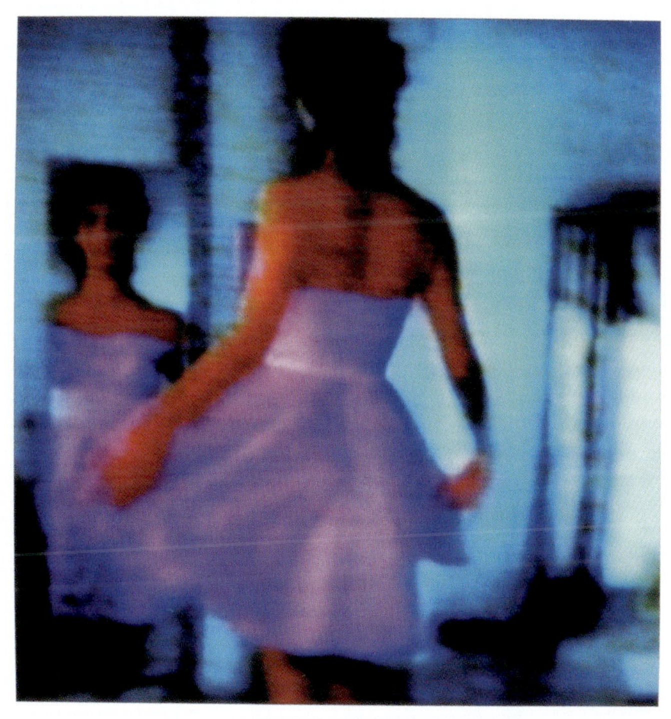

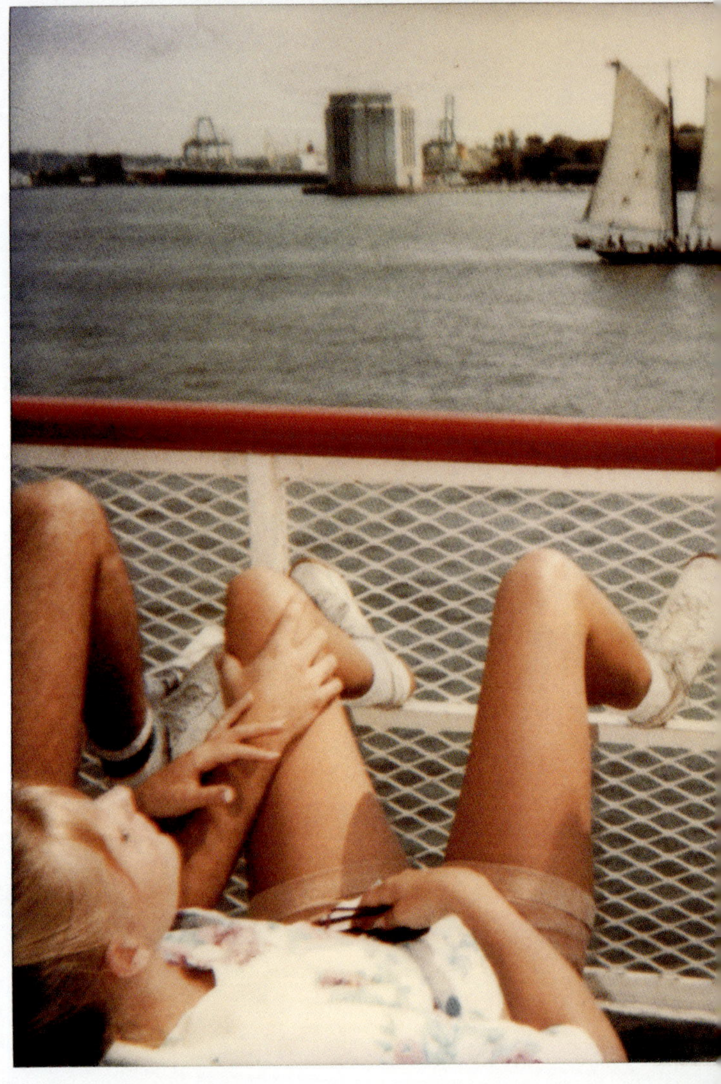

56

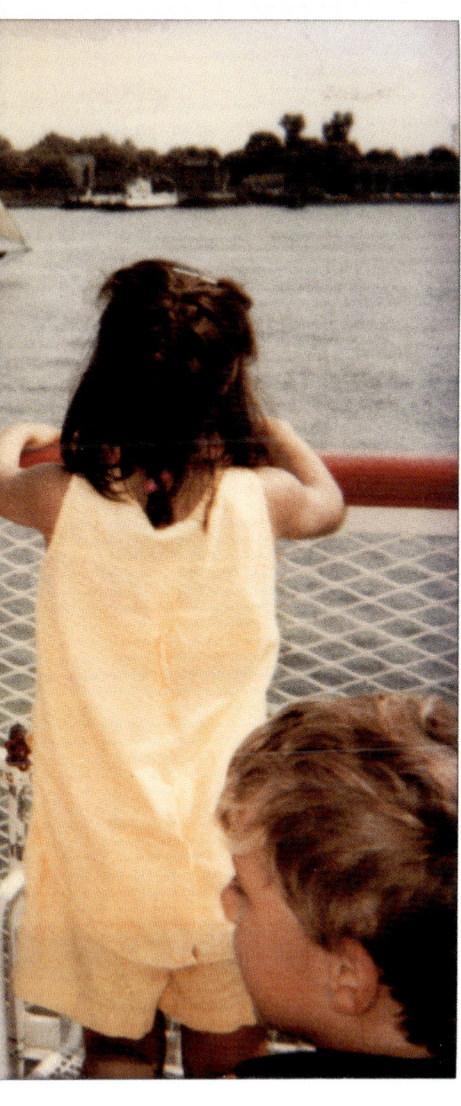

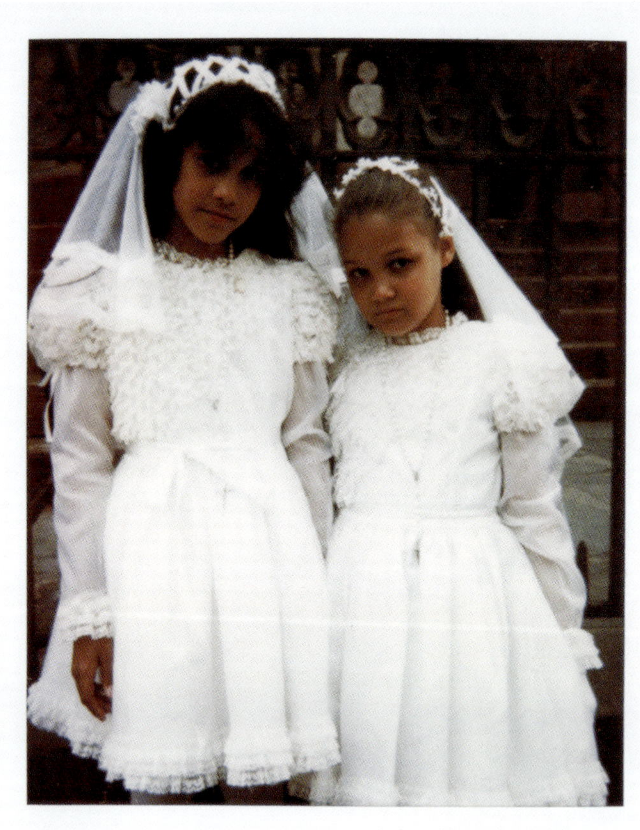

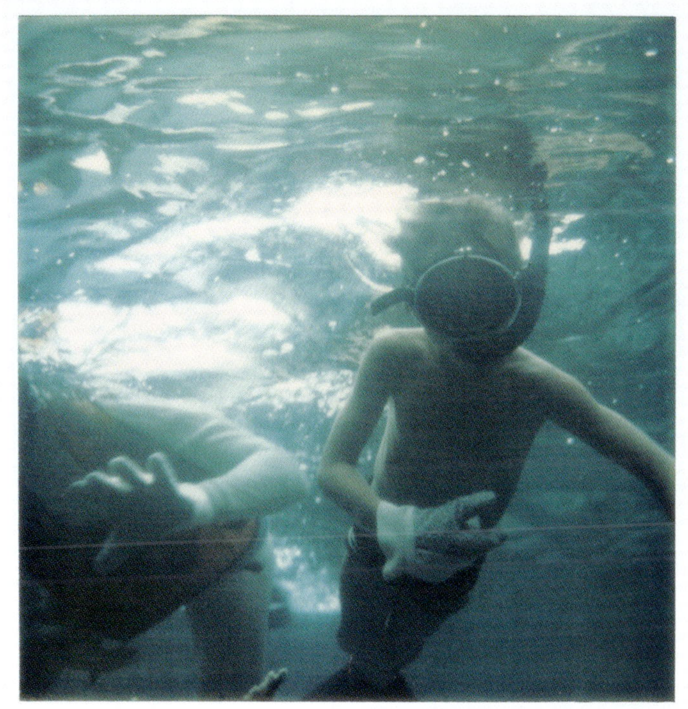

CATHY CHURCH

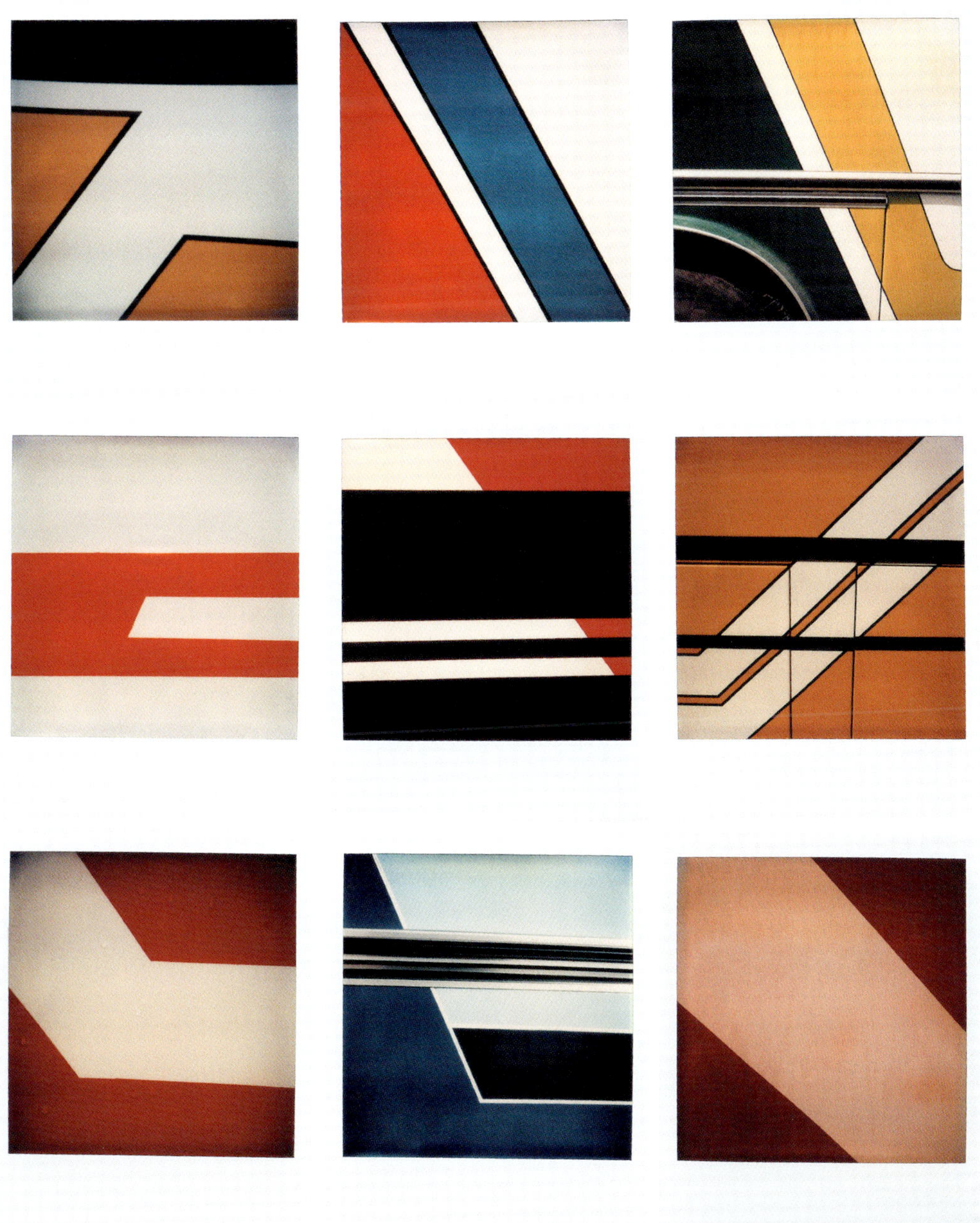

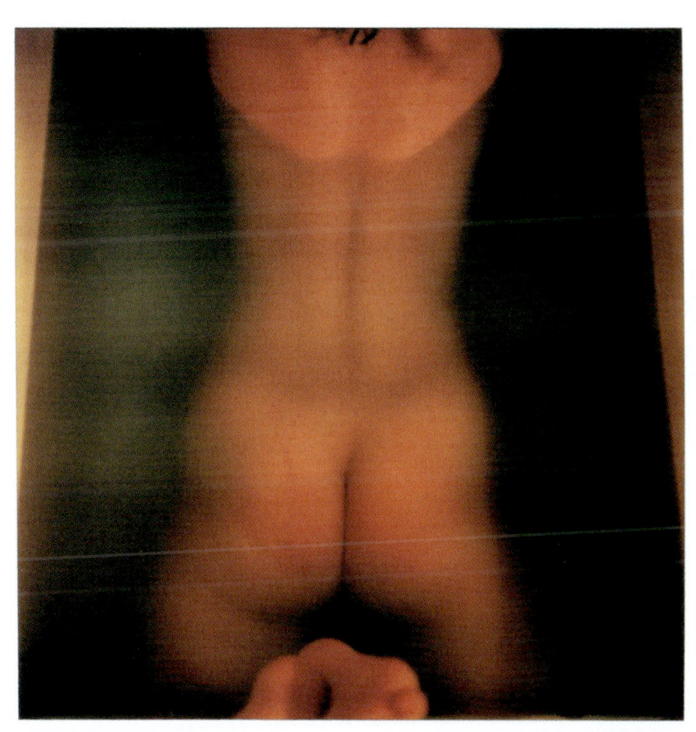

David Aschkenas 1980

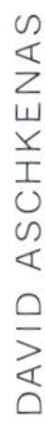

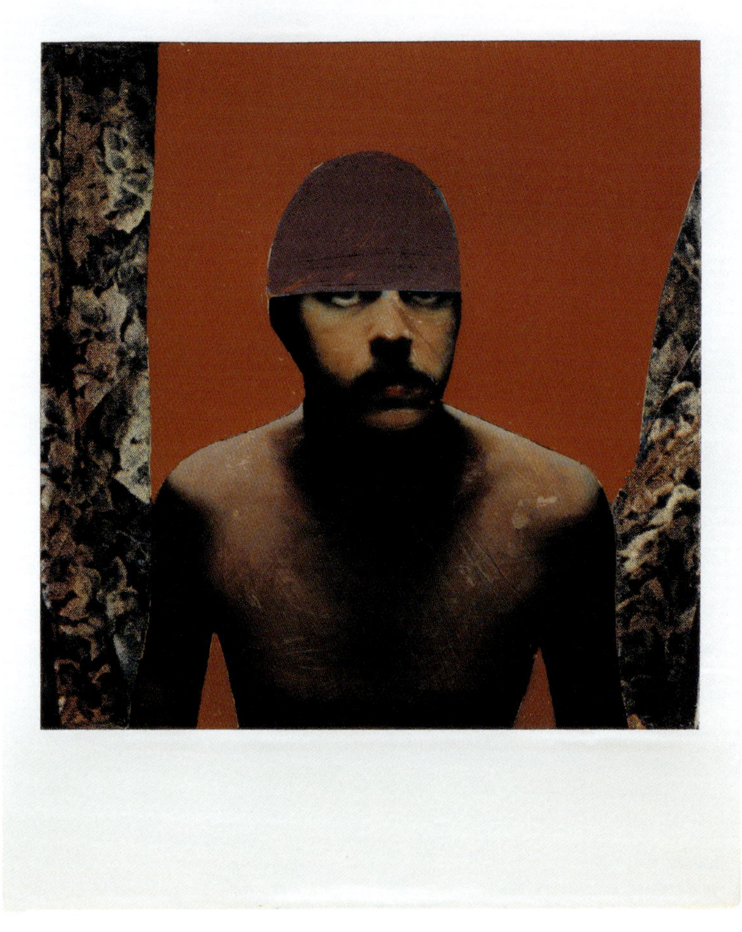

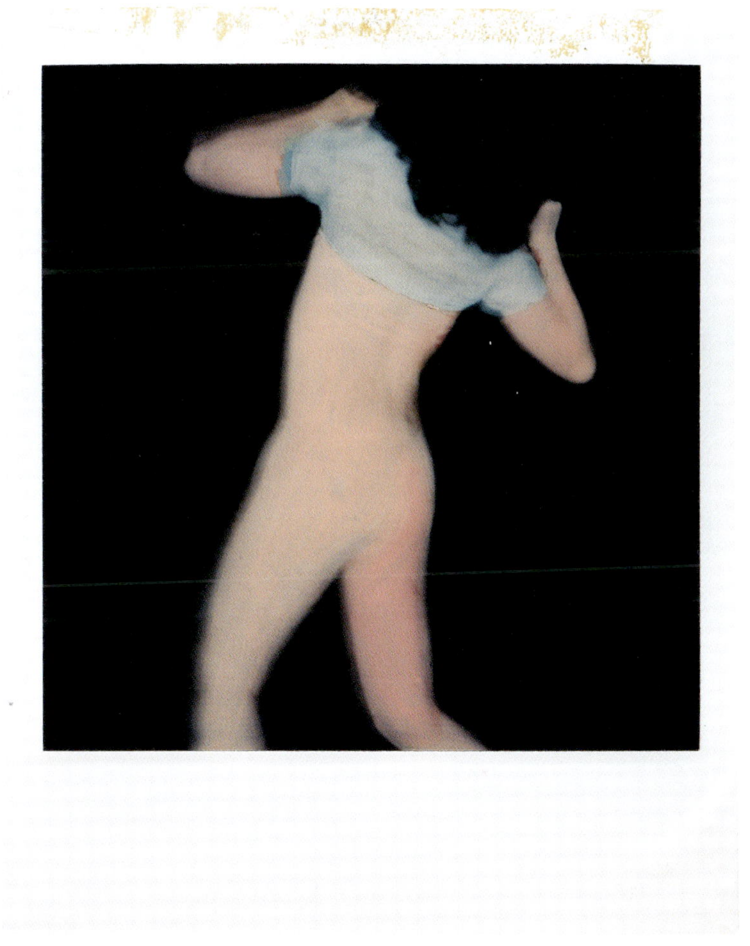

SX 70 Moonsize

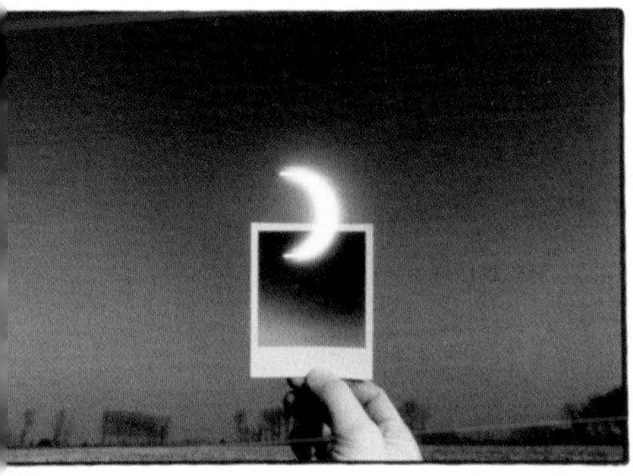 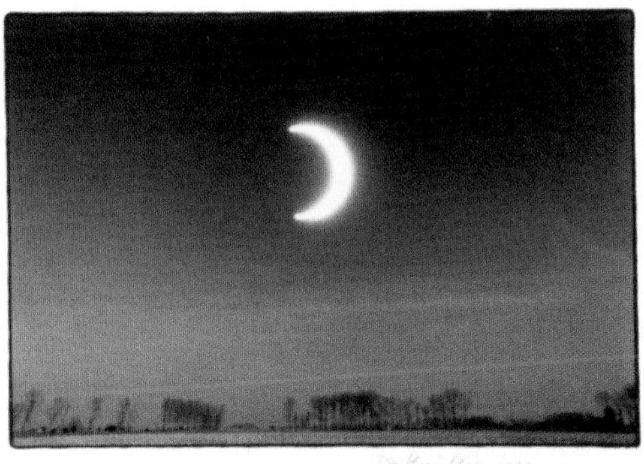

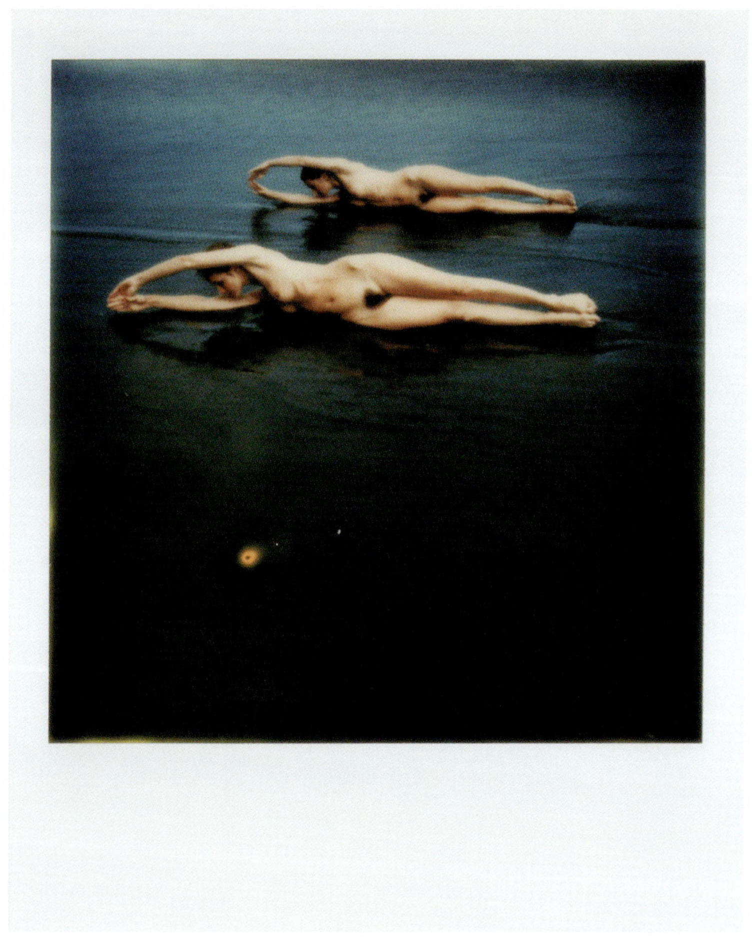

PETE TURNER

68

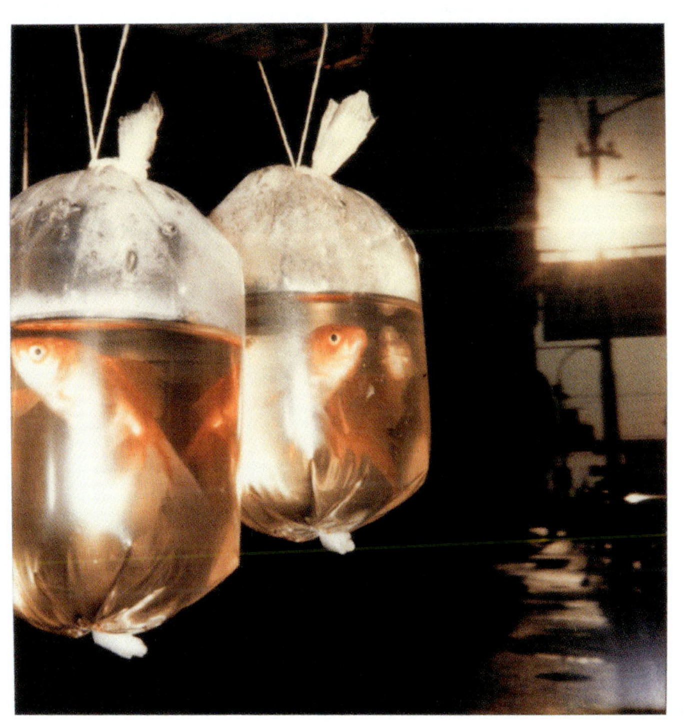

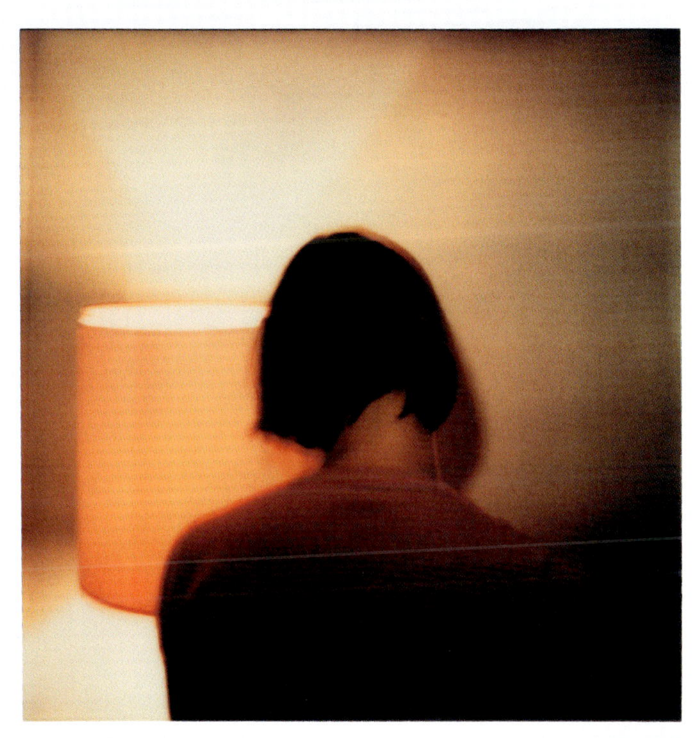

DONALD DIETZ

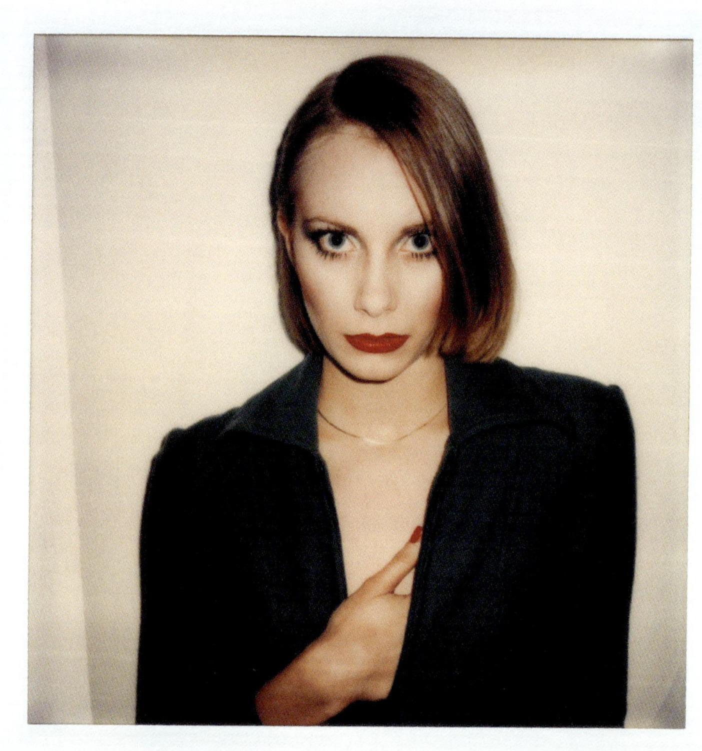

ESAD CICIC

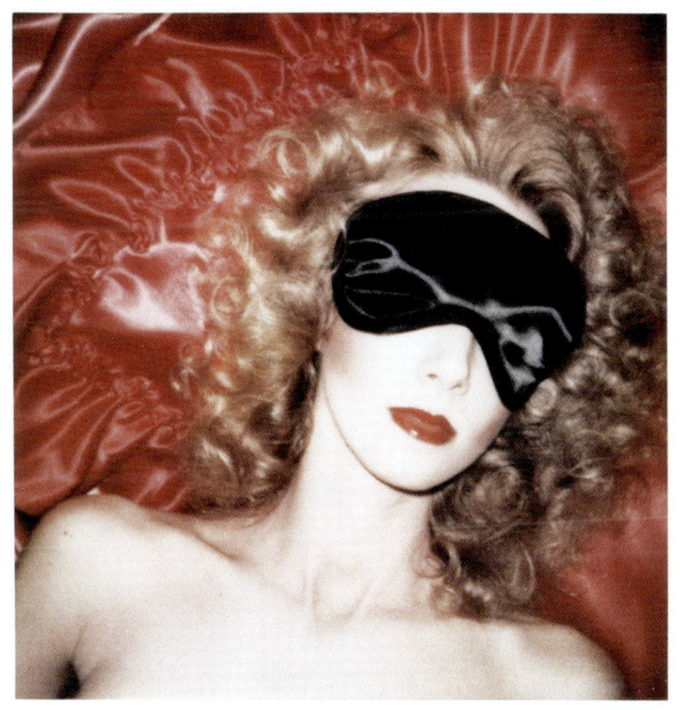

HYPNOS

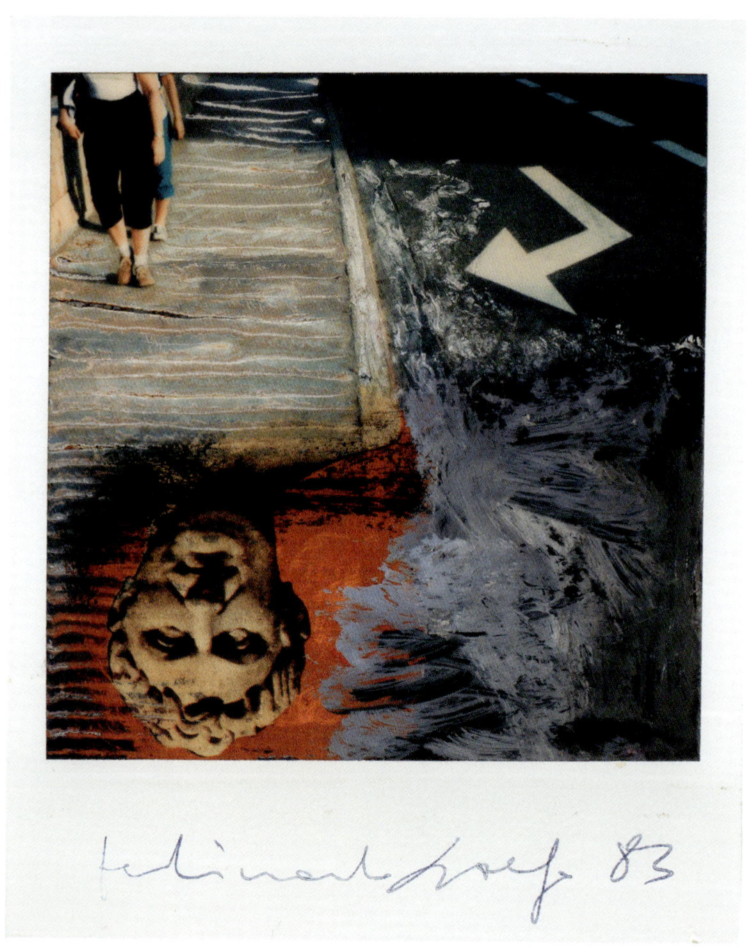

felinand golf 83

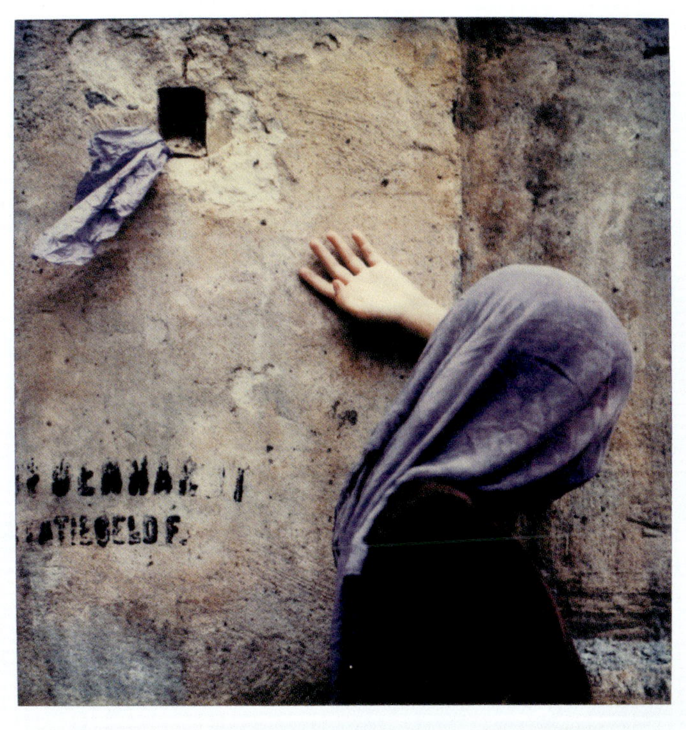

MARLO BROEKMANS / DIANA BLOK

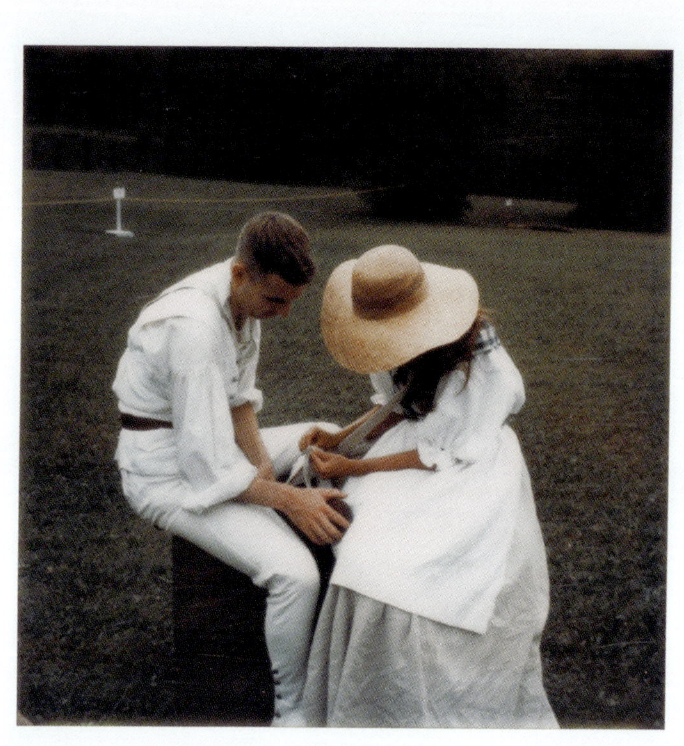

CARL PURCELL

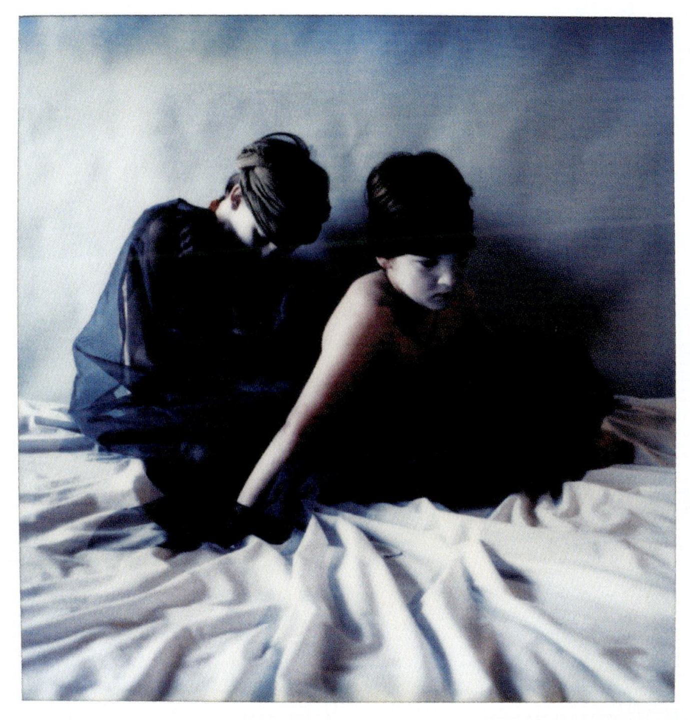

E. LOUISE WACHLER

77

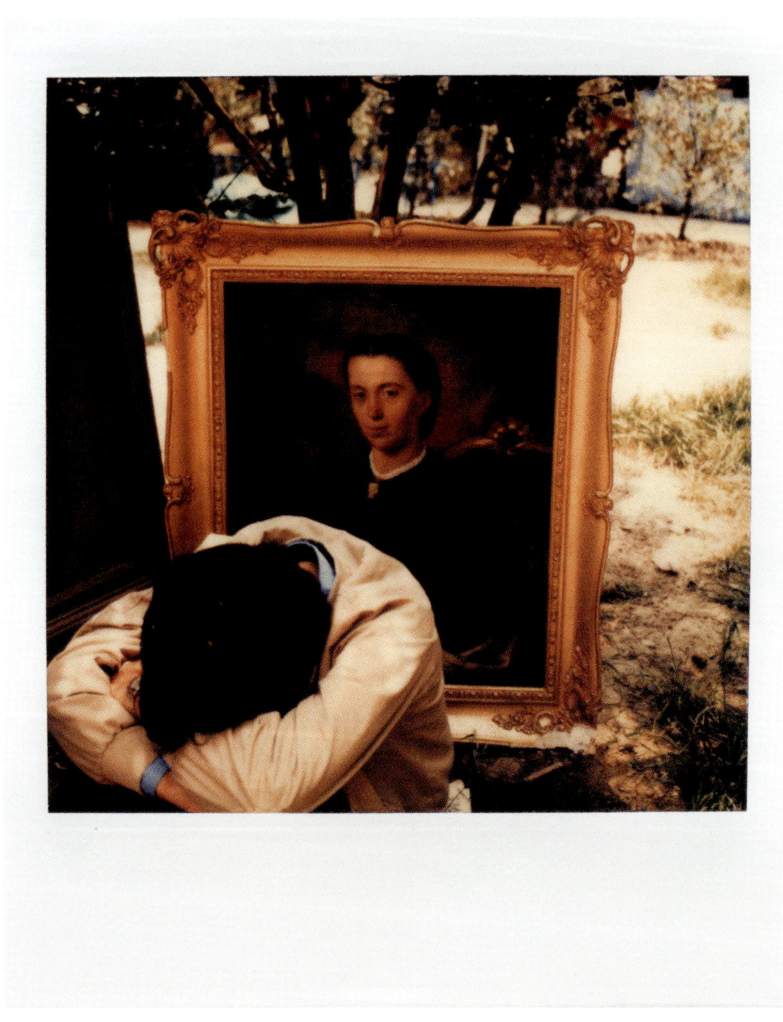

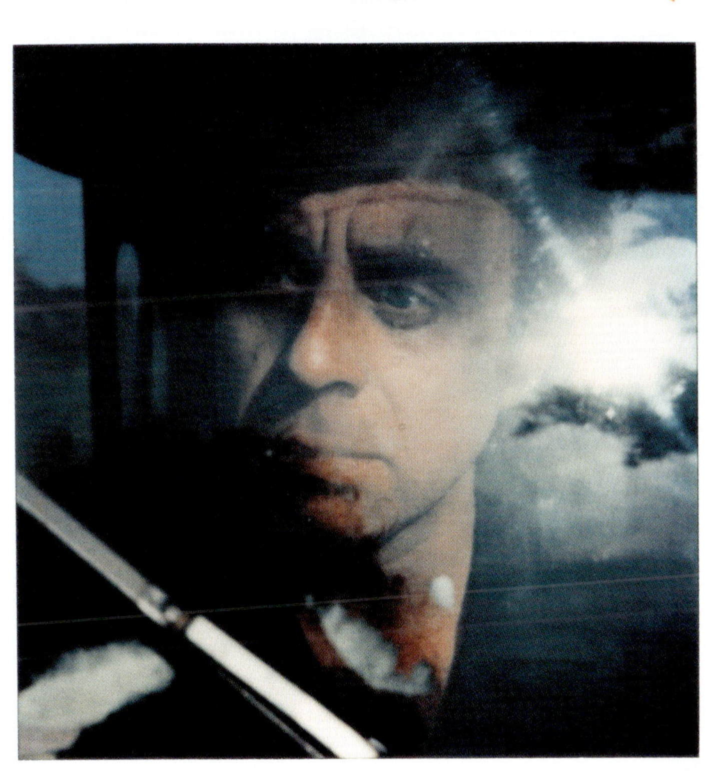

12cm

RALPH GIBSON

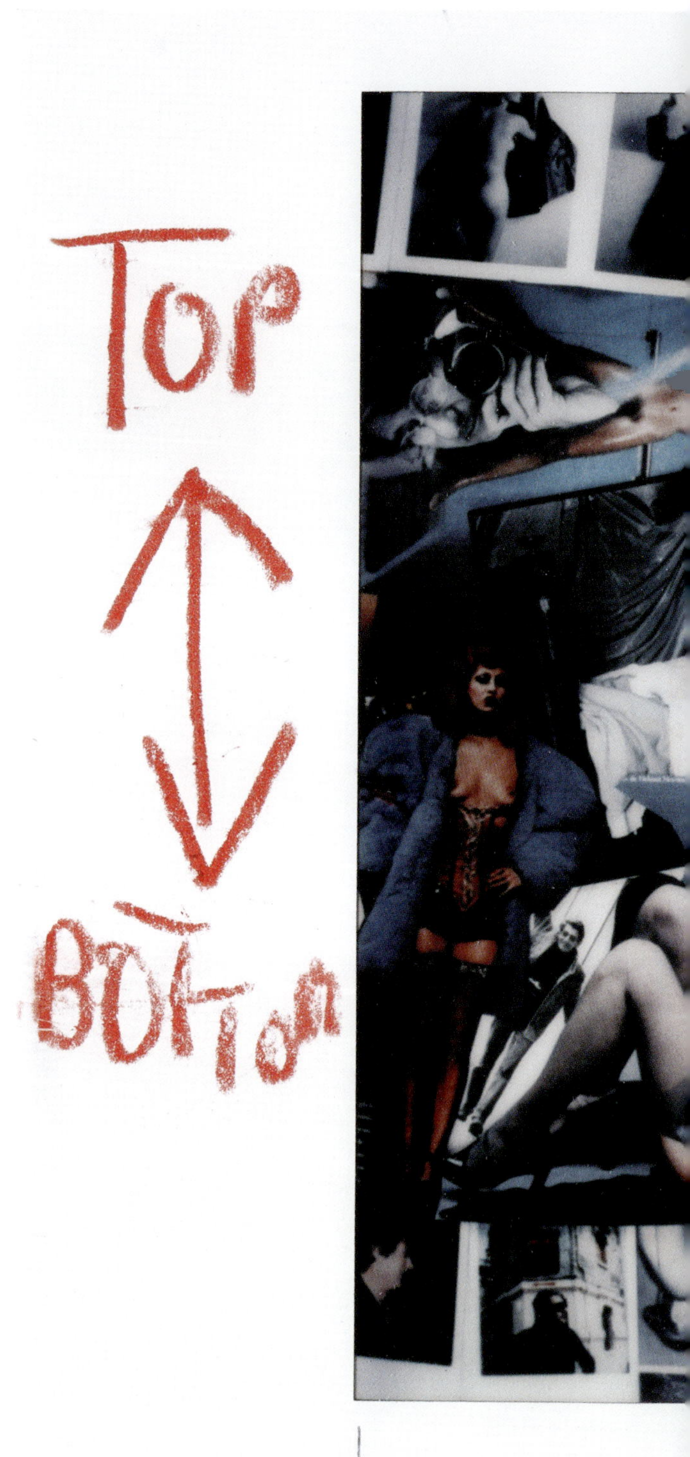
Top
Bottom

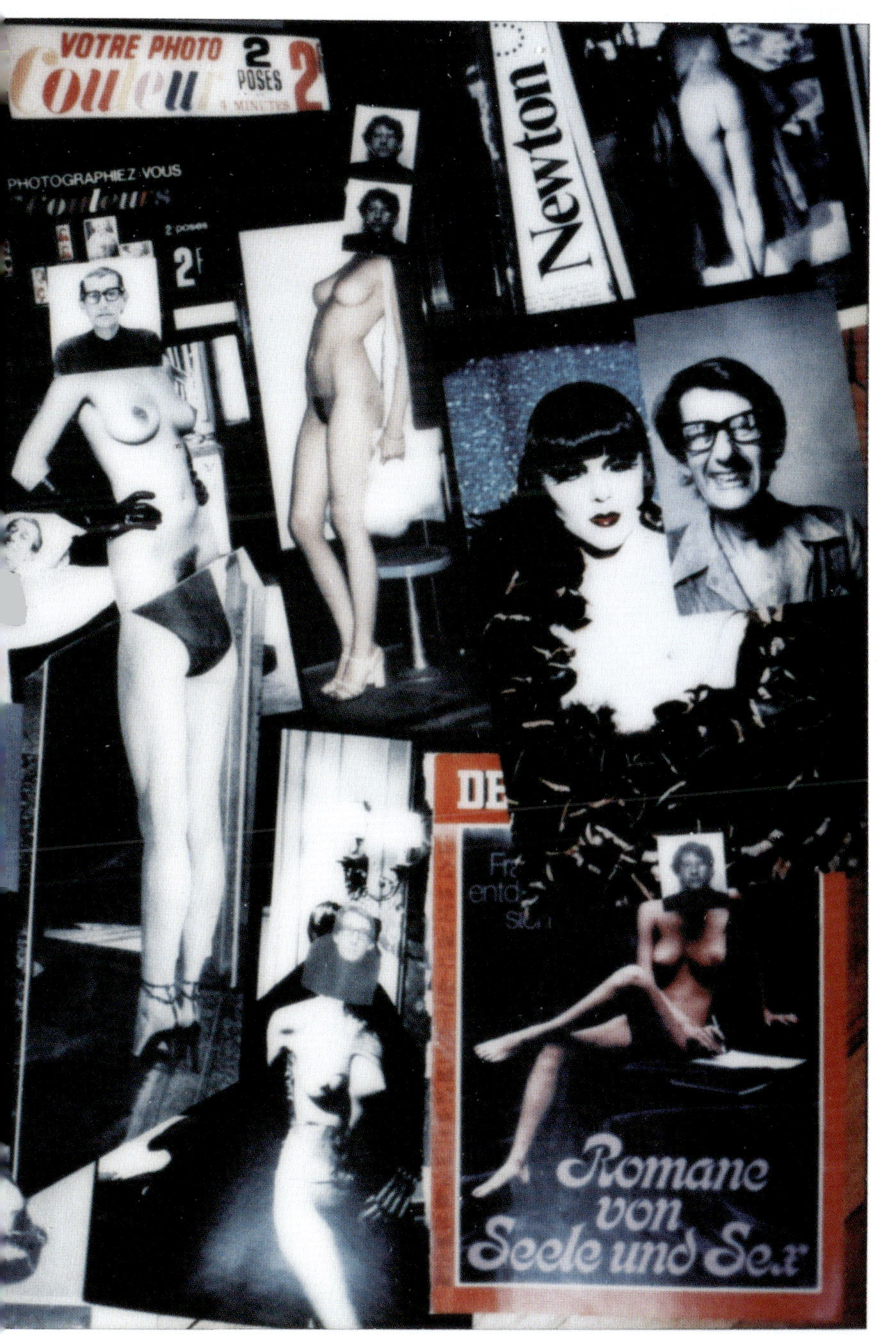
VOTRE PHOTO Couleur
2 POSES 2
4 MINUTES
PHOTOGRAPHIEZ-VOUS
en couleurs
2 poses
2F
Newton
DE
Romane von Seele und Sex

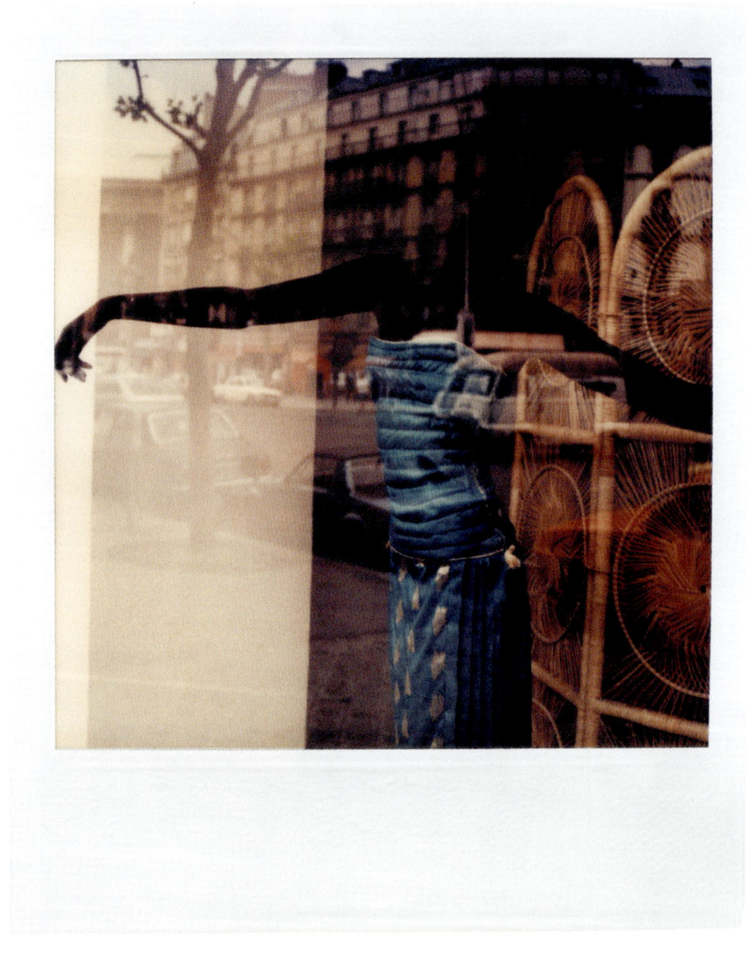

DAVID M. HAYS

82

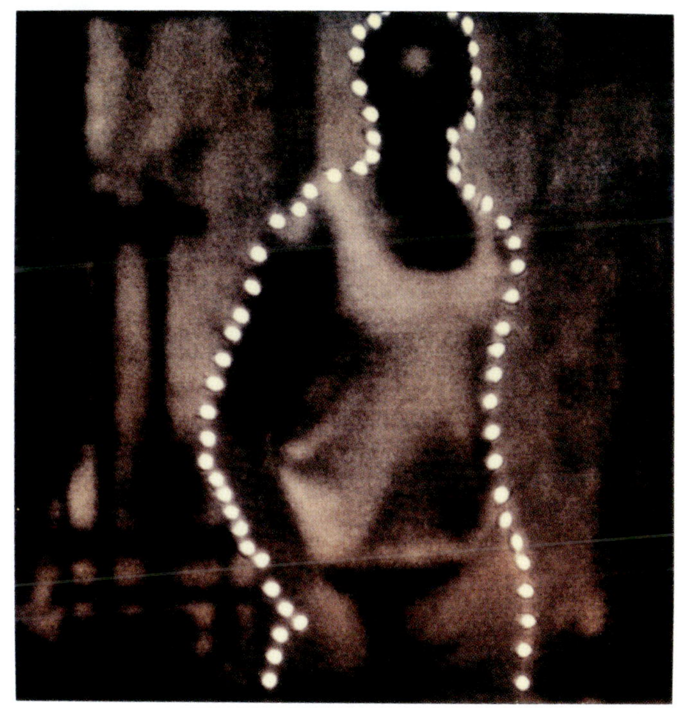

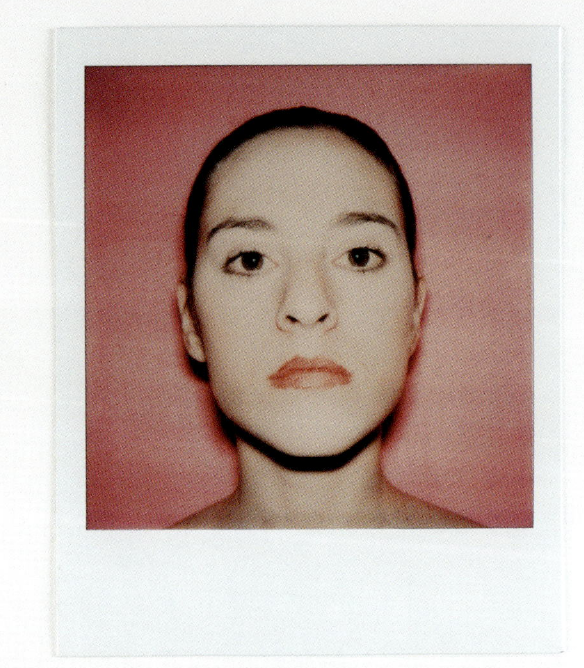

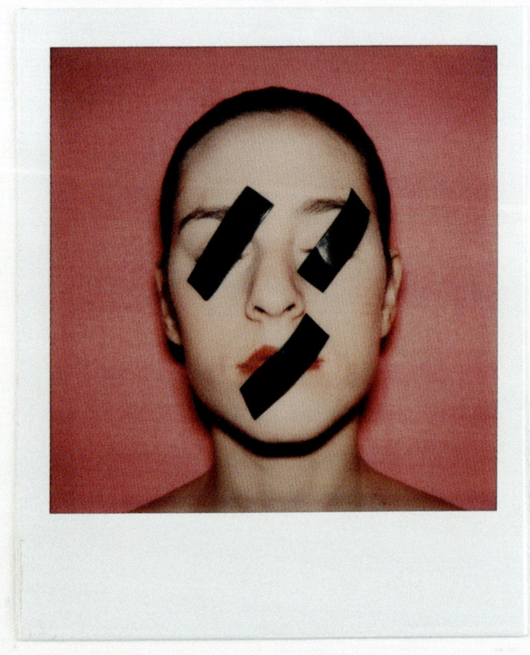

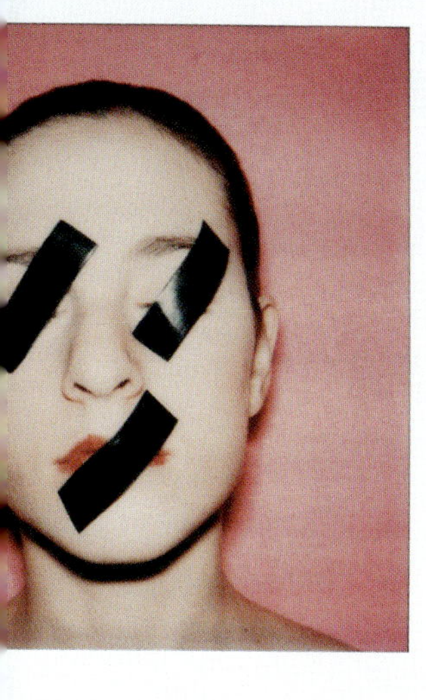
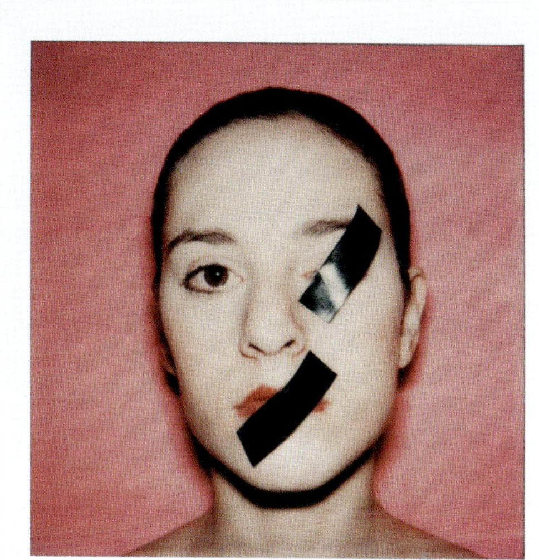
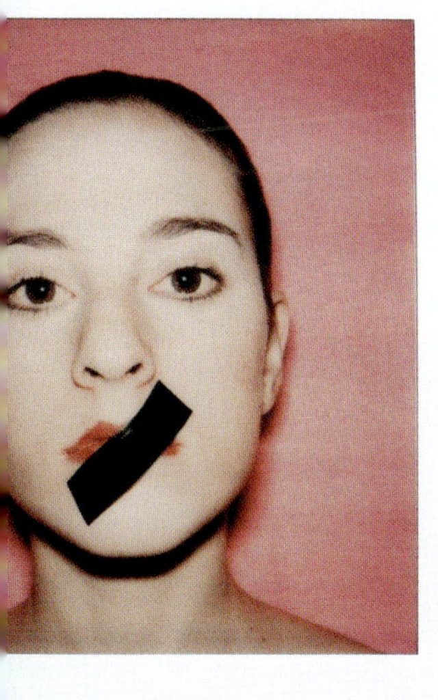
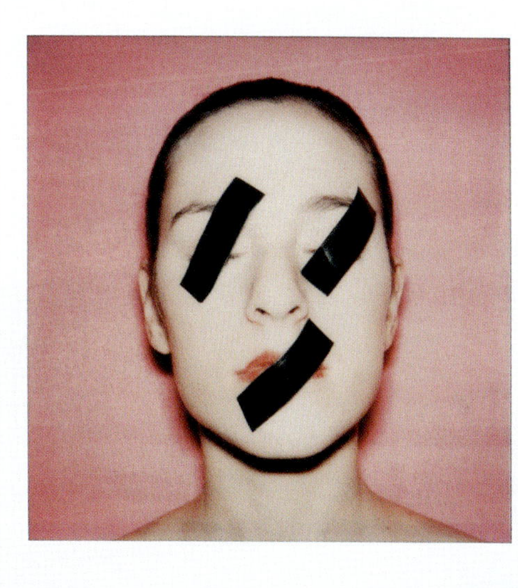

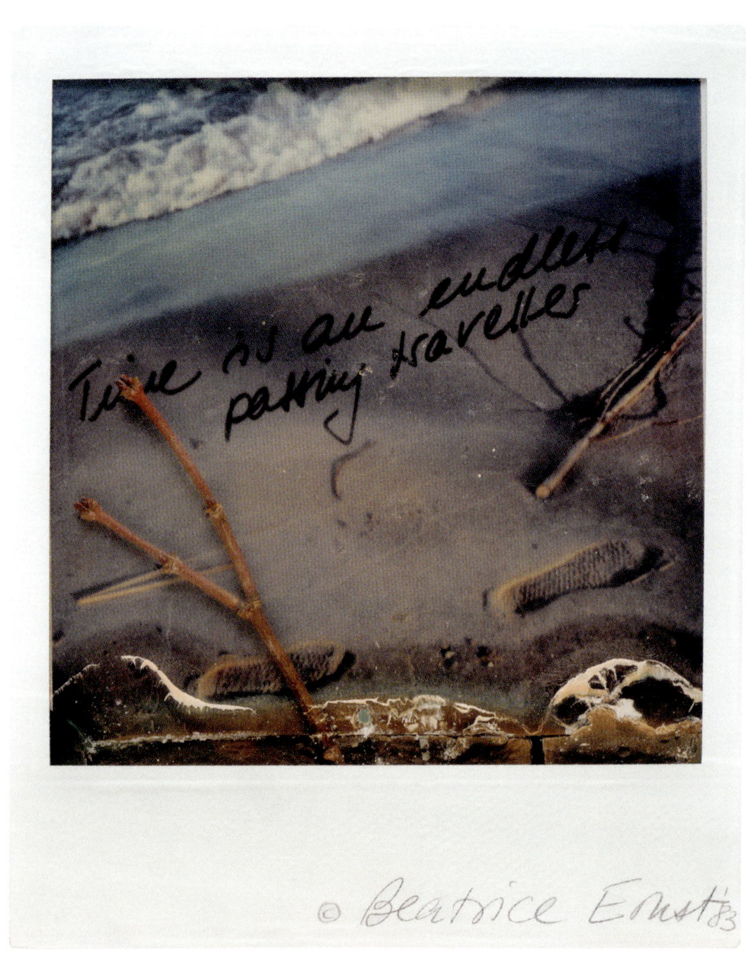

© Beatrice Ernst '83

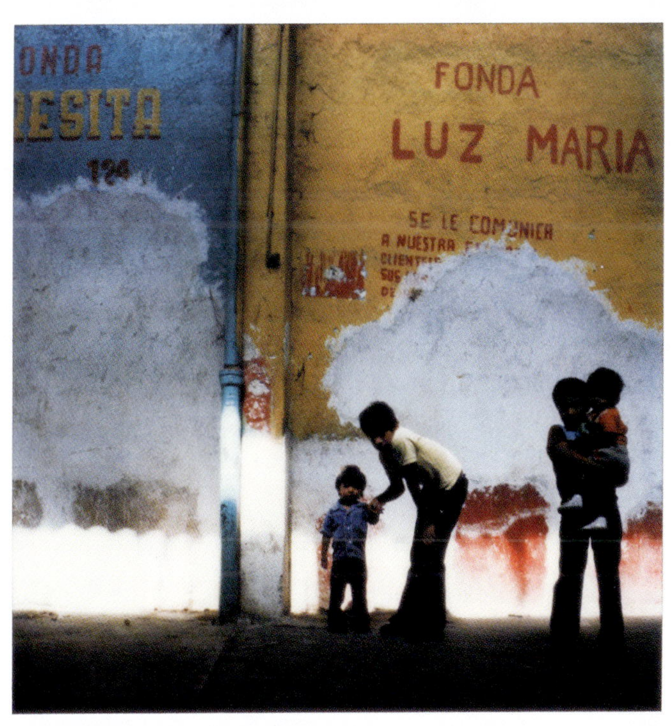
ONDA
RESITA
124
FONDA
LUZ MARIA
SE LE COMUNICA
A NUESTRA
CLIENTE
SUS
DE

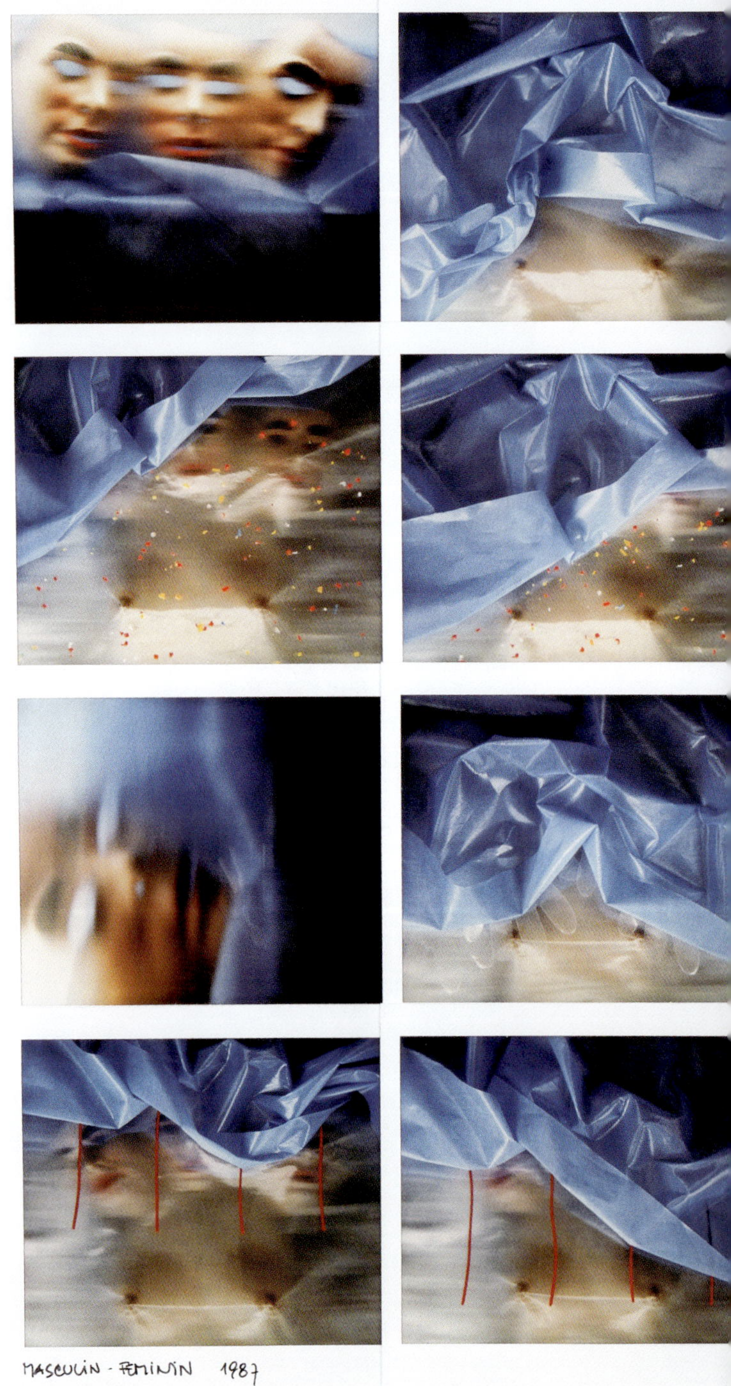
MASCULIN - FEMININ   1987

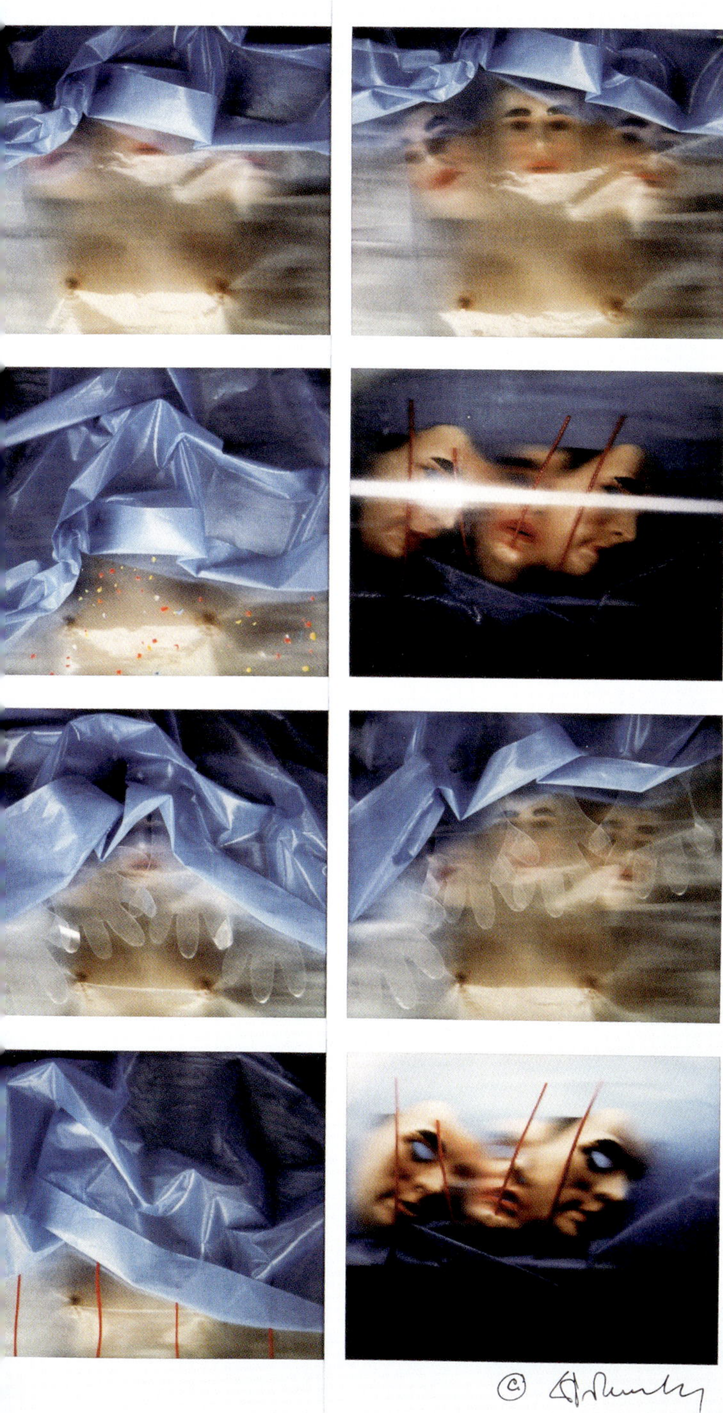

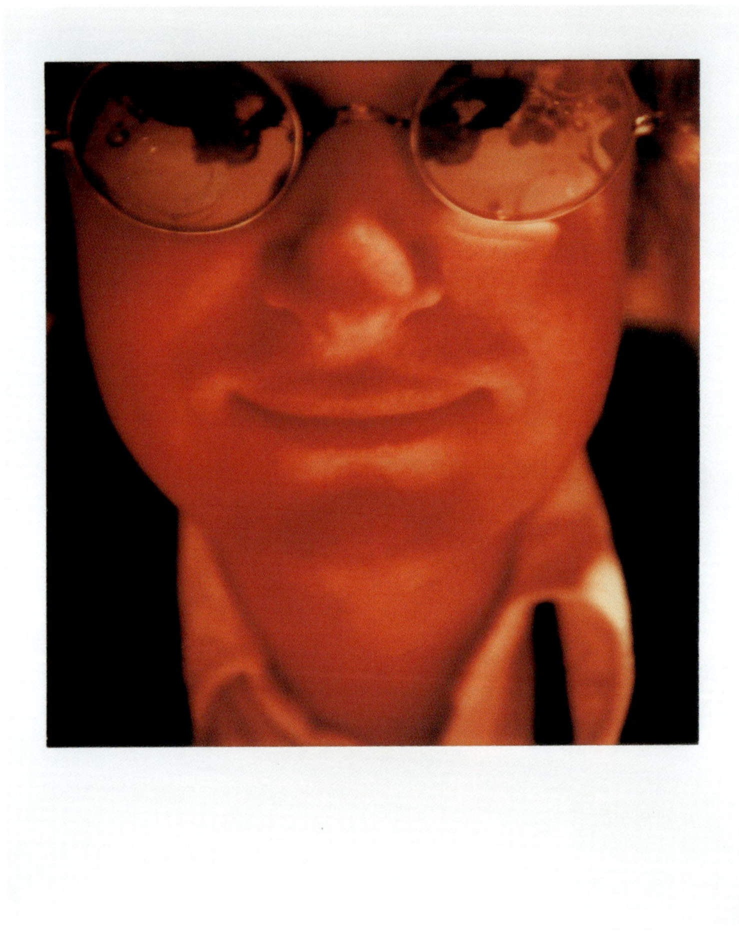

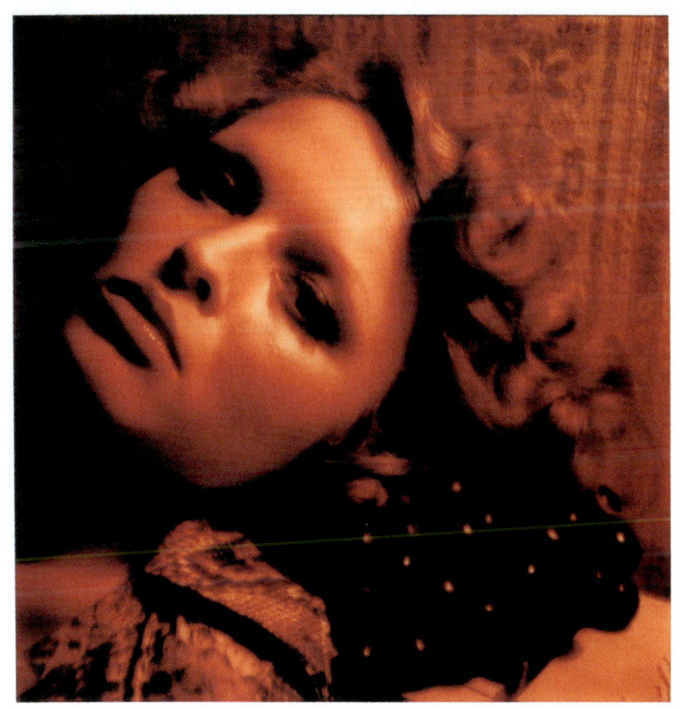

MANFRED HEITING

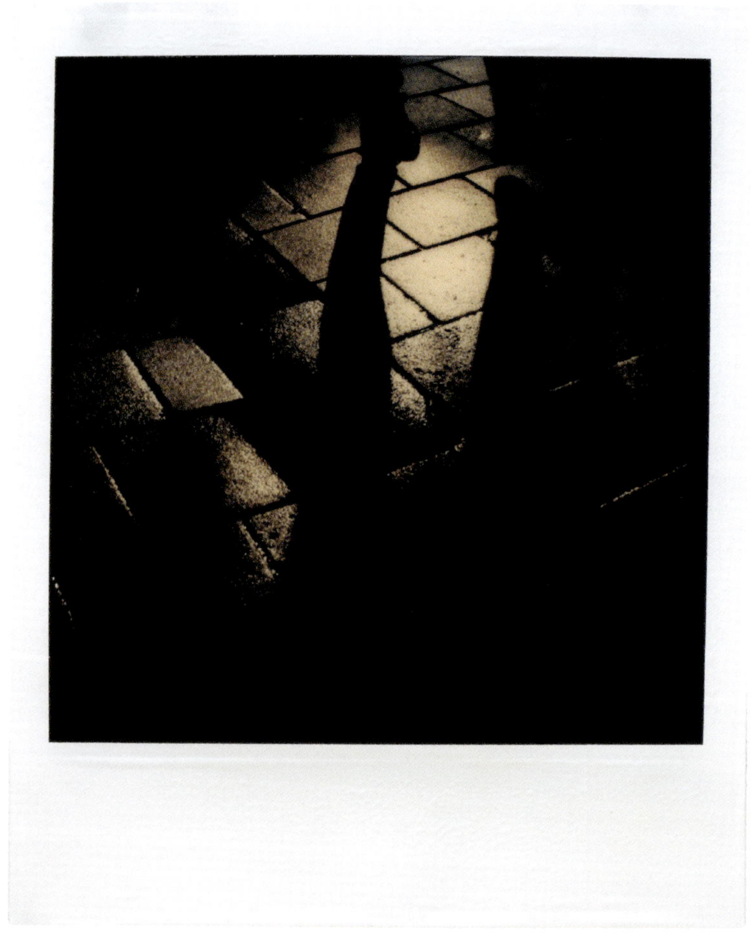

KAREN KOMMER

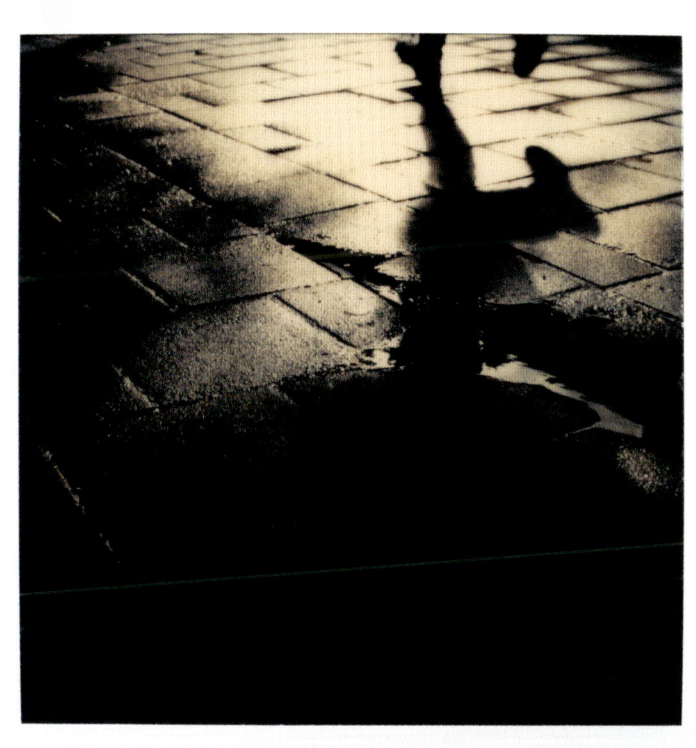

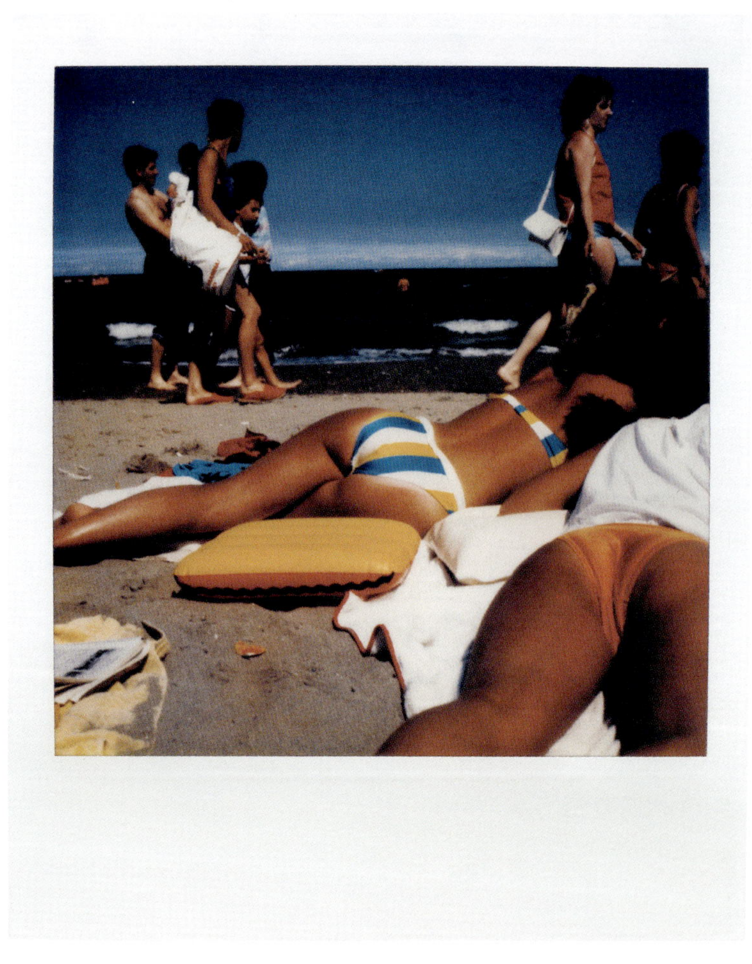

ENRICO BOSSAN

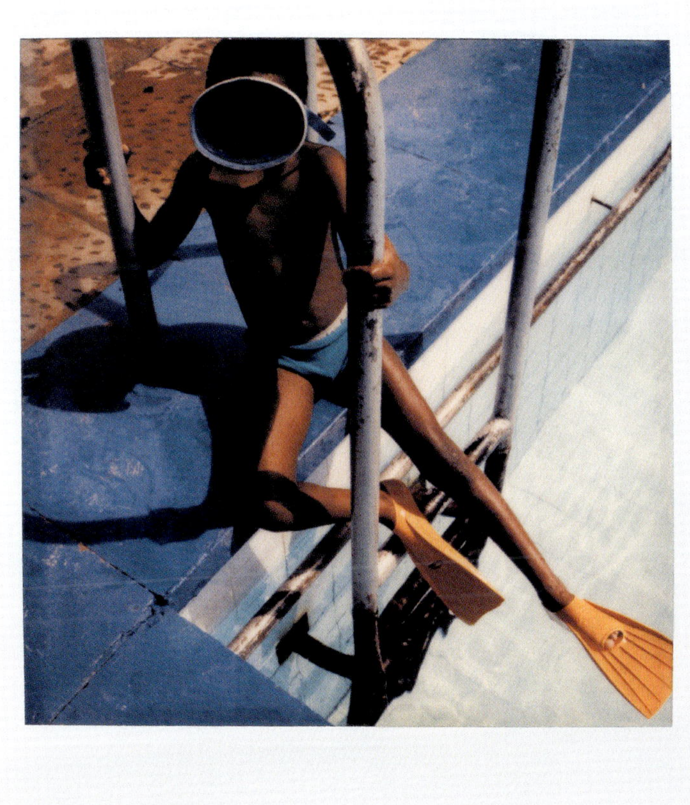

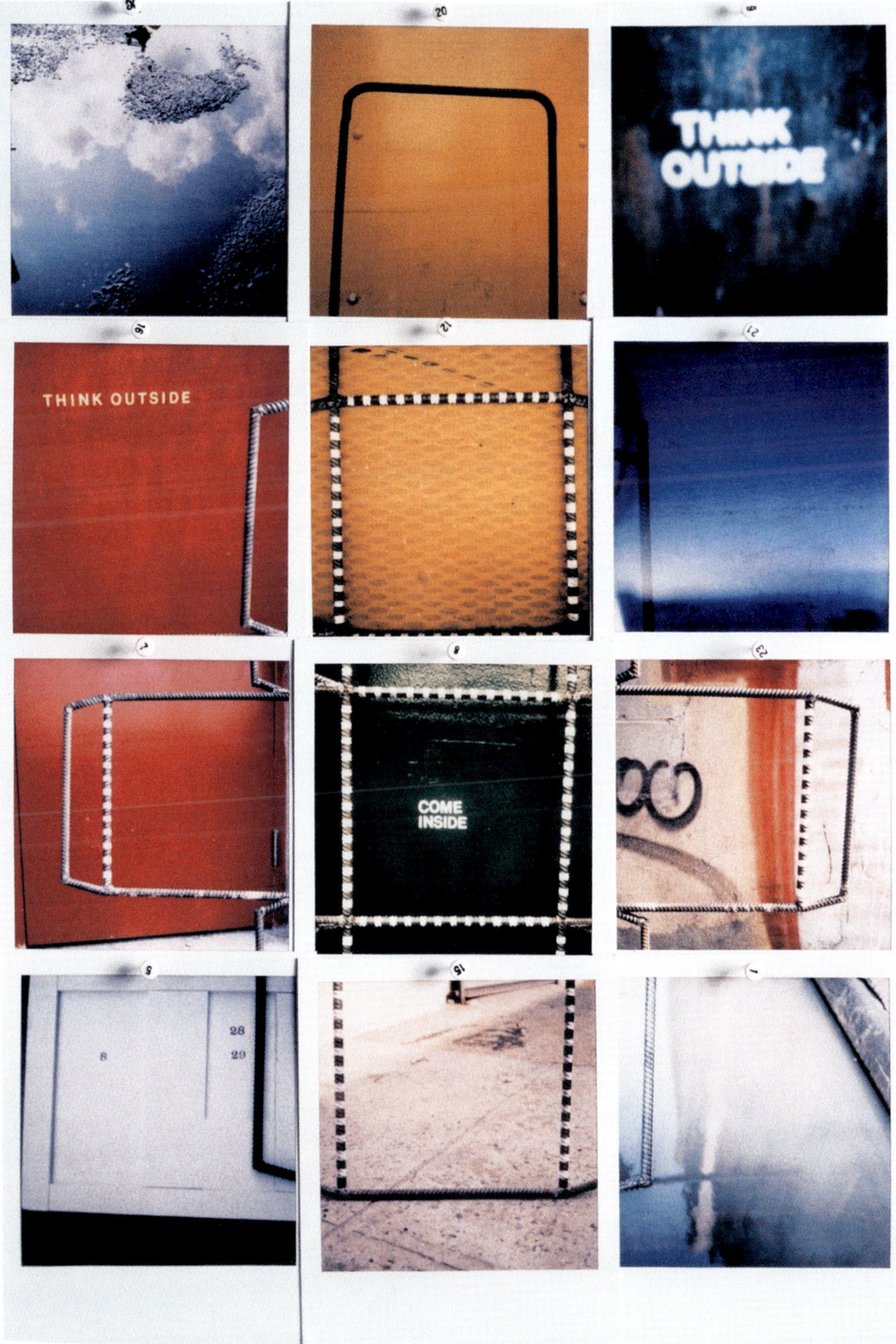
THINK
OUTSIDE
THINK OUTSIDE
COME
INSIDE

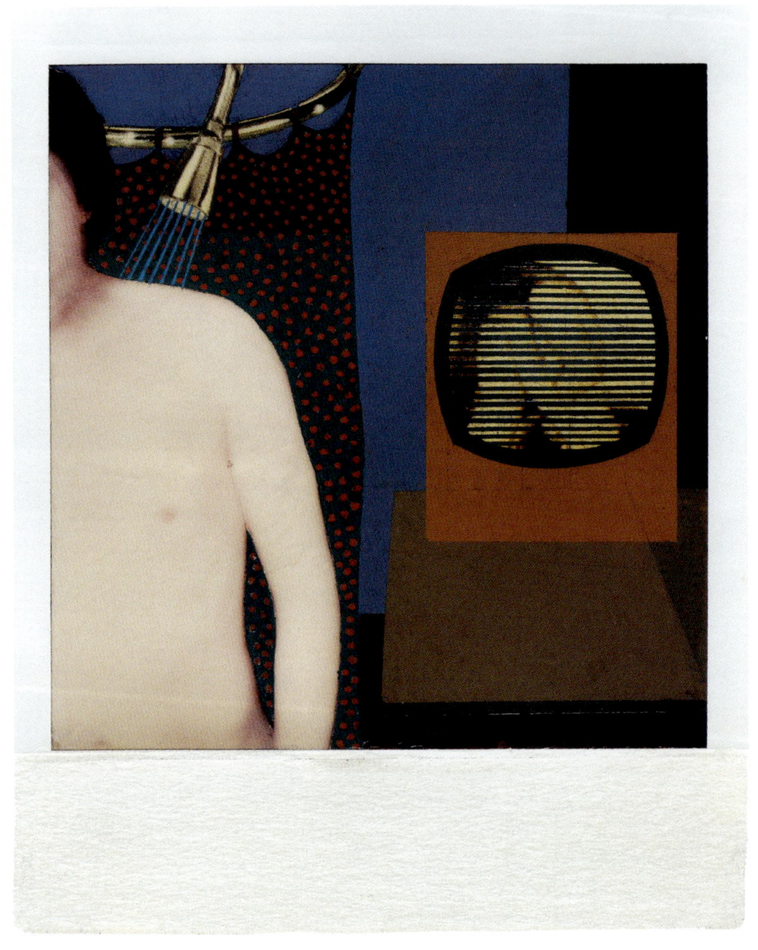

BRUCE CHARLESWORTH

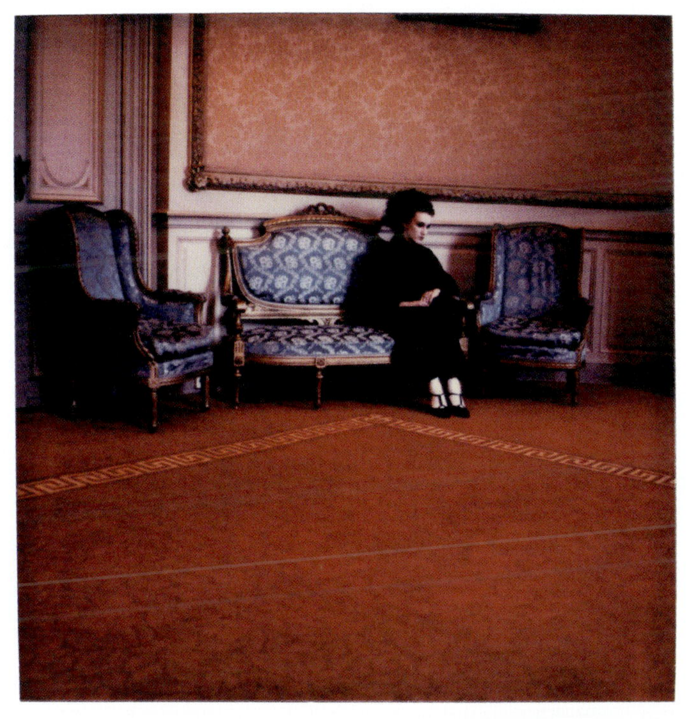

KAREN KOMMER

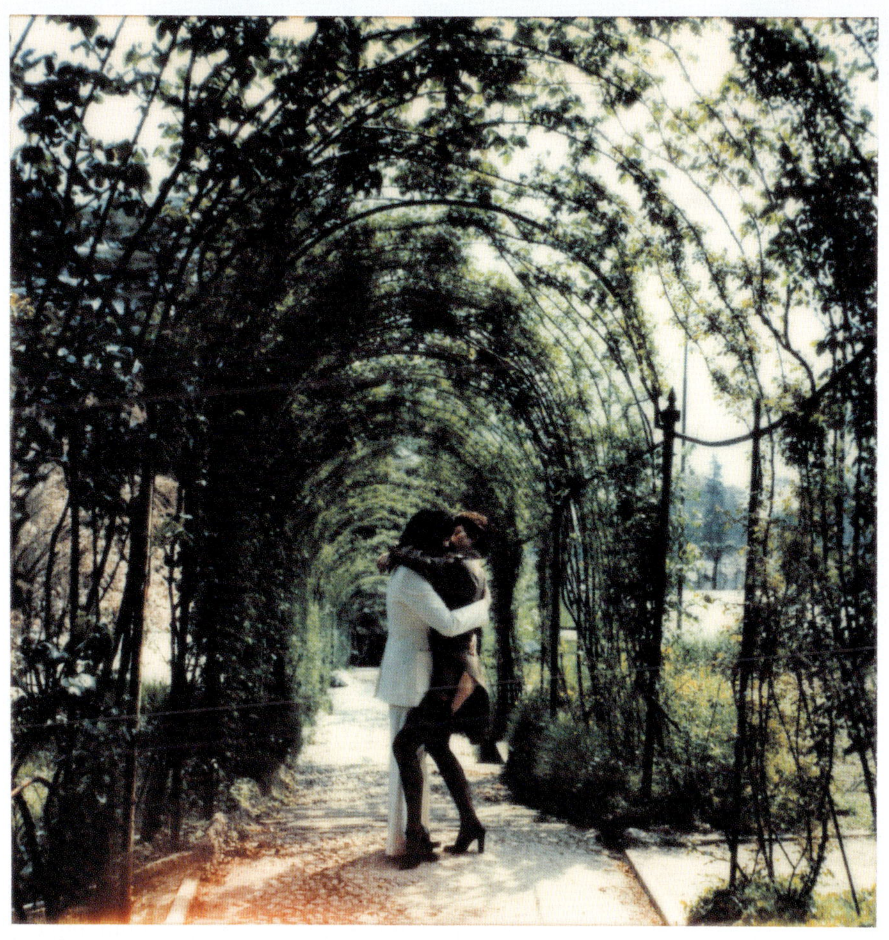

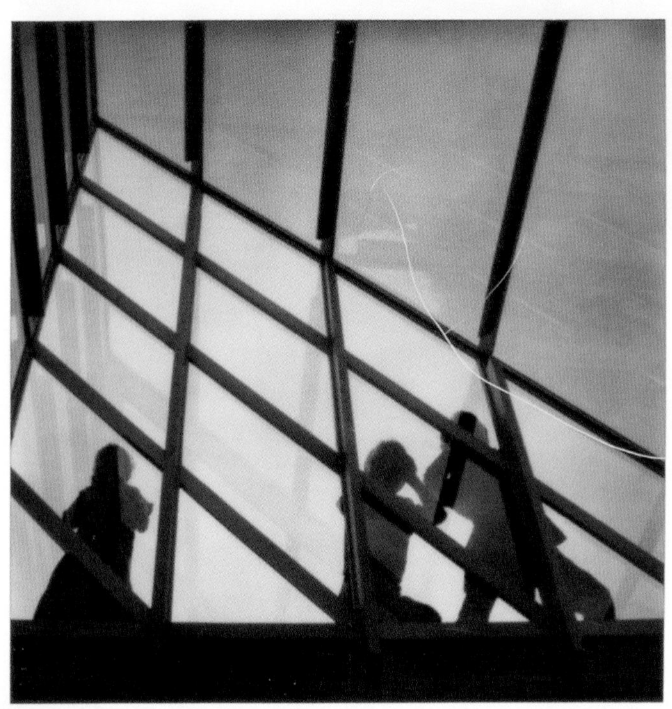

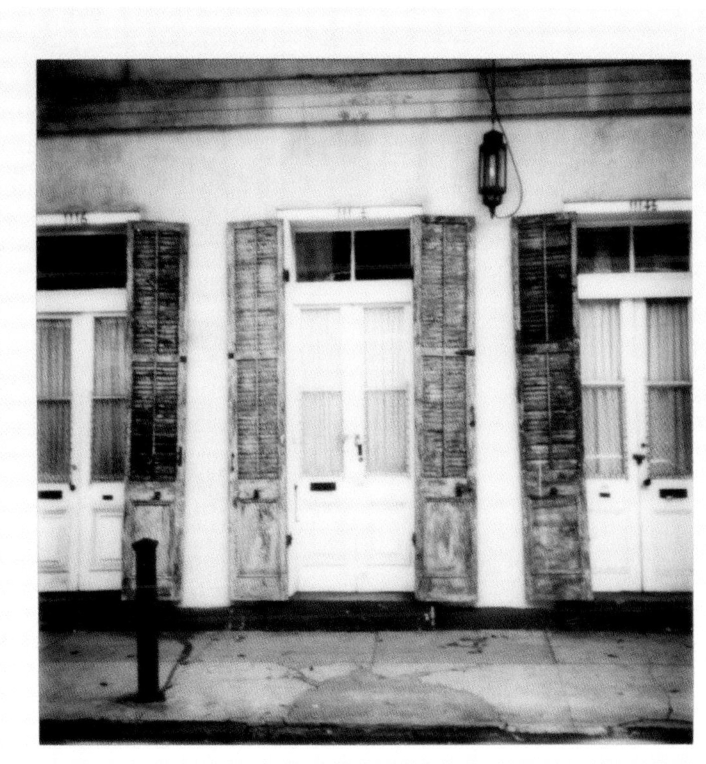

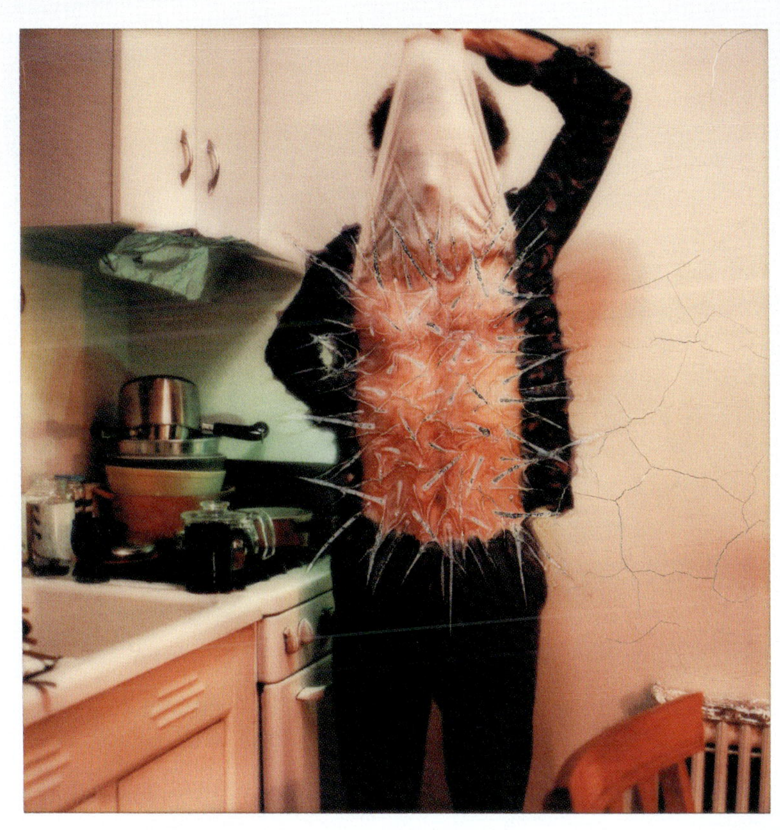

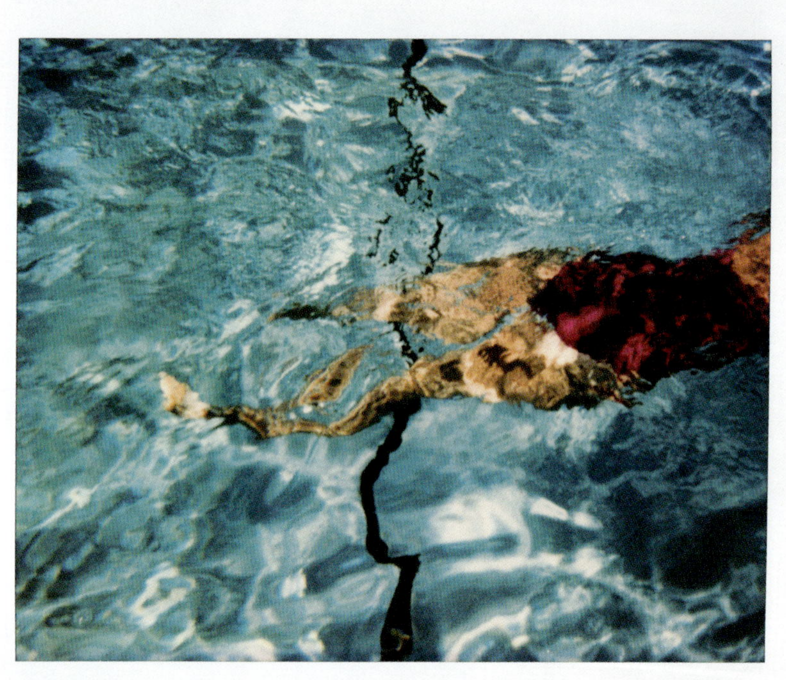

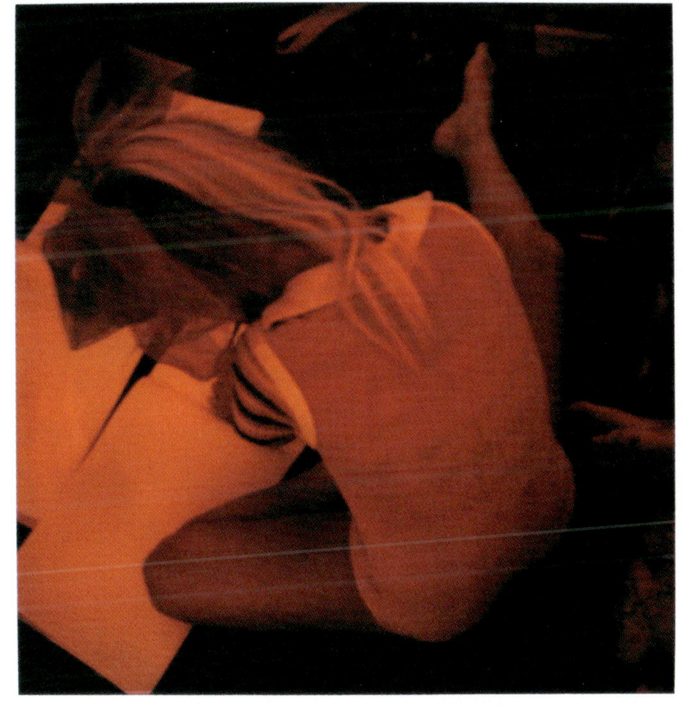

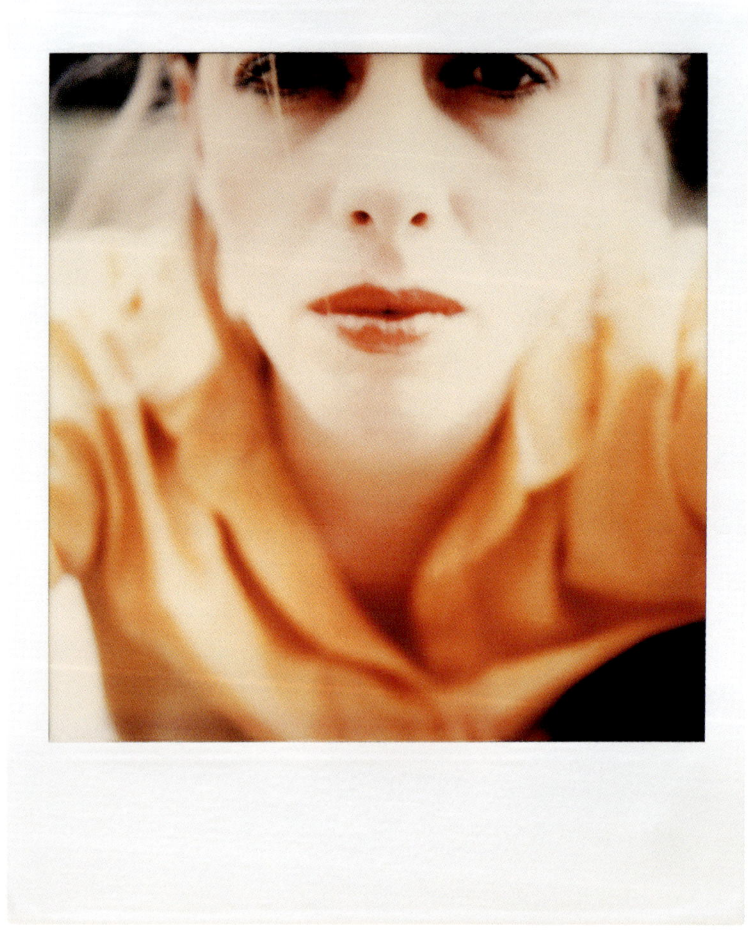

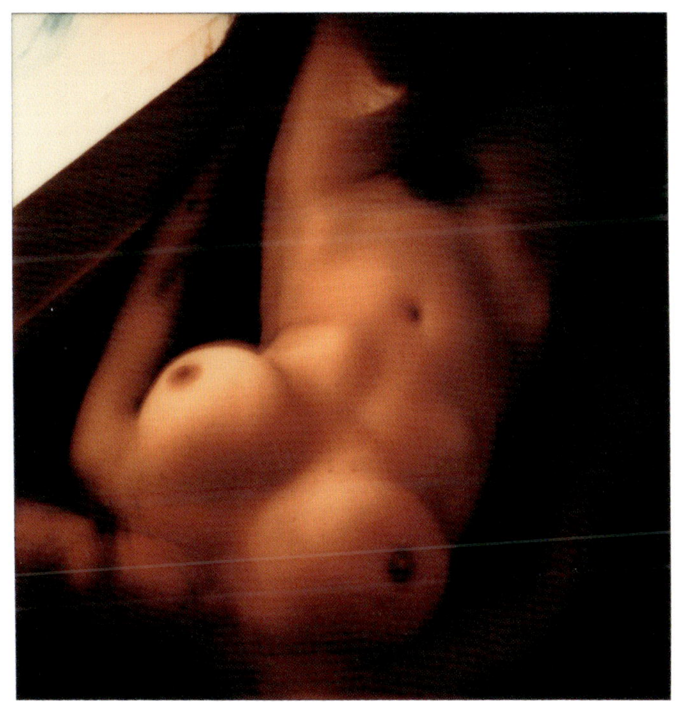

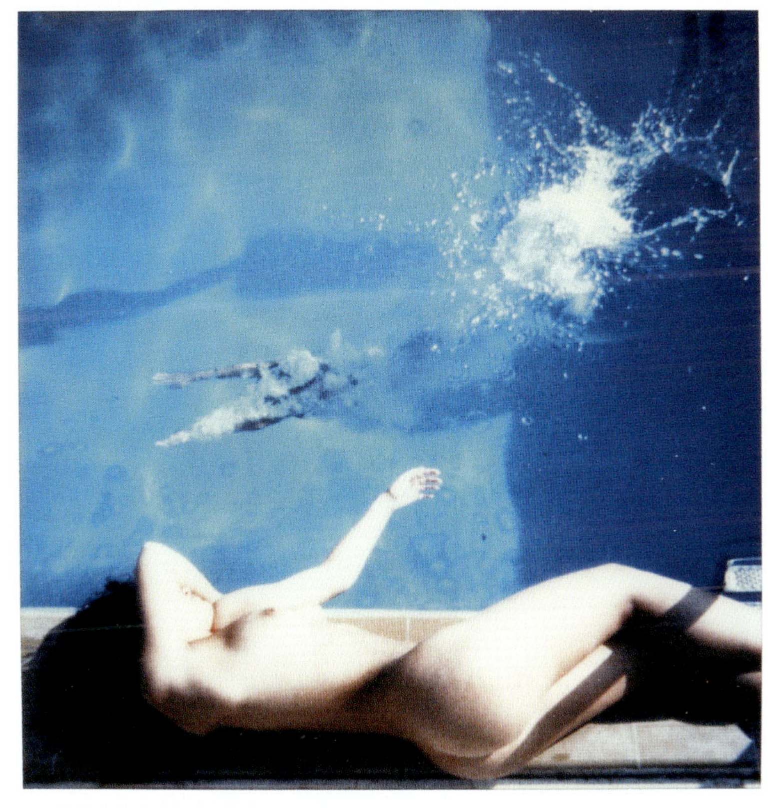

FRANCO FONTANA

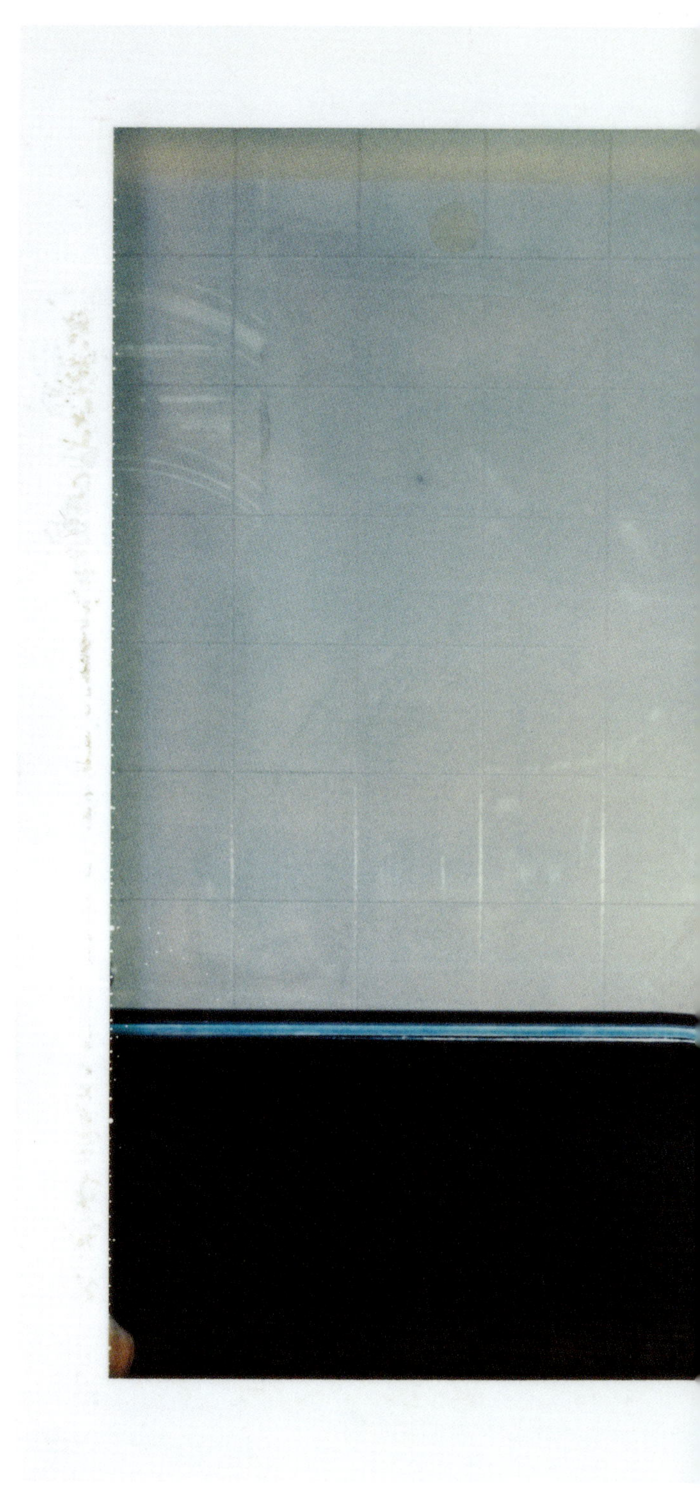

ROLF BRAUN·EIS

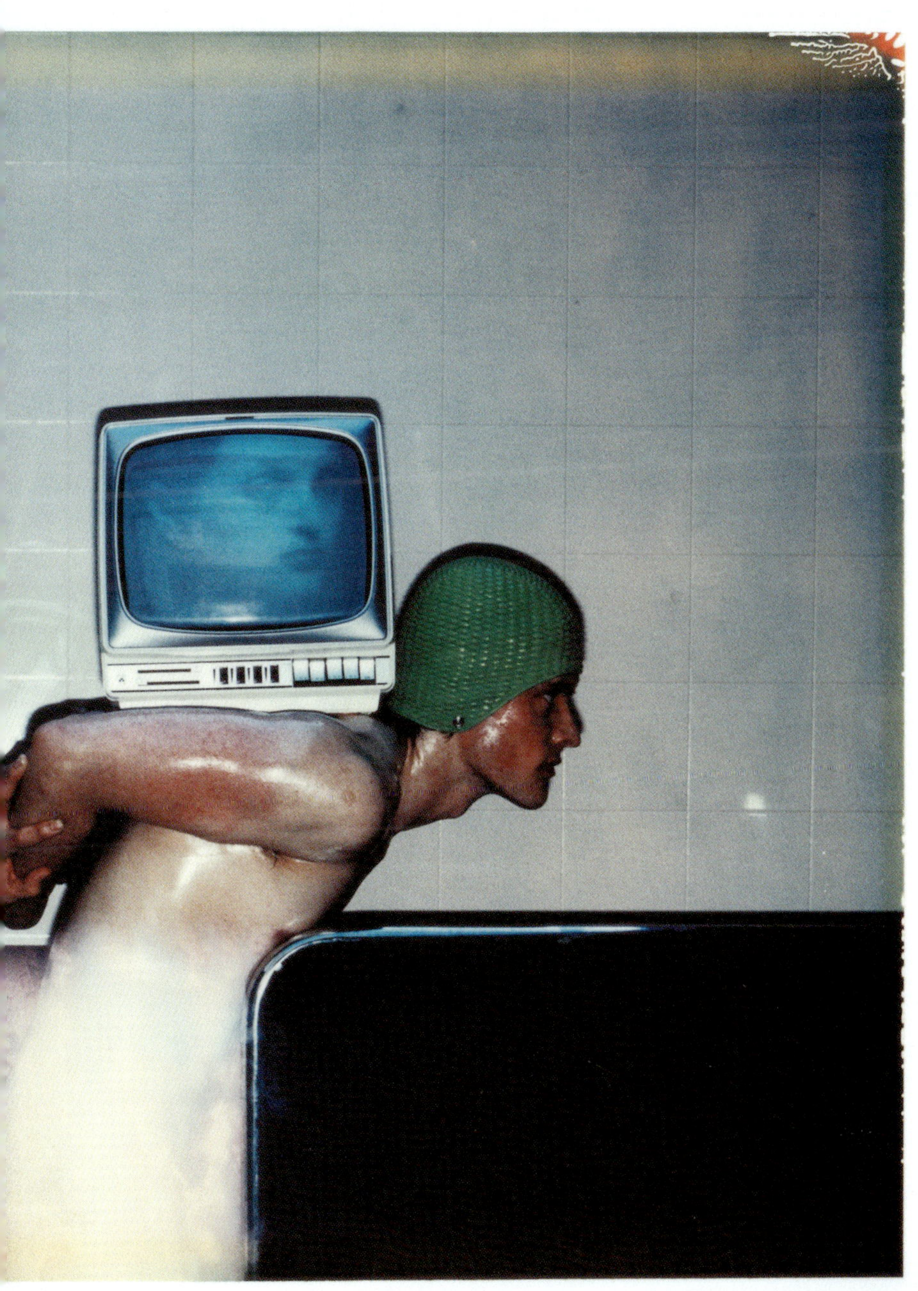

MONICA NESTLER VON ROSEN

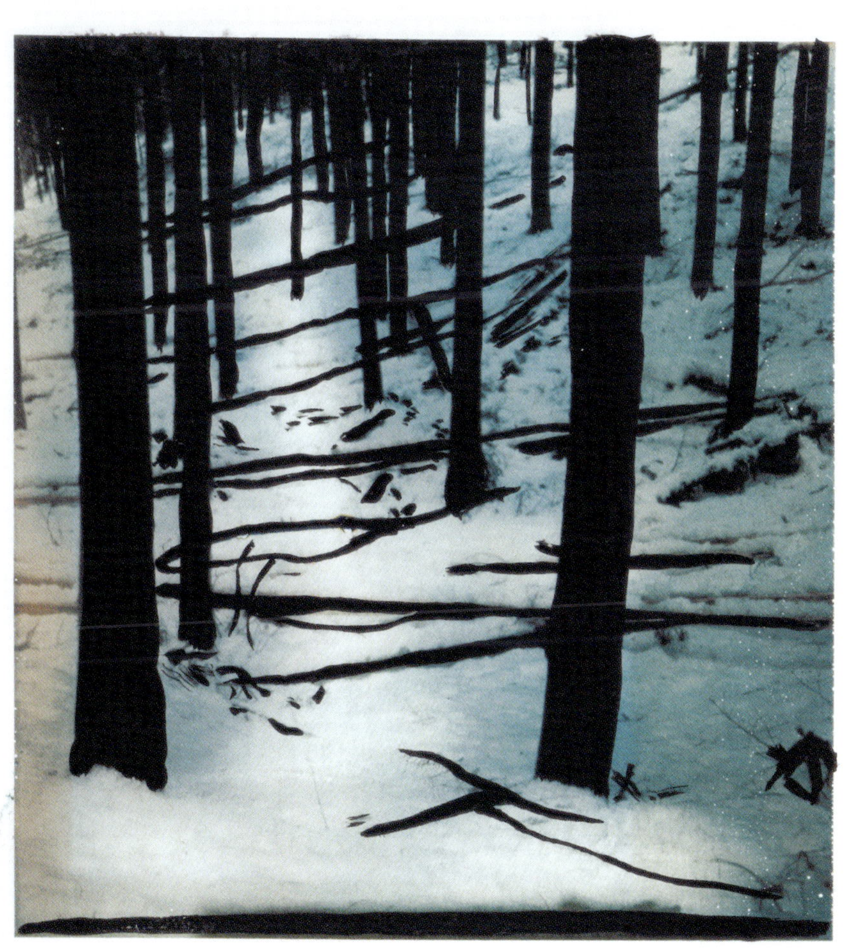

IRUTCHKA

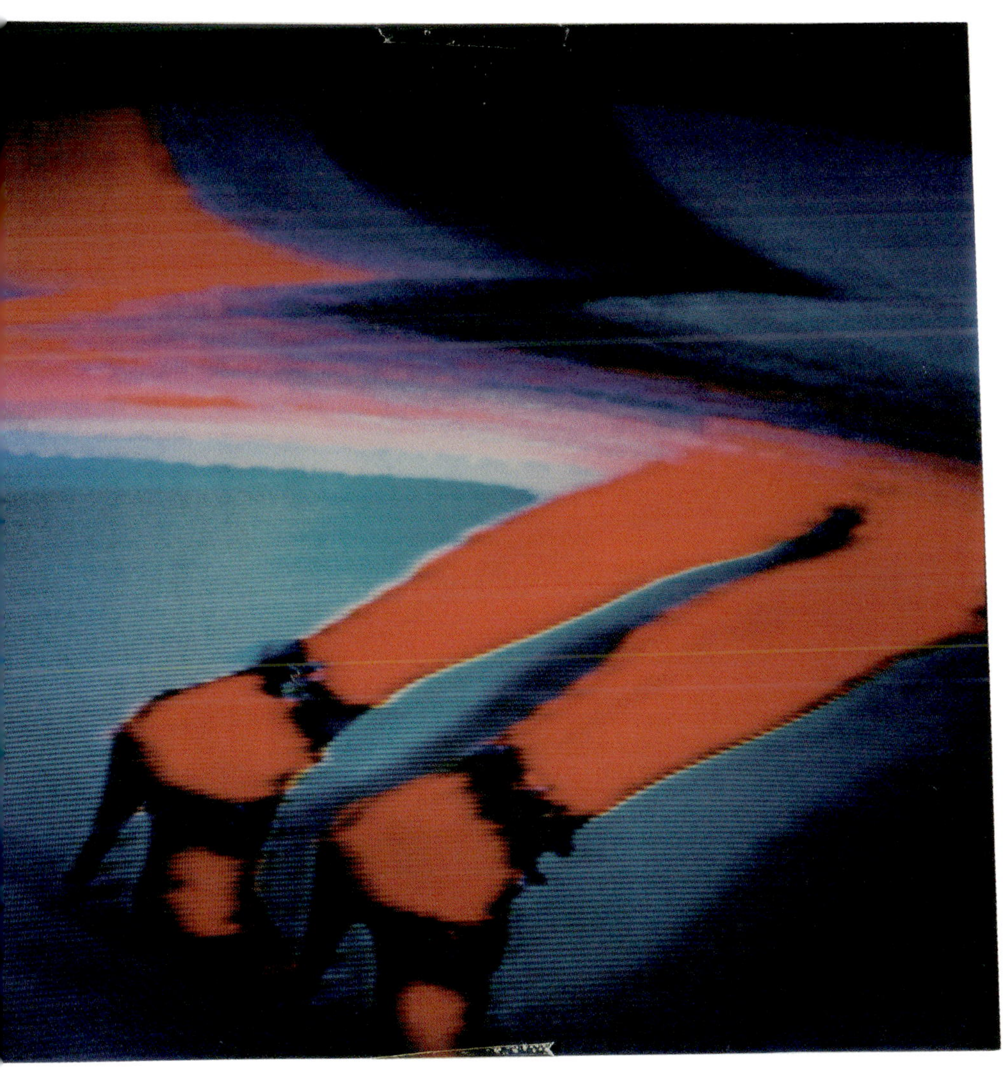

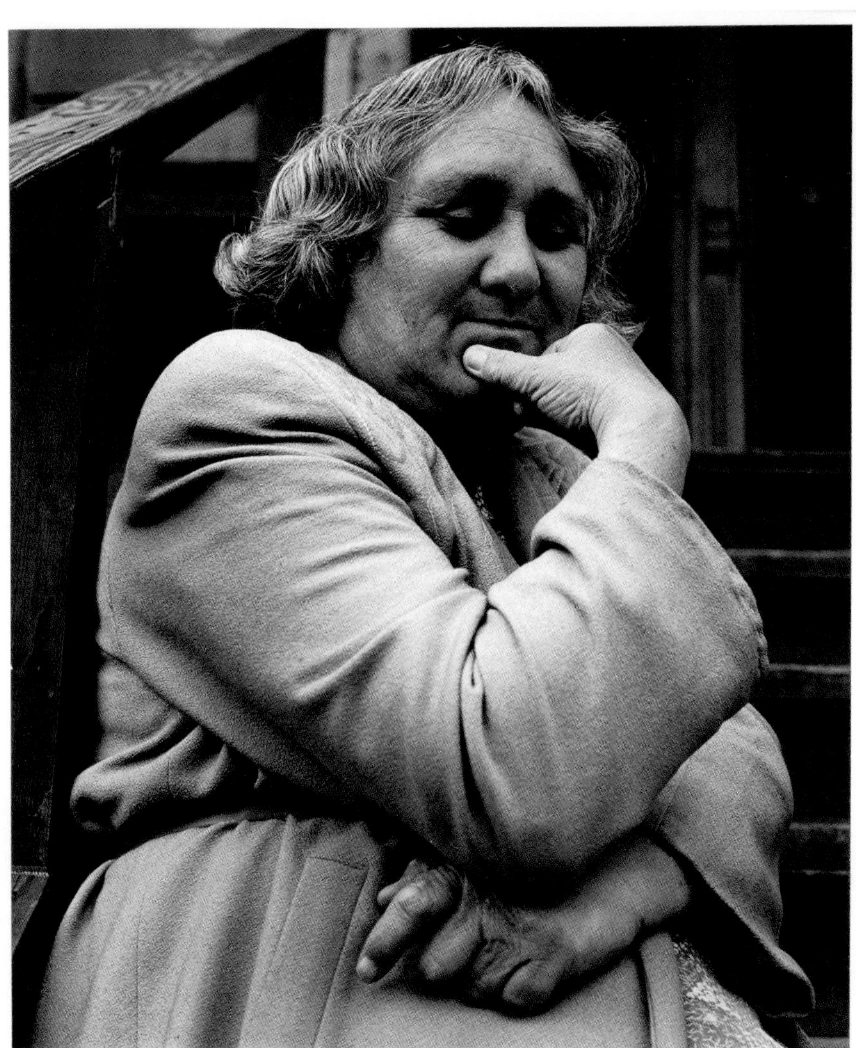

RUTH-MARION BARUCH

118

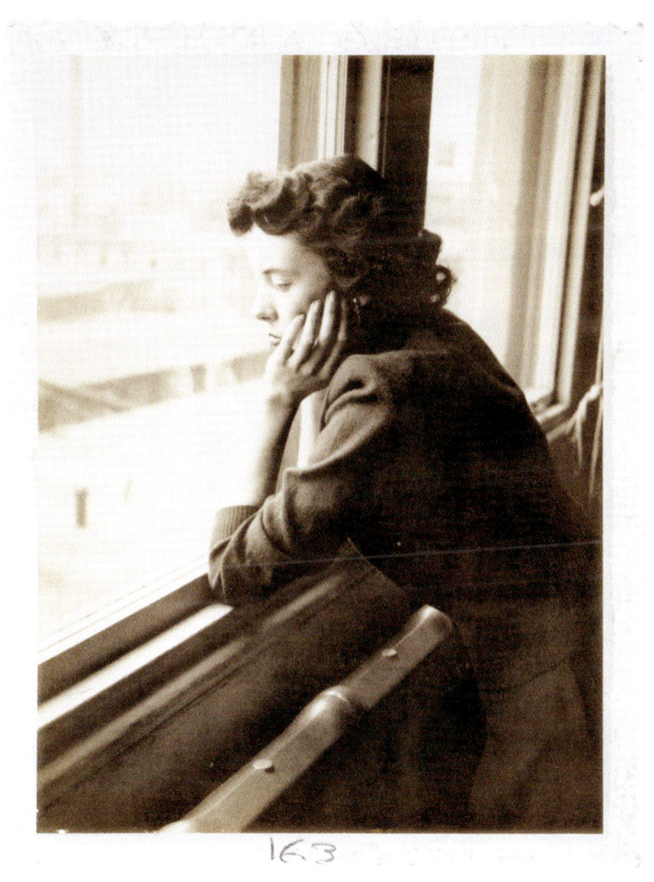

163

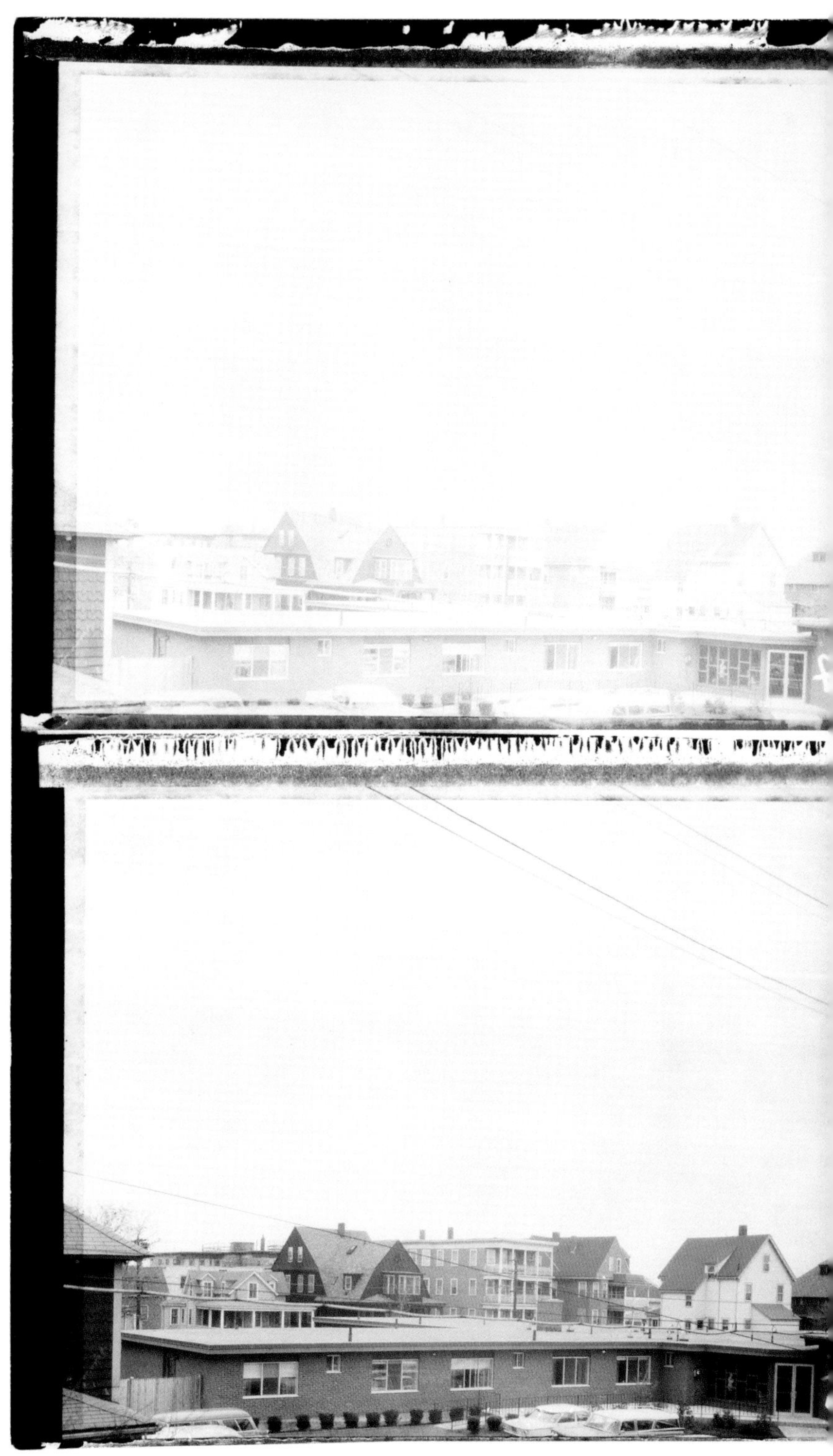

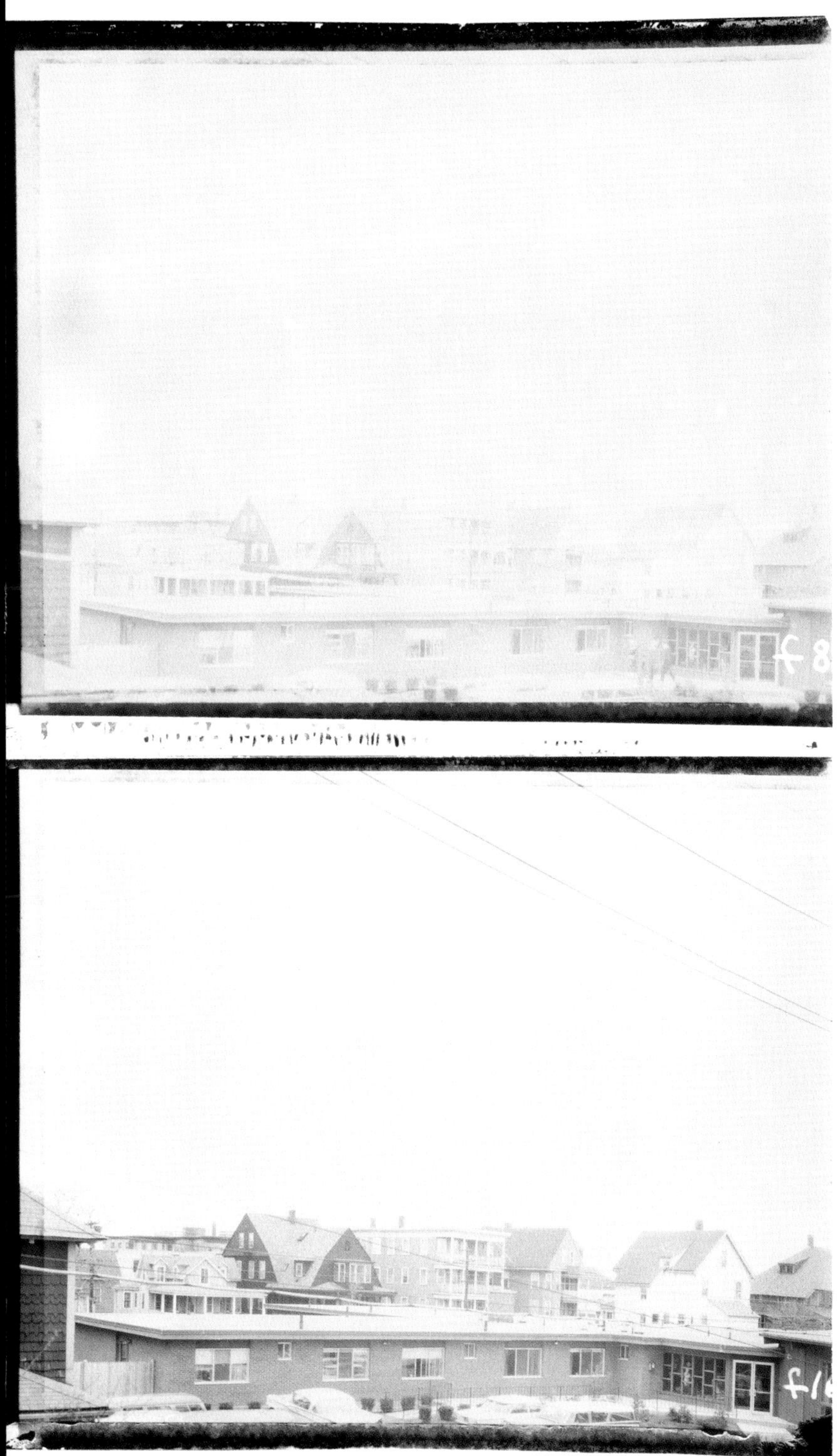

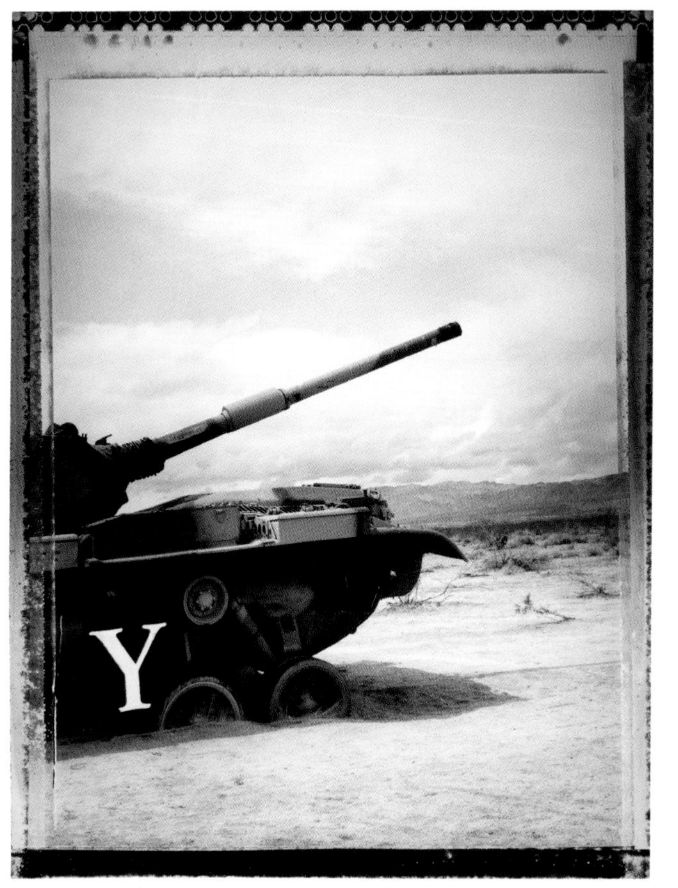
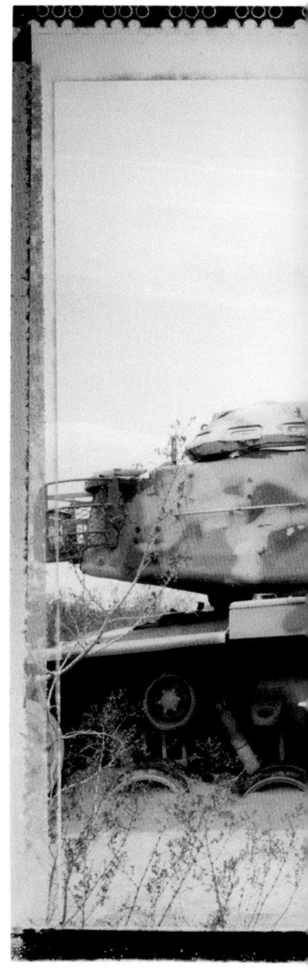

Y

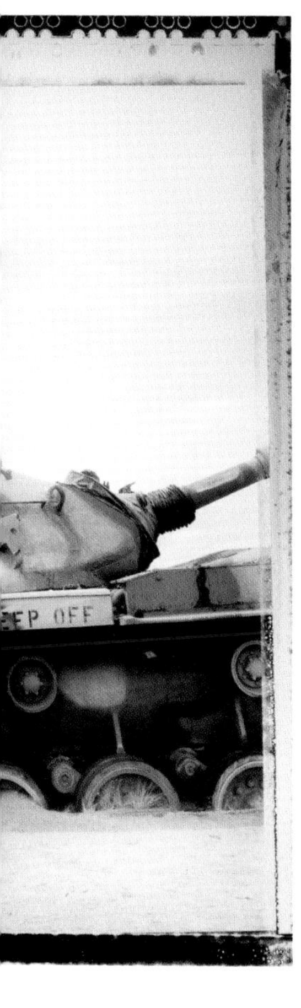
EP OFF
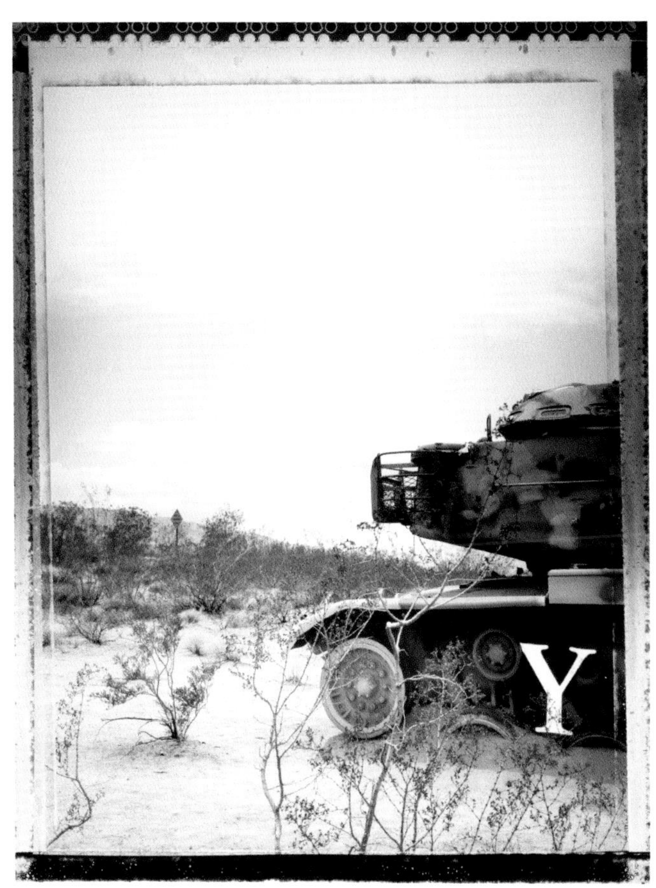
Y

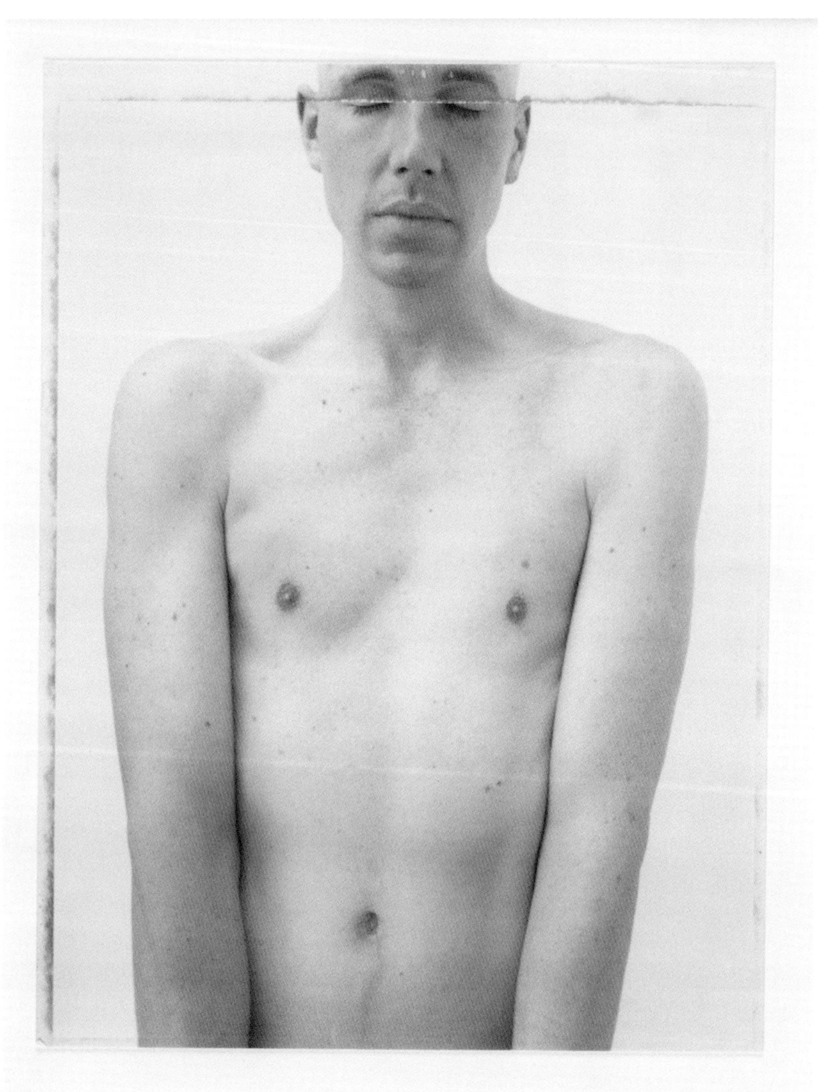

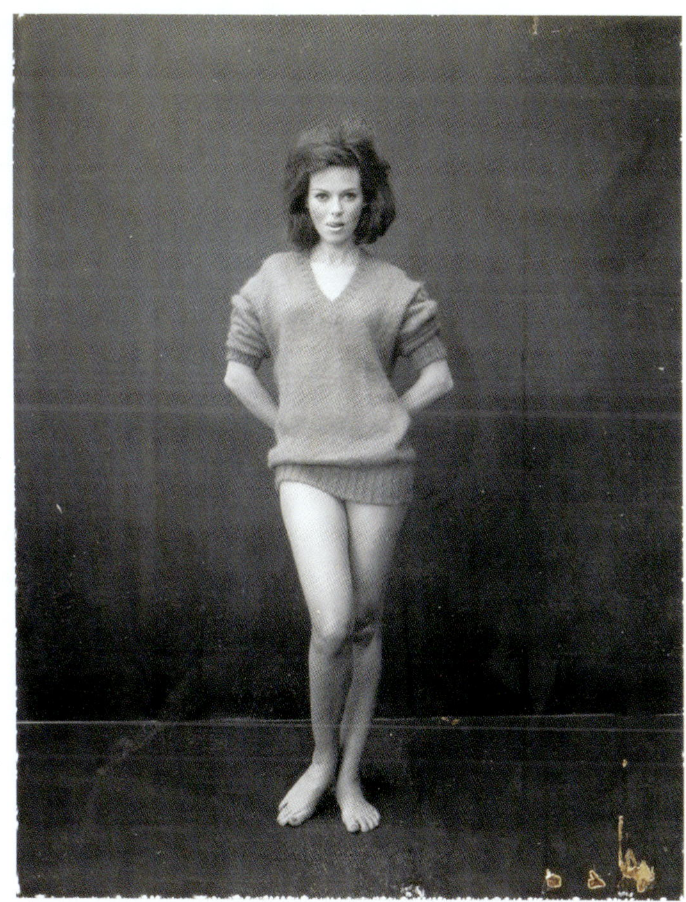

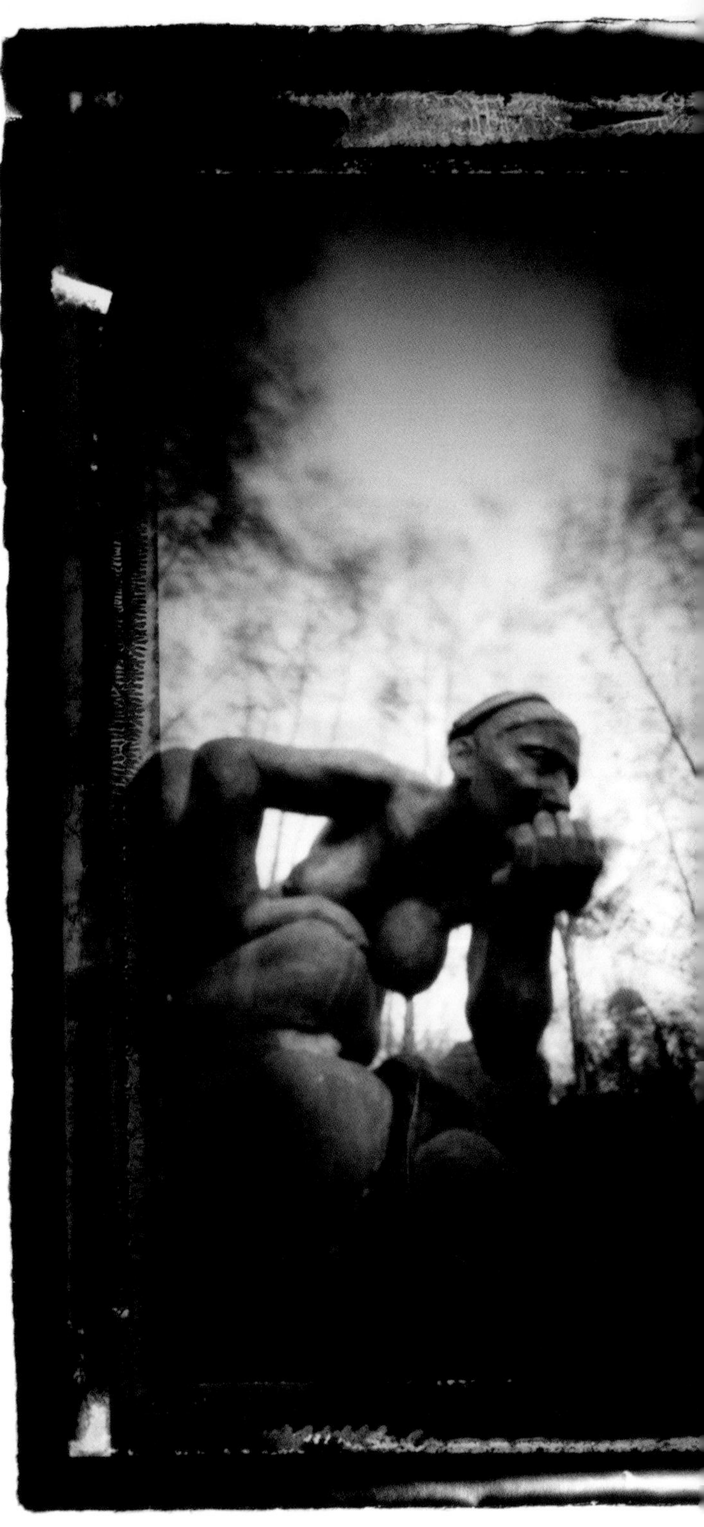

126

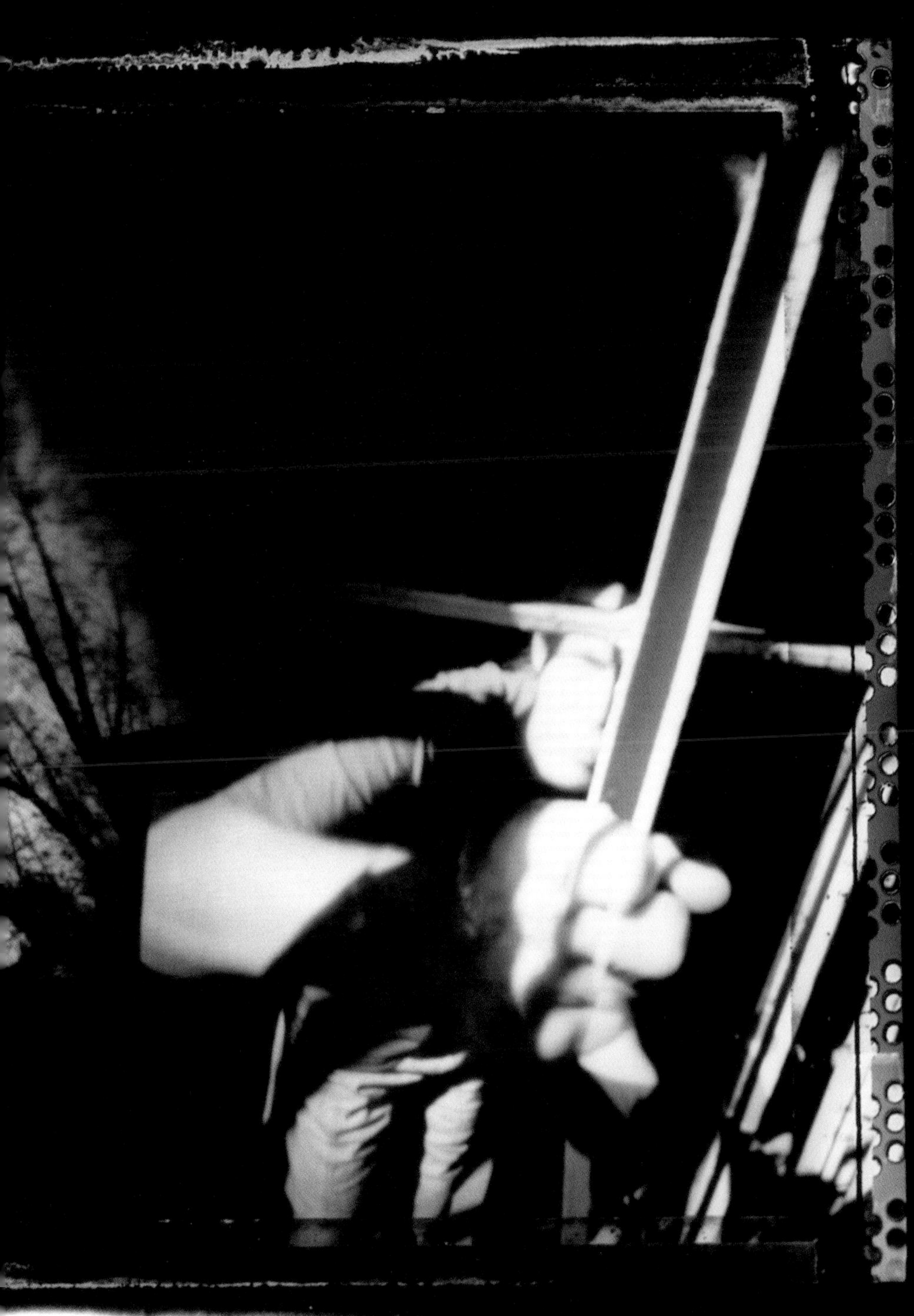

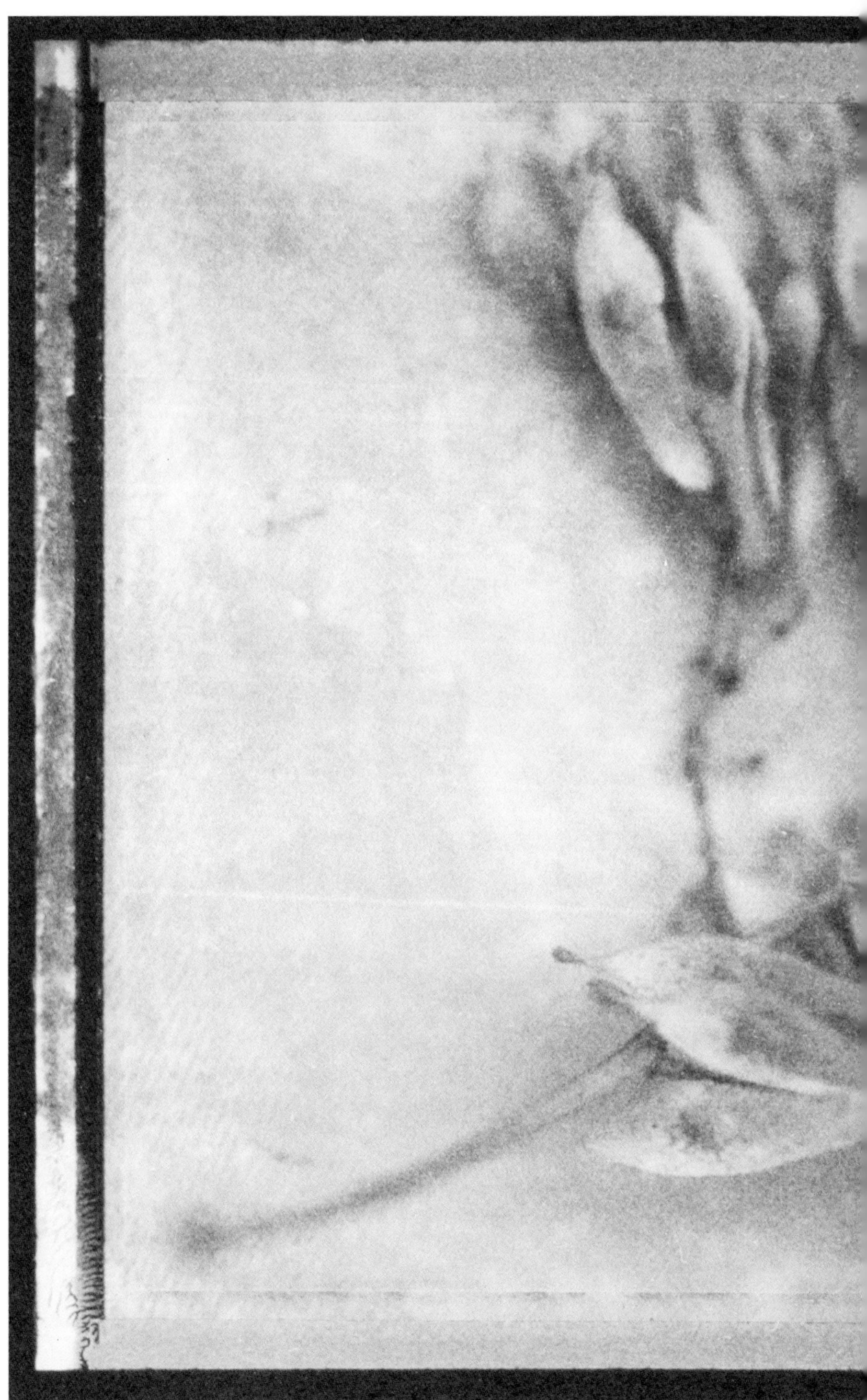

SHEVA FRUITMAN

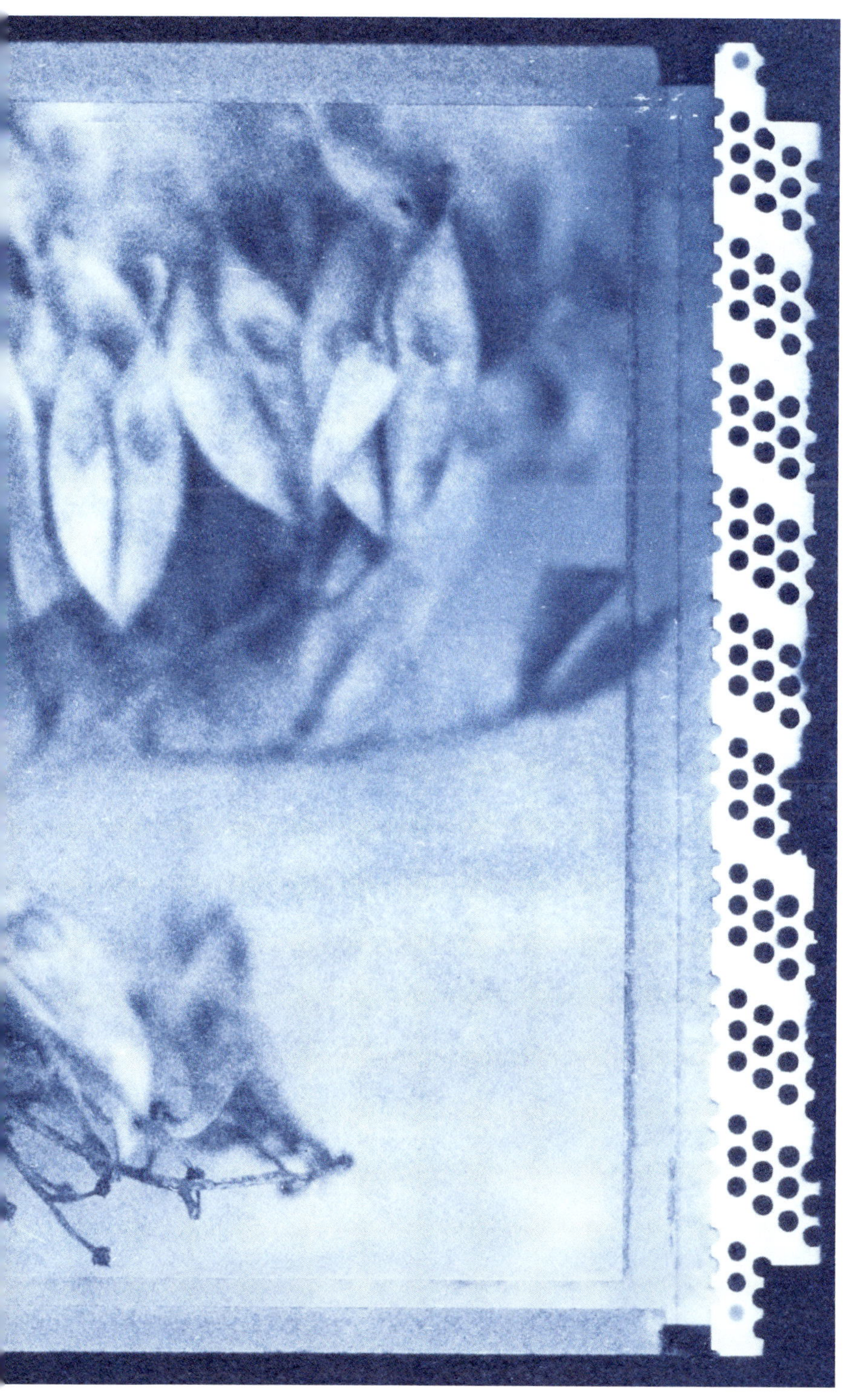

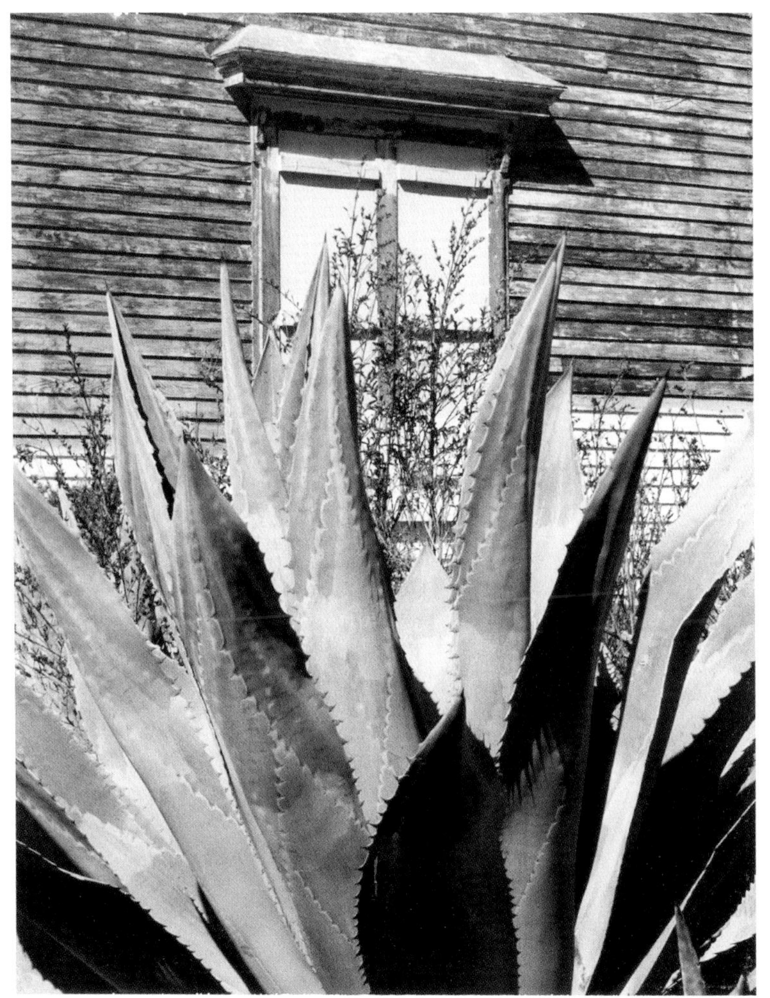

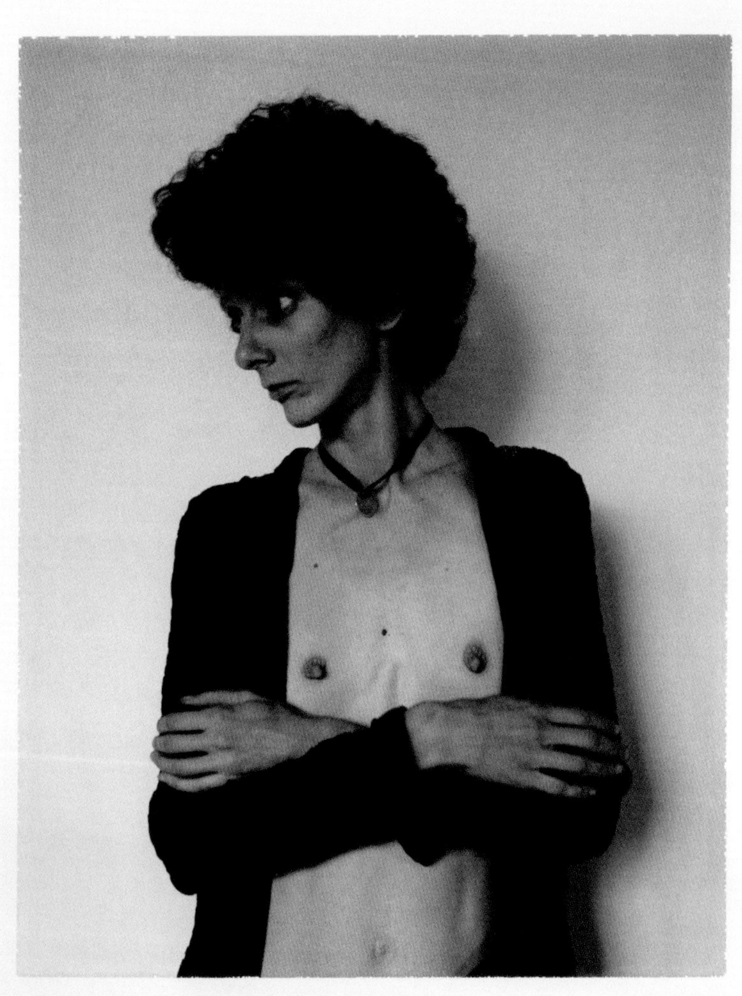

ROBERT MAPPLETHORPE

132

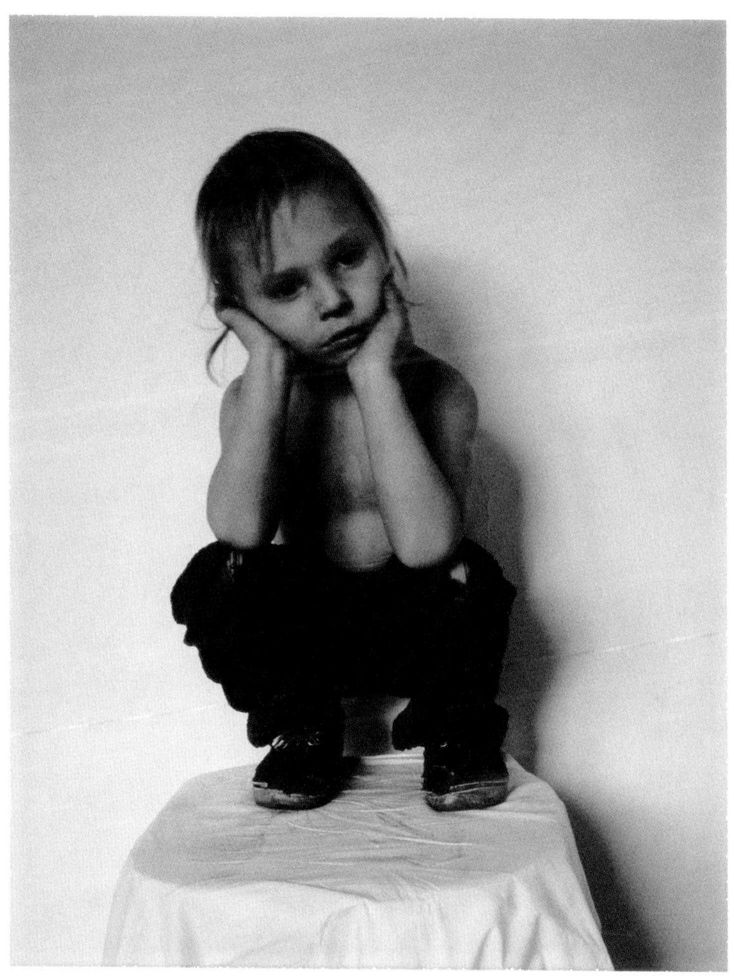

ROBERT MAPPLETHORPE

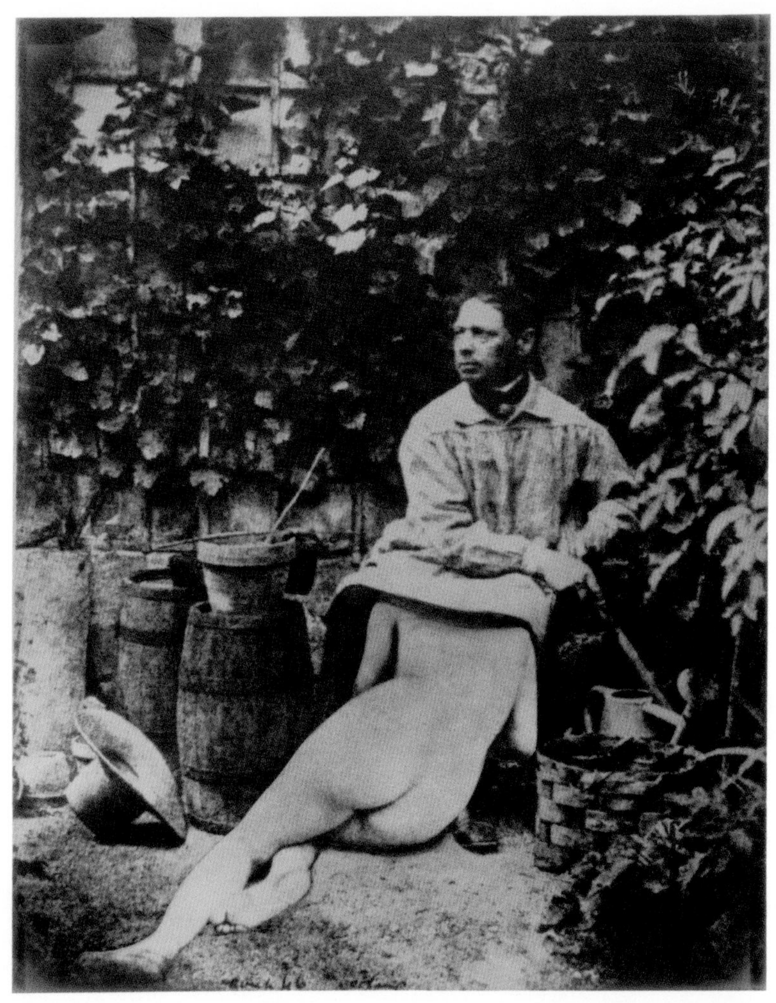

KARL BADEN

134

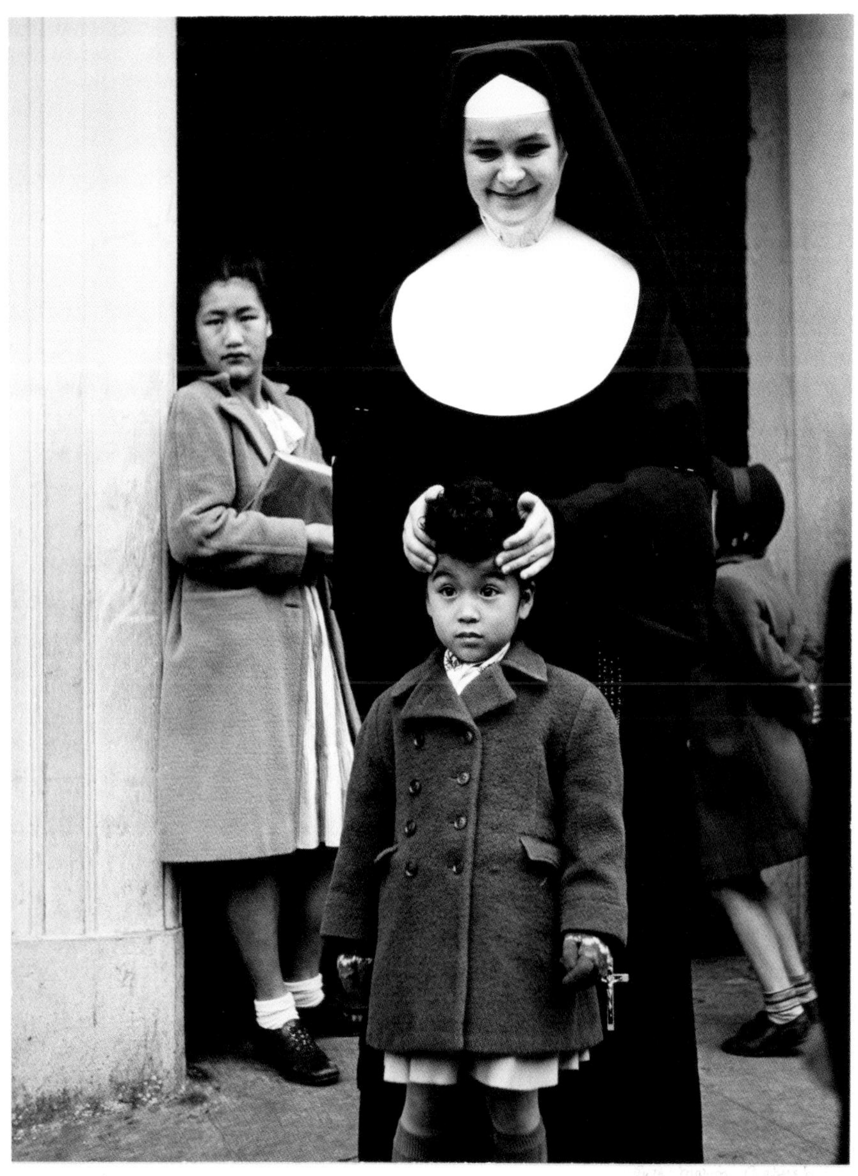

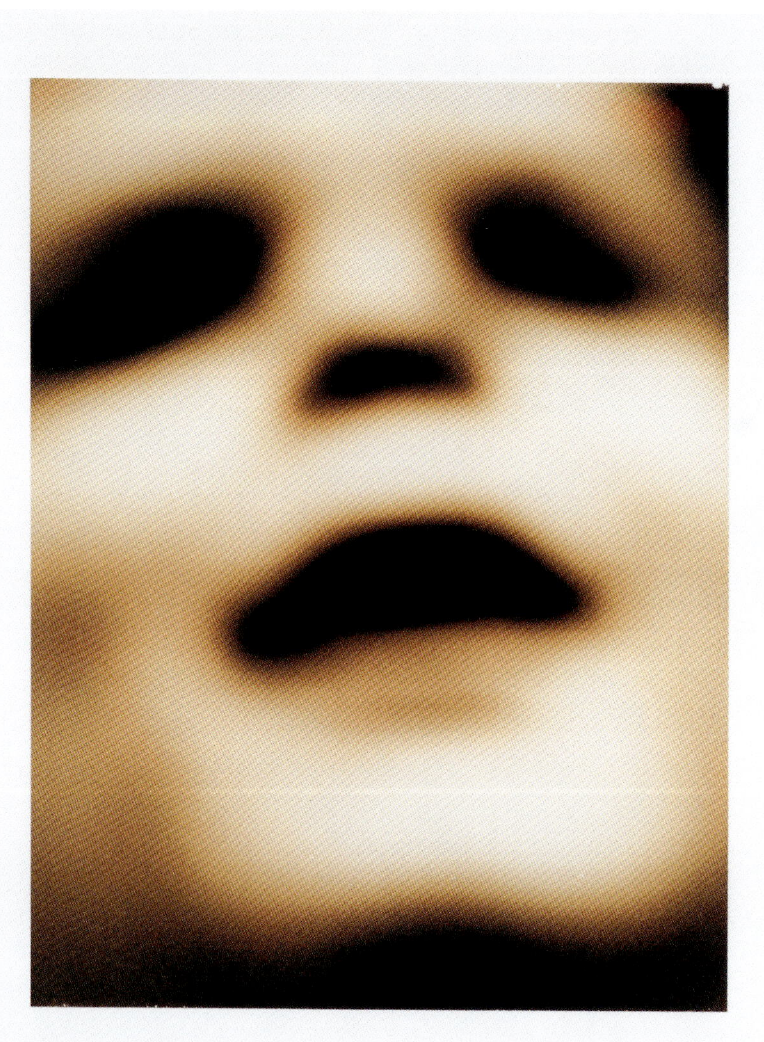

GIASCO BERTOLI

136

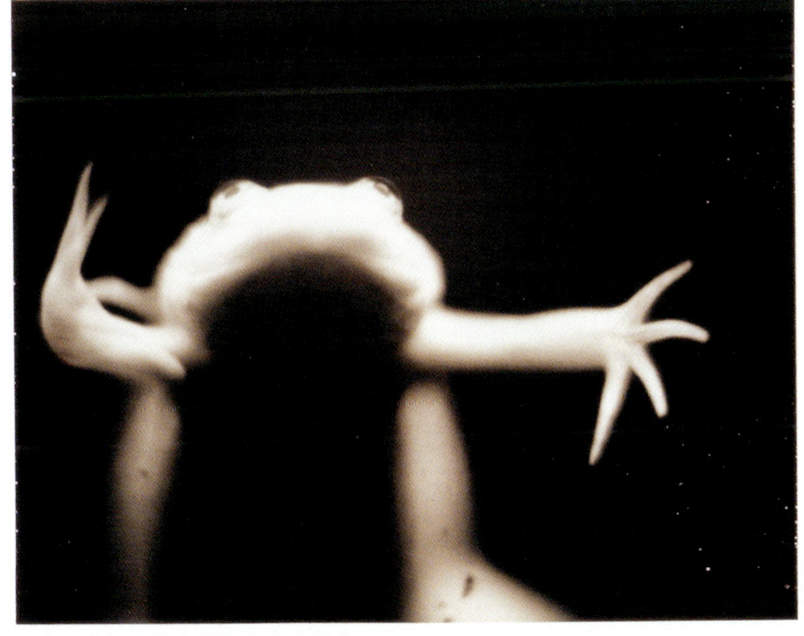

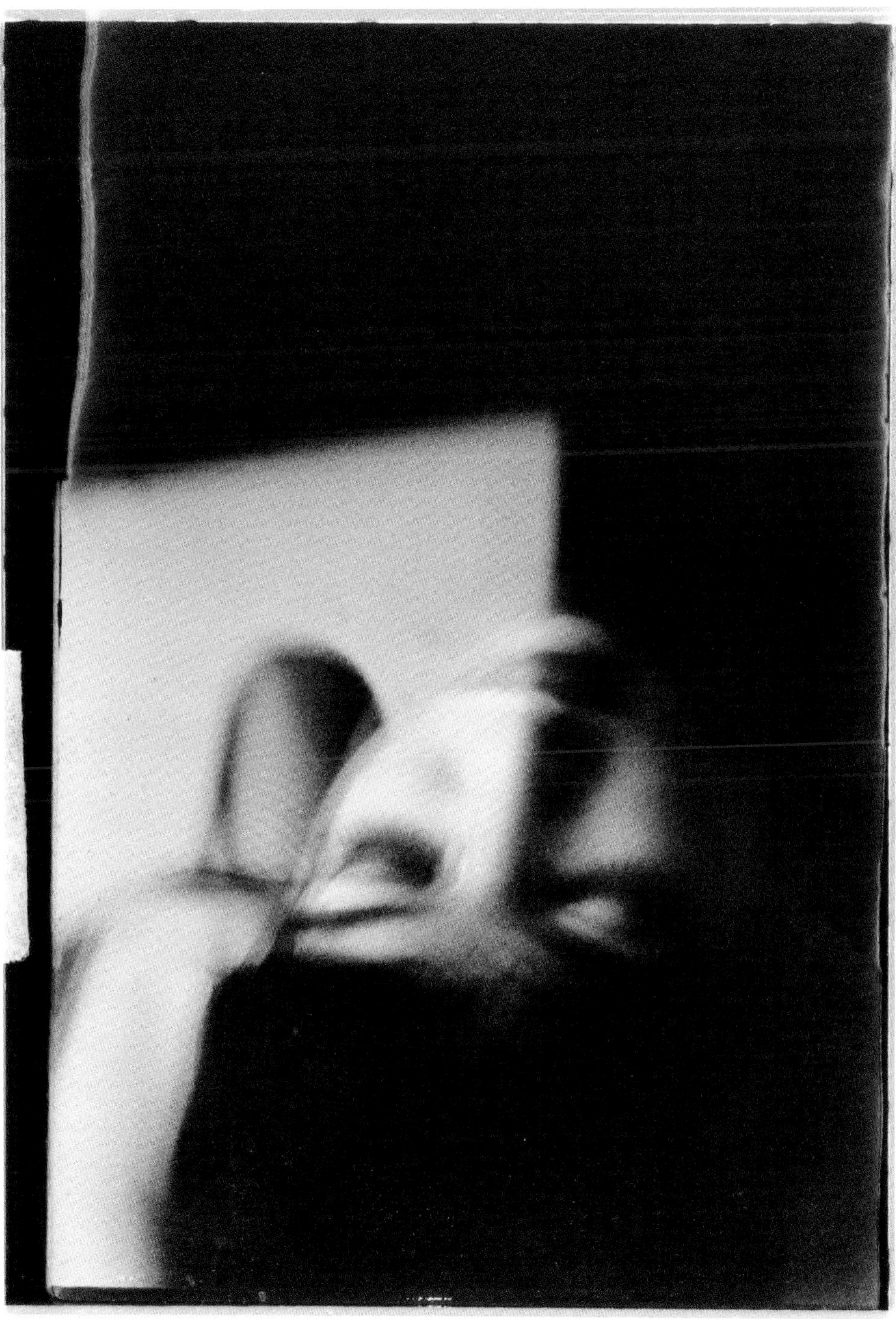

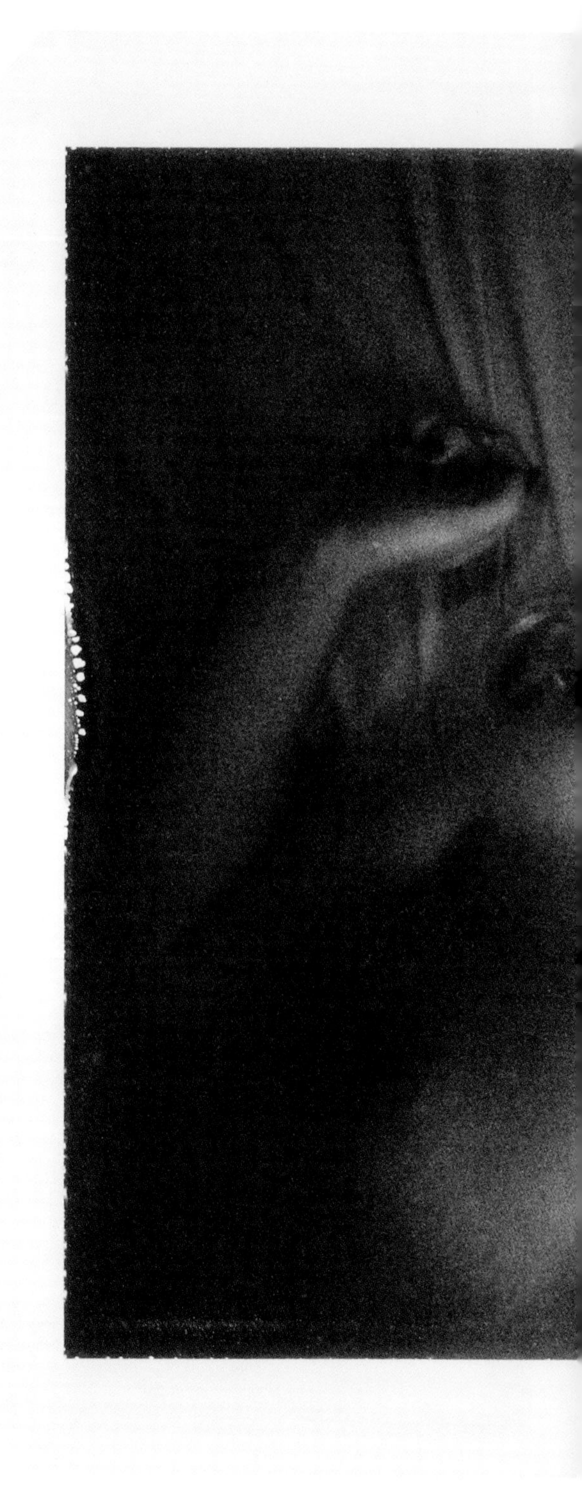

140

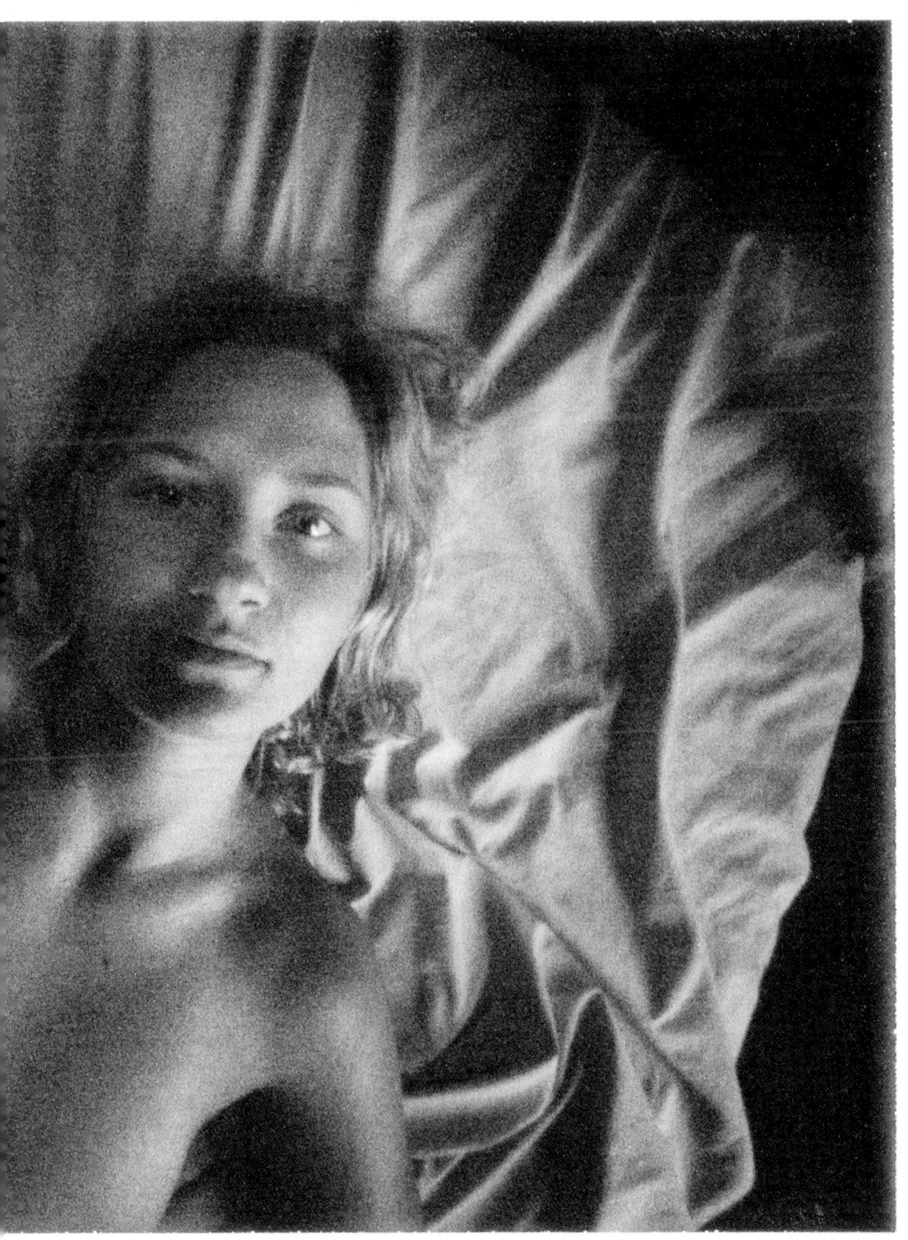

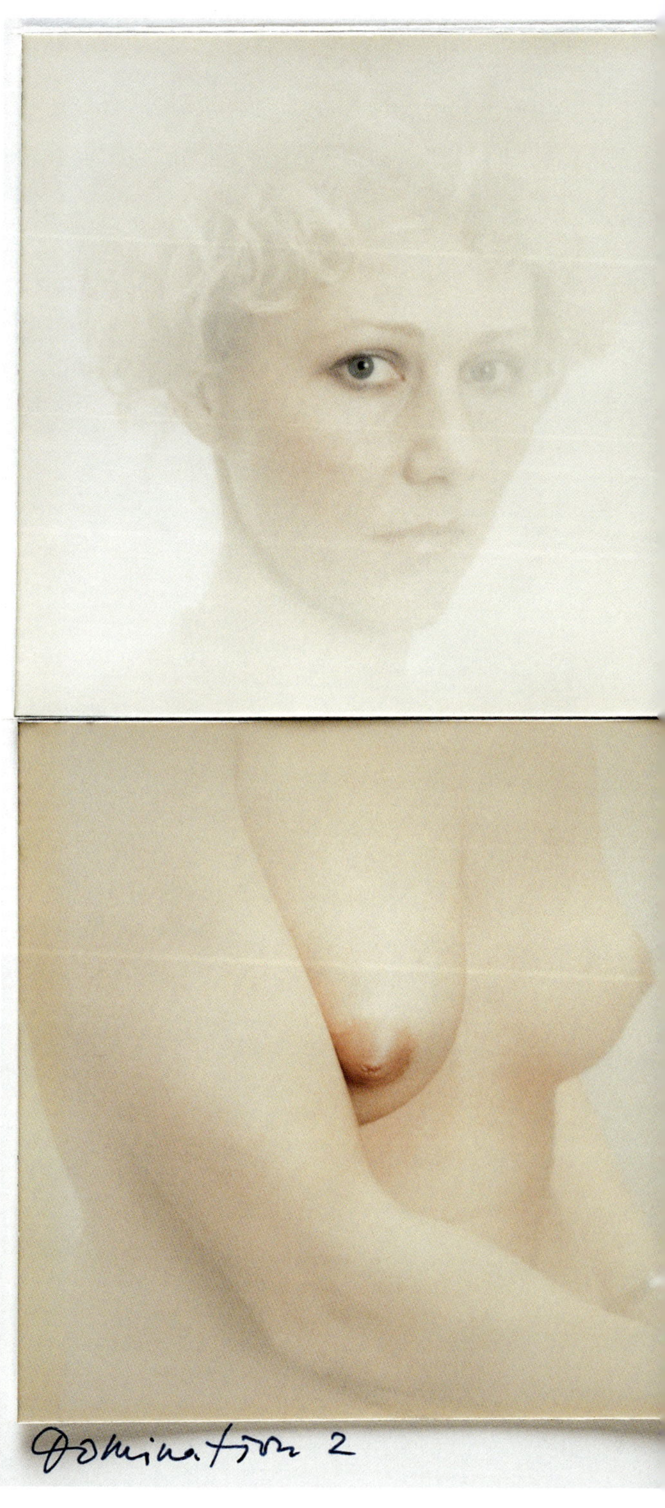

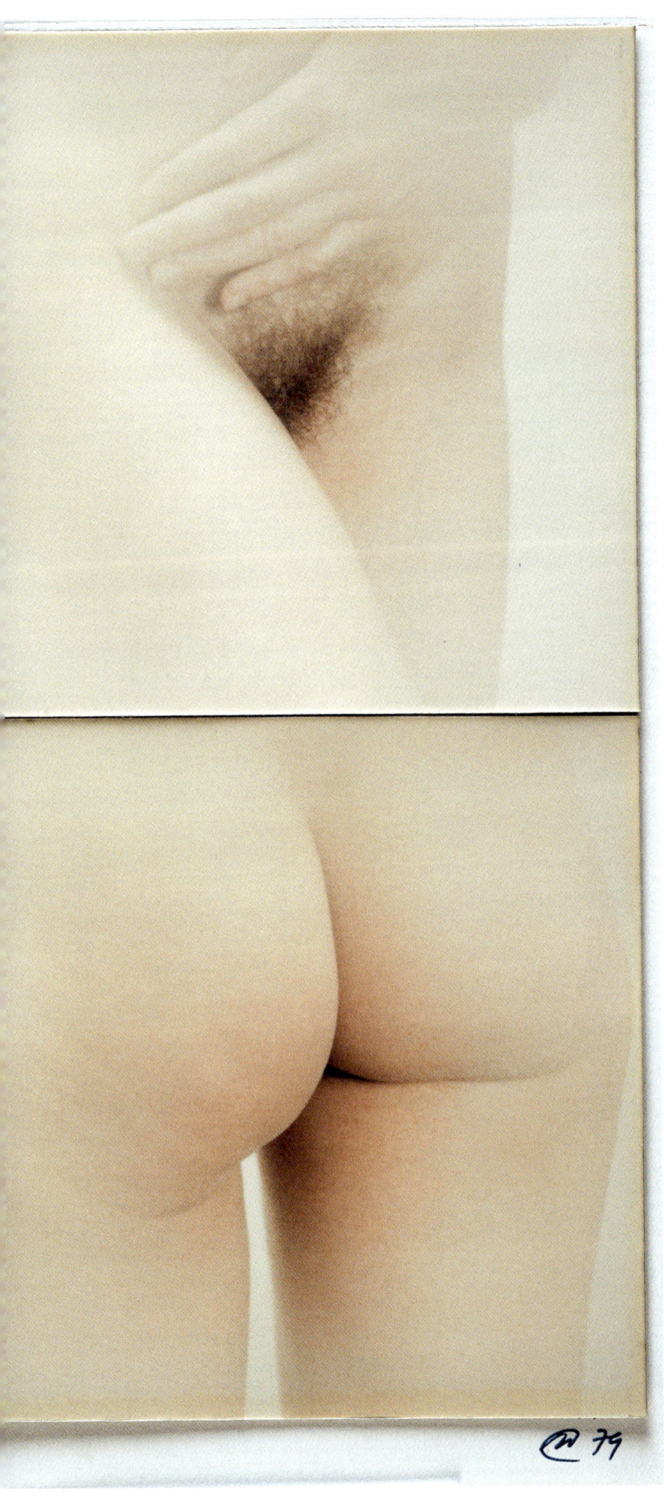

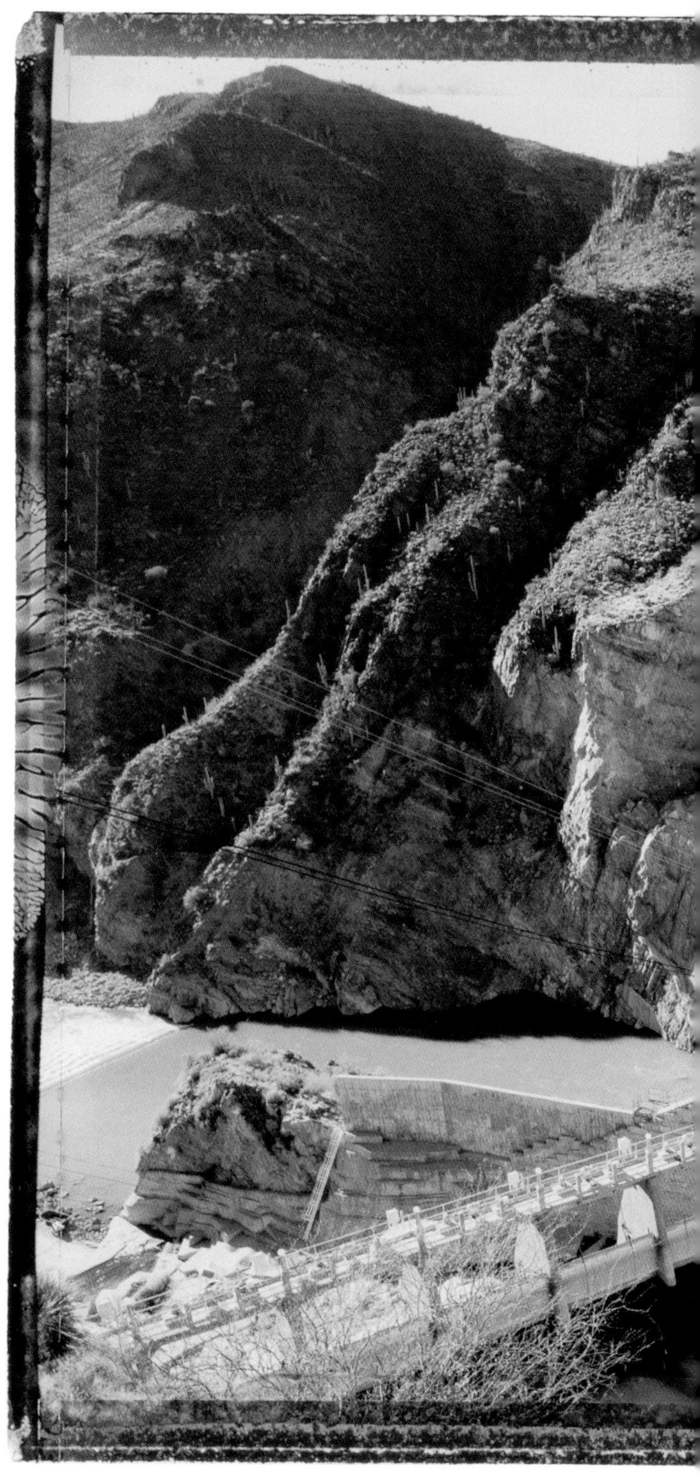

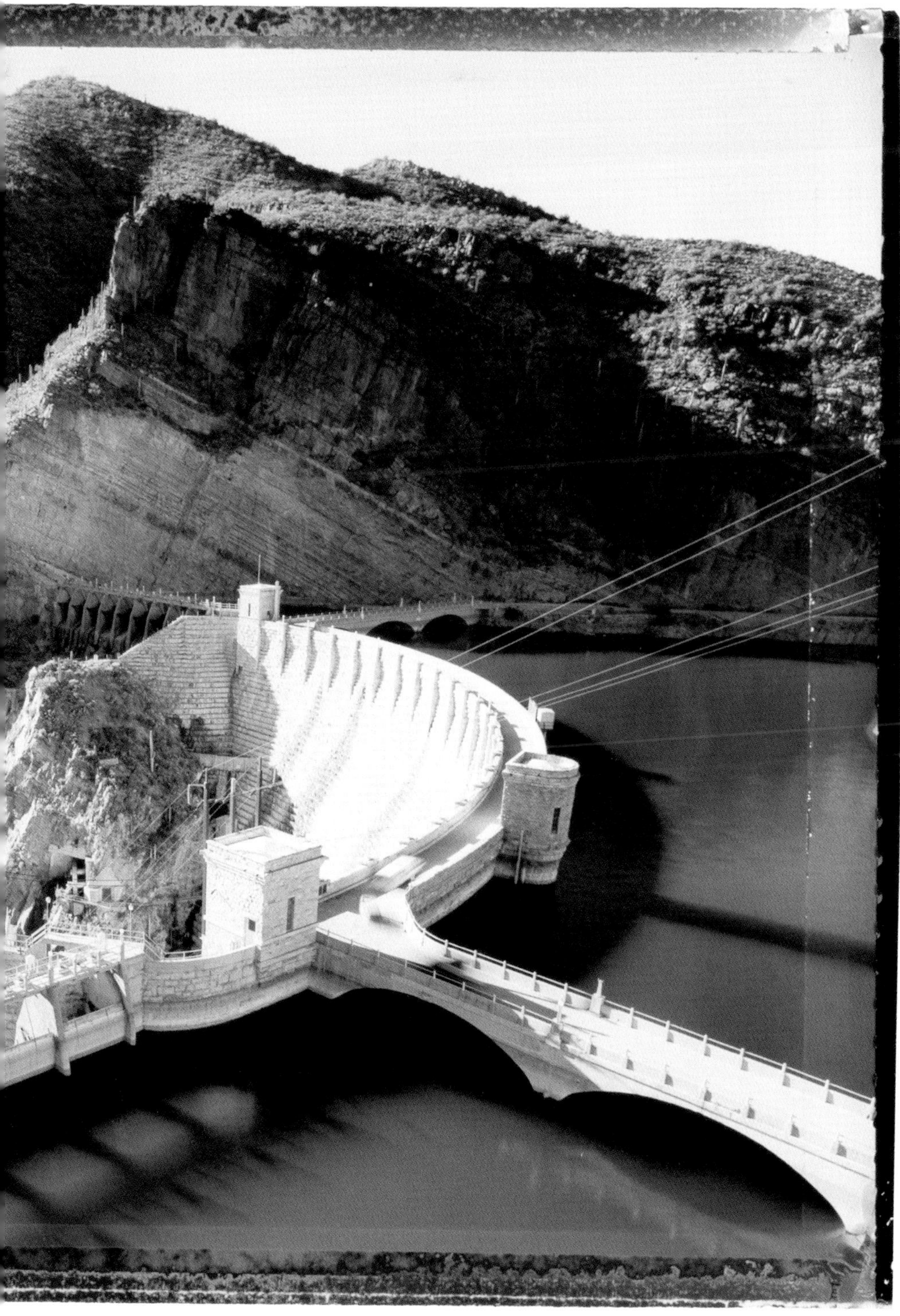

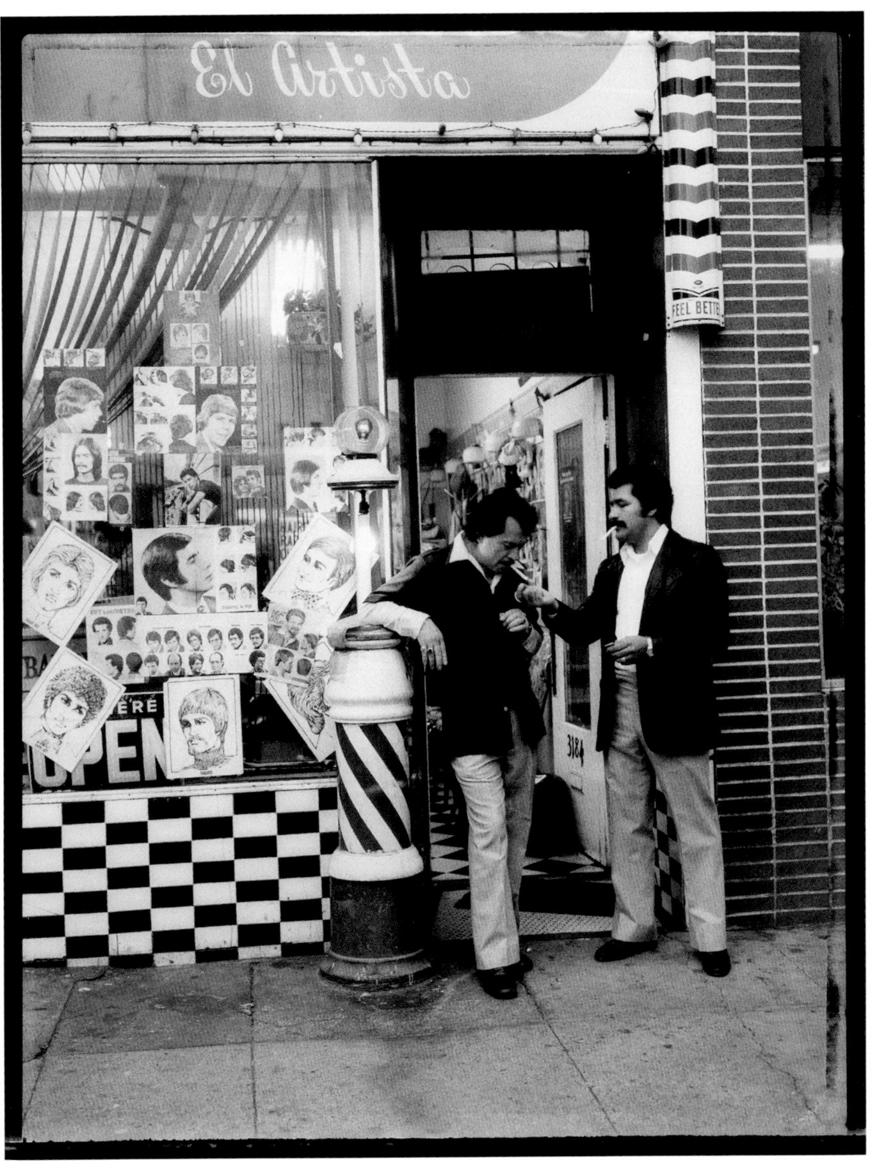

El Artista
FEEL BETTE
WE'RE
OPEN
3184

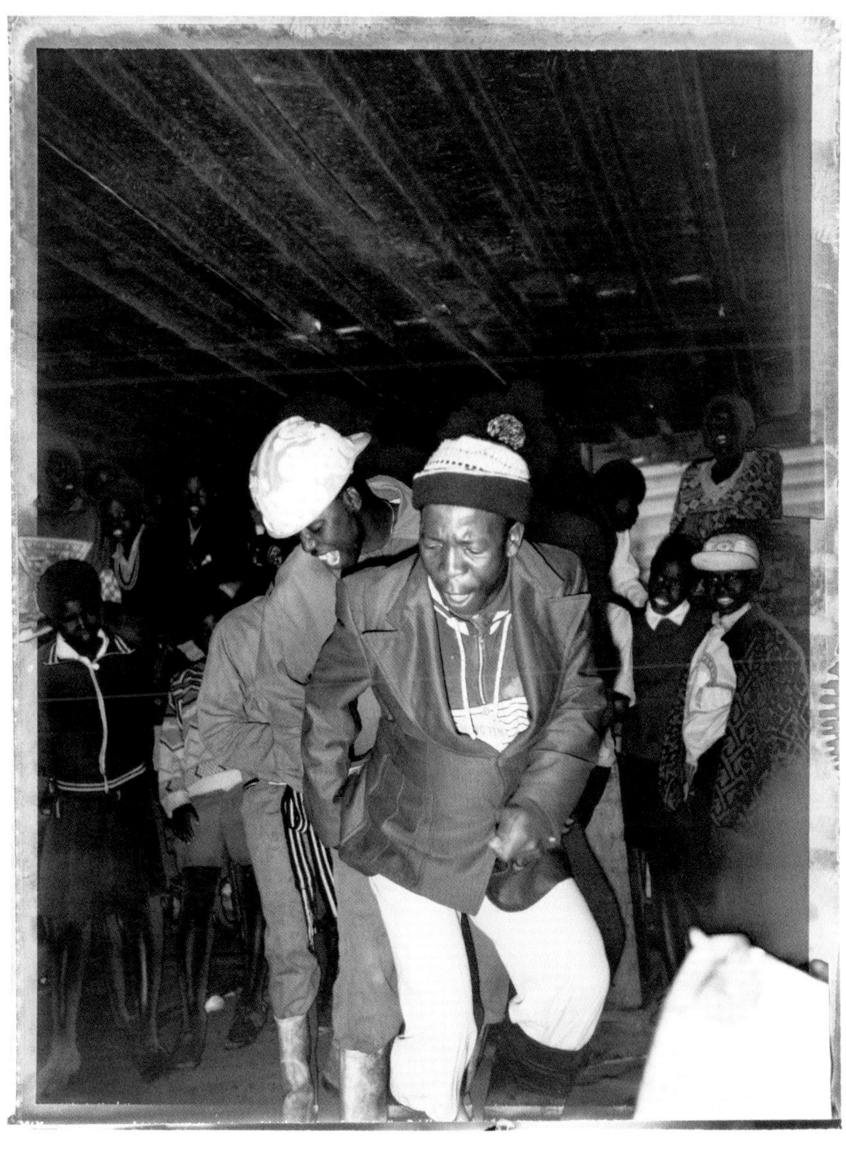

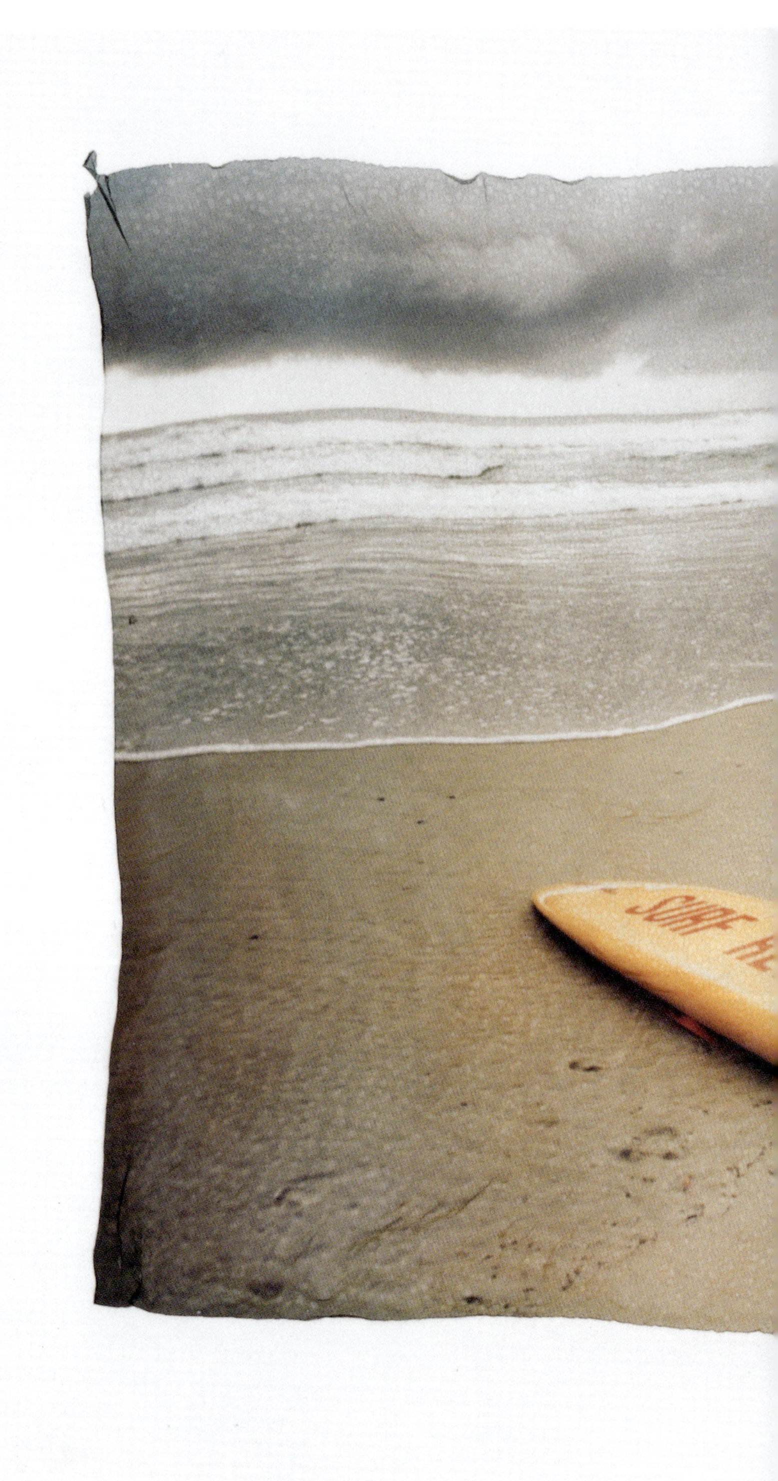

EIICHI ANZAI

148

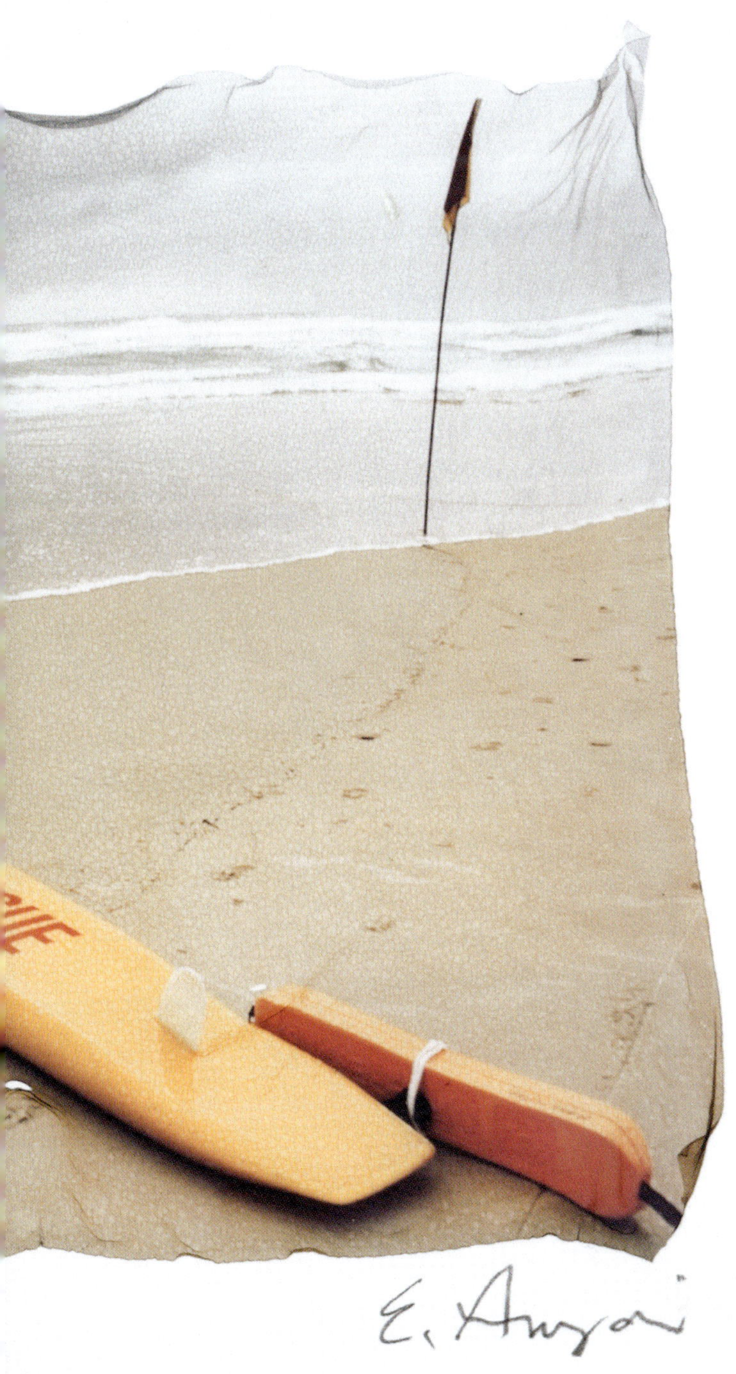

MICHAEL BISHOP

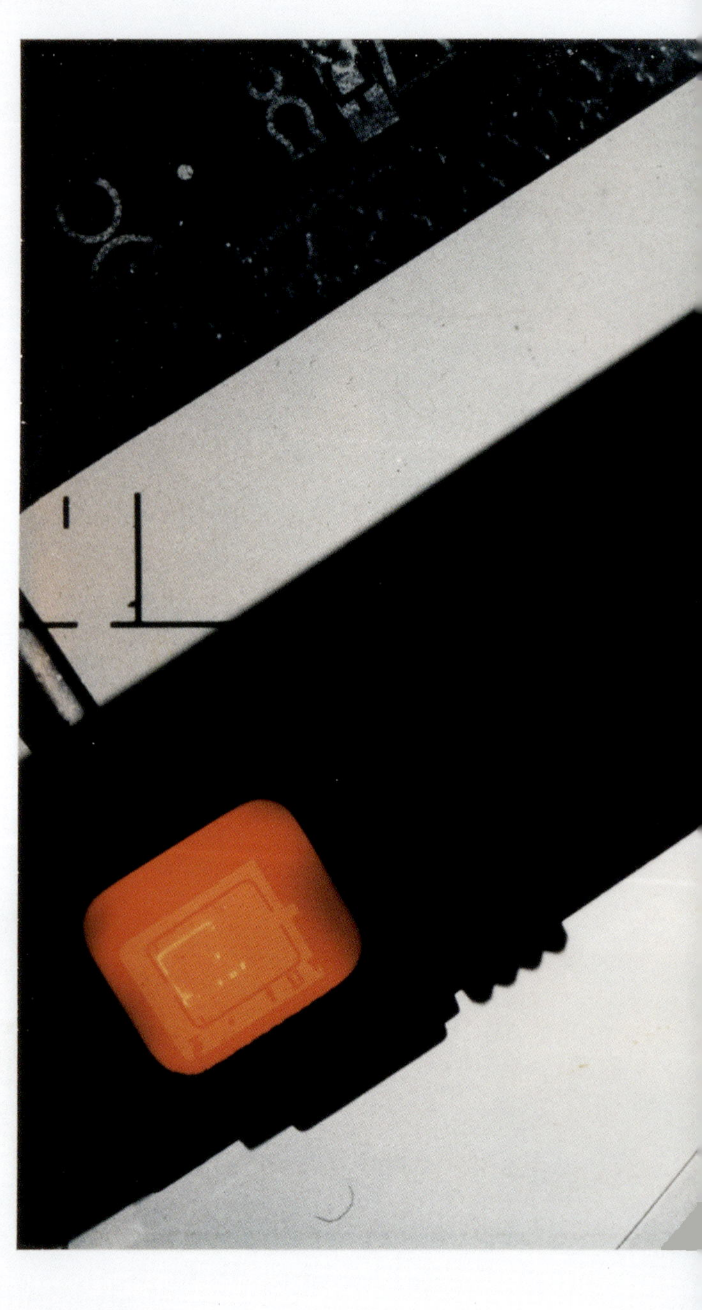

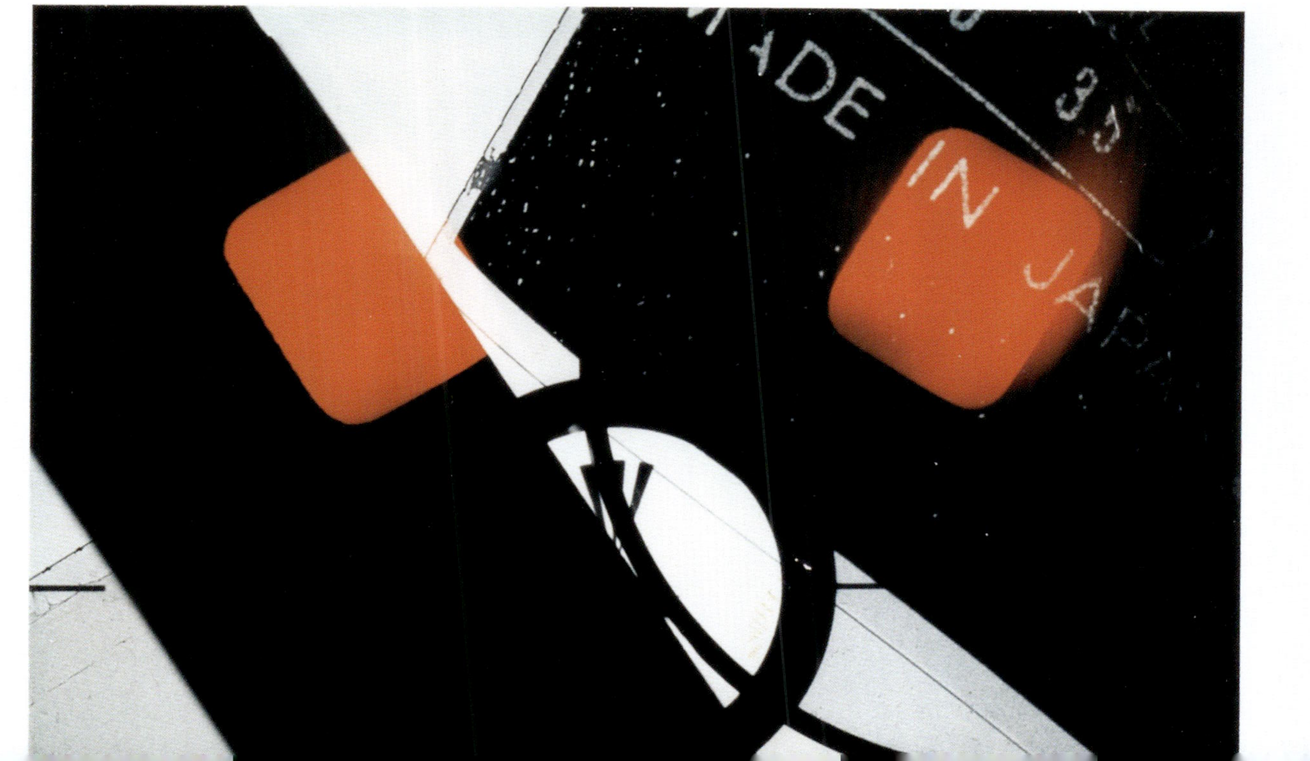

MADE
IN
JAPAN
3

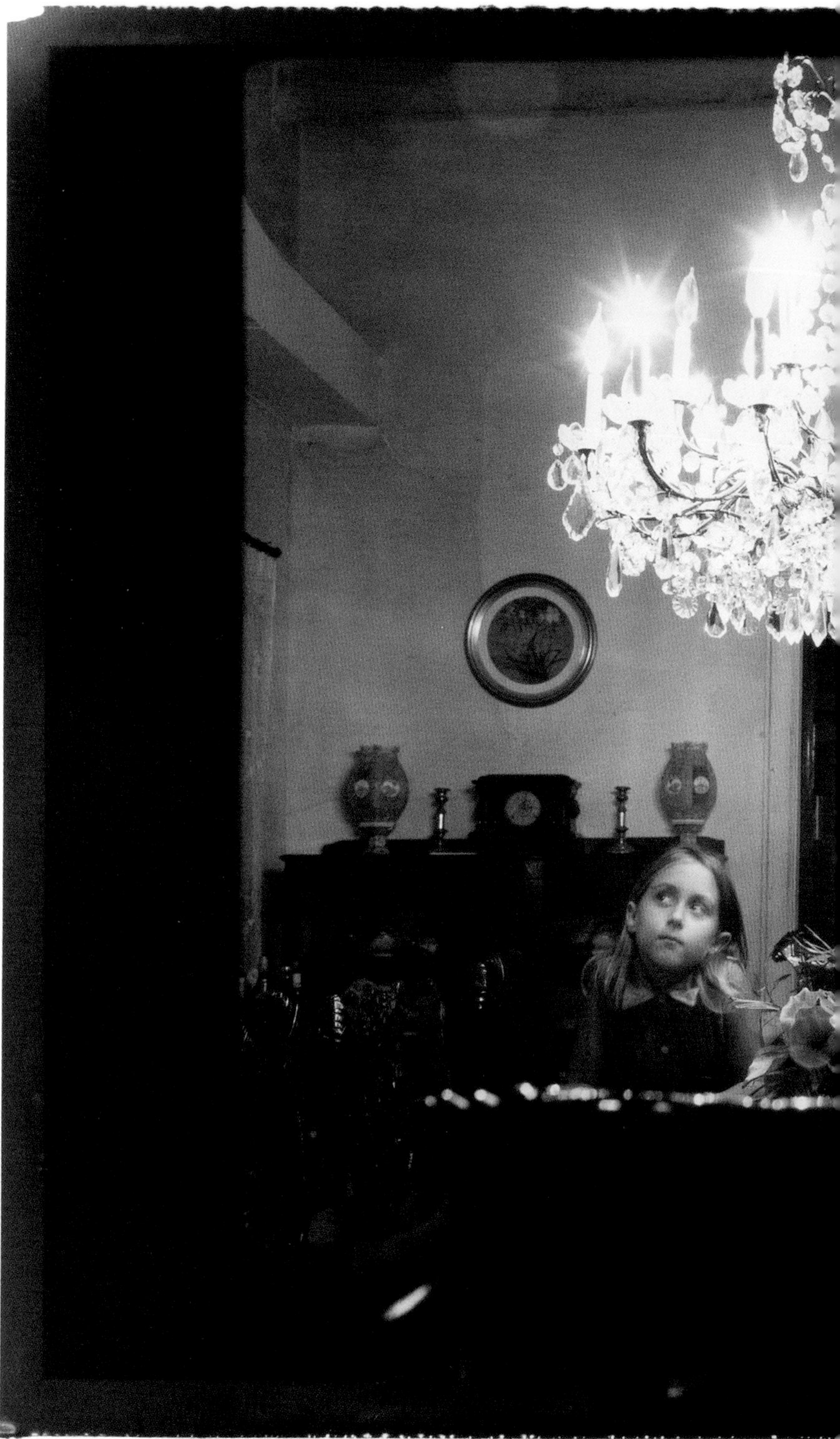

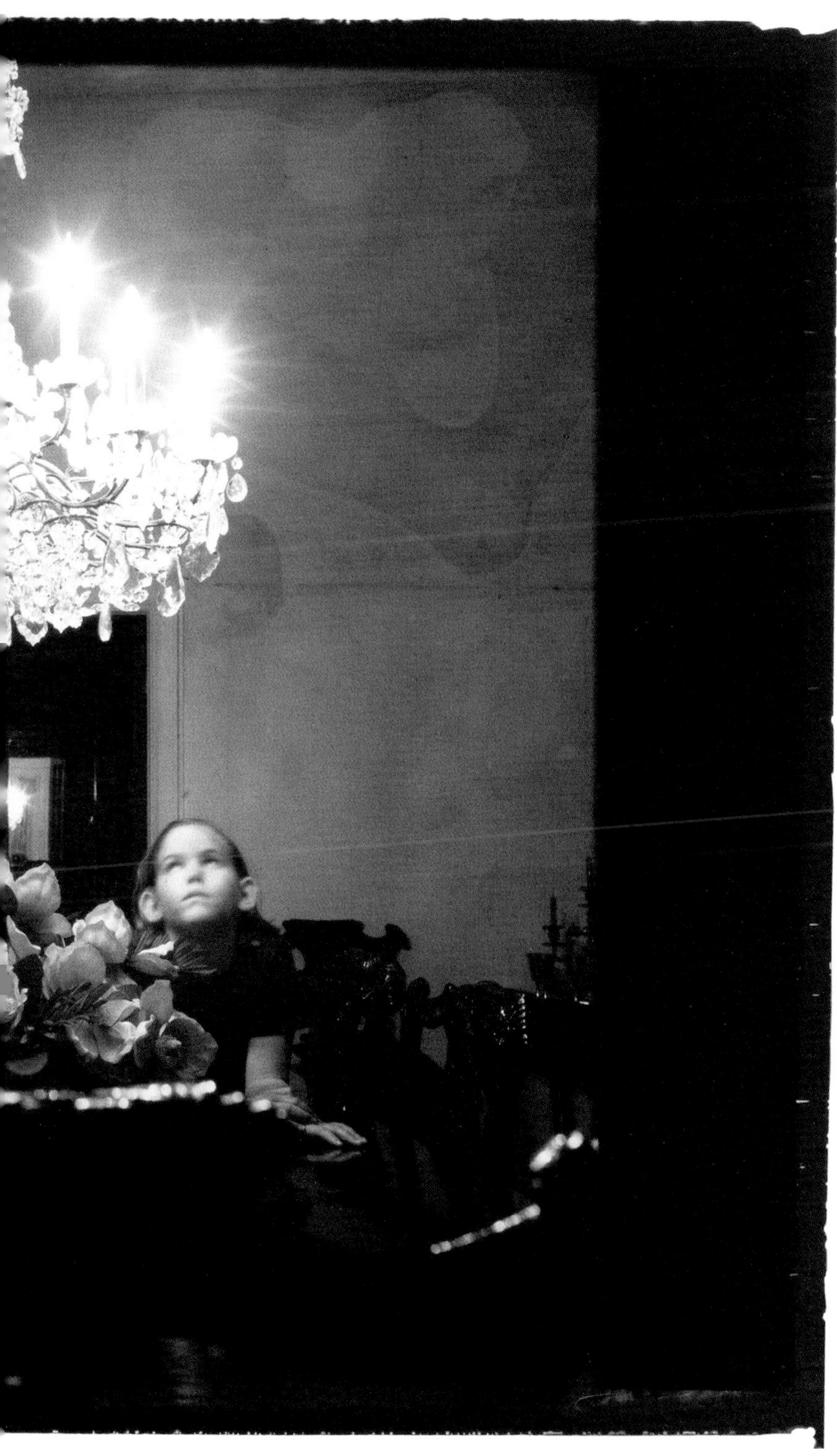

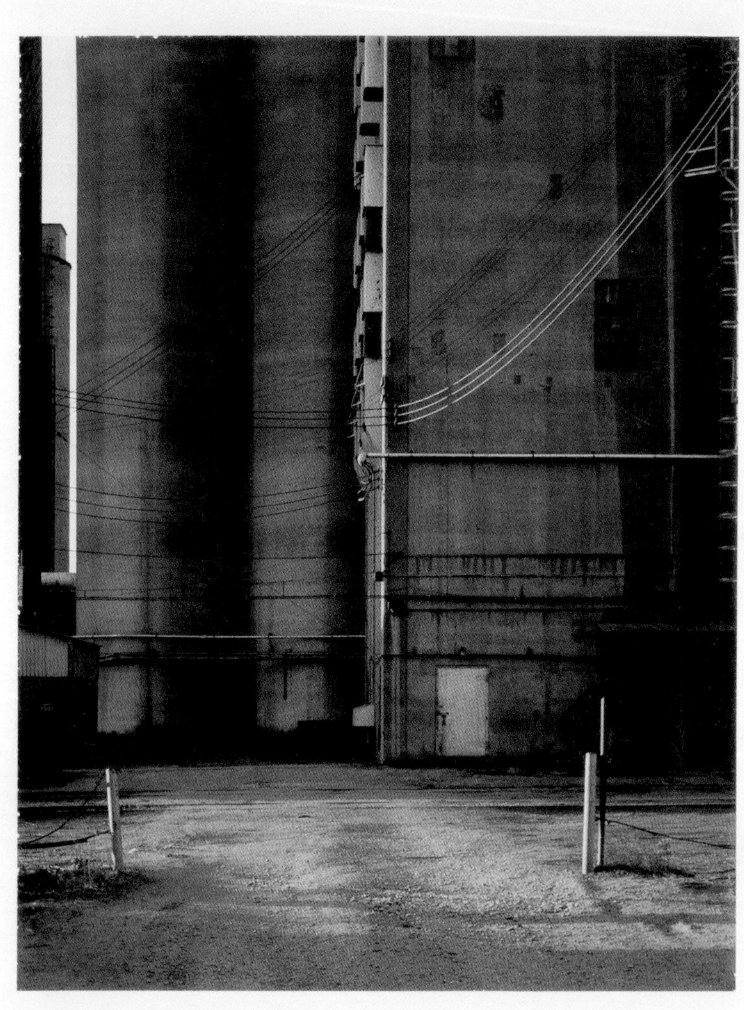

FRANK GOHLKE

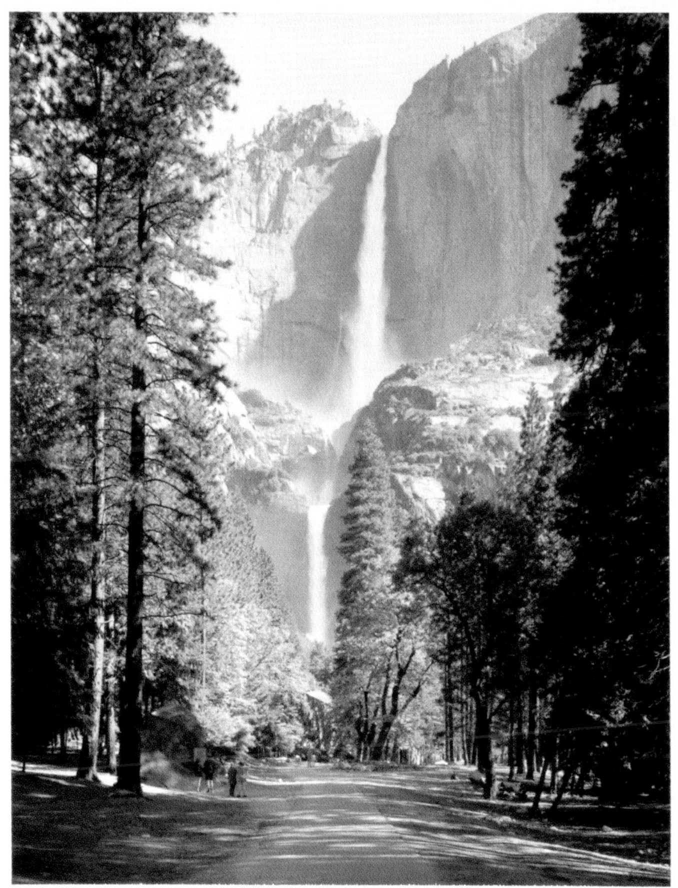

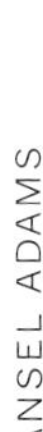

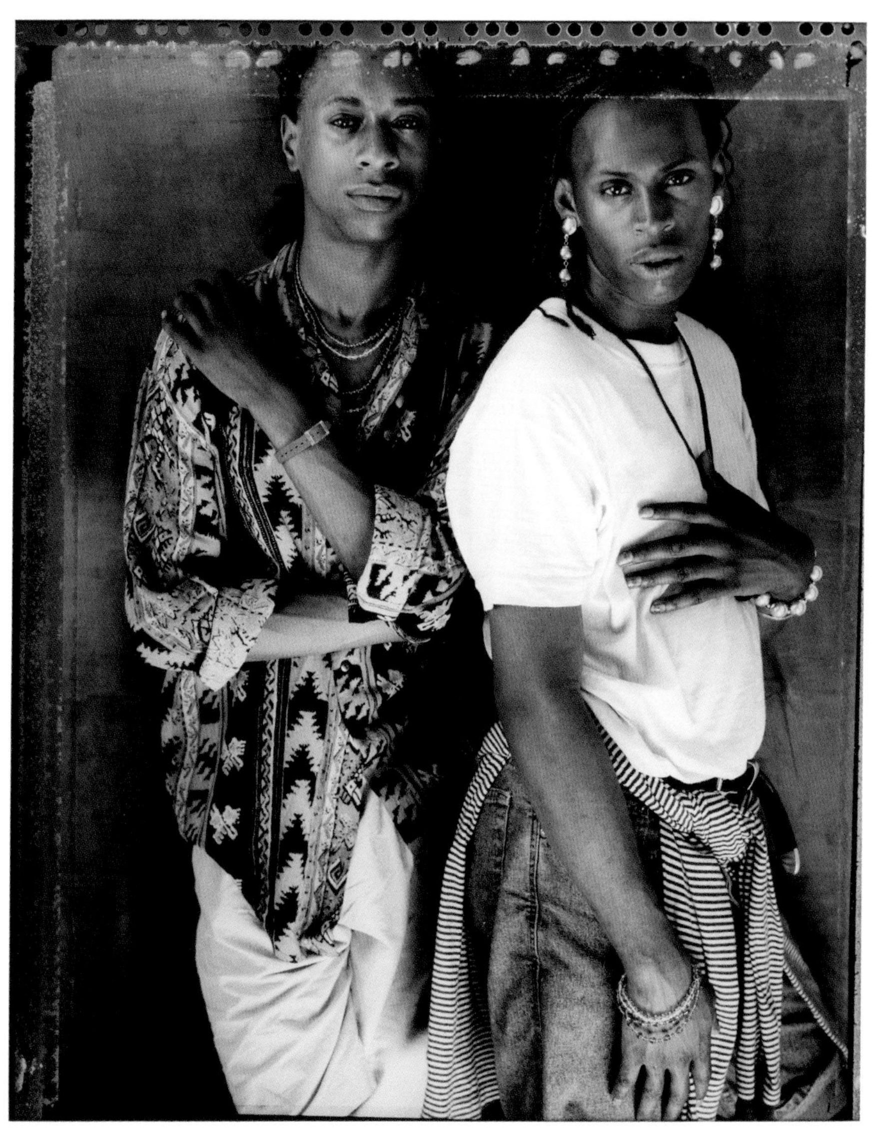

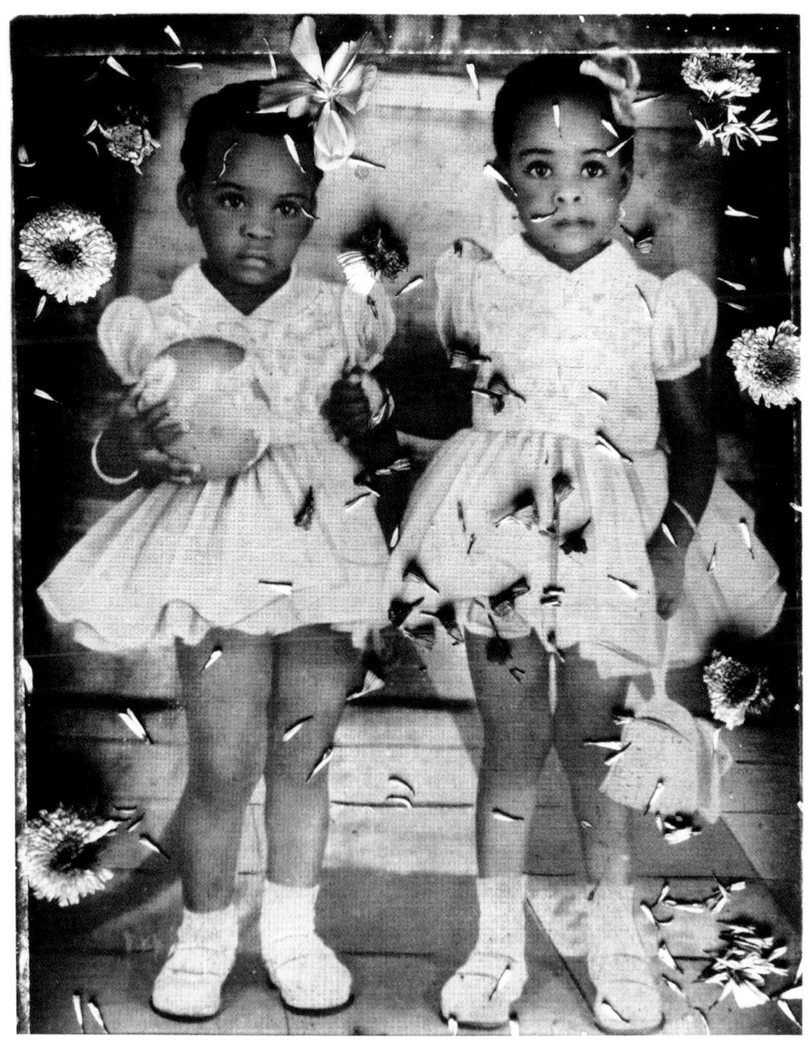

ALBERT CHONG

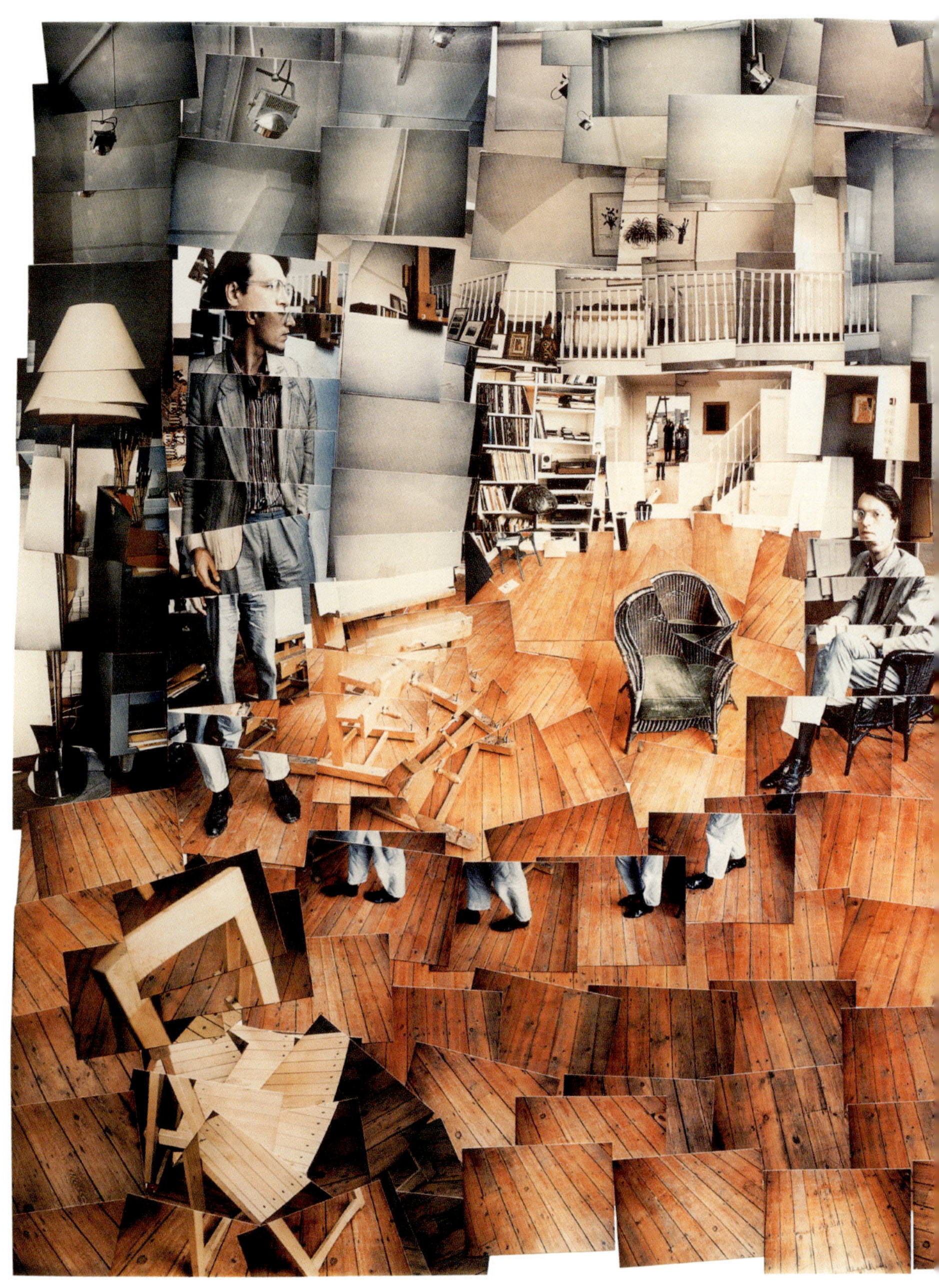

DAVID HOCKNEY

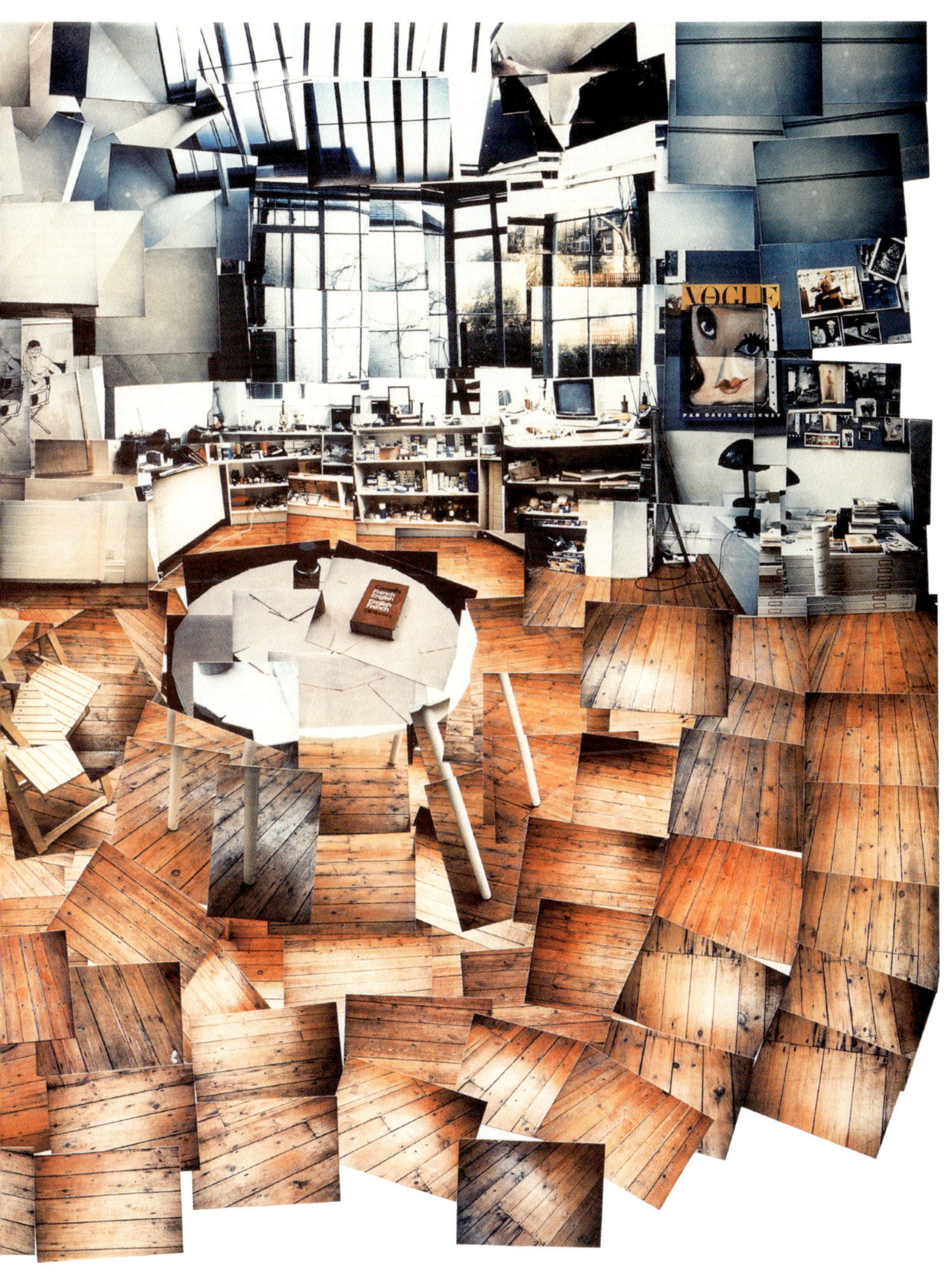
VOGUE
PAR DAVID HOCKNEY

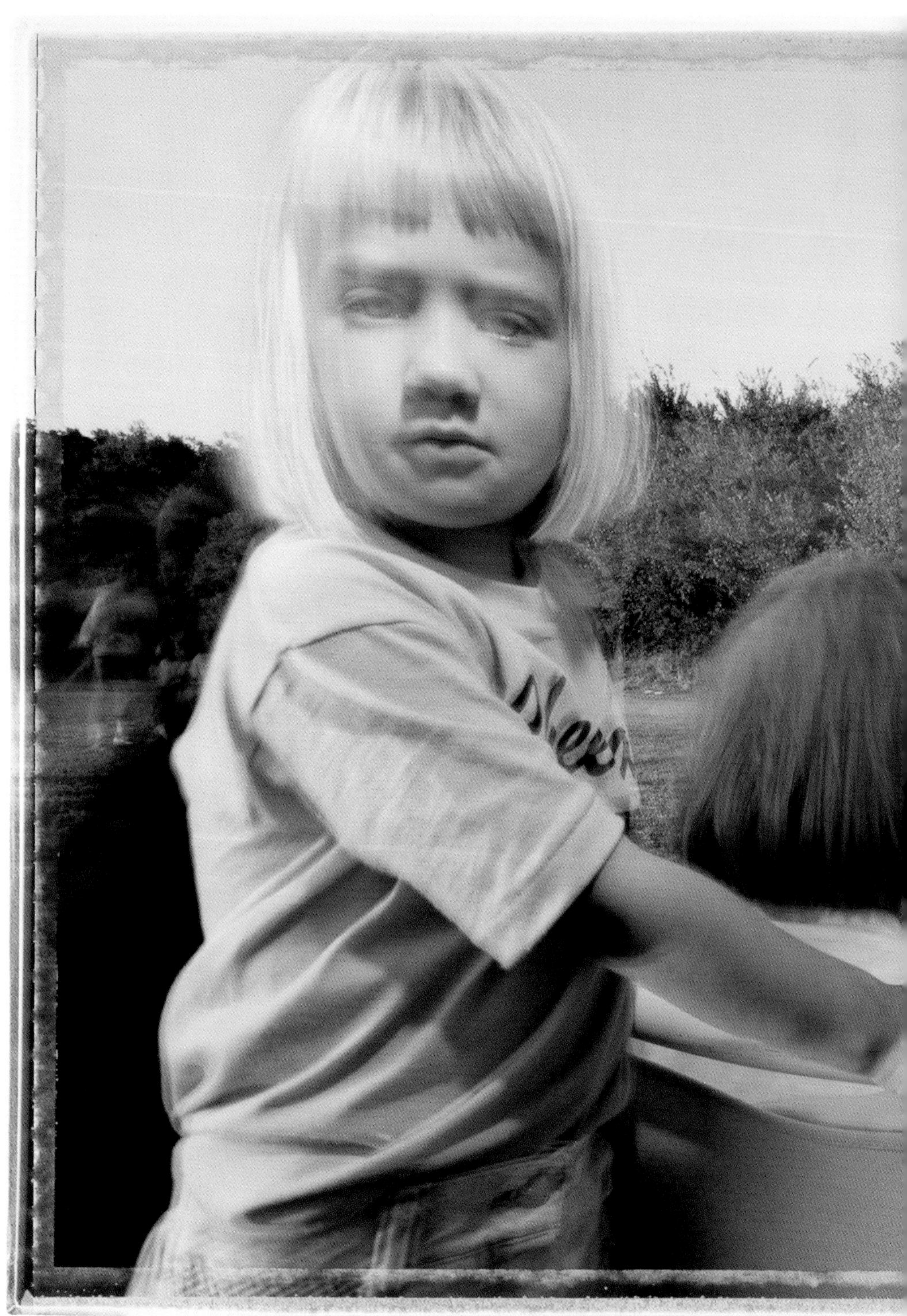

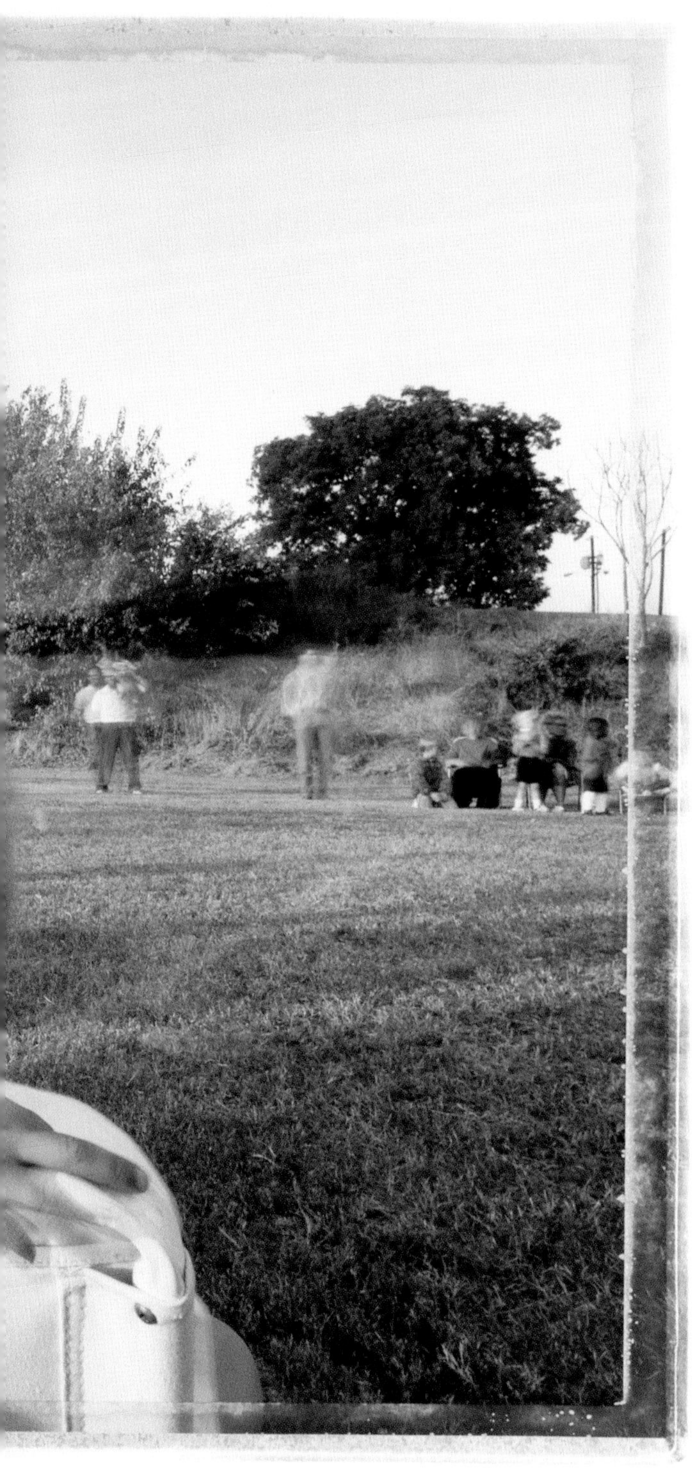

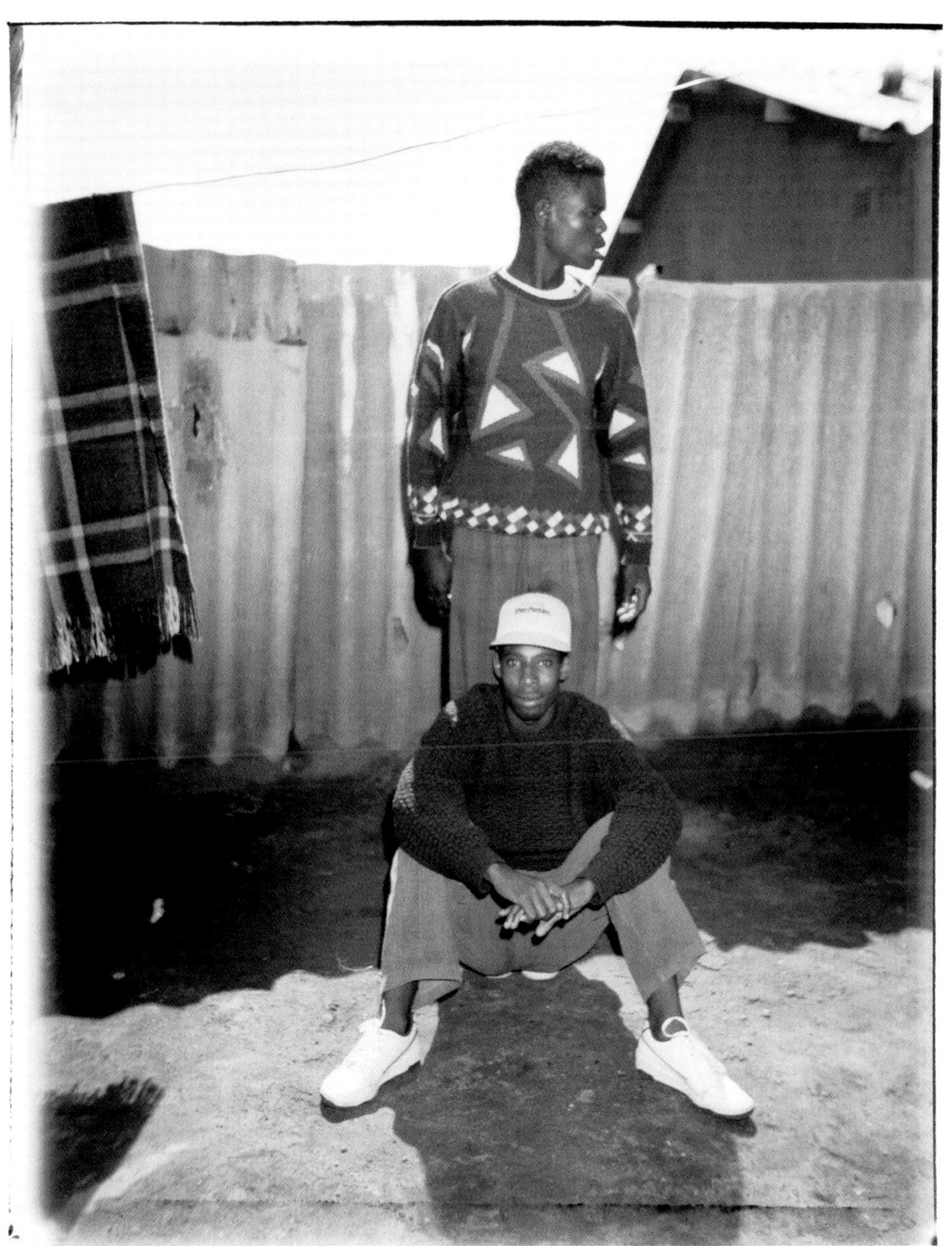

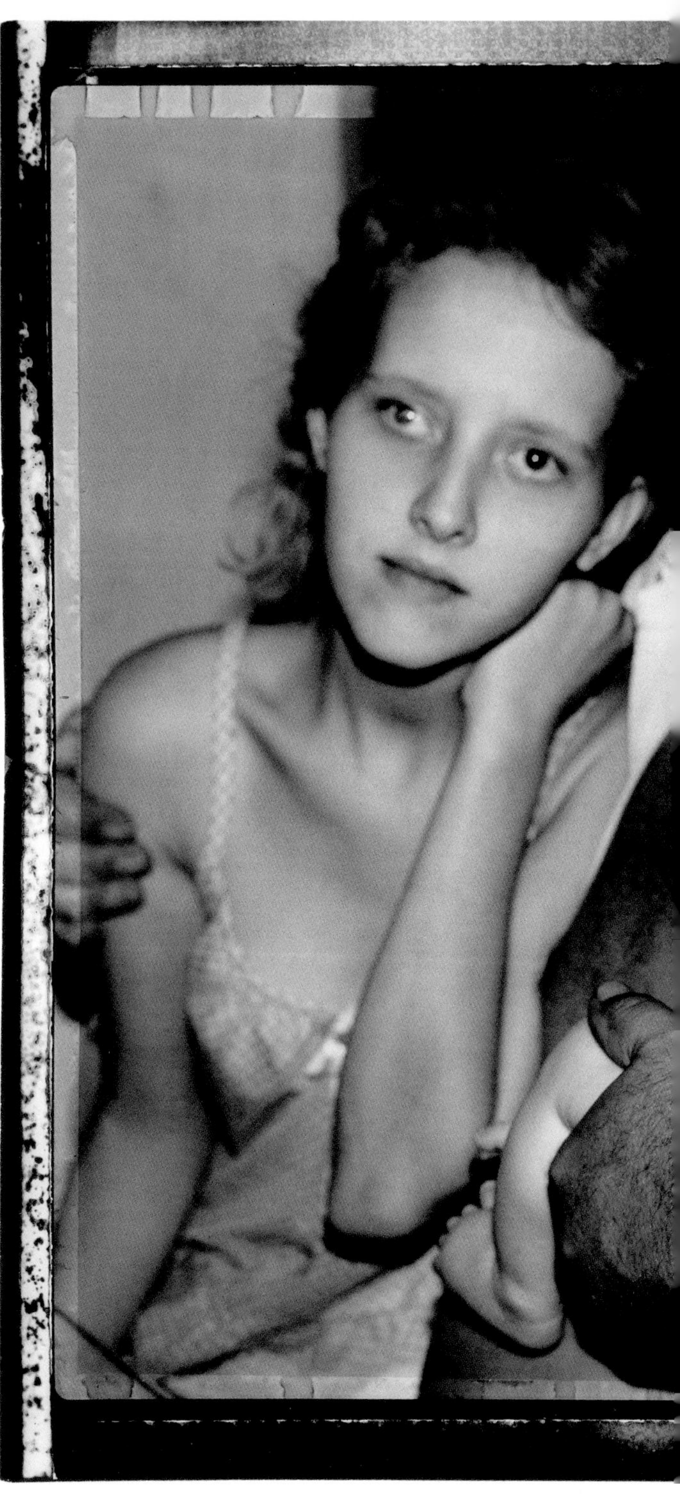

BILL BURKE

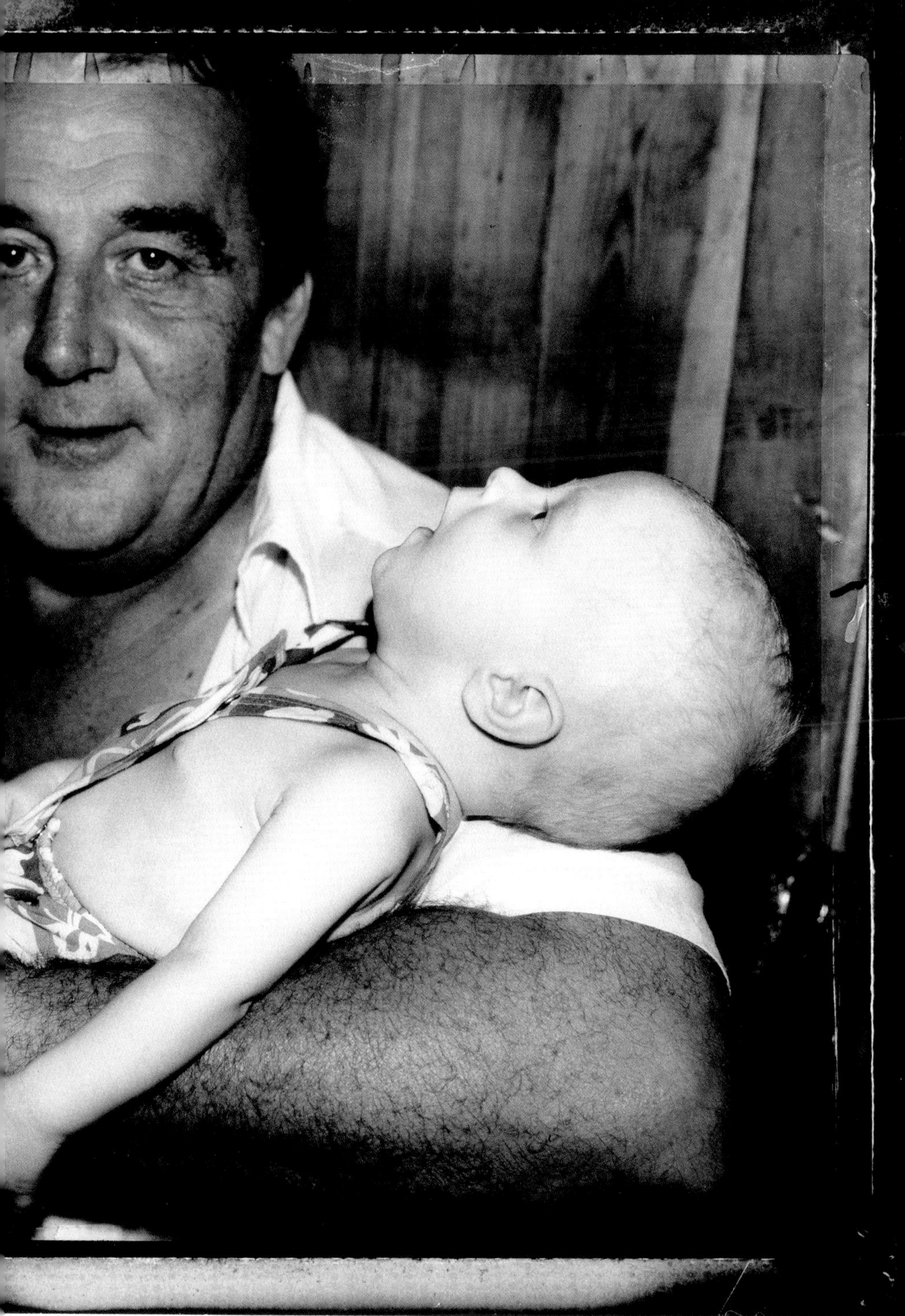

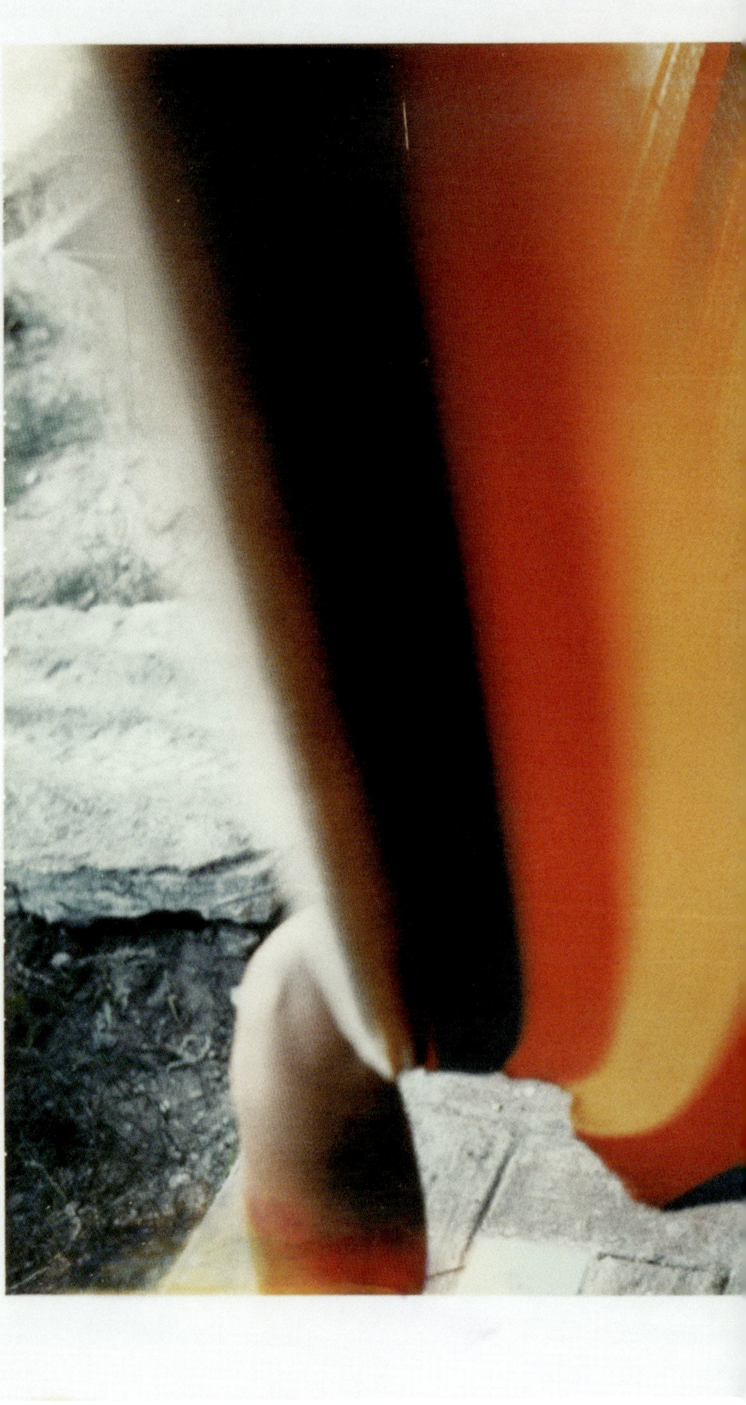

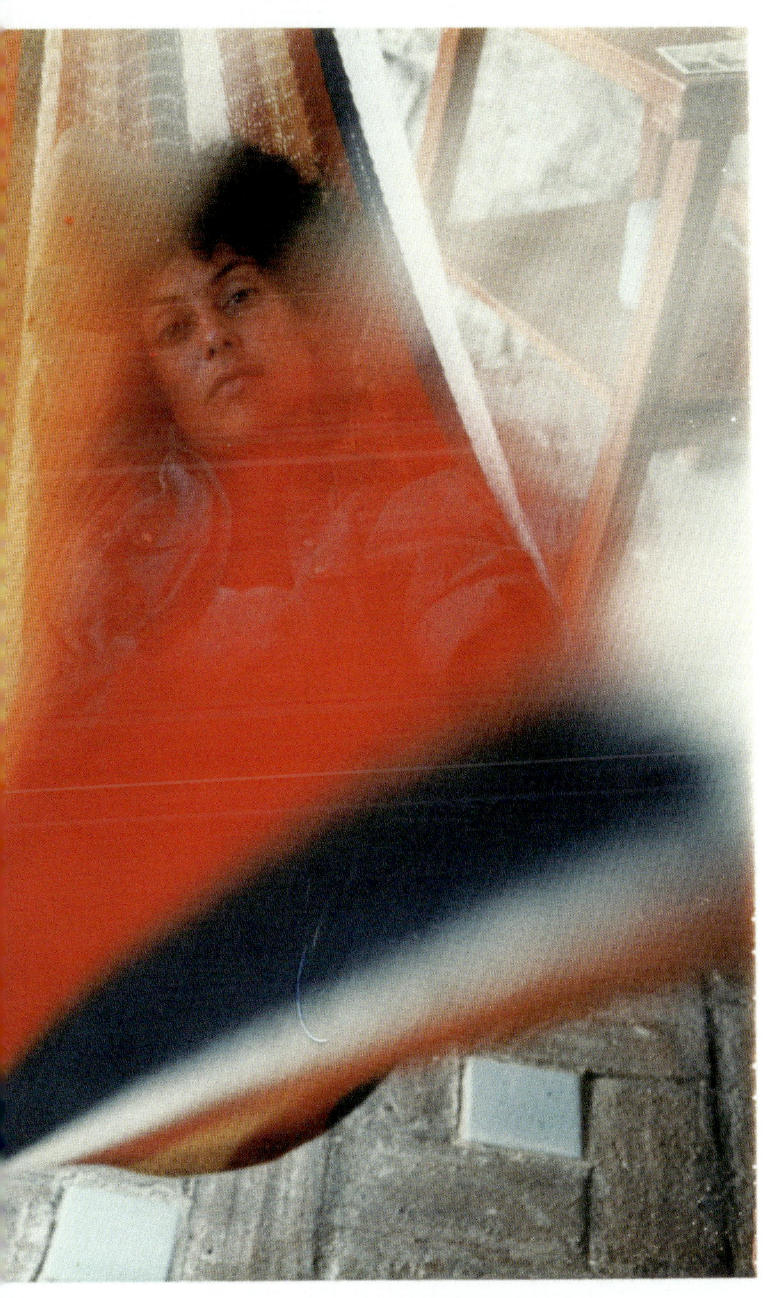

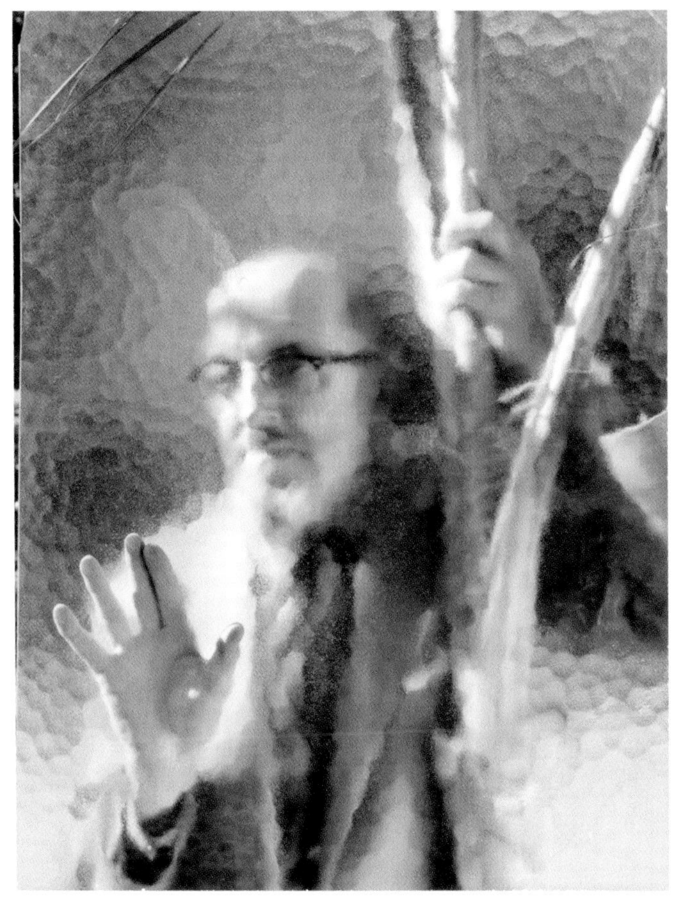

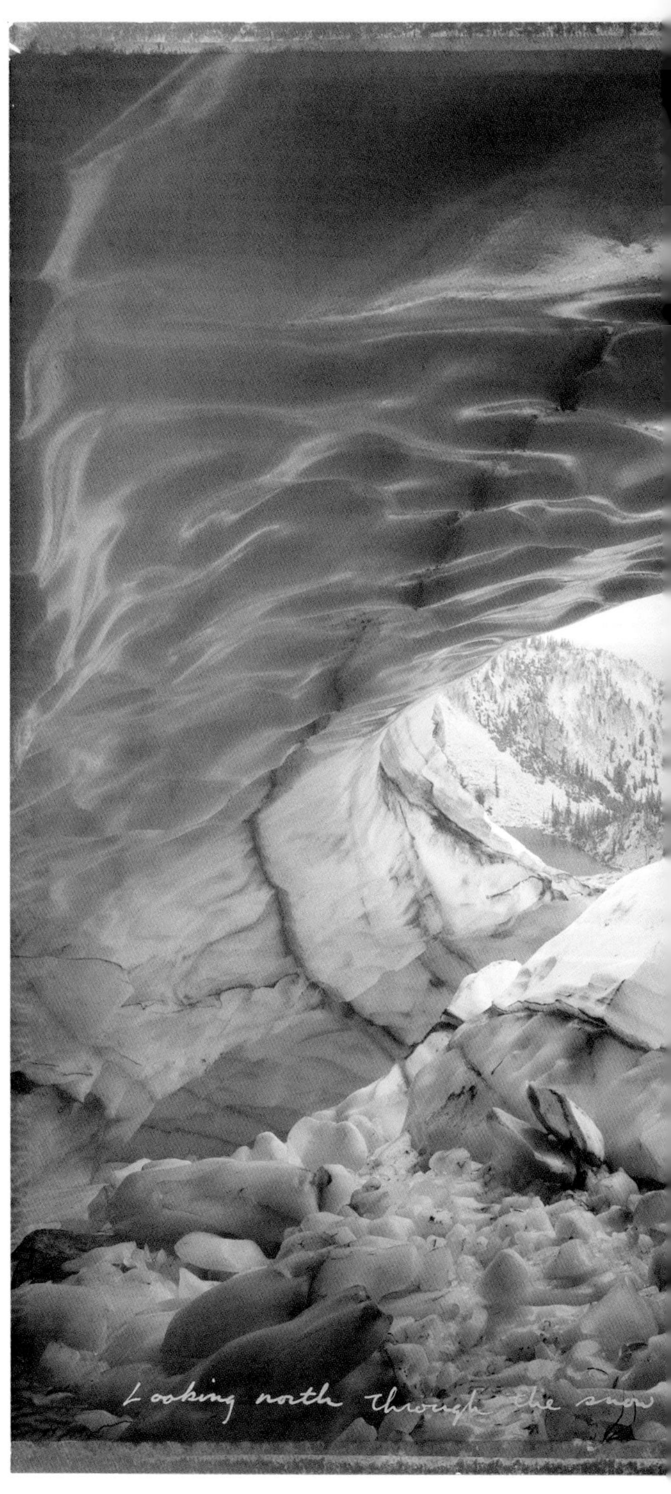
Looking north through the snow

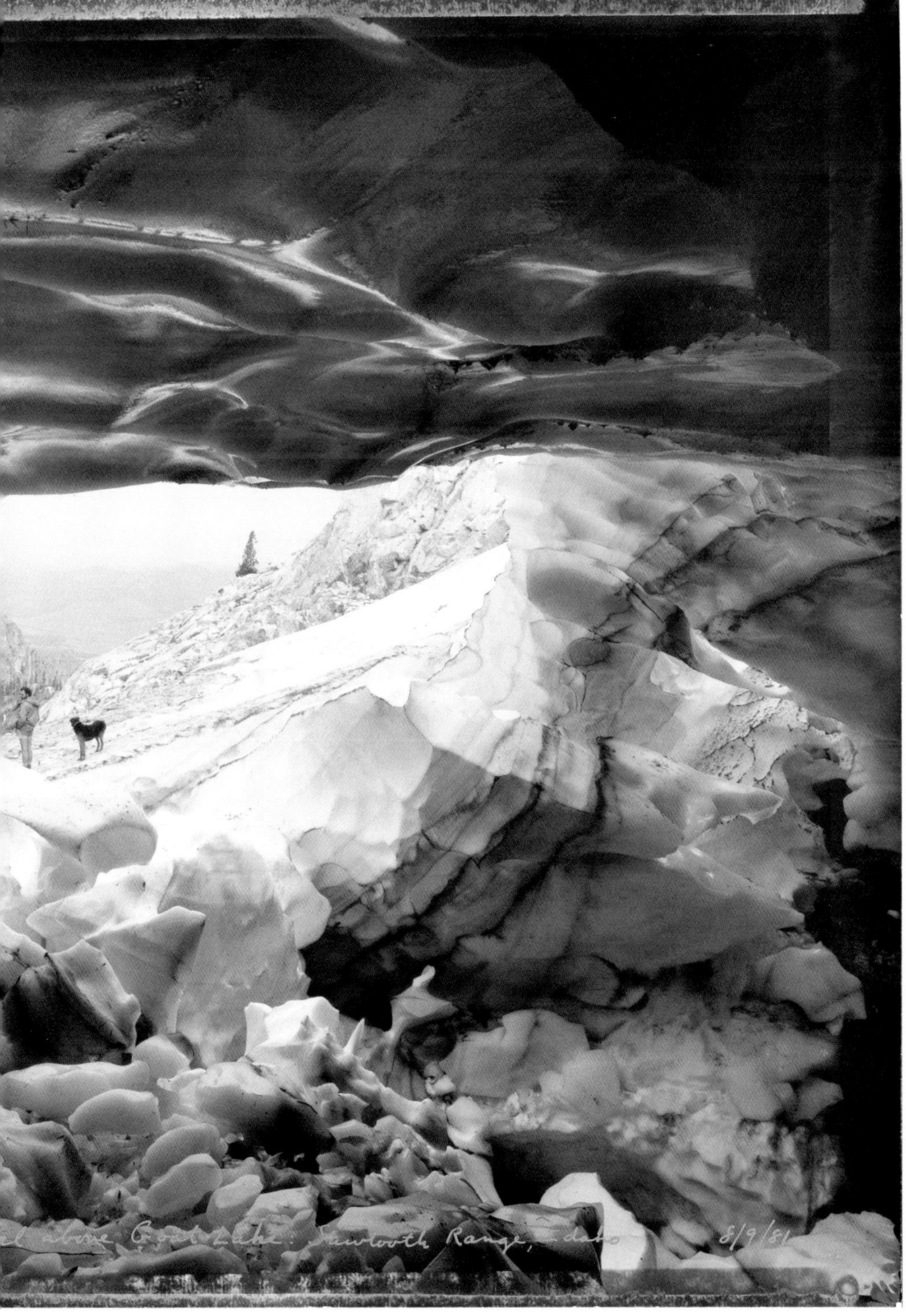

above Goat Lake, Sawtooth Range, Idaho   8/9/81

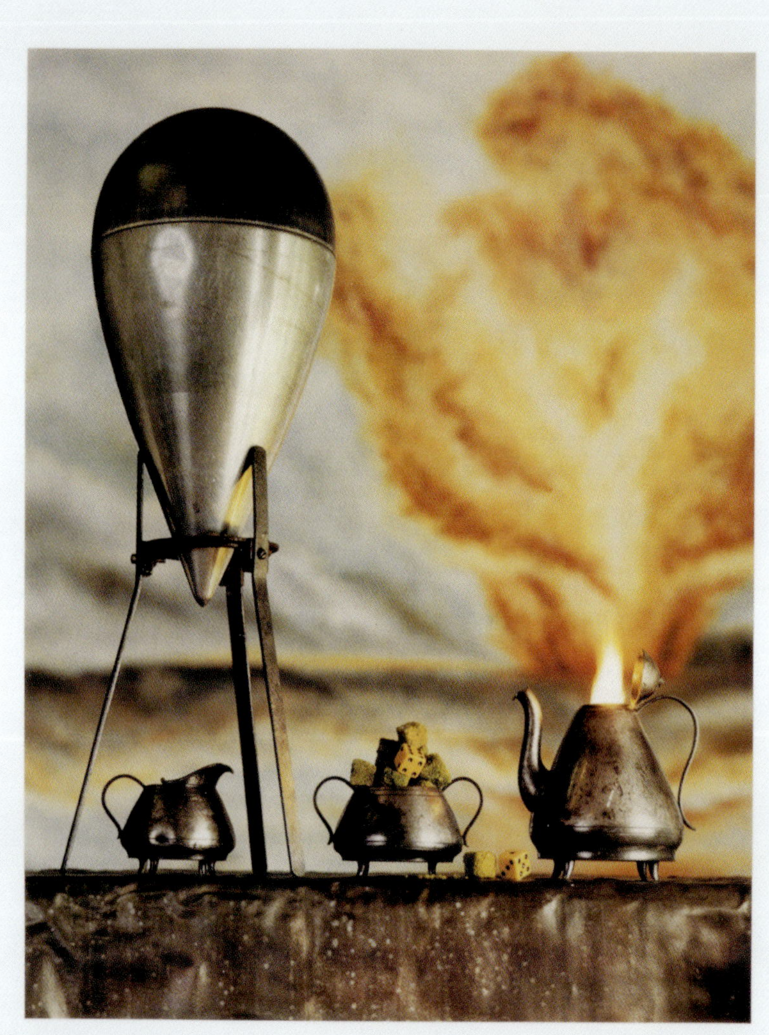

172

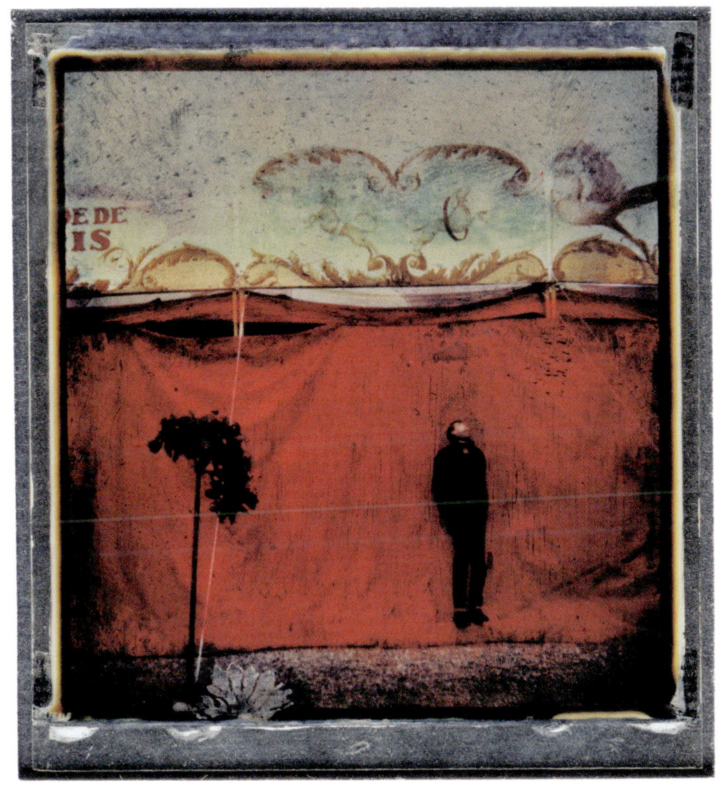

FLORENCE HUMBERT

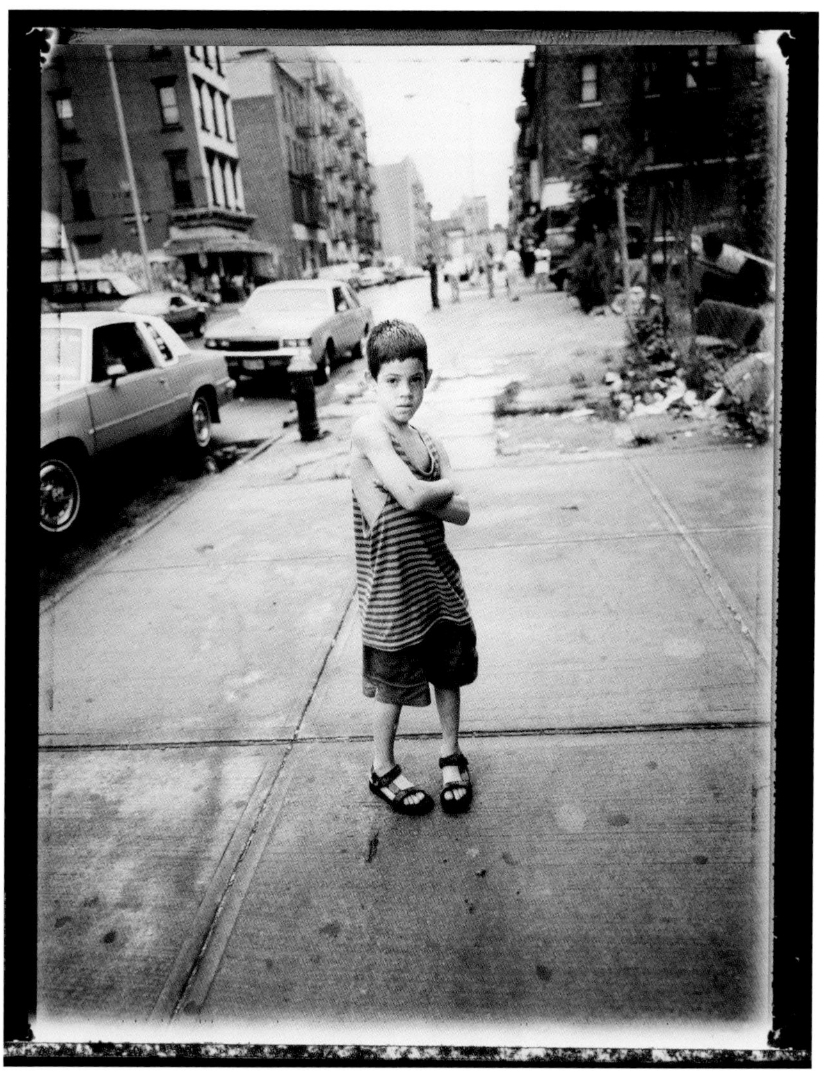

VINCENT CIANNI

174

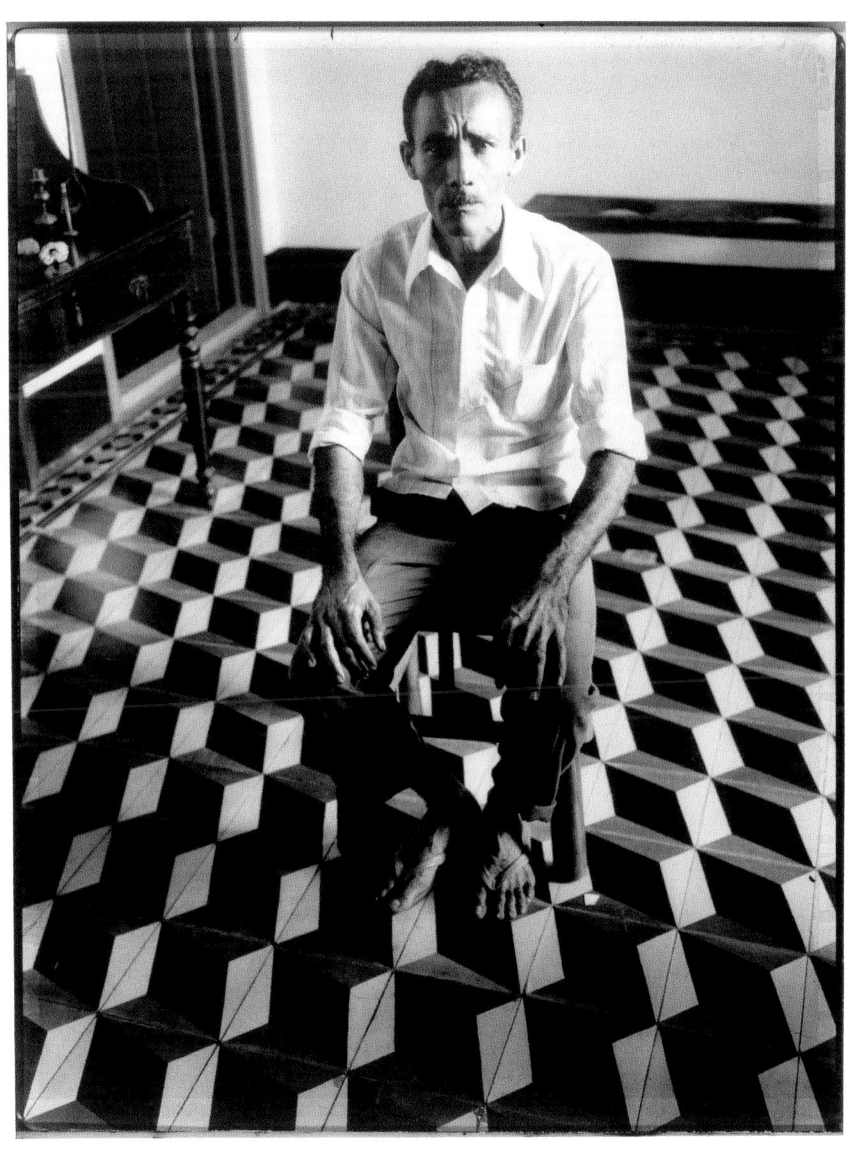

BILL BURKE

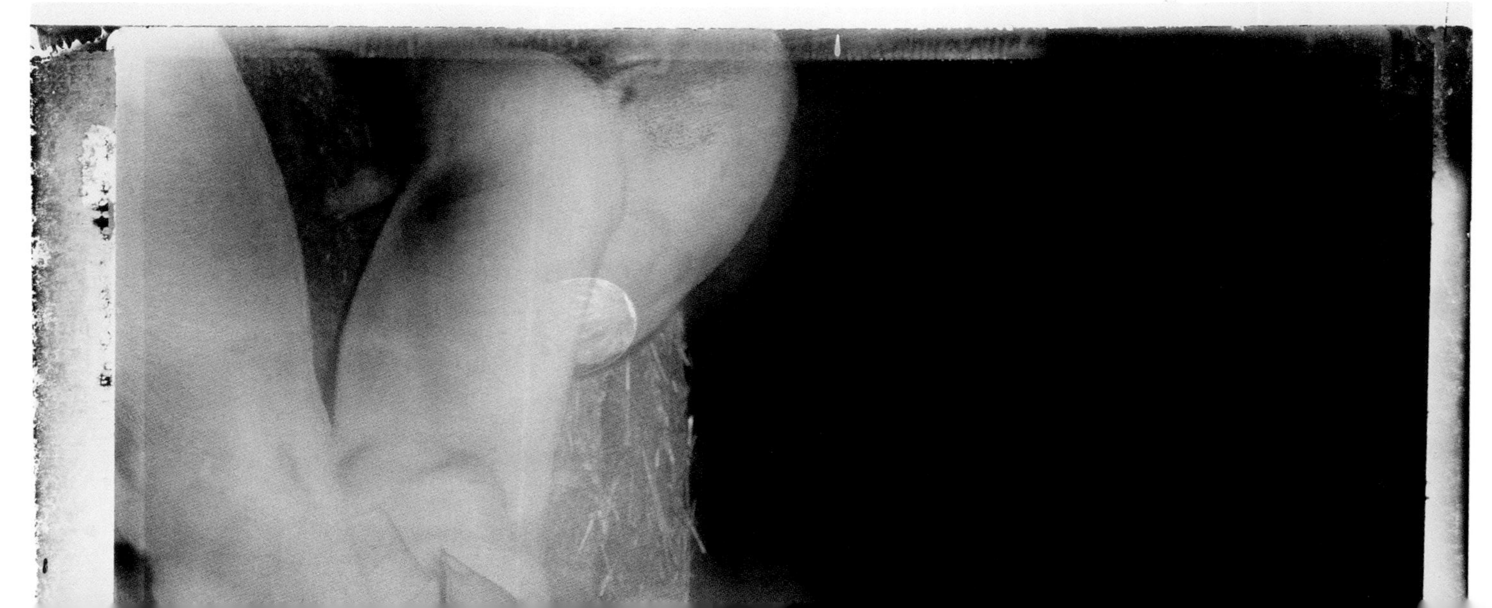

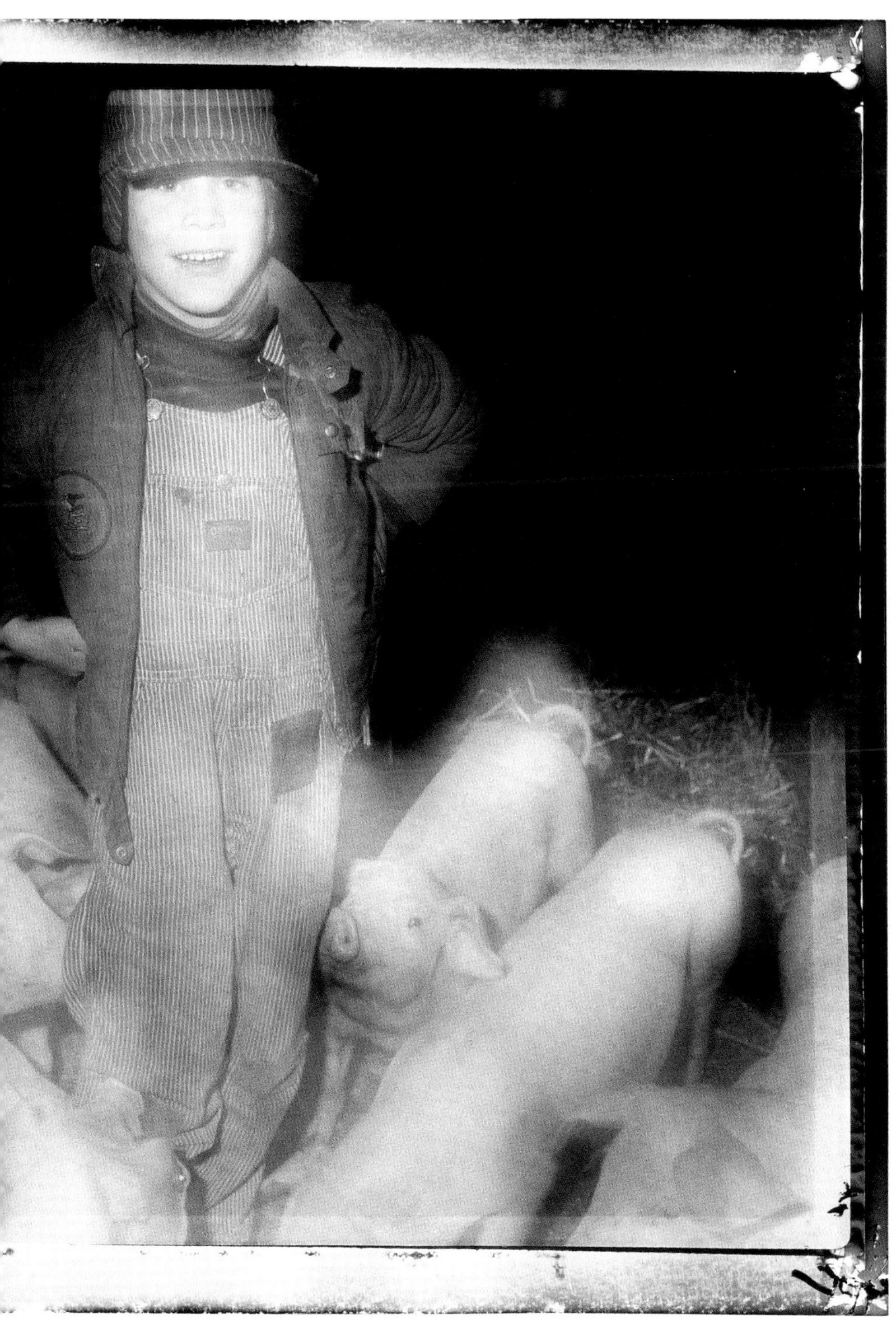

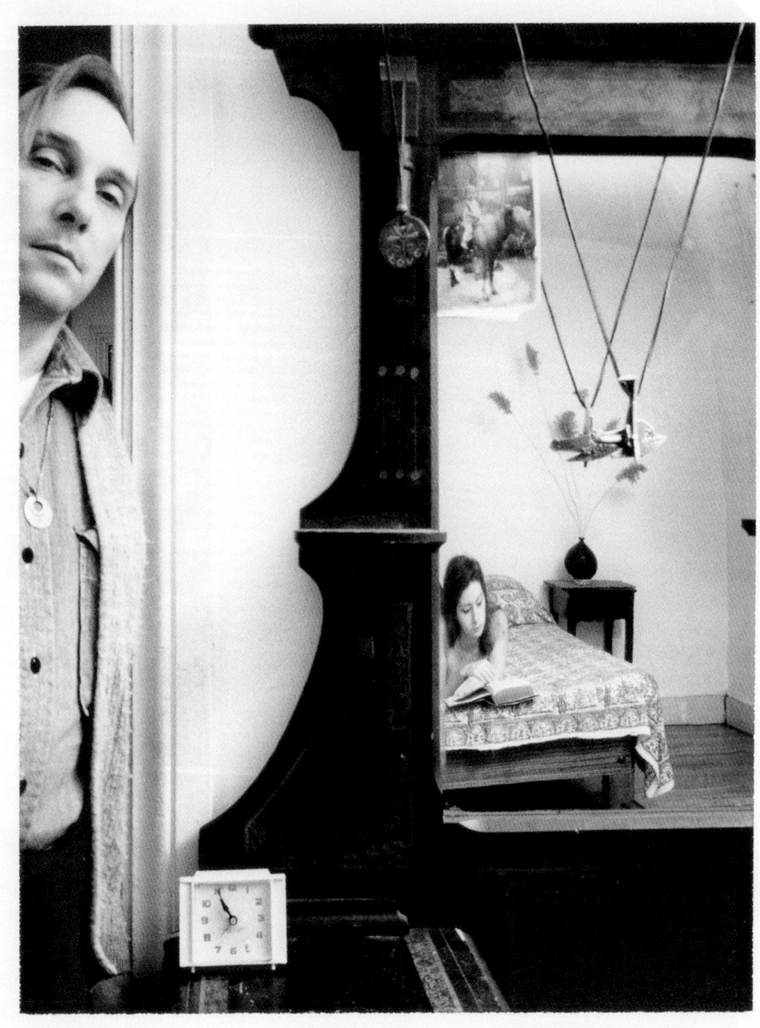

JOHN BENSON

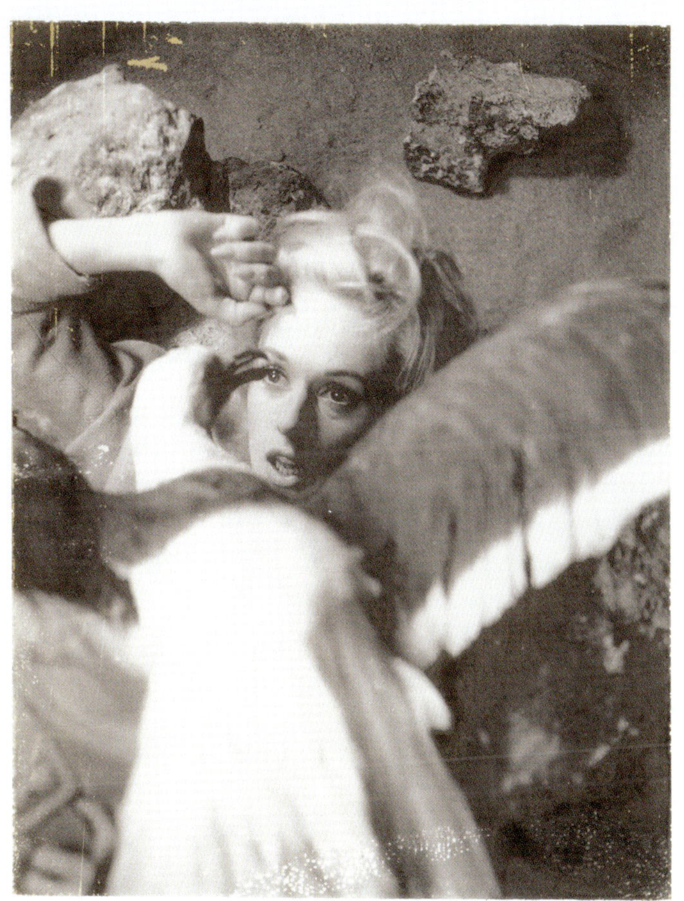

Tippi being attacked by the birds in
"THE BIRDS" movie directed by Hitchcock
Story in LOOK MAGAZINE page 58 Dec 4, 1962
issue

PHILIPPE HALSMAN

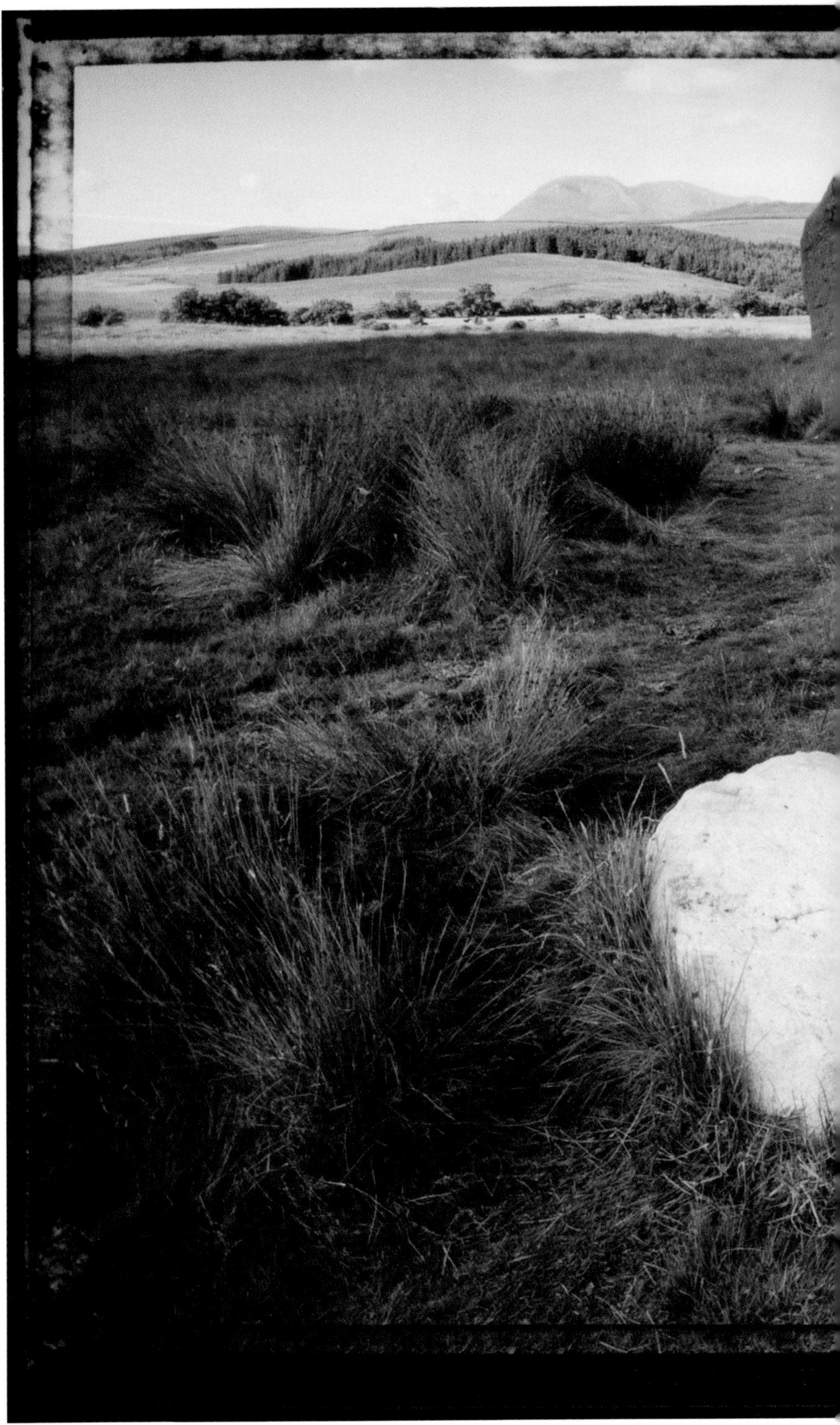

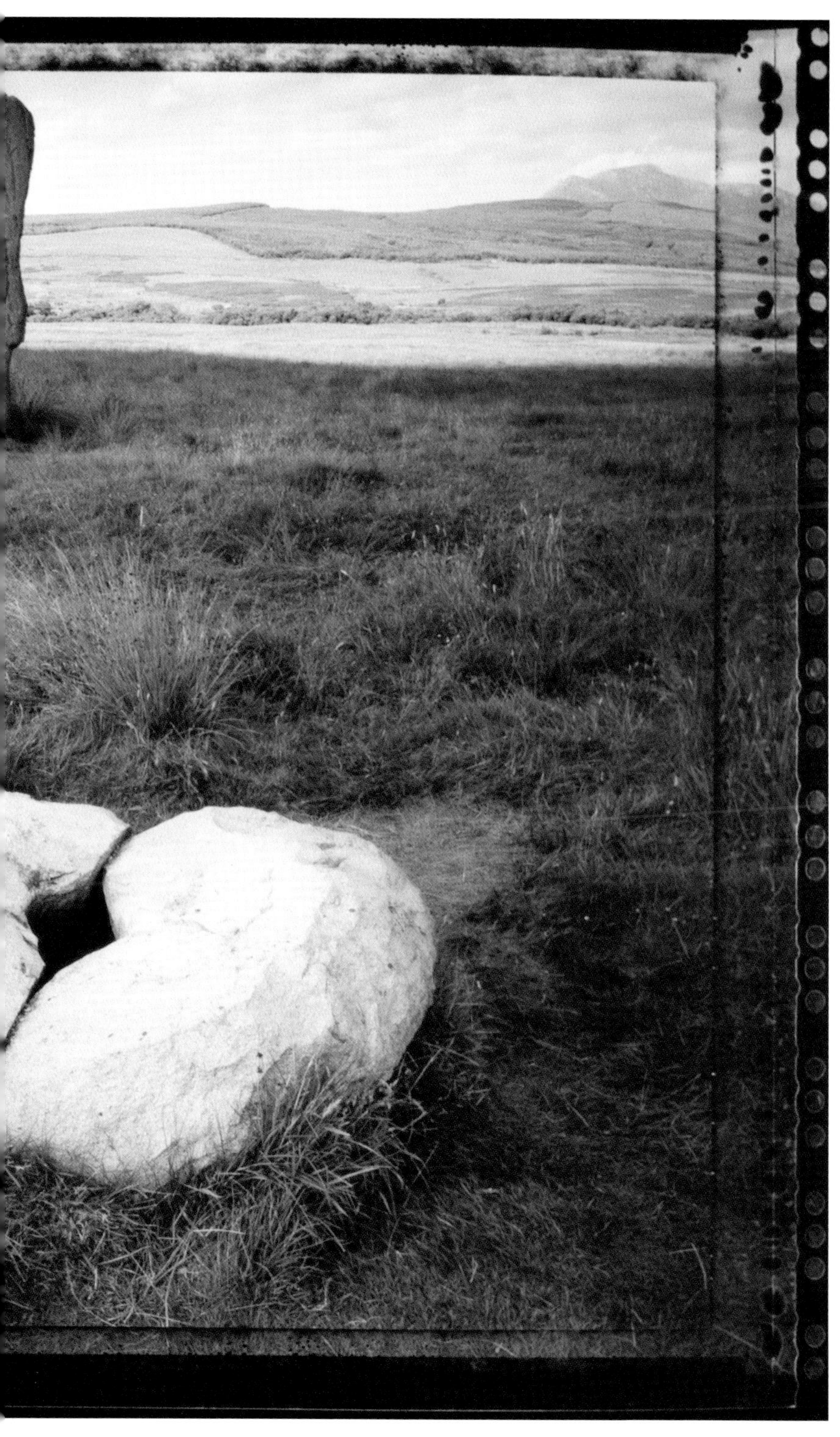

JO BRUNENBERG

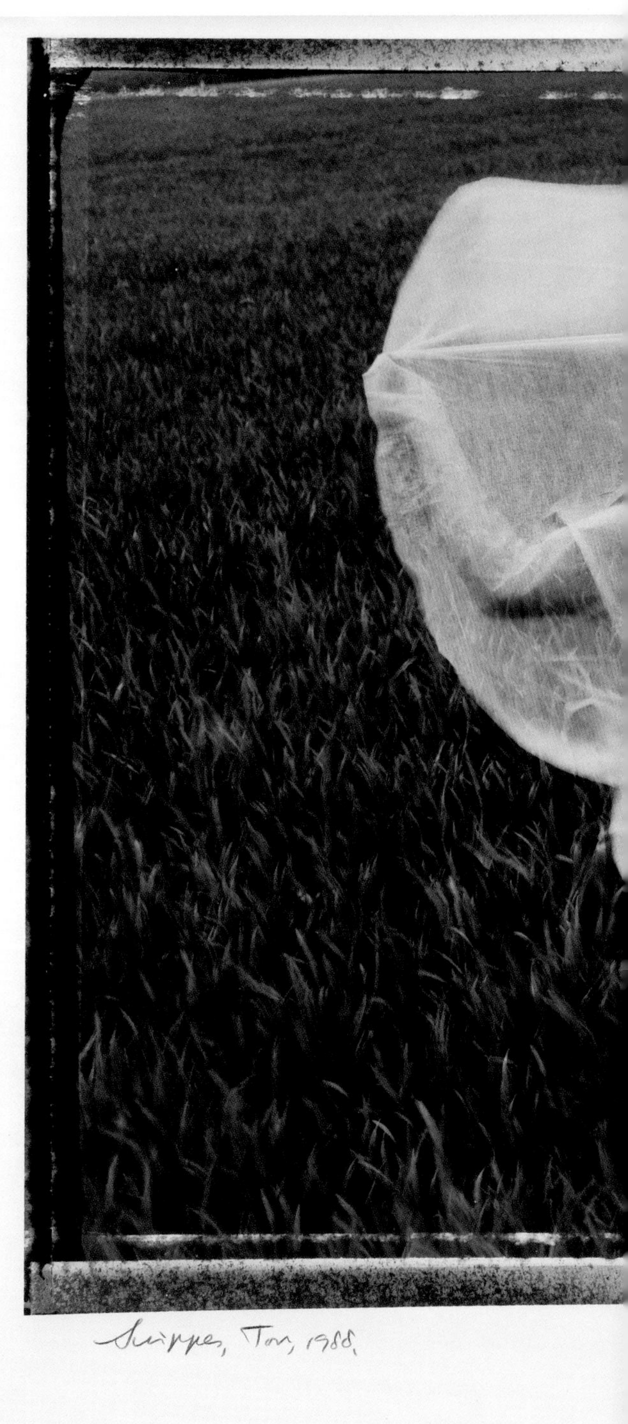

Snippes, Ton, 1988.

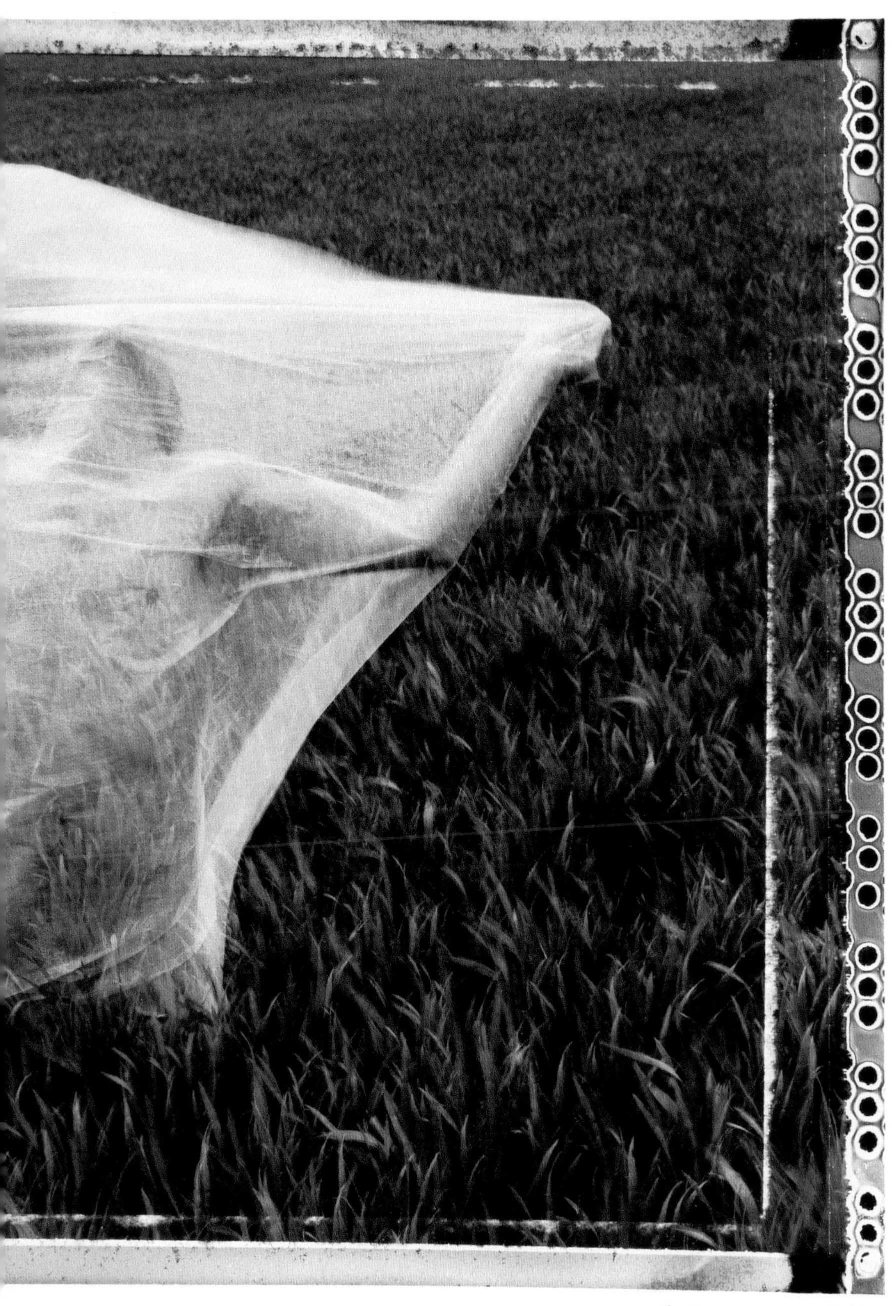

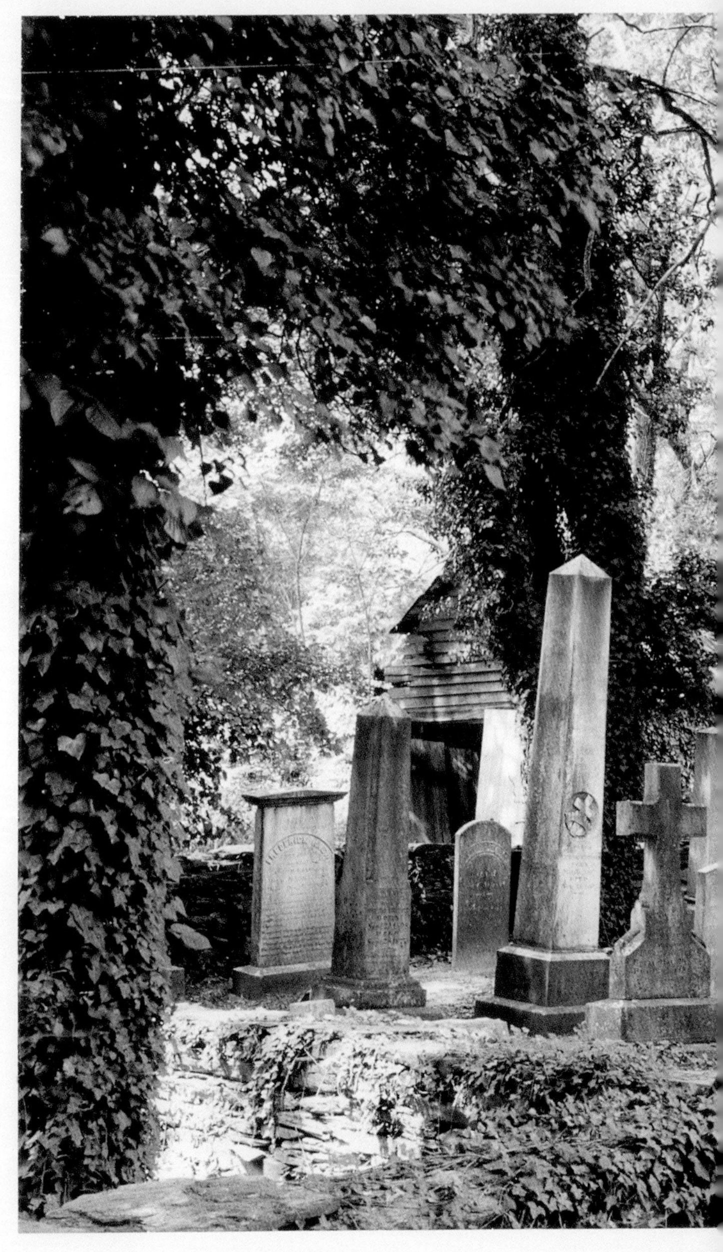

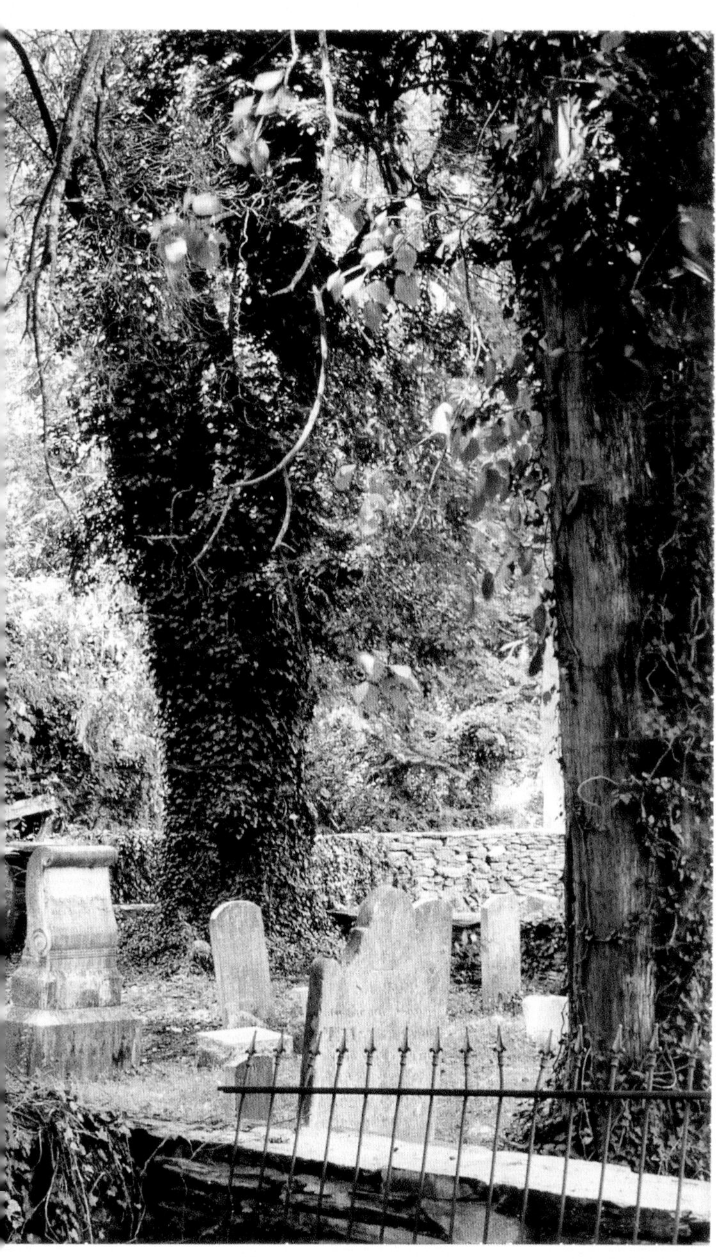

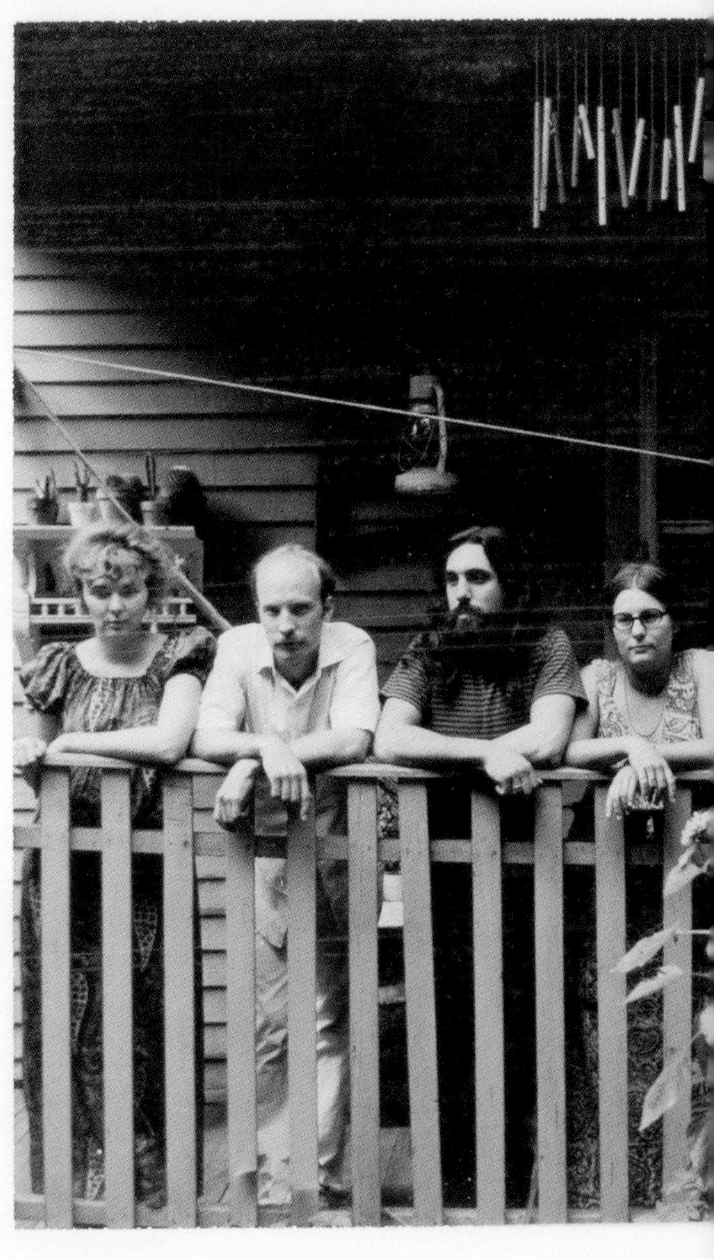

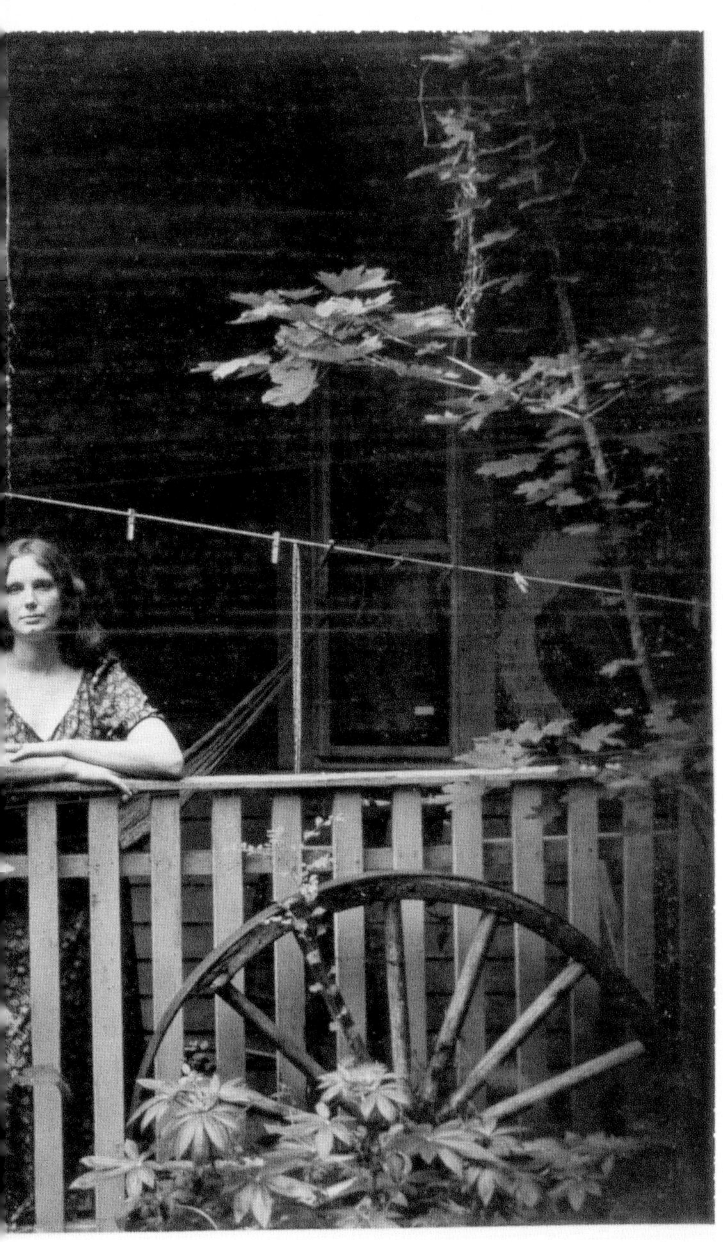

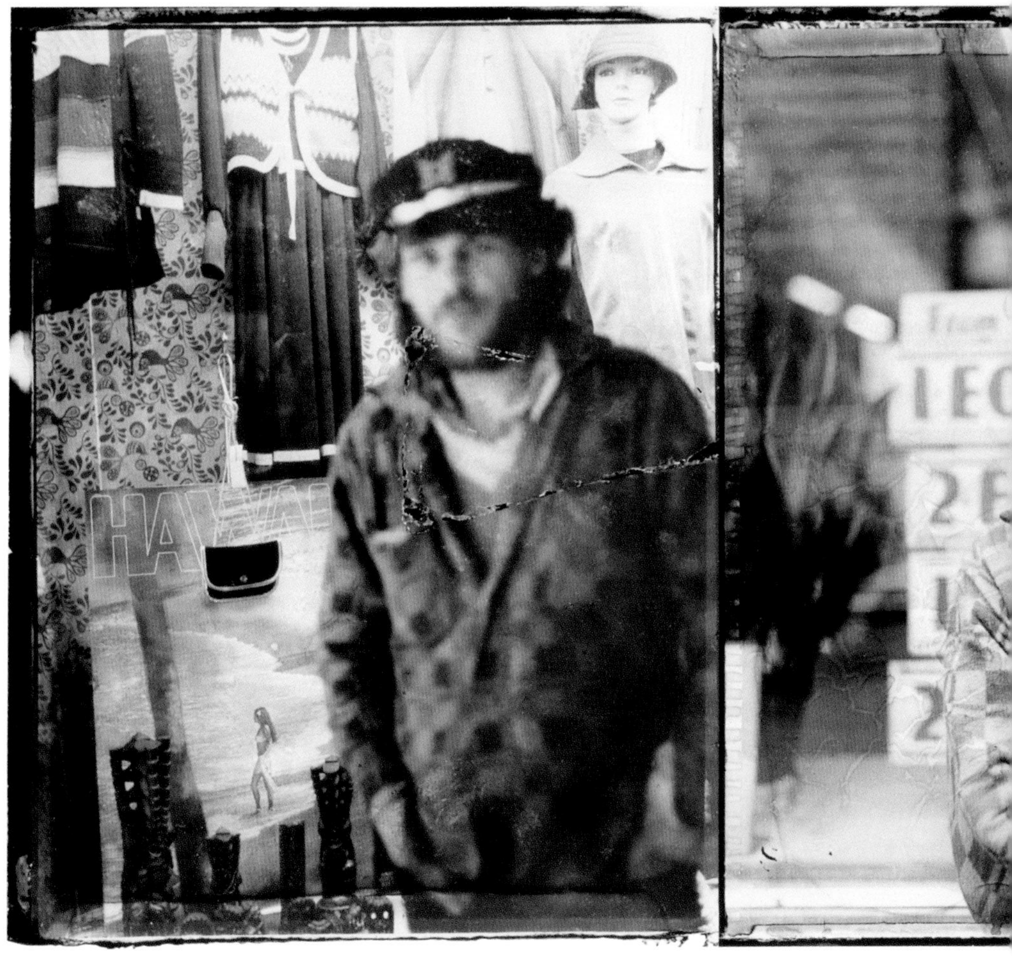

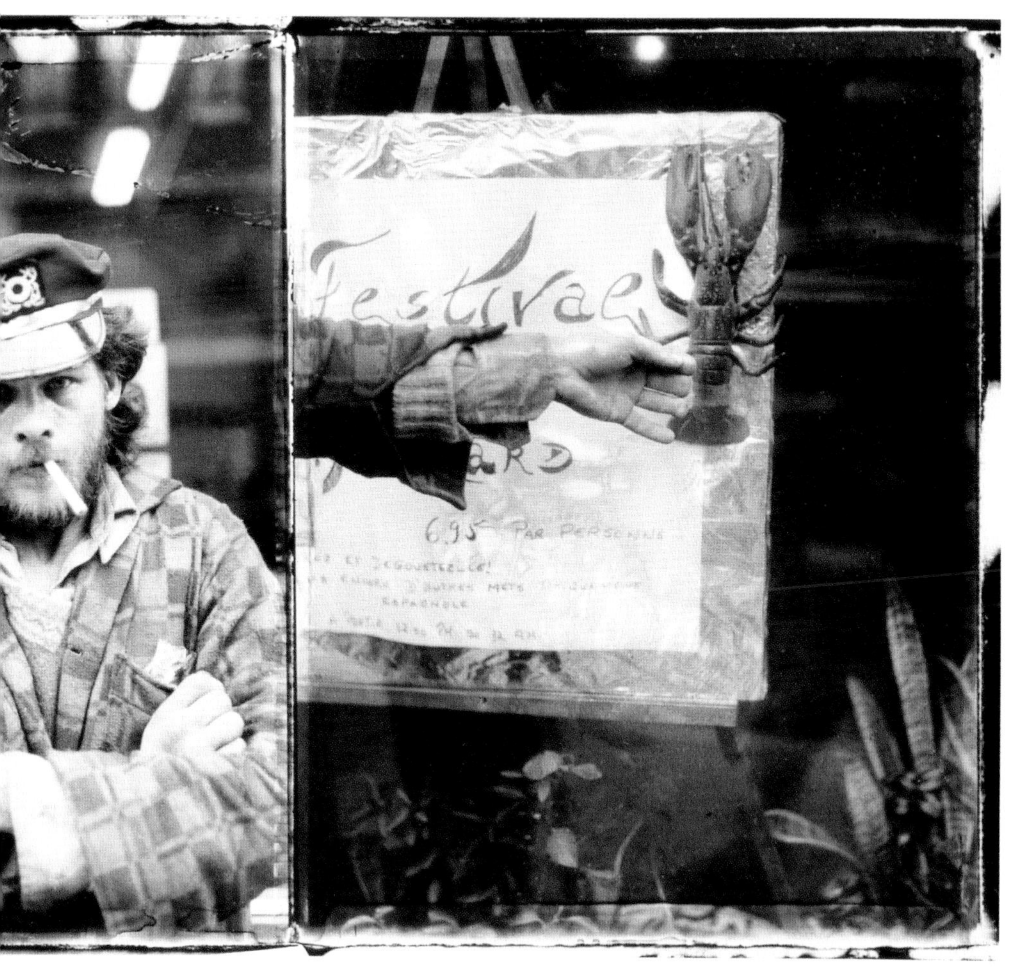

Festival
ard
6.95 PAR PERSONNE

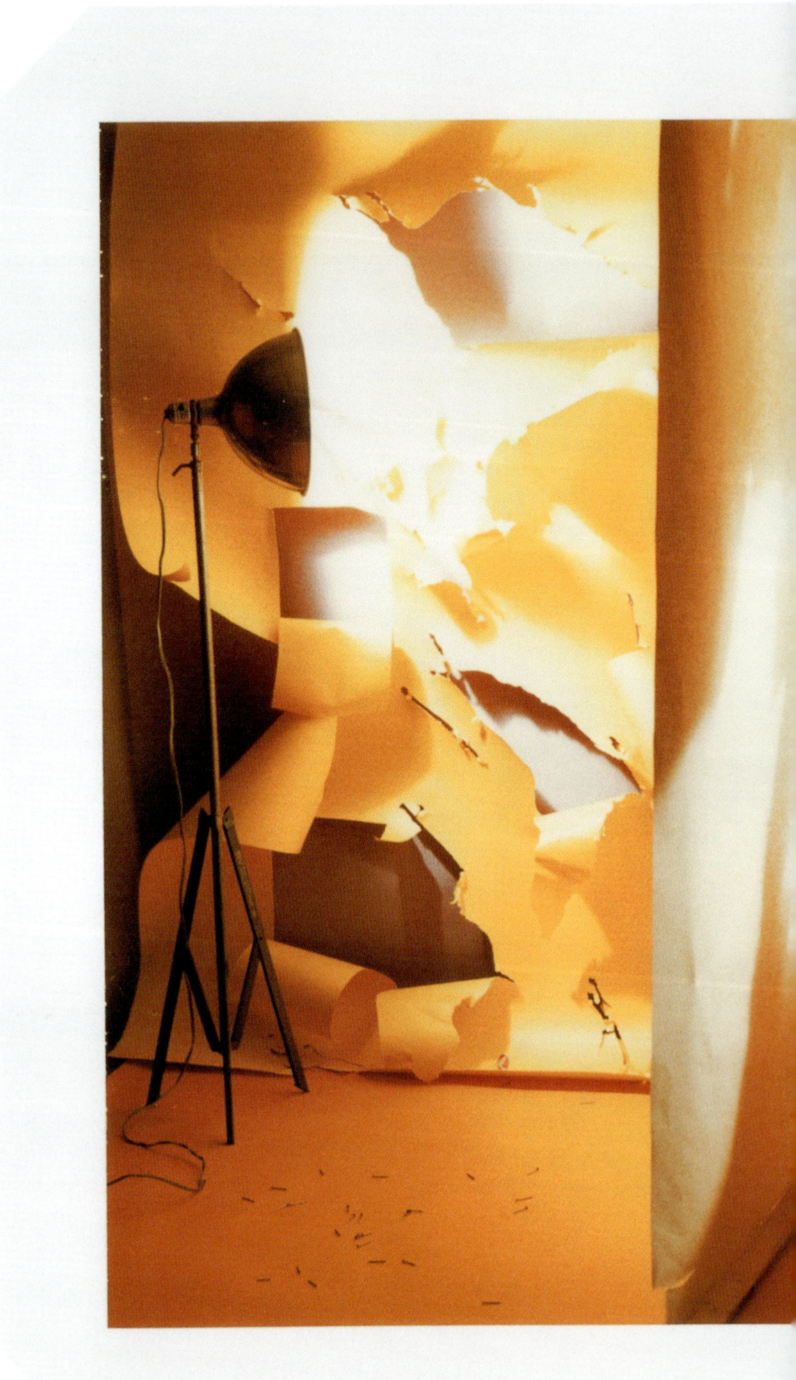

DAVID HAXTON

190

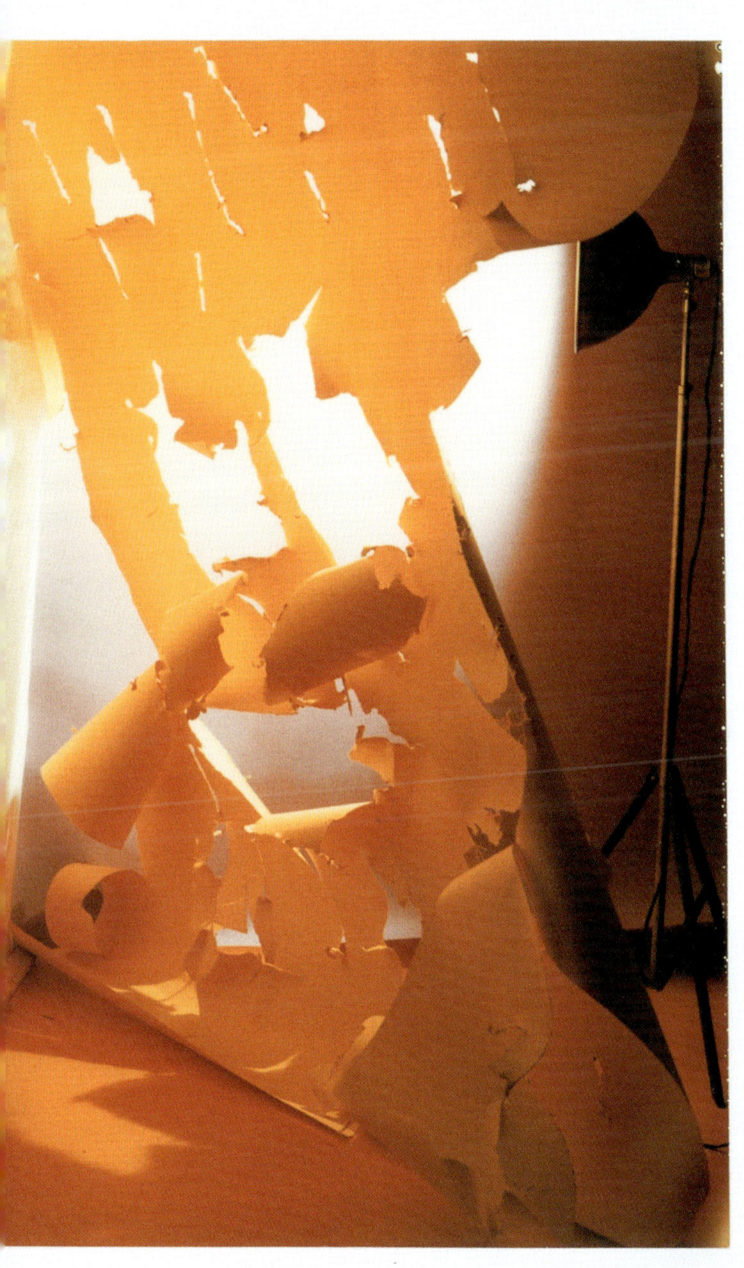

David Blanton 1979

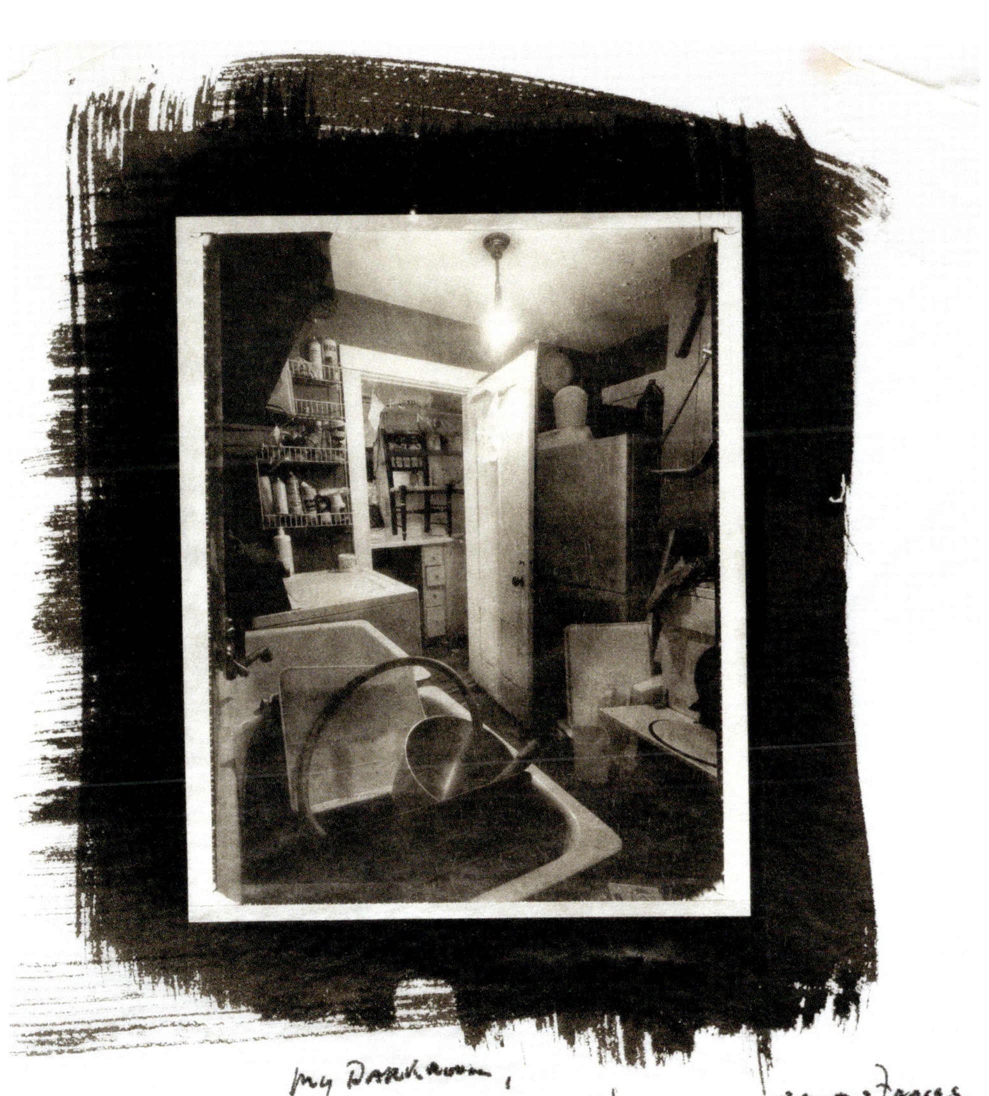

my Darkroom, my life, my circumstances.

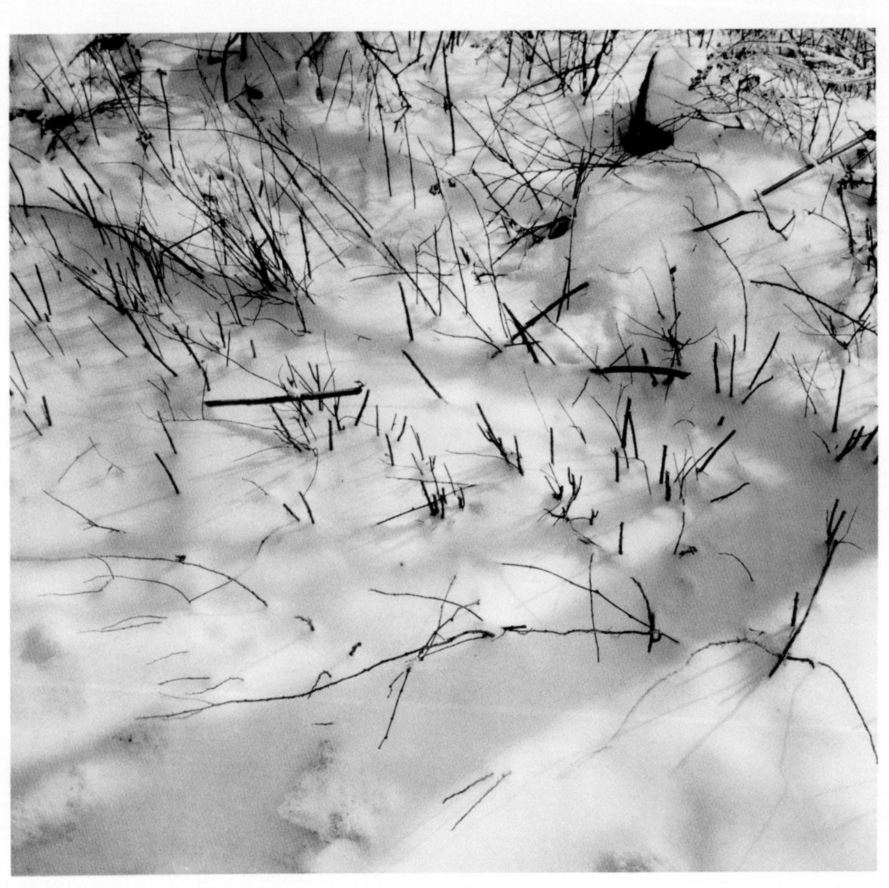

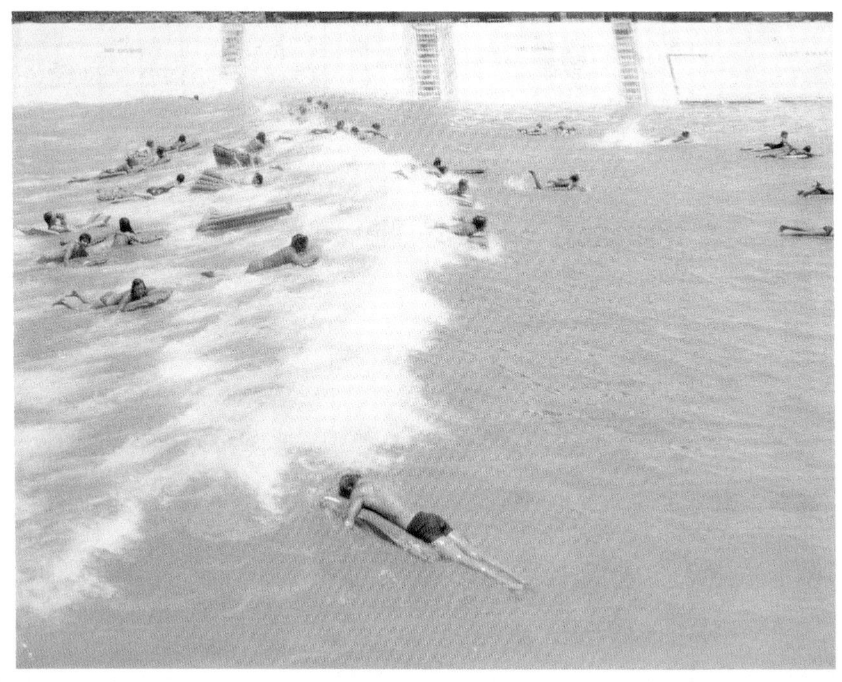

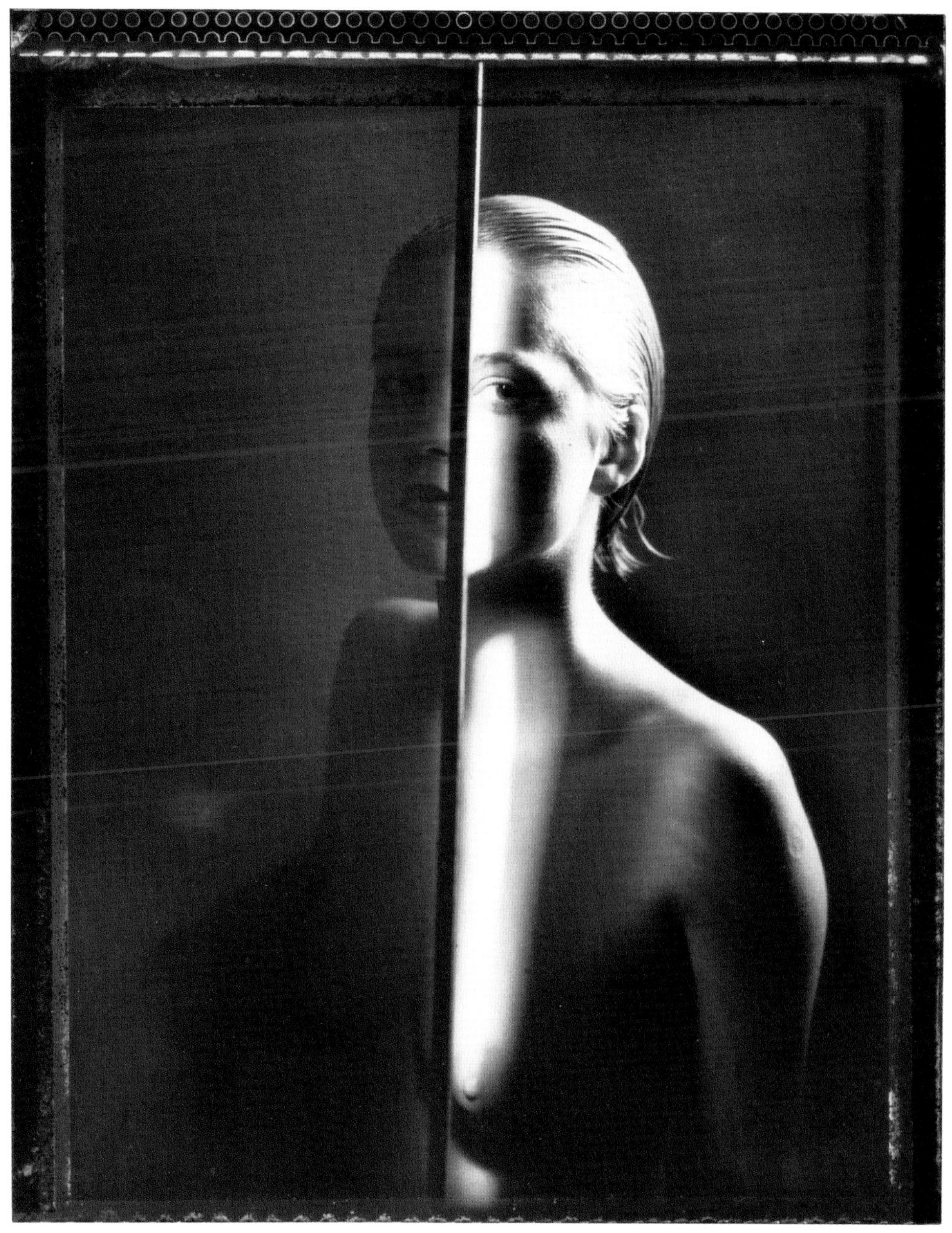

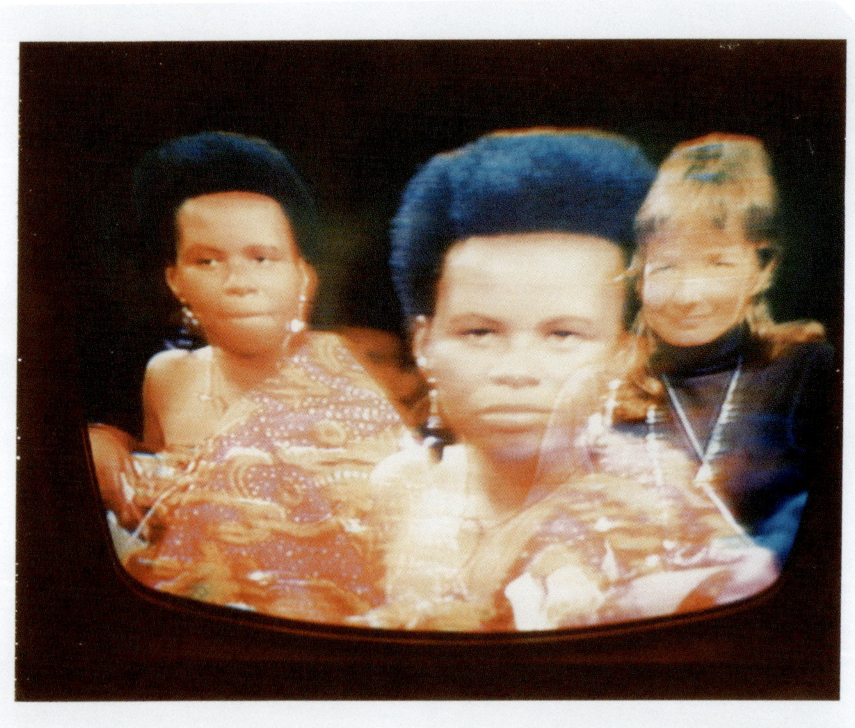

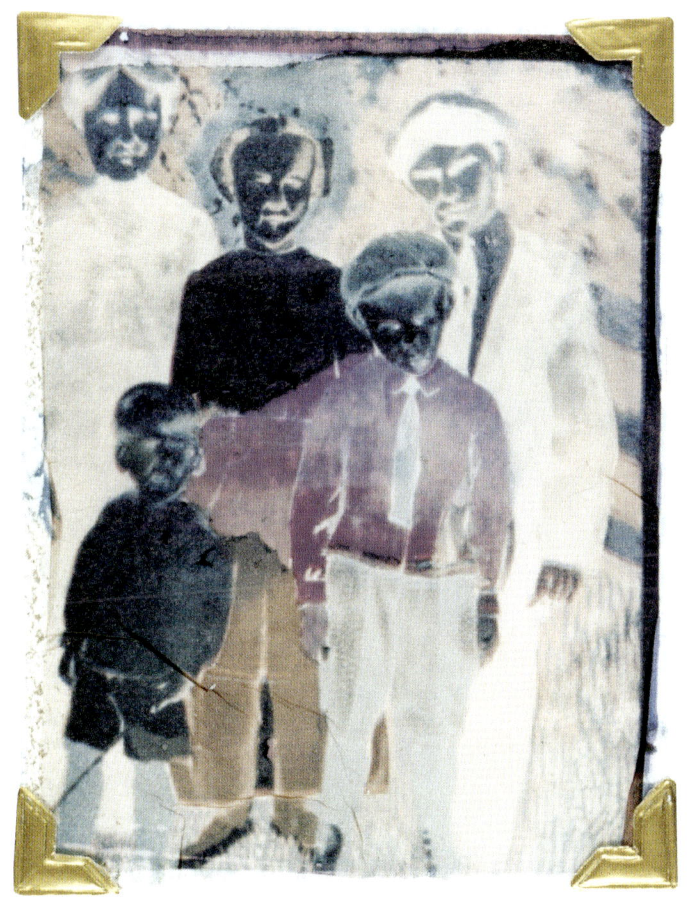

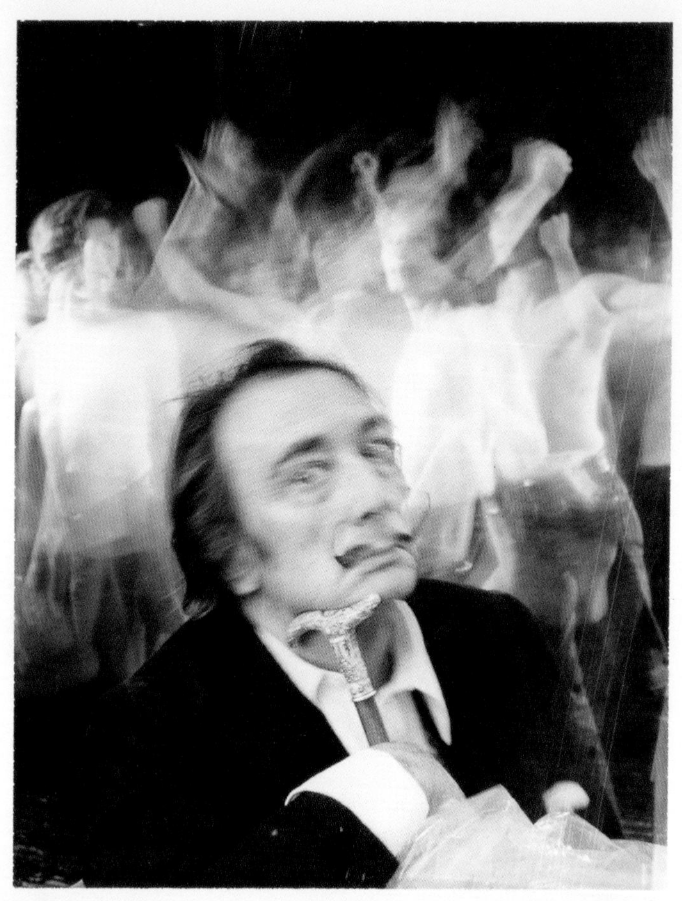

PHILIPPE HALSMAN

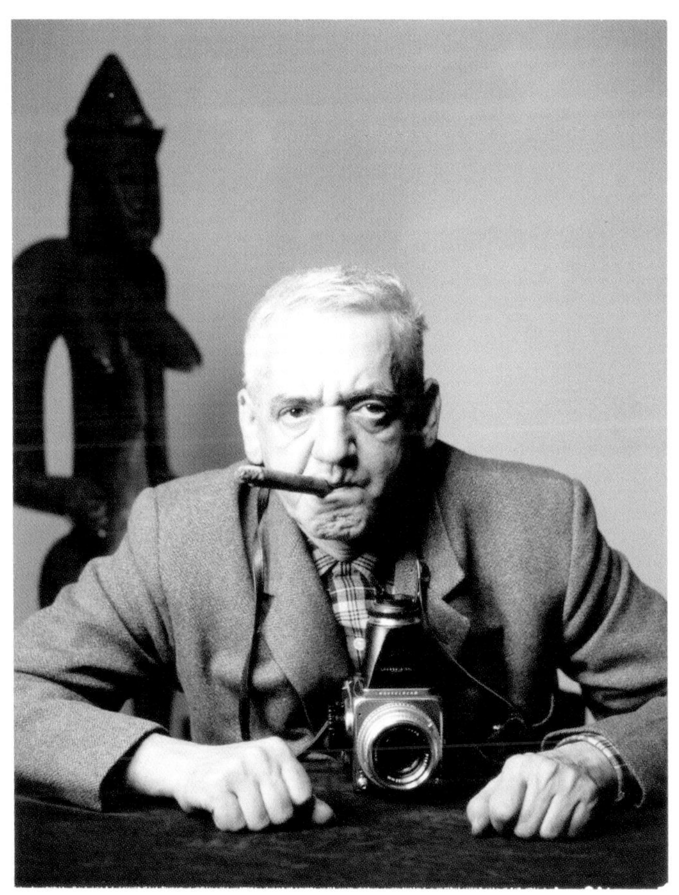

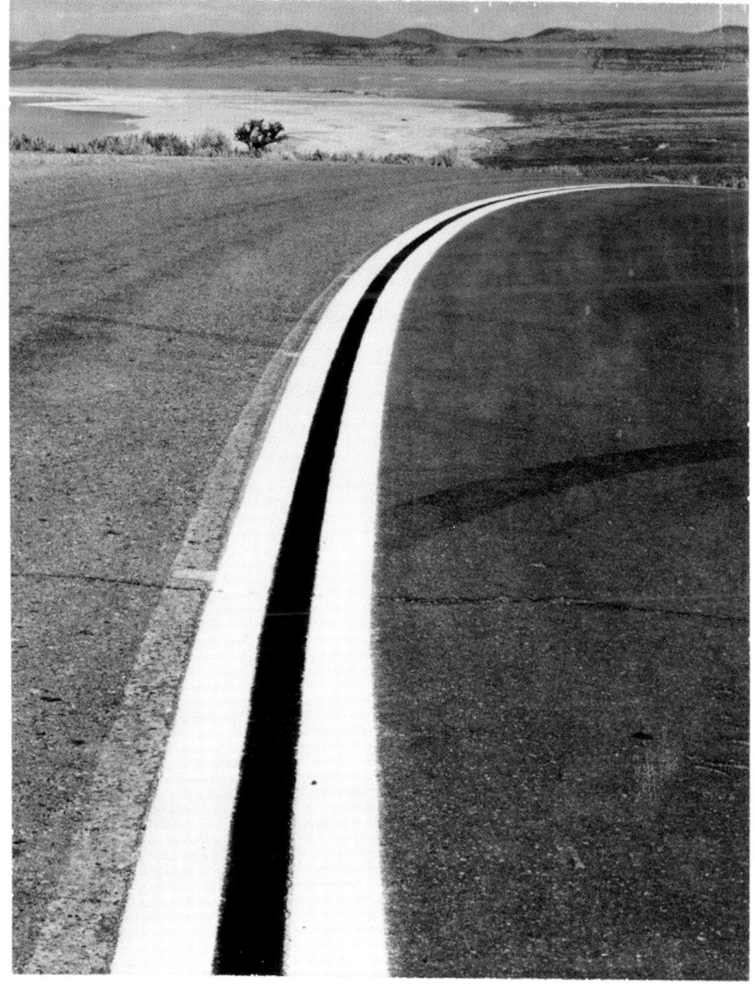

BOB KOLBRENER

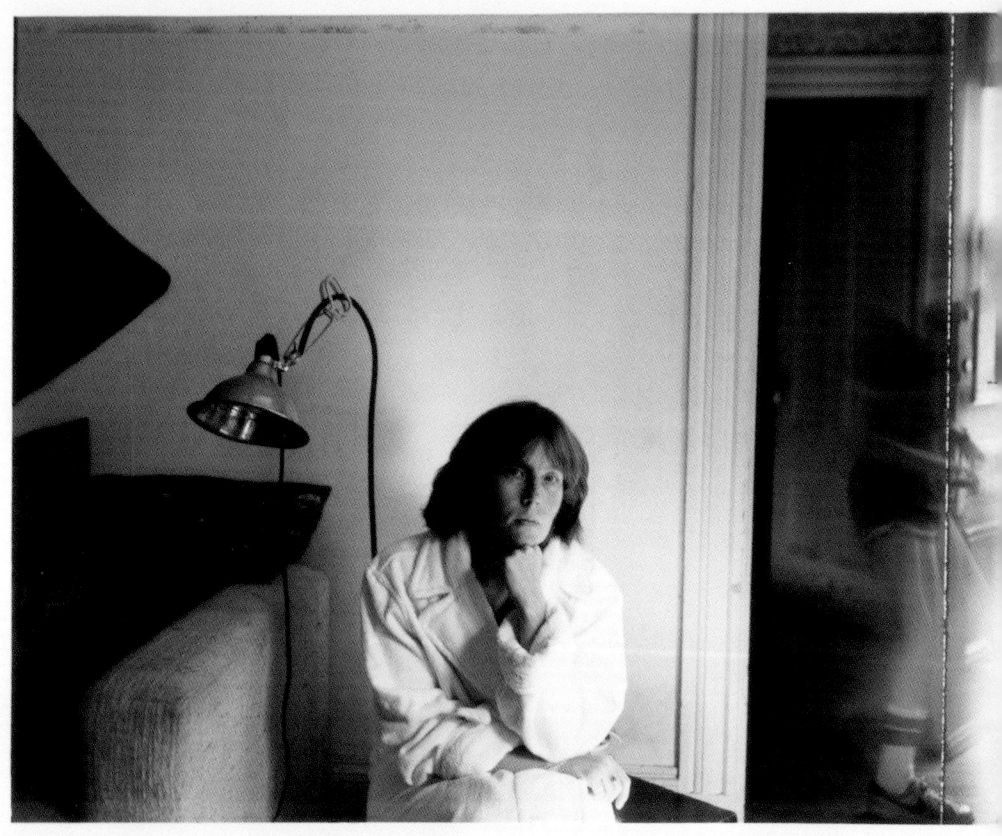

JUDITH BLACK

204

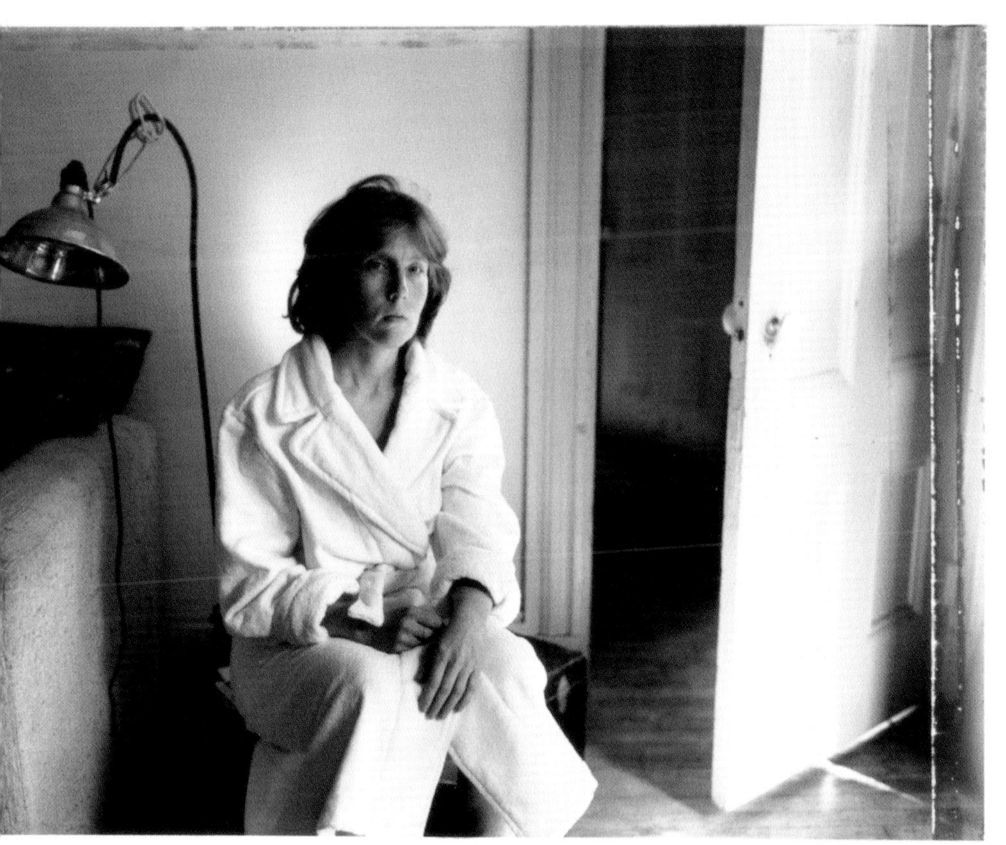

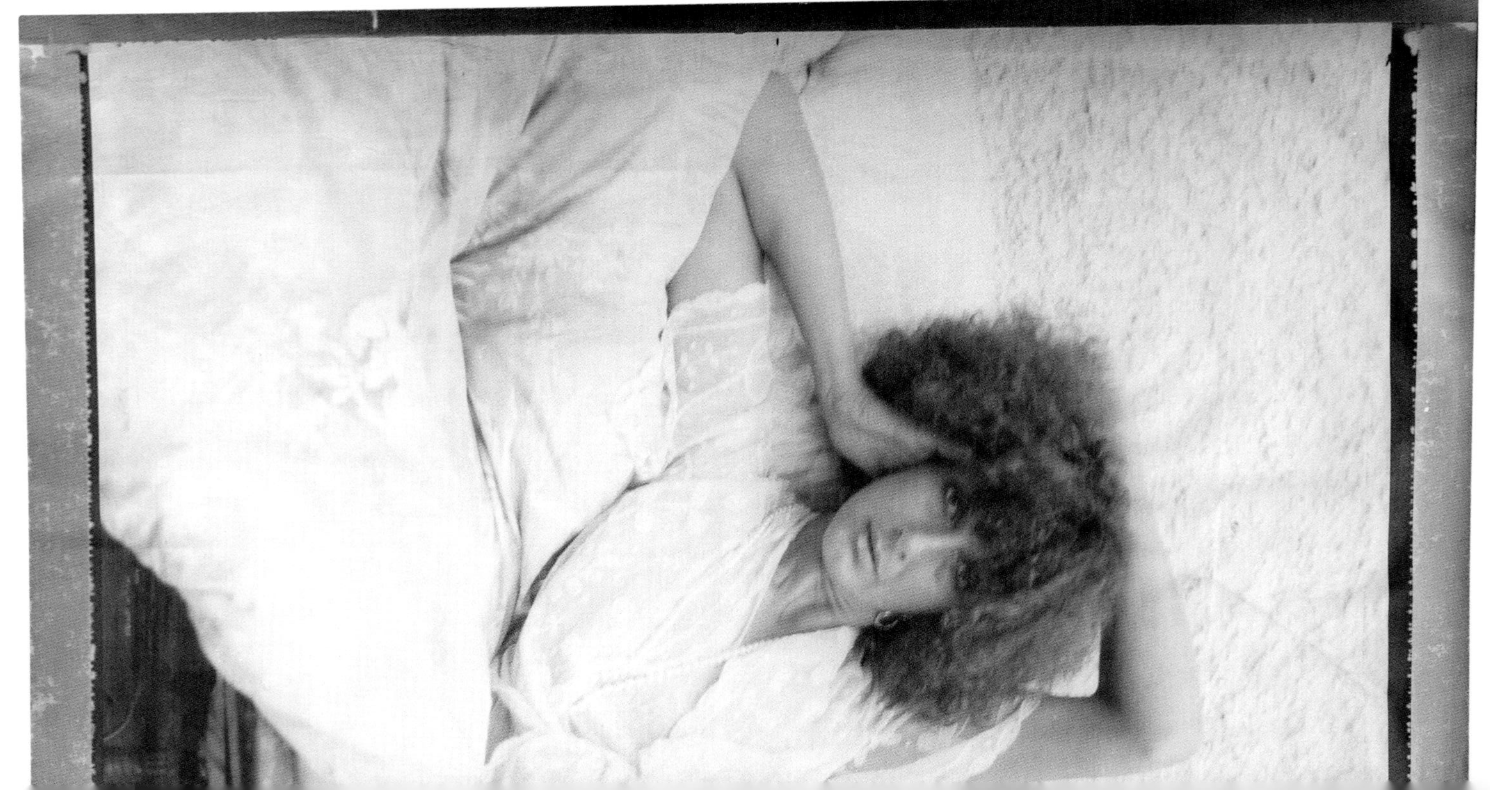

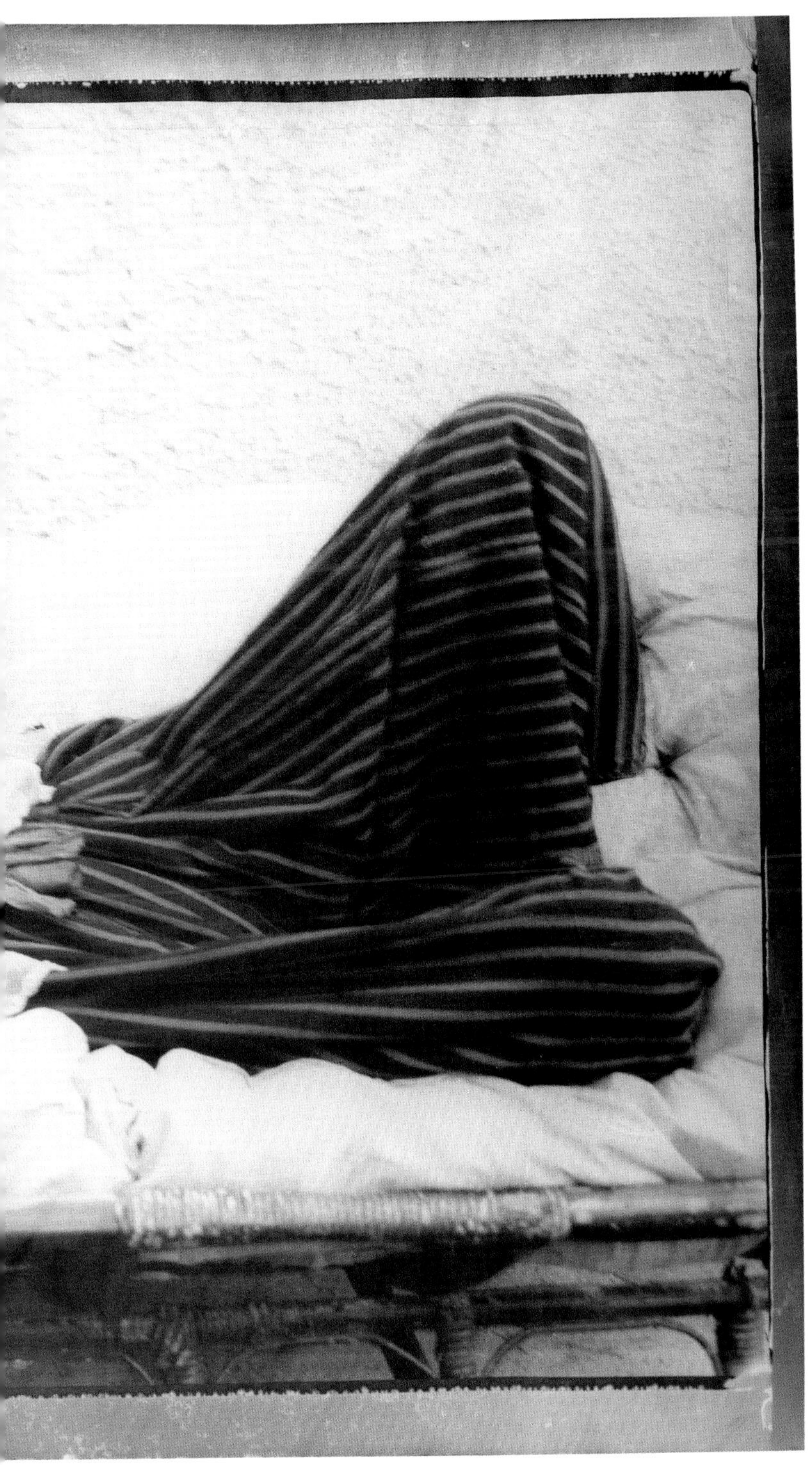

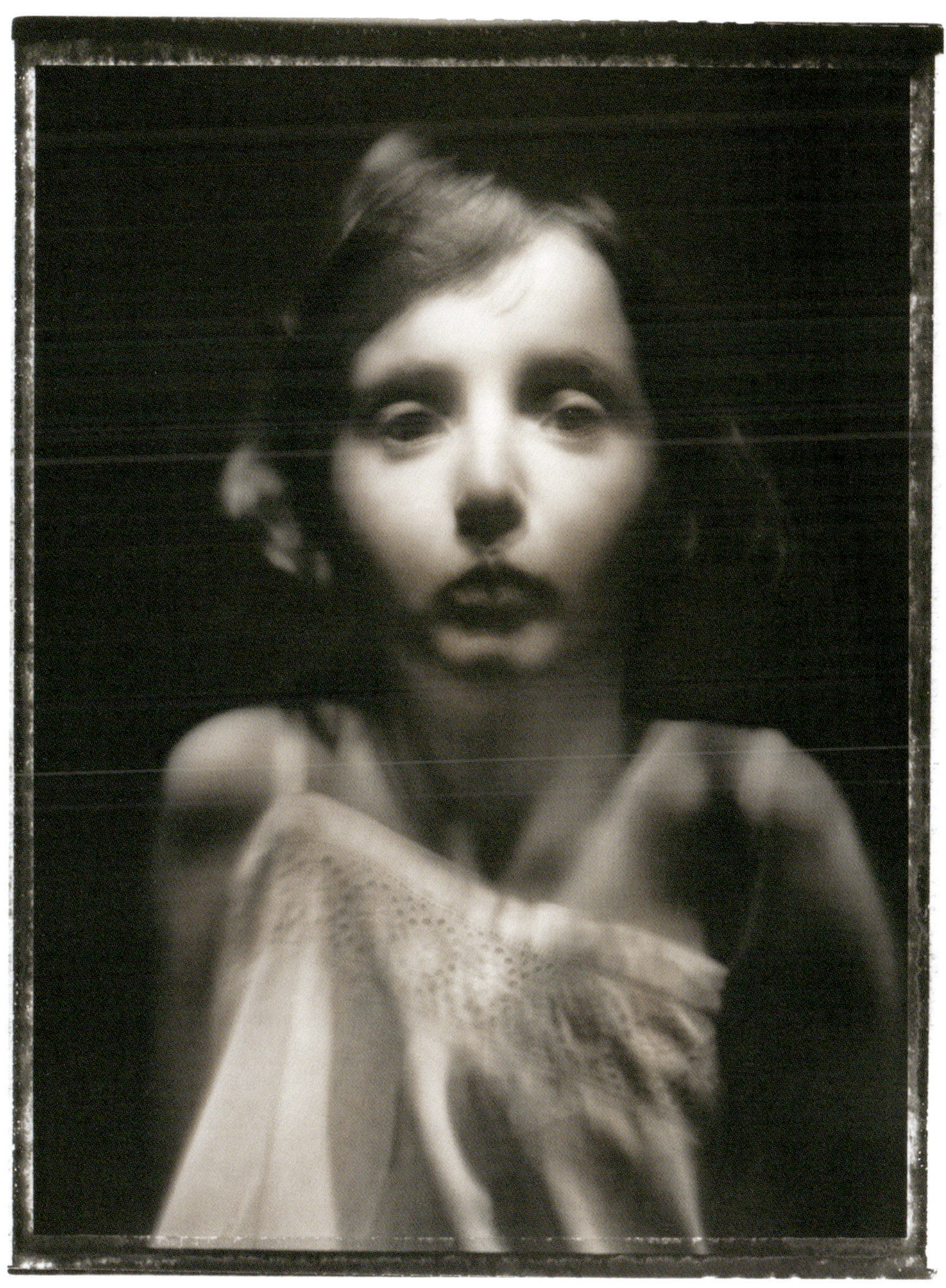

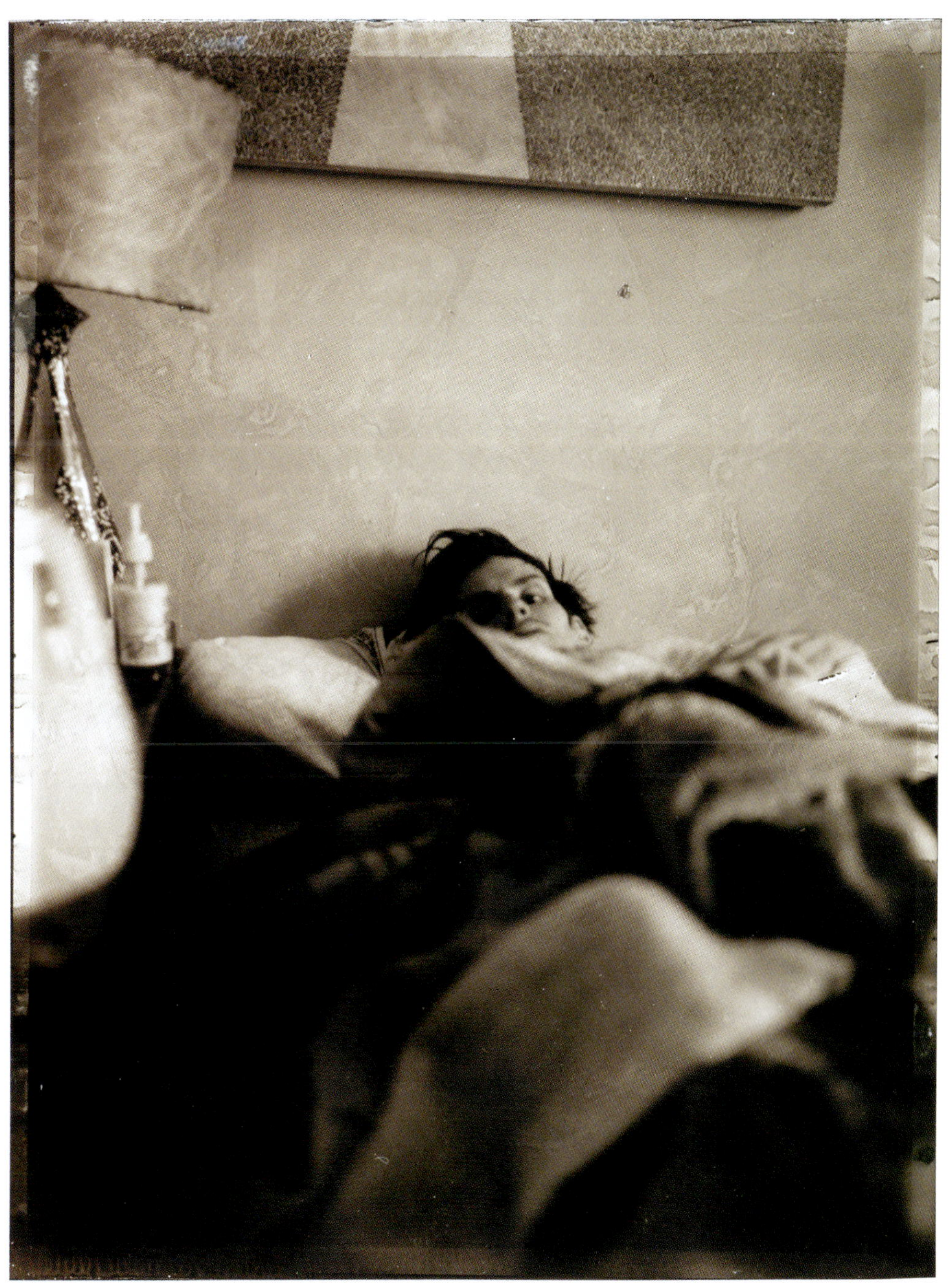

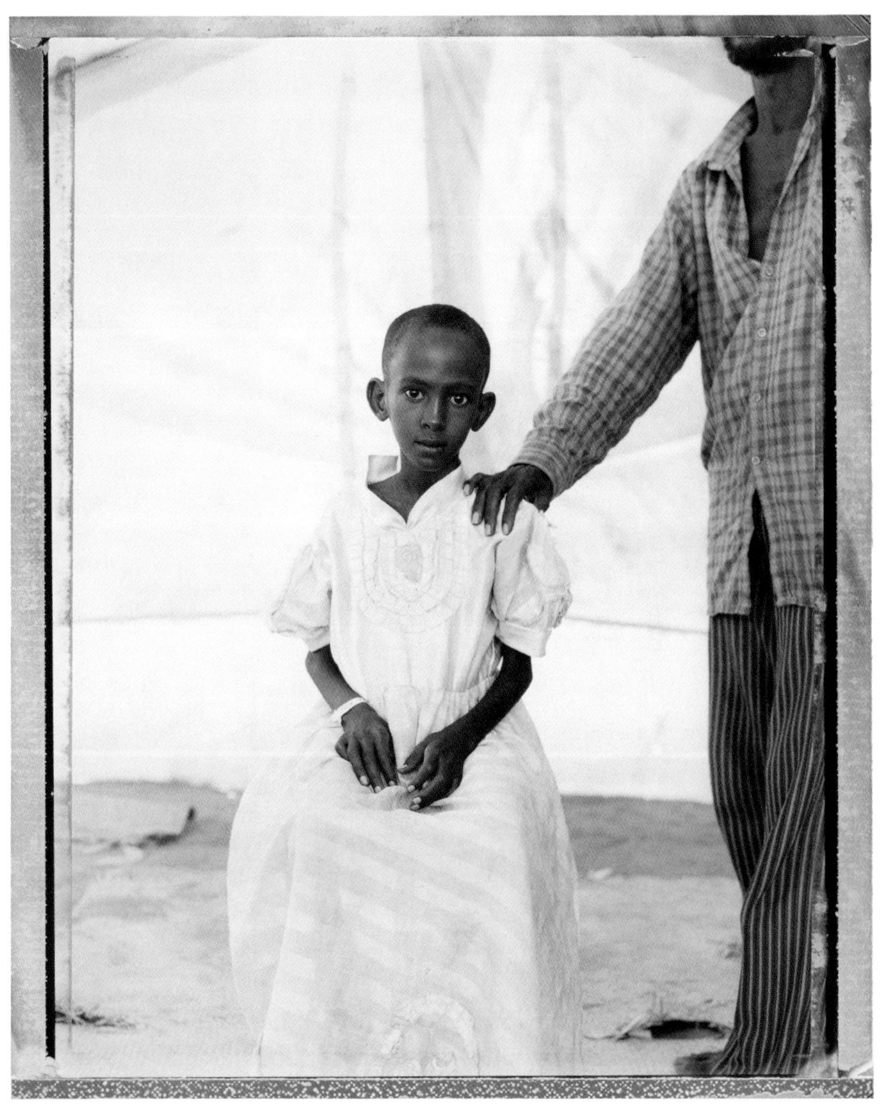

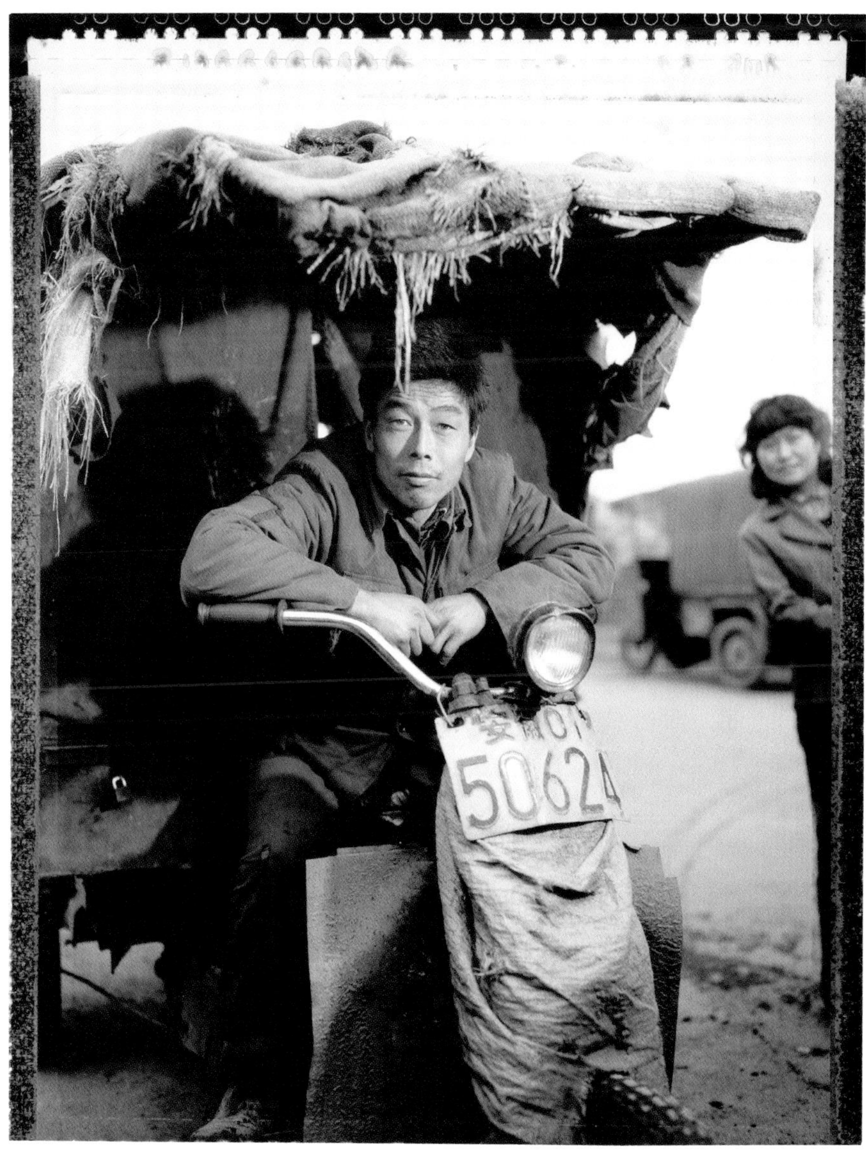

GILLES PERRIN

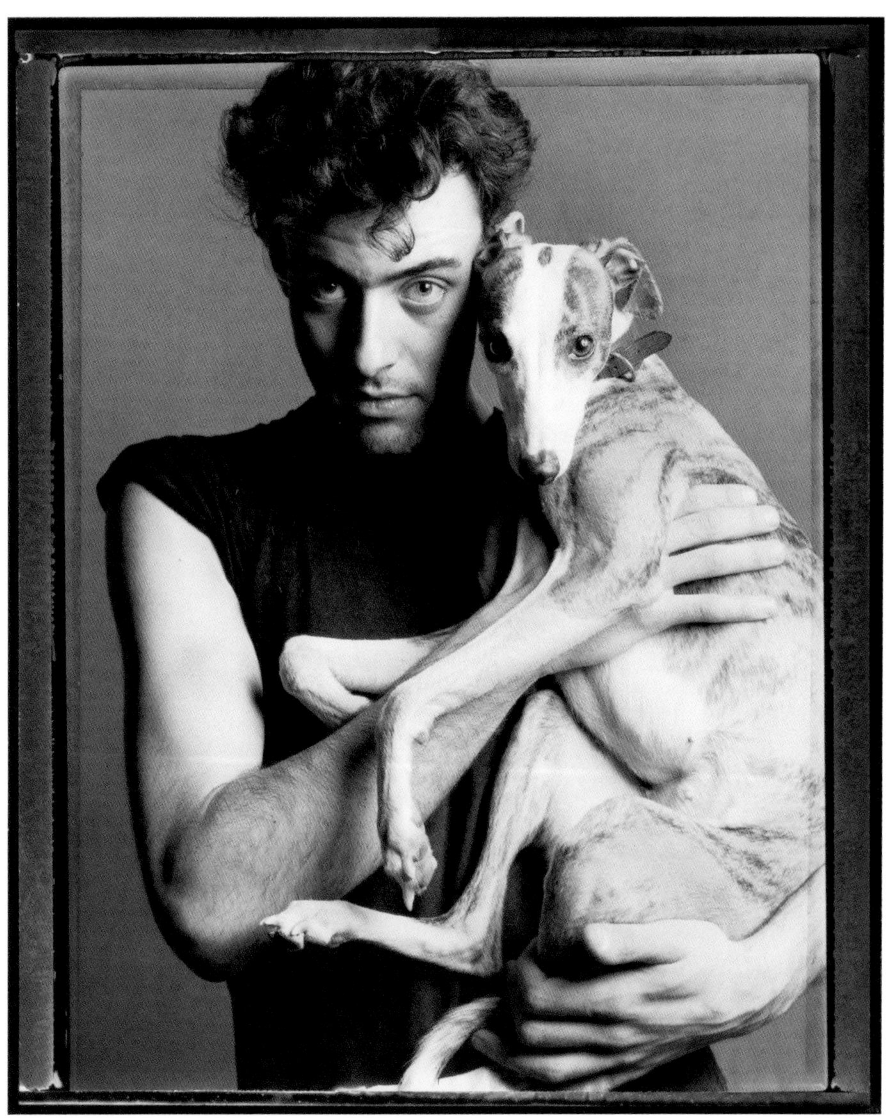

214

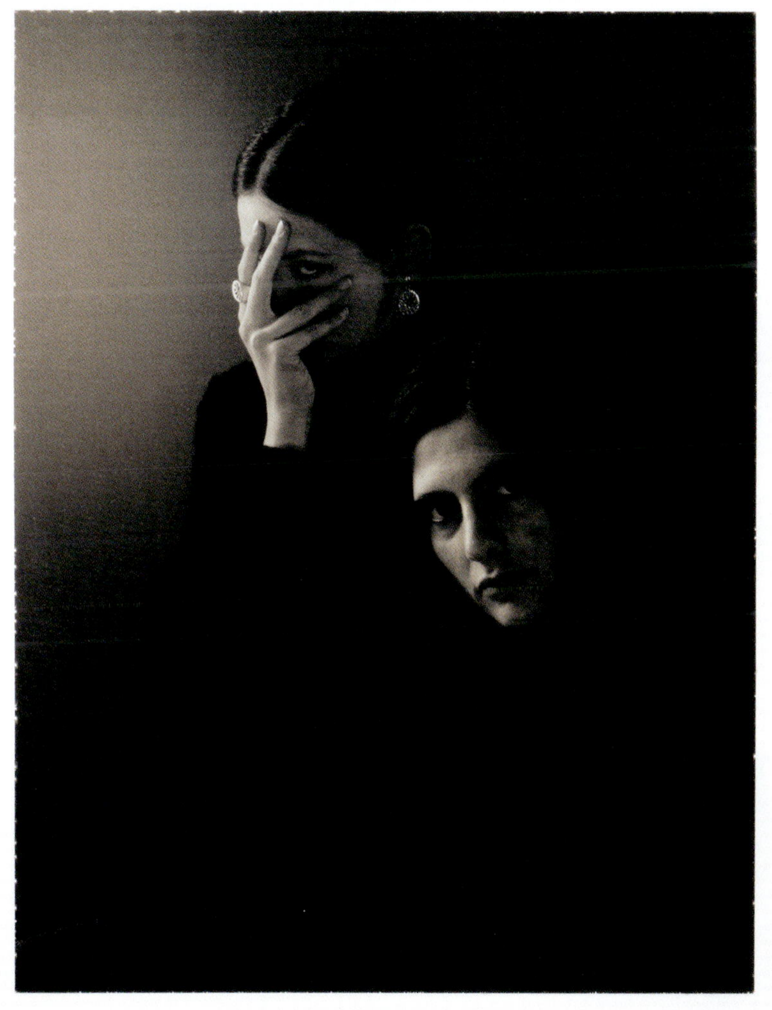

CAROLINE H. VAUGHAN

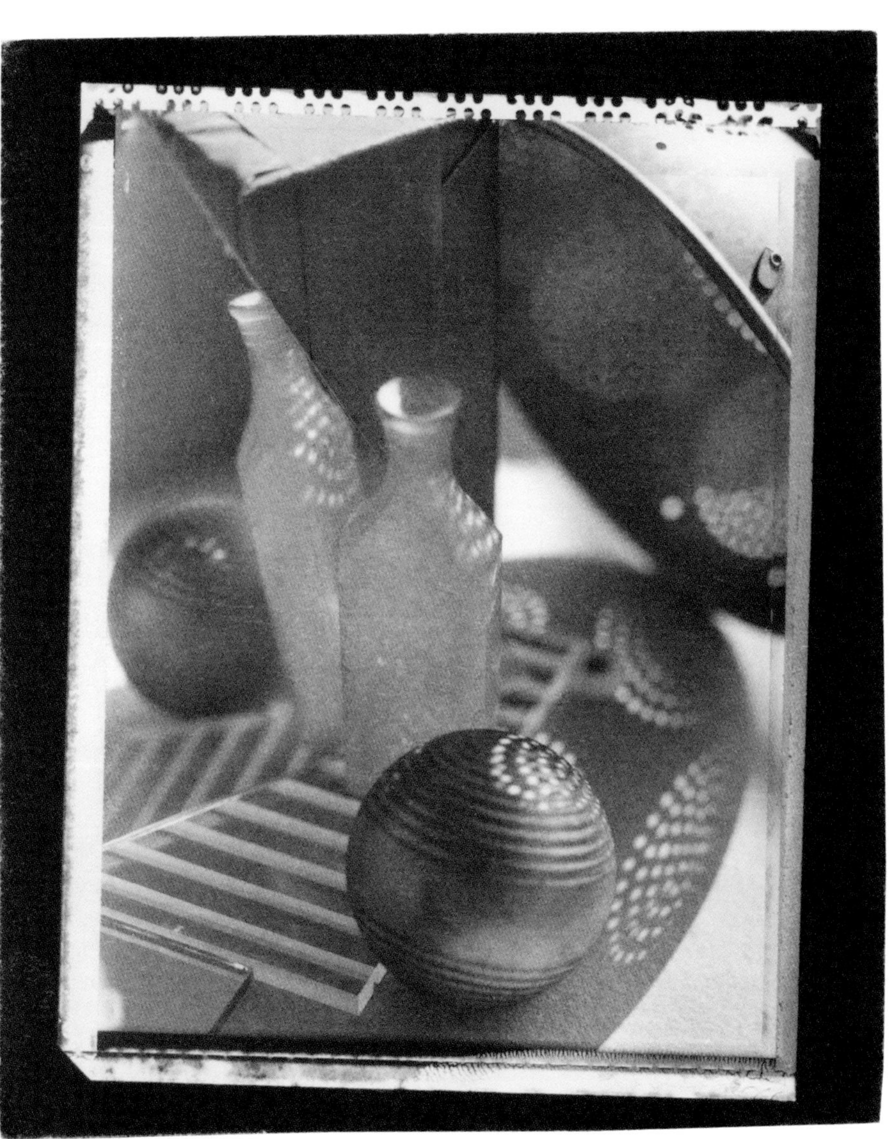

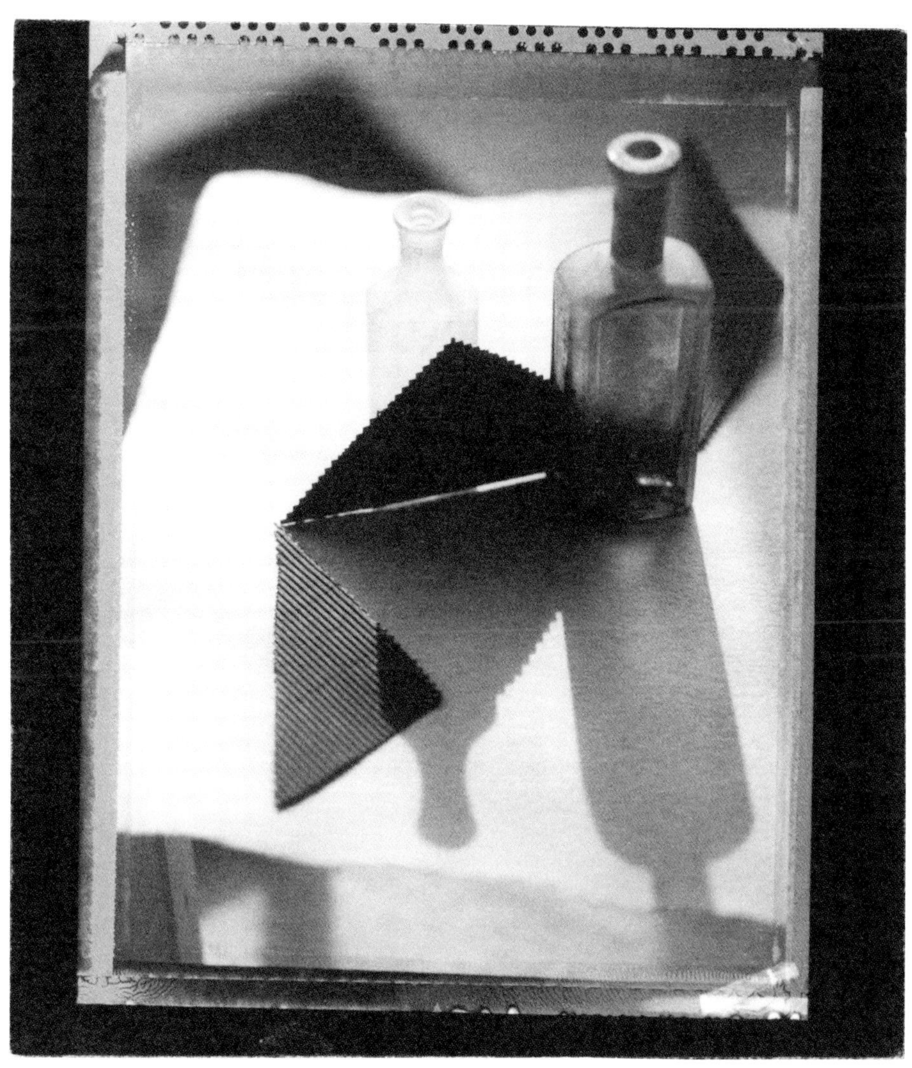

REI TAKA

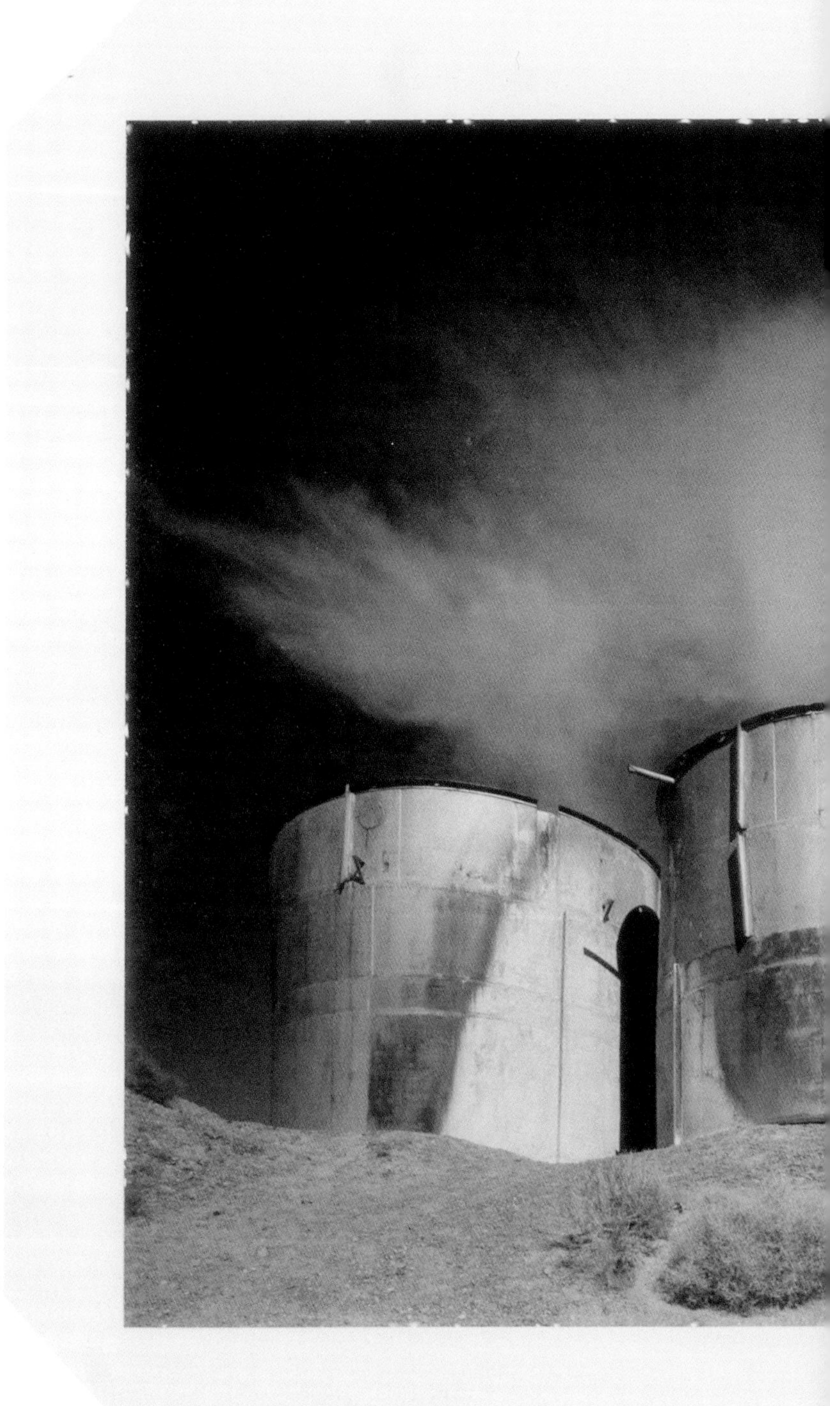

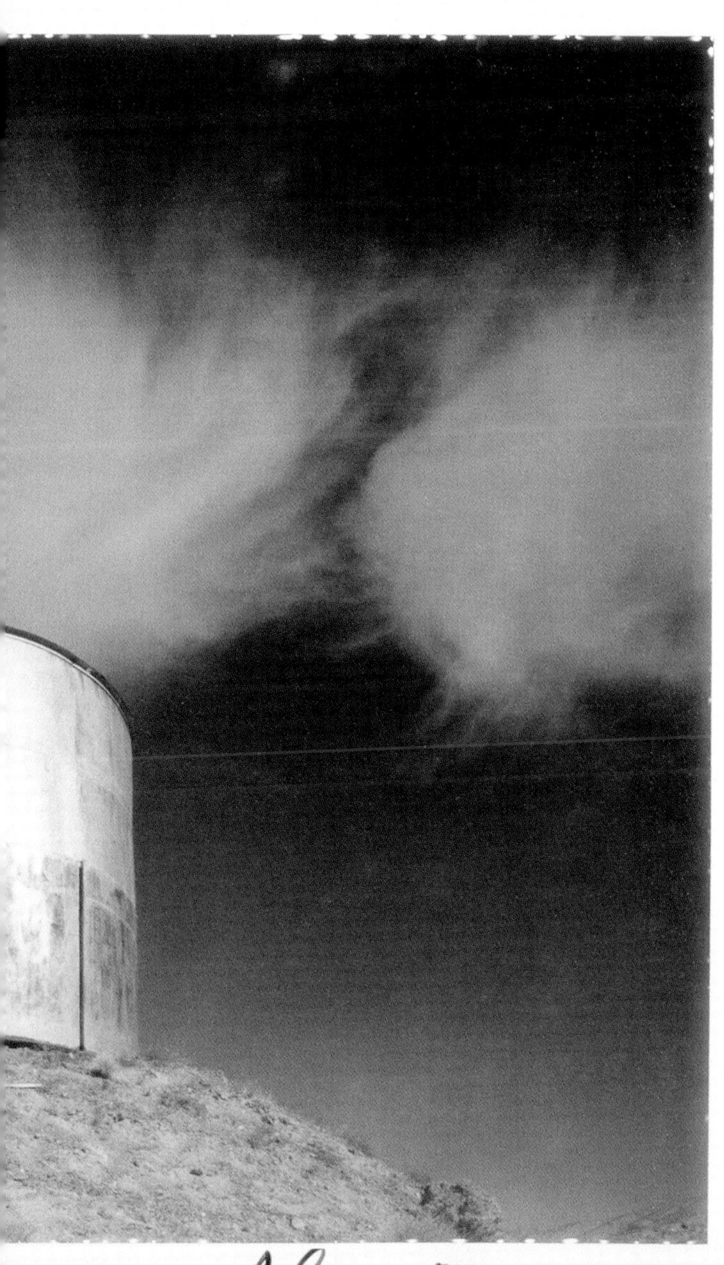

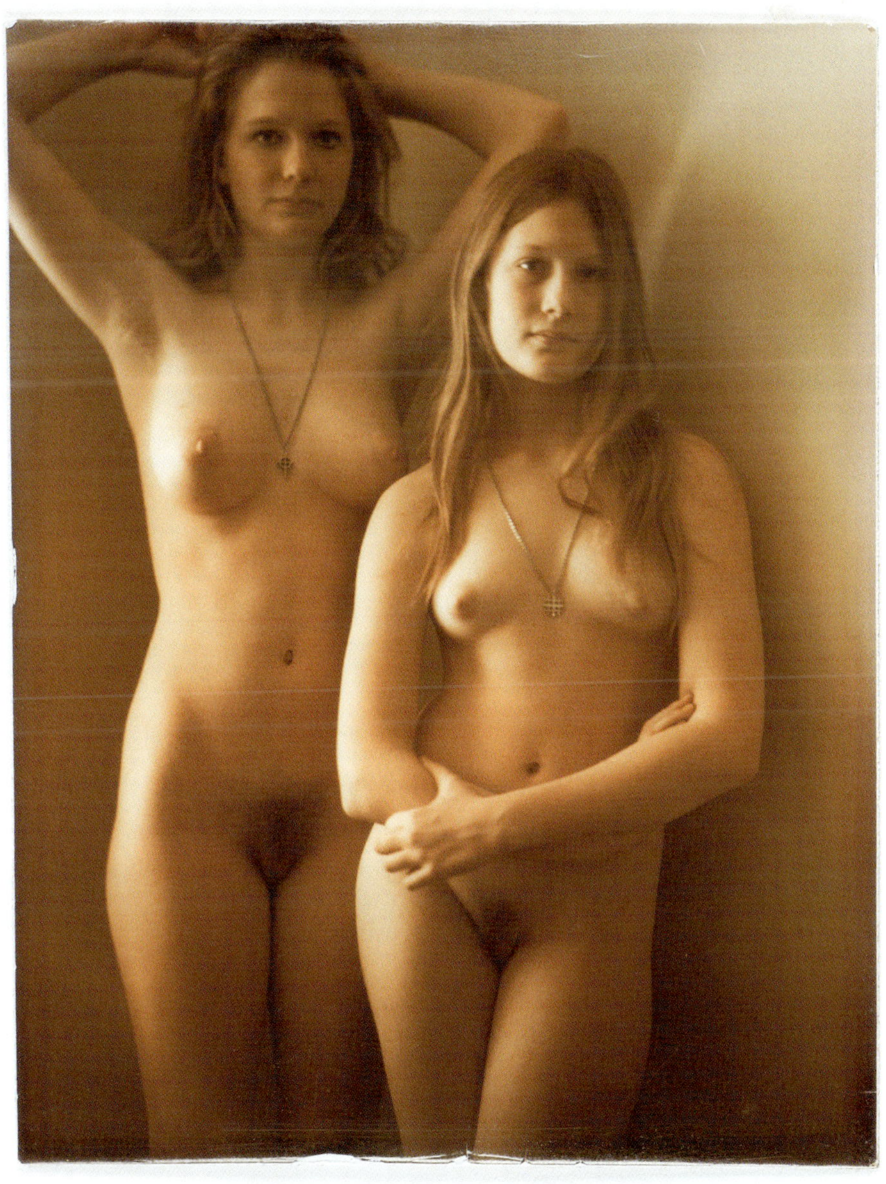

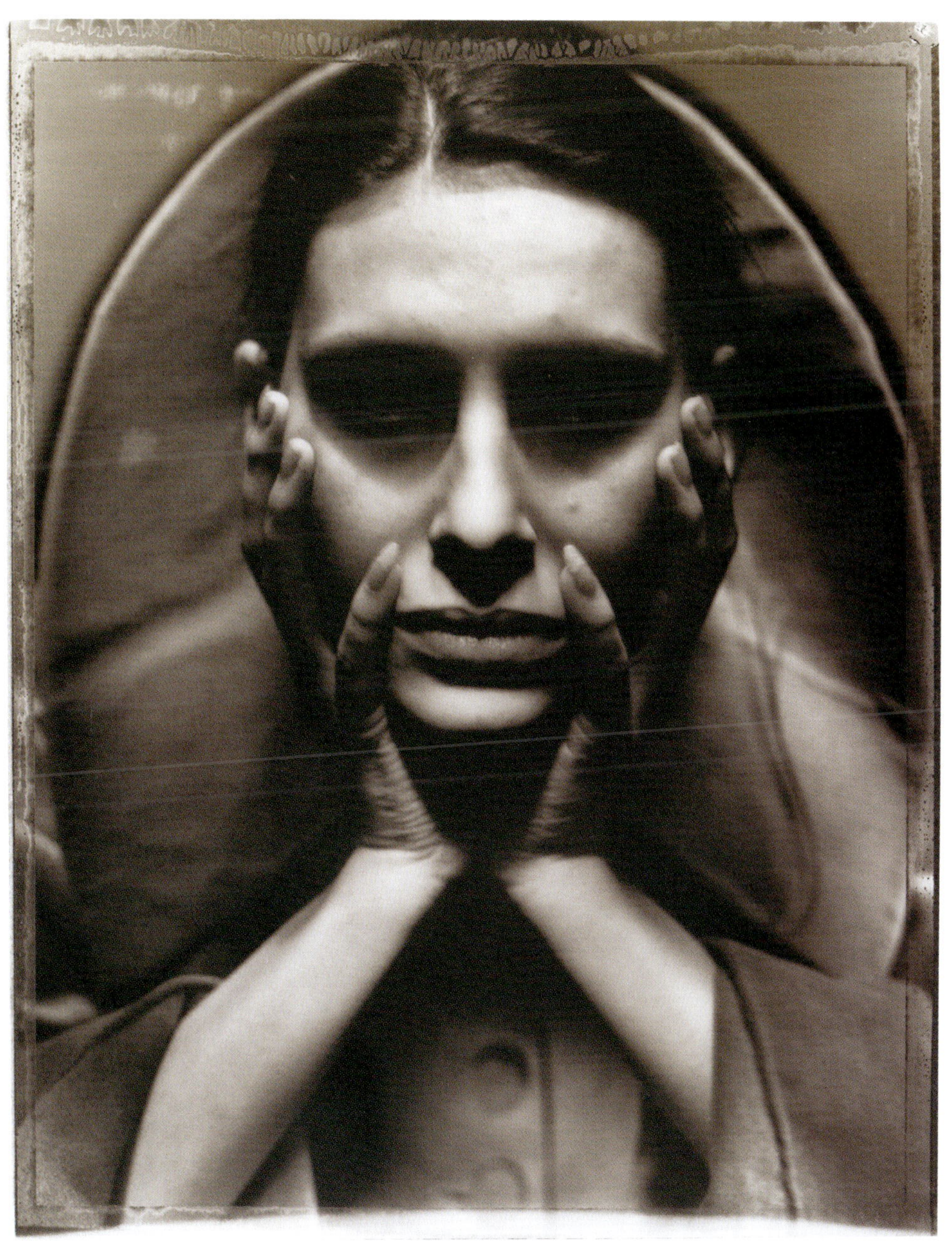

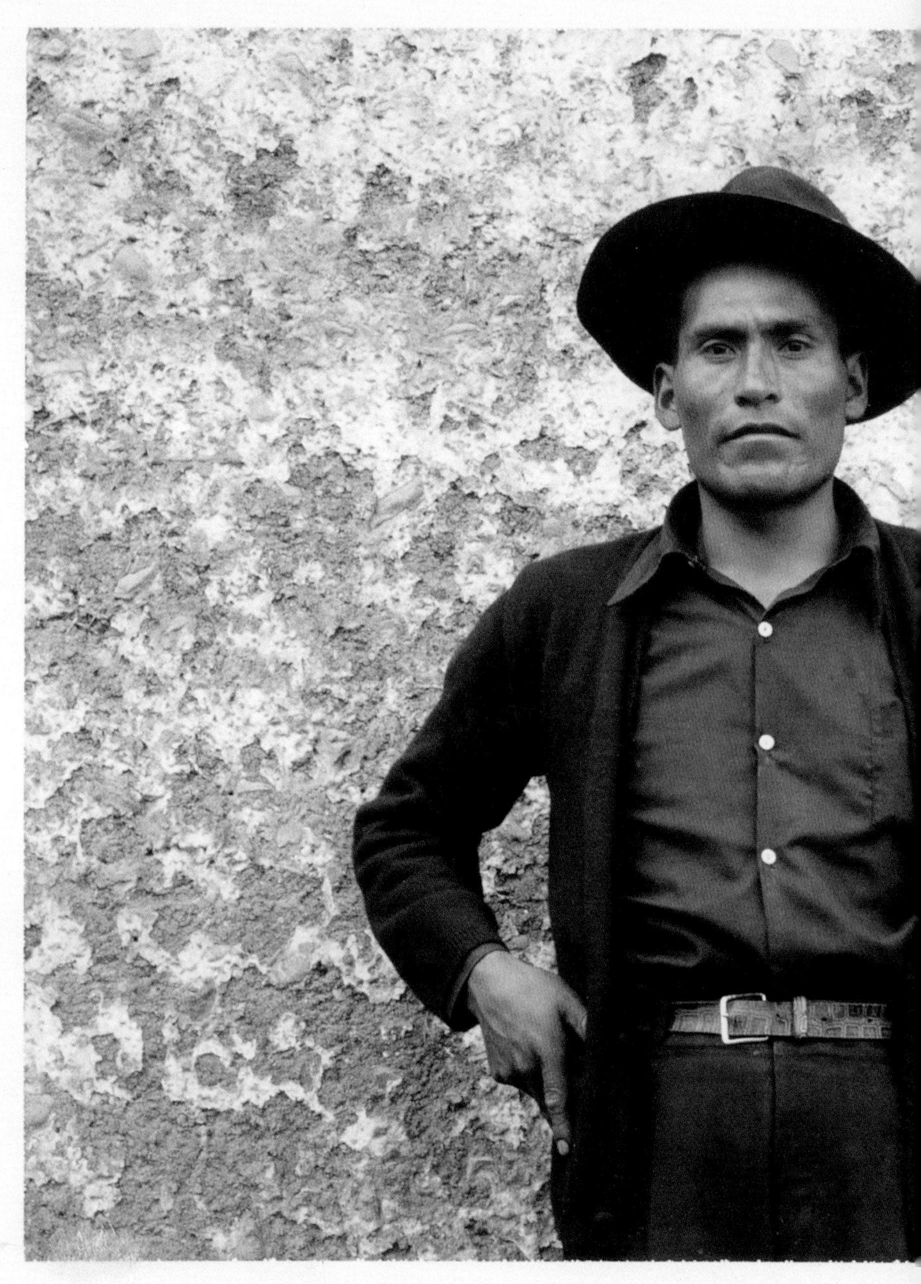

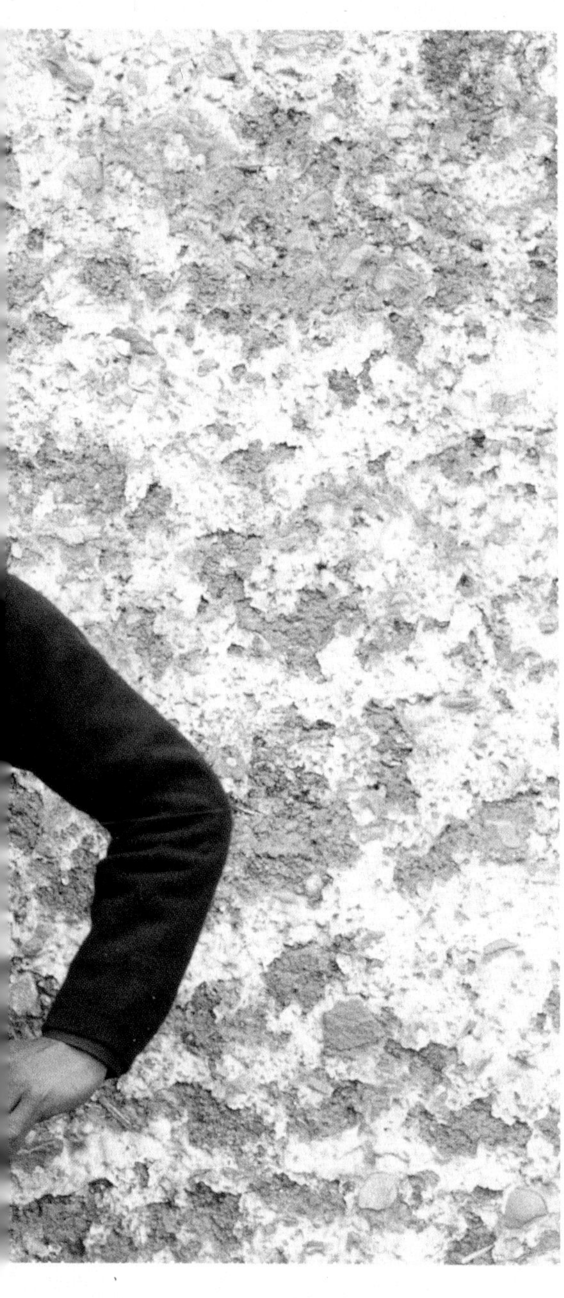

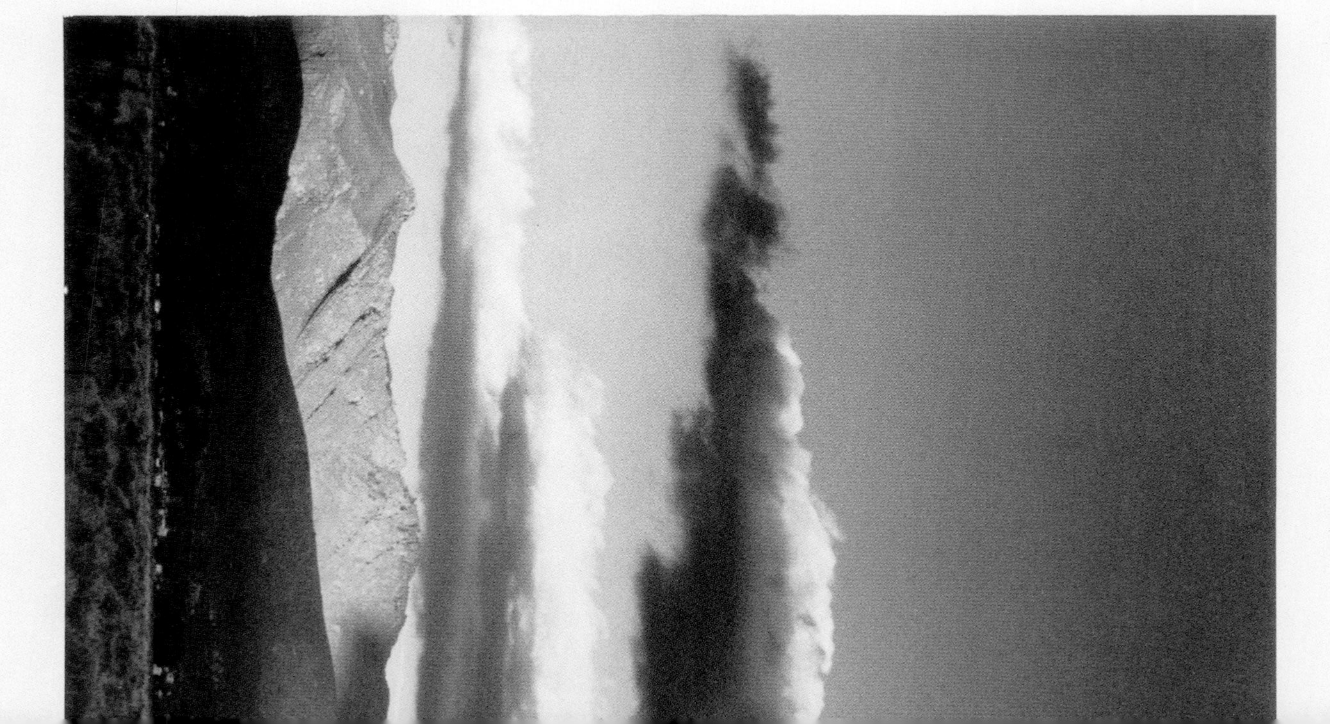

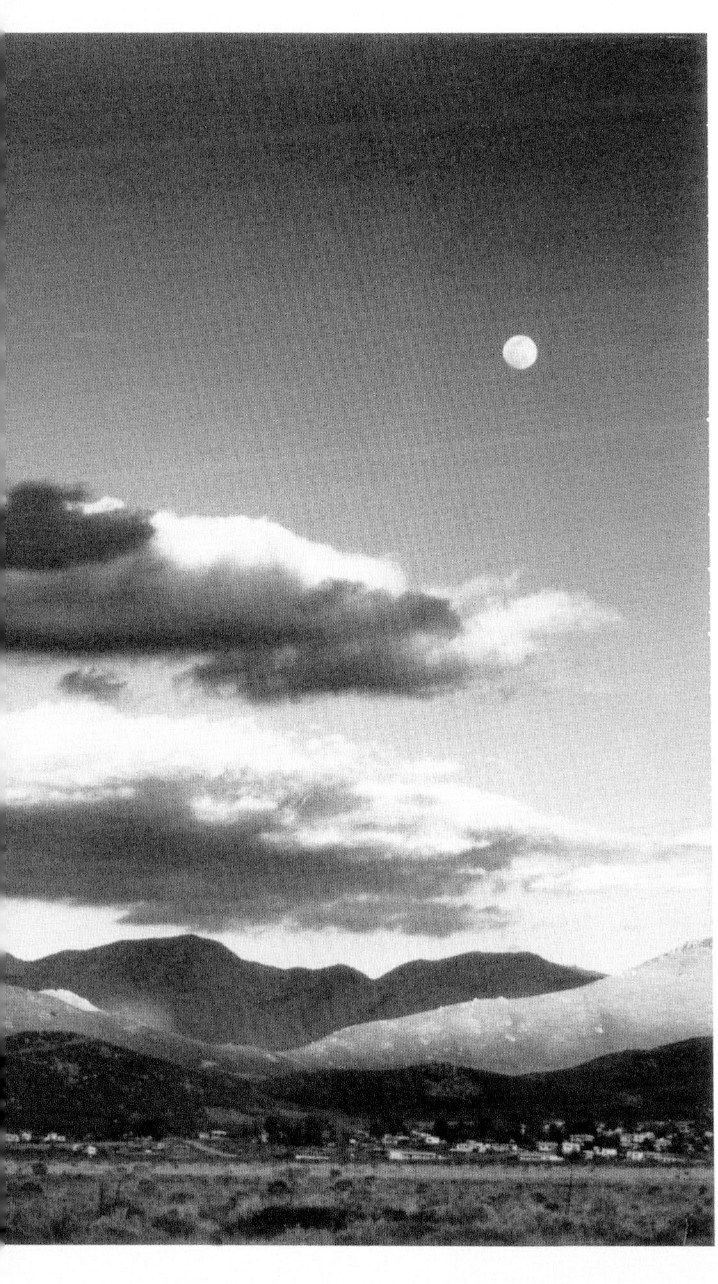

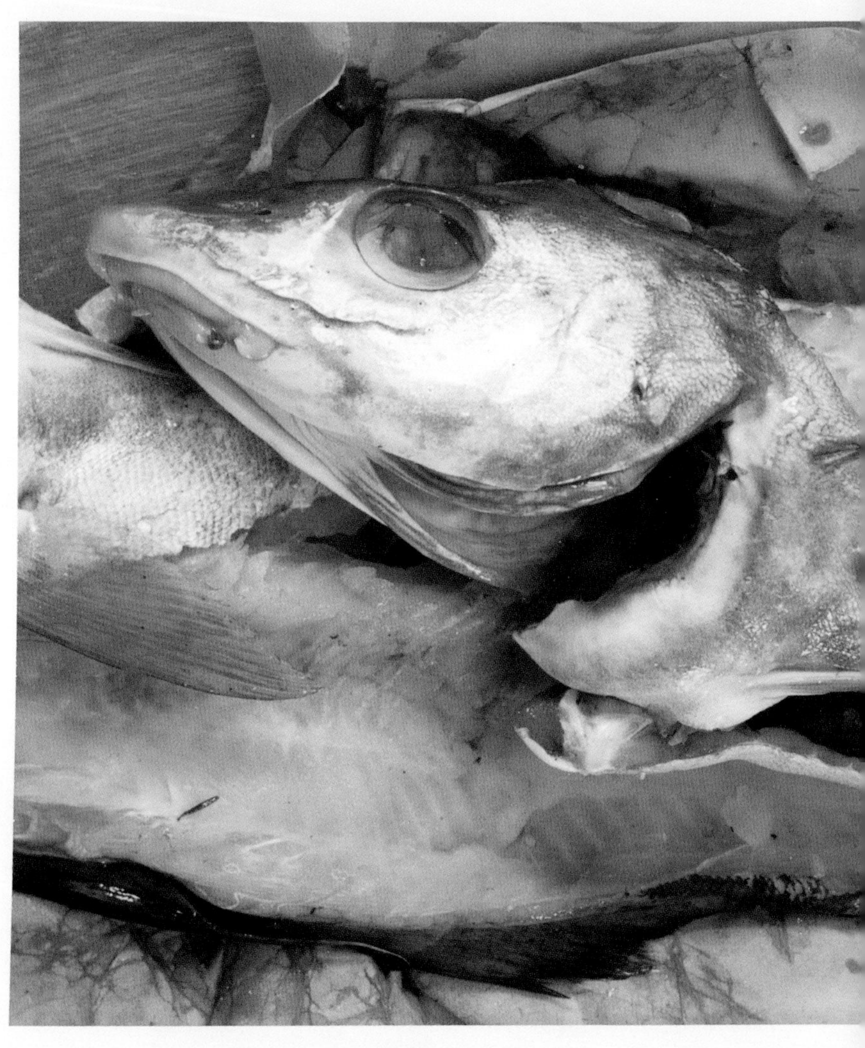

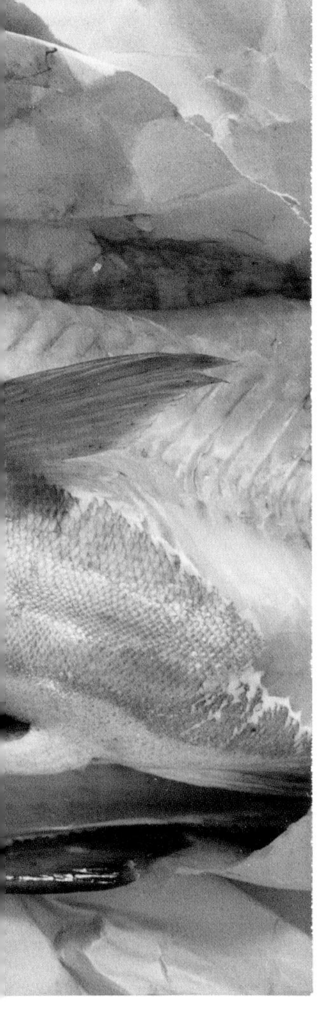

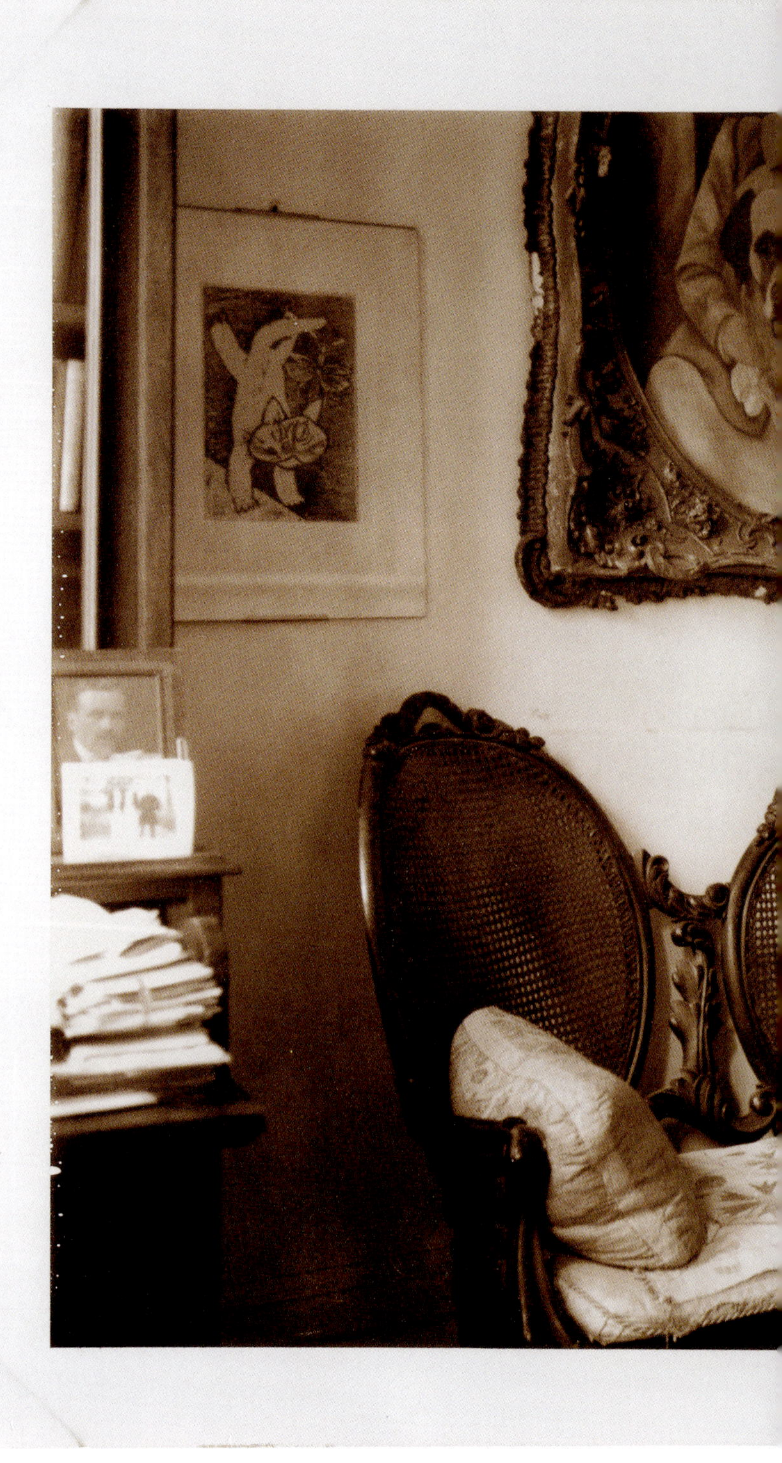

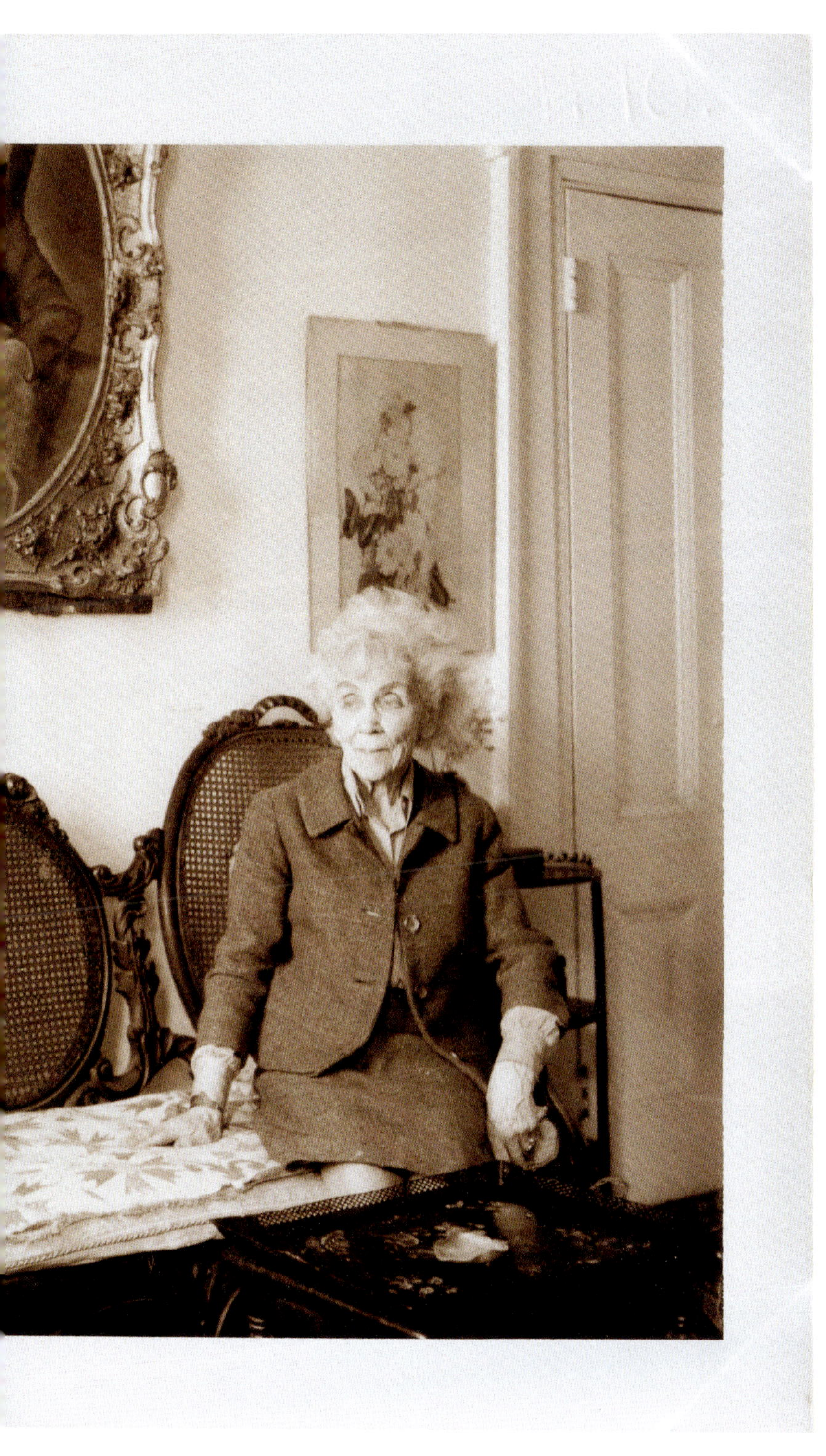

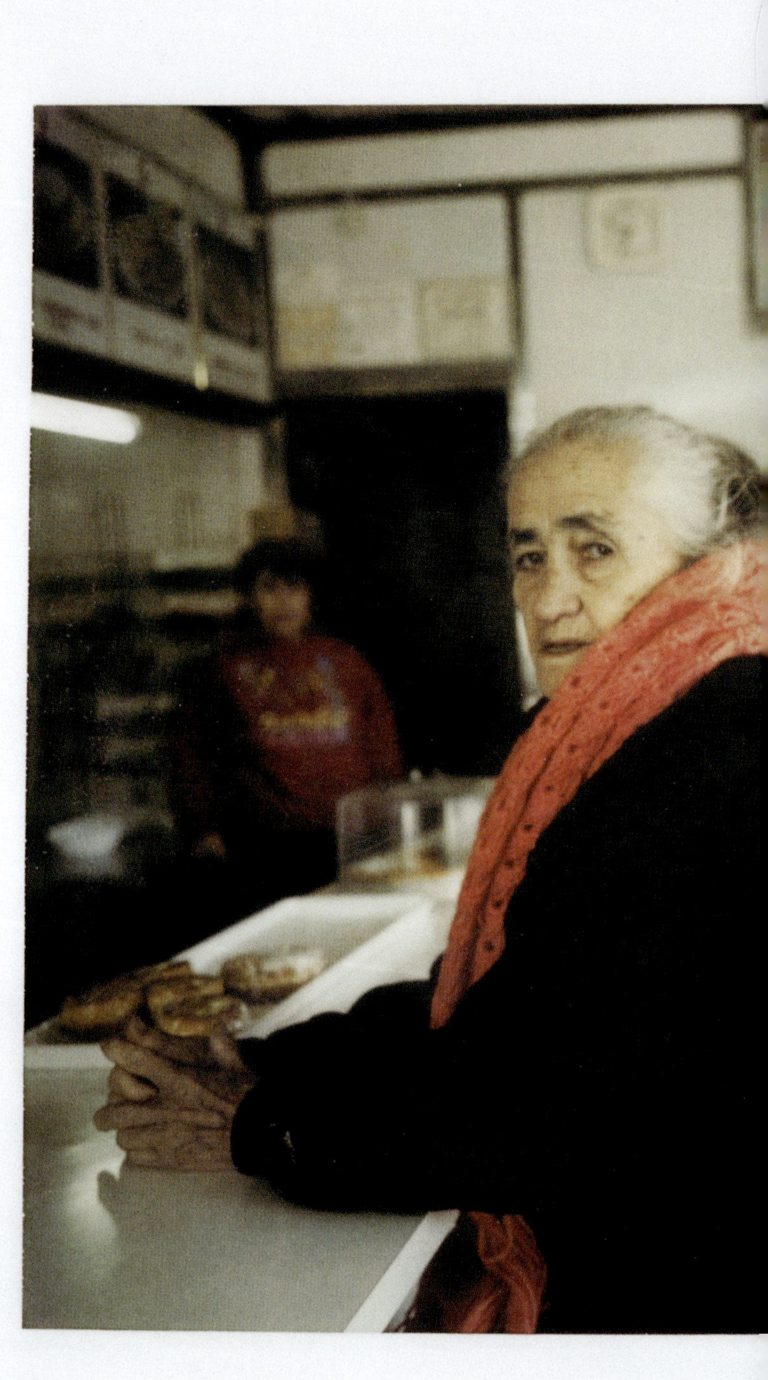

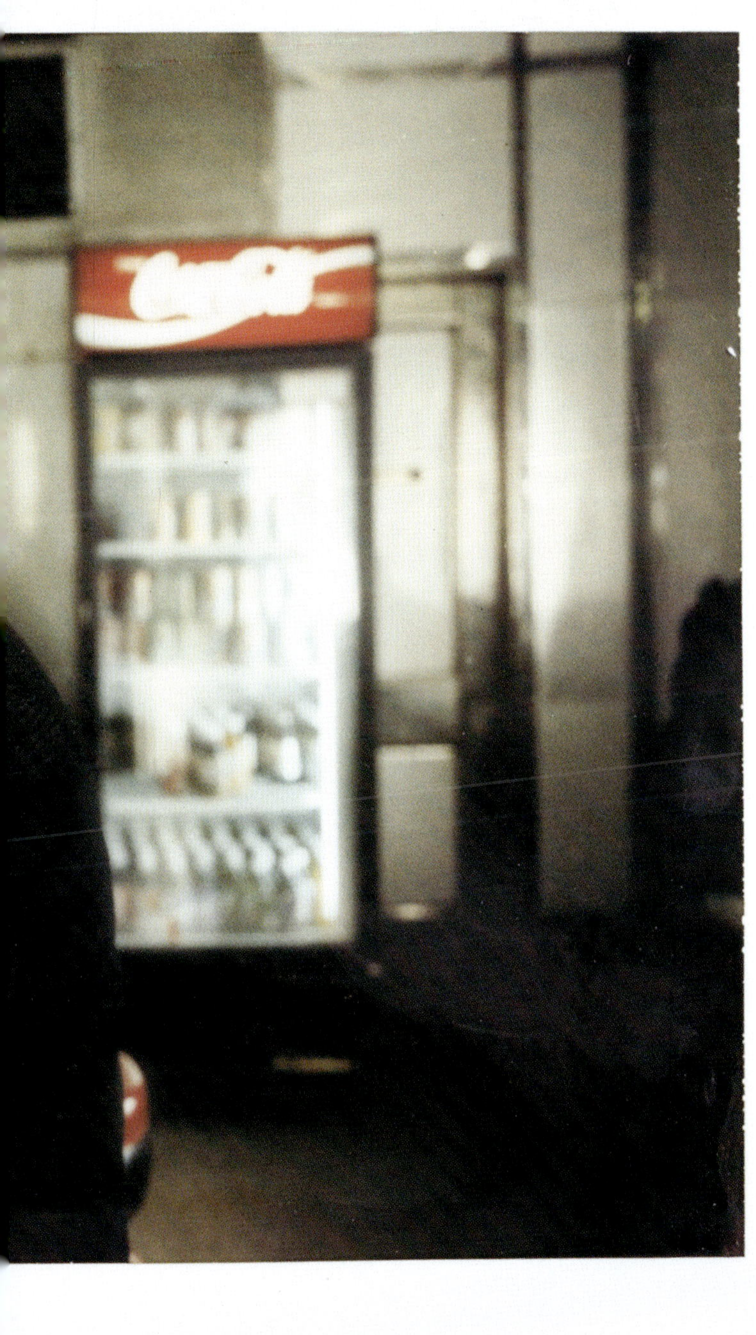

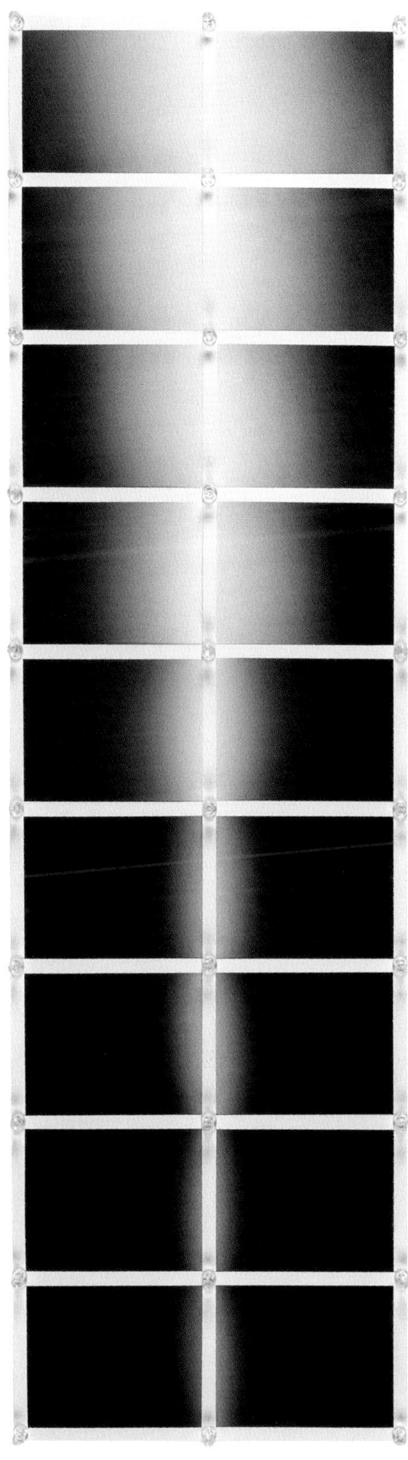

ERIKA BLUMENFELD

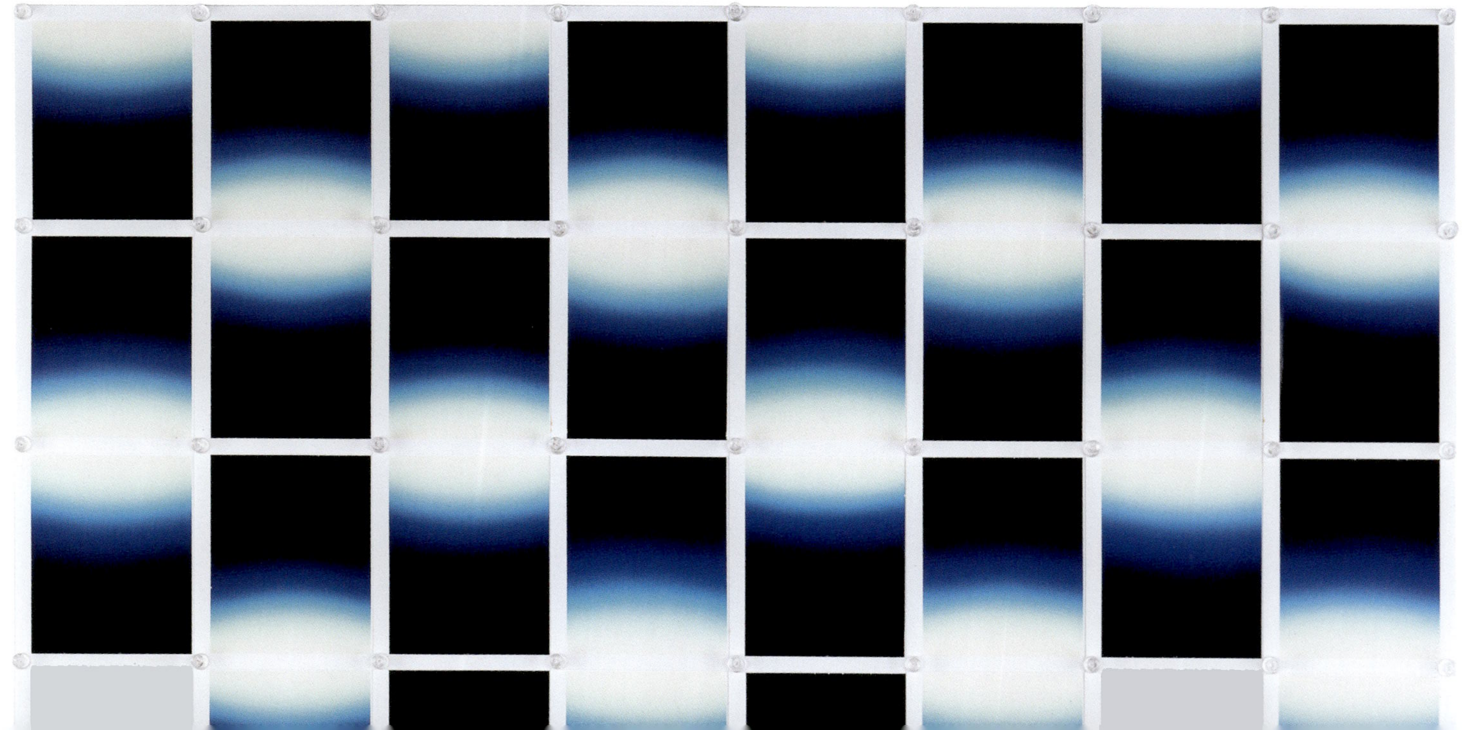

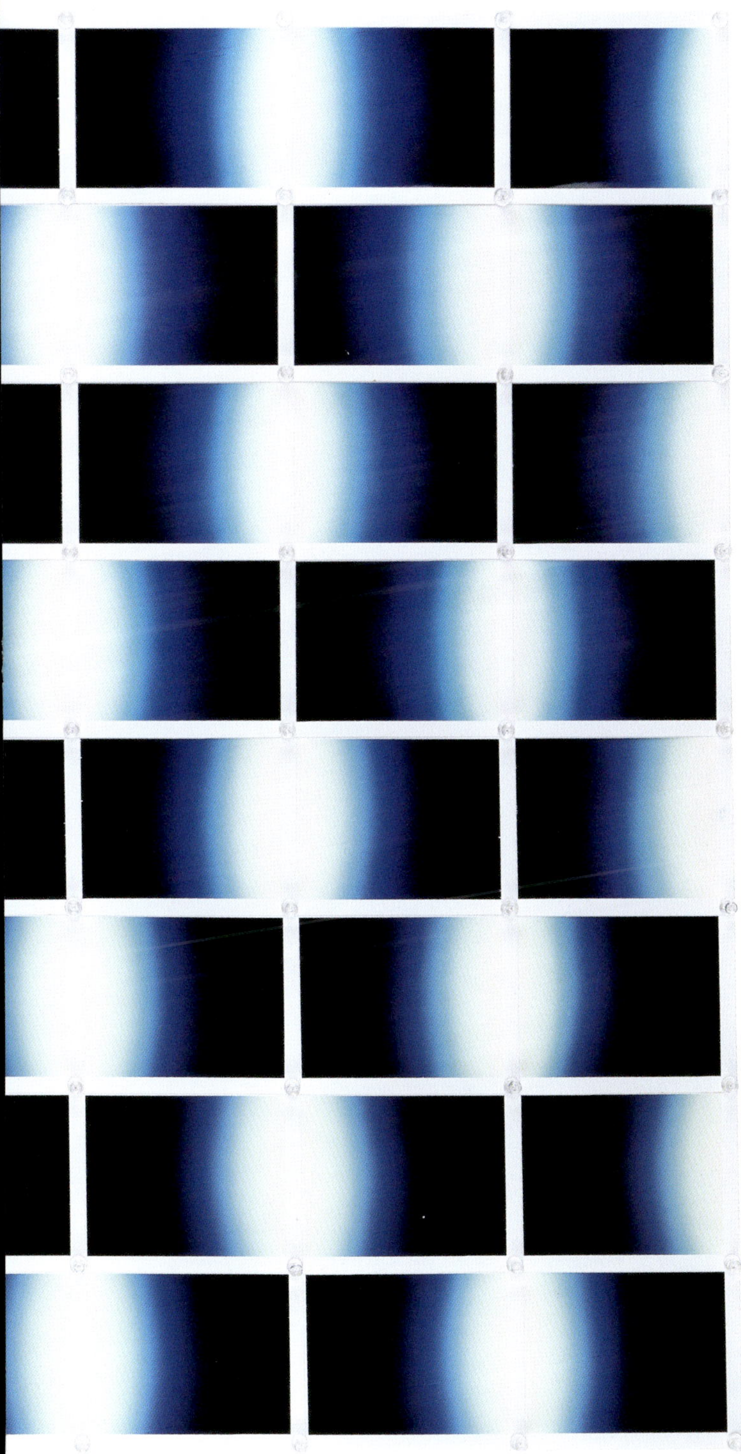

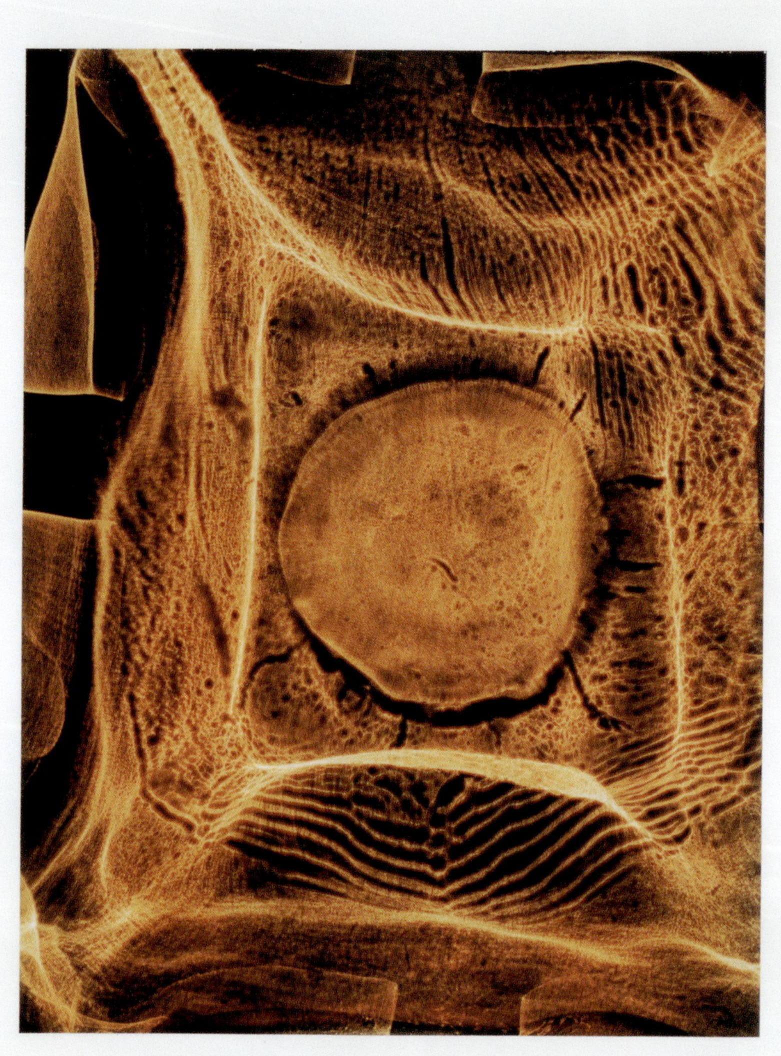

238

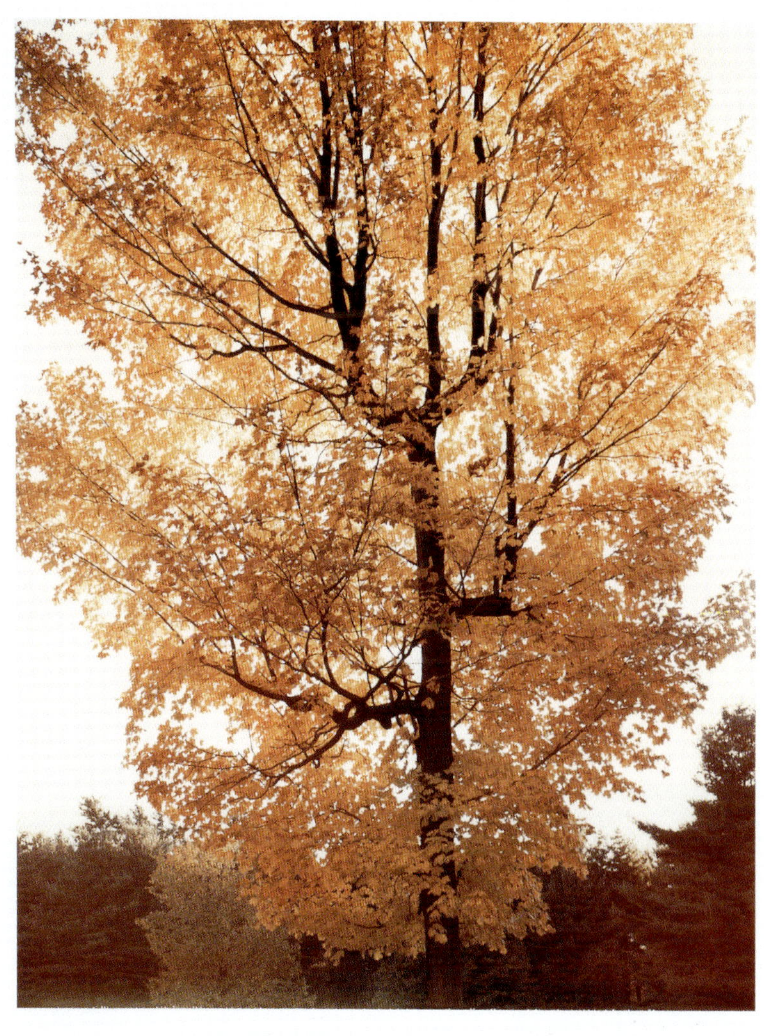

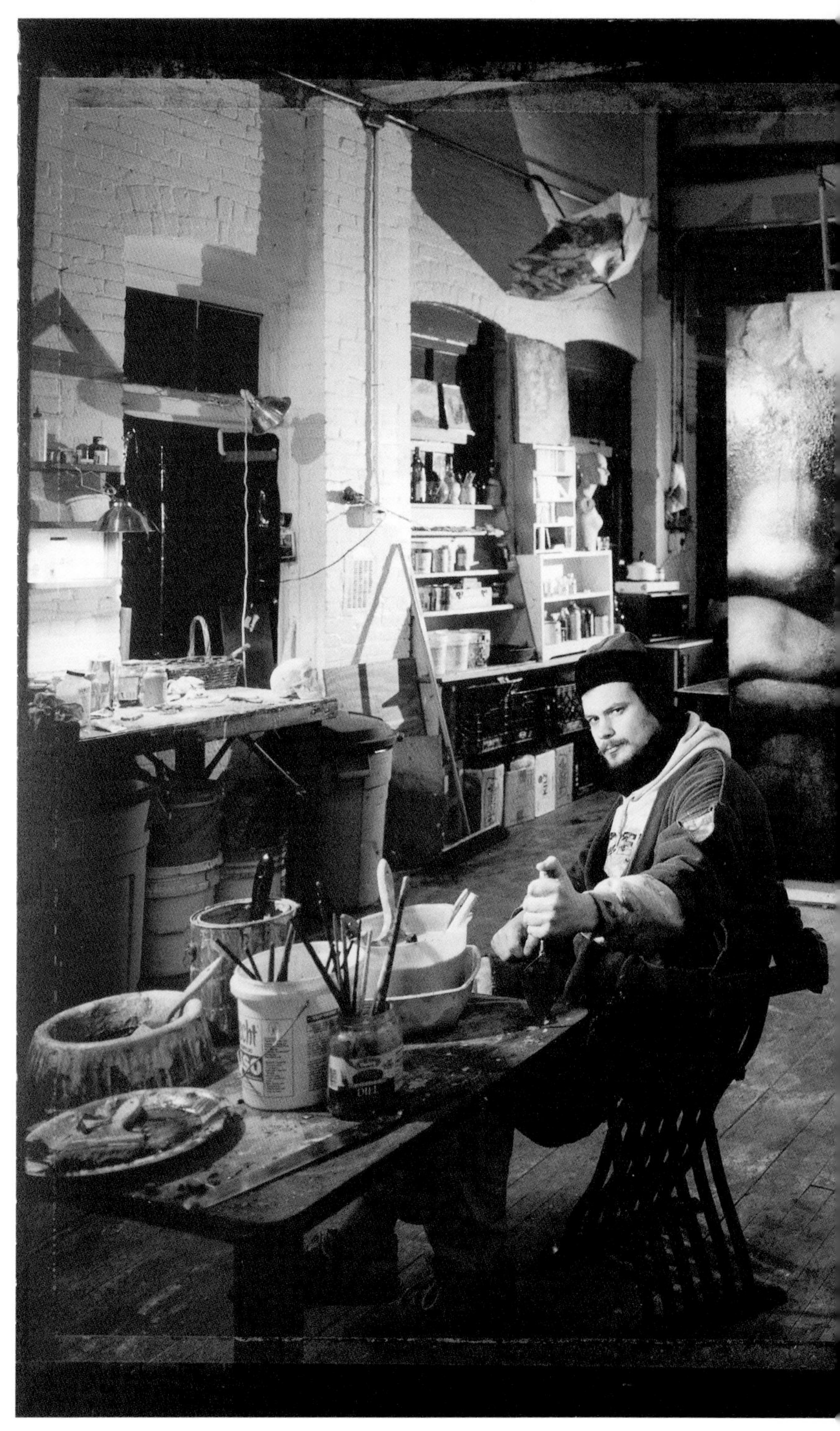

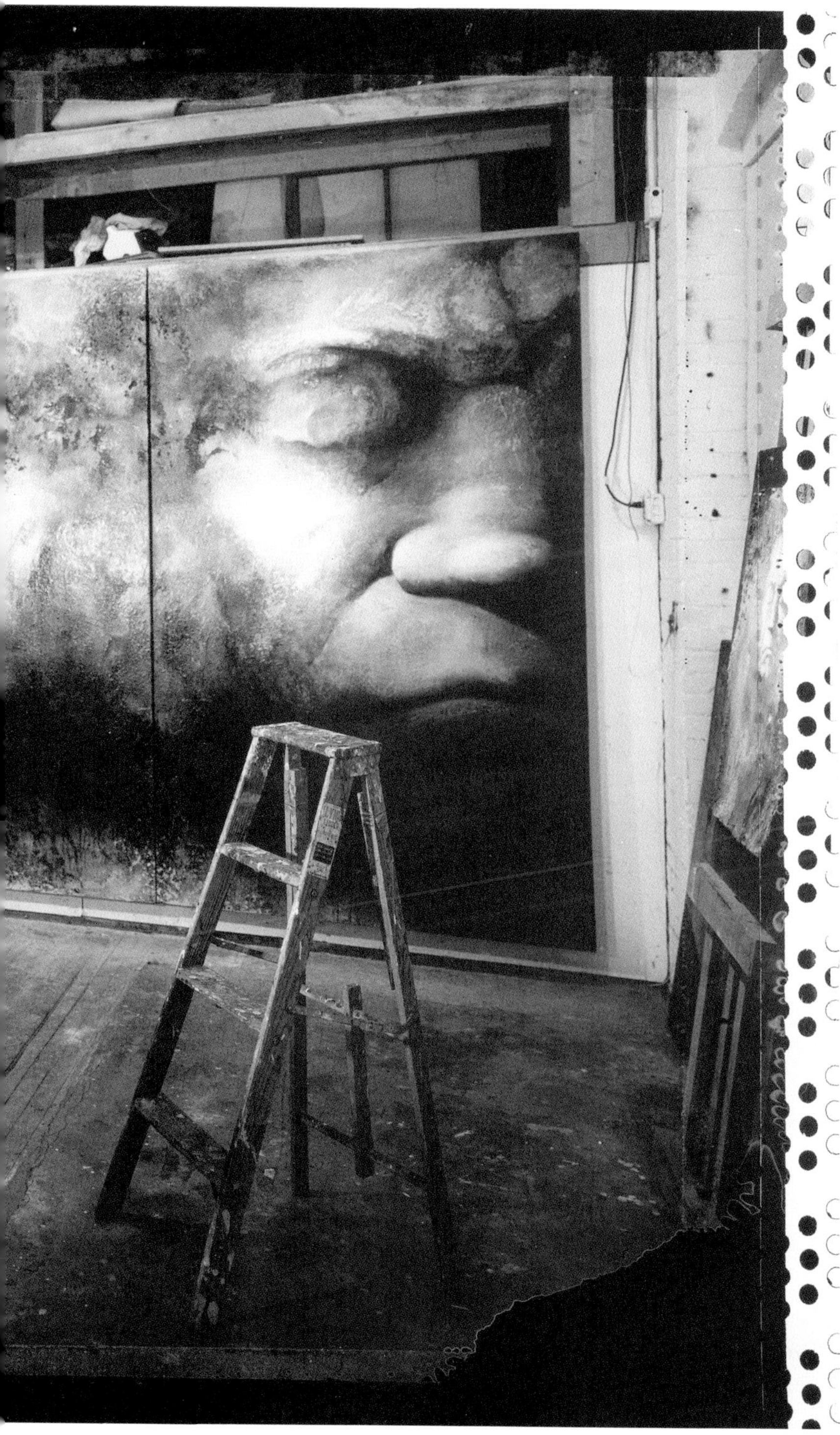

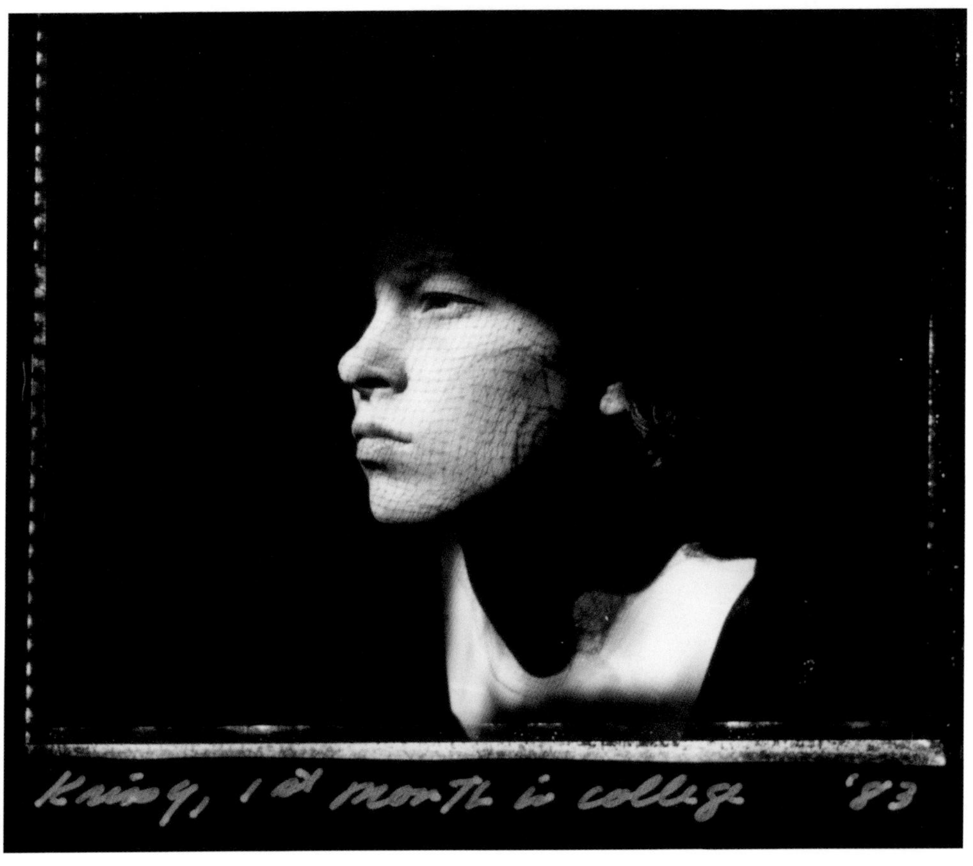

MELISSA SHOOK

242

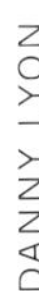

DANNY LYON

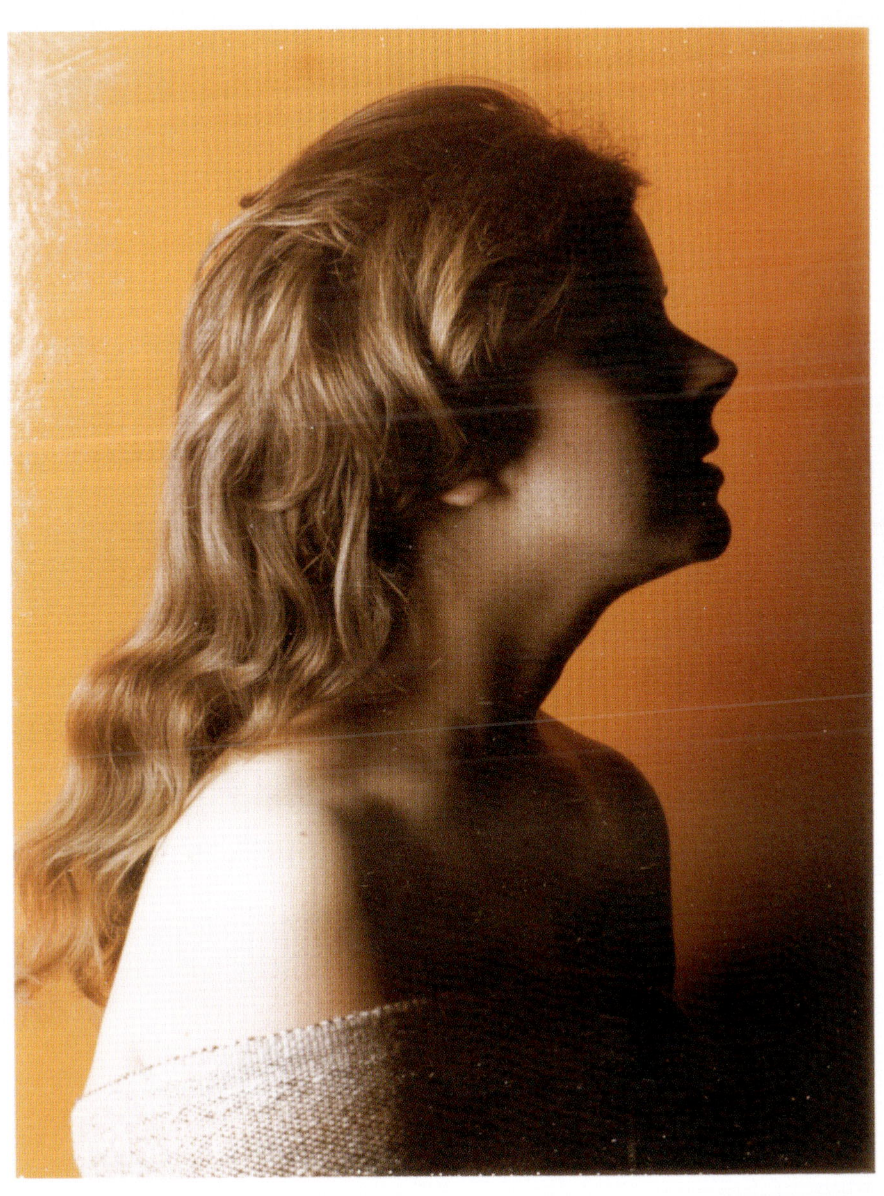

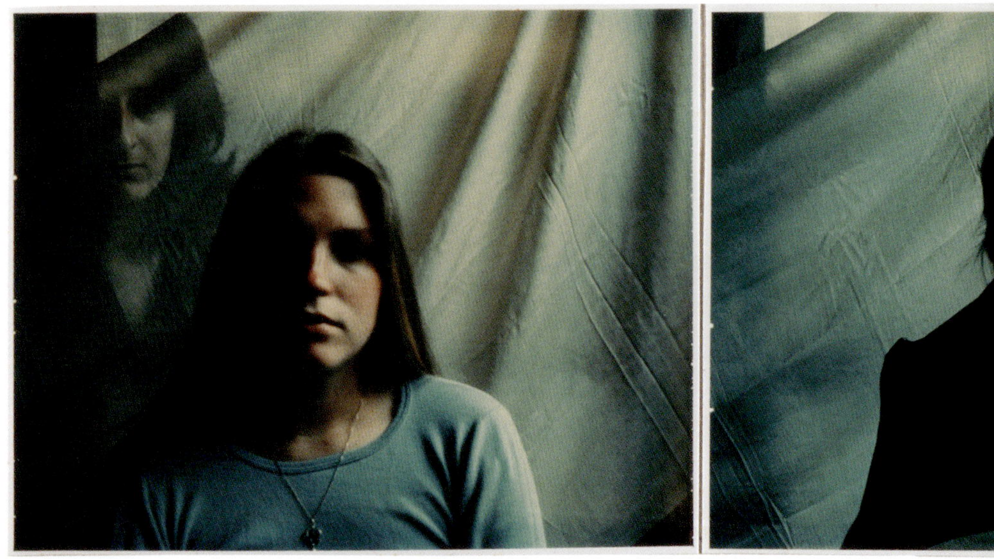

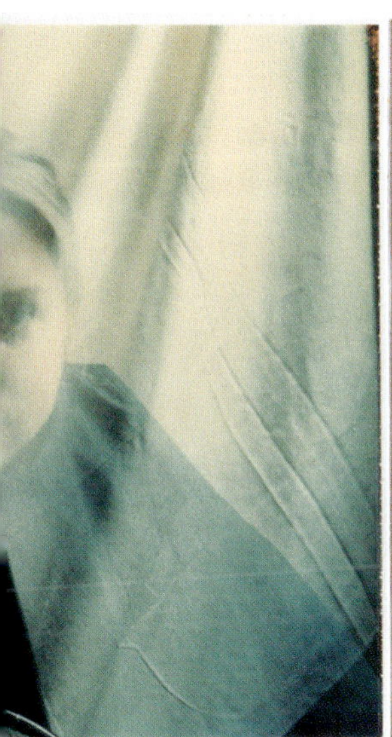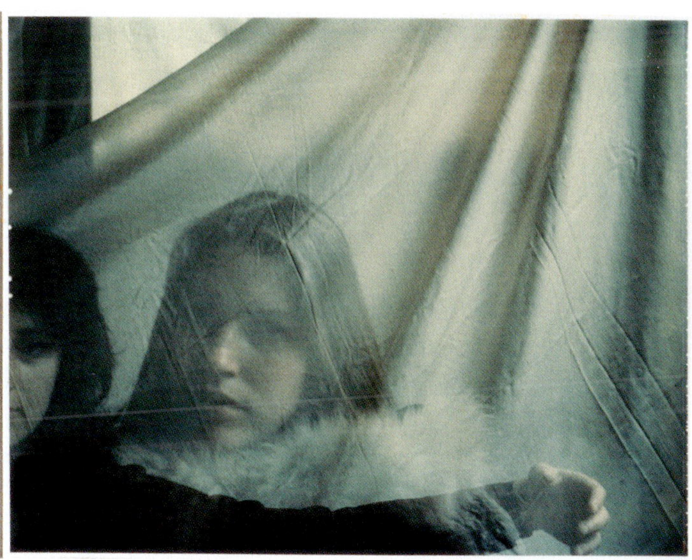

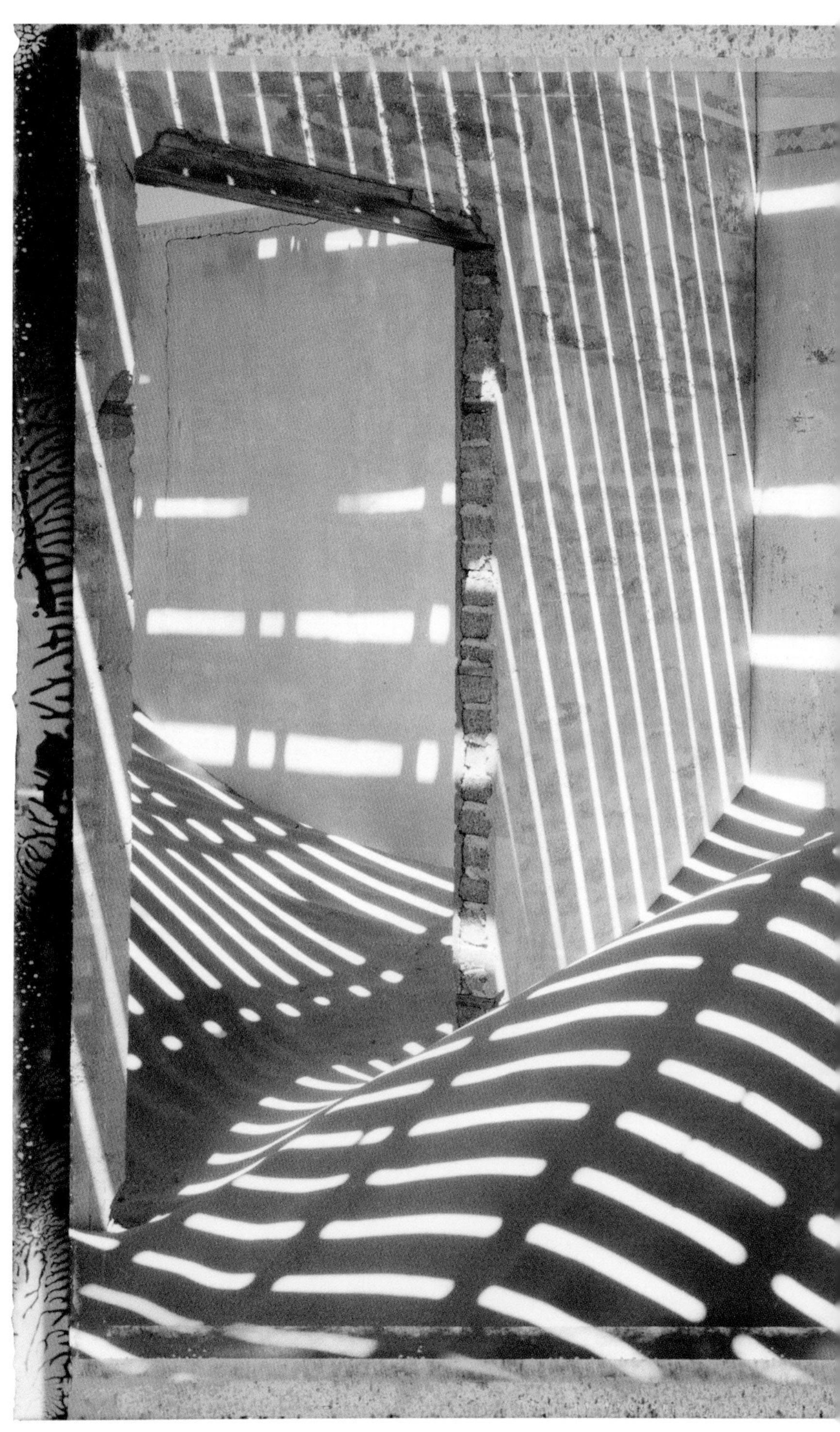

248

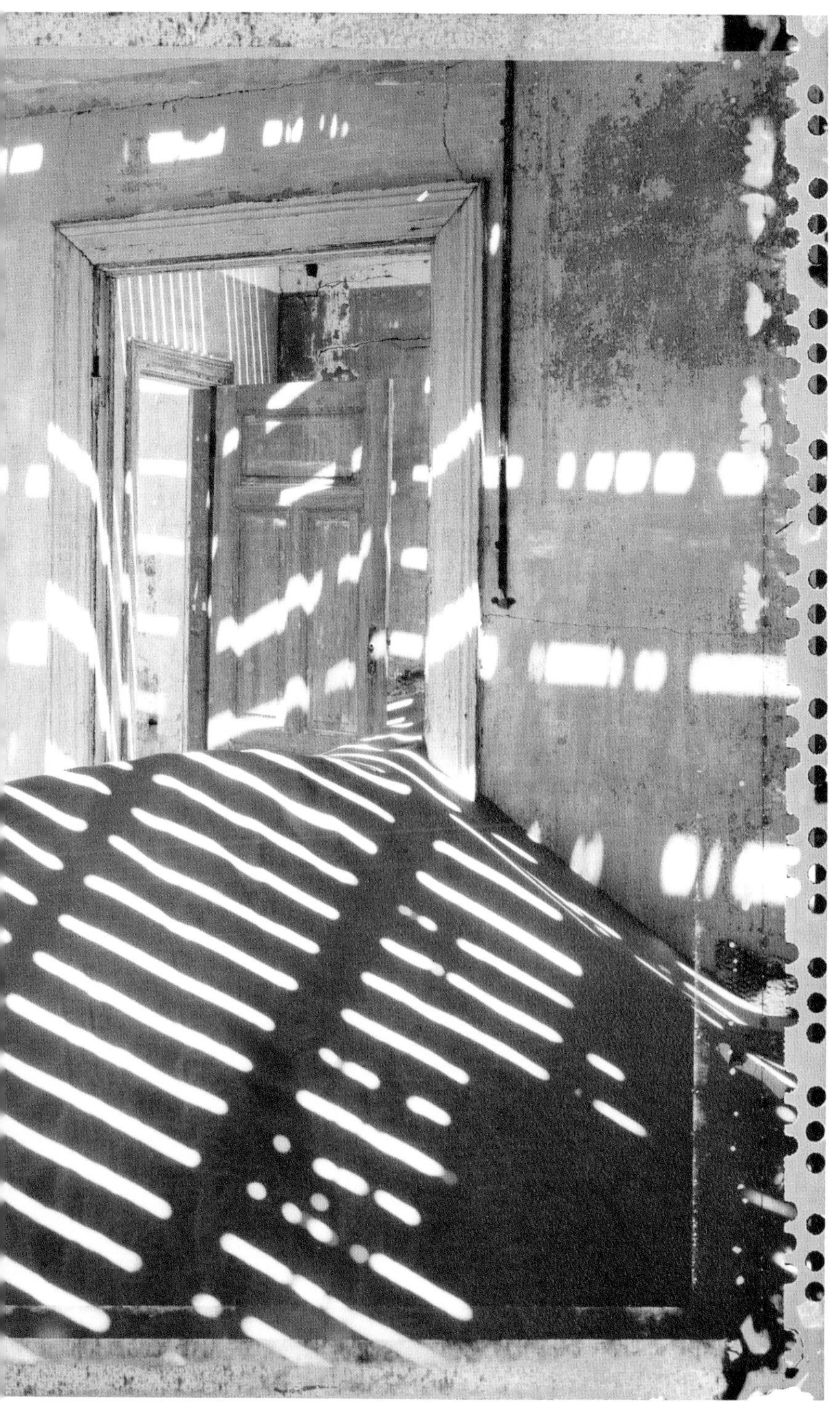

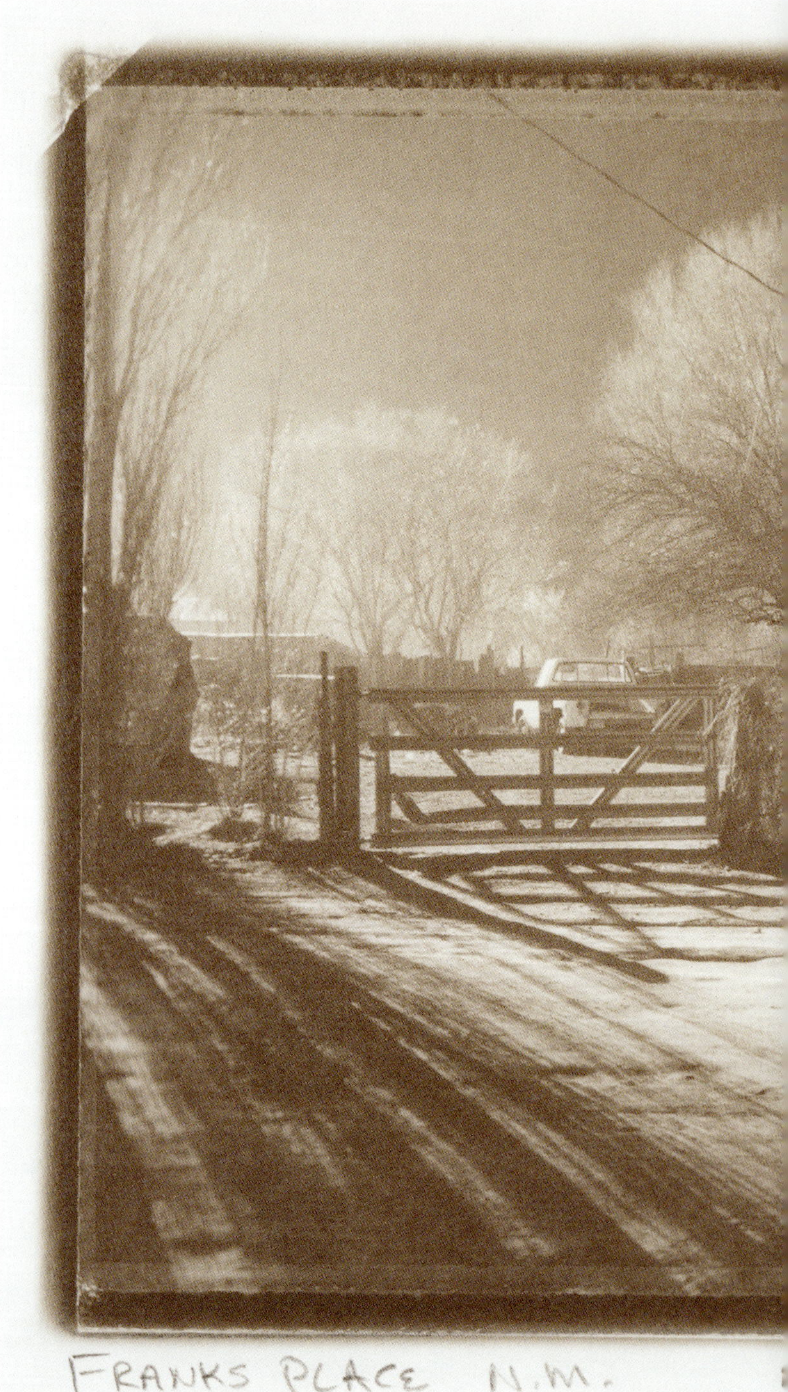
FRANKS PLACE N.M.

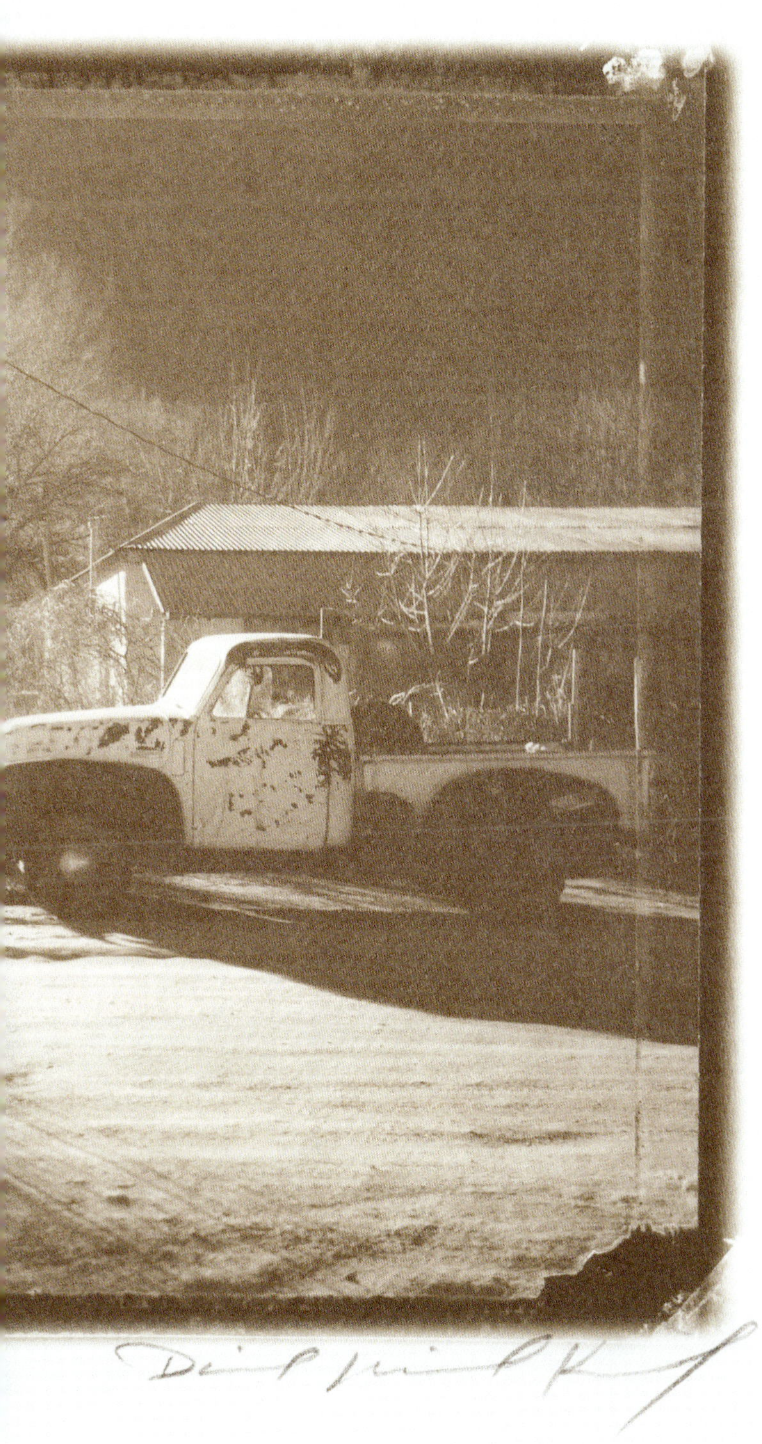

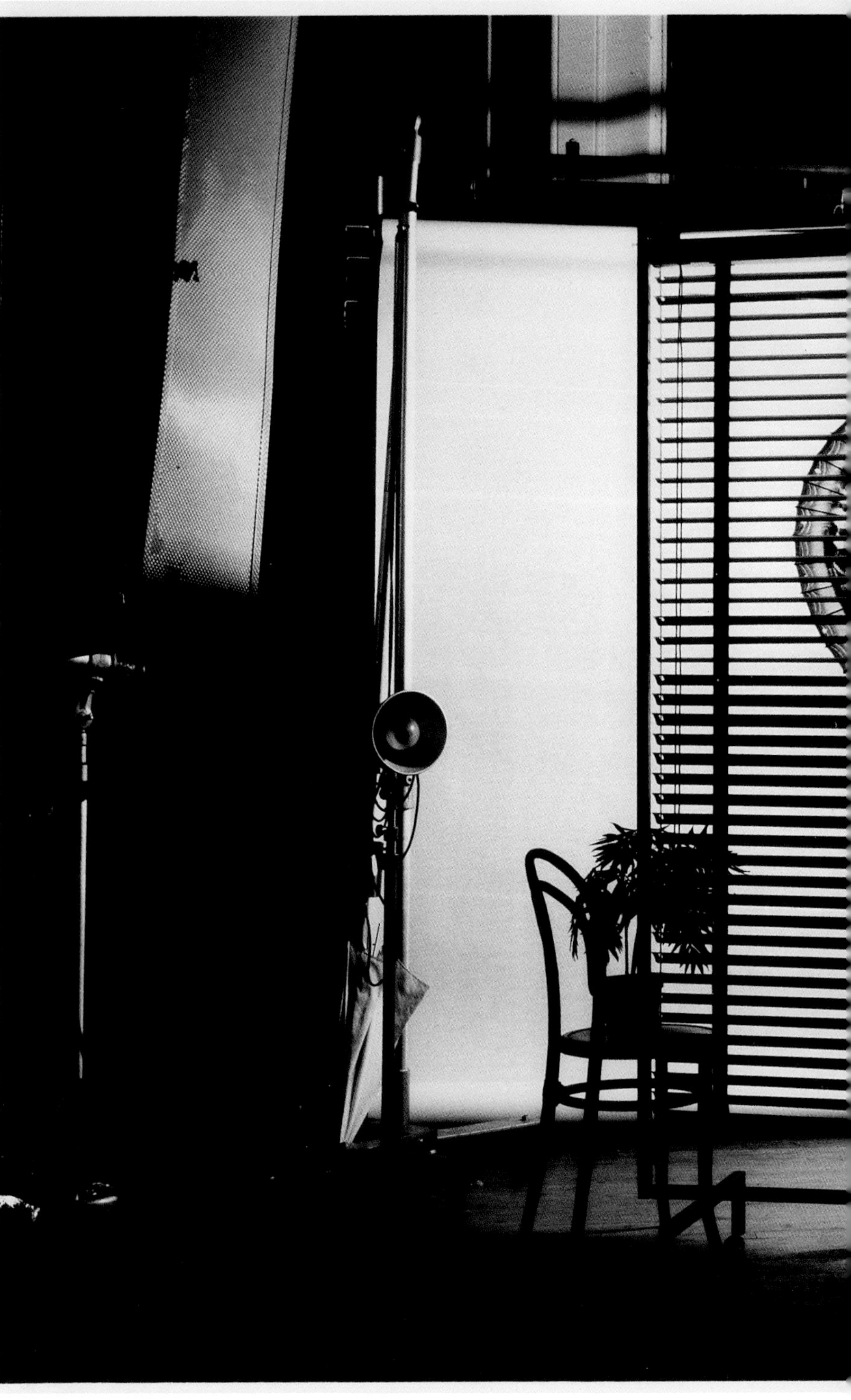

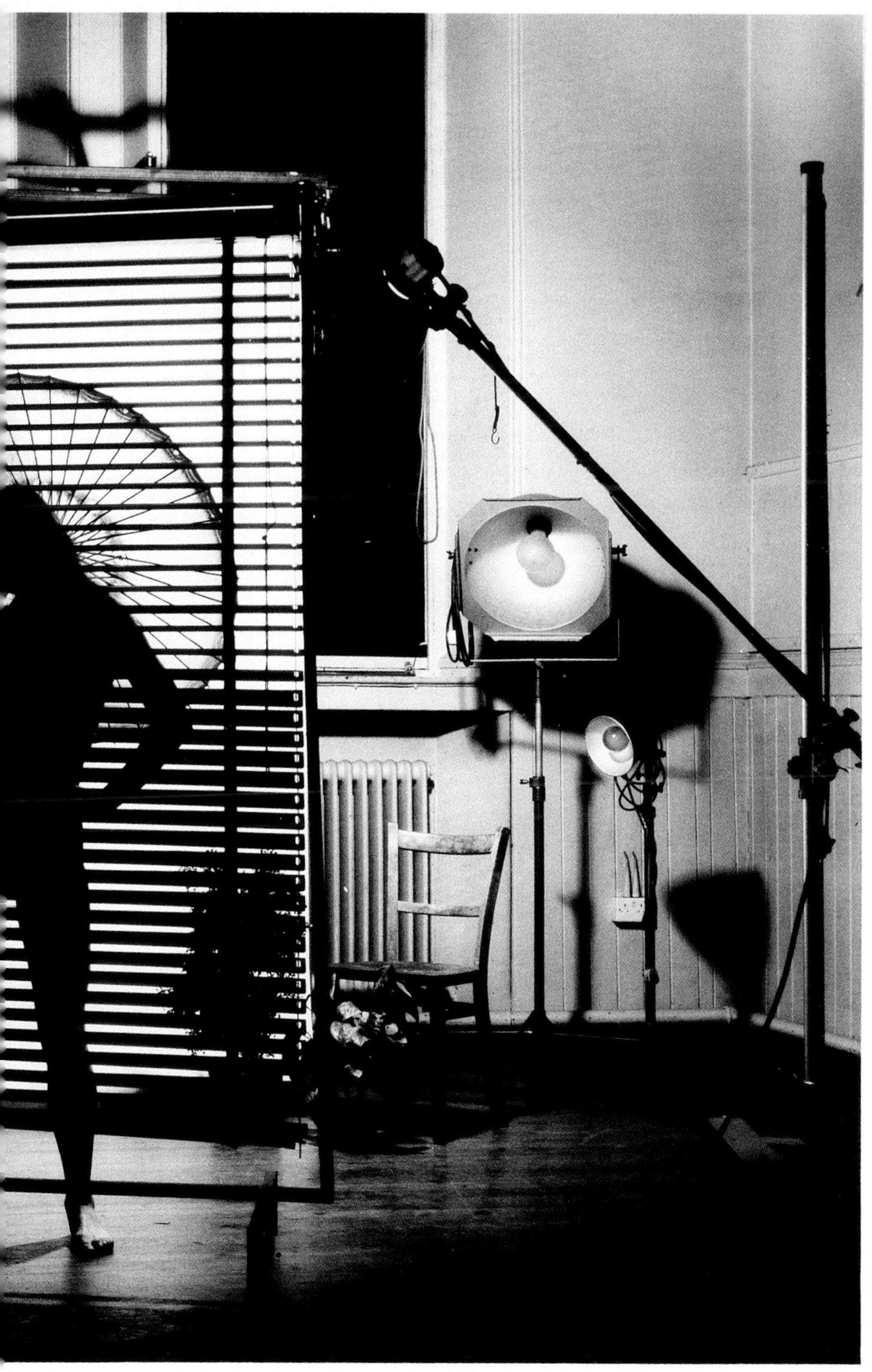

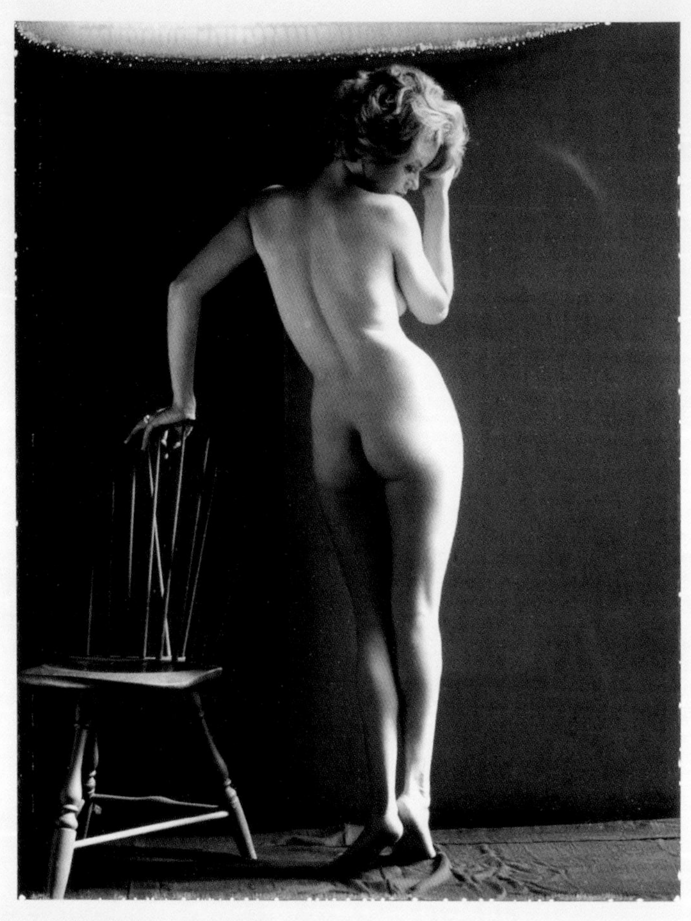

PETER GOWLAND
SANTA MONICA, CALIF.

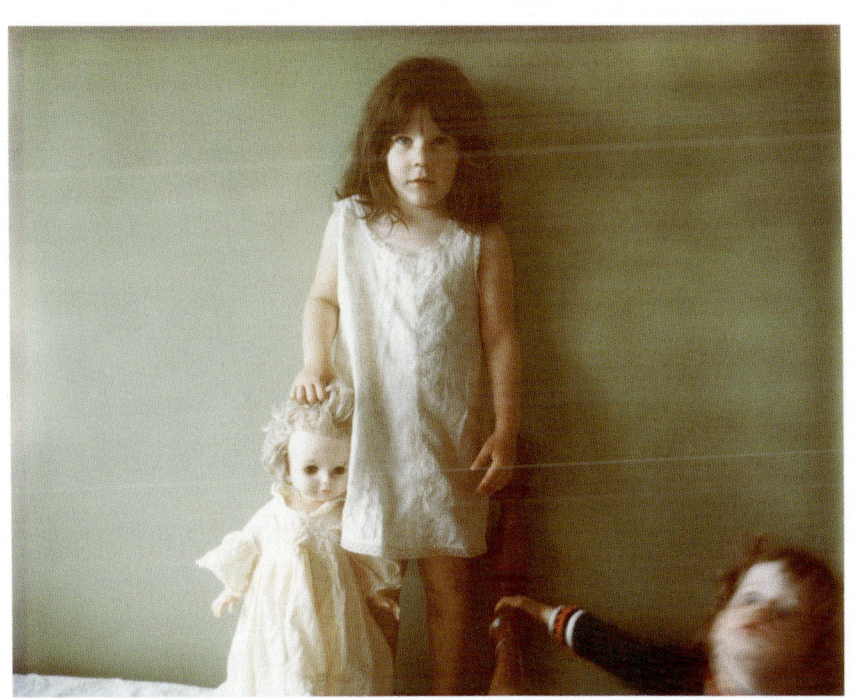

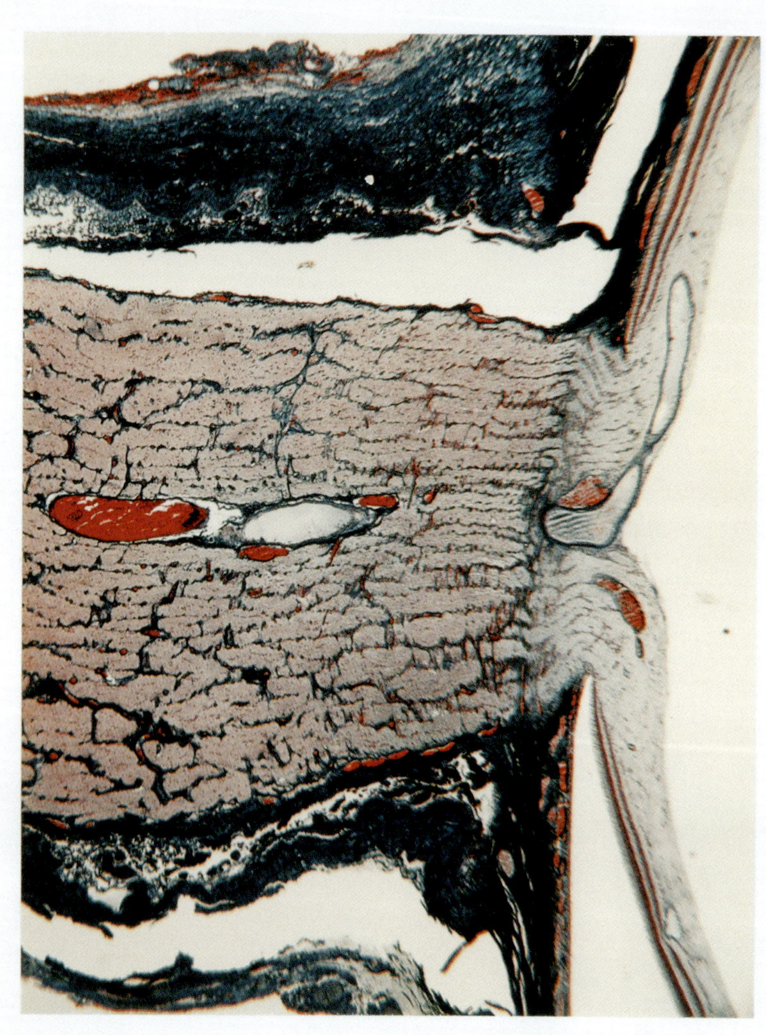

BRETT WESTON

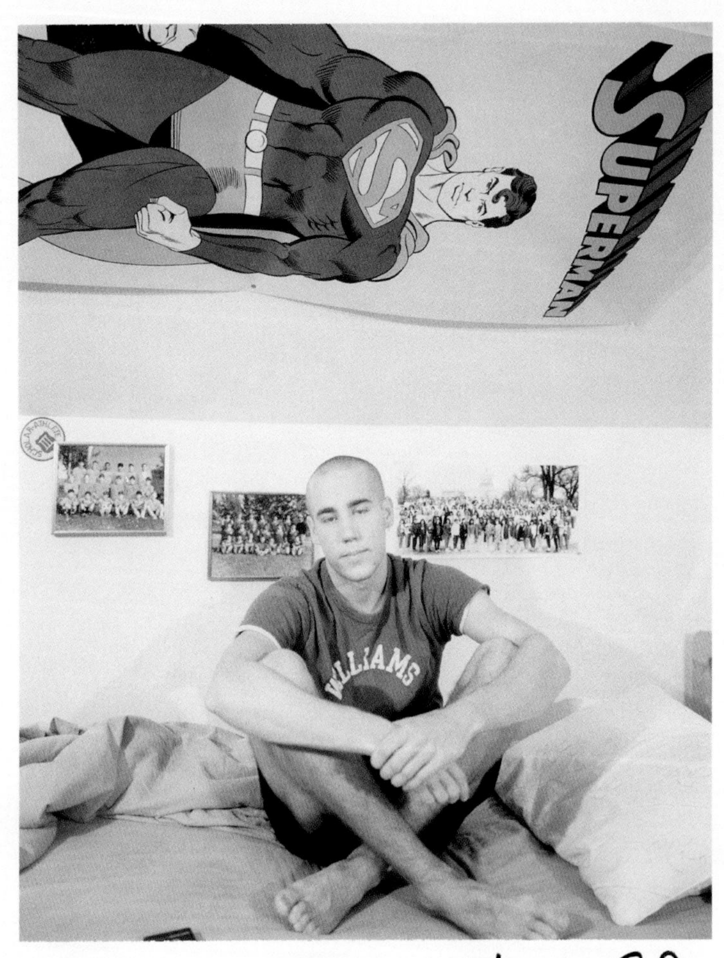

David N   1990   Adrienne Salinger

258

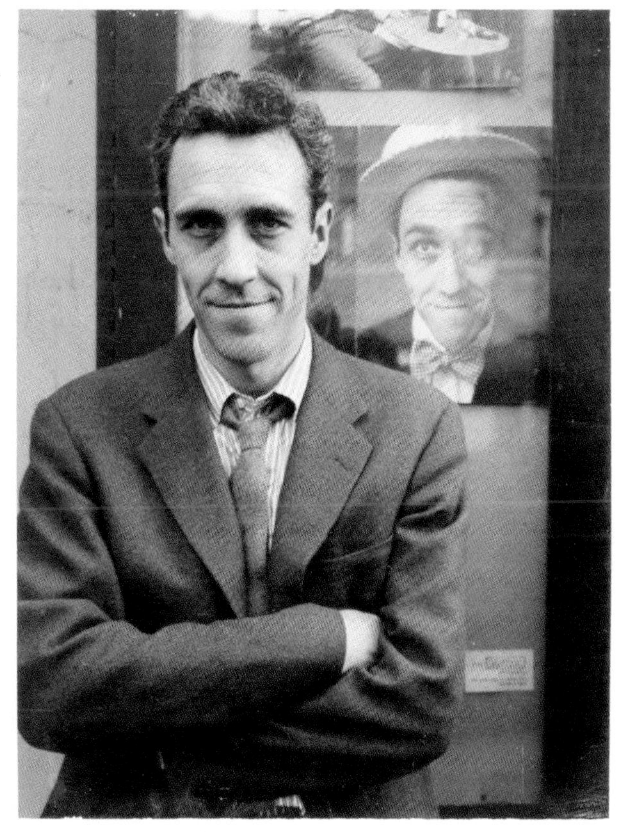

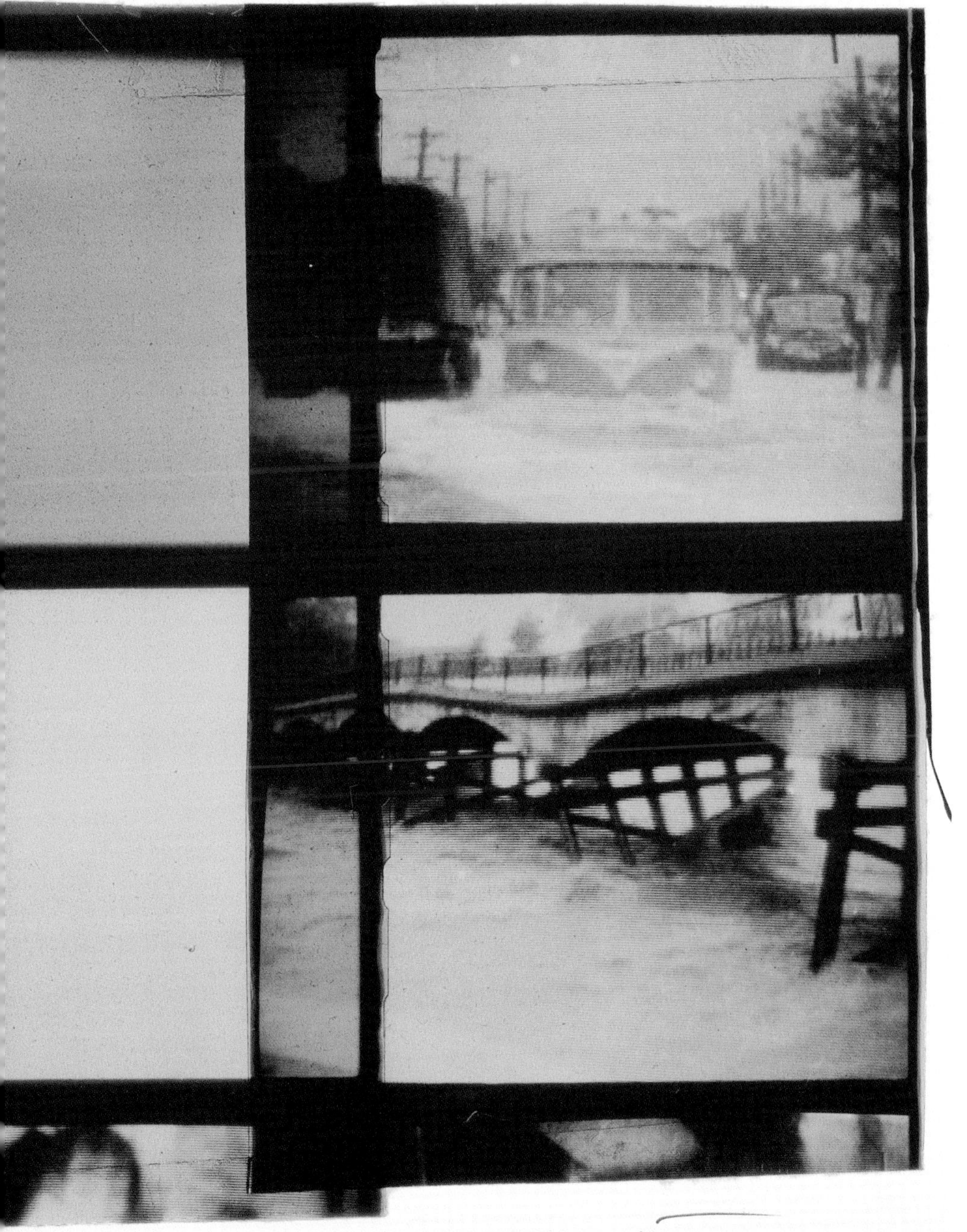

'93   AP

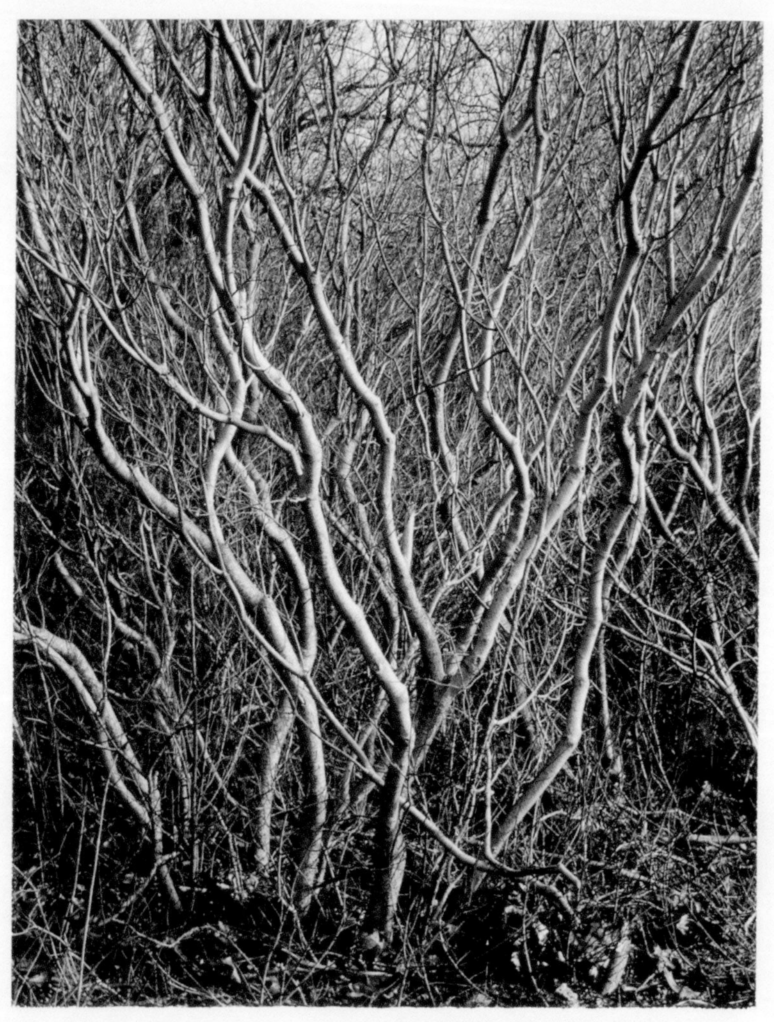

WARREN KRUPSAW

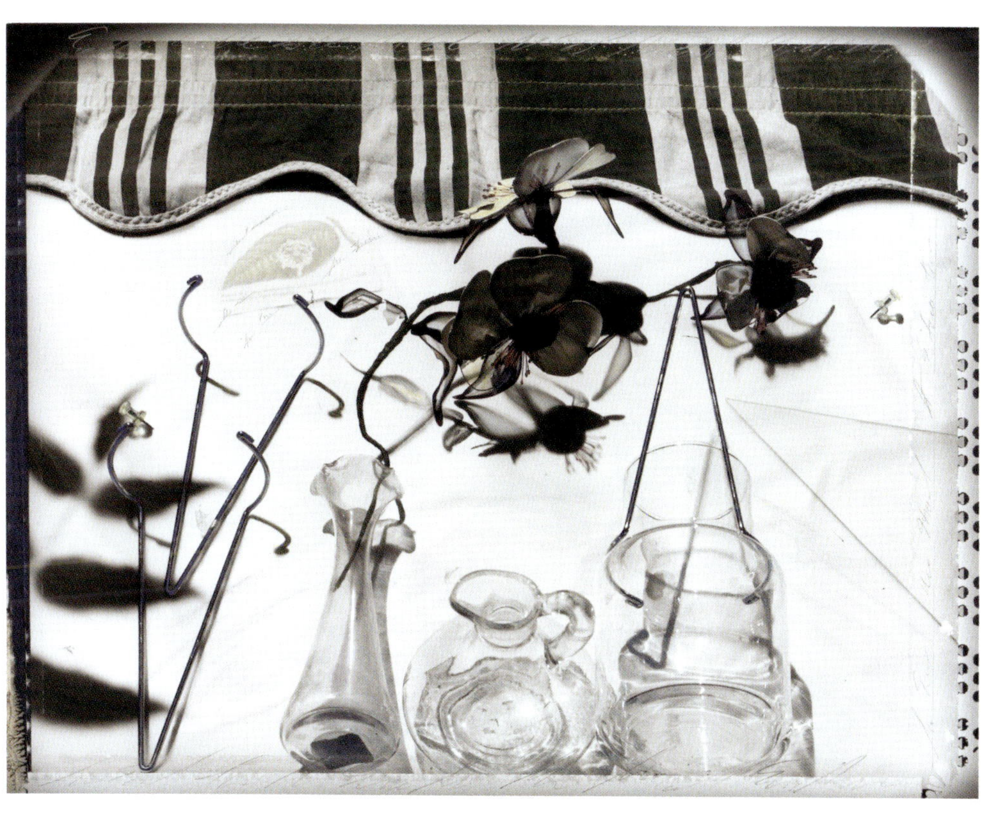

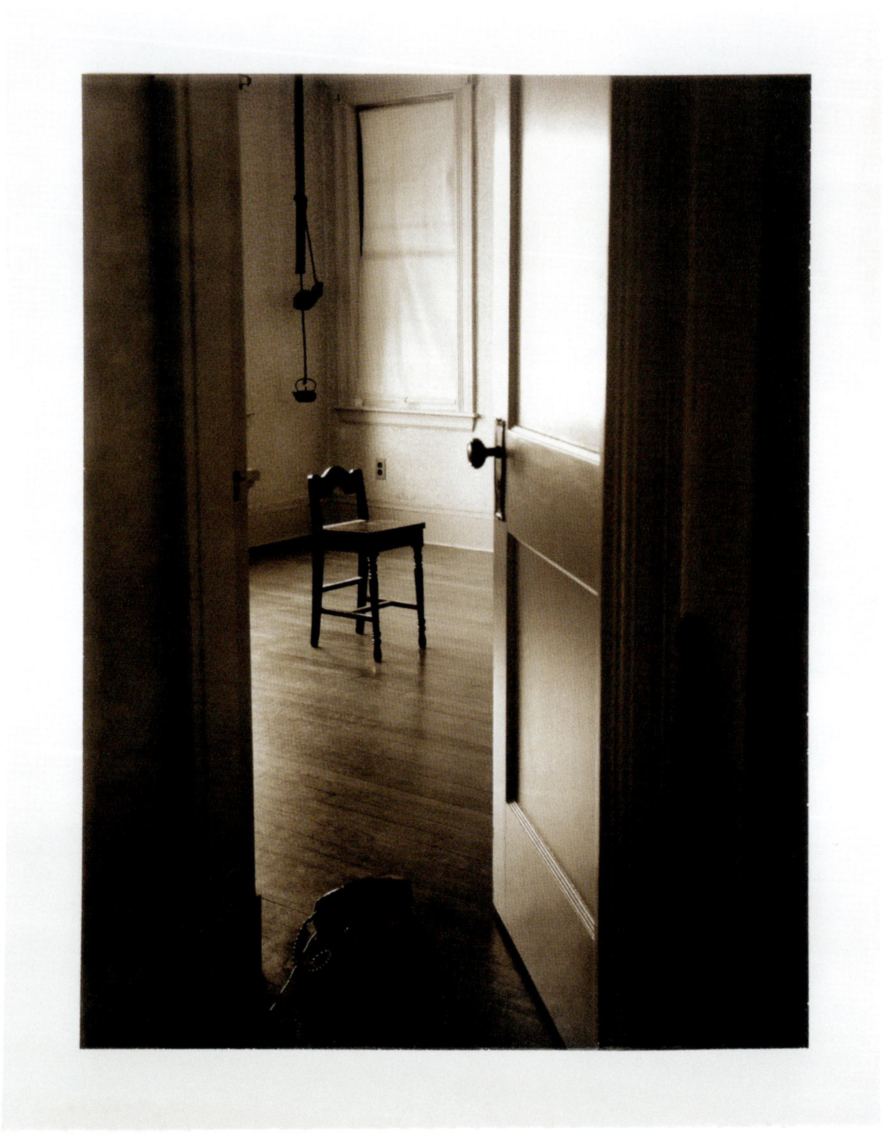

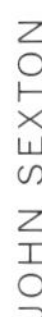

1982

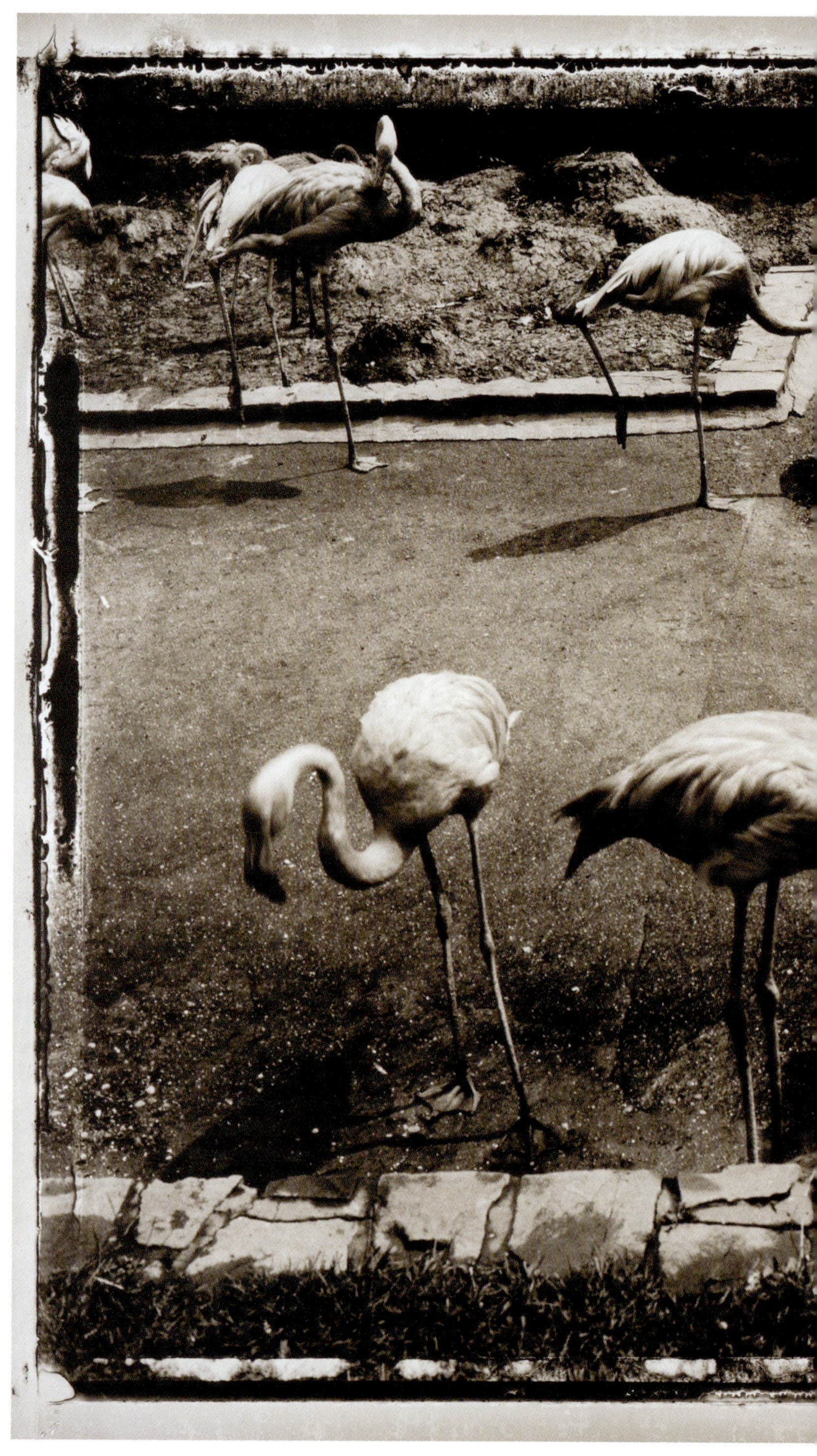

SARAH MOON

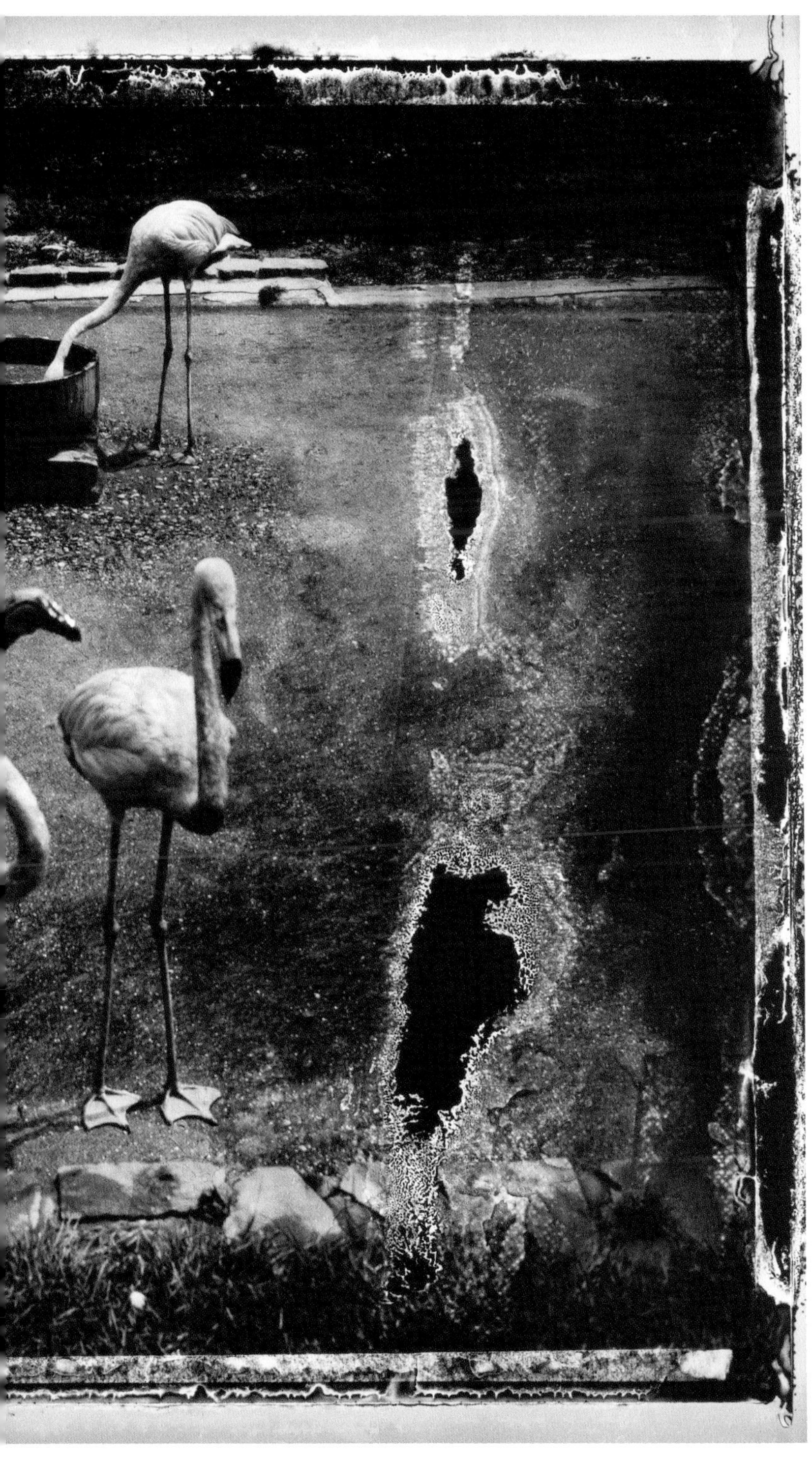

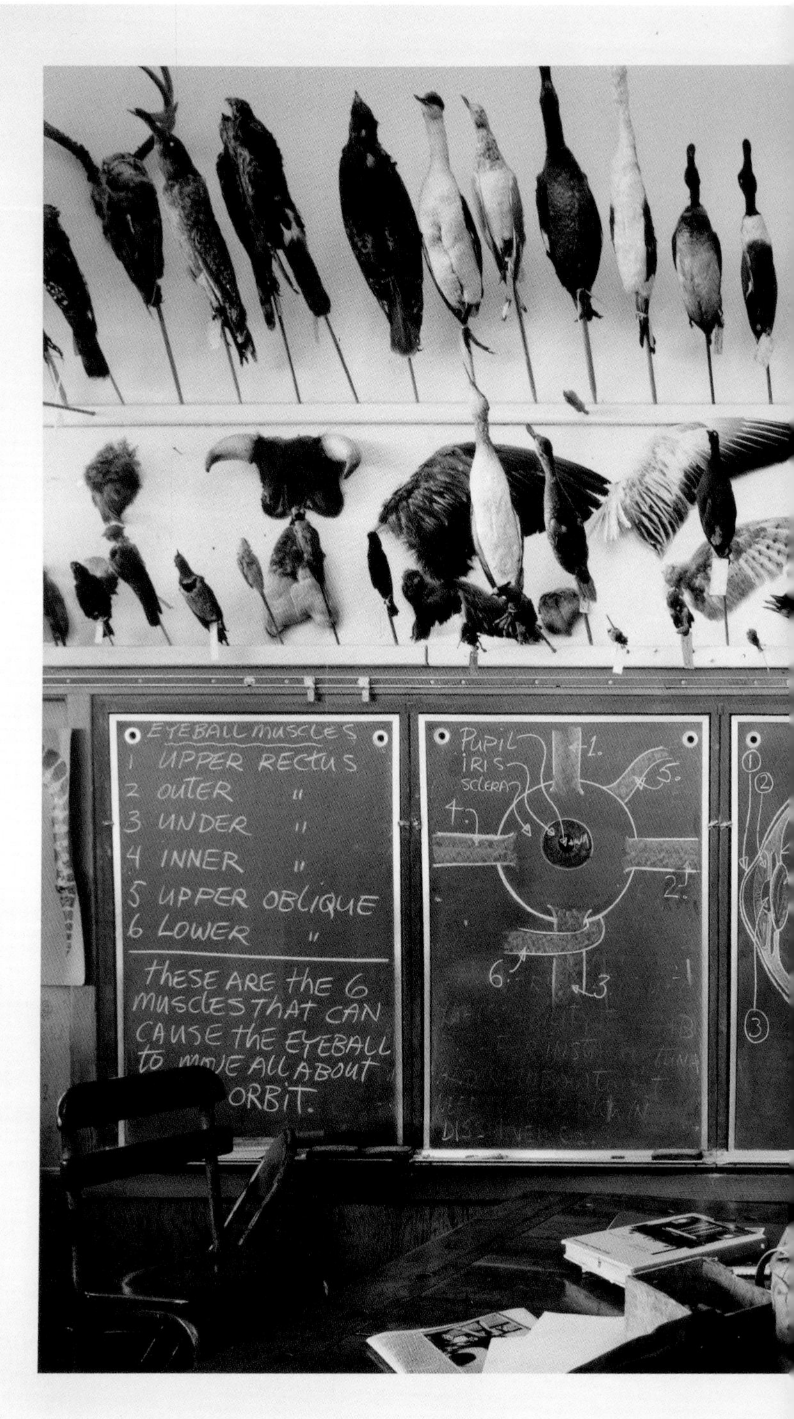
EYEBALL MUSCLES
1 UPPER RECTUS
2 OUTER "
3 UNDER "
4 INNER "
5 UPPER OBLIQUE
6 LOWER "
THESE ARE THE 6
MUSCLES THAT CAN
CAUSE THE EYEBALL
TO MOVE ALL ABOUT
ORBIT.
PUPIL
IRIS
SCLERA

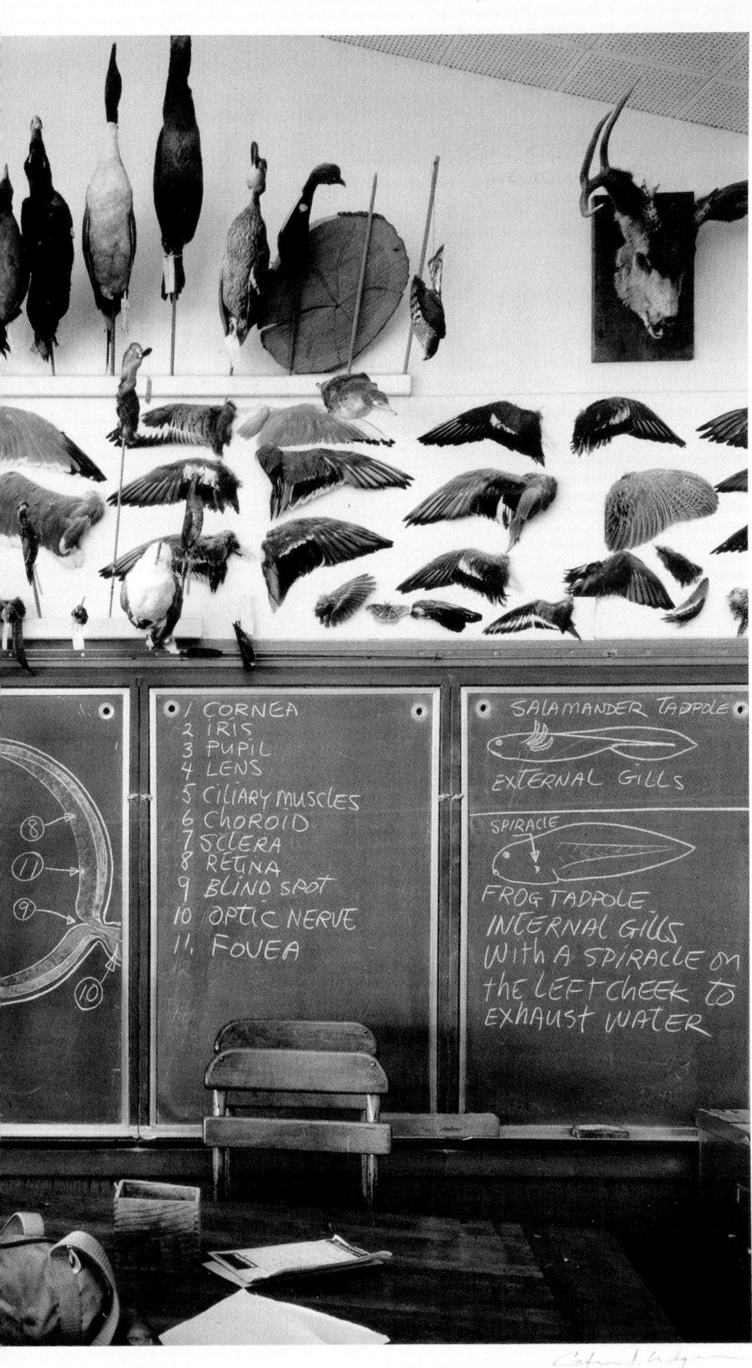

1 CORNEA
2 IRIS
3 PUPIL
4 LENS
5 CILIARY MUSCLES
6 CHOROID
7 SCLERA
8 RETINA
9 BLIND SPOT
10 OPTIC NERVE
11 FOVEA
SALAMANDER TADPOLE
EXTERNAL GILLS
SPIRACLE
FROG TADPOLE
INTERNAL GILLS
WITH A SPIRACLE ON
THE LEFT CHEEK TO
EXHAUST WATER

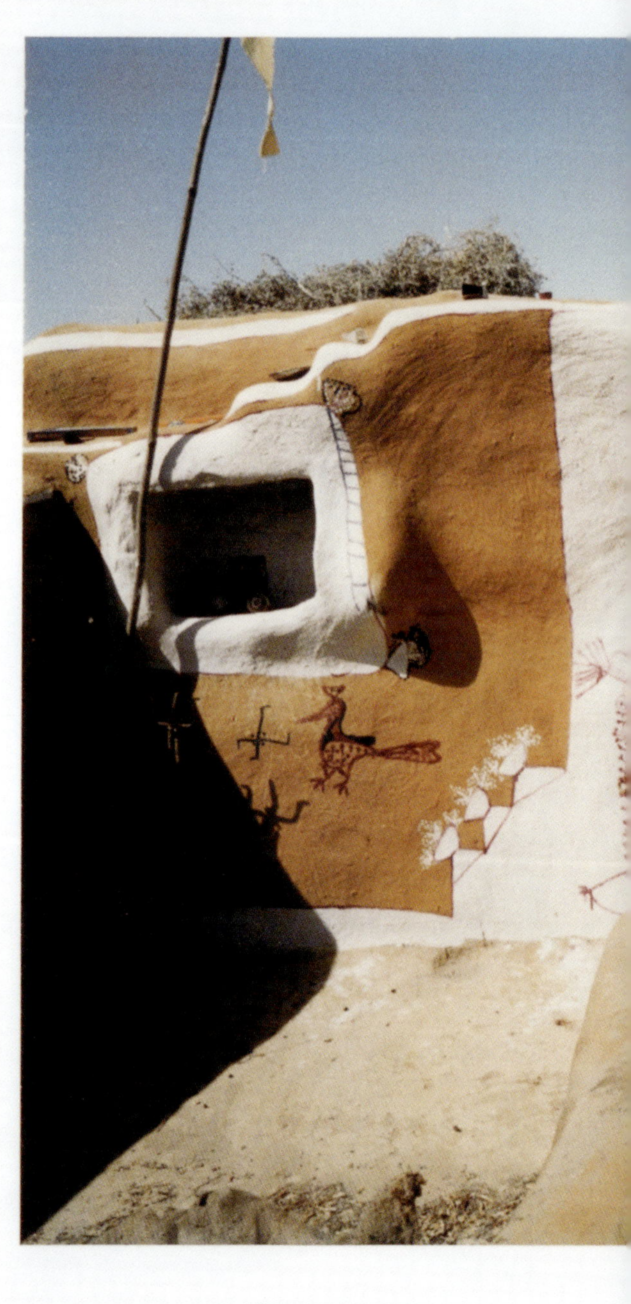

DANA SALVO

270

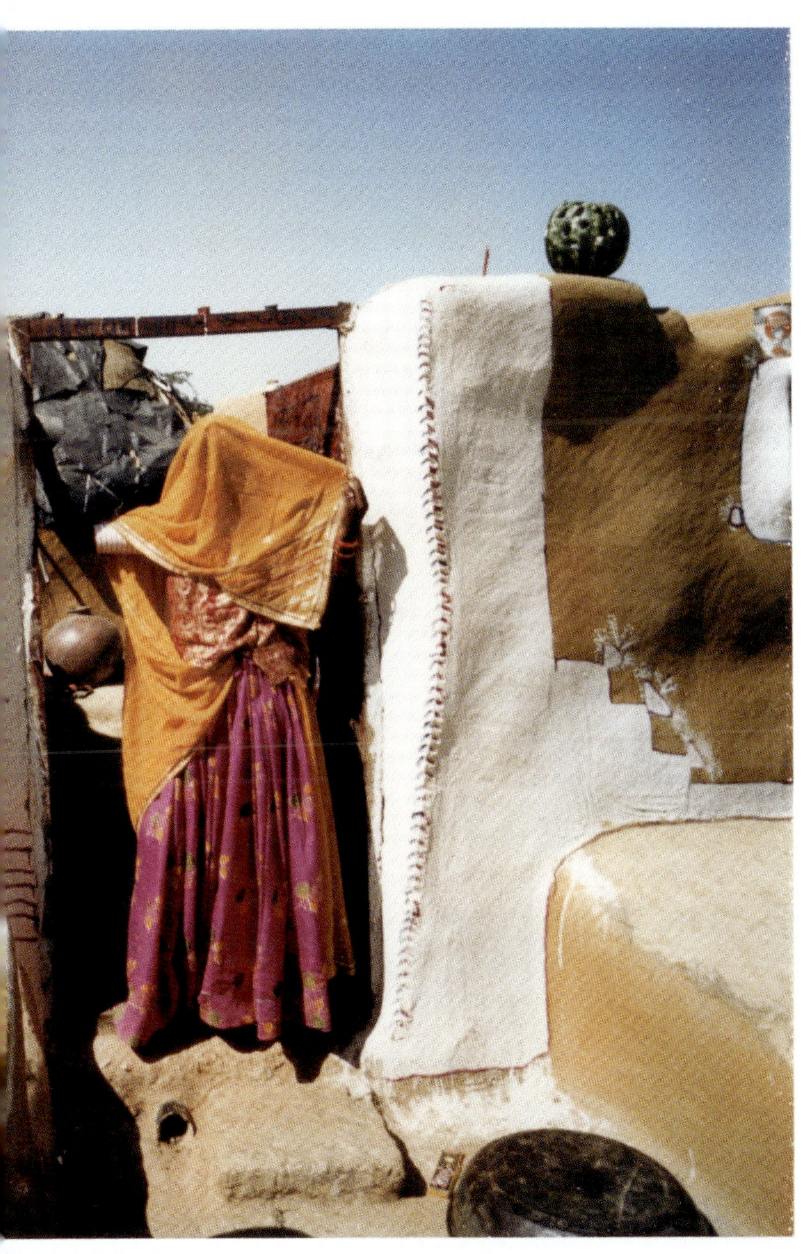

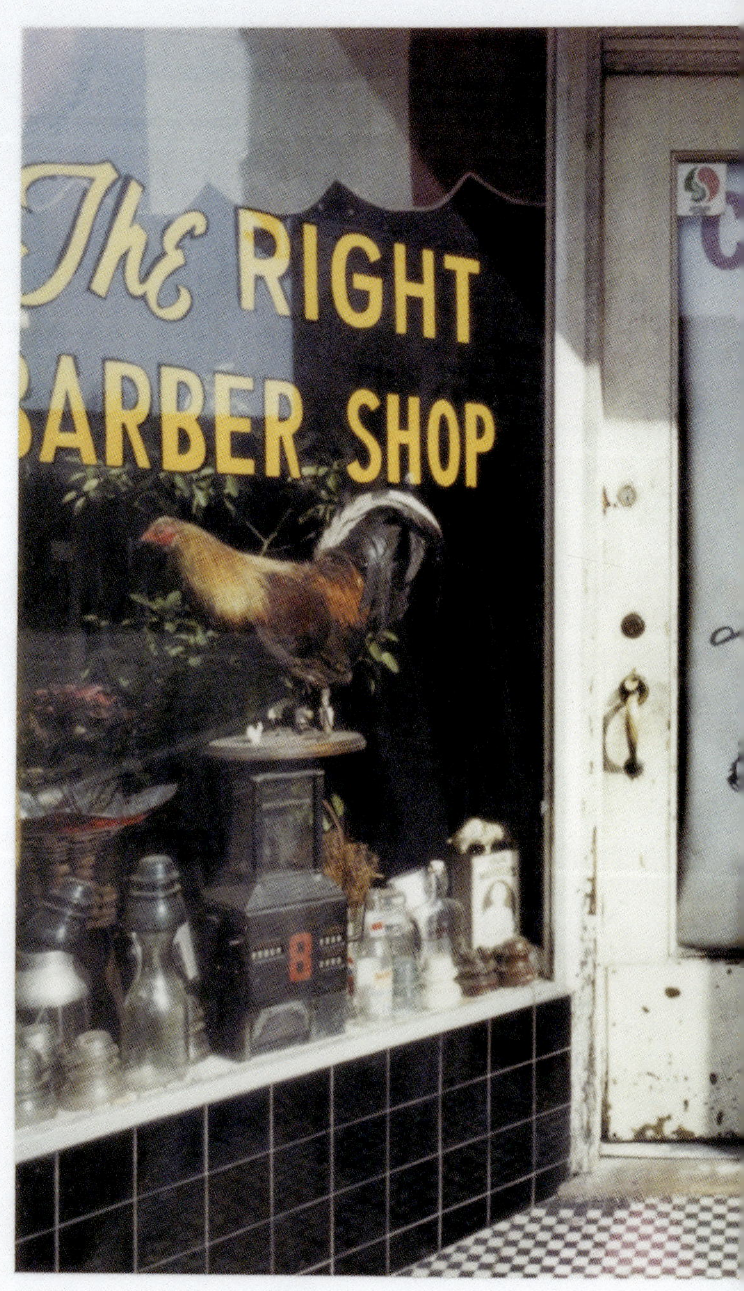
The RIGHT
BARBER SHOP

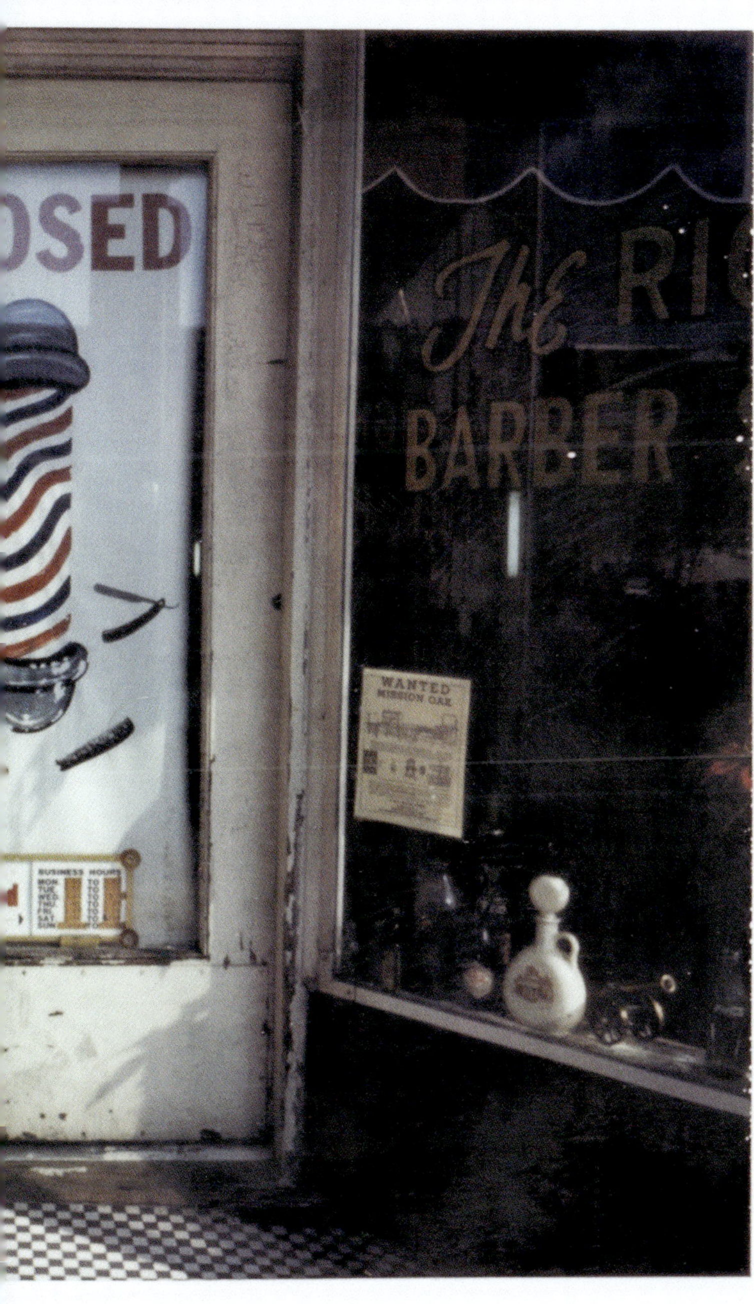
OSED
THE RIG
BARBER
WANTED
MISSION OAK
BUSINESS HOURS

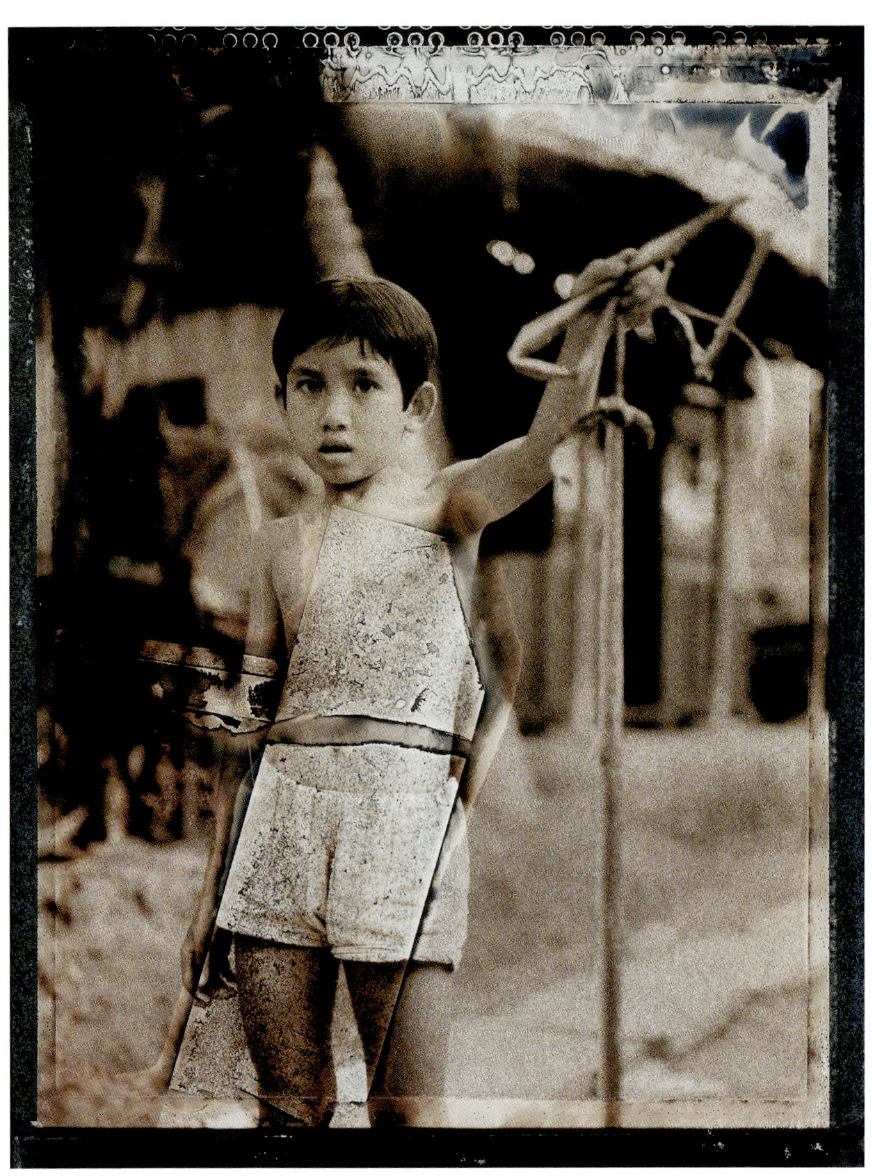

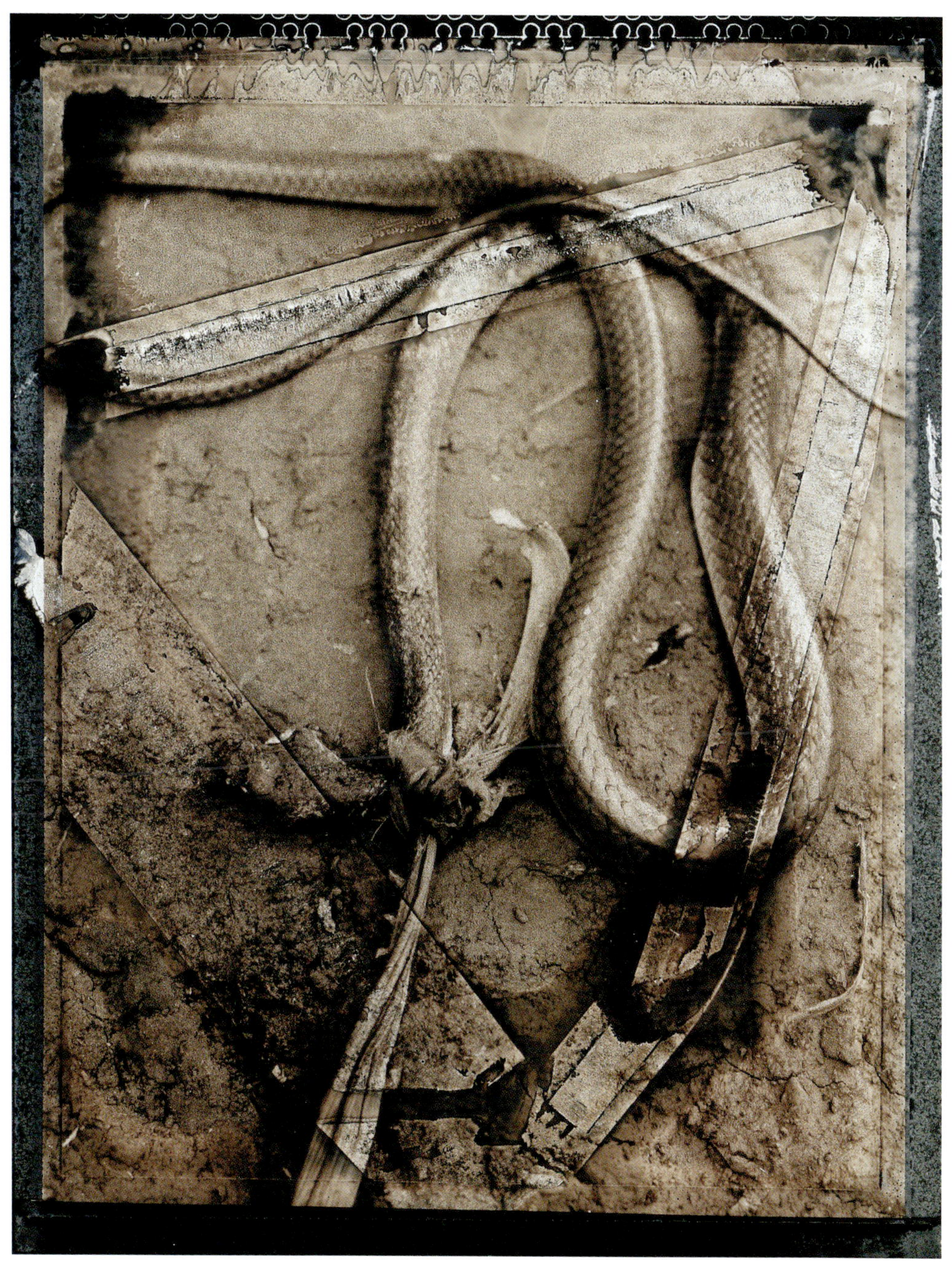

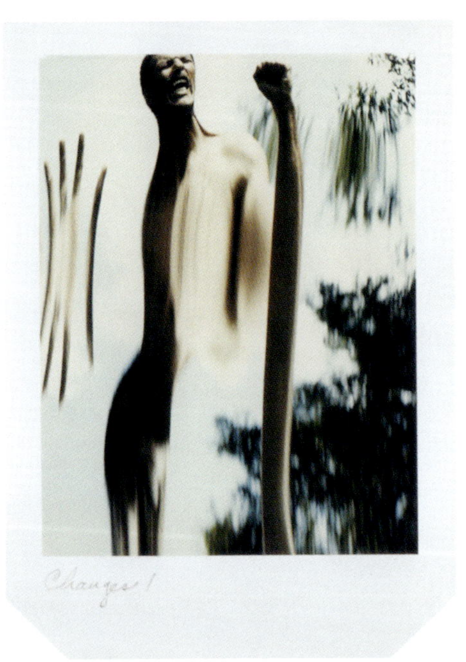
Changes 1

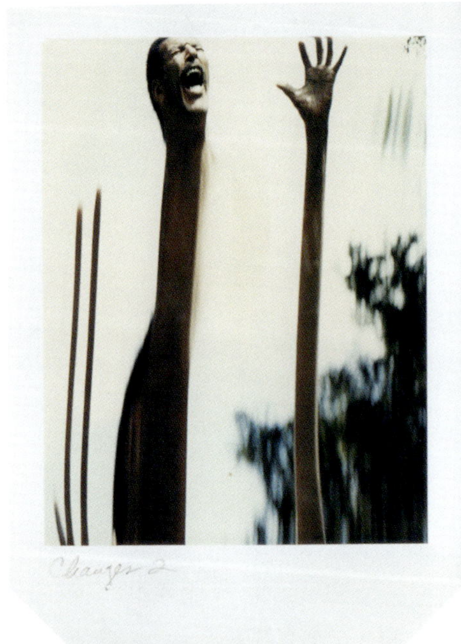
Changes 2

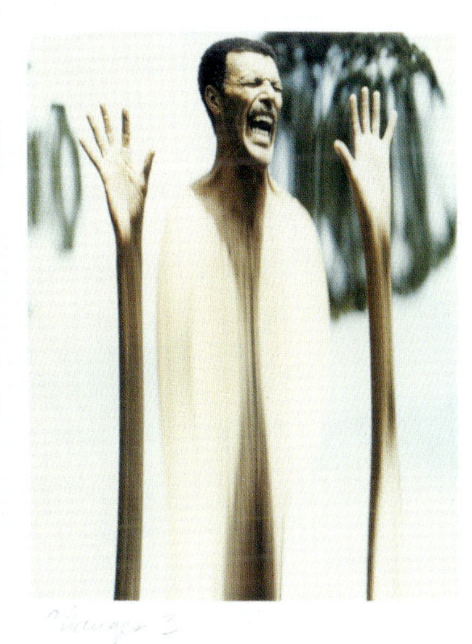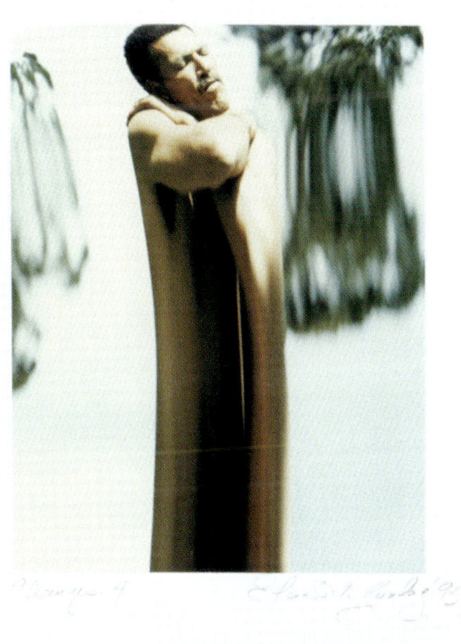

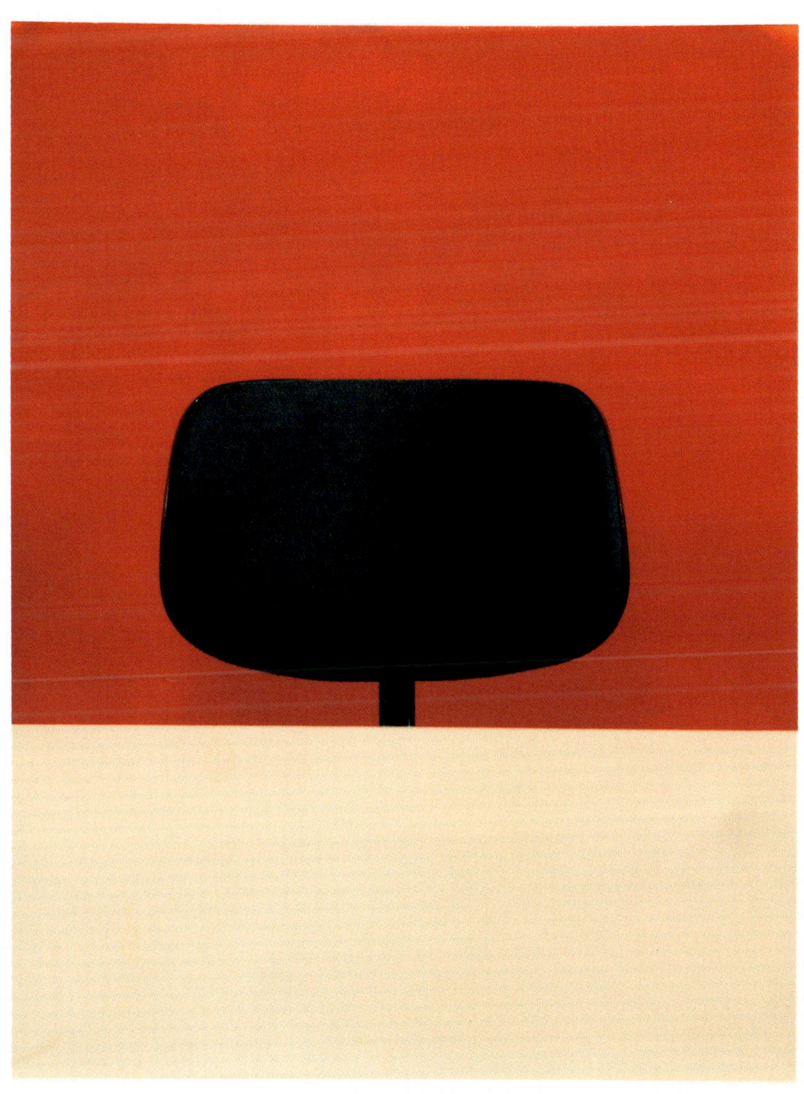

JEANLOUP SIEFF

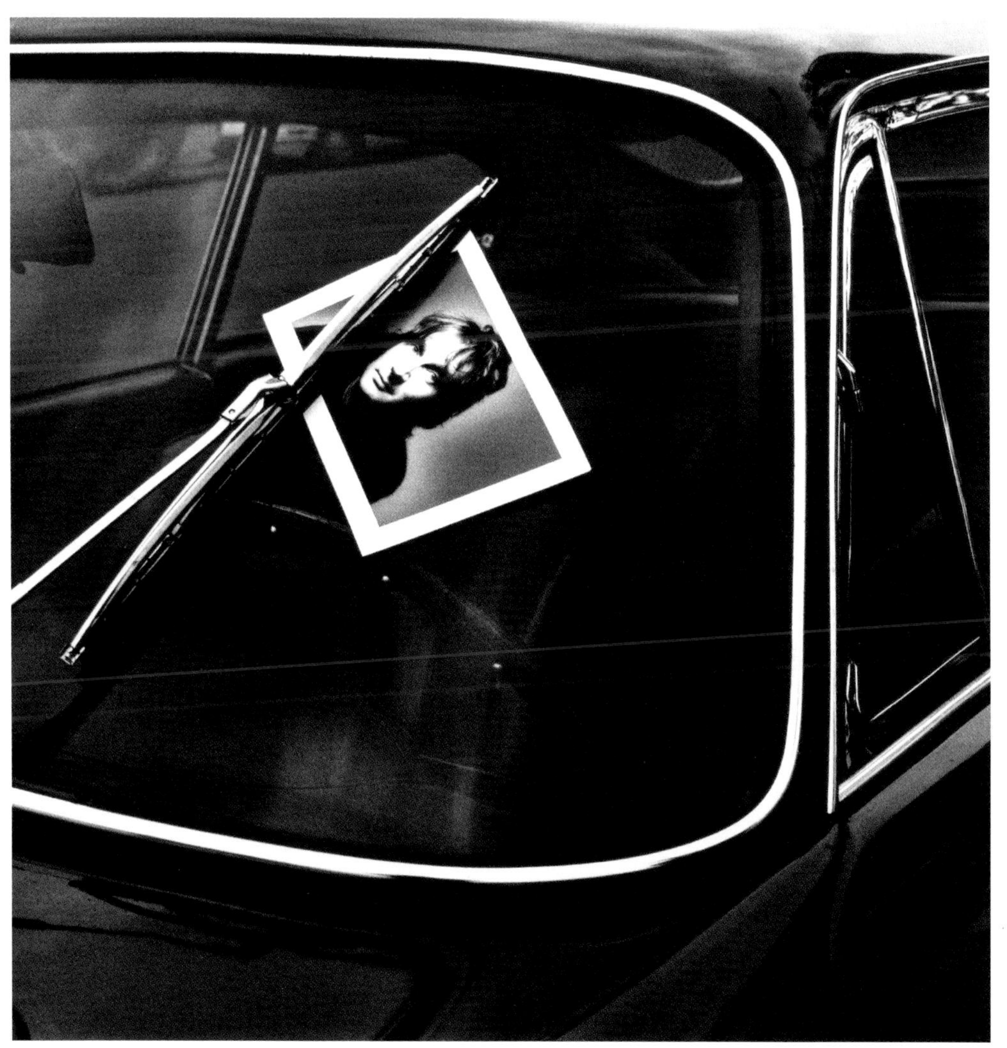

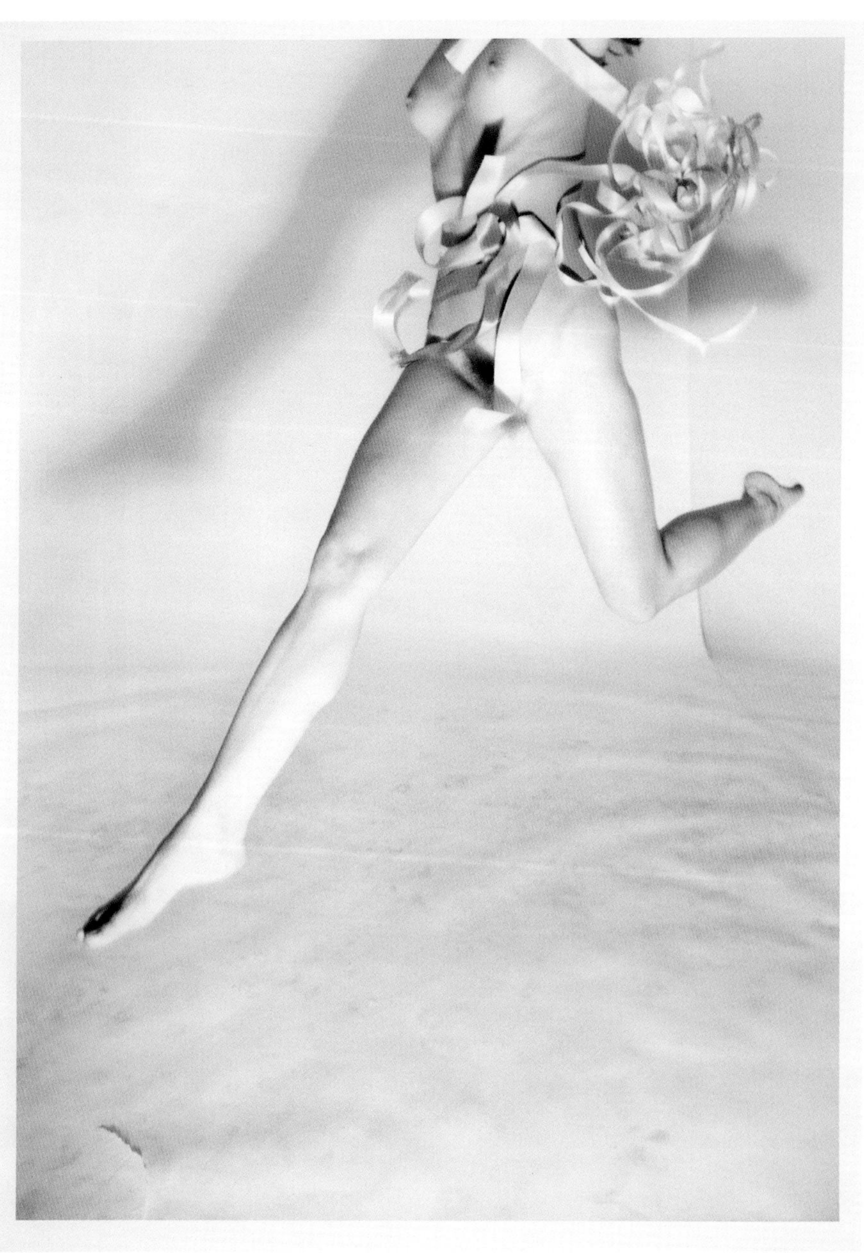

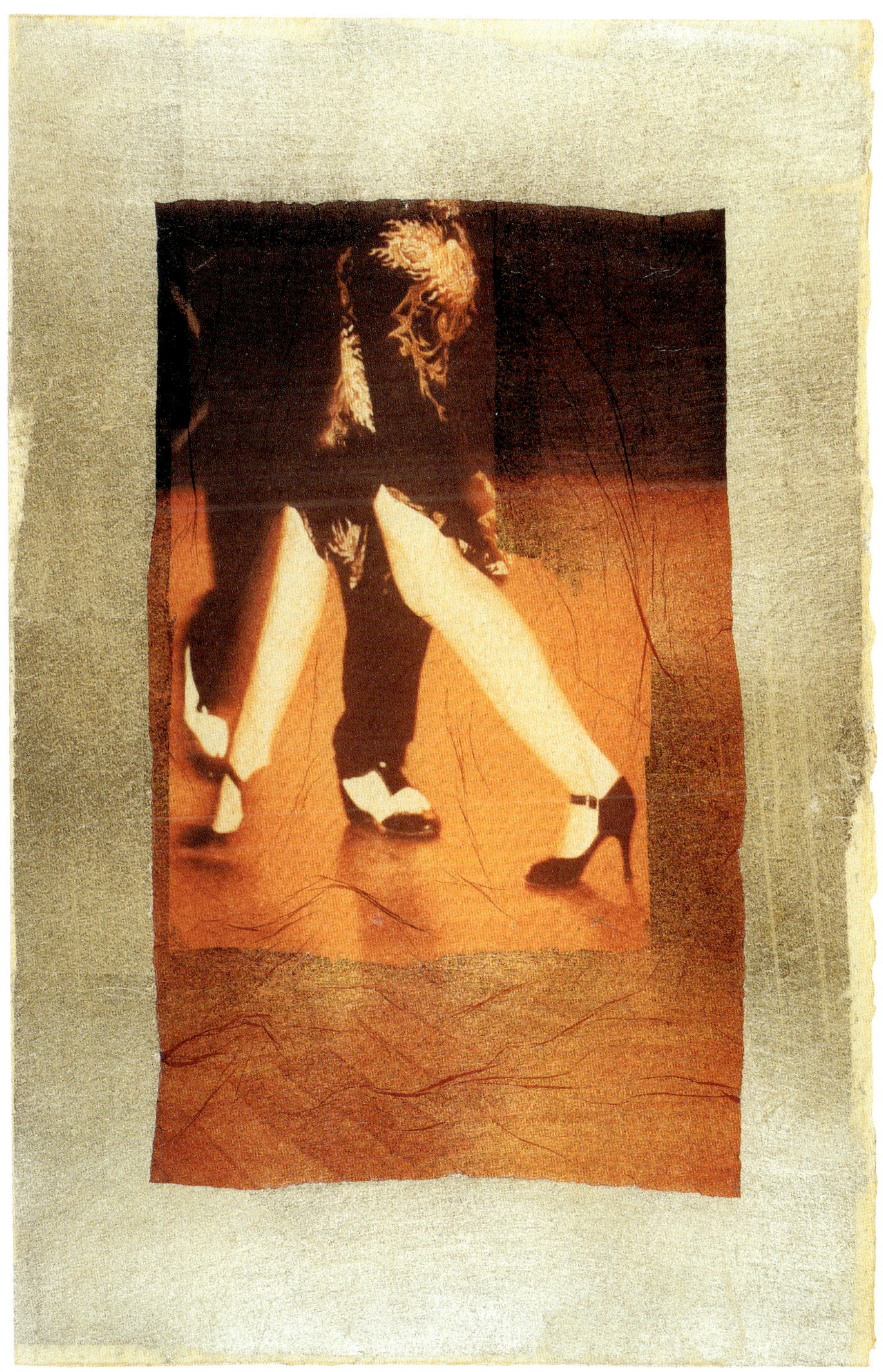

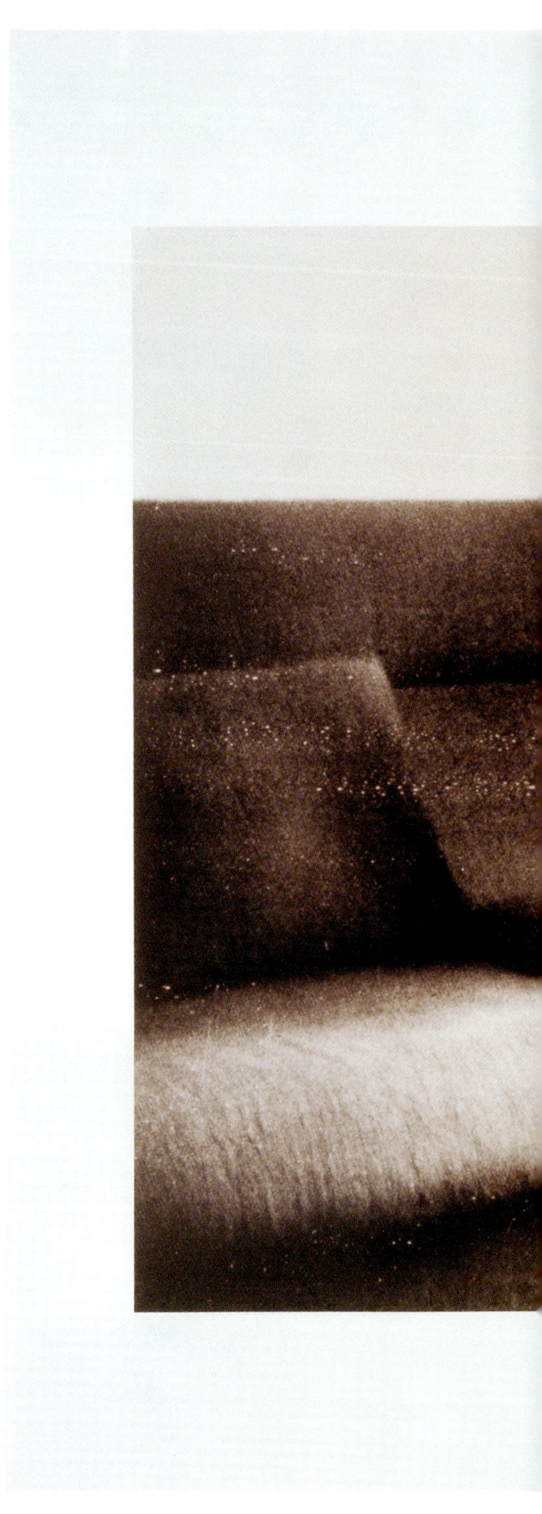

DEBORAH TURBEVILLE

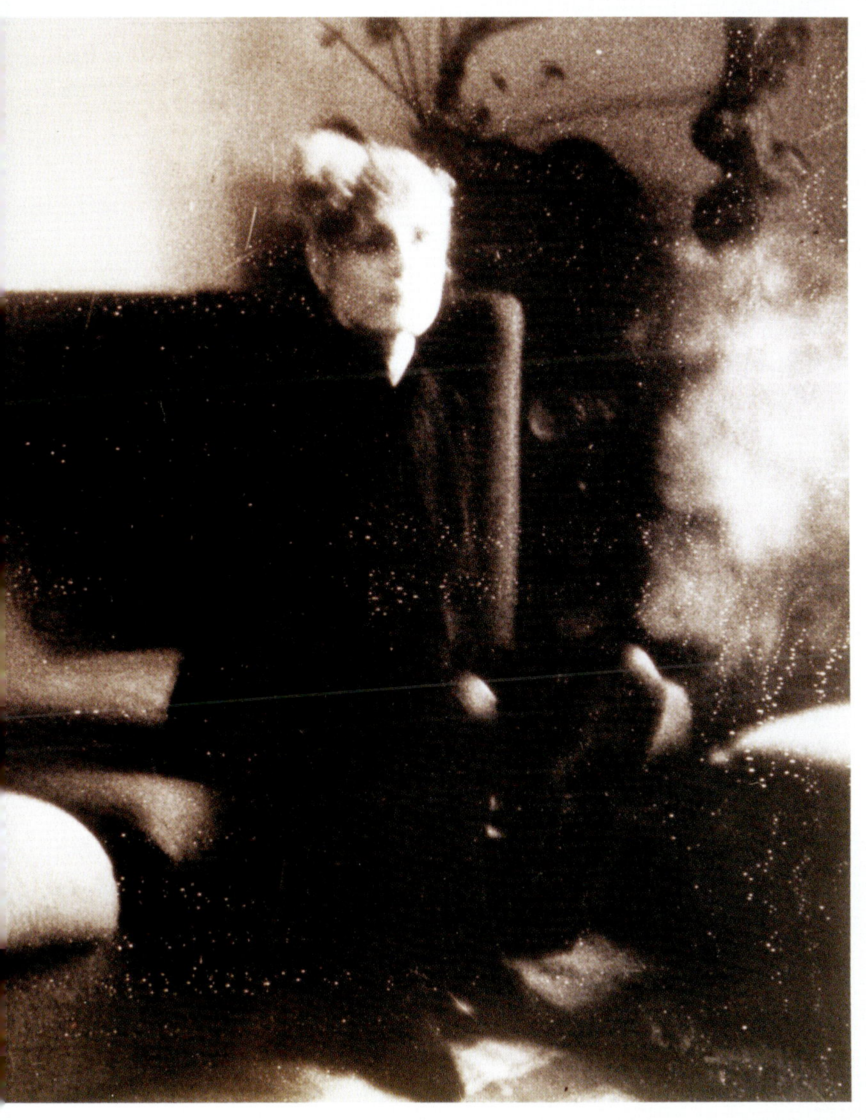

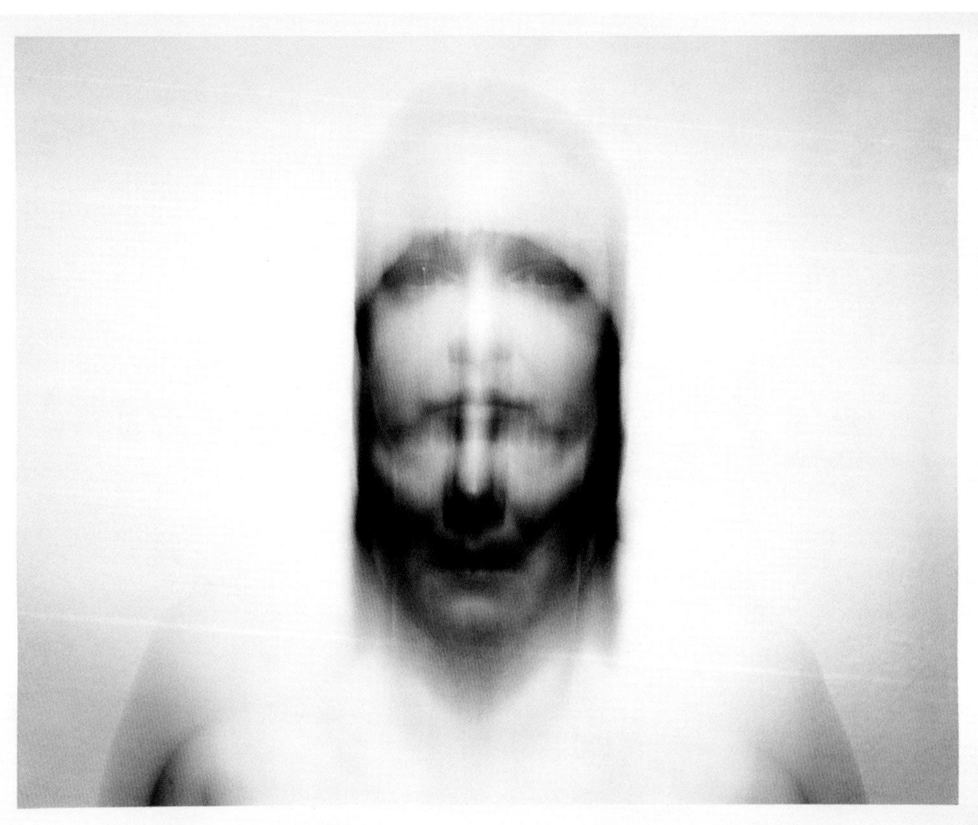

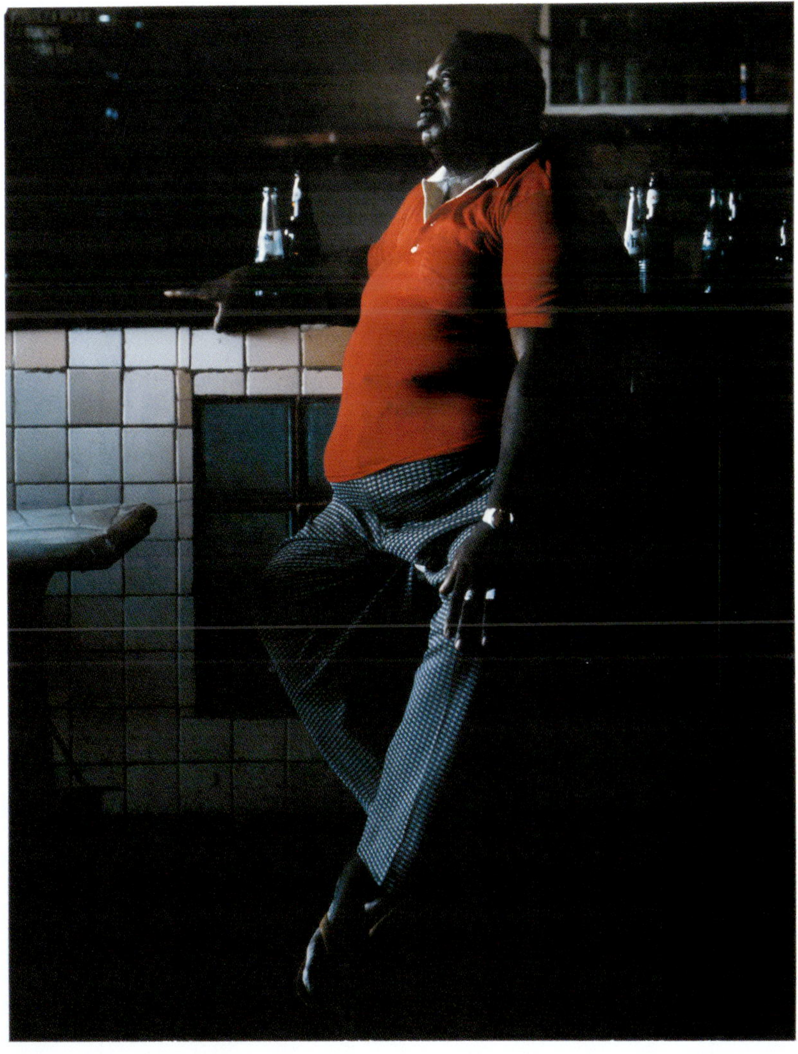

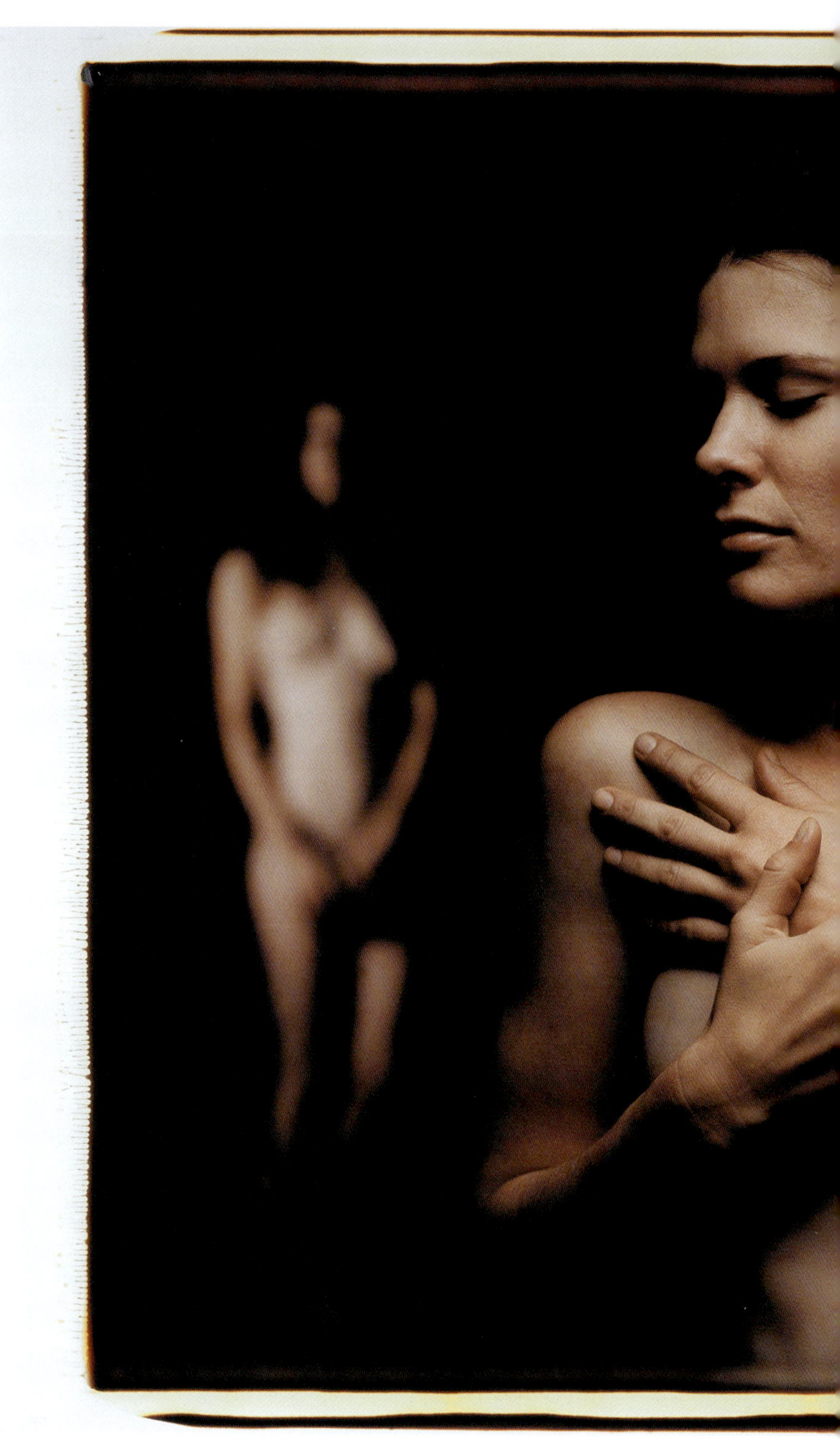

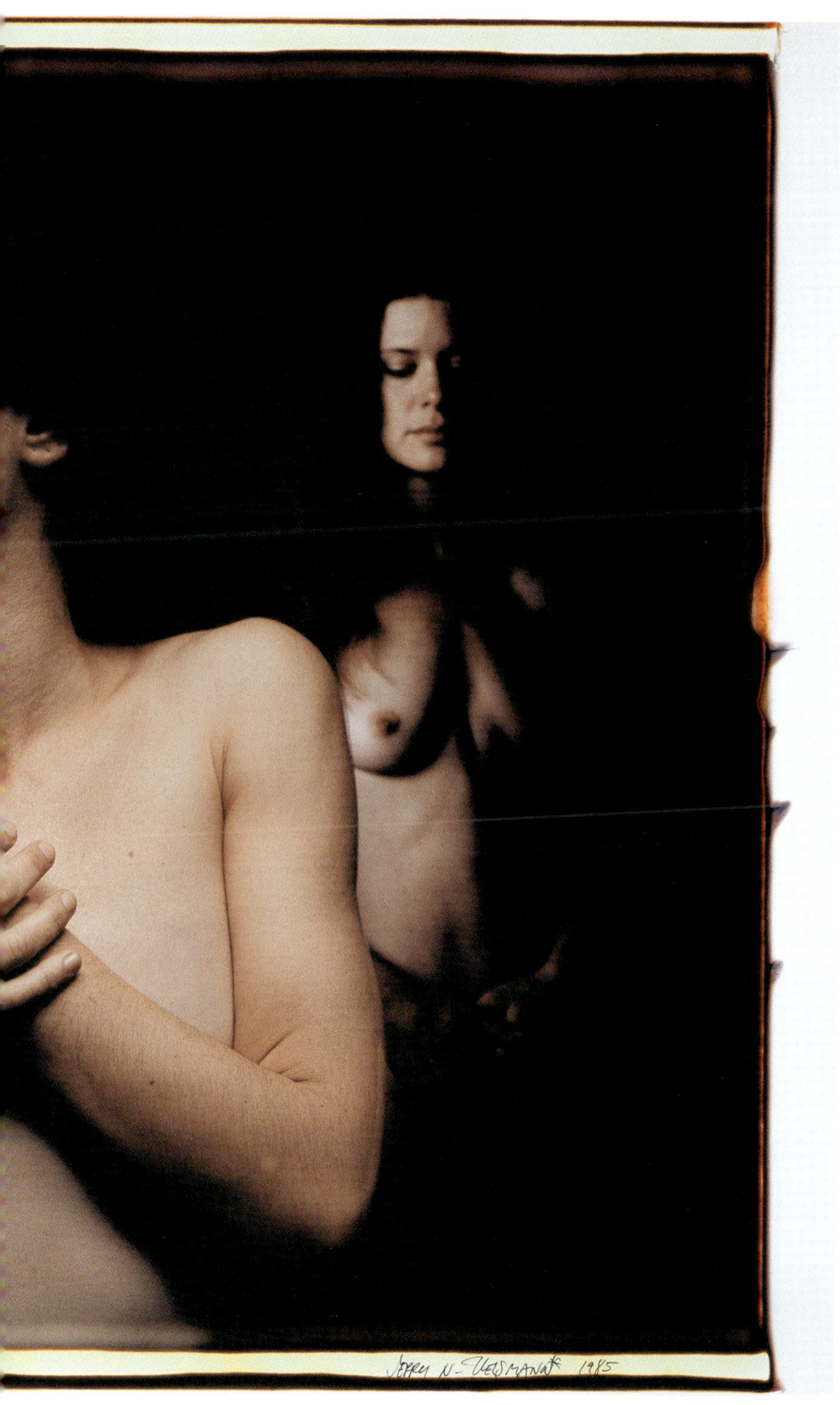

Jerry N. Uelsmann 1985

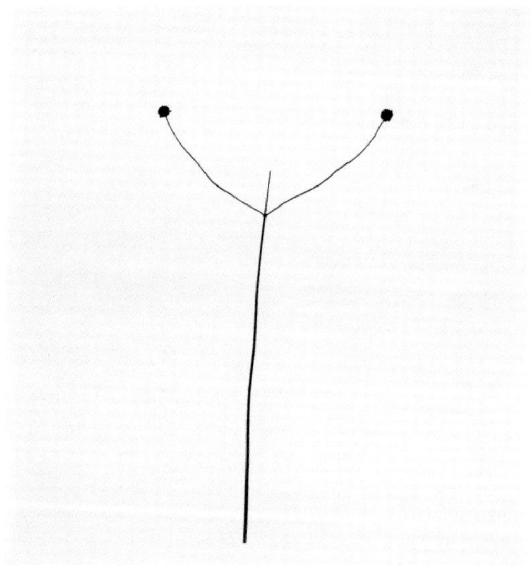

ELLEN CAREY

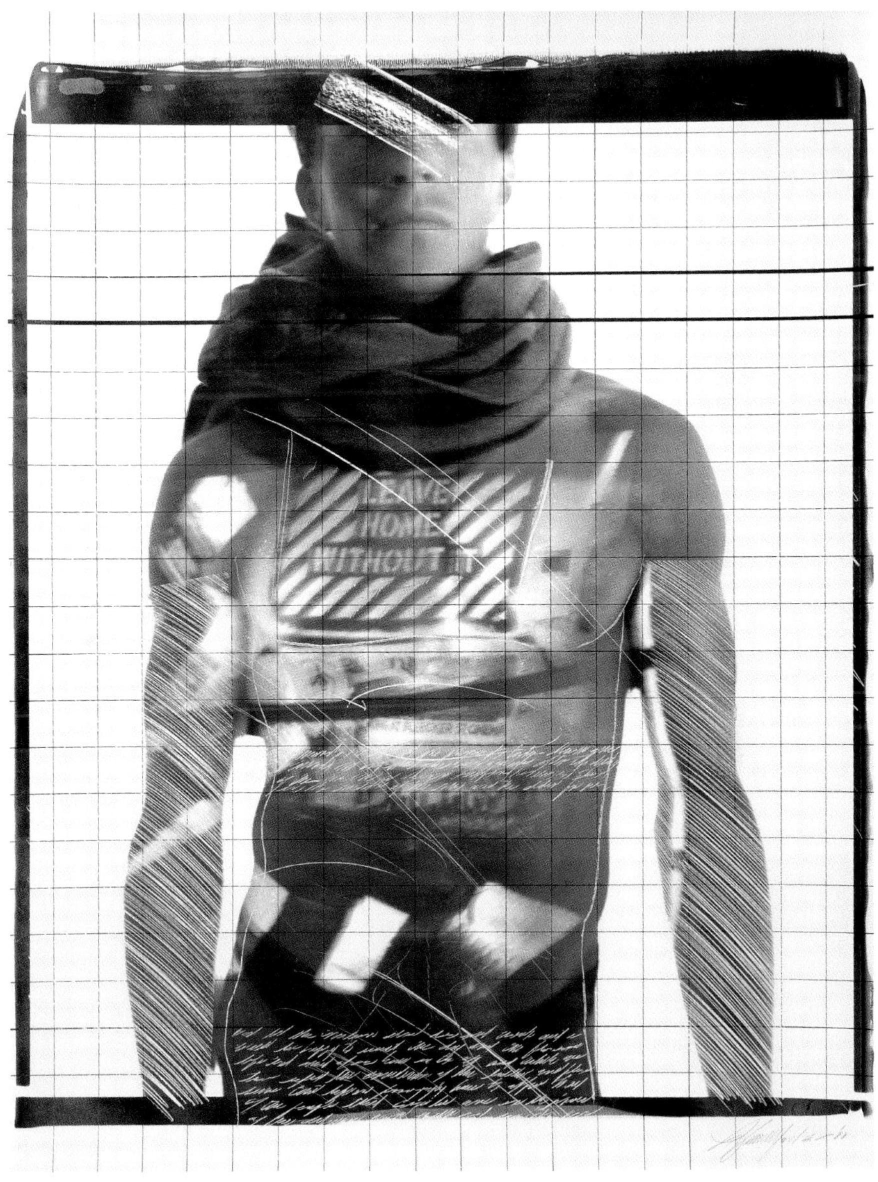

LUCIANO FRANCHI DE ALFARO III

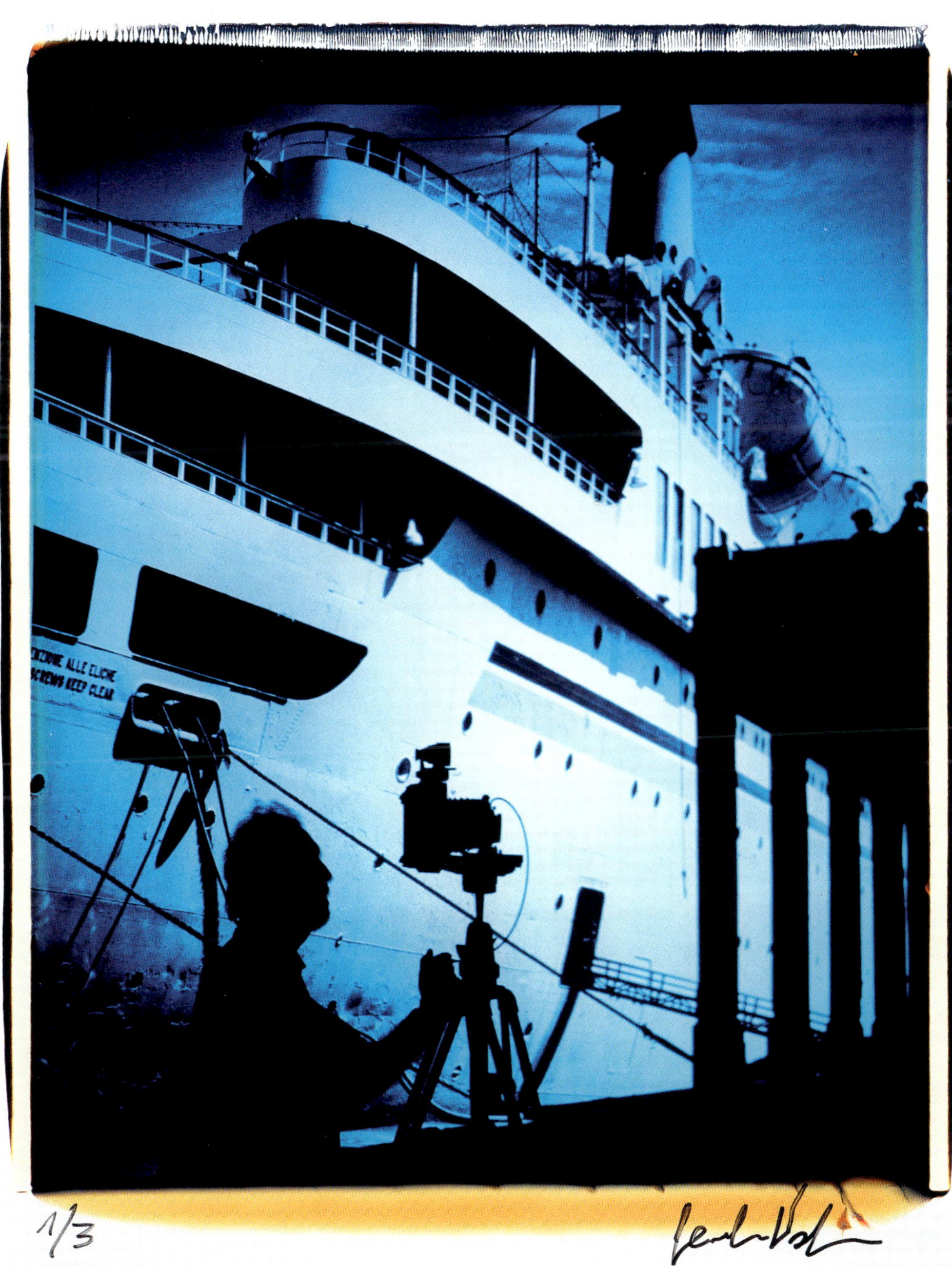
ENZIONE ALLE ELICHE
SCREWS KEEP CLEAR

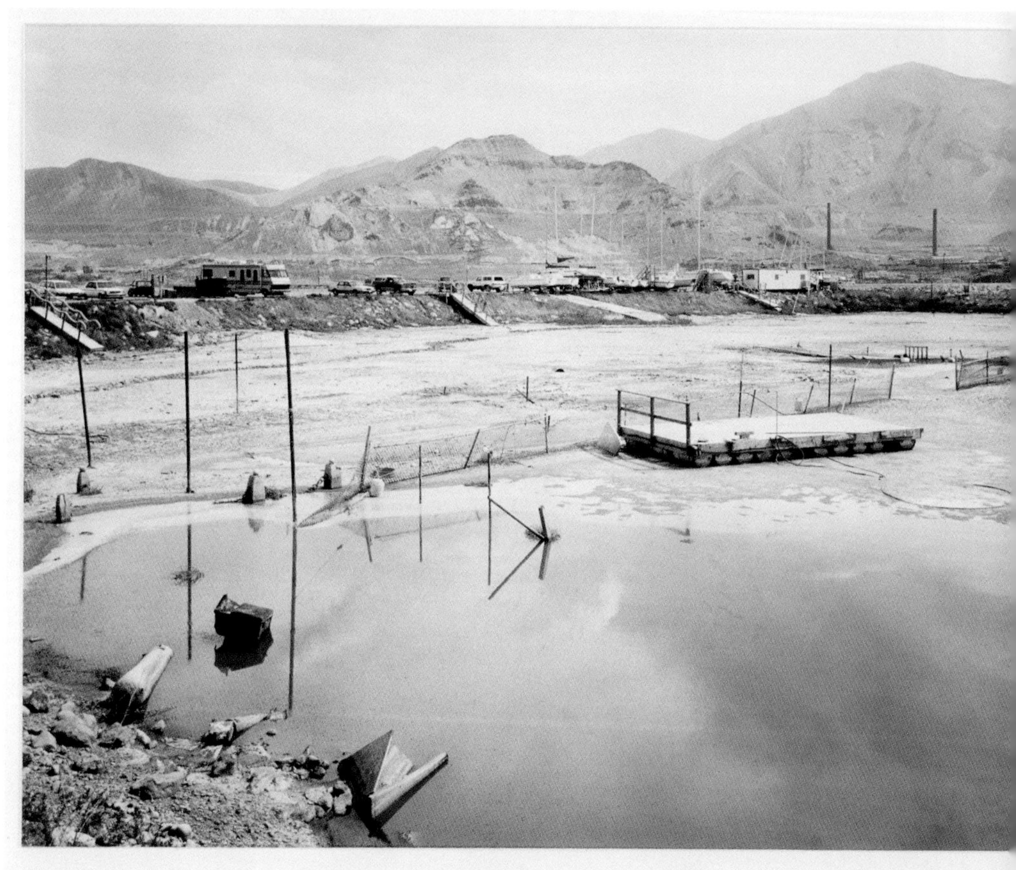
OQUIRR
BINGHAM COPPER MINE SM

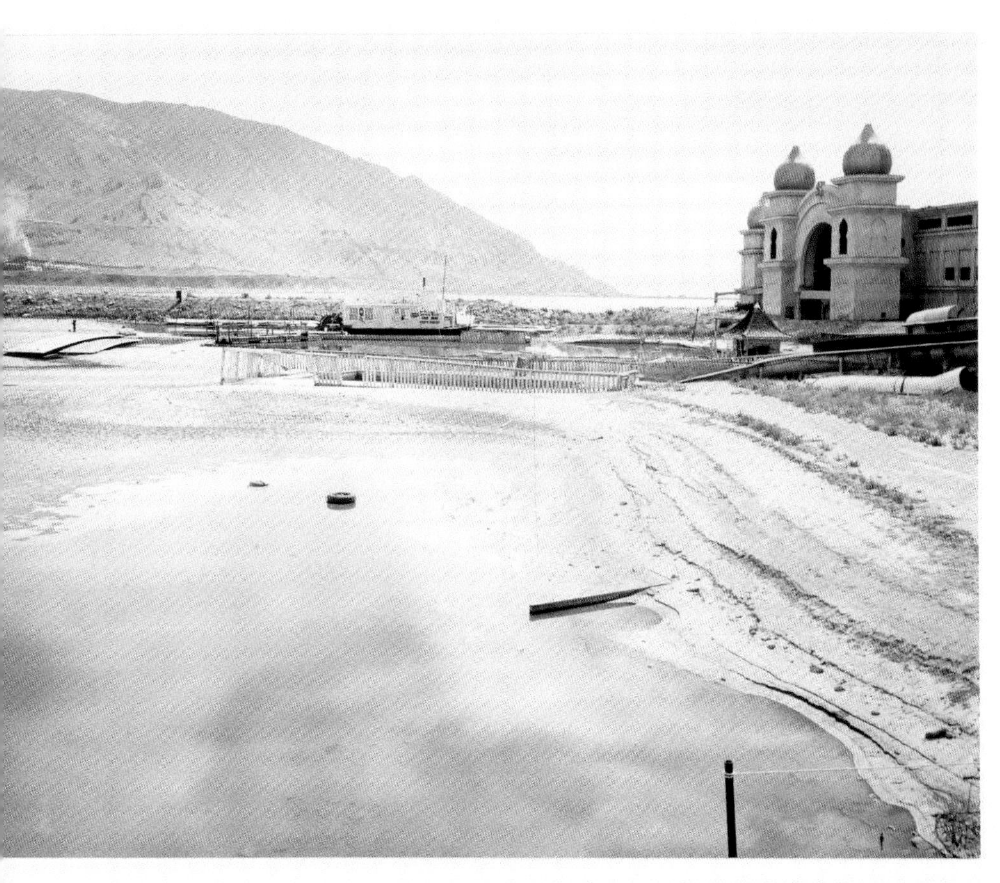

UNTAINS

SALTAIR PAVILION, UTAH

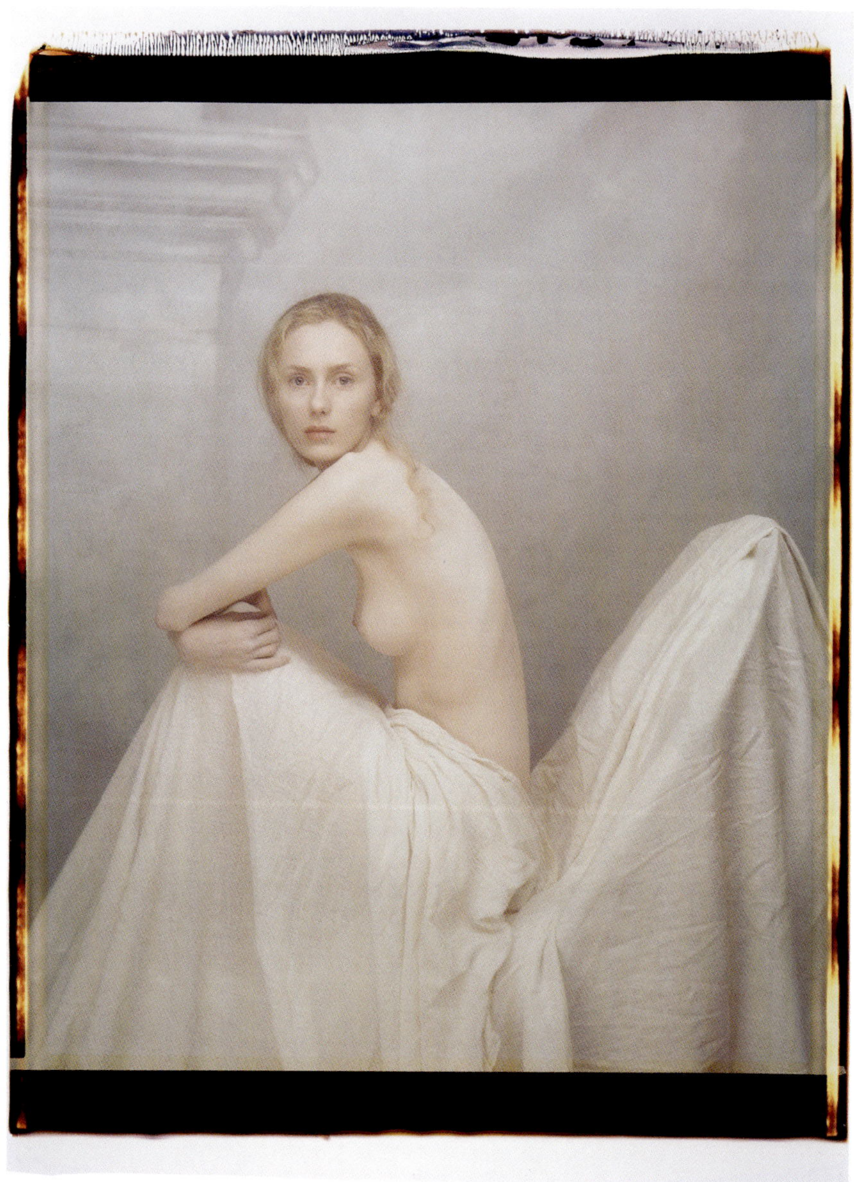

JOYCE TENNESON

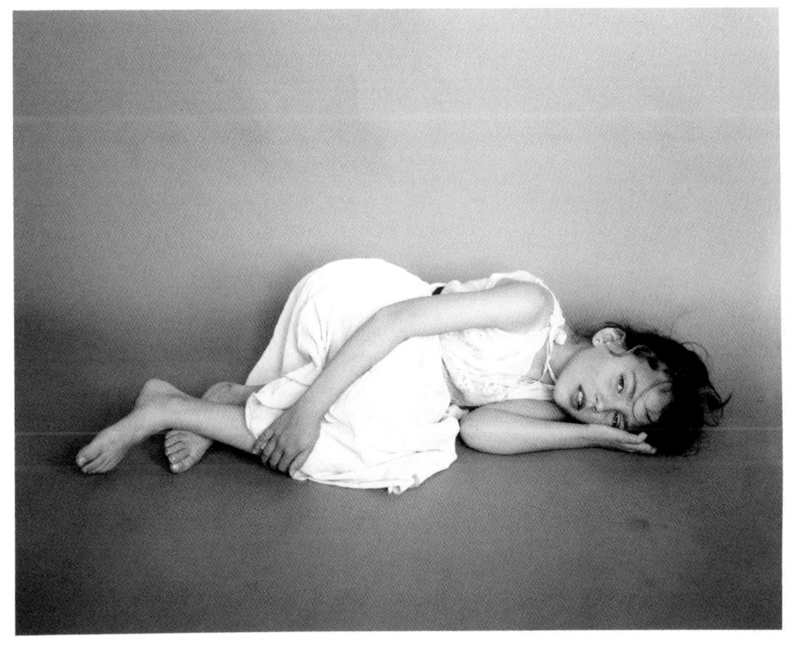

LOU BARRANTI

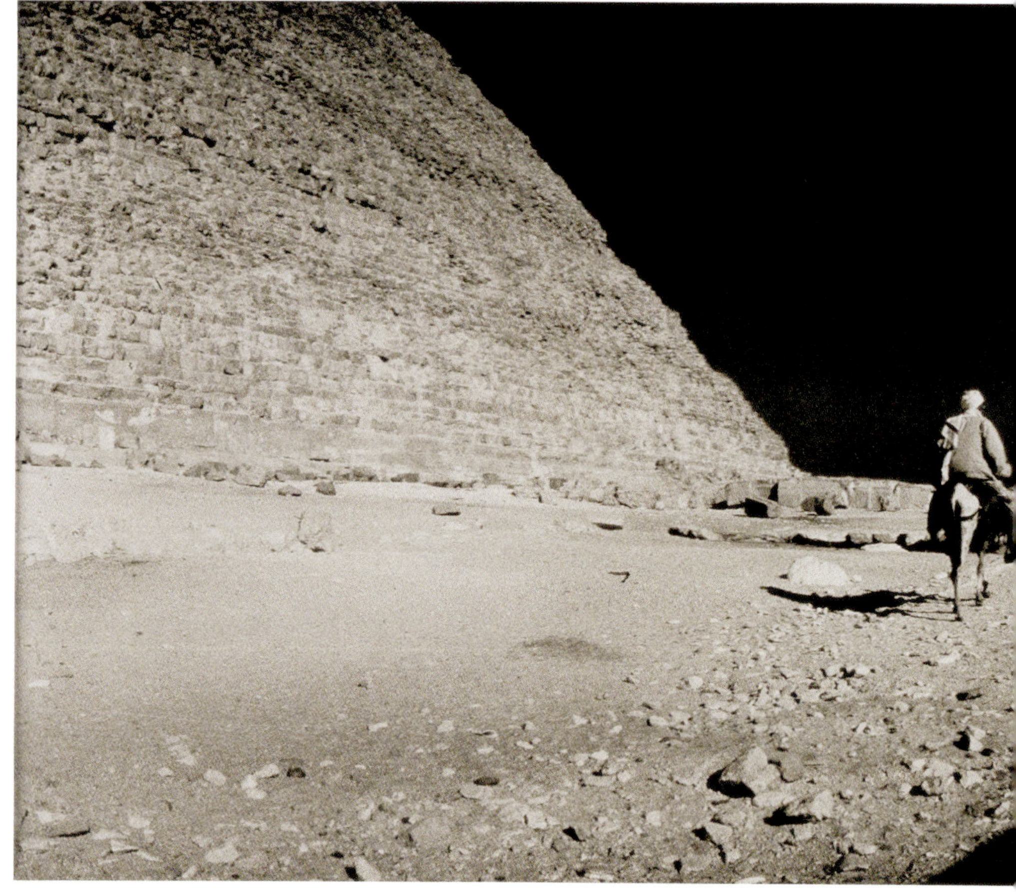

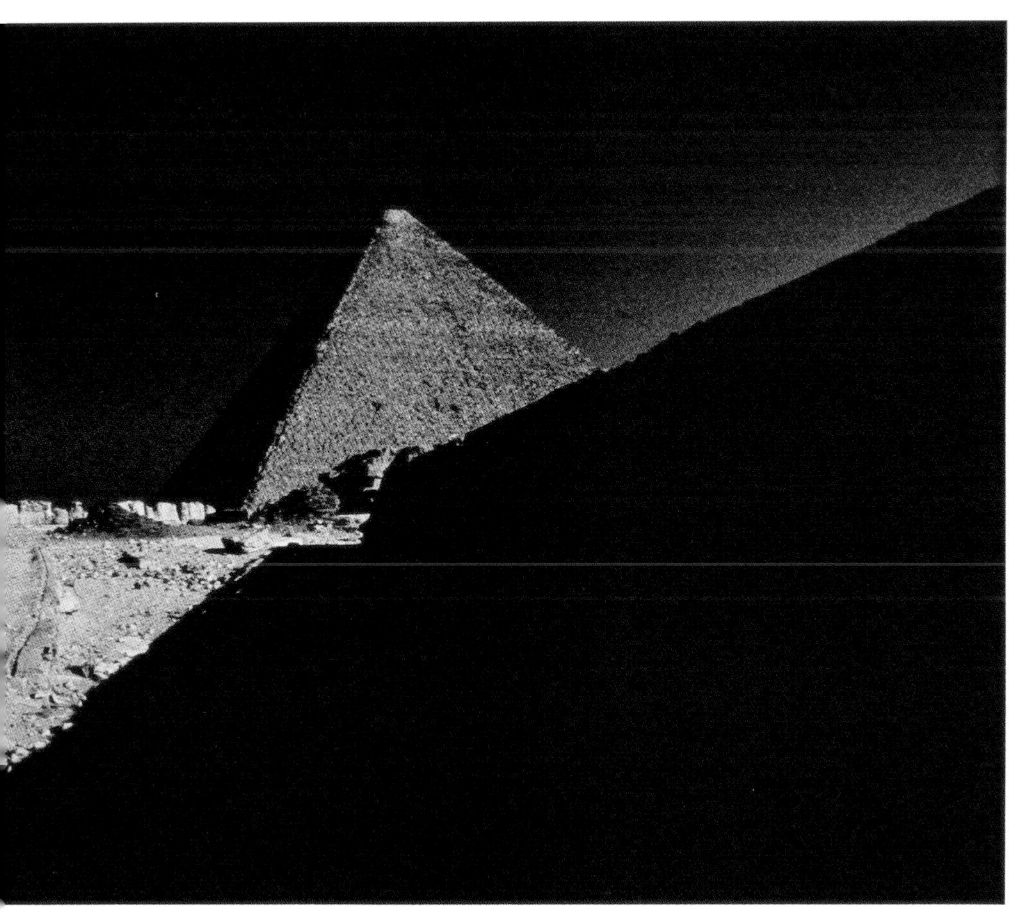

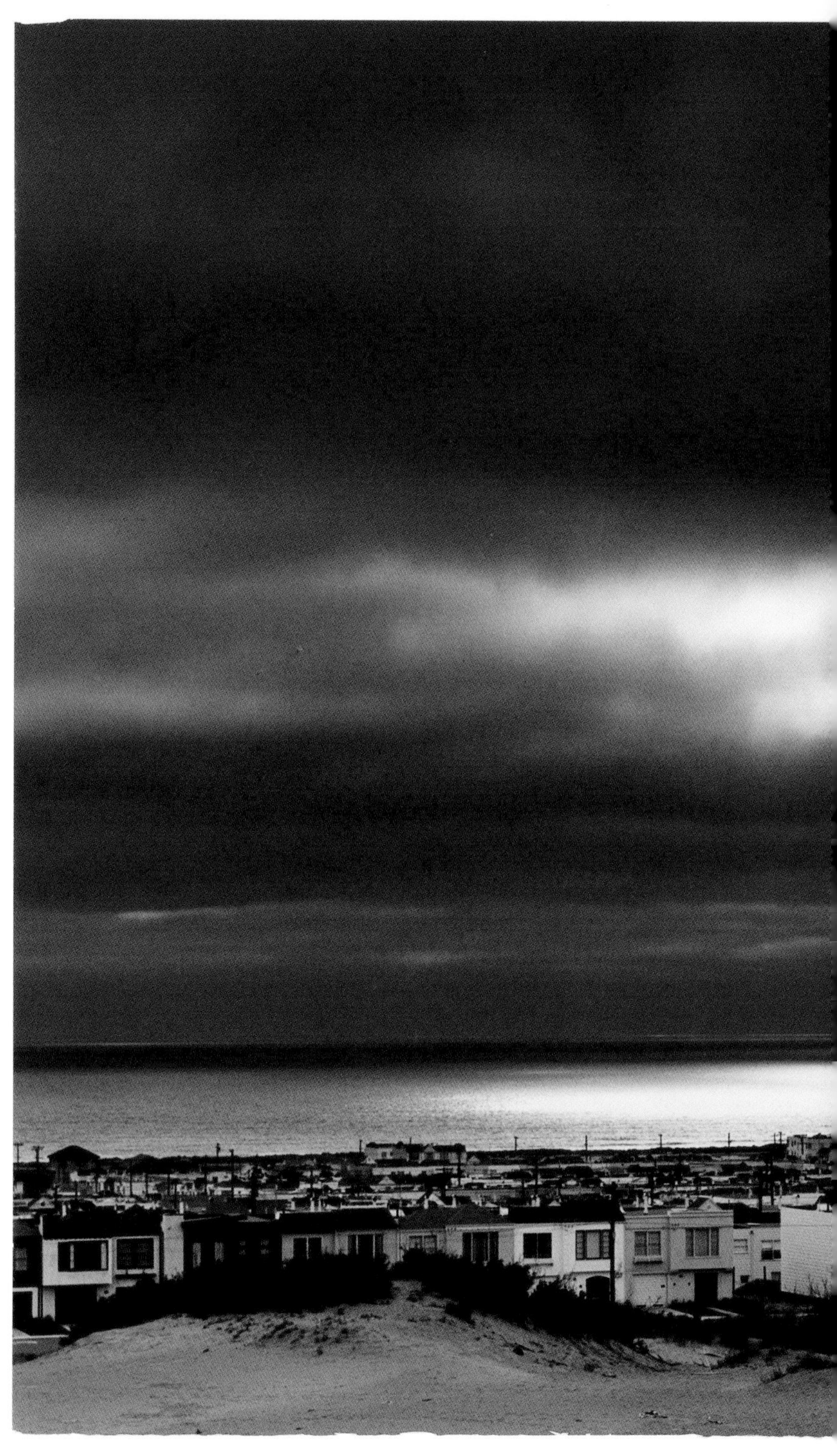

PIRKLE JONES

302

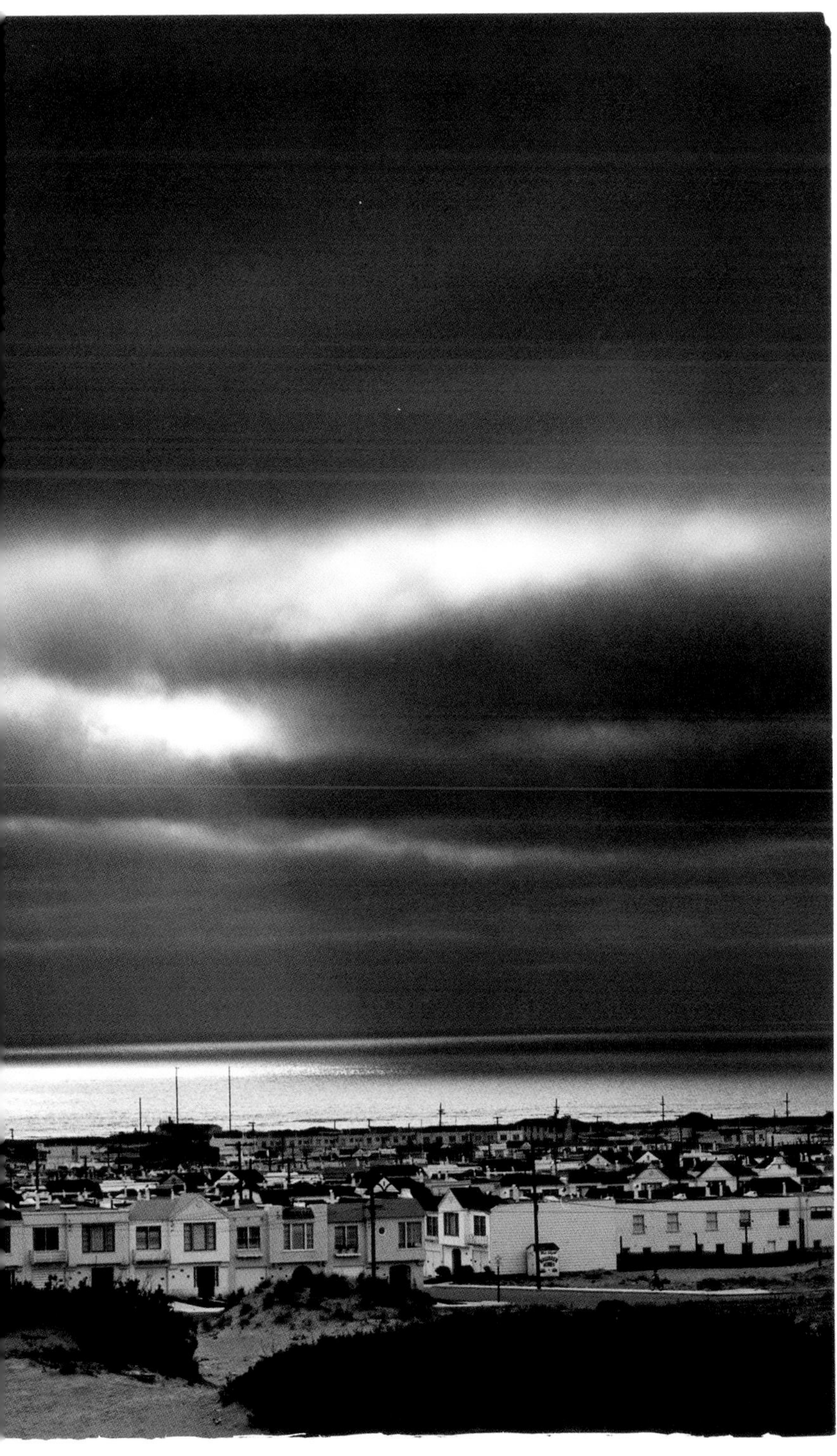

PINKY/MM BASS

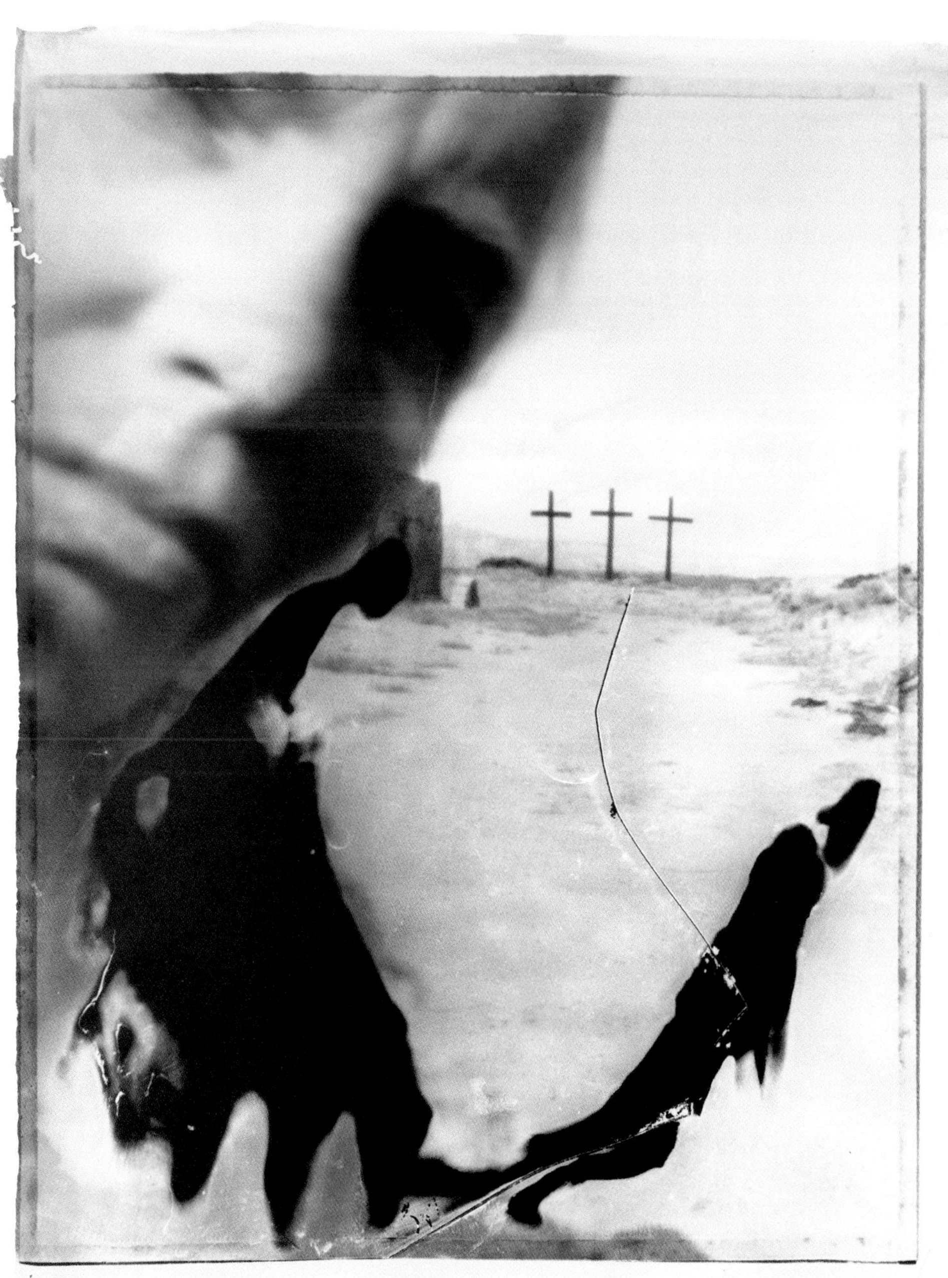

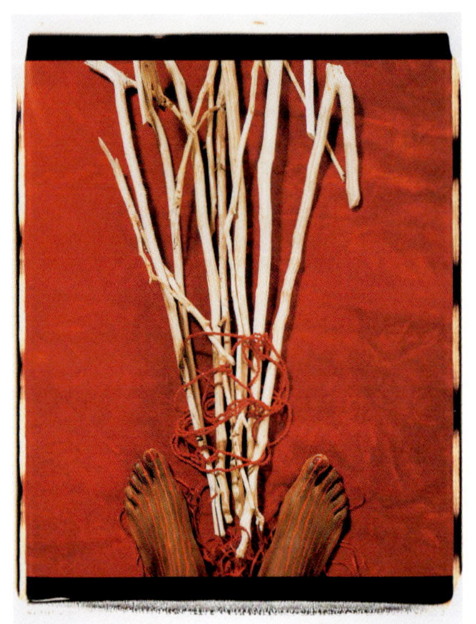
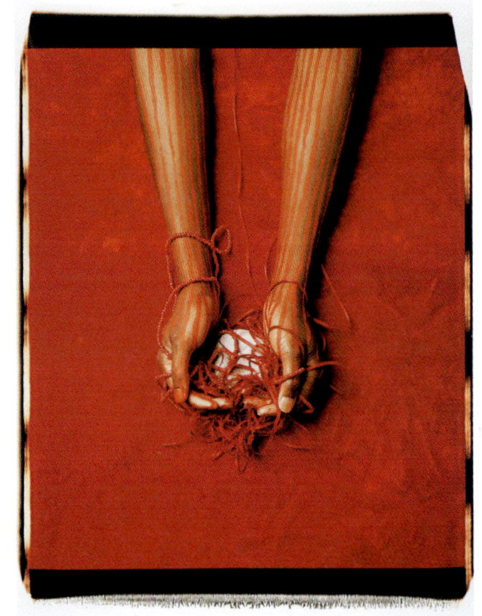
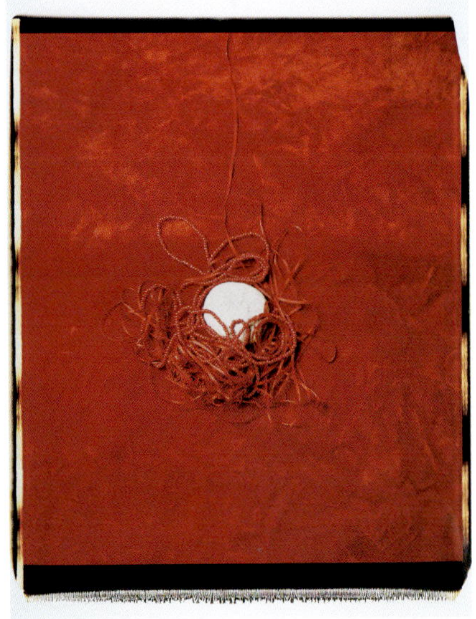
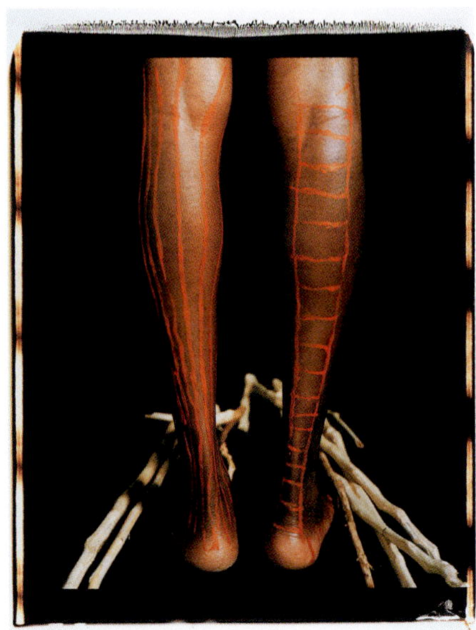

306

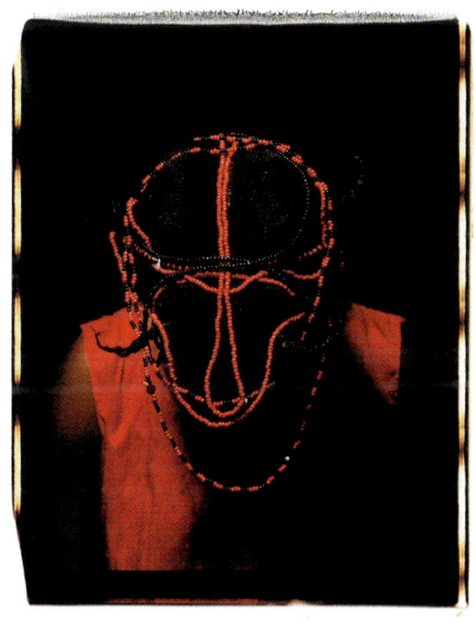
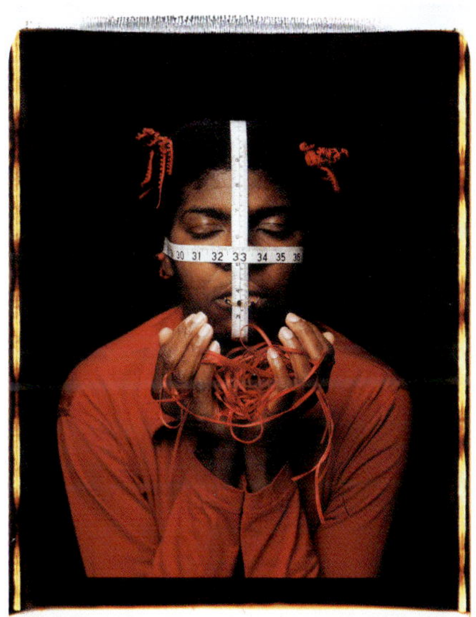
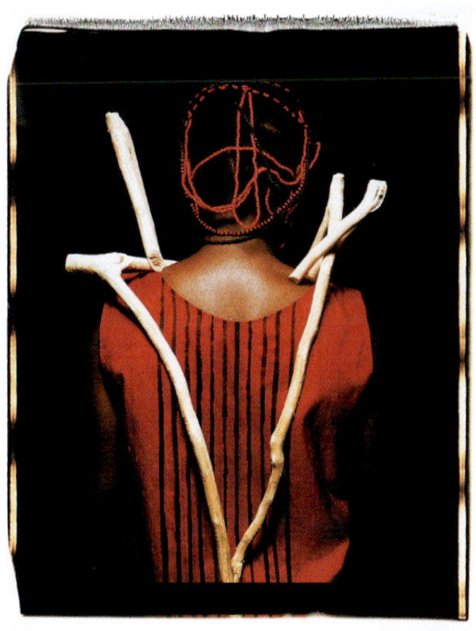
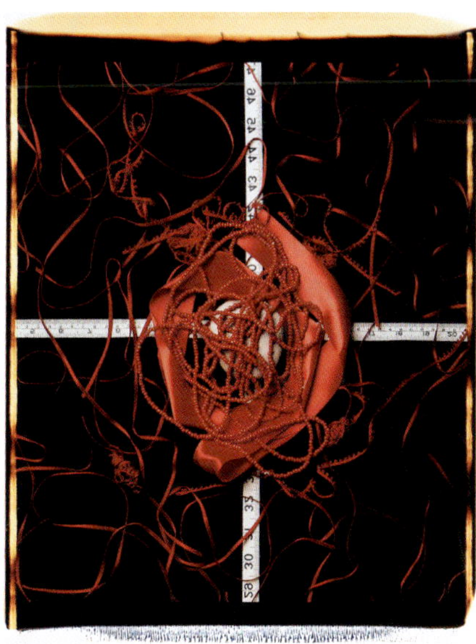

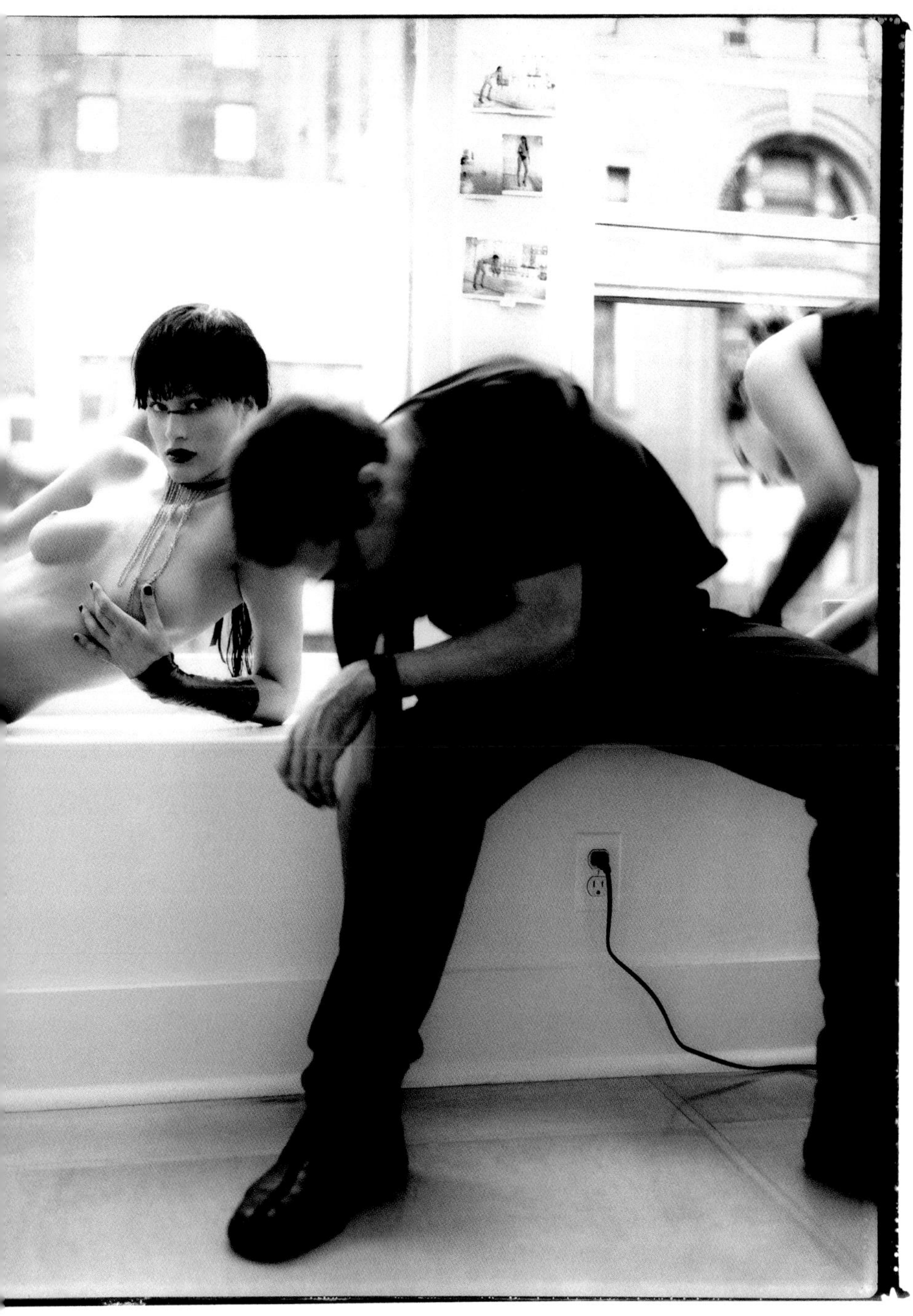

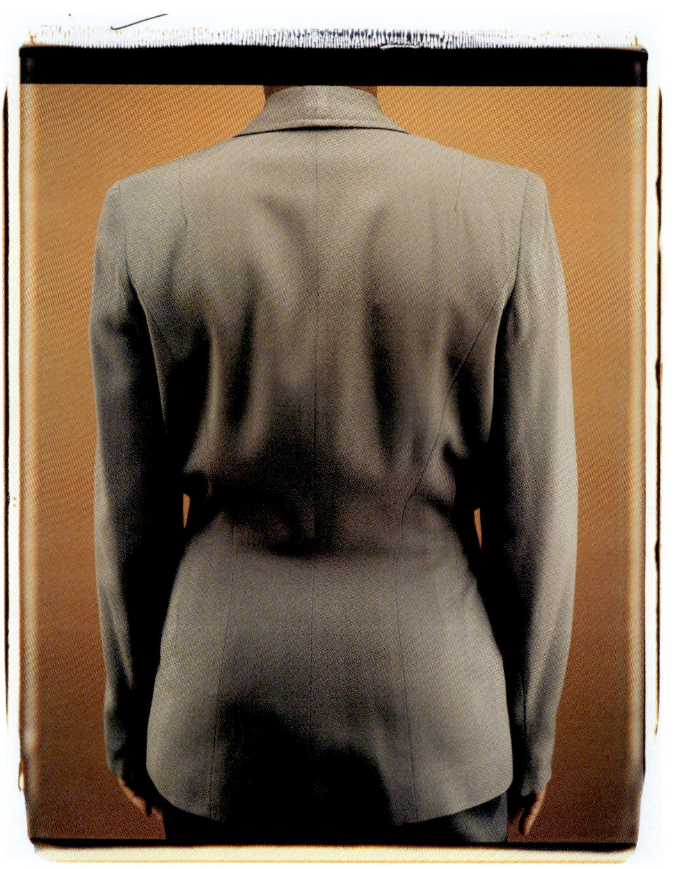

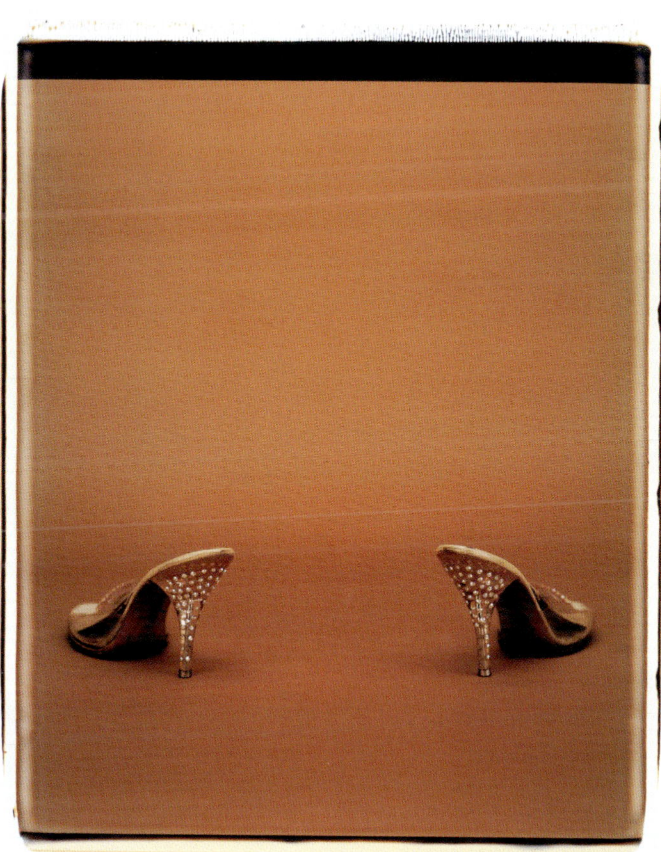

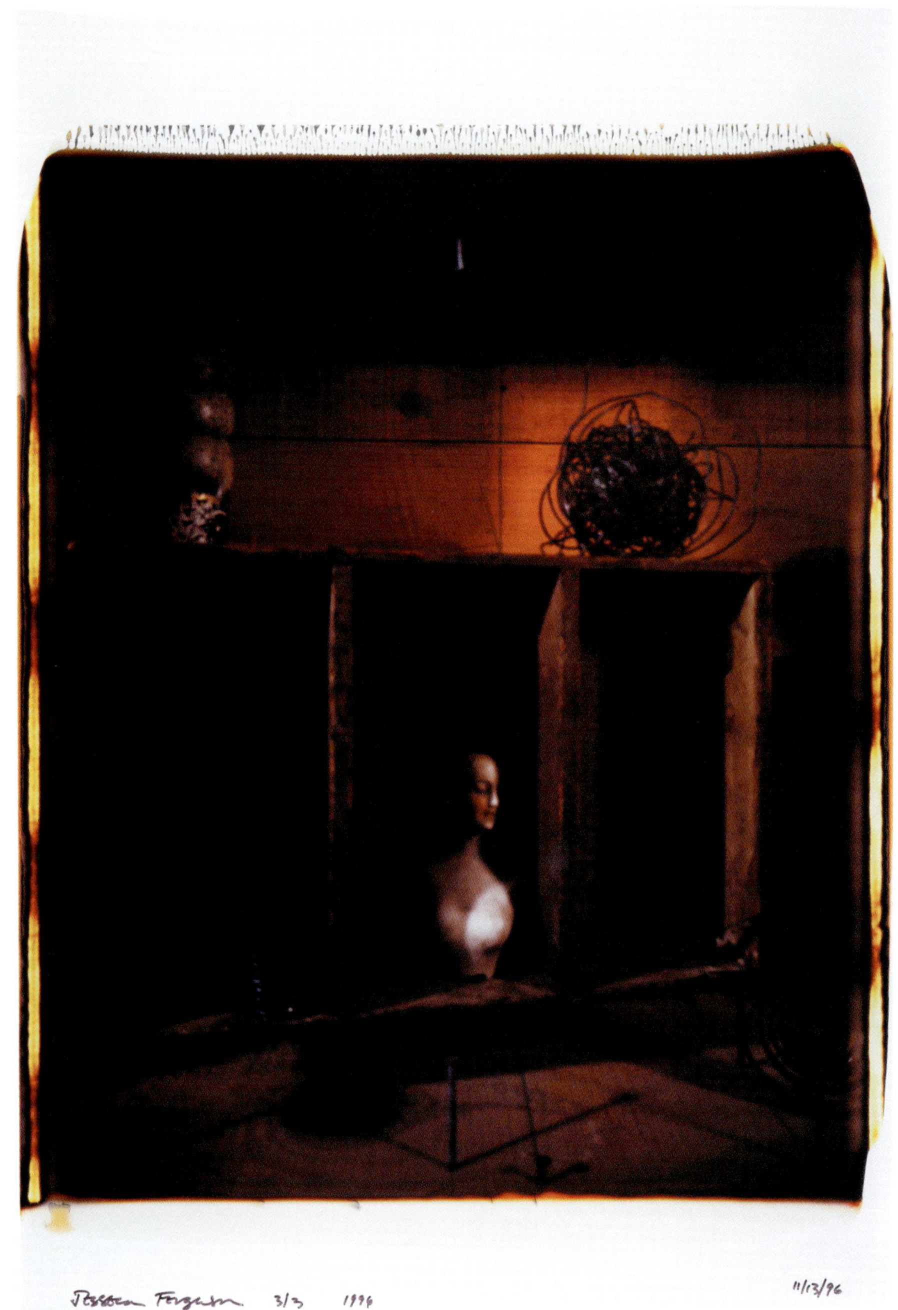

Jesseca Ferguson   3/3   1996
11/13/96

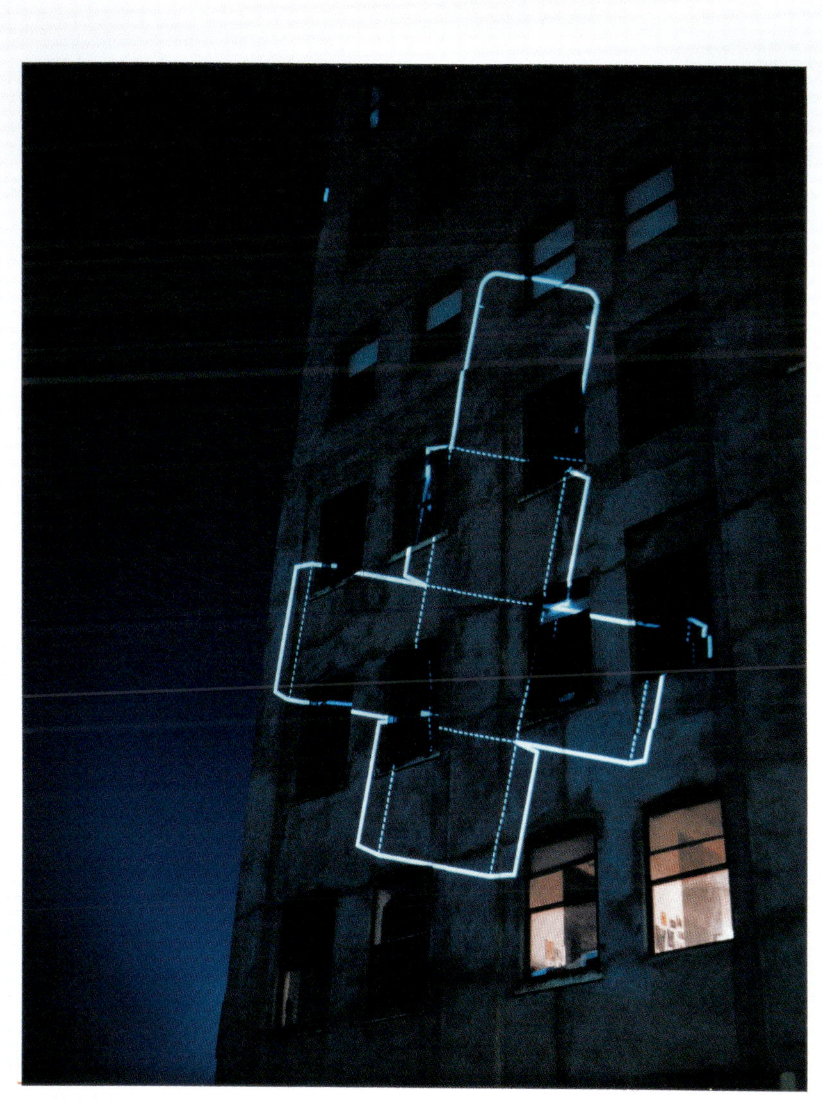

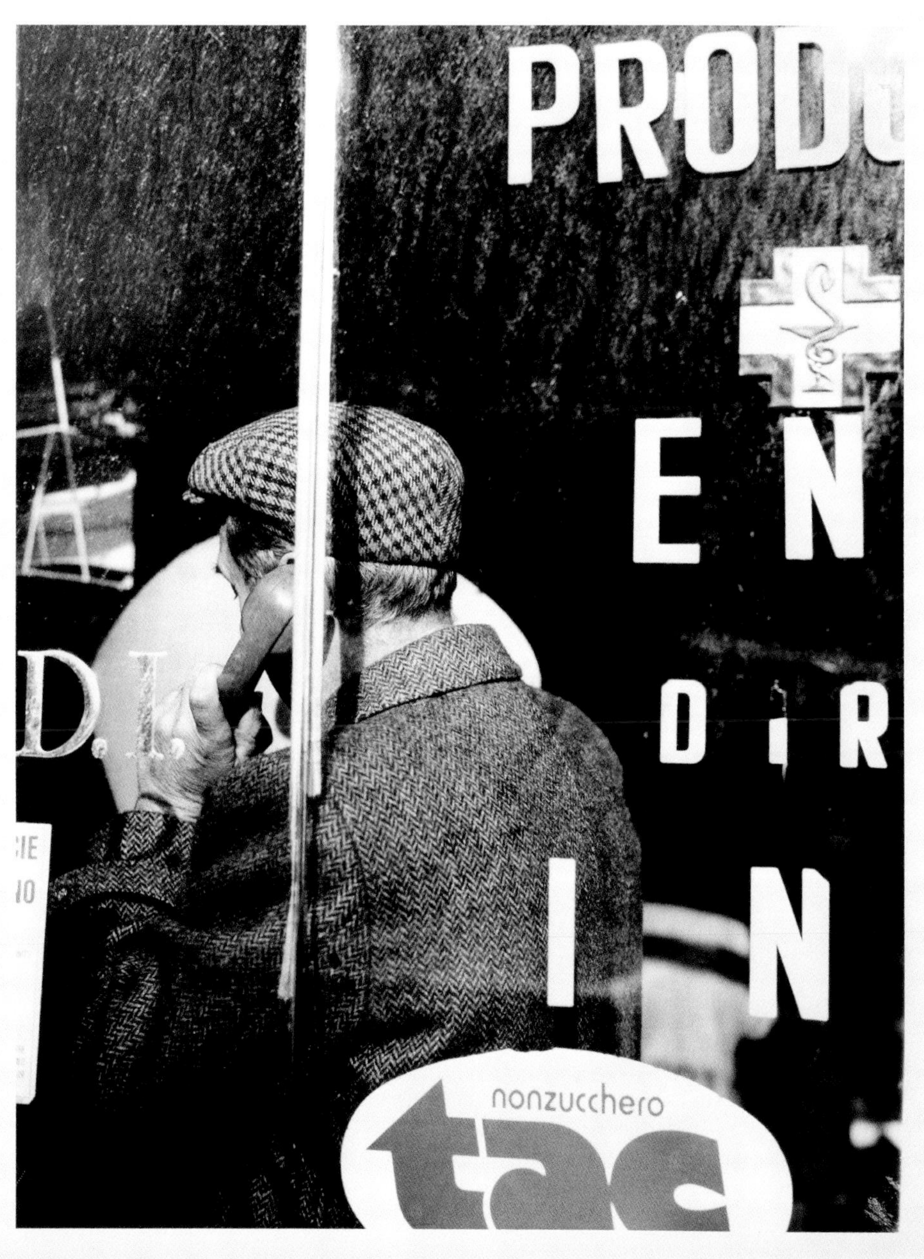

PROD
EN
DIR
IN
D.
CIE
O
nonzucchero
tac

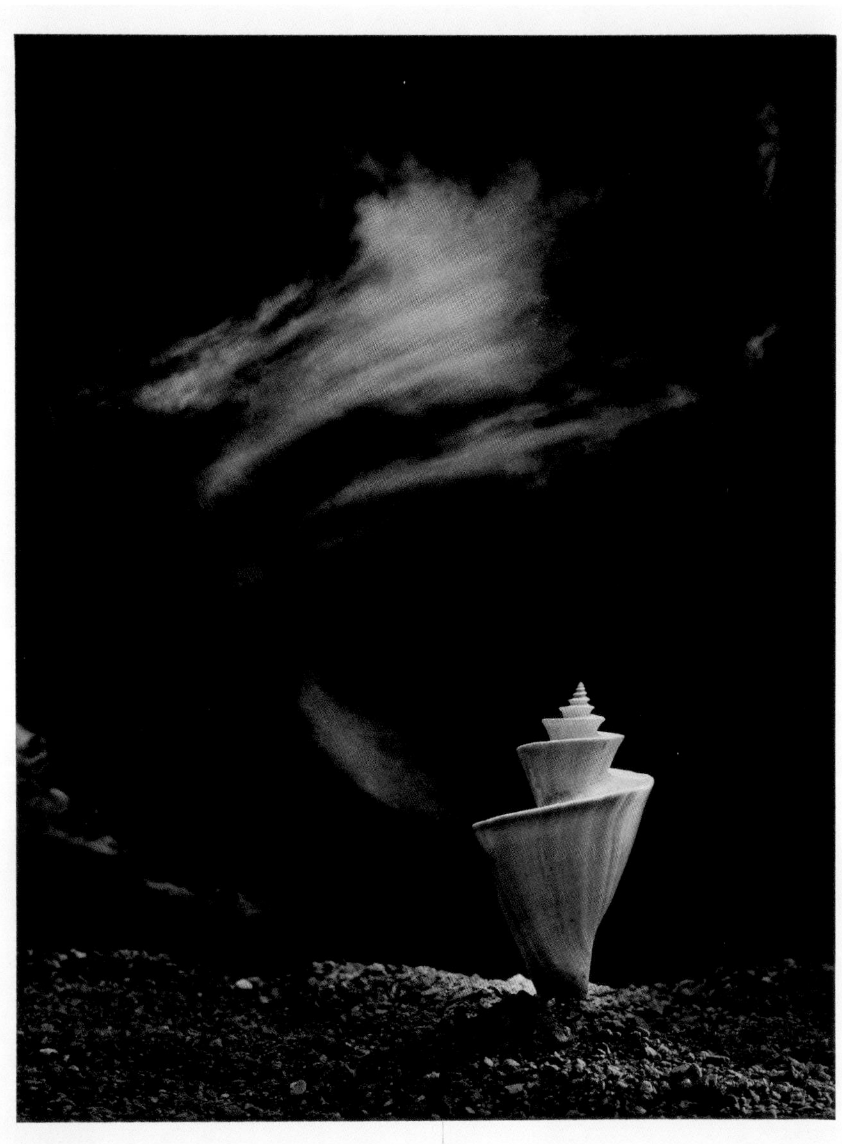

316

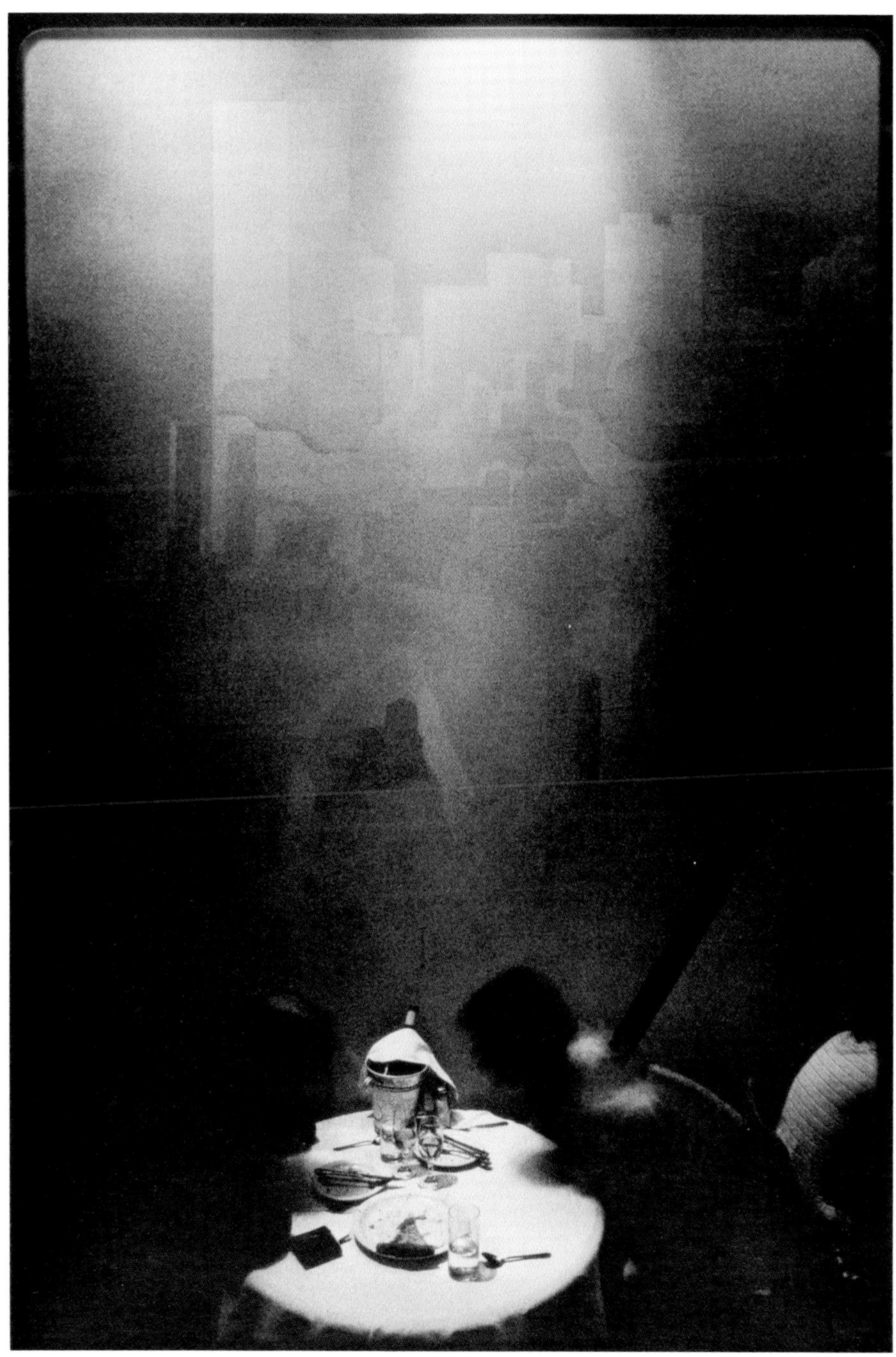

STEPHAN ERFURT

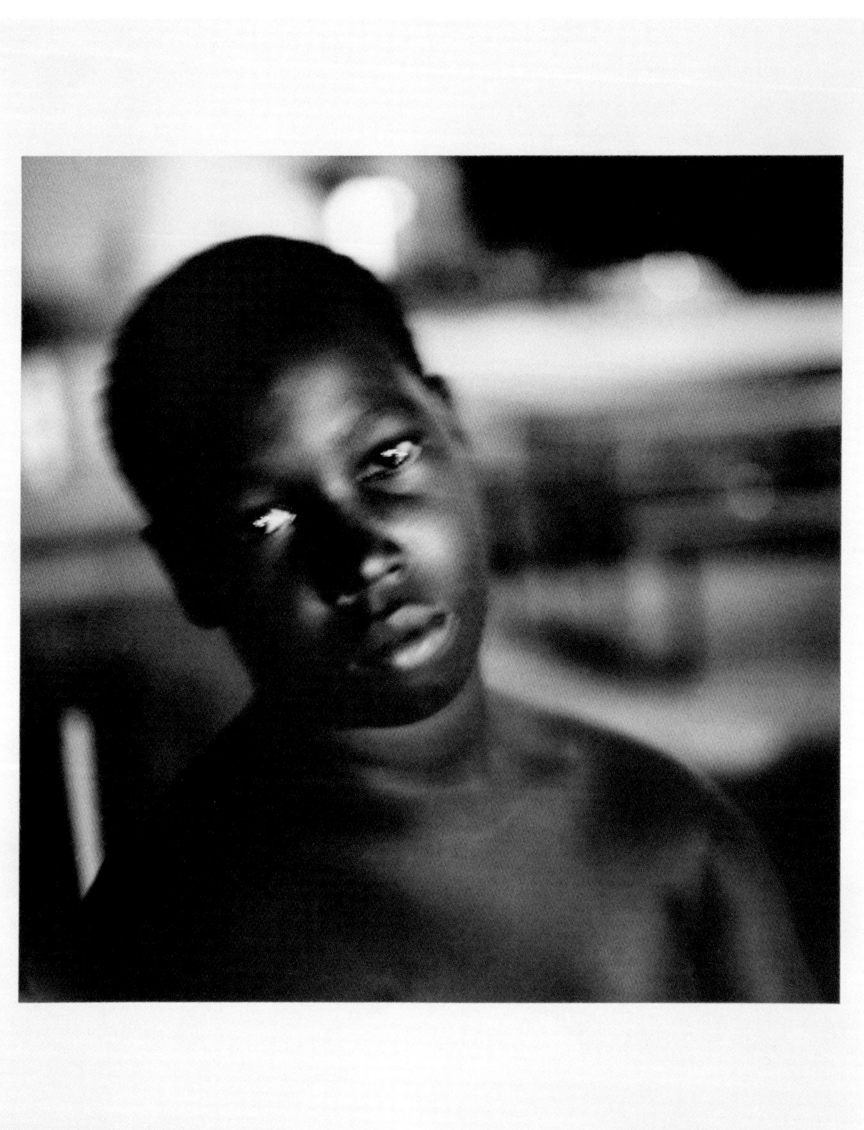

EARLIE HUDNALL

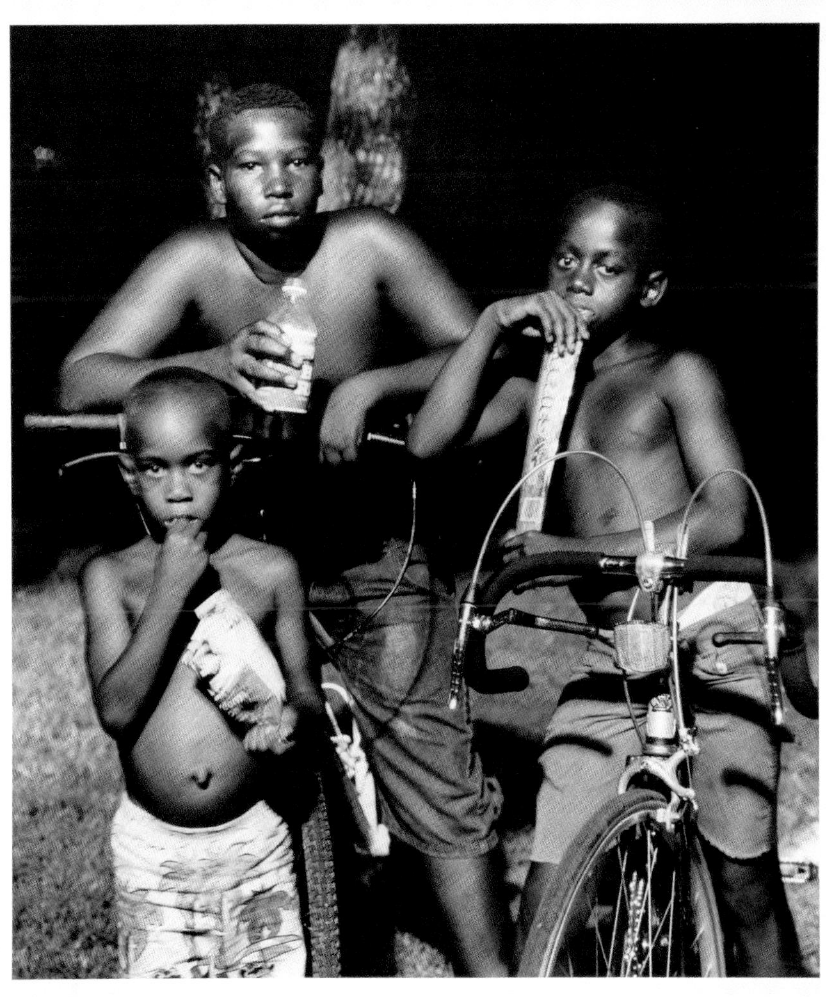

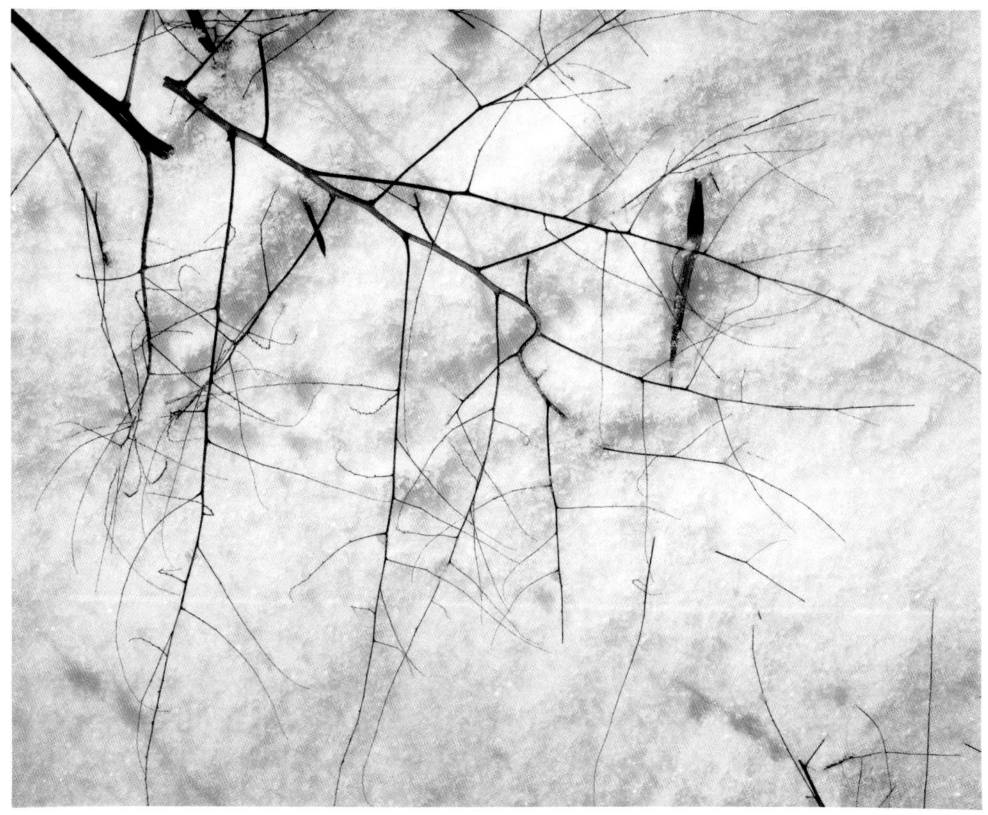

PAUL CAPONIGRO

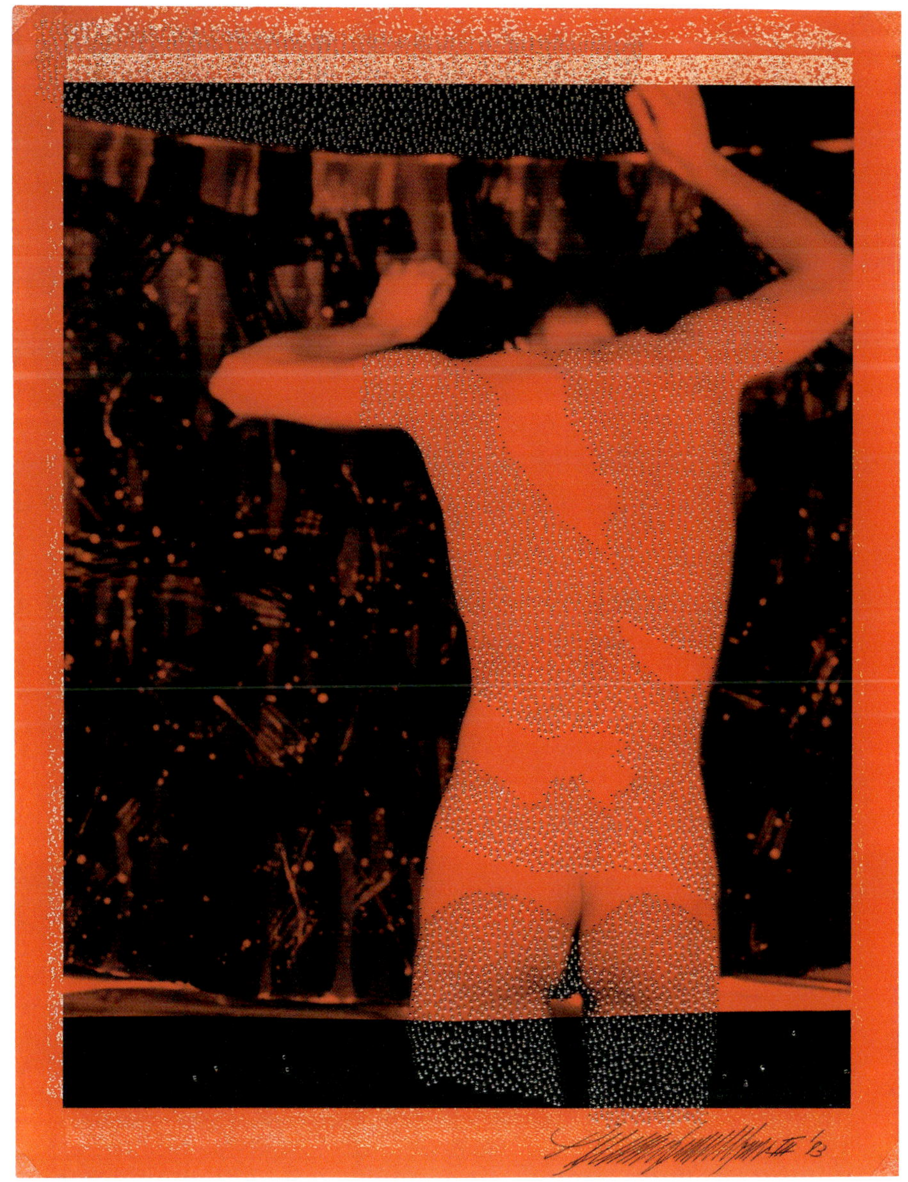

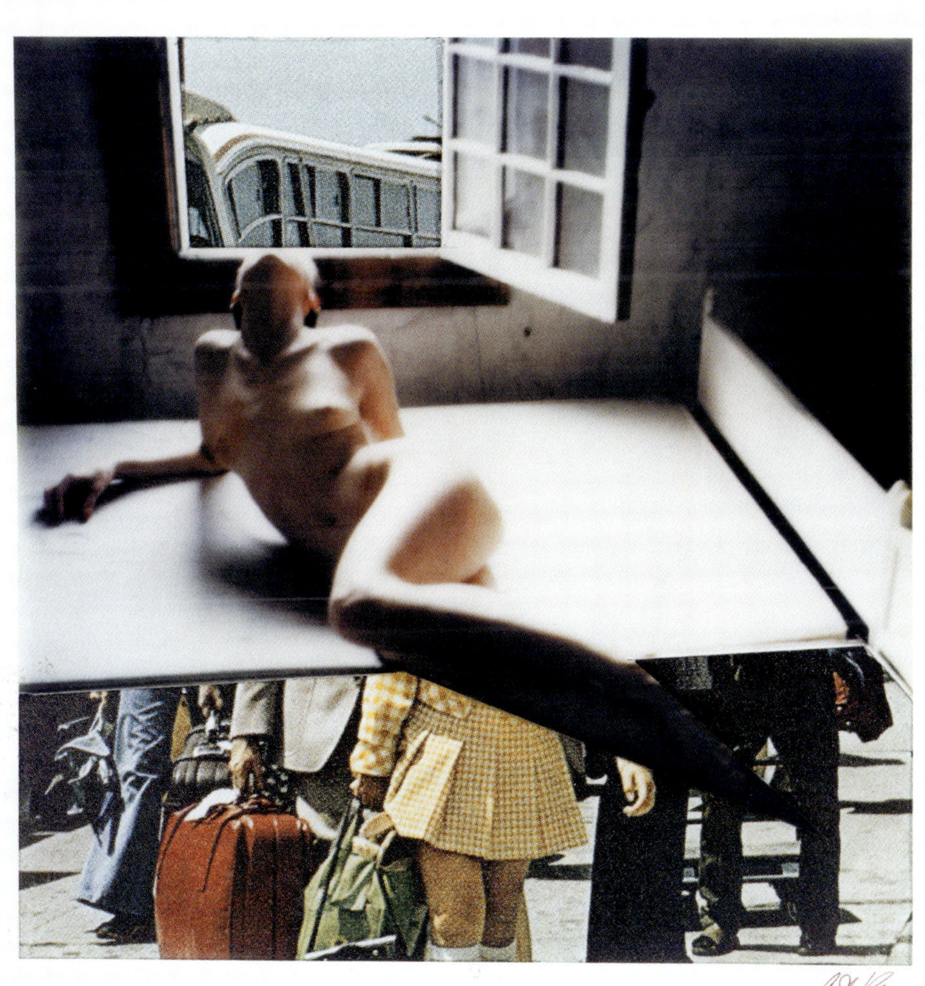

BARBARA CRANE

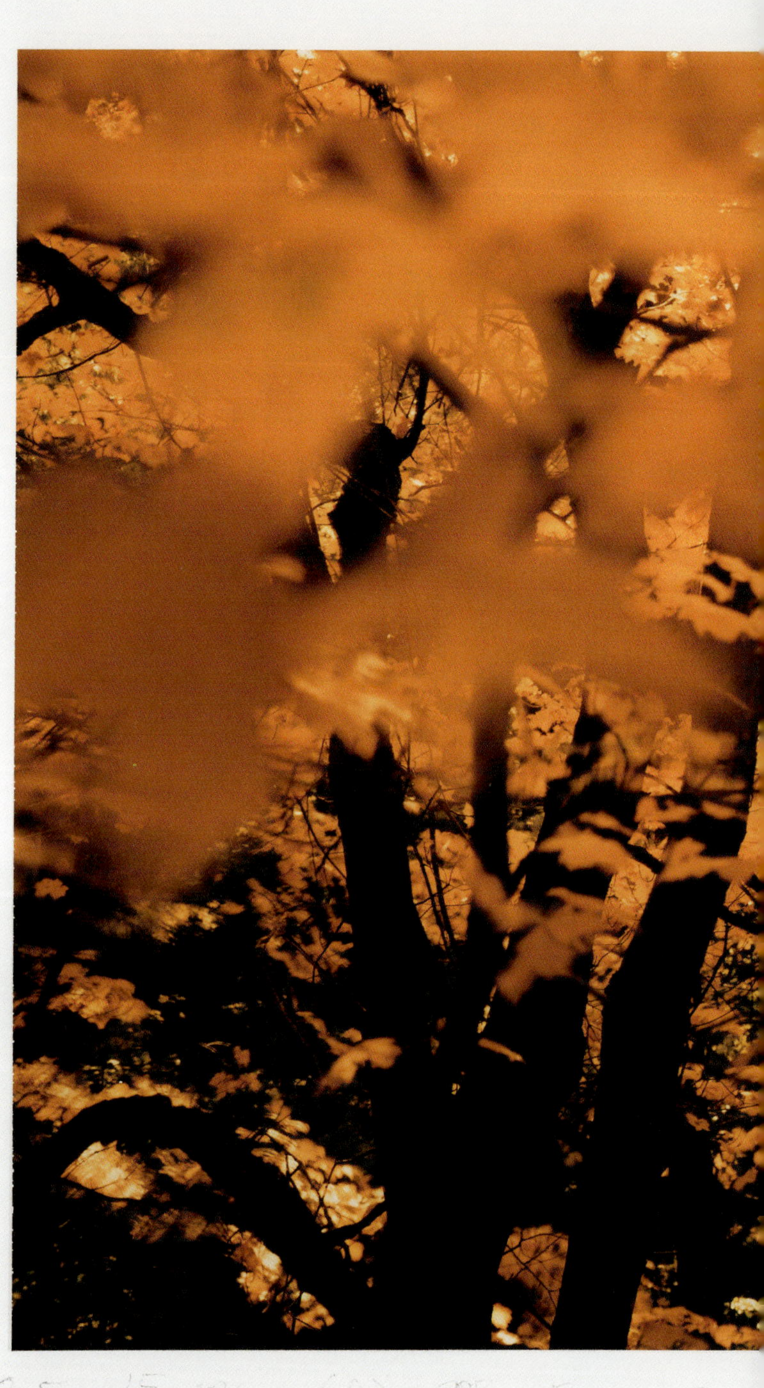

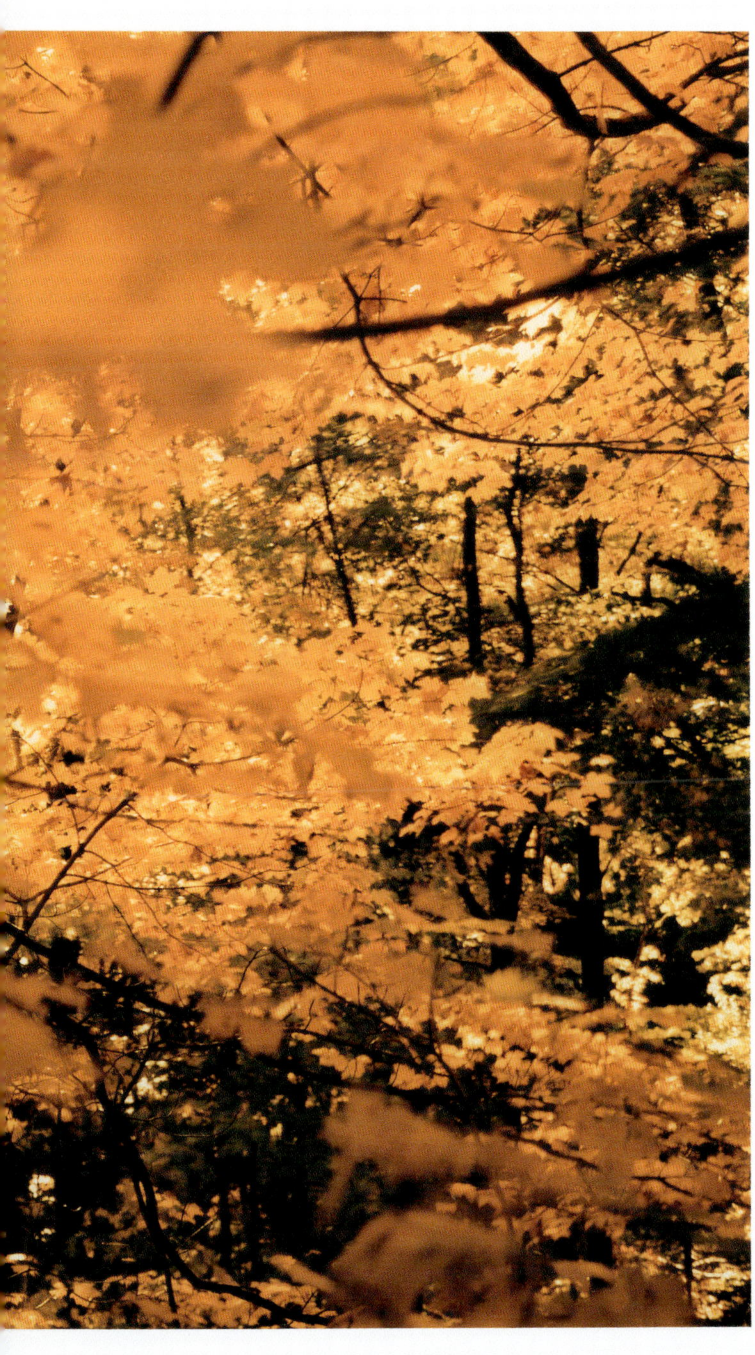

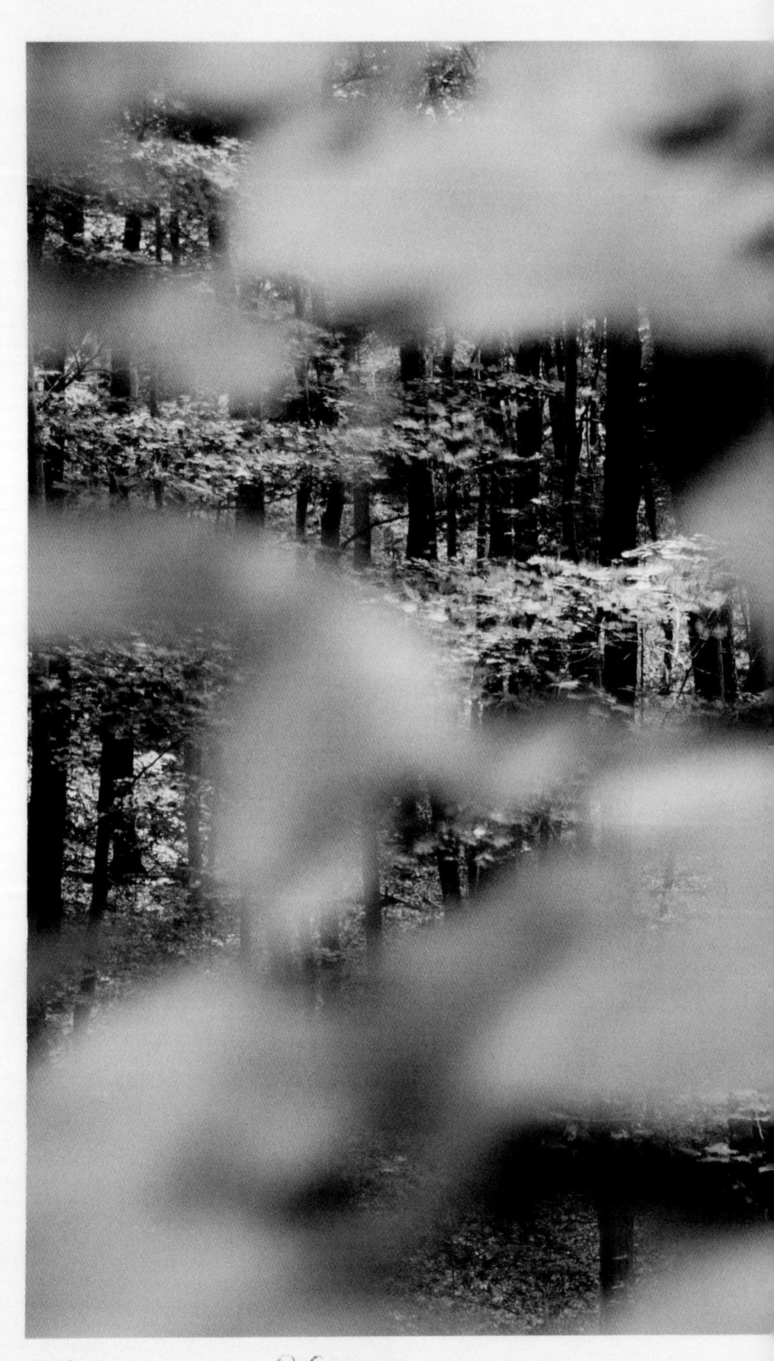
2 1/2 sec   f 64

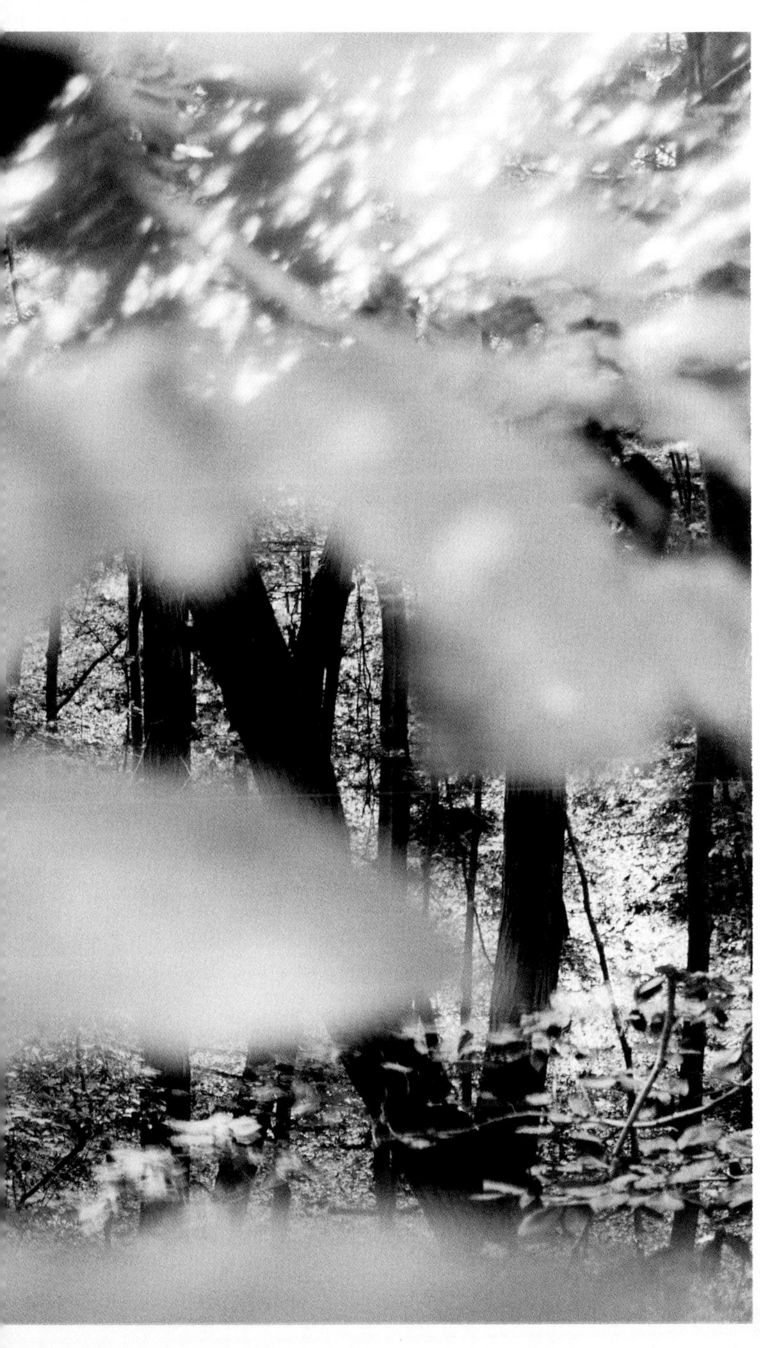

ALAIN FILHOL

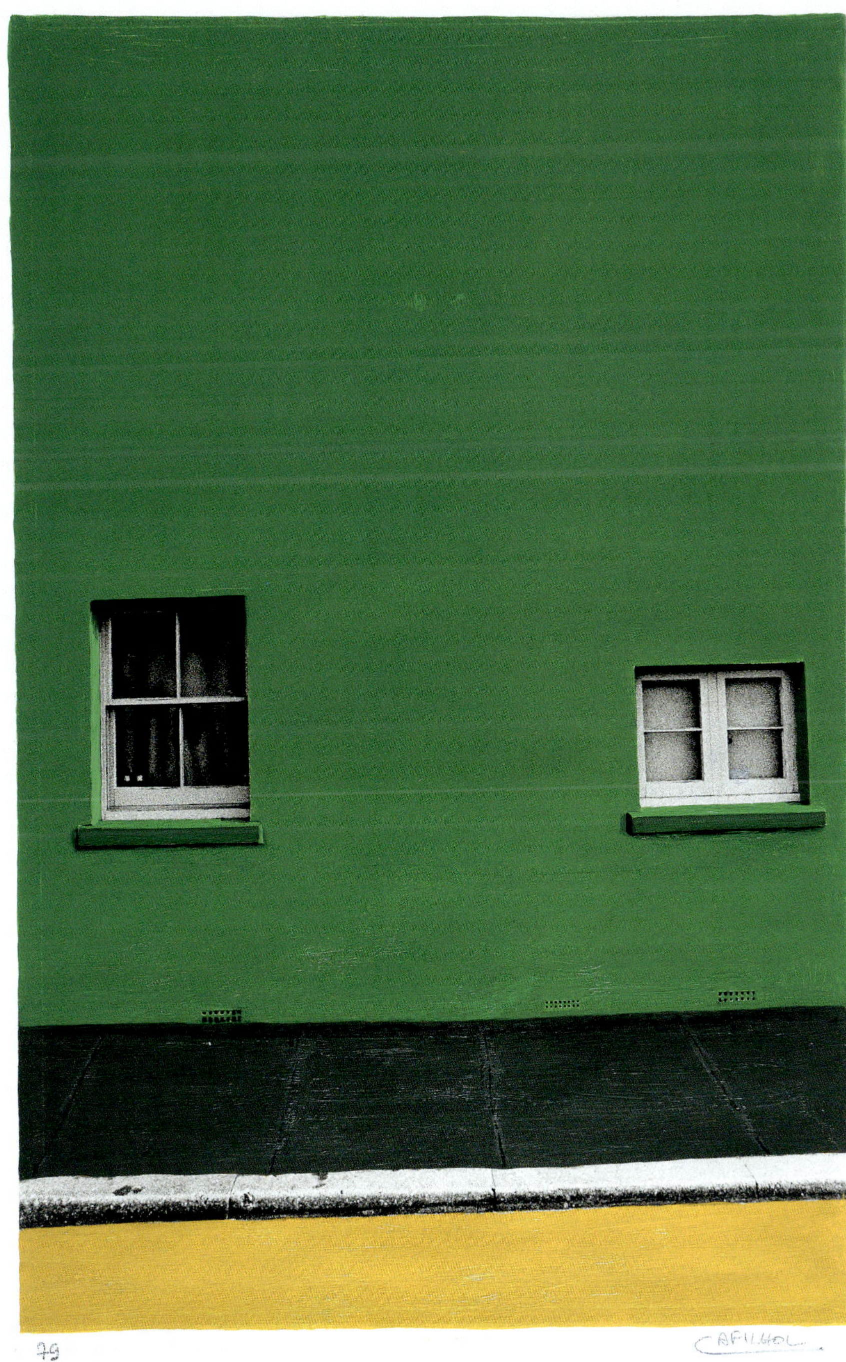

ALAIN FILHOL

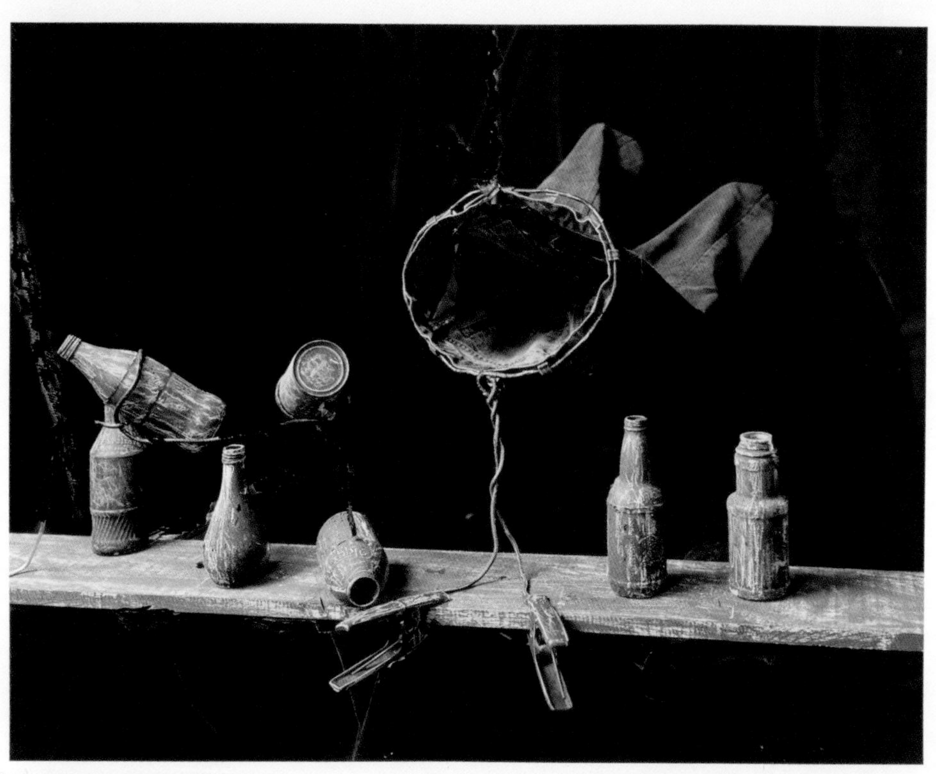

BERNICE FICEK·SWENSON

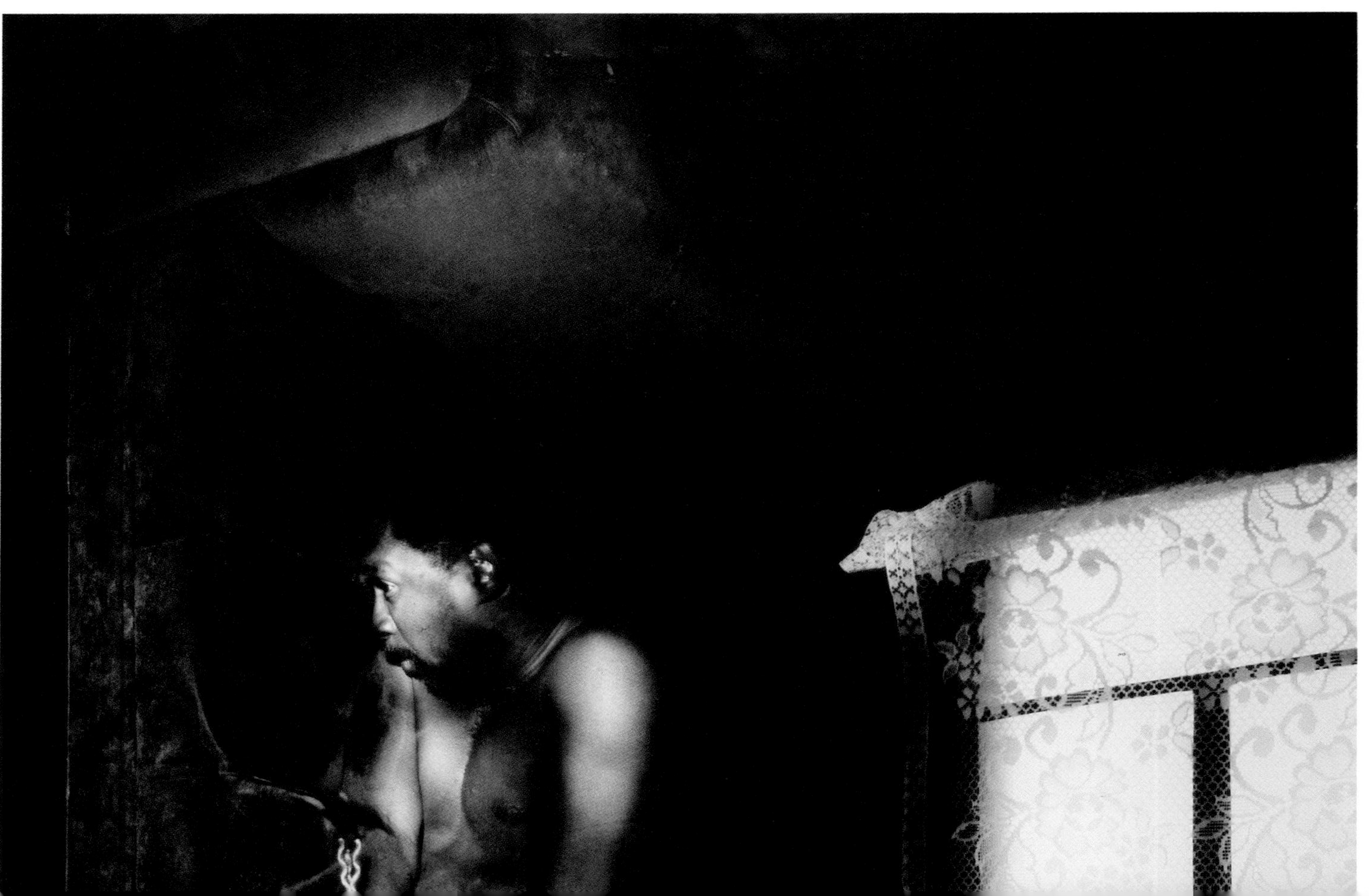

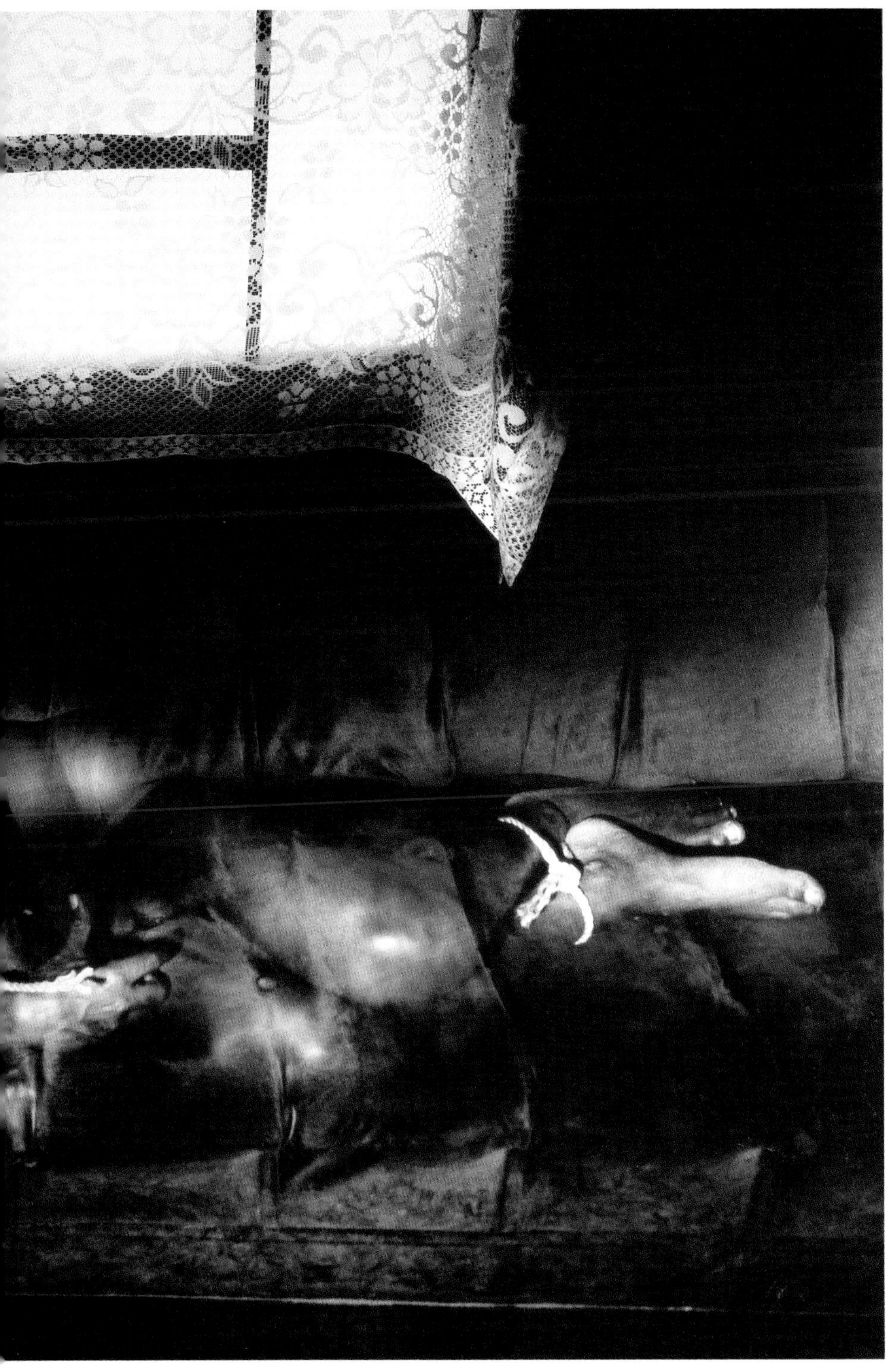

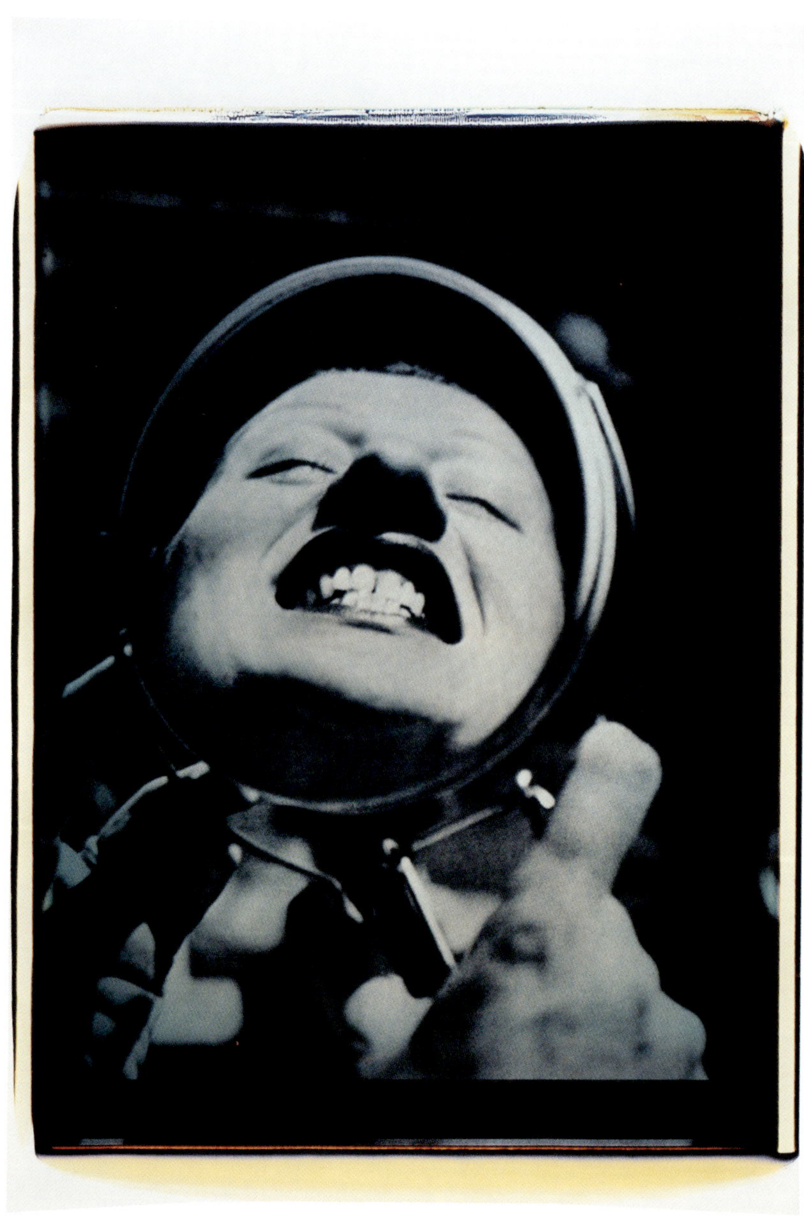

DAVIDE MOSCONI

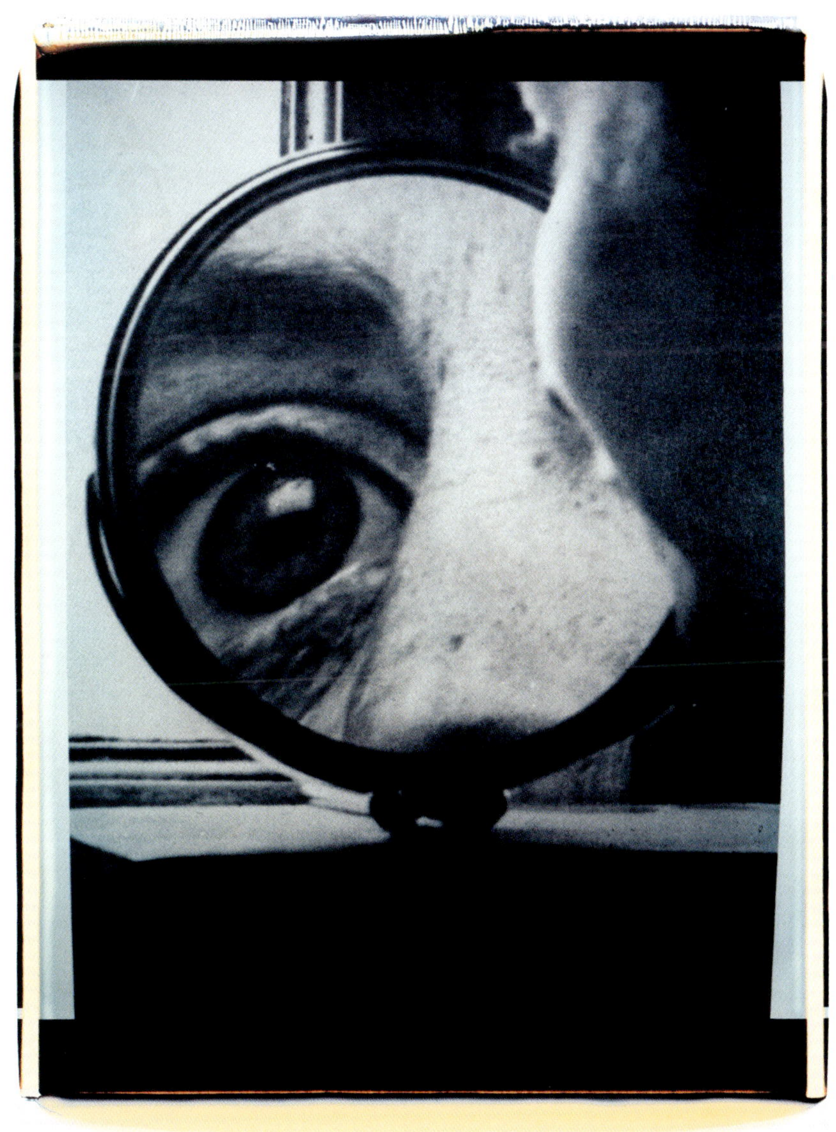

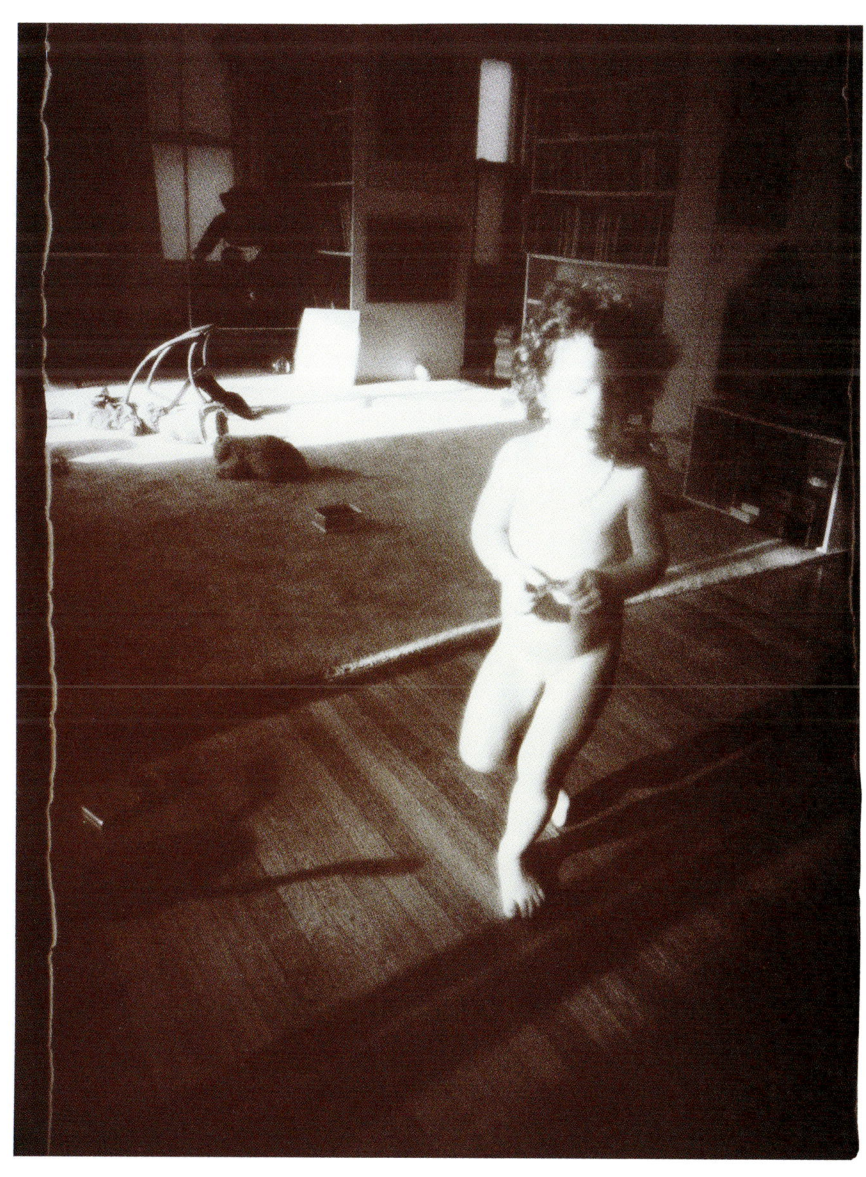

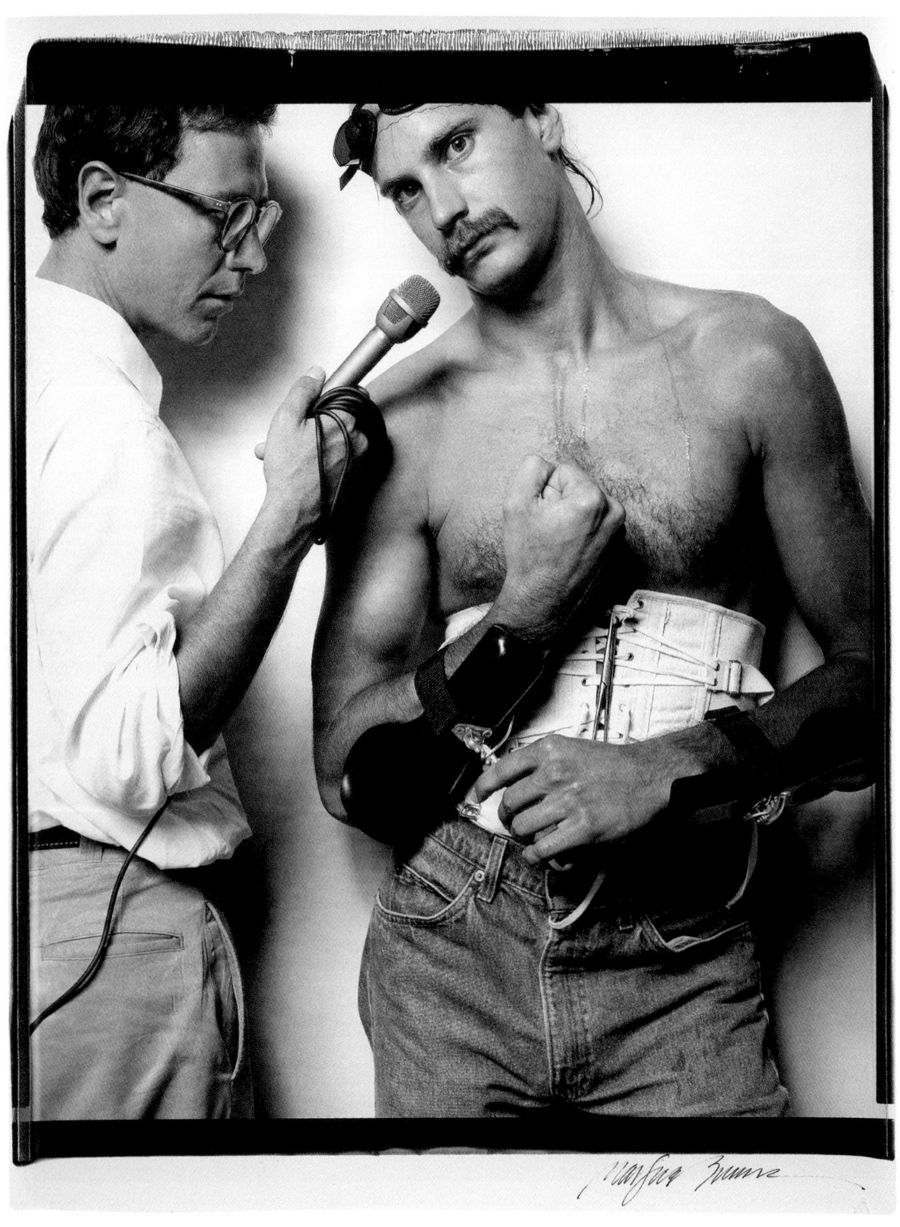

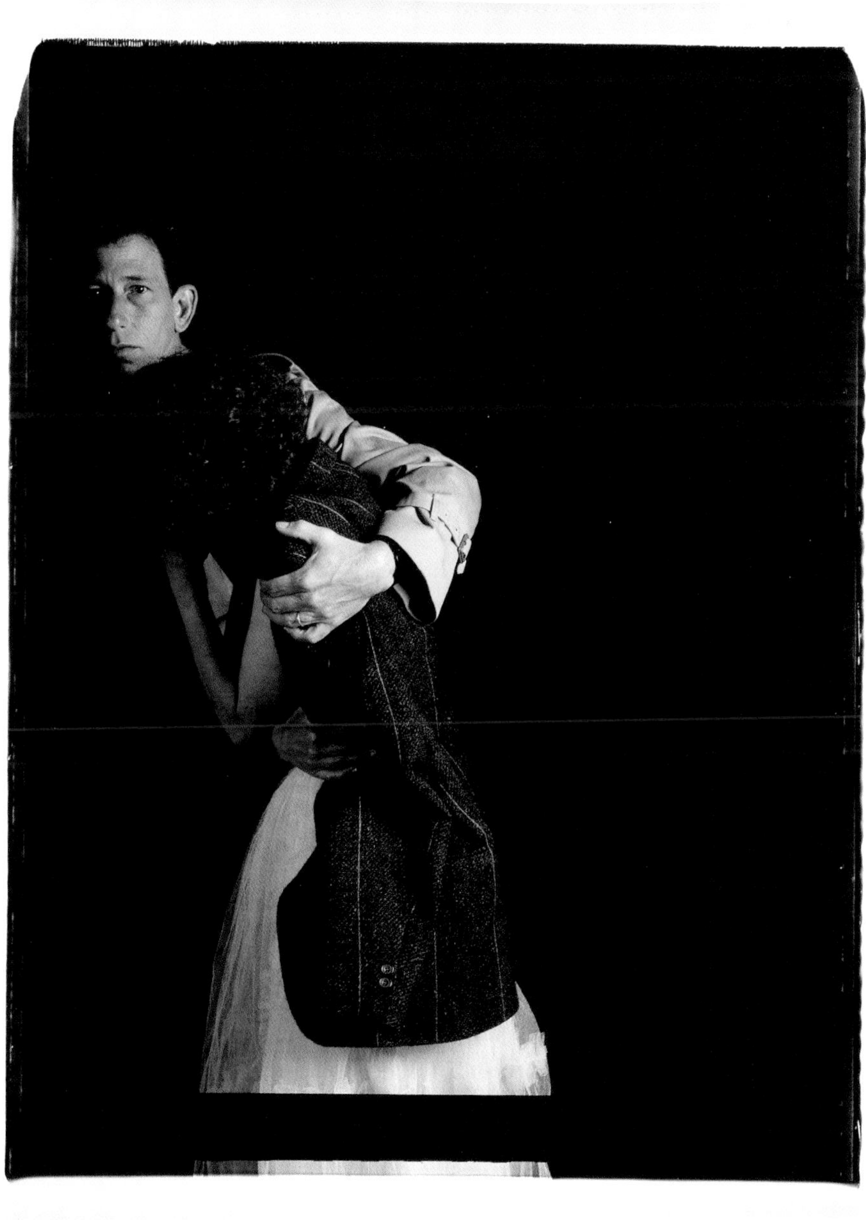

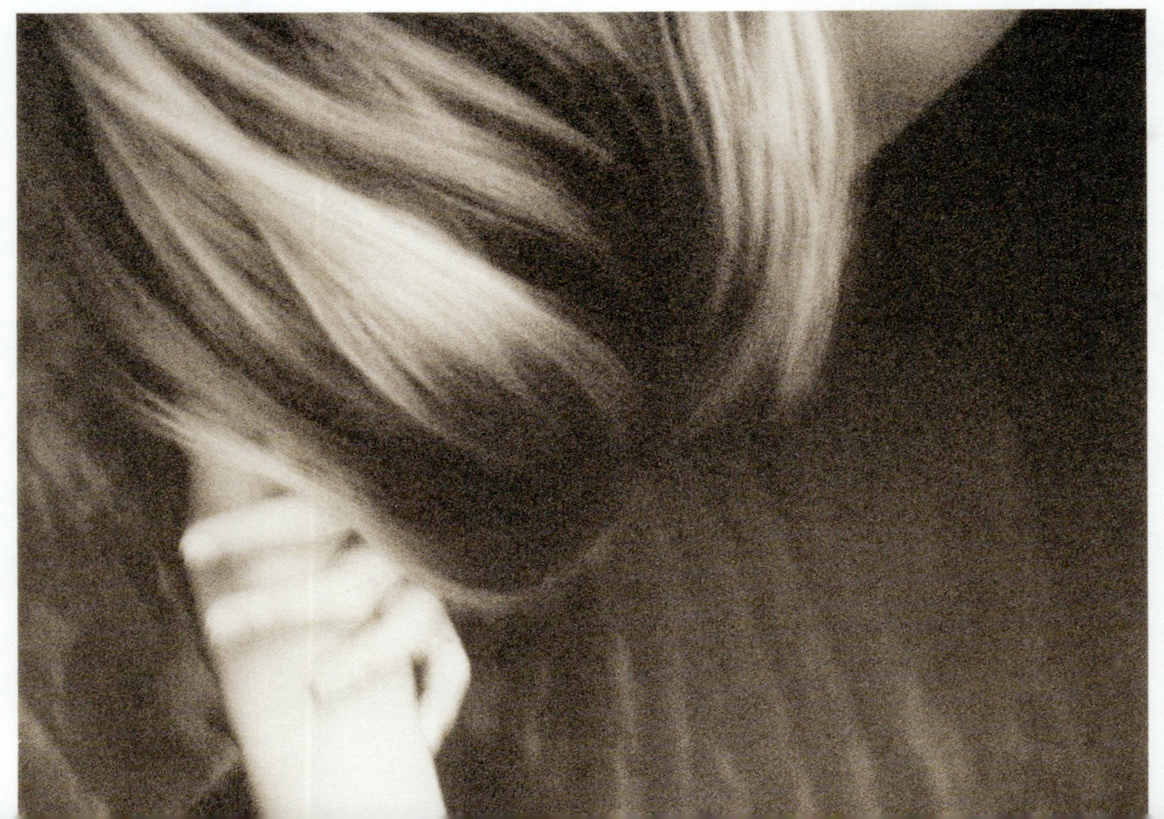

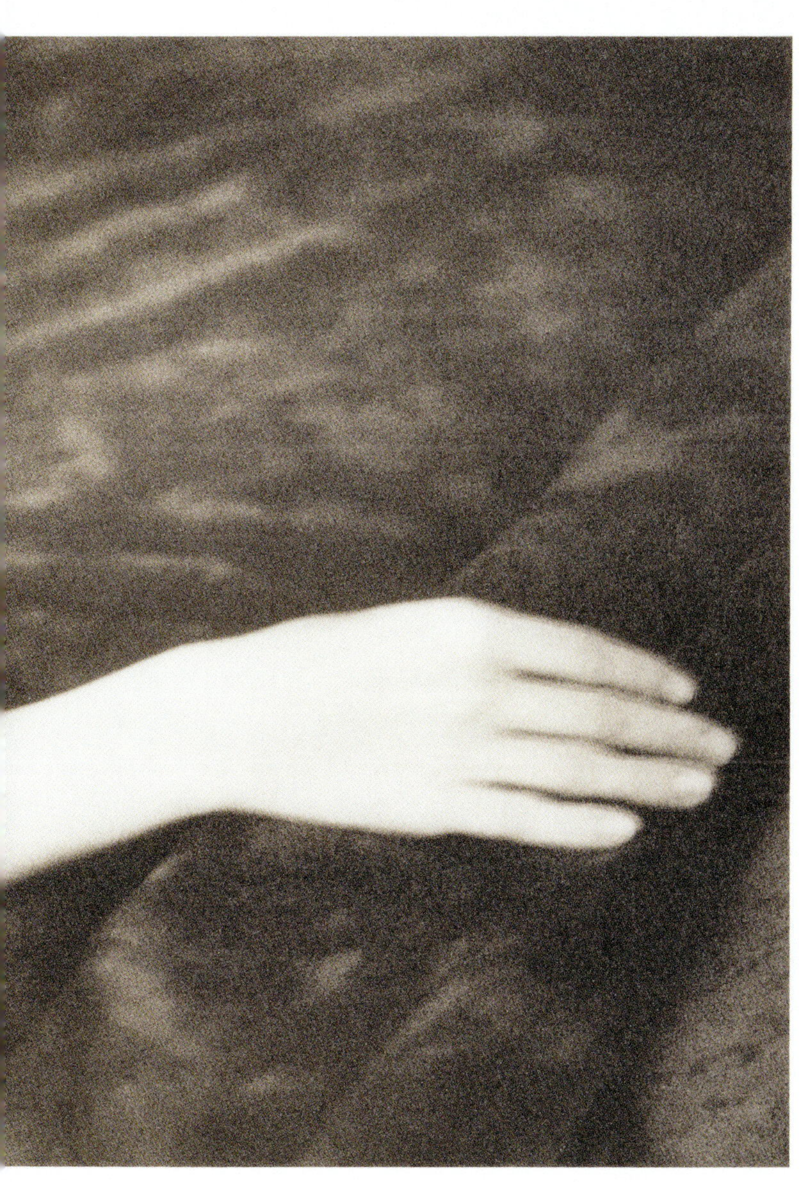

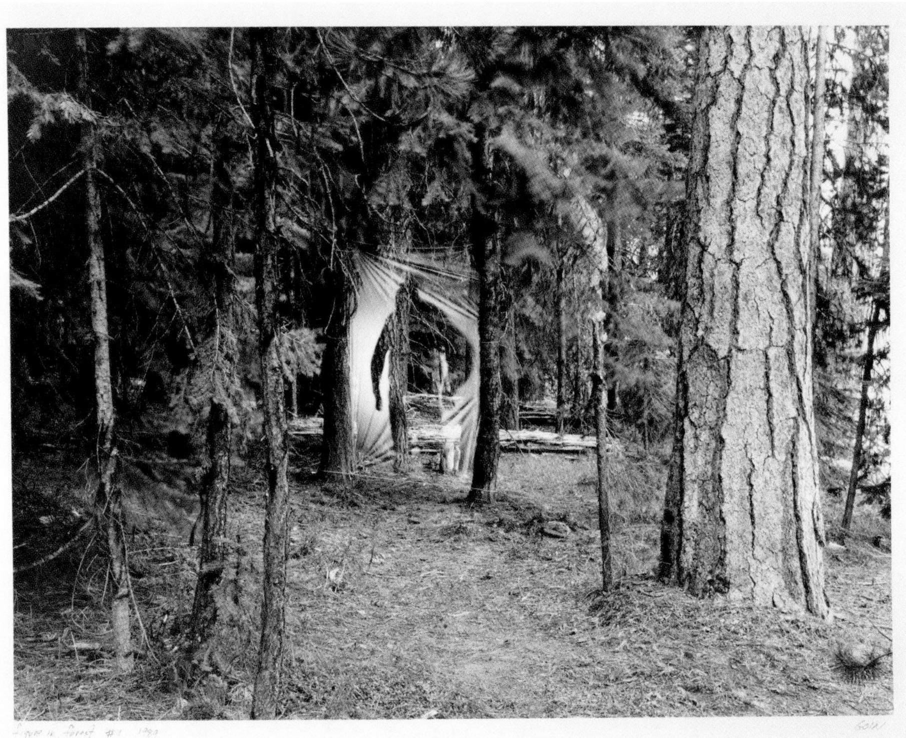

figure in forest #1 1980
Goin

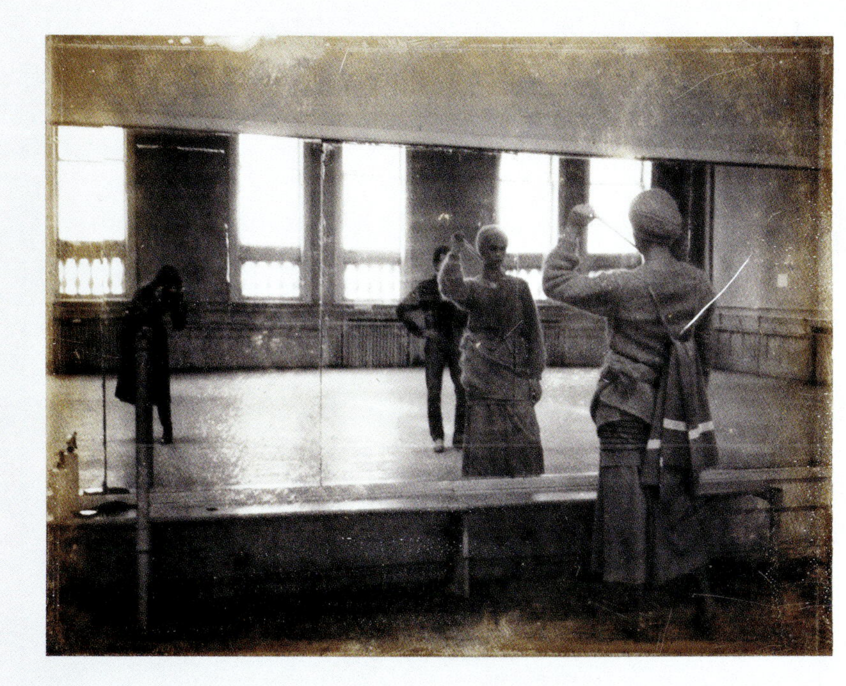

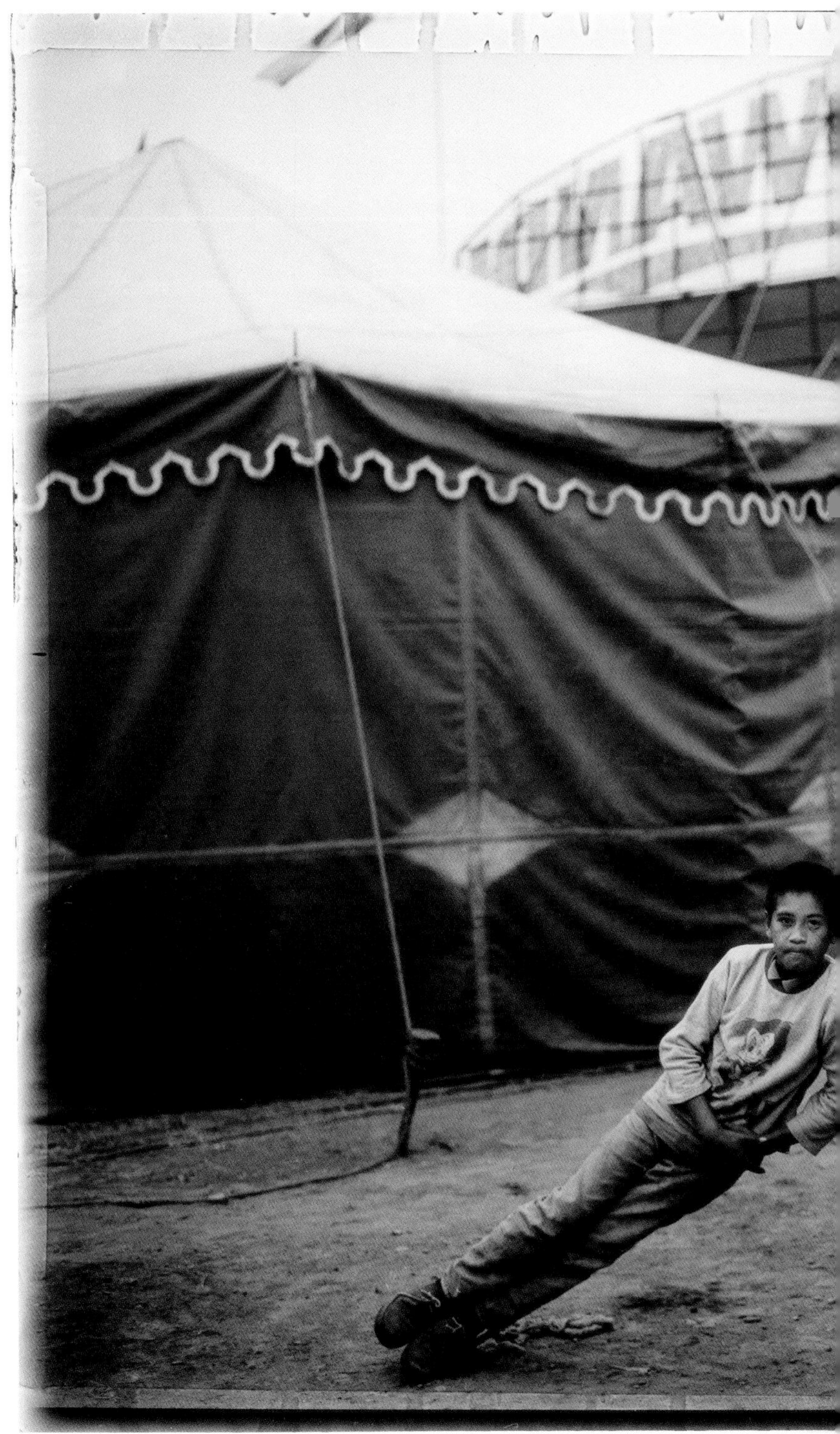

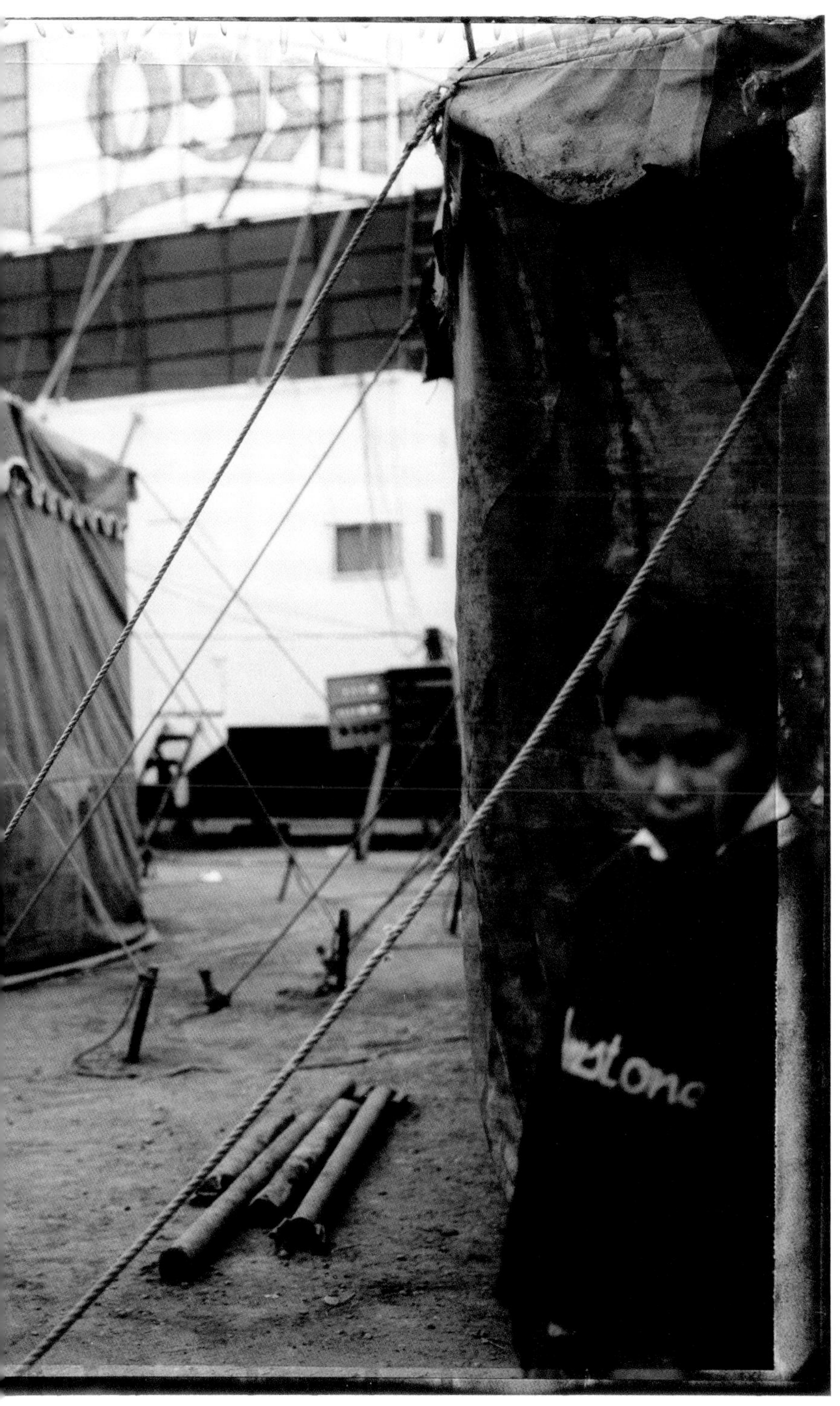
iratono

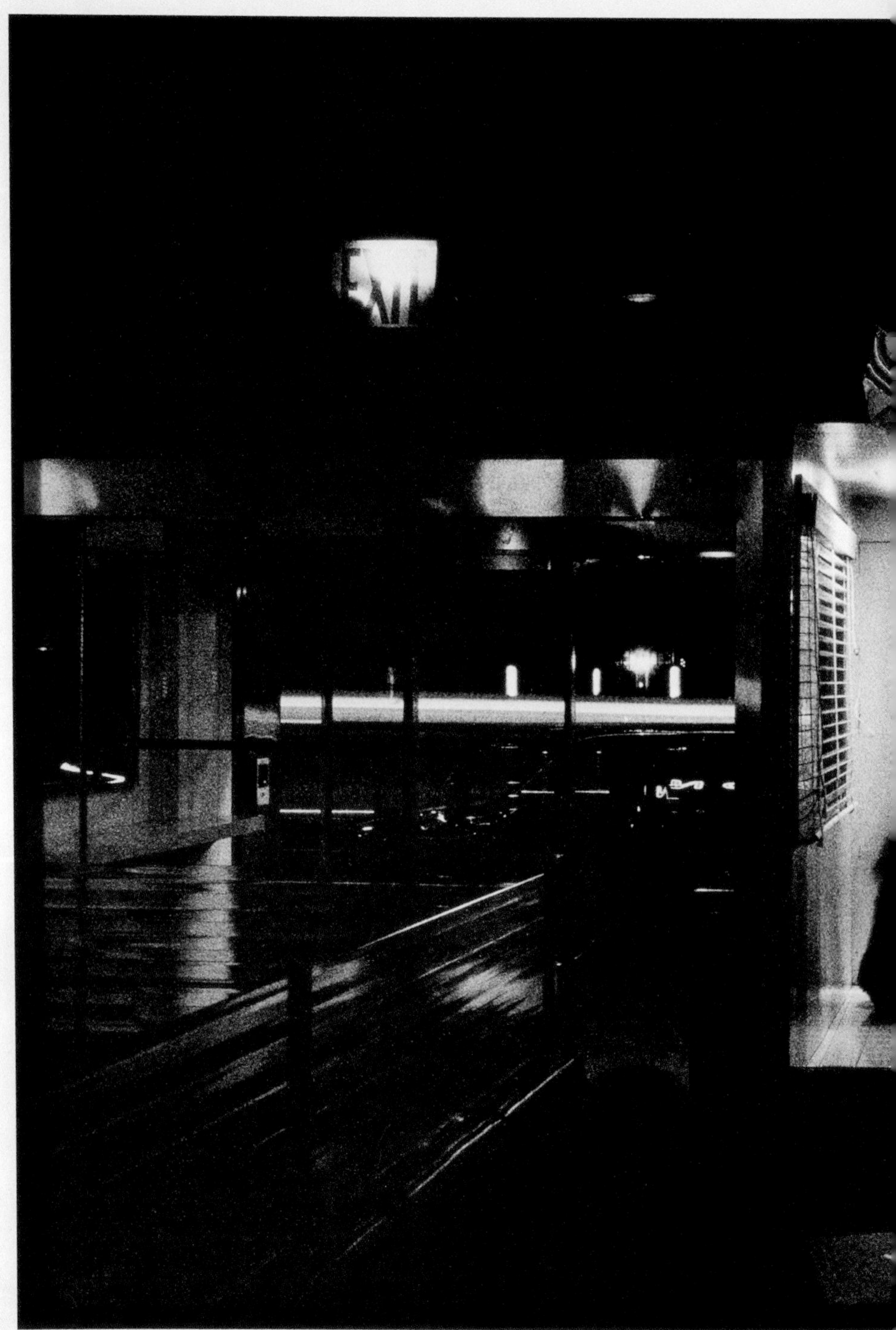

STEPHAN ERFURT

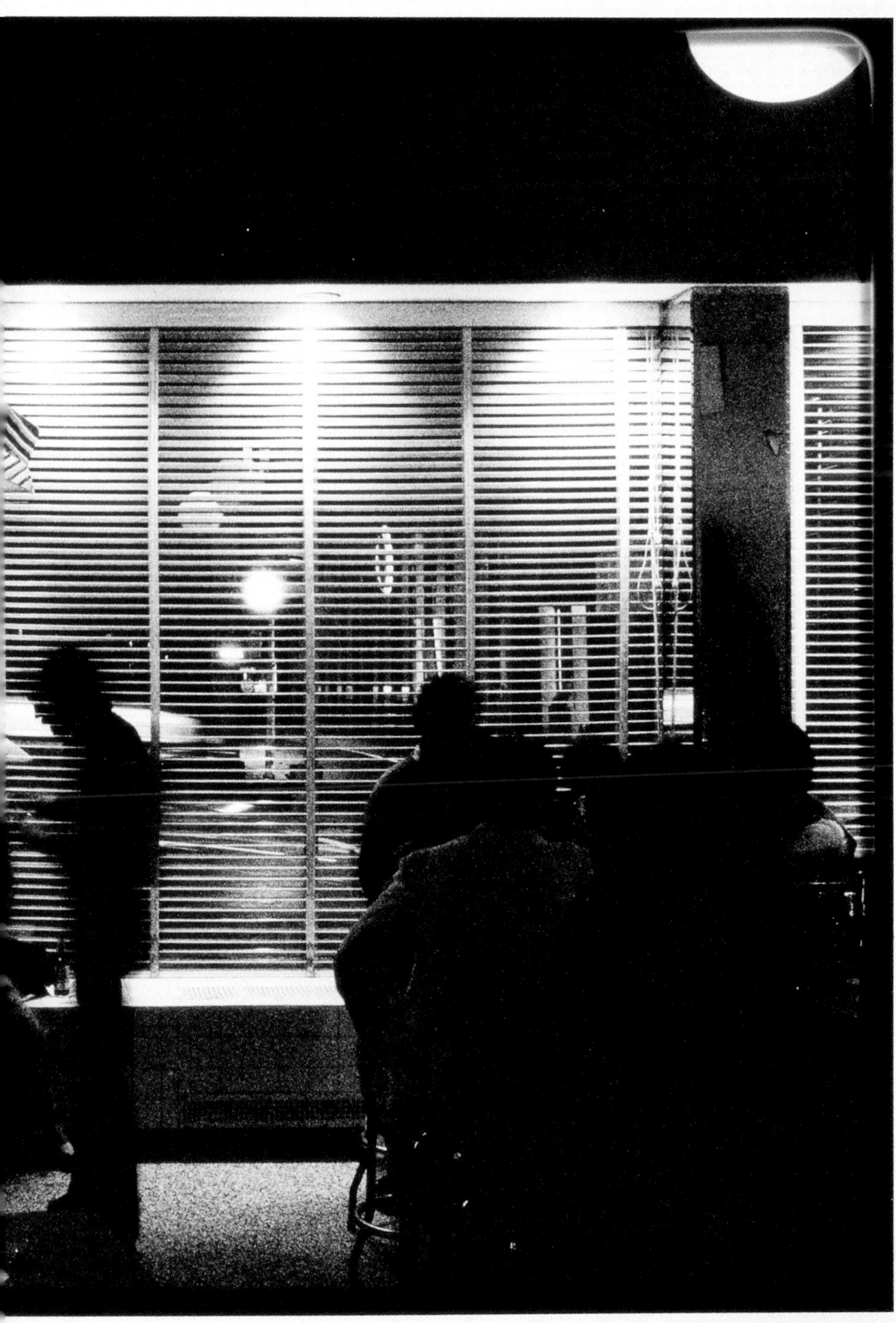

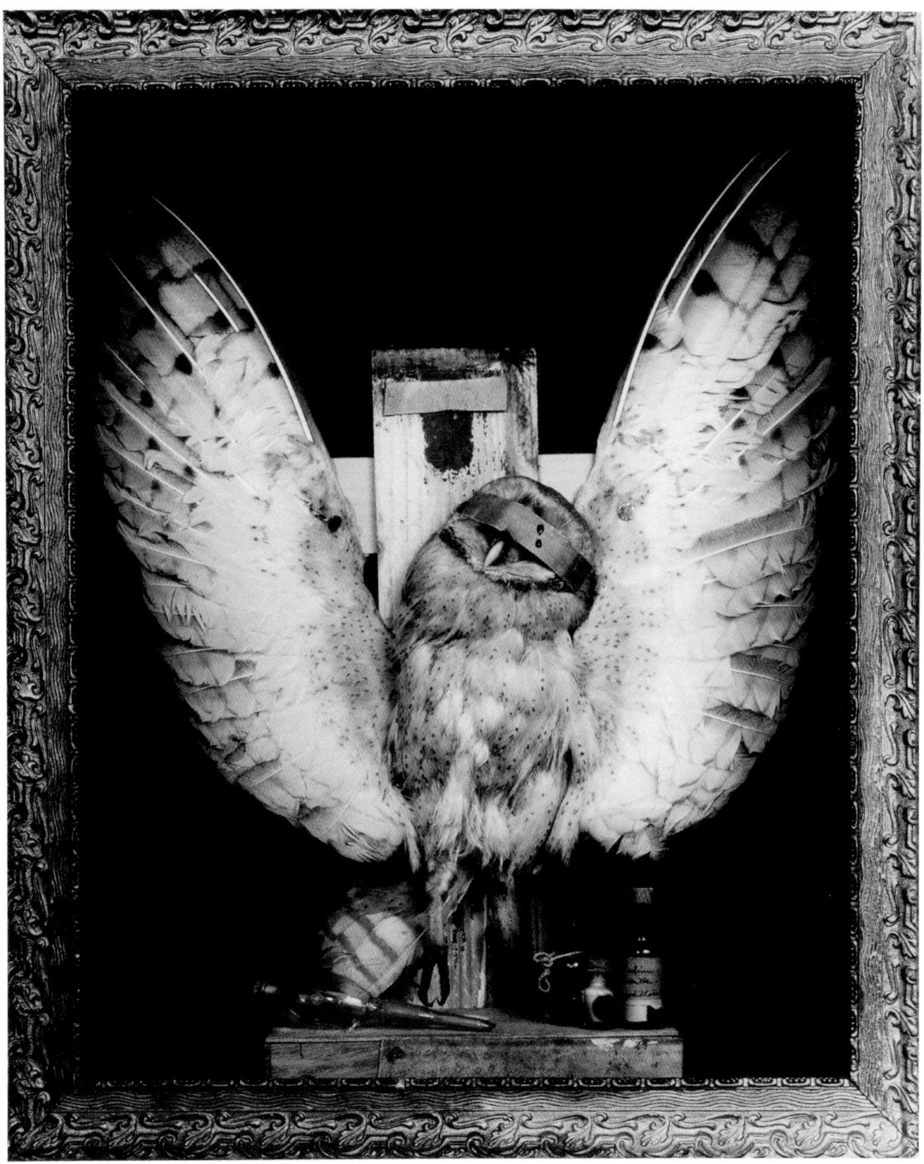

348

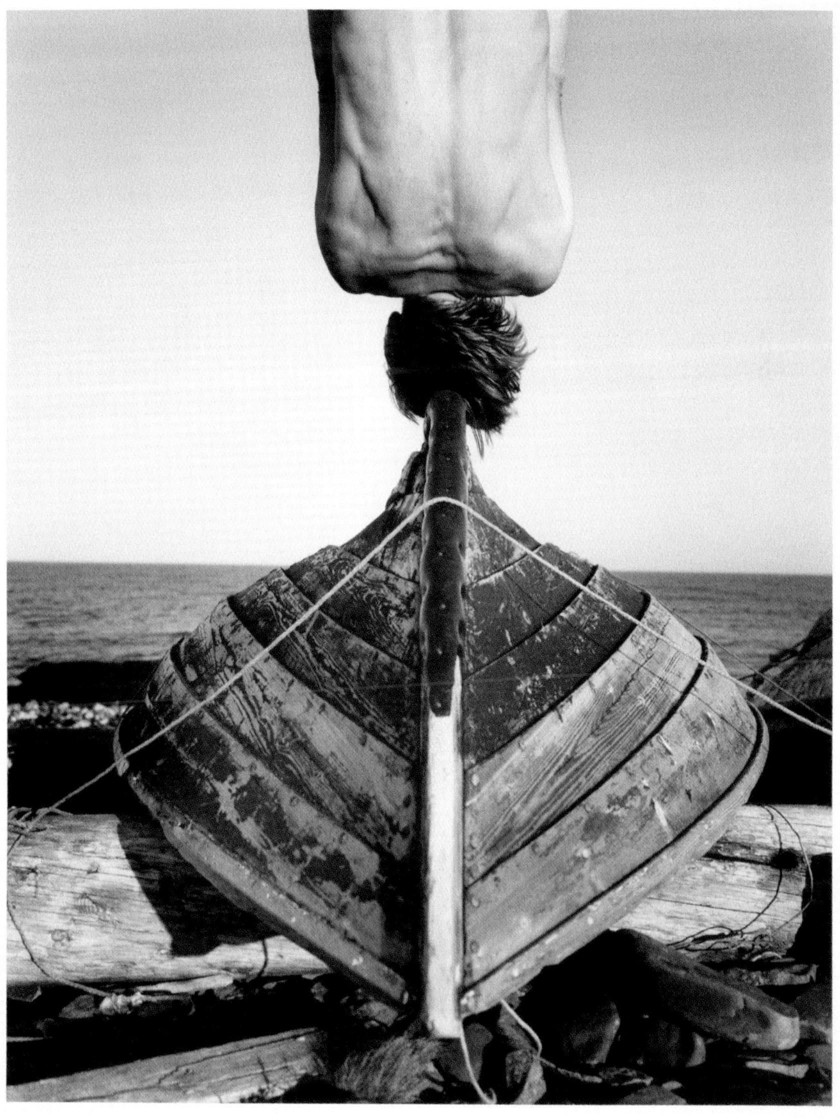

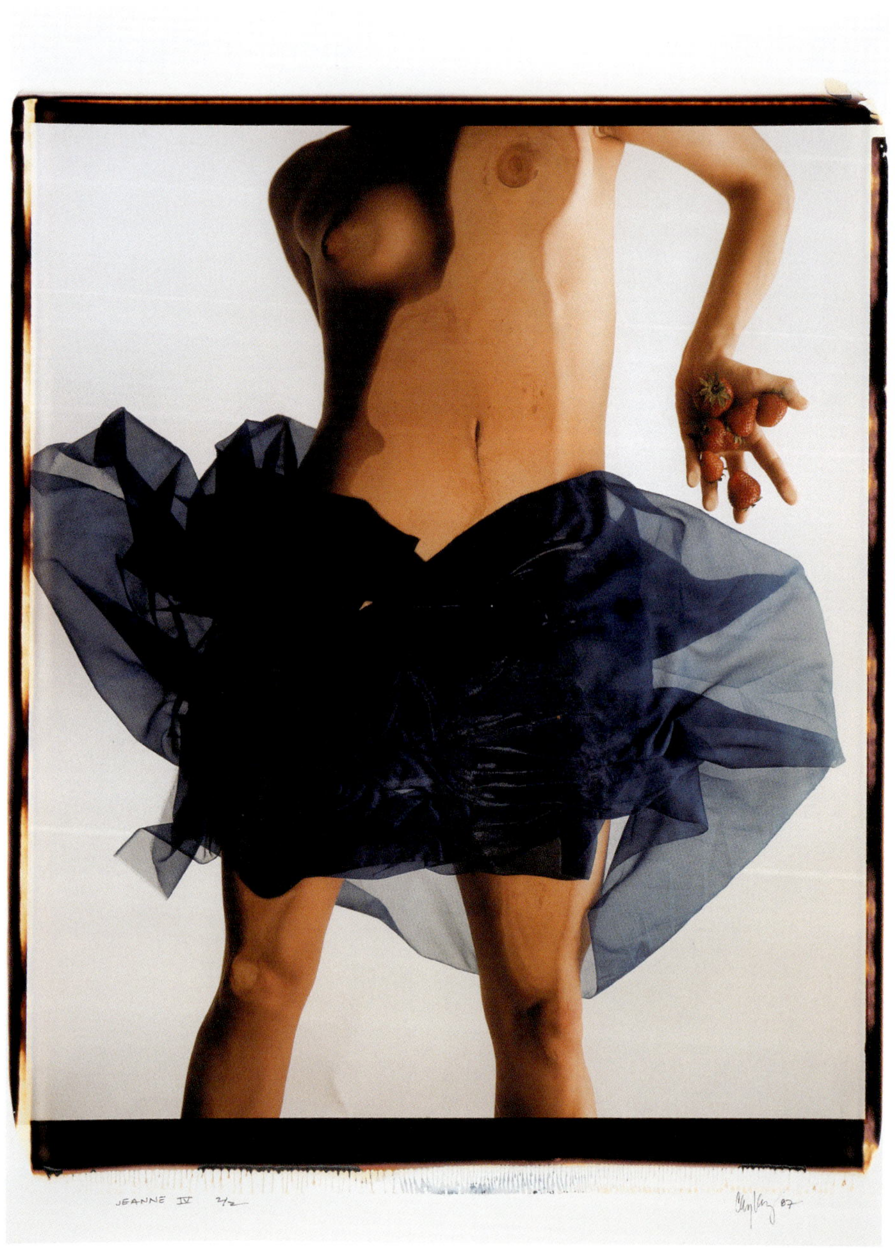

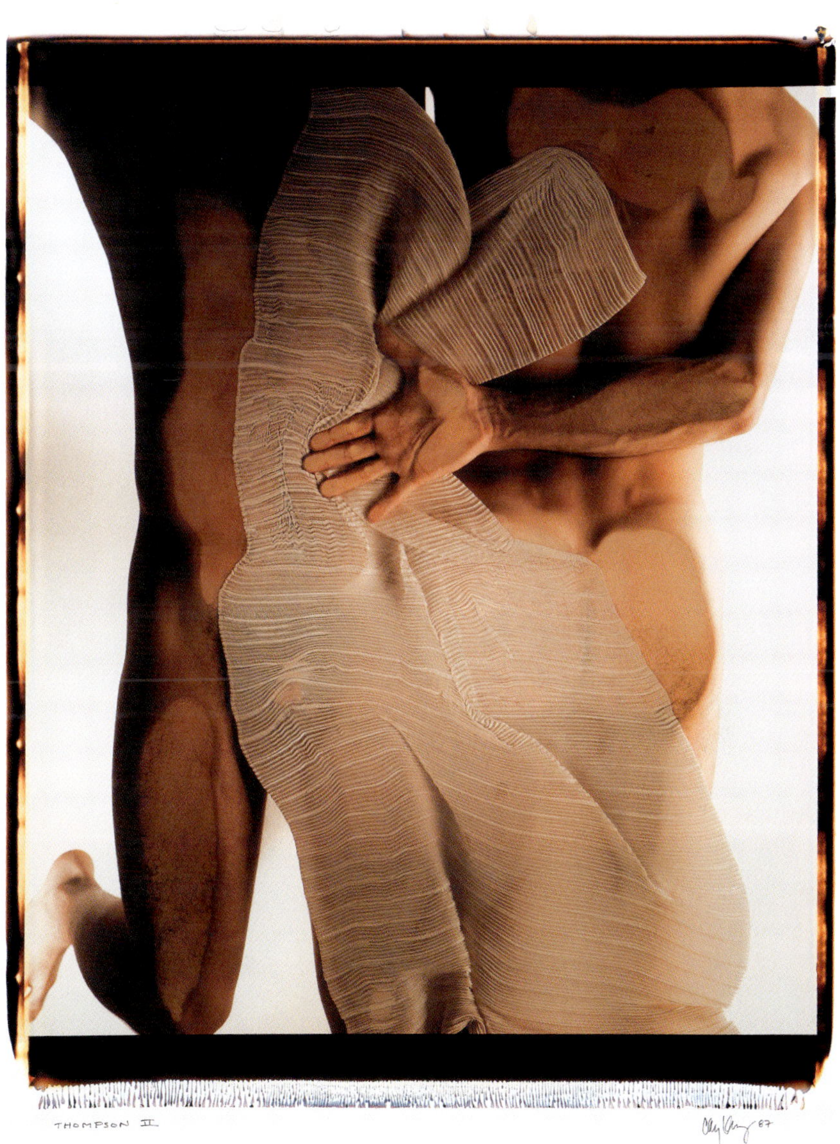

THOMPSON II

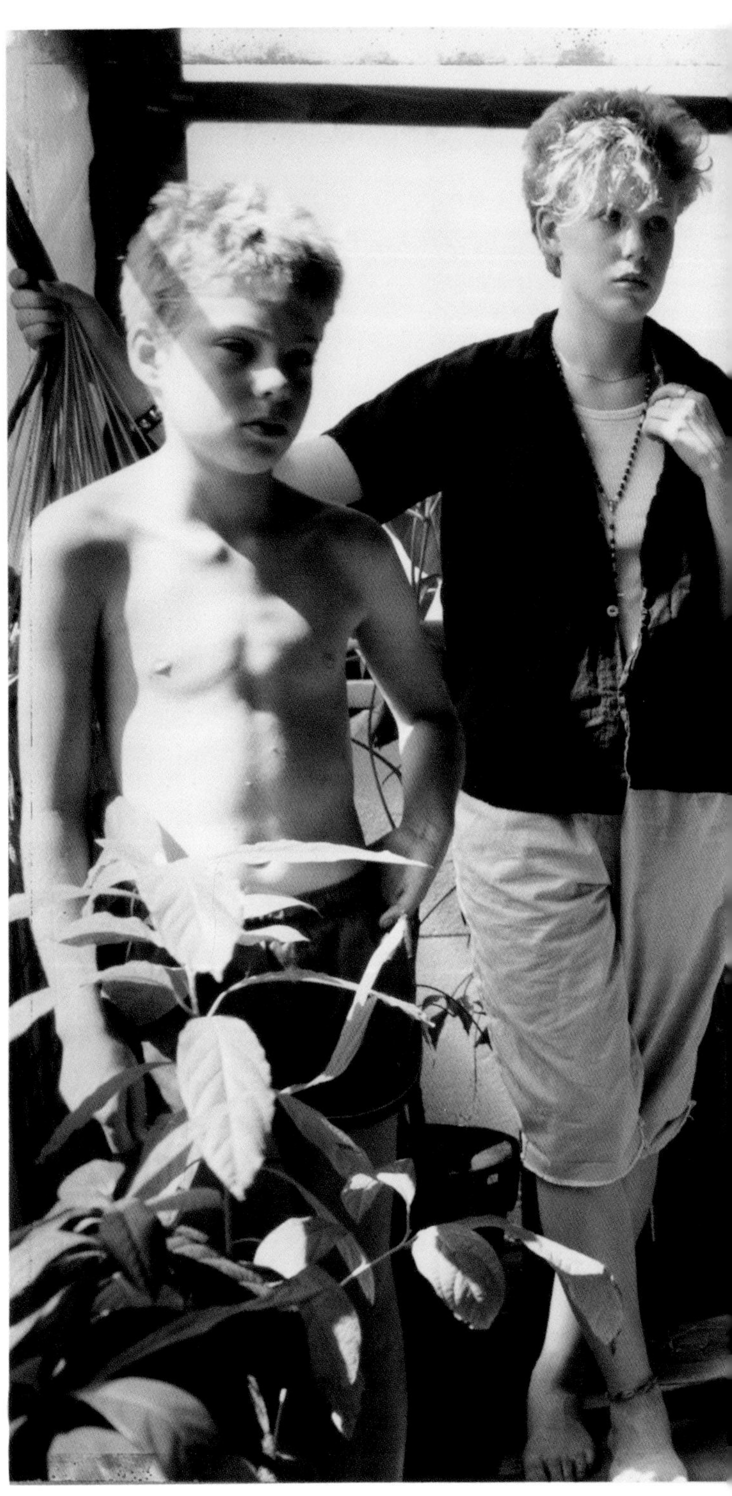

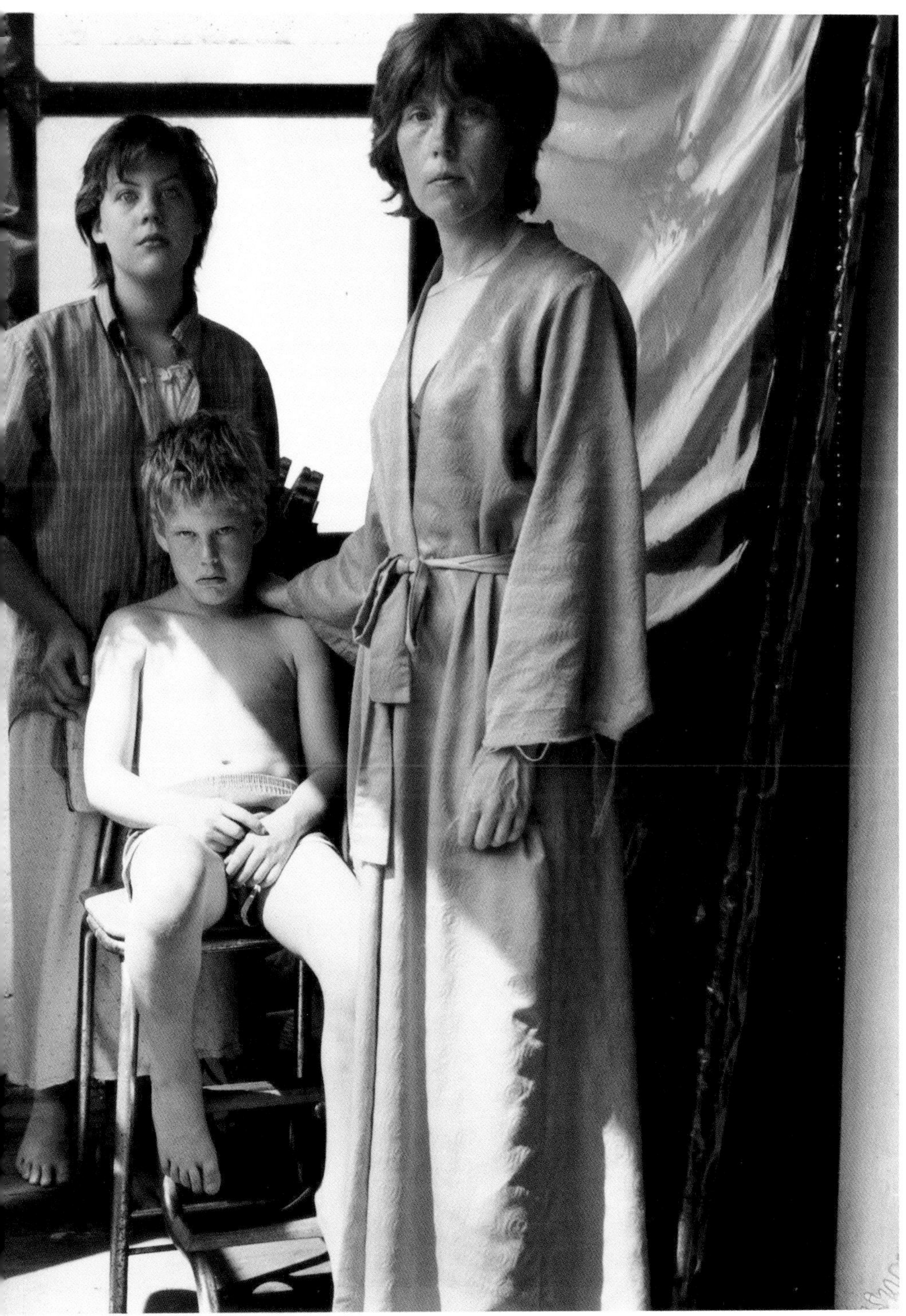

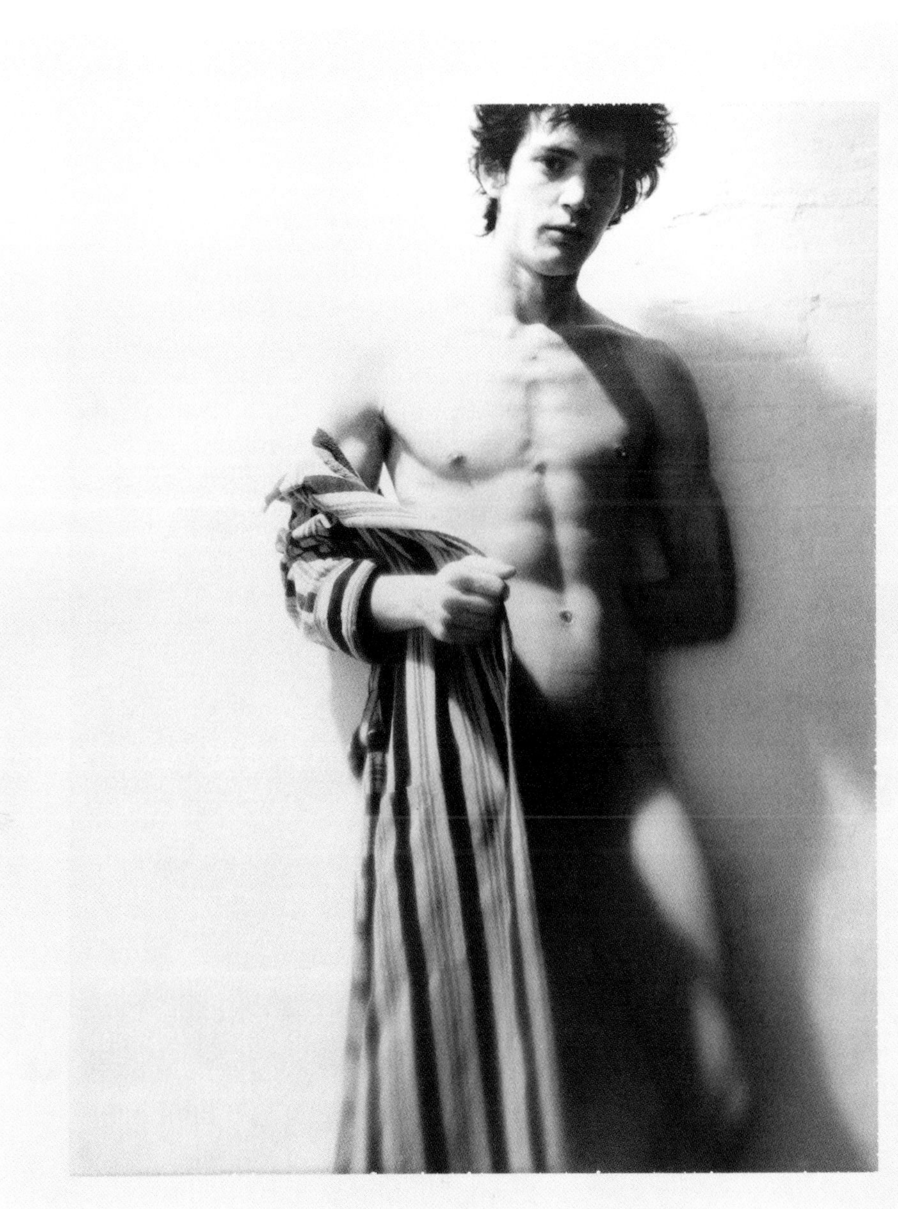

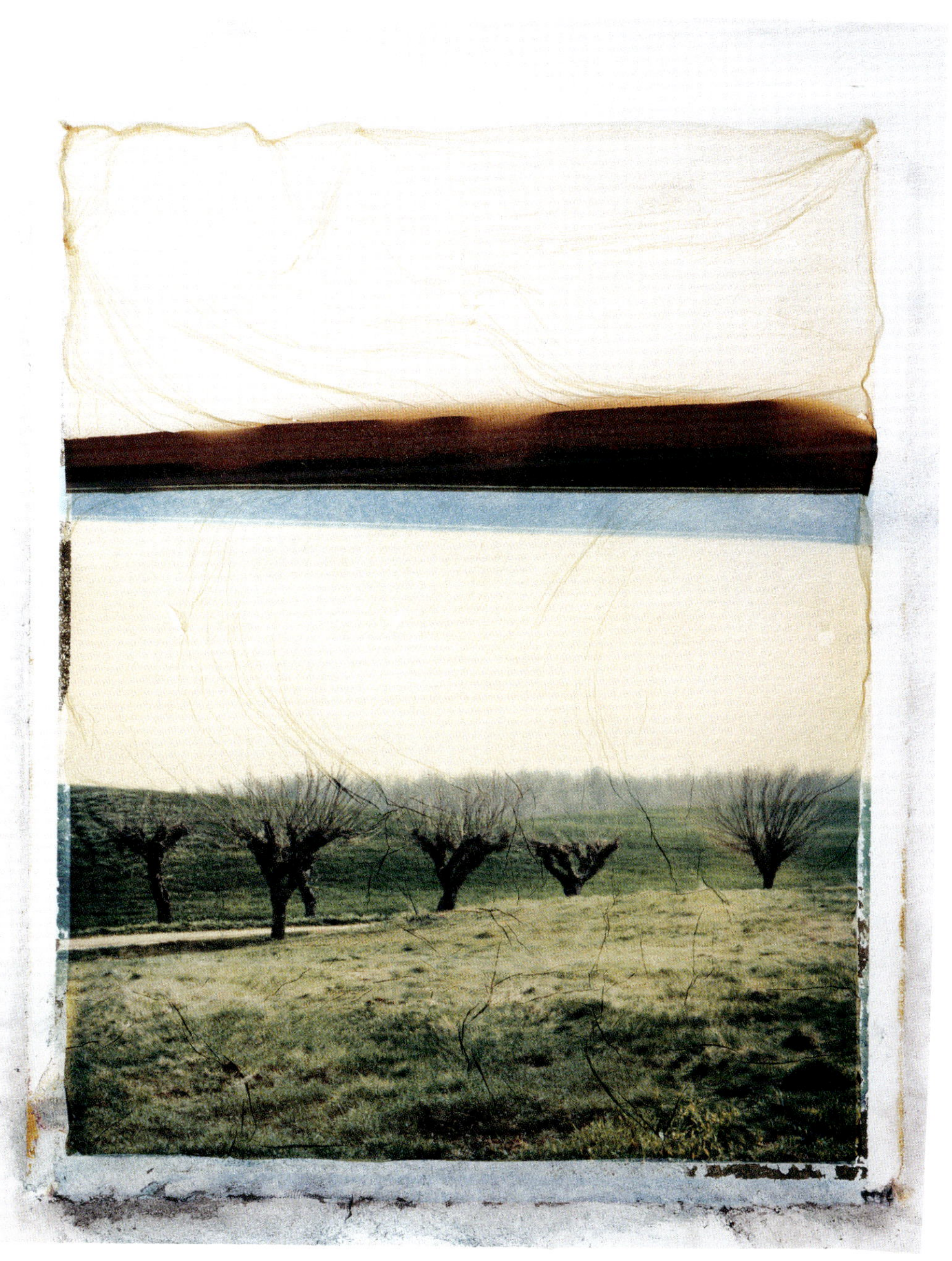

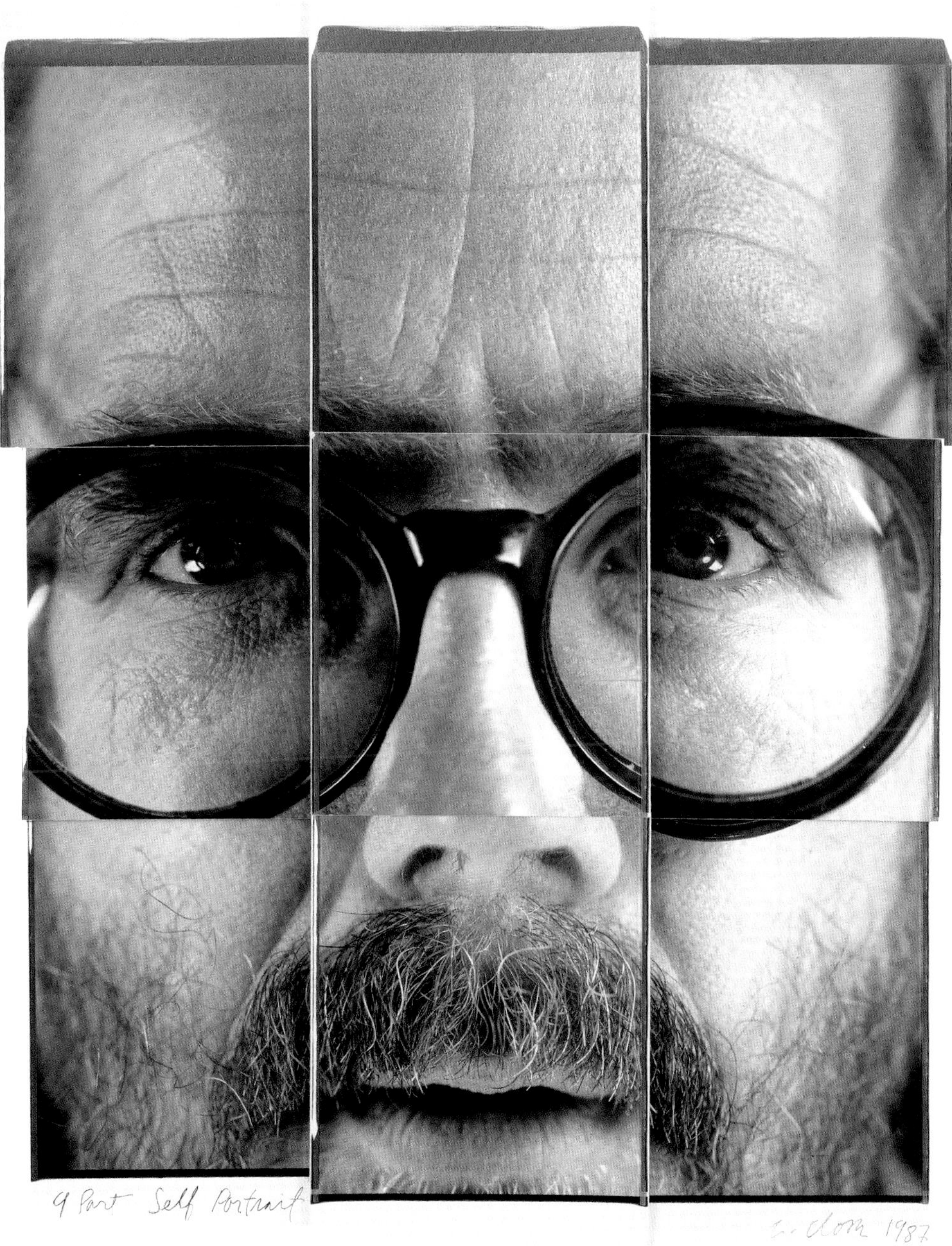

9 Part Self Portrait

~. dom 1987

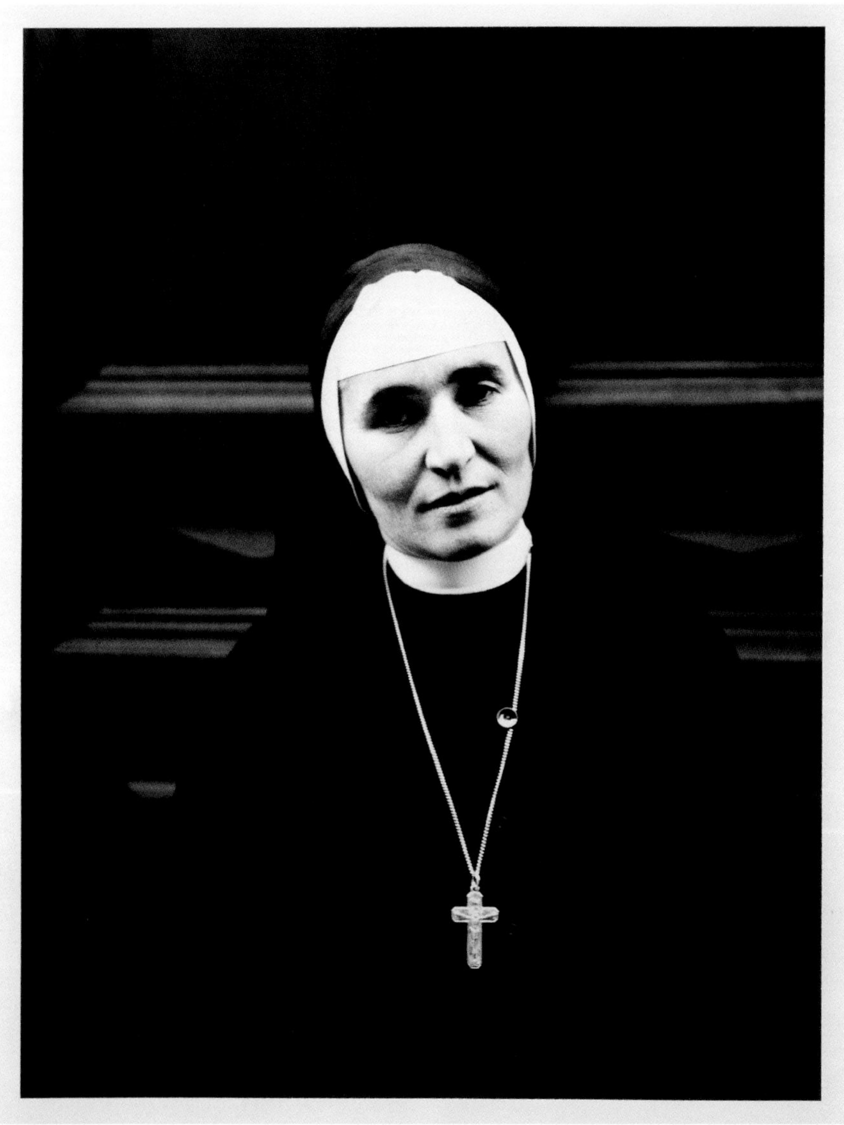

RALPH GIBSON

360

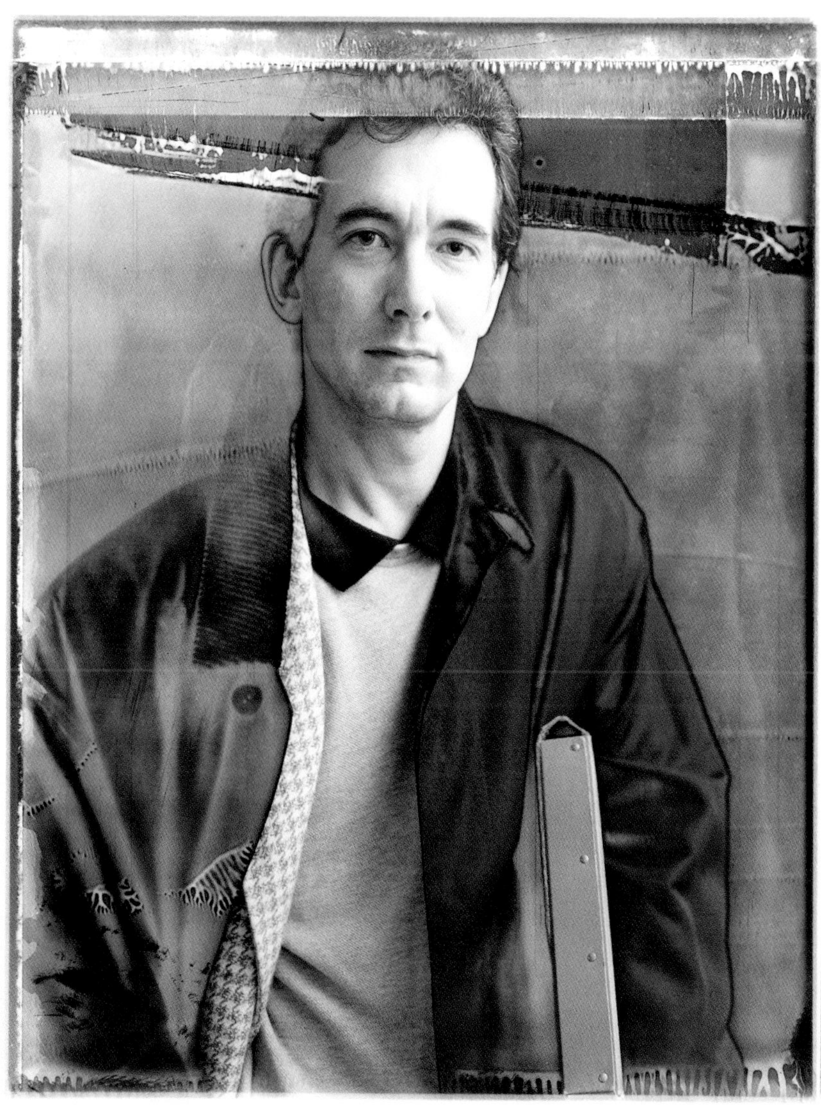

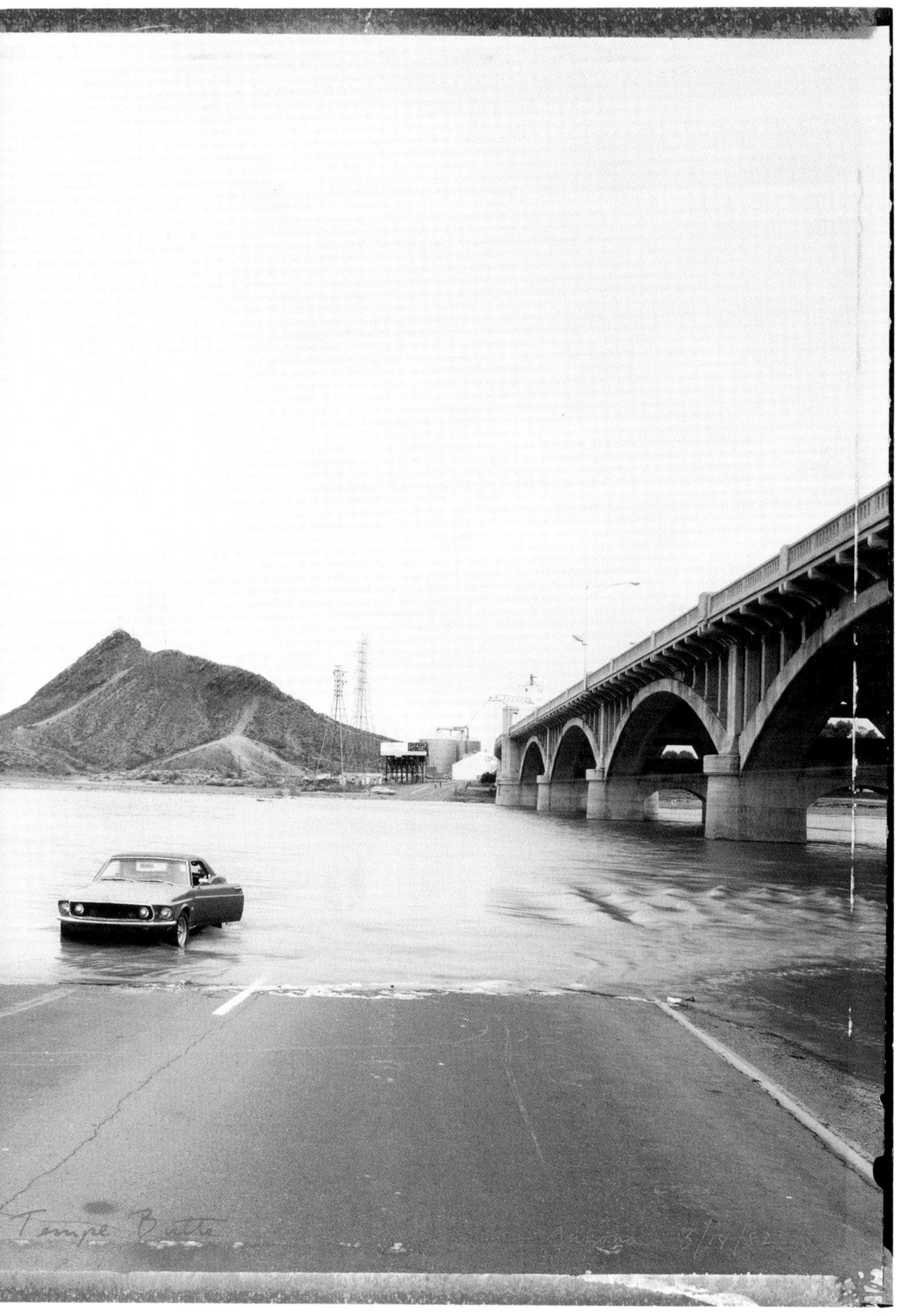

Tempe Butte

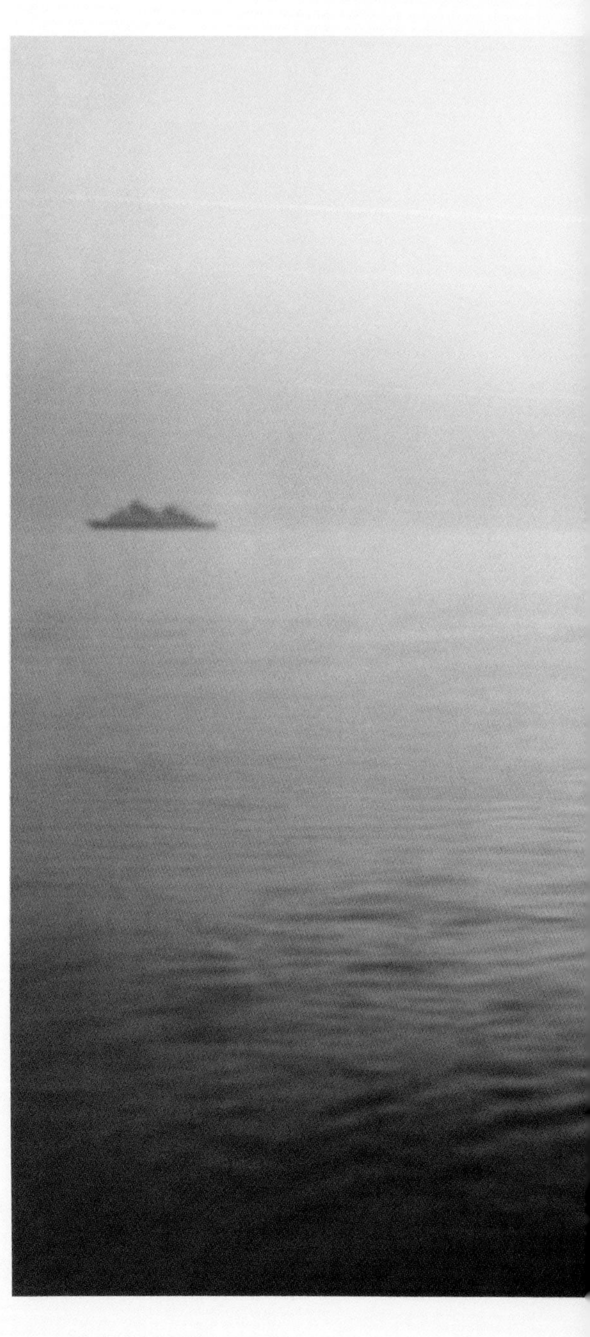

DAVID LEBE

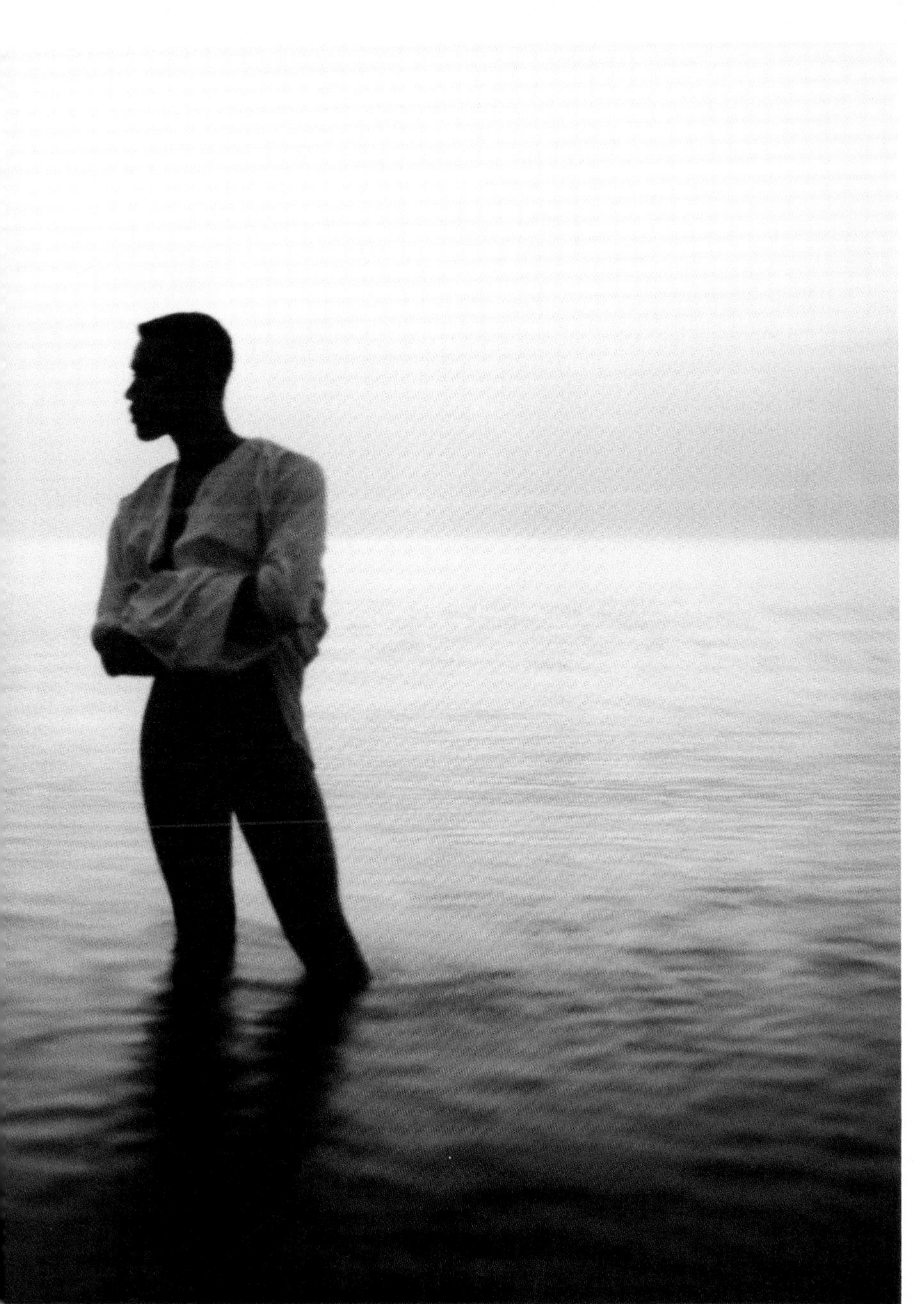

DAVID LEBE

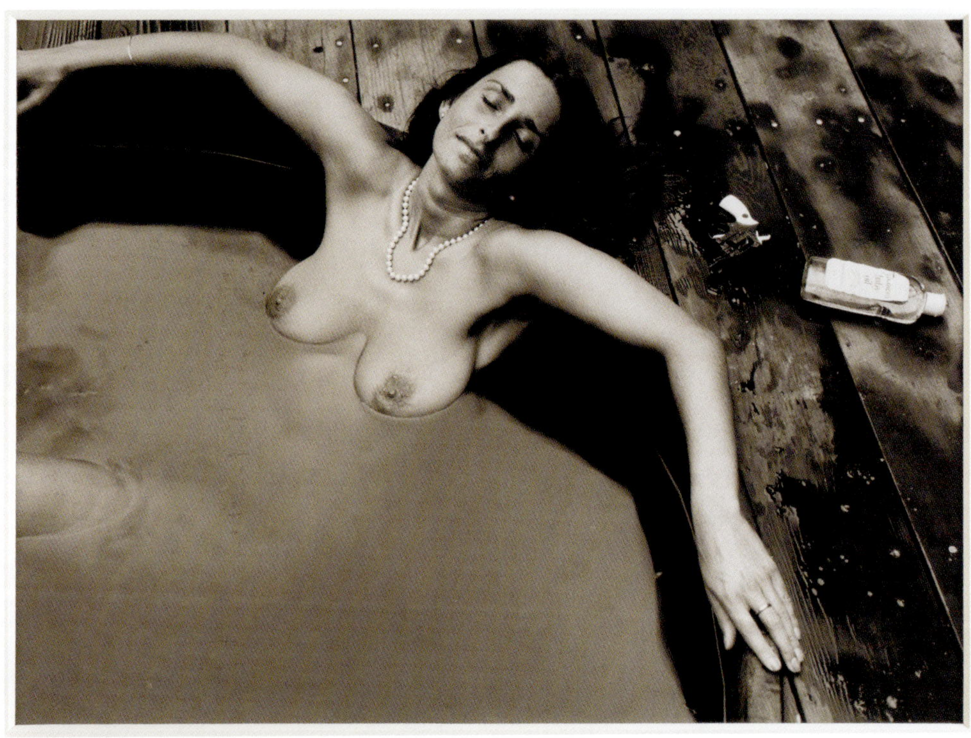

366

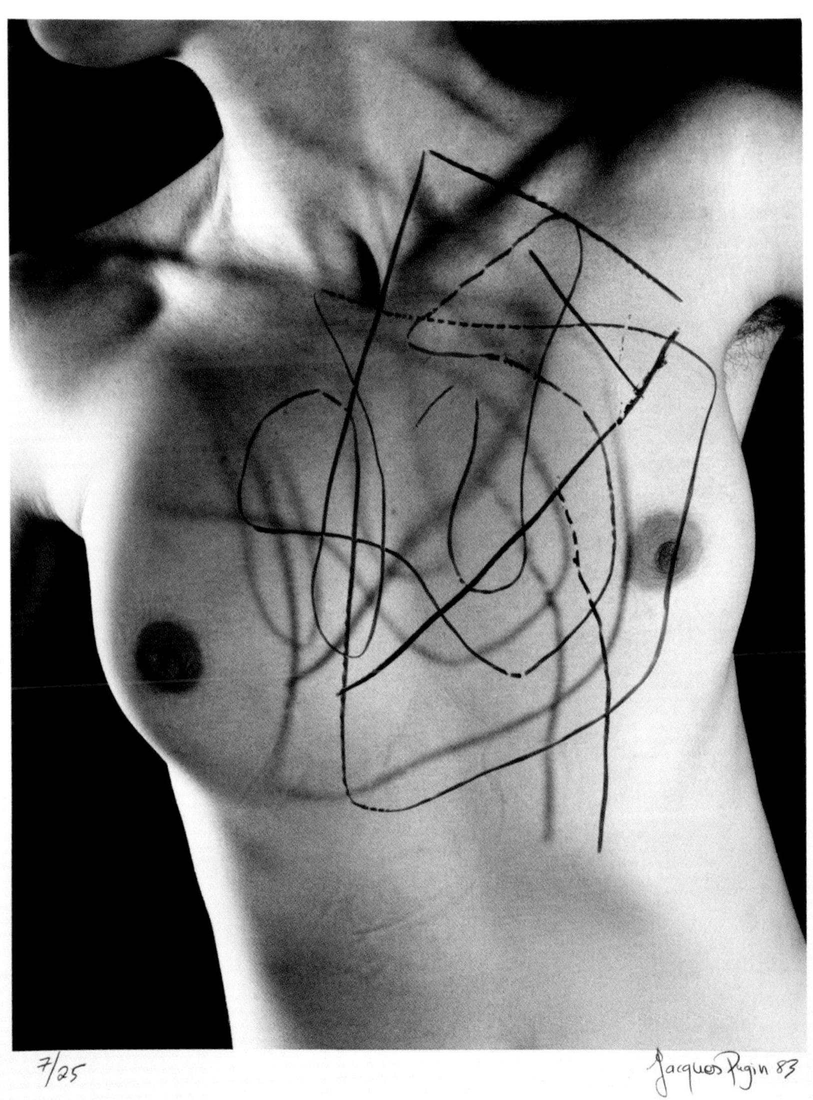
7/25
Jacques Pugin 83

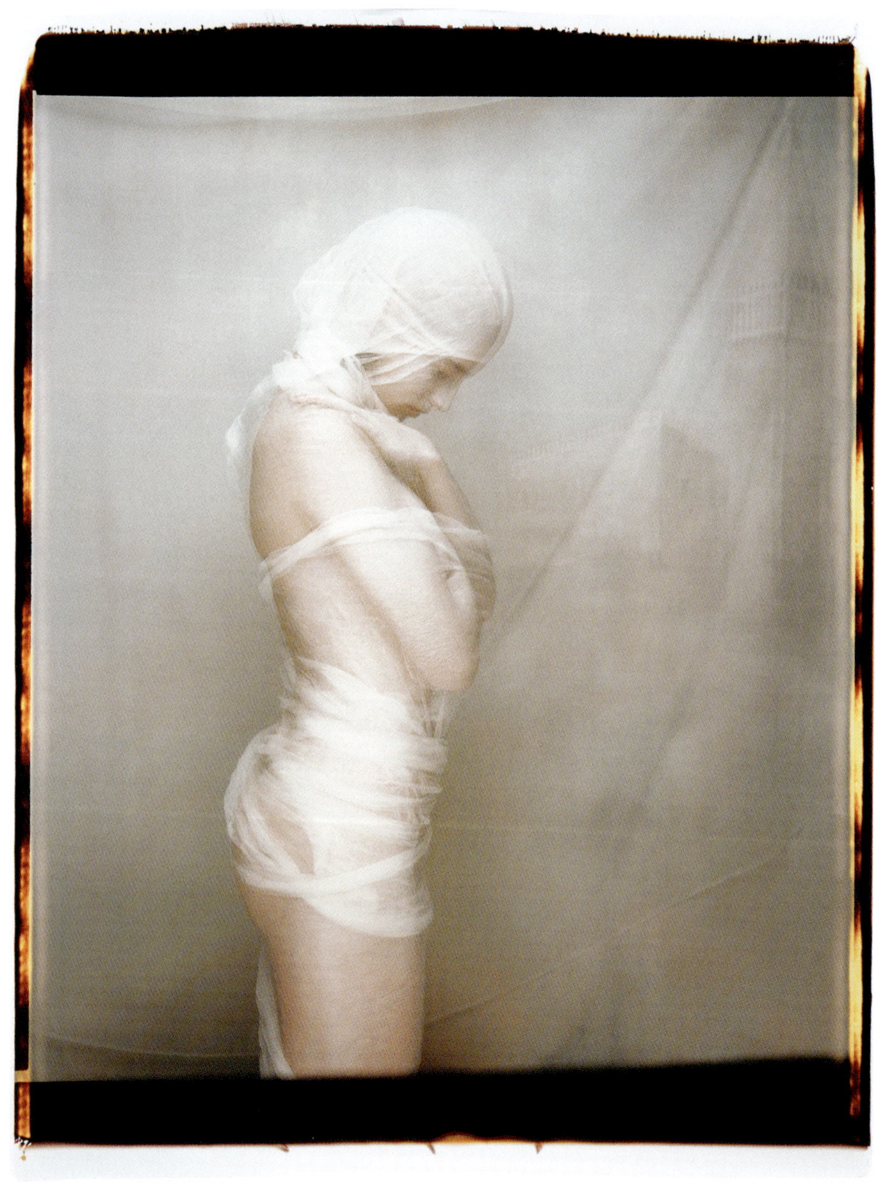

368

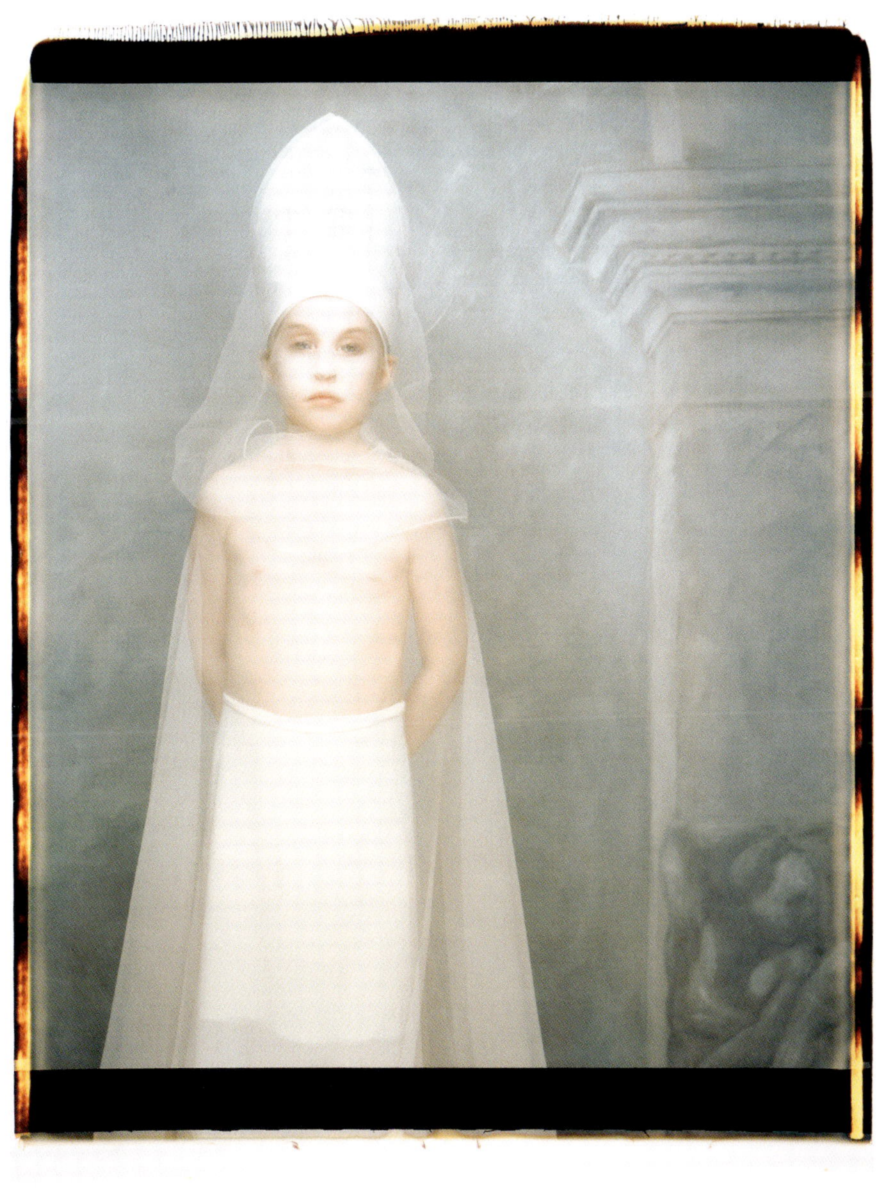

JOYCE TENNESON

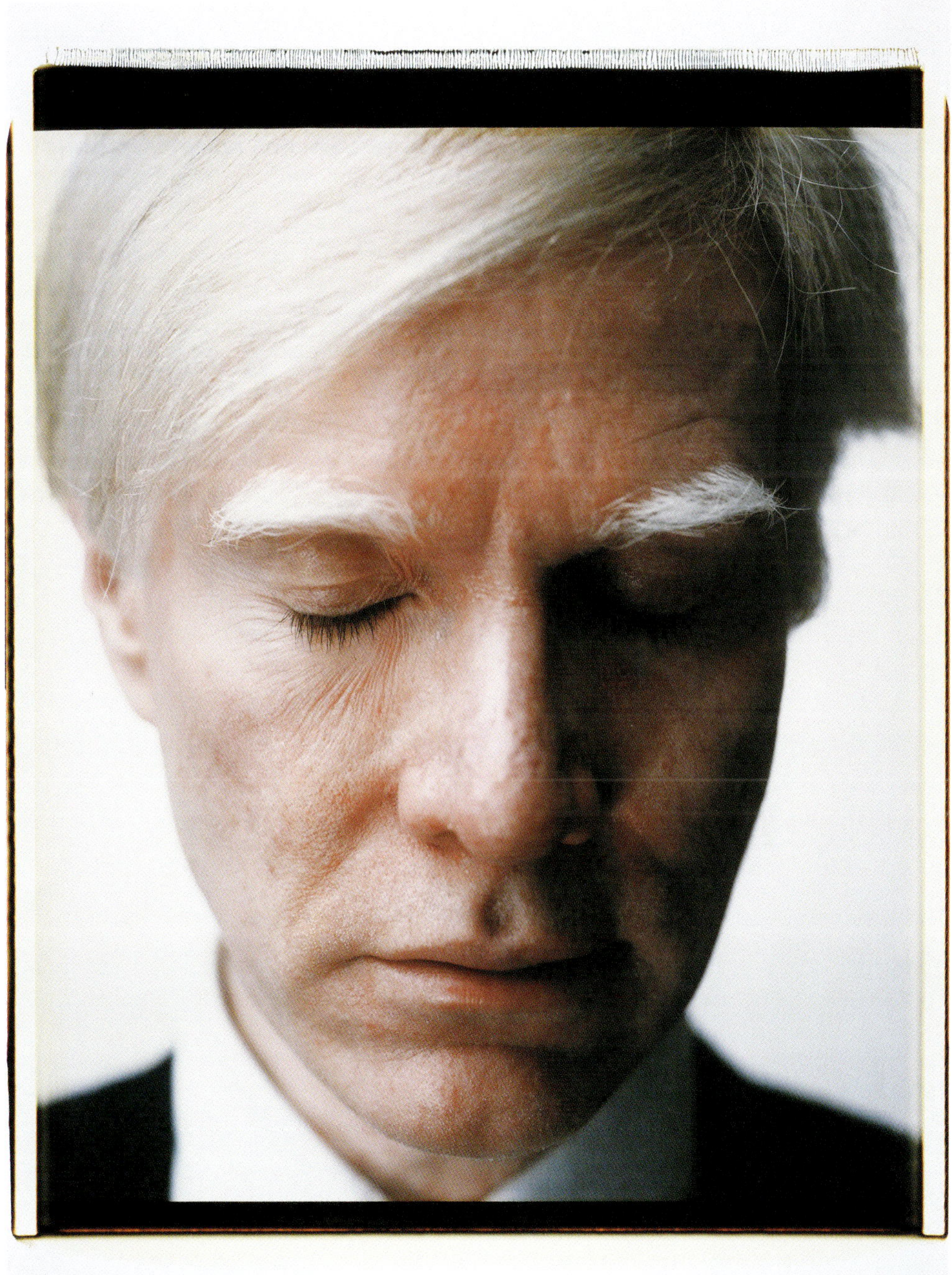

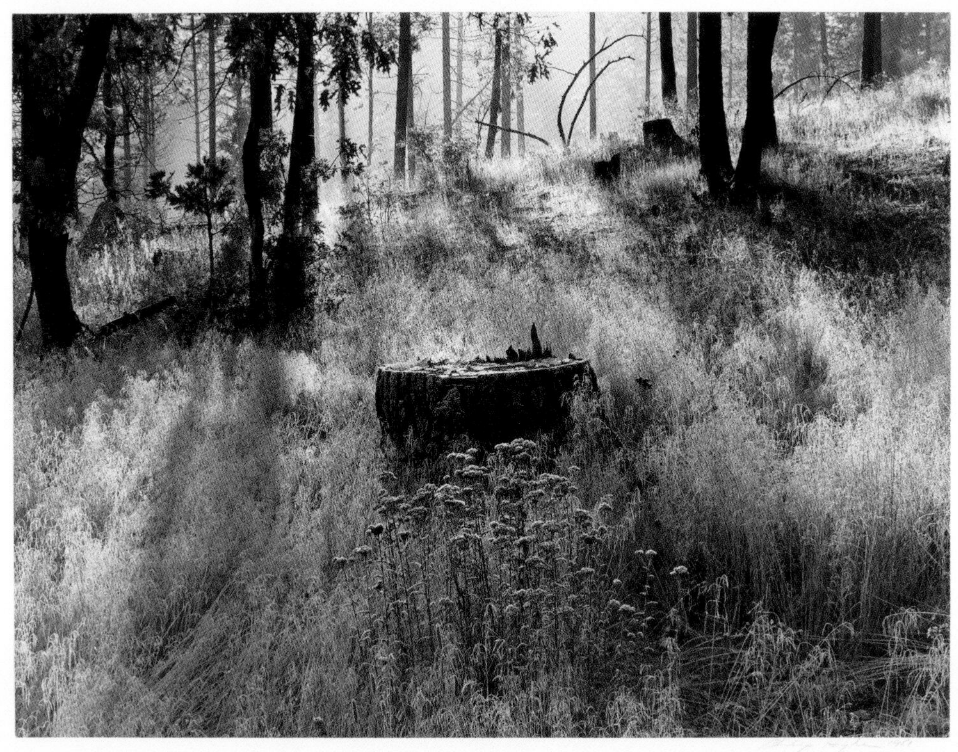

PHILIP HYDE

372

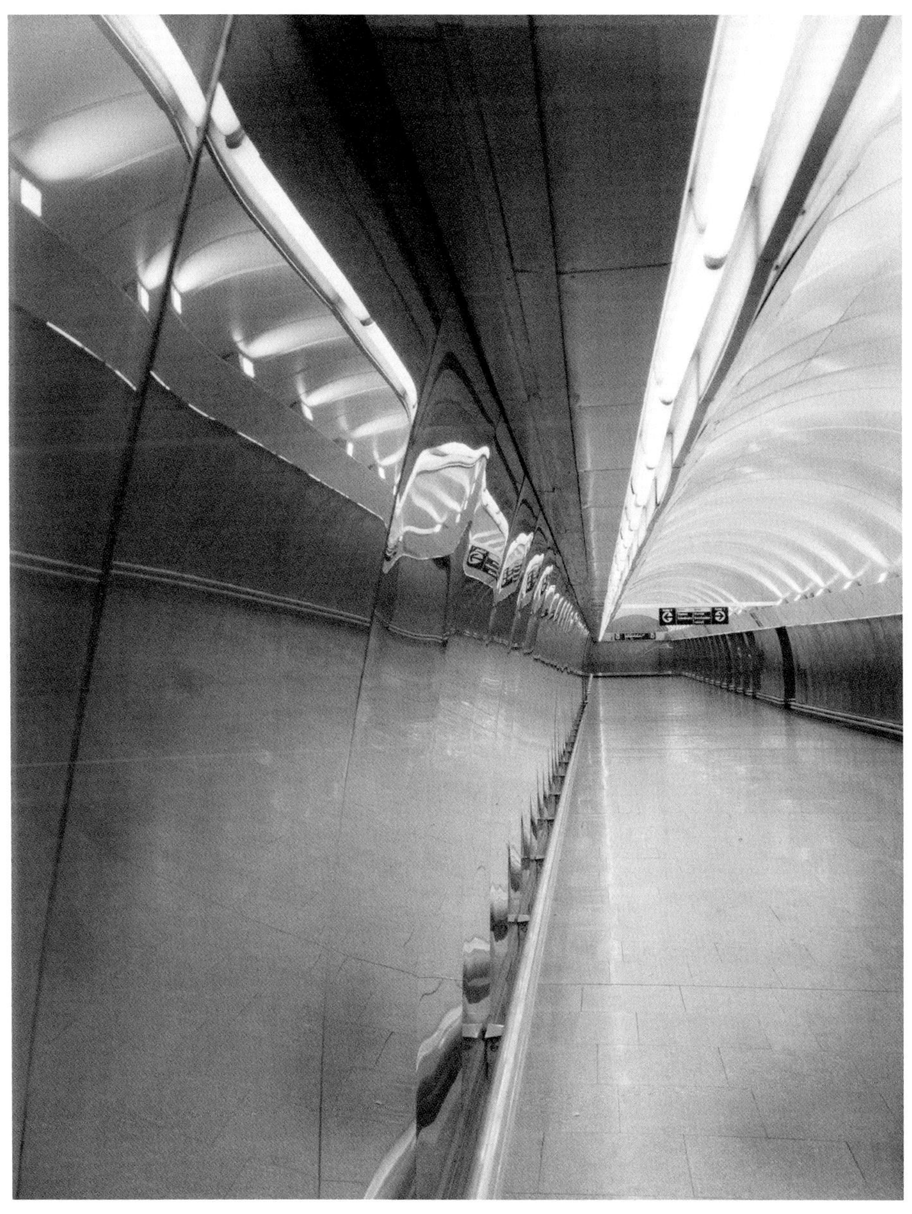

JAROSLAV BENES

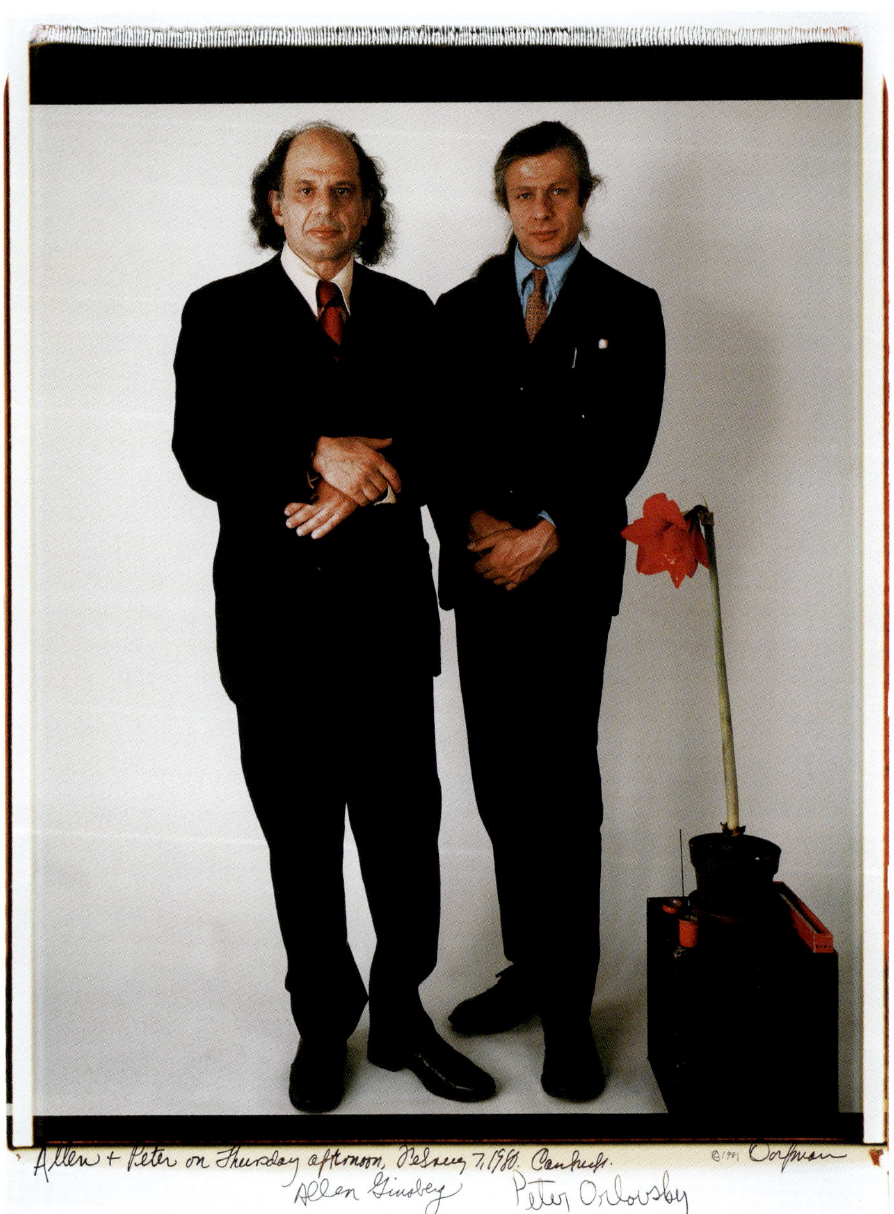

Allen + Peter on Thursday afternoon, February 7, 1980. Cambridge.
Allen Ginsberg   Peter Orlovsky
©1980 Dorfman

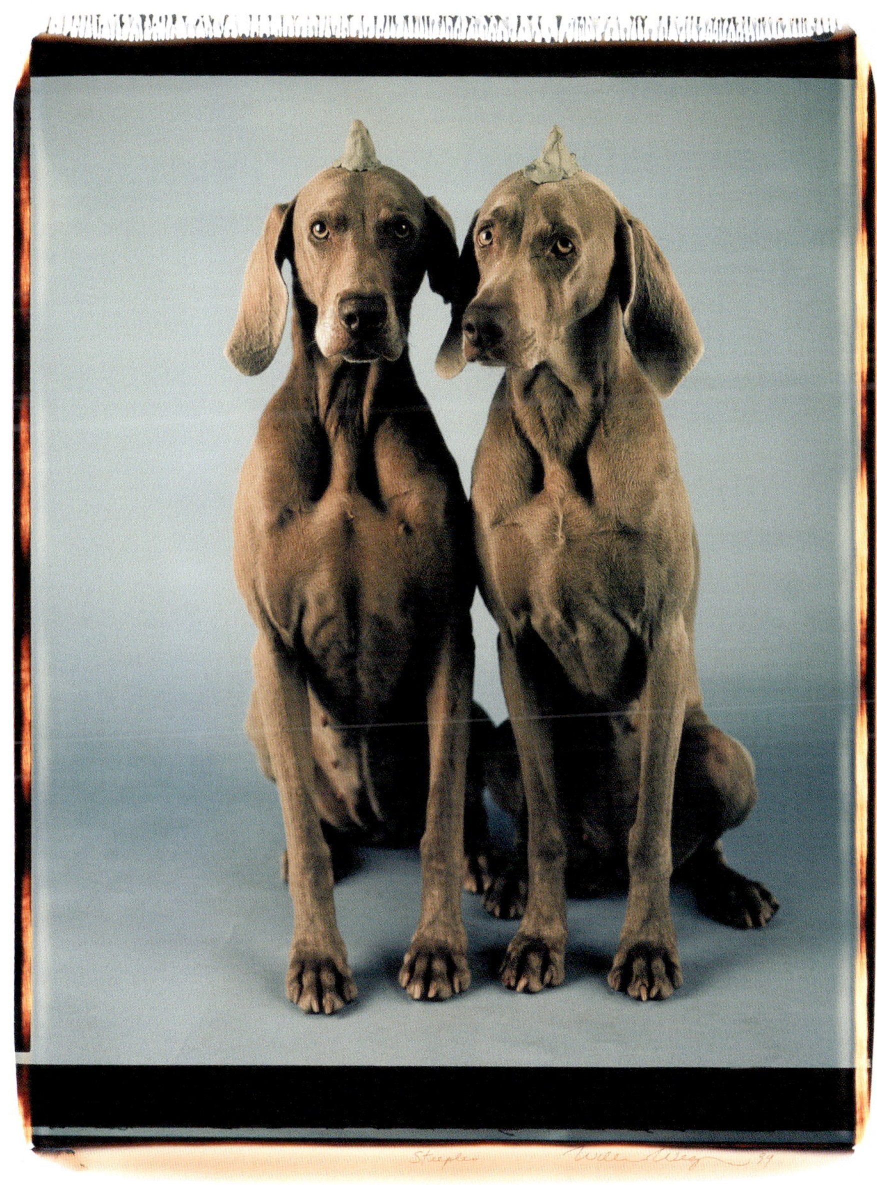

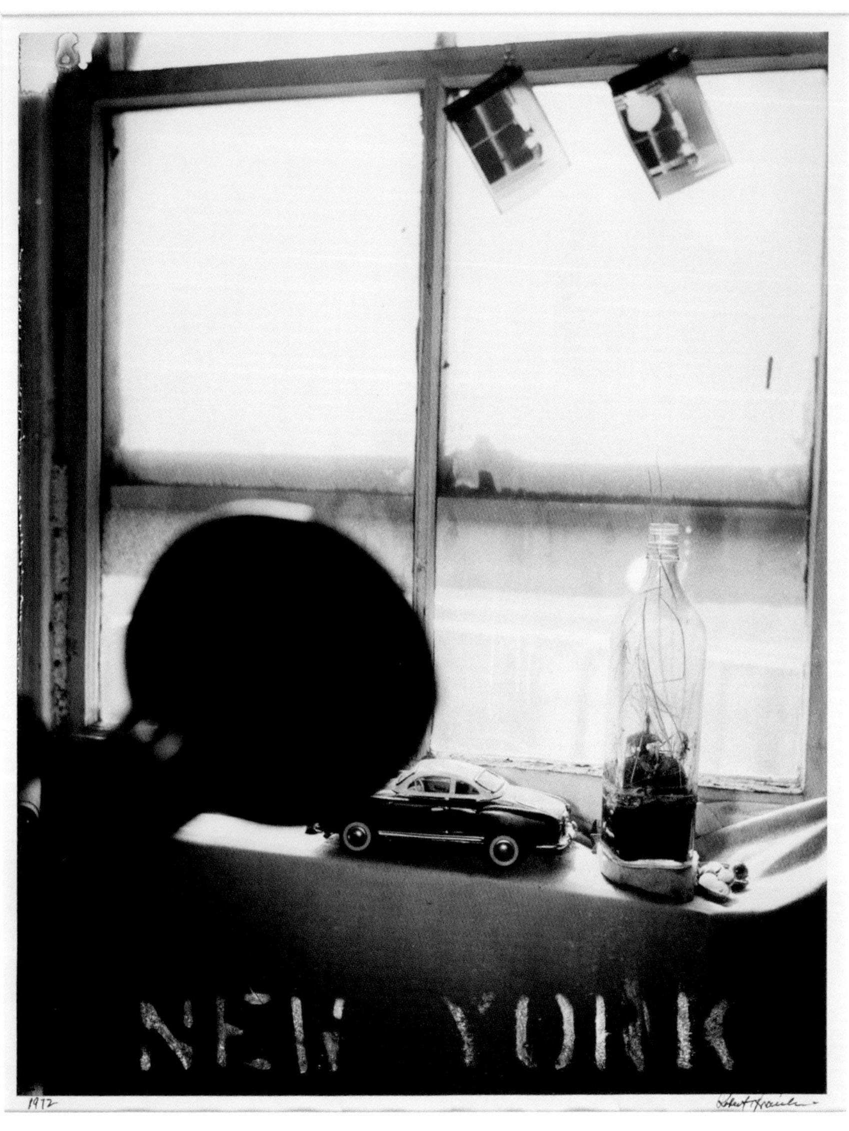

376

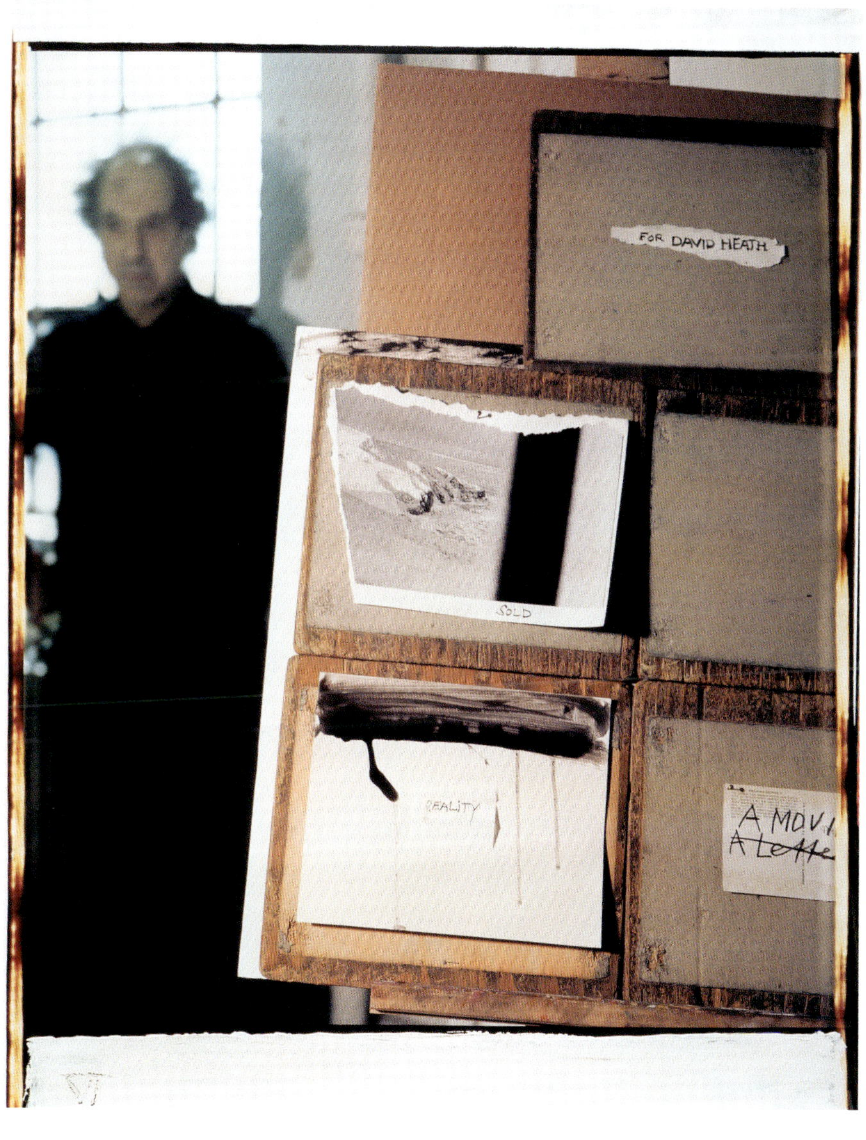

FOR DAVID HEATH
SOLD
REALITY
A MOVI
A Lette

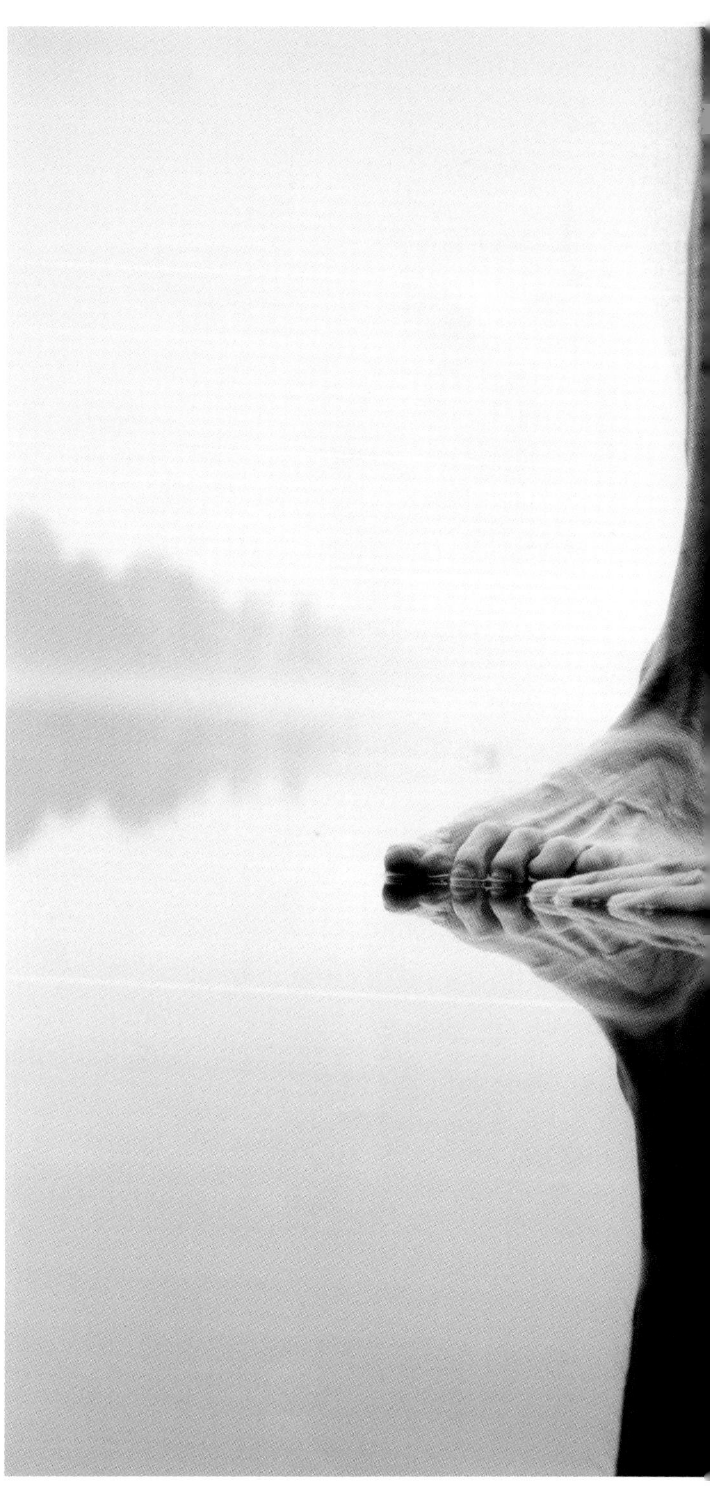

378

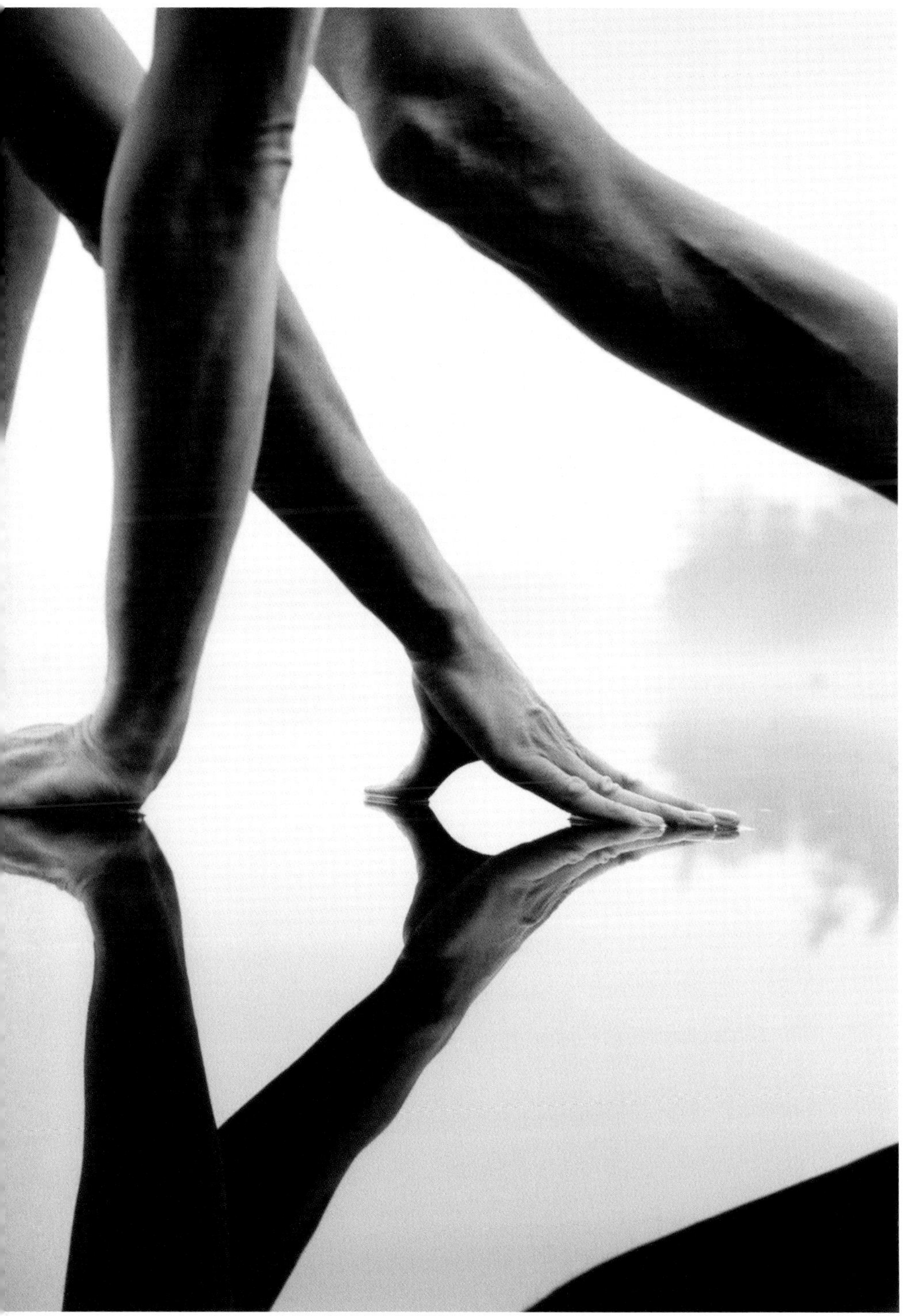

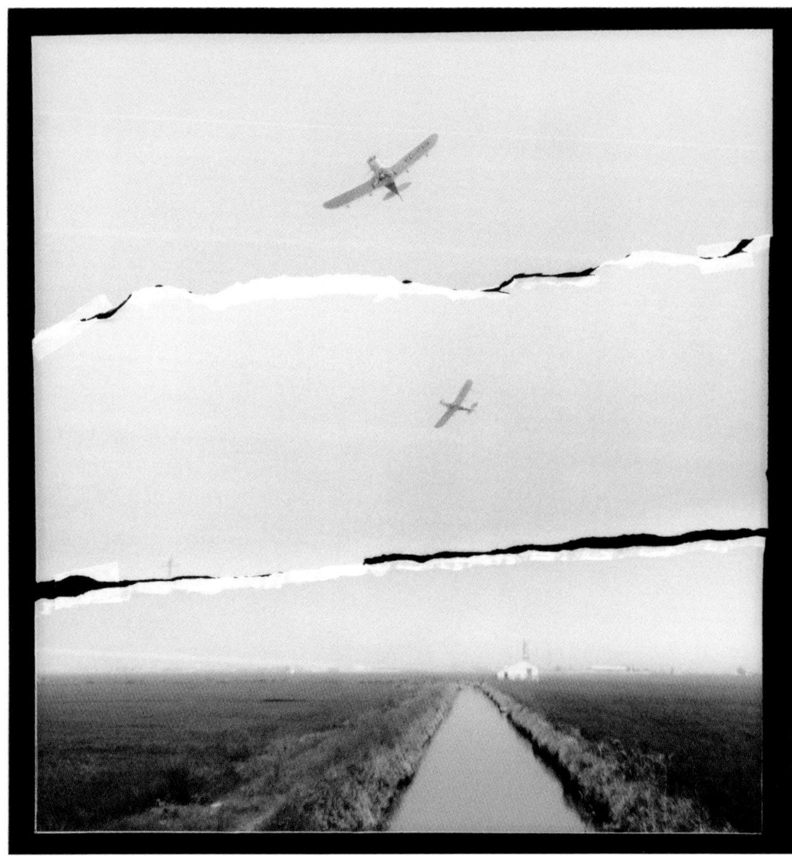

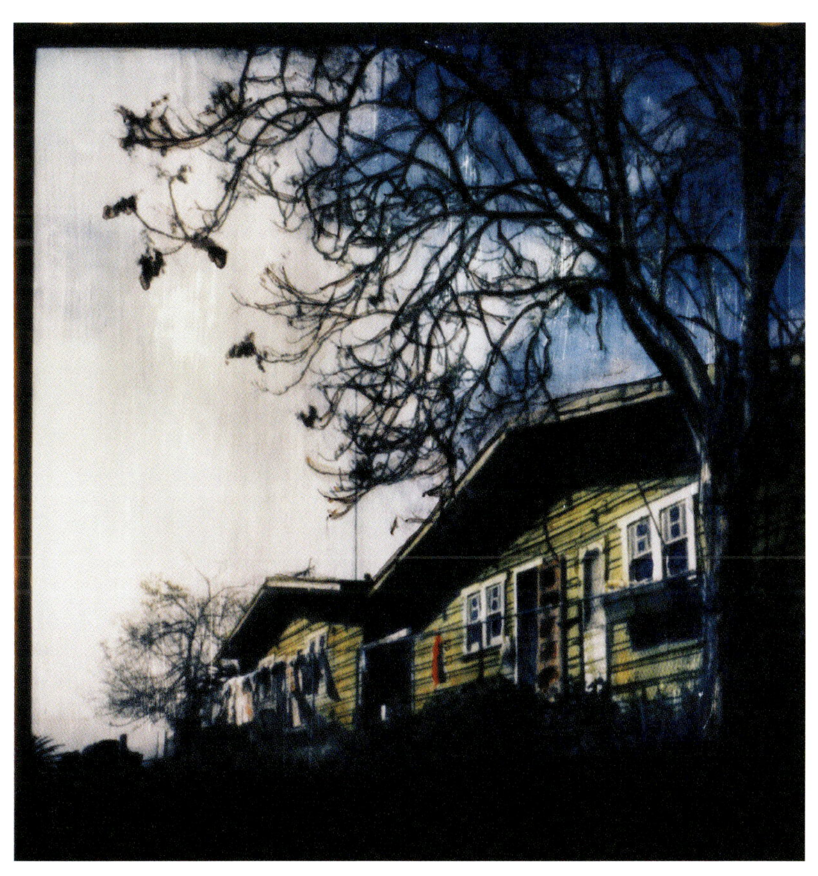

JIM LEE

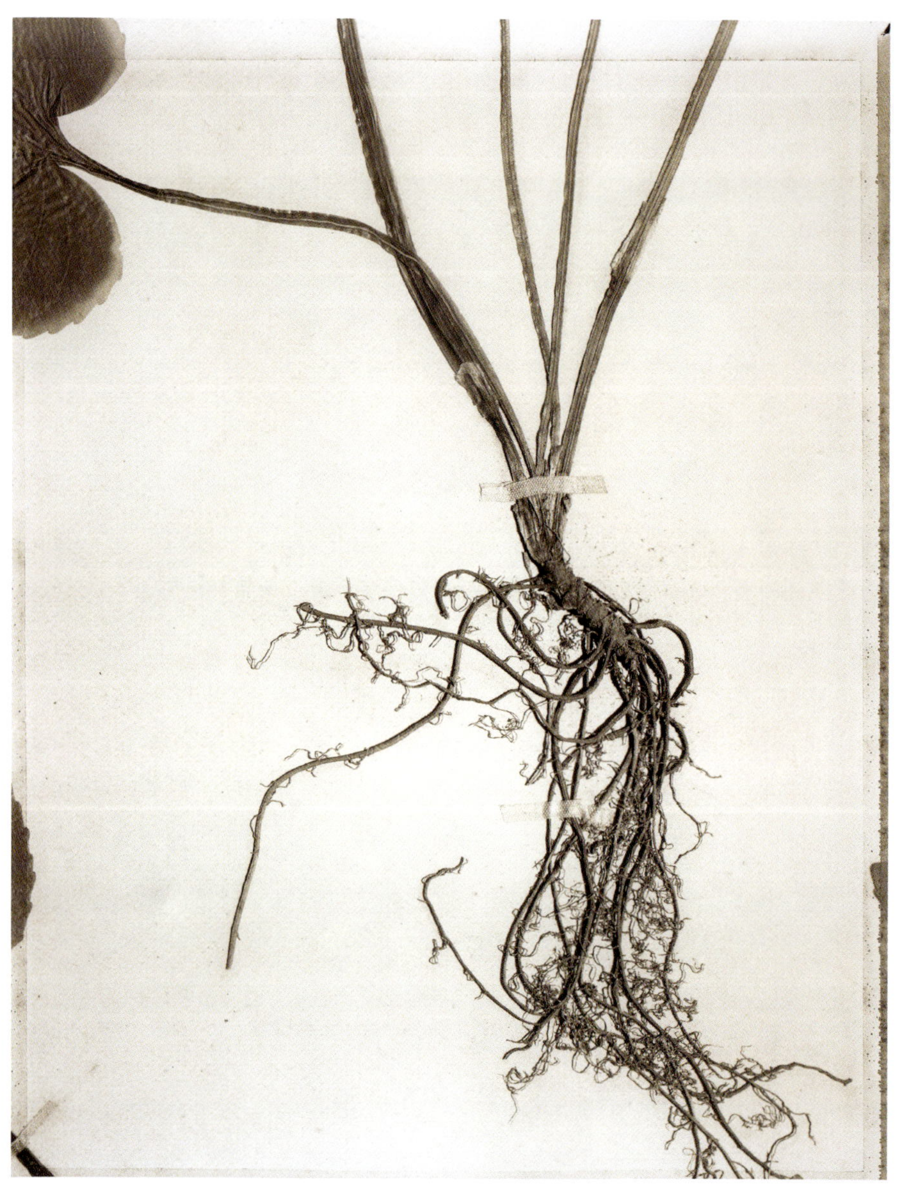

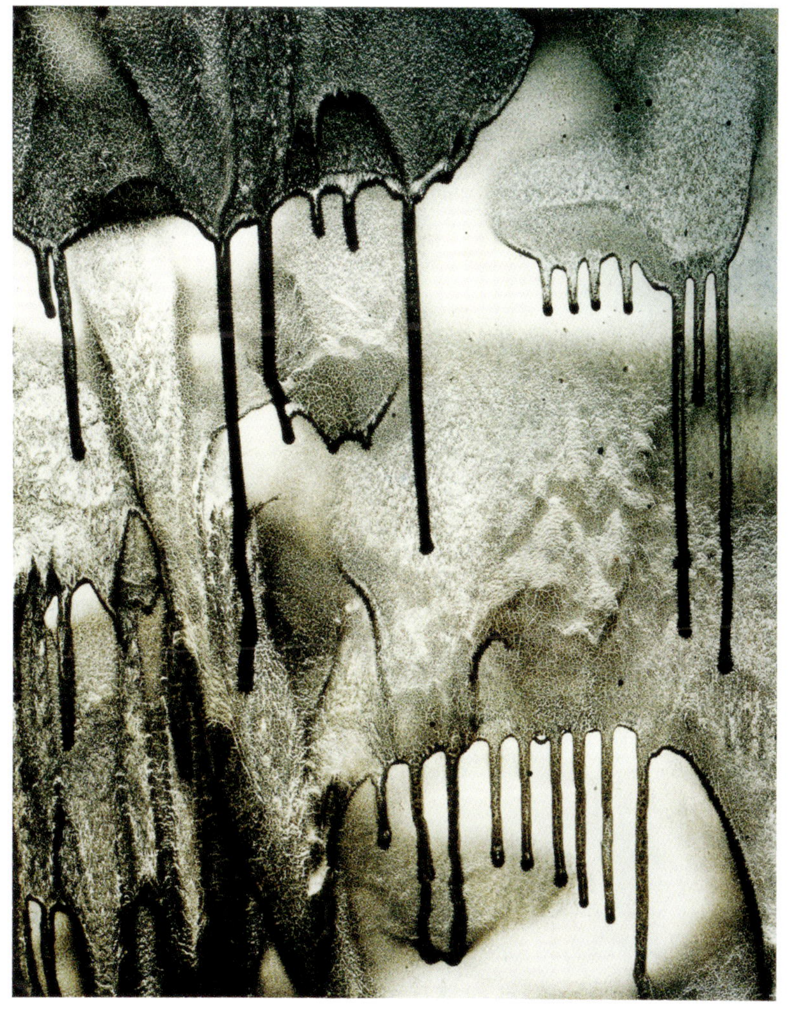

JOHN SEXTON

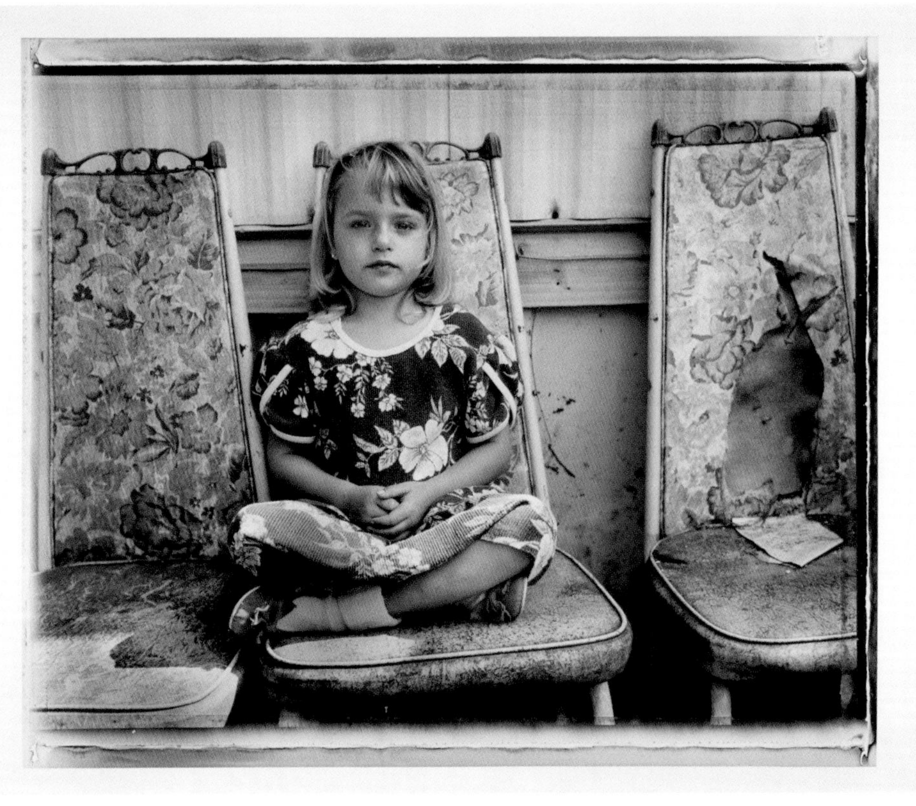

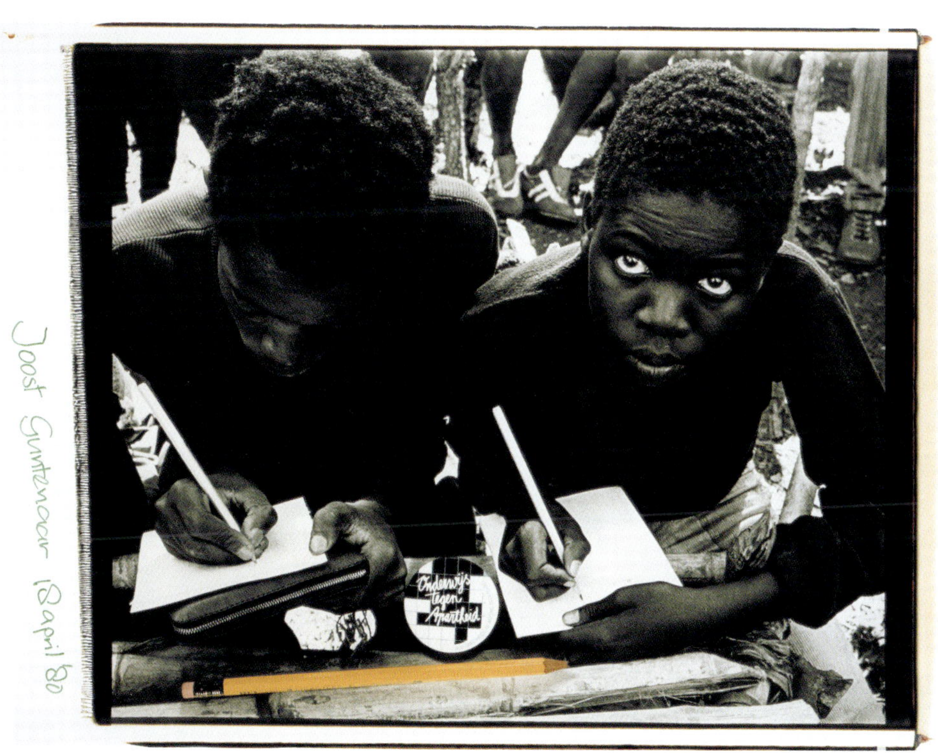
Joost Guntenaar 18 april 80

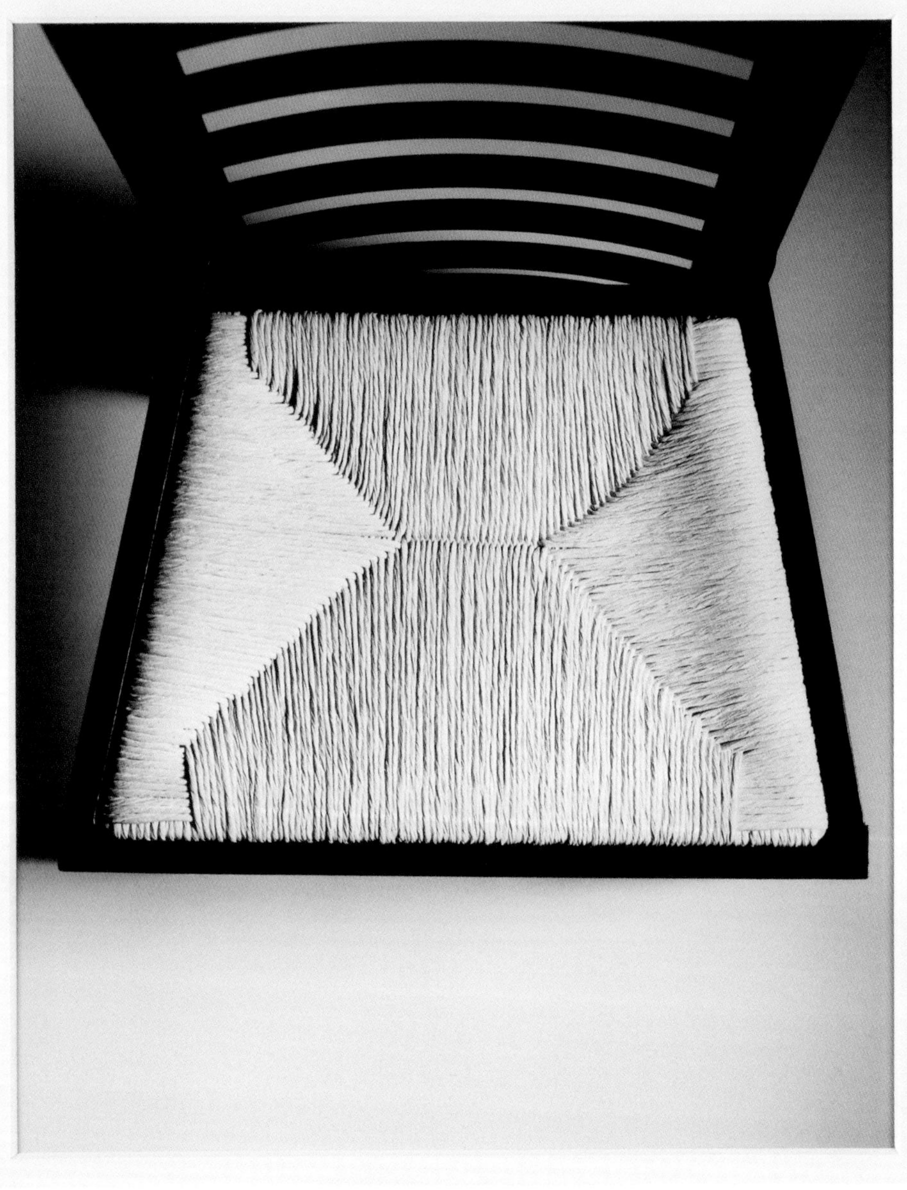

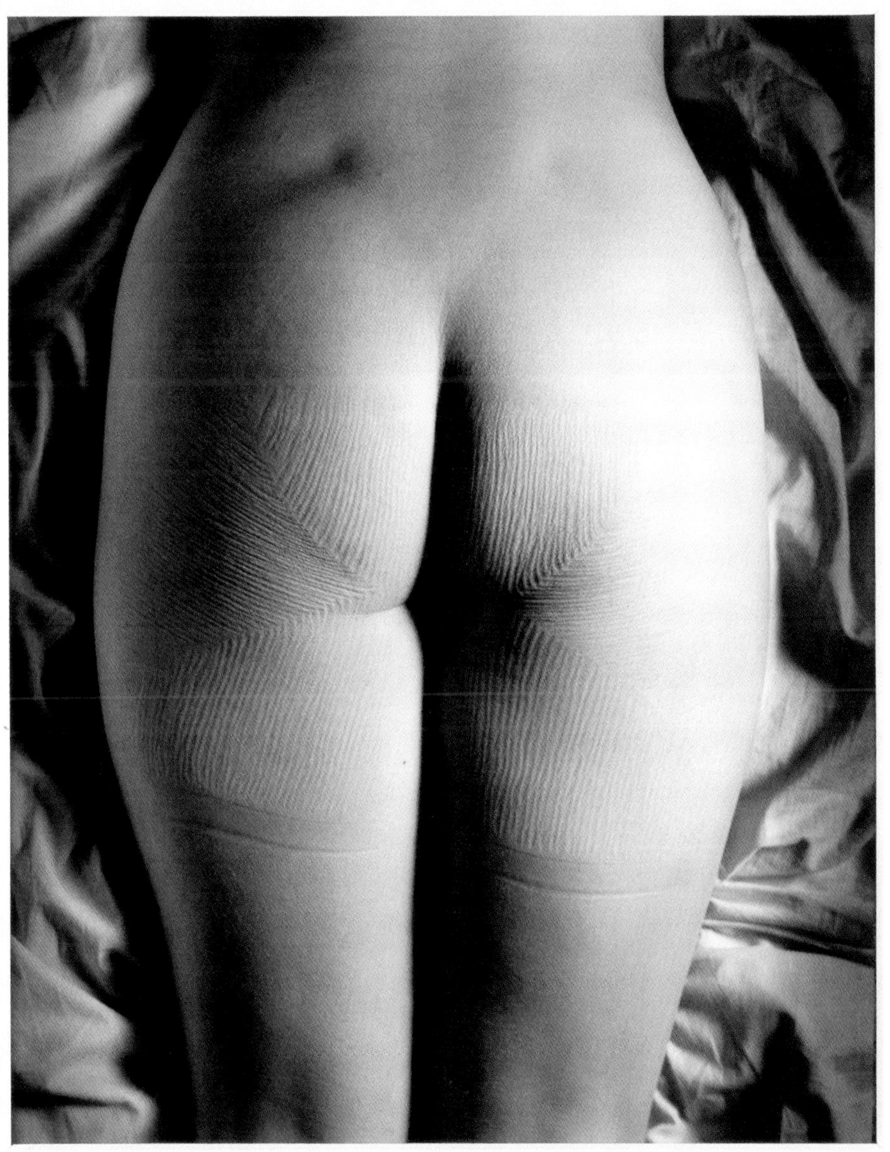

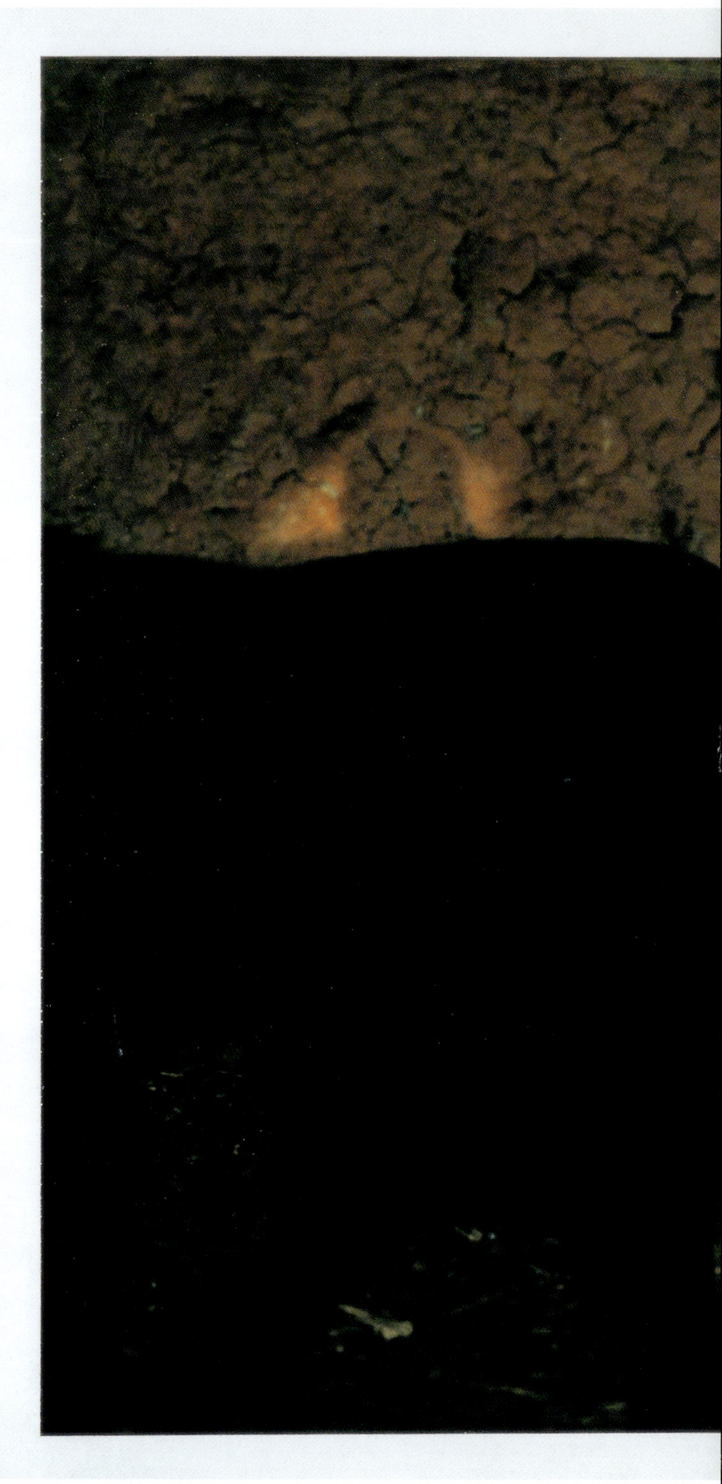

SACHIKO KURU

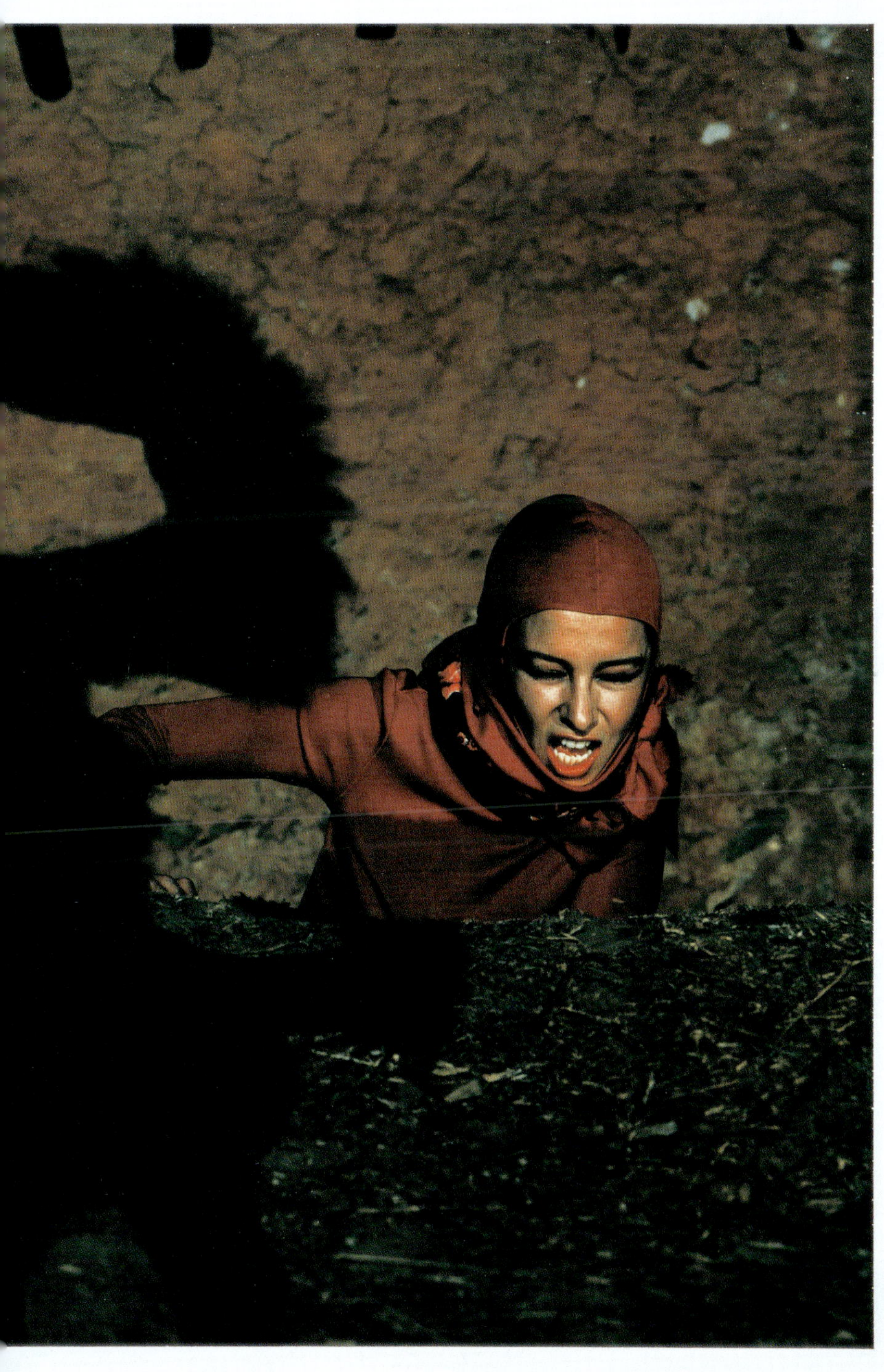

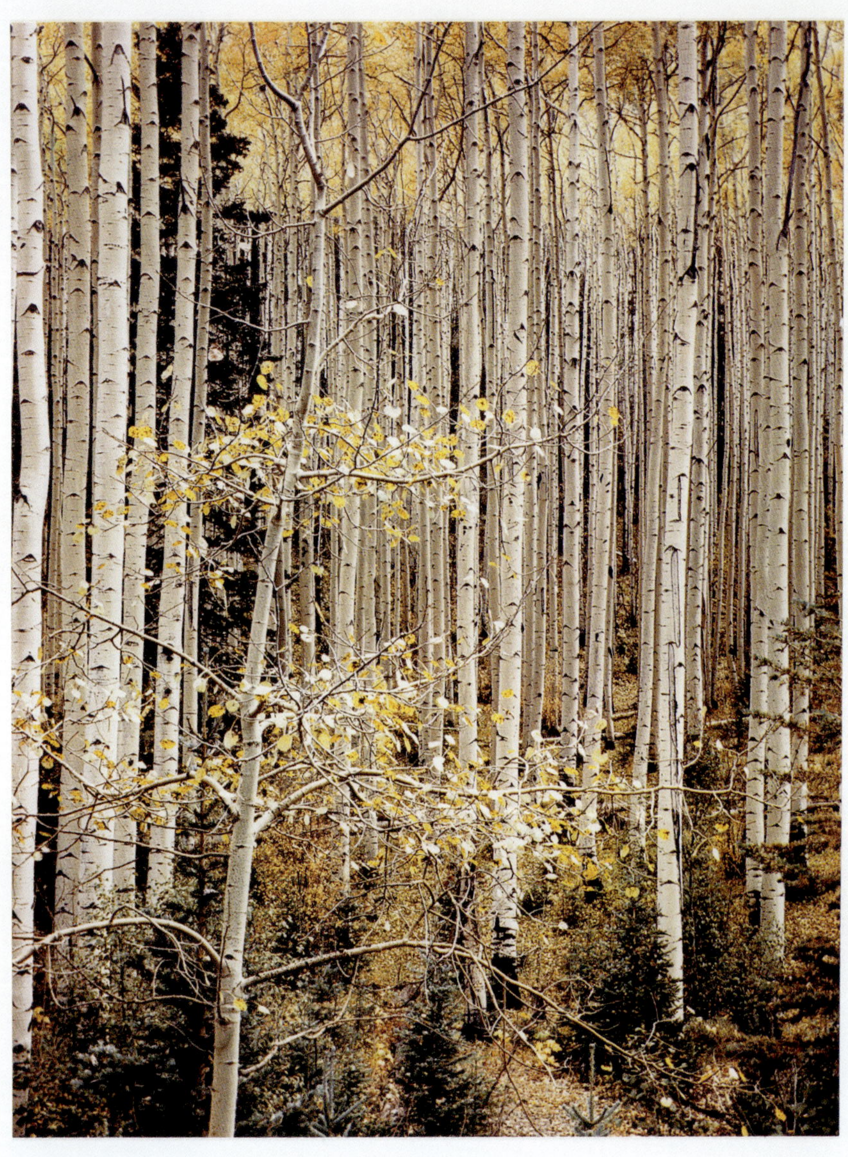

ELIOT PORTER

390

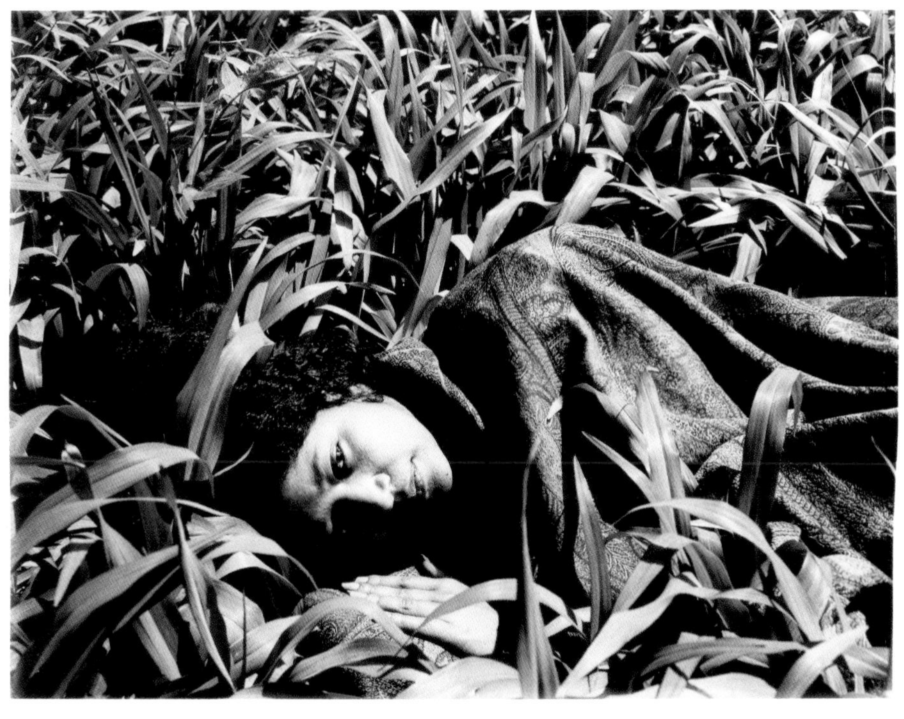

ROSAMOND WOLFF PURCELL

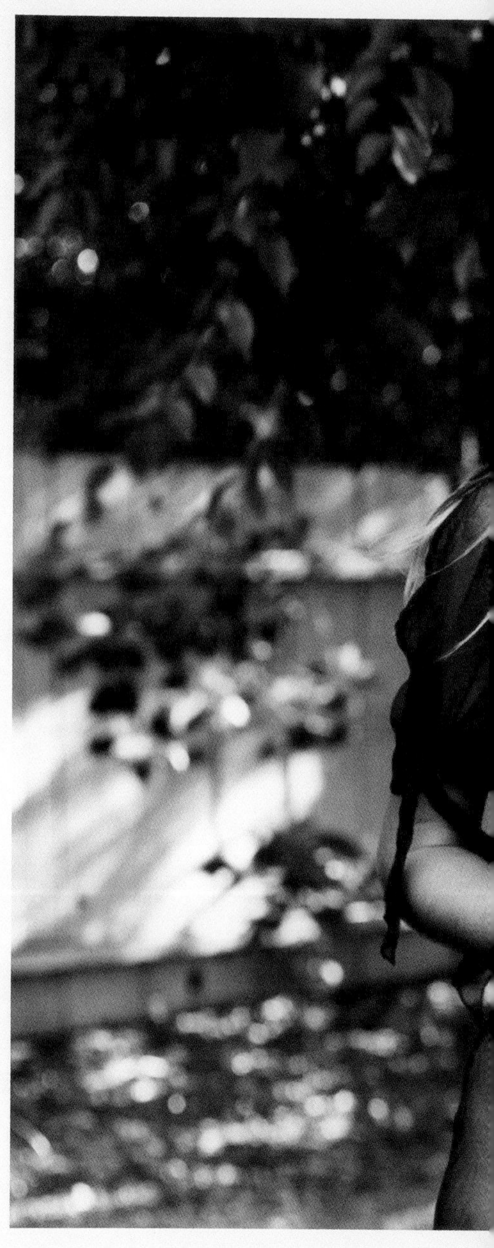

TAMARRA KAIDA

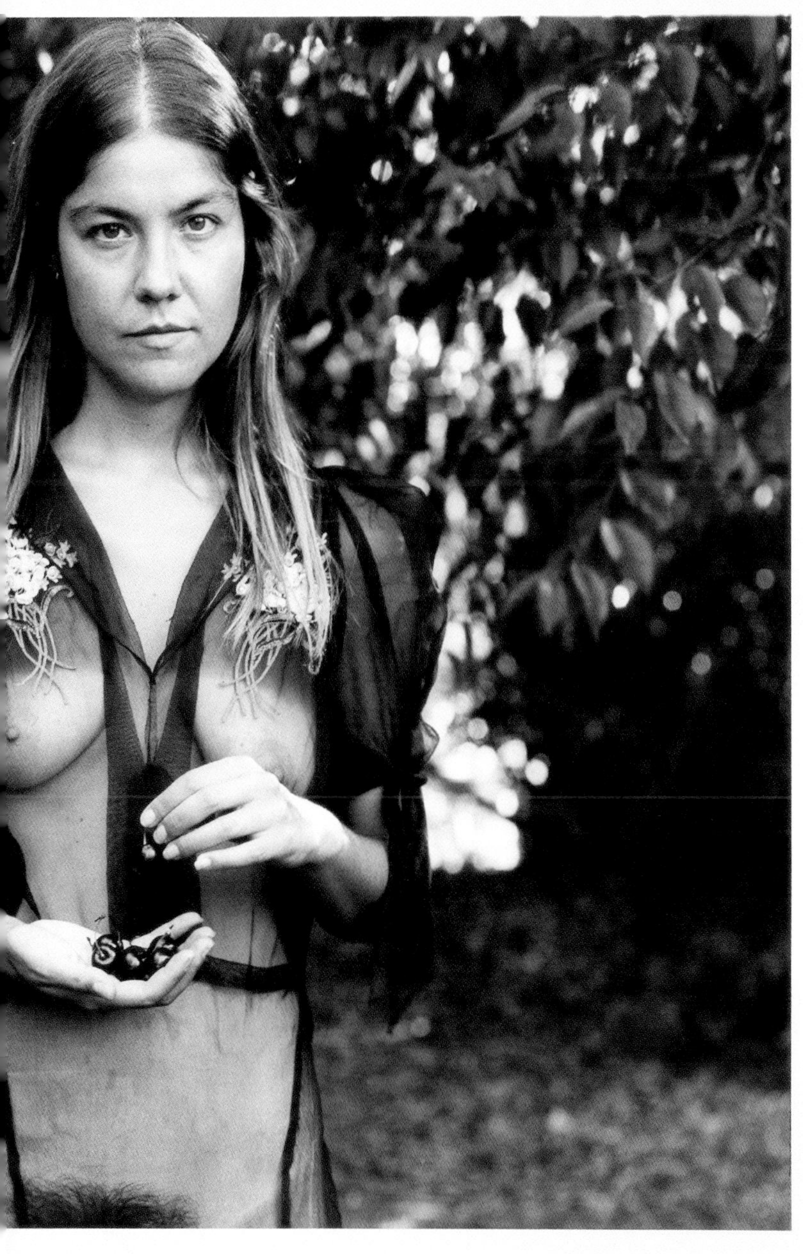

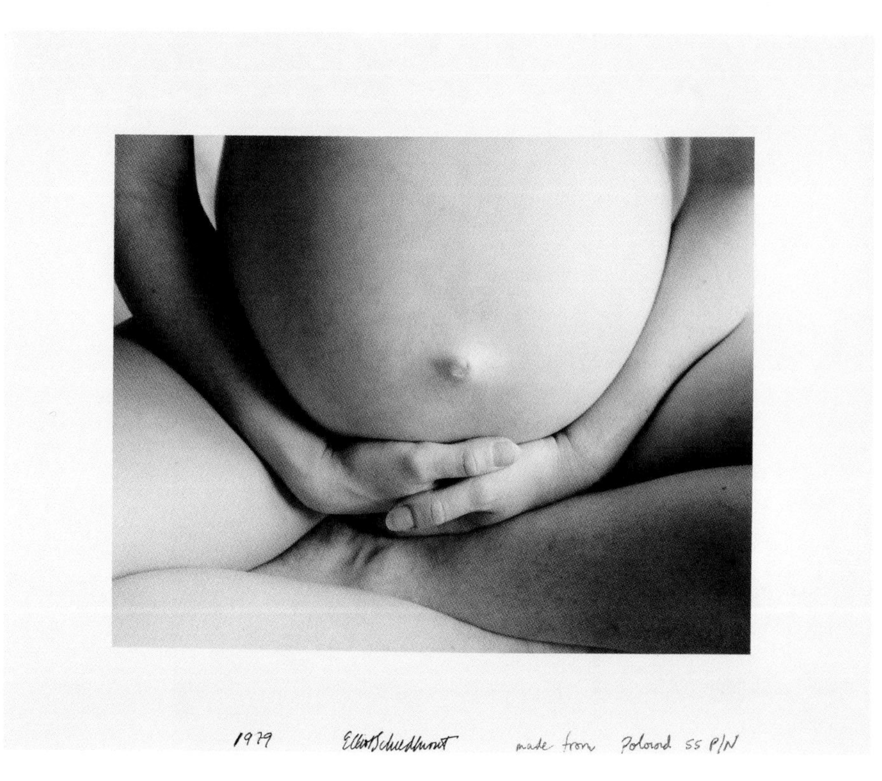

ELLIOT SCHILDKROUT

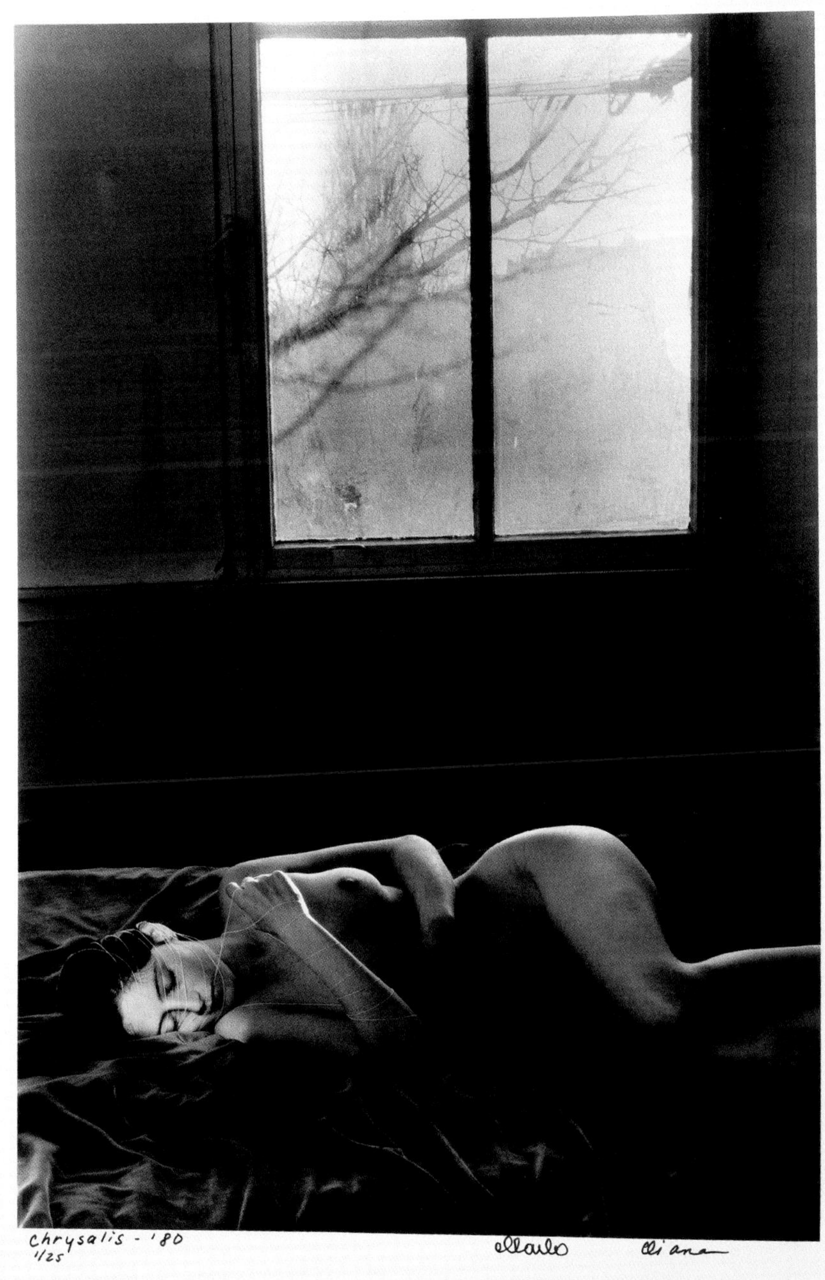

MARLO BROEKMANS / DIANA BLOK

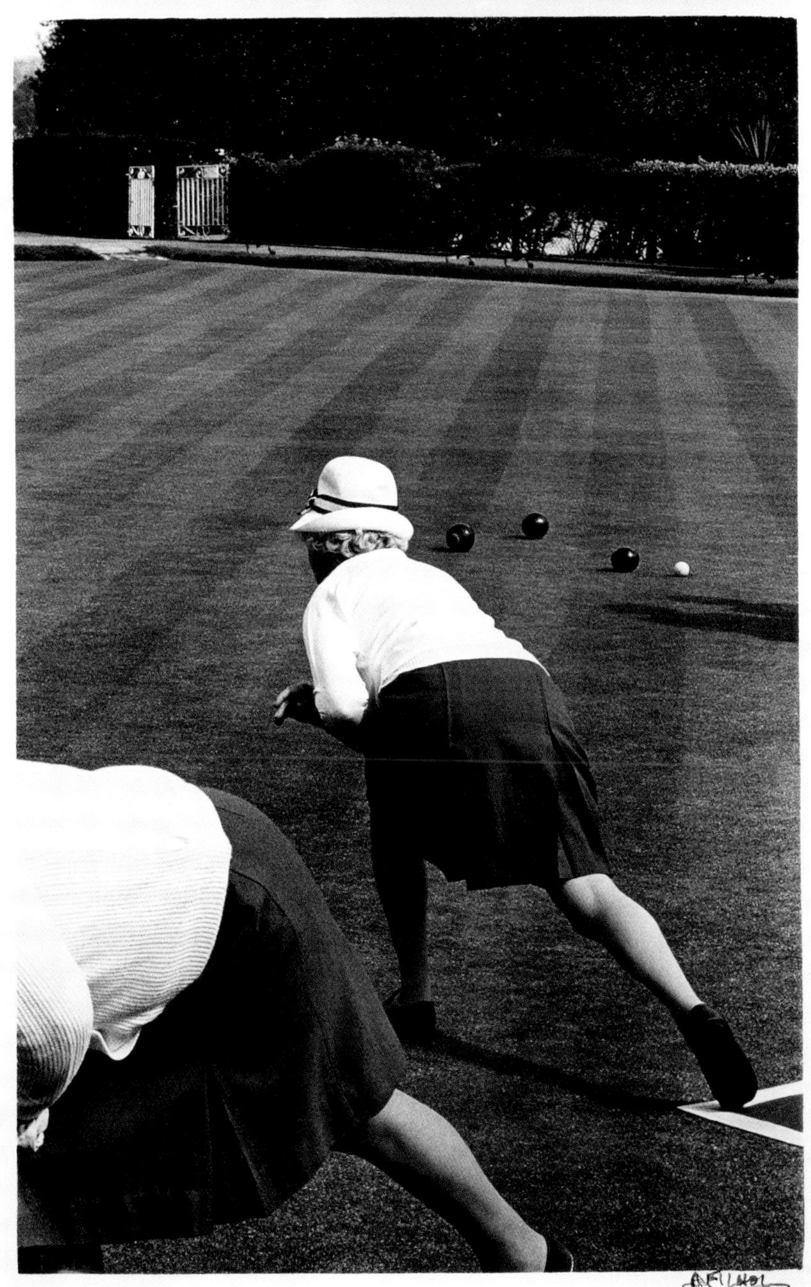

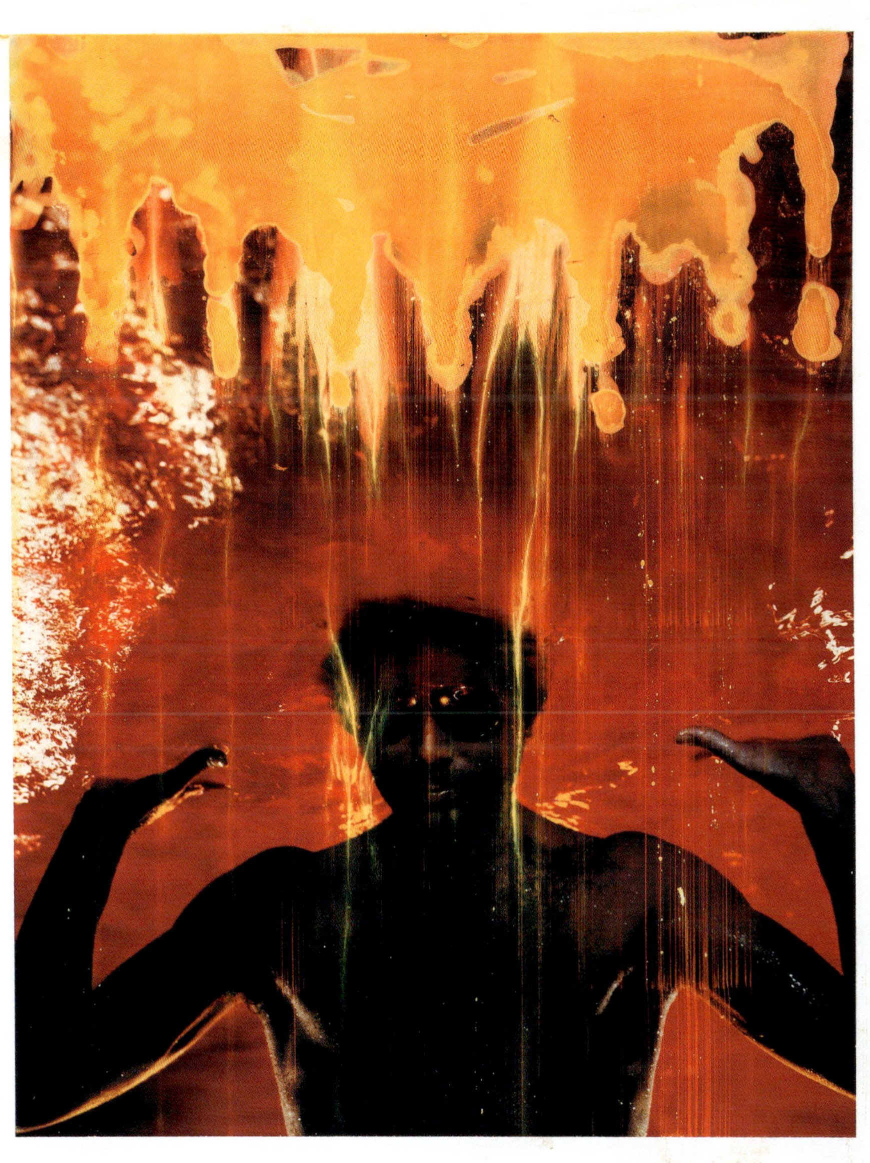

POLAROID CAMERAS

Polaroid cameras, using the patented process of Edwin H. Land, were the first commercially successful instant picture cameras that were easy to use and were not in need of bottles of chemicals, etc. The idea of in-camera development is not new; there are records of ideas for instant cameras from the first year of photography. In 1857, Bolles and Smith of Cooperstown, New York, patented the first instant camera that actually went into production. Jules Bourdin of France invented a simple system that was successfully marketed as early as 1864. Many other attempts met with mediocre success, but Polaroid caught on and became a household word. Because of the success of the company, their cameras generally are quite common, and obviously none are very old. There is more supply than demand for most models in the United States, but some of the early models sell better in Europe. We are listing them in order by number, rather than chronologically. We have not listed all of the models introduced after 1965, so this list is by no means a complete history of Polaroid cameras.

Polaroidkameras, bei denen das von Edwin H. Land patentierte Verfahren zur Anwendung kam, waren die ersten kommerziell erfolgreichen Sofortbildkameras, die benutzerfreundlich waren und keine Flaschen mit Chemikalien etc. erforderten. Die Idee der einstufigen Trockenentwicklung in der Kamera war nicht neu; es existieren Ideenskizzen für Sofortbildkameras aus dem Ursprungsjahr der Fotografie. 1857 ließen Bolles and Smith aus Cooperstown in New York die erste Sofortbildkamera patentieren, die auch tatsächlich hergestellt wurde. In Frankreich erfand Jules Bourdin ein einfaches System, das bereits 1864 erfolgreich vermarktet wurde. Viele andere Versuche auf diesem Gebiet waren nur von mäßigem Erfolg gekrönt, Polaroid jedoch setzte sich durch und wurde zum weltweit bekannten Markennamen. Da das Unternehmen so erfolgreich war, wurden seine Kameras im Allgemeinen in großer Stückzahl hergestellt, und sie sind natürlich durchweg nicht sehr alt. Bei den meisten Modellen ist in den USA das Angebot größer als die Nachfrage, doch einige der älteren Modelle lassen sich in Europa besser verkaufen. Wir führen sie hier nach Modellnummern geordnet auf und nicht chronologisch. Nicht alle nach 1965 auf den Markt gebrachten Kameras sind aufgeführt, weswegen diese Liste in keinster Weise eine vollständige Geschichte der Polaroidkamera darstellt.

La firme Polaroïd fut la première à
lancer sur le marché des appareils
photographiques instantanés simples
à utiliser. Fabriqués selon un procédé
breveté par Edwin H. Land, ceux-ci
permettaient de ne pas s'encombrer
de flacons de produits divers. L'idée
de développer le cliché à l'intérieur
de l'appareil n'a pourtant rien de
nouveau ; elle semble être aussi vieille
que la photographie elle-même. En
1857, l'entreprise de Bolles and Smith
de Cooperstown, dans l'État de New
York, breveta le tout premier appareil
instantané jamais mis en fabrication.
En France, Jules Bourdin inventa
un système simple qui rencontra
un certain succès commercial dès
1864. D'autre tentatives se soldèrent,
pour la plupart, par un échec, jusqu'à
l'arrivée de Polaroïd, qui rencontra
vite un très grand succès. Celui-ci

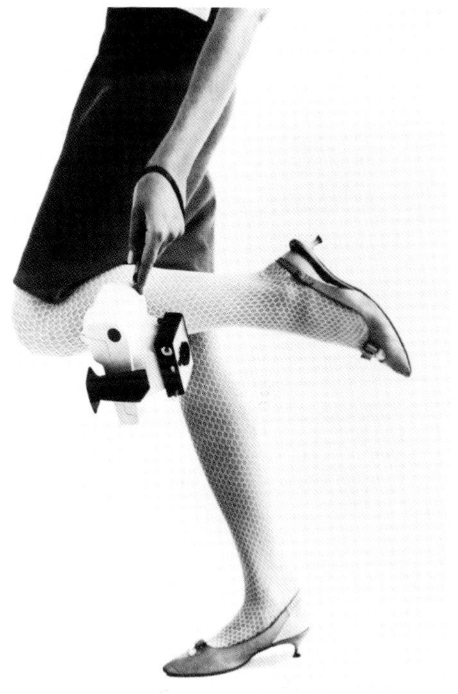

explique que les appareils de la compagnie soient aujourd'hui assez faciles à
trouver. Pour des raisons évidentes, ils sont aussi relativement récents. Pour
la plupart des modèles fabriqués aux États-Unis, l'offre dépasse la demande,
même si les plus anciens se vendent souvent mieux en Europe. Les appareils
ci-dessous sont classés par numéro et non chronologiquement. Cette liste n'est
pas exhaustive car elle n'inclut pas les appareils lancés après 1965.

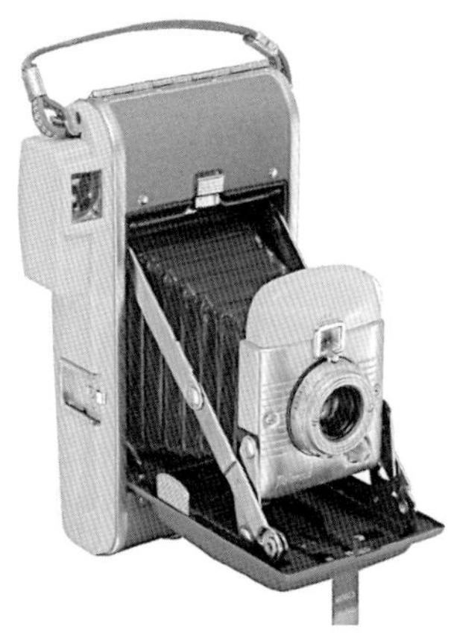

1. POLAROID 80 (HIGHLANDER) – 1954–57

The first of the smaller-sized Polaroid cameras. Gray metal body and hot shoe. 100 mm/f8.8 lens. Shutter $^1/_{25}$–$^1/_{100}$ sec. • Die erste kleinere Polaroidkamera. Graues Metallgehäuse und Blitzschuh. 100-mm/f8,8-Objektiv. Belichtungszeiten $^1/_{25}$–$^1/_{100}$ Sek. • Premier appareil Polaroïd de format réduit. Boîtier et prise flash métalliques de couleur grise. Objectif 100 mm/f8.8. Obturateur $^1/_{25}$–$^1/_{100}$ sec.

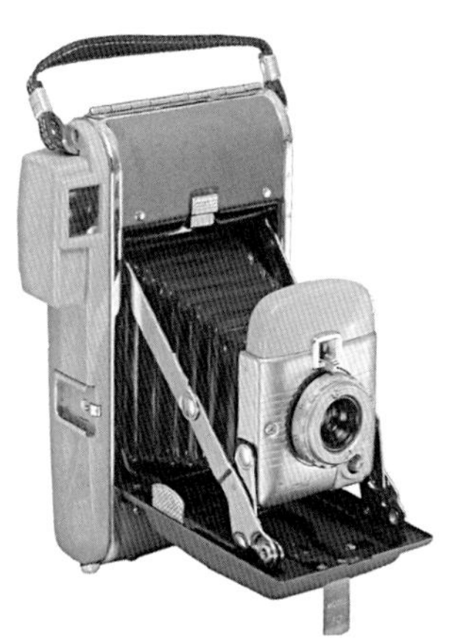

2. POLAROID 80A (HIGHLANDER) – 1957–59

Like the 80, but with the shutter marked in the EV system. • Wie die 80, aber mit Belichtungsstufen-System (EV-System) auf dem Blendenring. • Semblable au modèle 80 à l'exception de l'obturateur, qui indique l'indice de lumination.

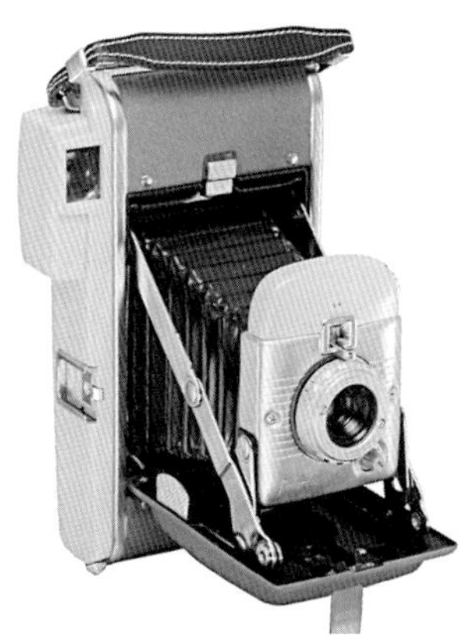

3. POLAROID 80B (HIGHLANDER) – 1959–61

Further improvement of the 80A with new cutter bar and film release switch. • Weiterentwicklung der 80A mit neuer Schneidevorrichtung und Filmauswurfknopf. • Version améliorée du modèle 80A, dotée d'un nouveau système de cutter intégré et d'un bouton éjecteur.

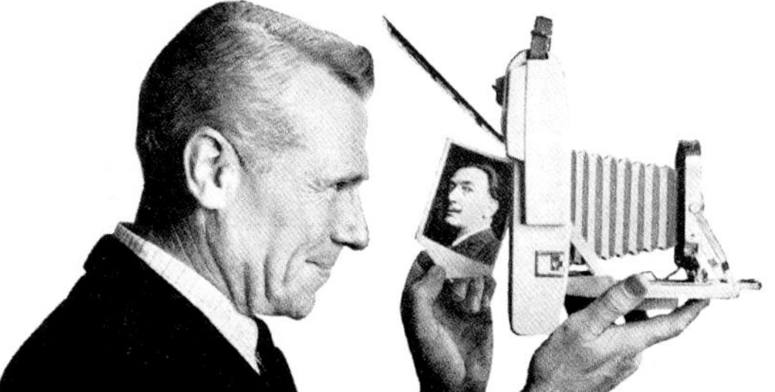

Polaroid, 1960
Polaroid Land Camera (60-second pictures)

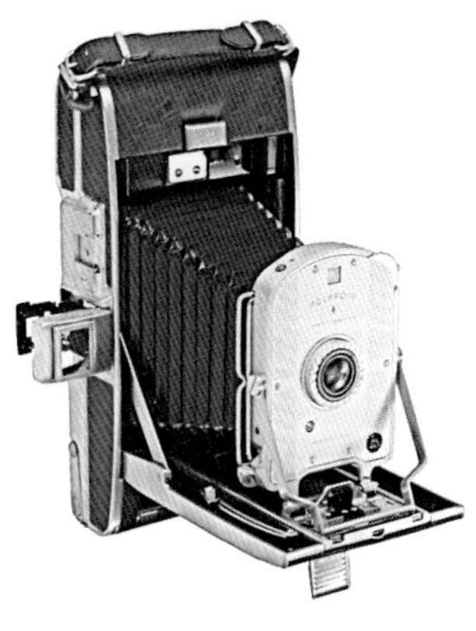

4. POLAROID 95 – 1948–53

The first of the Polaroid cameras that took the market by storm. Heavy cast-aluminum body, folding-bed style with brown leatherette covering. F11/135 mm lens. Folding optical finder with sighting post on the shutter housing. Diehard collectors like to distinguish between the early models with the flexible spring sighting post and the later ones with a rigid post. • Die allererste Polaroidkamera, die auf den Markt kam und ihn sofort im Sturm eroberte. Schweres Gehäuse aus Gussaluminium im Stil eines Klappbetts mit braunem Kunstlederüberzug. F11/135-mm-Objektiv. Ausklappbarer Sucher mit Fokussierstab am Verschlussgehäuse. Akribische Sammler unterscheiden zwischen den frühen Modellen mit flexiblem Fokussierstab mit Feder und den späteren mit feststehendem Fokussierstab. • Tout premier appareil Polaroïd, qui remporta un succès phénoménal. Boîtier massif en fonte d'aluminium gainé similicuir à rail pliant. Objectif f11/135 mm. Viseur optique avec tige de visée située sur le logement de l'obturateur. Les collectionneurs avertis distinguent les modèles plus anciens, équipés d'une tige flexible à ressort, des modèles plus tardifs, munis d'une tige rigide.

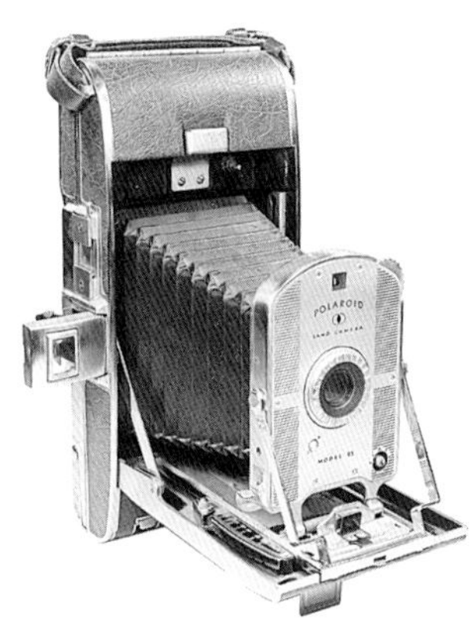

5. POLAROID 95A – 1954–57

Replaced the Model 95. Essentially the same but the sighting post was replaced with a wire frame finder, X-sync added, and shutter speeds increased to $\frac{1}{12}-\frac{1}{100}$. 130 mm/f8 lens. • Ersetzte das Modell 95. Im Grunde baugleich, aber der Fokussierstab wurde durch einen Drahtsucher ersetzt, Blitzsynchronzeit neu, Belichtungszeiten verbessert auf $\frac{1}{12}-\frac{1}{100}$. 130-mm/f8-Objektiv. • Version modifiée du modèle 95. Il est grosso modo identique, si ce n'est que la tige de visée a été remplacée par un cadre iconomètre, que la synchro X a été rajoutée et que la vitesse d'obturation est passée de $\frac{1}{12}$ à $\frac{1}{100}$. Objectif 130 mm/f8.

6. POLAROID 95B (SPEEDLINER) – 1957–61

Like the 95A, but the shutter is marked in the
EV (Exposure Value) system, rather than the
traditional speeds. • Wie die 95A, aber der Blen-
denring ist nicht in herkömmliche Blendenstufen
eingeteilt, sondern in das EV-System (Belichtungs-
stufensystem). • Semblable au 95A, à l'exception
de l'obturateur, qui indique l'IL (indice de
lumination) et non les vitesses traditionnelles.

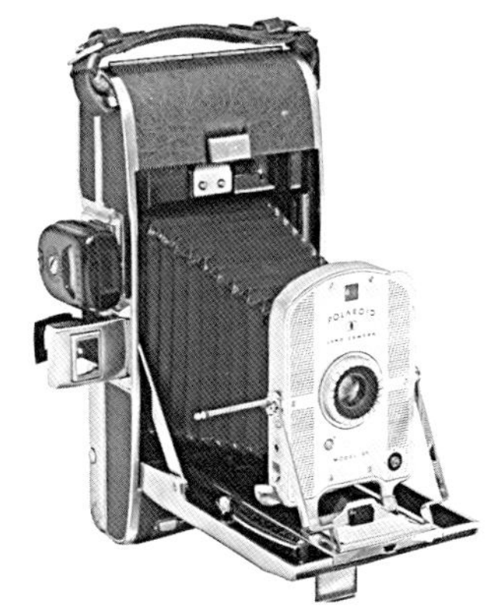

7. POLAROID 100 (ROLL FILM) – 1954–57 (NOT SHOWN)

(Do not confuse with the 1963 "Automatic 100"
for pack film.) Industrial version of the 95A. Better roller bearings and heavy-
duty shutter. Black covering. • (Nicht mit der „Automatic 100" für Packfilm
von 1963 zu verwechseln.) Industrieversion der 95A. Bessere Schlittenlage-
rung und robuster Verschluss. Schwarzes Gehäuse. • (À ne pas confondre
avec l' « Automatic 100 » de 1963 fonctionnant avec des cartouches.) Version
industrielle du 95A. Châssis à pellicule plus performant, obturateur renforcé.
Gainage noir.

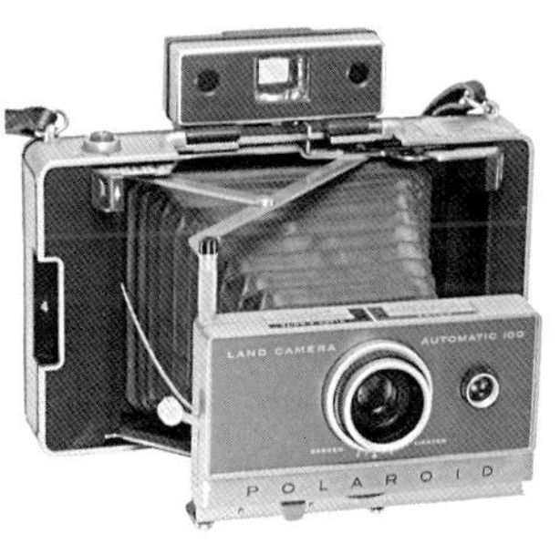

8. POLAROID 100 ("AUTOMATIC 100") – 1963–66

An innovative, fully automatic transistorized
electronic shutter made the world stand up
and take notice once again that the Polaroid
Corporation was a leader in photographic
technology. In addition to the marvelous new
shutter, Polaroid introduced a new type of film
in a flat, drop-in pack that simplified loading.
Furthermore, the photographs developed outside
the camera so that exposures could be made in more rapid succession. Three-
element f8.8/114 mm lens. Continuously variable speeds from 10 seconds to
$\frac{1}{1200}$. RF/viewfinder unit hinged for compactness. • Ein innovativer, vollautoma-
tischer, transistorisierter Elektronikverschluss brachte der Welt wieder einmal
zu Bewusstsein, dass die Polaroid Corporation in fotografischer Technologie
führend war. Zusätzlich zu dem fantastischen neuen Verschluss stellte Pola-
roid auch eine neue Art von Film in einer flachen, einschiebbaren Kassette
vor („Packfilm"), die leichter geladen werden konnte. Außerdem entwickel-
ten sich die Bilder außerhalb der Kamera, so dass in schnellerer Abfolge

Fotos geschossen werden konnten. F8,8/14-mm-Objektiv mit drei Elementen. Stufenlos verstellbare Belichtungszeiten von 10 Sekunden bis $\frac{1}{1200}$. Das Sucher-/Entfernungsmesserelement hat ein Scharnier, mit dem es einklappbar und kompakt wird. • Avec son tout nouveau système d'obturateur électronique transistorisé et entièrement automatisé, ce modèle réaffirma aux yeux du monde entier la suprématie de la Polaroid Corporation en matière de technologie photographique. En plus de son obturateur génial, l'appareil fonctionnait avec un nouveau type de pellicule qui se présentait sous forme de cartouches plates, ce qui facilitait le chargement. Les photos étaient en outre développées à l'extérieur de l'appareil, de sorte qu'on pouvait réaliser des clichés en succession rapide. Objectif à trois éléments f8.8/114 mm. Vitesse à variation continue de 10 secondes à $\frac{1}{1200}$ de seconde. Compact grâce à son télémètre/viseur à charnière.

9. POLAROID 101 – 1964–67 (NOT SHOWN)

Similar to the Automatic 100, but only 2 film-speed settings (3,000 and 75) and 2 apertures (f/8.8 and f/42). A flash was required for indoor photos. • Vergleichbar mit Automatic 100, aber nur zwei Filmempfindlichkeitseinstellungen (ASA 3 000 und 75) und zwei Blenden (f/8,8 und f/42). Für Innenaufnahmen war ein Blitz notwendig. • Semblable à l'Automatic 100 mais avec seulement deux sensibilités de pellicule (3000 et 75) et deux ouvertures (f/8.8 et f/42). L'appareil nécessitait un flash pour les photos d'intérieur.

10. POLAROID 102 – 1964–67 (NOT SHOWN)

This was a special markets version of the Polaroid 101. • Eine Sonderanfertigung der Polaroid 101 für Nischenmärkte. • Version du Polaroïd 101 pour les marchés spéciaux.

11. POLAROID 103 – 1965–67

Similar to the Polaroid 101, but plastic body and no tripod socket. • Mit der Polaroid 101 vergleichbar, Gehäuse jedoch aus Plastik und kein Stativgewinde. • Semblable au Polaroïd 101, mais avec un boîtier en plastique et sans fixation trépied.

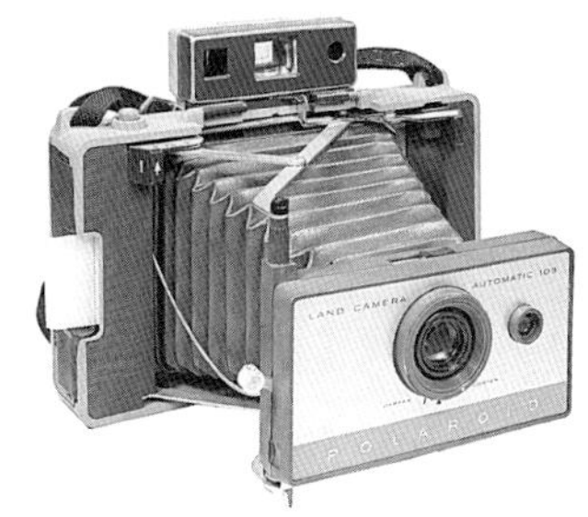

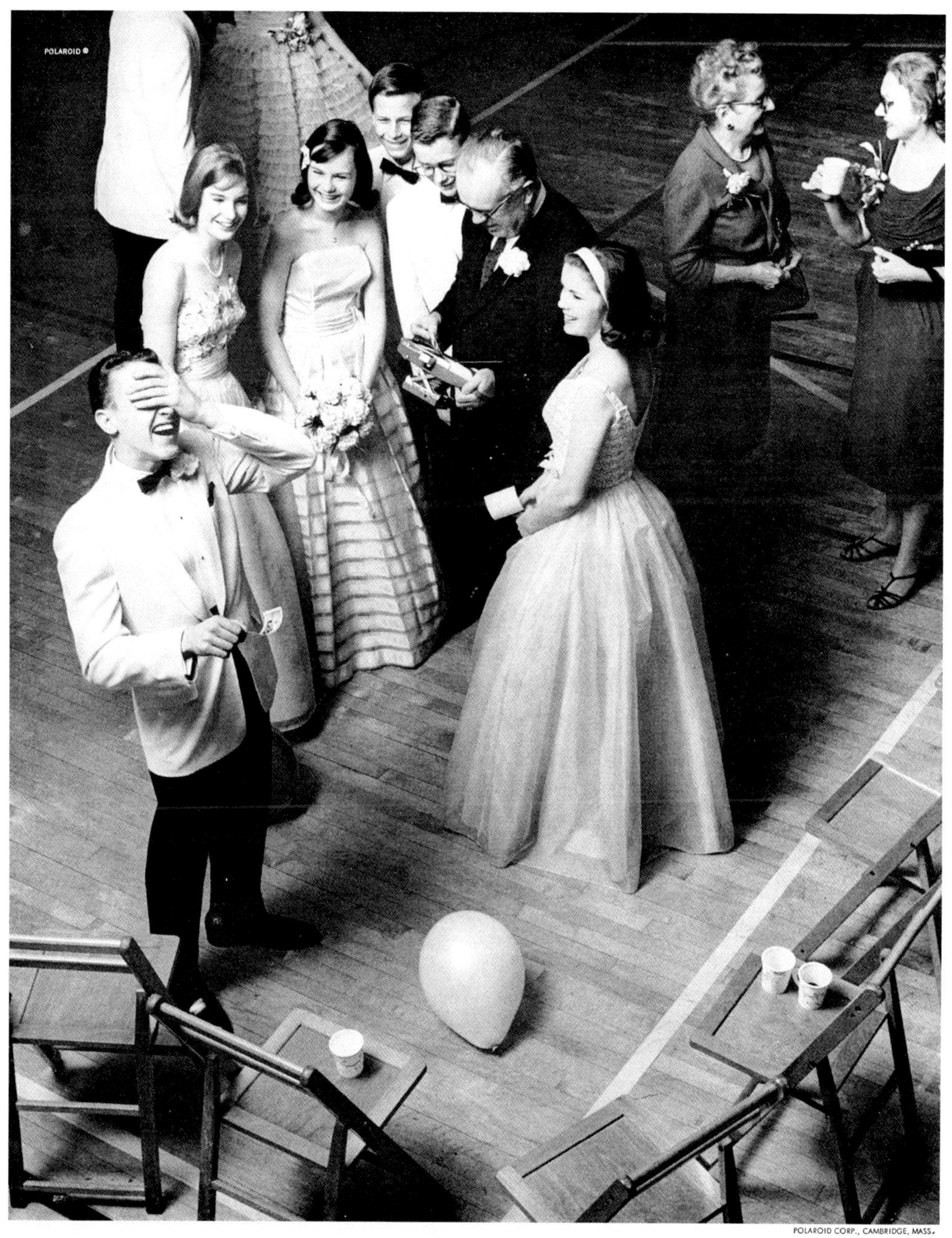

Fun is more fun when the pictures you take are finished in just 10 seconds. Isn't it time your family had a Polaroid Land Camera?

Polaroid, 1962
Polaroid Land Camera

12. POLAROID 104 – 1965–67

Similar to the Polaroid 103, but 2-element plastic lens. Also simplified "image sizer" rangefinder combined with a non-folding viewfinder. Plastic body and shutter housing, limited use of accessories. • Mit der Polaroid 103 vergleichbar, aber Kunststoffobjektiv mit zwei Elementen. Neu ist außerdem ein vereinfachter „Bildsucher", ein mit einem feststehenden Sucher verbundener Ent-

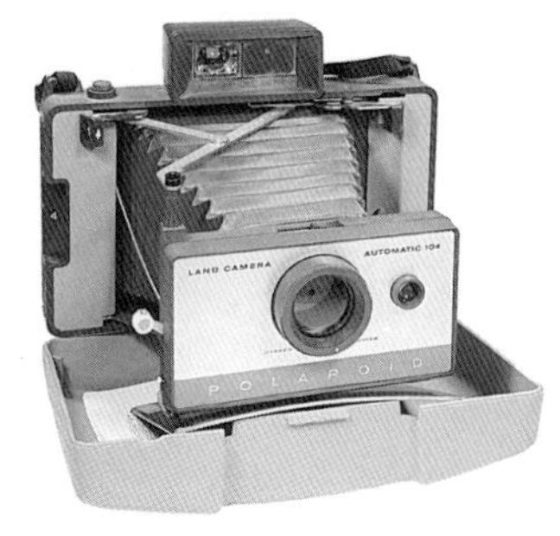

fernungsmesser. Kamera- und Verschlussgehäuse aus Kunststoff, begrenzte Verwendungsmöglichkeiten von Zubehör. • Semblable au Polaroïd 103, mais avec un objectif en plastique à deux éléments. L'appareil était aussi muni d'un télémètre « calibreur » simplifié combiné à un viseur sans soufflet. Boîtier et logement de l'obturateur en plastique. Ne pouvait s'utiliser qu'avec un nombre limité d'accessoires.

13. POLAROID 125 – 1965–67 (NOT SHOWN)

Special markets version of the Polaroid 104. • Eine Sonderanfertigung der Polaroid 104 für Nischenmärkte. • Version du Polaroïd 104 pour marchés spéciaux.

14. POLAROID 135 – 1965–67 (NOT SHOWN)

Special markets version of the Polaroid 103. • Eine Sonderanfertigung der Polaroid 103 für Nischenmärkte. • Version du Polaroïd 103 pour marchés spéciaux.

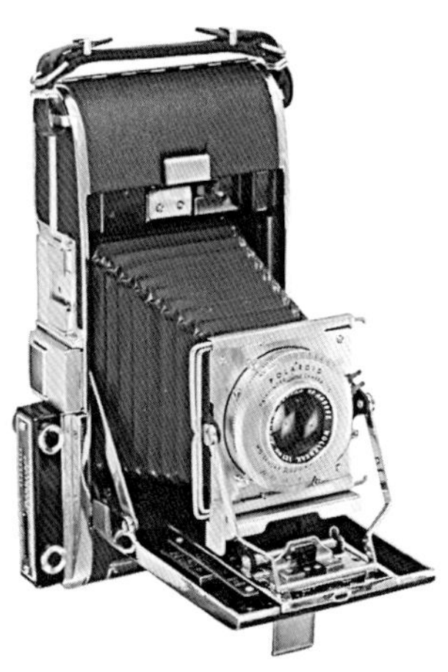

15. POLAROID 110 (PATHFINDER) – 1952–57

Wollensak Raptar f4.5/127 mm lens and coupled rangefinder. Shutter 1–$\frac{1}{400}$ sec. • F4,5/127-mm-Wollensak-Raptar-Objektiv mit verbundenem Entfernungsmesser. Belichtungszeiten 1–$\frac{1}{400}$ Sek. • Objectif Wollensak Raptar de f4.5/127 mm et télémètre couplé. Obturateur à 1–$\frac{1}{400}$ de seconde.

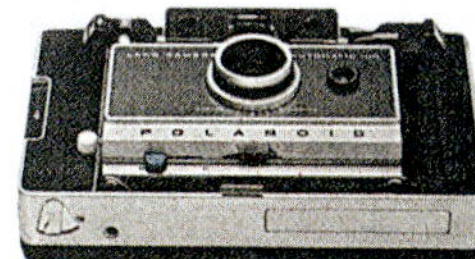

THIS PICTURE WAS MADE IN A MINUTE with a Polaroid Color Pack Camera. The man who took it didn't have to wait until he was back home to find out whether he'd really caught the color of London. And he didn't have to waste time fiddling with dials and meters. You push buttons, the electric eye does the rest. Maybe you're not a world traveler. Maybe you figure you're lucky if you make it out to the back yard. There's still nothing like seeing your color pictures in just 60 seconds. Especially when they can look like this. Did you know that there's now a new, lower-priced model? Take a look.

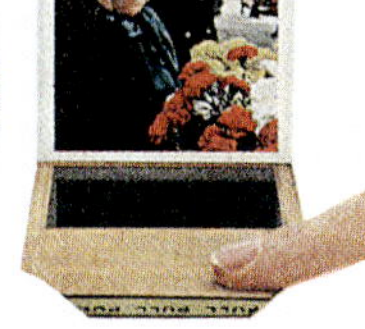

Polaroid, 1964
Polaroid Pack Camera

16. POLAROID 110A (PATHFINDER) – C. 1957–60

Improved version of the 110. Rodenstock Ysarex or Enna-Werk Ennit f4.7/127 mm lens in Prontor SVS 1–$\frac{1}{300}$ shutter. Special lens cap with f/90 aperture added in 1959 for the new 3,000 speed film. Charcoal covering. • Verbesserte Ausgabe der Polaroid 110. F4,7/127-mm-Objektiv: Rodenstock Ysarex oder Enna-Werk Ennit mit Prontor-SVS-Verschluss. 1–$\frac{1}{300}$ Sek. Belichtungszeiten. Besondere Objektivkappe mit der Blendenöffnung f/90 wurde ab 1959 für den neuen 3 000-ASA–Film mitgeliefert. Graphitgraues Gehäuse. • Version améliorée du modèle 110. Objectif f4.7/127 mm de marque Rodenstock Ysarex ou Enna-Werk Ennit, obturateur Prontor SVS à 1–$\frac{1}{300}$. Bouchon d'objectif rajouté en 1959 permettant d'obtenir une ouverture de f/90 pour les nouvelles pellicules à 3000 ASA. Gainage anthracite.

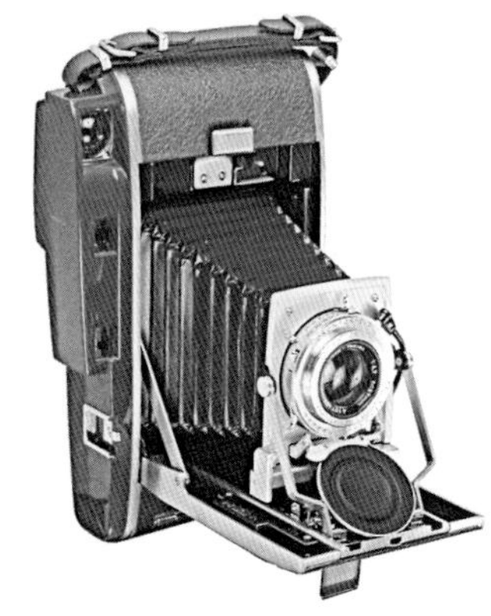

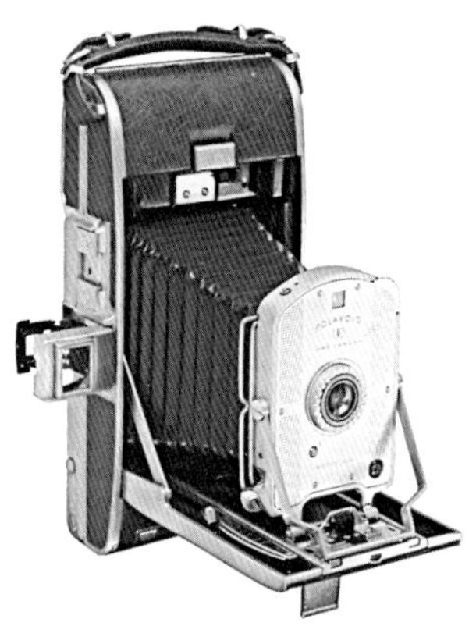

17. POLAROID 110B (PATHFINDER) – 1960–64

Like the 110A, but with single-window range/viewfinder. These professional models can be converted to pack film. • Wie die 110A, aber mit einem einzigen Fenster, das Sucher und Entfernungsmesser vereint. Diese Profimodelle können auf Packfilm umgestellt werden. • Semblable au modèle 110A, mais doté d'un télémètre/viseur à fenêtre unique. Ce type de modèle professionnel peut être converti de manière à fonctionner avec des cartouches.

18. POLAROID 120 – 1961–65 (NOT SHOWN)

Made in Japan by Yashica. Similar to the 110A, but with Yashica f4.7/127 mm lens in Seikosha SLV shutter. 1–500 B. Self-timer. Coupled rangefinder. Not as common in the USA as the other models, because it was made for foreign markets. • In Japan von Yashica hergestellt. Vergleichbar mit der 110A, aber mit f4,7/127-mm-Yashica-Objektiv und Seikosha-SLV-Verschluss. 1–500 B. Selbstauslöser. Kein separater Entfernungsmesser. In den USA nicht so verbreitet wie andere Modelle, da sie für den internationalen Markt produziert wurde. • Fabriqué au Japon par Yashica. Semblable au 110A mais équipé

d'un objectif Yashica de f4.7/127 mm et d'un obturateur Seikosha SLV.
1–500 B. Retardateur. Télémètre couplé. Fabriqué pour le marché étranger,
il est moins répandu aux États-Unis que les autres modèles.

19. POLAROID 150 – 1957–60

Similar to the 95B with EV system, but also
including CRF with focus knob below bed, parallax
correction, and hot shoe. Charcoal gray covering. •
Vergleichbar mit dem Modell 95B mit EV-System,
zusätzlich jedoch CRF mit Fokussierknopf unten,
Parallaxenkorrektur und Blitzschuh. Graphit-
graues Gehäuse. • Semblable au 95B à système
EV, mais également équipé d'un télémètre couplé
avec bouton de mise au point situé sous le rail,
correction de parallaxe et prise de flash. Gainage
gris anthracite.

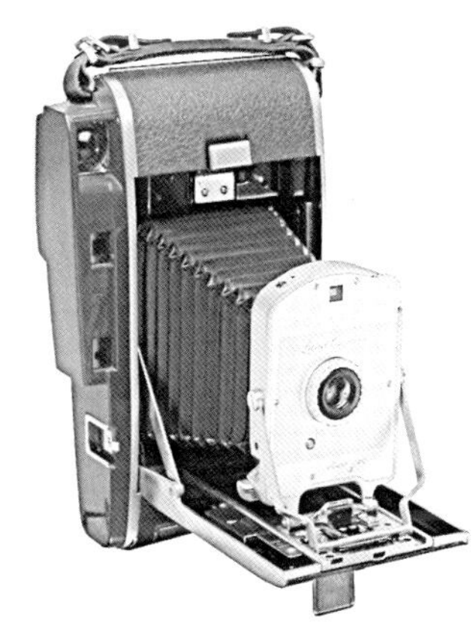

20. POLAROID 160 – 1962–65

Japanese-made version of the 150 for international
markets. • In Japan für den internationalen
Markt hergestellte Version der 150. • Version du
modèle 150 fabriquée au Japon pour les marchés
internationaux.

21. POLAROID 180 – 1965–69 (NOT SHOWN)

Professional model pack camera made in Japan.
Tominon f4.5/114mm lens in Seiko shutter 1–$\frac{1}{500}$
with self-timer. Zeiss-Ikon range/viewfinder. This
camera has retained its value as a usable professional camera. • Professionelle,
in Japan hergestellte Packkamera. Tominon f4,5/114-mm-Objektiv und Seiko-
Verschluss. 1–$\frac{1}{500}$ mit Selbstauslöser. Zeiss-Ikon-Sucher/Entfernungsmesser.
Diese Kamera hat ihren Wert als immer noch einsetzbare Profikamera be-
halten. • Modèle professionnel à cartouches fabriqué au Japon. Objectif
Tominon de f4.5/114 mm, obturateur Seiko de 1–$\frac{1}{500}$ à minuterie. Télémètre/
viseur Zeiss-Ikon. Ce modèle est encore utilisé comme appareil professionnel.

22. POLAROID 185 – 1965–69 (NOT SHOWN)

Sold only in Japan. Mamiya Sekor f5.6 lens. CdS meter. Combined electronic and mechanical "trapped-needle" auto exposure with manual override. Reportedly only about 30 made. Rare. • Verkauf nur in Japan. F5,6-Mamiya-Sekor-Objektiv. CdS-Belichtungsmesser. Kombinierte mechanische und elektronische Automatikbelichtung mit manueller Belichtungskorrektur. Angeblich wurden nur 30 Stück hergestellt. Rarität. • Vente au Japon uniquement. Objectif Mamiya Sekor f5.6. Photomètre CdS. L'exposition est à la fois mécanique et électronique : elle se fait automatiquement au moyen d'une aiguille mais peut aussi être réglée à la main. Il semblerait qu'une trentaine d'exemplaires seulement en ait été fabriqués. Rare.

23. POLAROID 190 – EUROPEAN VERSION OF MODEL 195 (NOT SHOWN)

Zeiss finder, f3.8 lens. Electronic development timer. • Zeiss-Sucher, f3,8-Objektiv. Elektronischer Entwicklungszeit-Timer. • Viseur Zeiss, objectif f3.8. Le développement se fait grâce à une minuterie électronique.

24. POLAROID 195

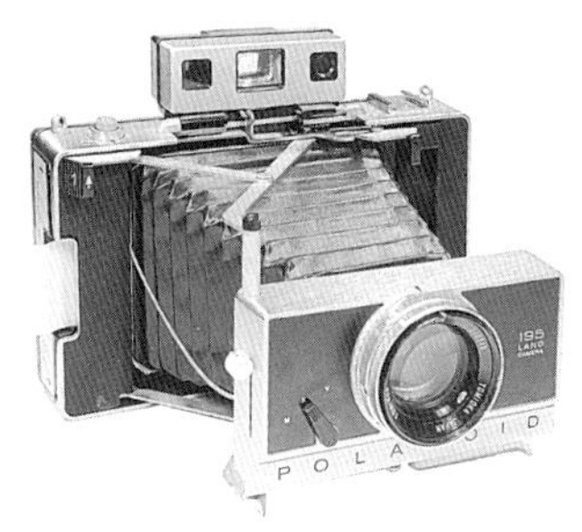

Like the Model 180, but Tominon f3.8/114 mm lens instead of f4.5. Albada finder like the Model 100. Mechanical wind-up development timer. • Wie Modell 180, aber mit f3,8/114-mm-Tominon-Objektiv statt f4,5. Albada-Sucher wie bei Modell 100. Mechanischer Entwicklungszeit-Timer zum Aufziehen. • Semblable au modèle 180, mais avec un objectif Tominon de f3.8/114 mm au lieu de f4.5. Le viseur Albada est le même que celui du modèle 100. Le développement se fait grâce à une minuterie mécanique à ressort.

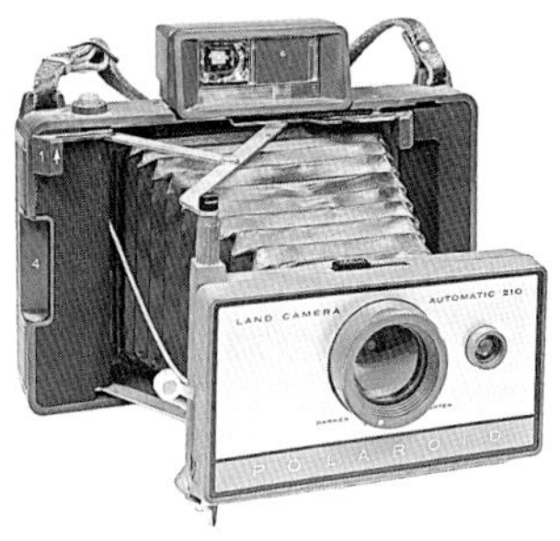

25. POLAROID AUTOMATIC 210 – 1967–69

Similar to the Automatic 104. Lightest model weighing only 37 ½ ounces. • Ähnliches Modell wie Automatic 104. Die mit 1 063 Gramm leichteste Kamera. • Semblable à l'Automatic 104. Avec son poids de 1 063 grammes, ce modèle était le plus léger.

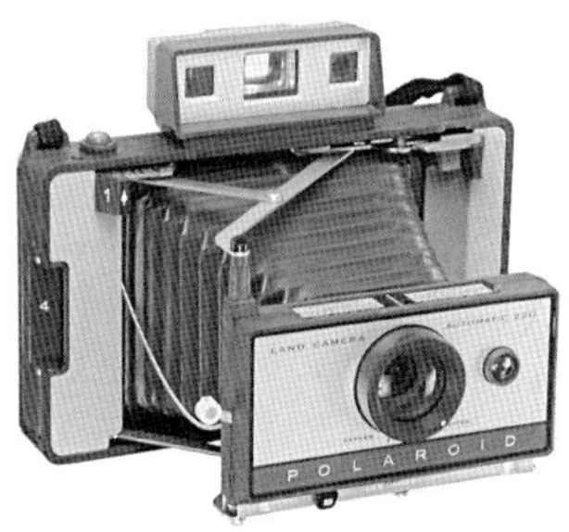

26. POLAROID AUTOMATIC 220 – 1967–69

Similar to the Automatic 230, but 2-element plastic lens and non-folding rangefinder/viewfinder. Had limited accessory capabilities. • Ähnlich der Automatic 230, aber mit Kunststoffobjektiv mit zwei Elementen und ohne einklappbaren Sucher/Entfernungsmesser. Zubehör war nur begrenzt einsetzbar. • Semblable à l'Automatic 230, à l'exception de son objectif plastique à deux éléments et de son télémètre/viseur sans soufflet. Ne pouvait s'utiliser qu'avec un nombre limité d'accessoires.

27. POLAROID AUTOMATIC 230 – 1967–69 (NOT SHOWN)

Similar to the Automatic 240, but plastic body, no tripod socket. Plastic 3-element f8.8 lens. Folding rangefinder/viewfinder. • Ähnlich der Automatic 240, aber mit Plastikgehäuse und ohne Stativgewinde. F8,8-Kunststoffobjektiv mit drei Elementen. Einklappbarer Sucher/Entfernungsmesser. • Semblable à l'Automatic 240, mis à part son boîtier en plastique et son absence de fixation trépied. Objectif plastique à trois éléments f8.8. Télémètre/viseur à soufflet.

28. POLAROID AUTOMATIC 240 – 1967–69 (NOT SHOWN)

Similar to the Automatic 230, but metal body with tripod socket. Plastic 3-element f8.8 lens. Folding rangefinder/viewfinder. CdS electronic shutter to $\frac{1}{1200}$. • Ähnlich der Automatic 230, aber Metallgehäuse mit Stativgewinde. F8,8-Kunststoffobjektiv mit drei Elementen. Einklappbarer Sucher/Entfernungsmesser. Elektronischer CdS-Verschluss bis $\frac{1}{1200}$. • Semblable à l'Automatic 230, à l'exception de son boîtier métallique et de sa fixation trépied. Objectif plastique f.8.8 à trois éléments. Télémètre/viseur à soufflet. Obturateur électronique CdS à $\frac{1}{1200}$.

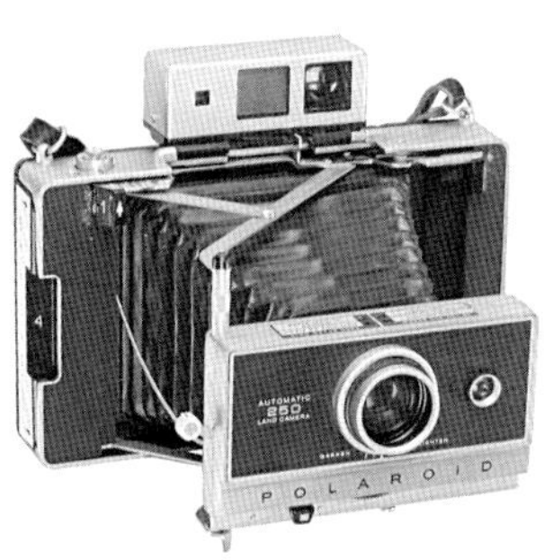

29. POLAROID AUTOMATIC 250 – 1967–69

Similar to the Automatic 100, but had Zeiss-Ikon single window combined viewfinder/rangefinder. Able to use all of the available accessories. • Ähnlich der Automatic 100, aber mit kombiniertem Sucher und Entfernungsmesser aus Zeiss-Ikon-Glas. Alles erhältliche Zubehör ist verwendbar. • Semblable à l'Automatic 100, mais avec un viseur/télémètre combiné à fenêtre unique Zeiss-Ikon. Compatible avec tous les accessoires de la gamme.

30. POLAROID AUTOMATIC 320 – 1969–71

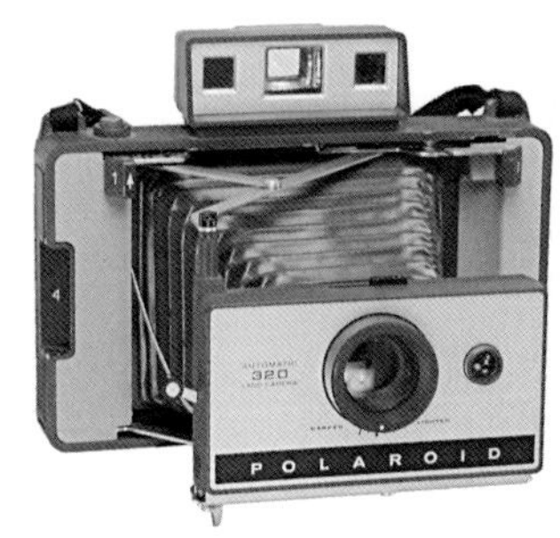

Body and lens same as Automatic 330, but 2-element plastic lens. No built-in development timer. This was the lowest-priced folding pack camera and had limited accessory capability. • Gehäuse und Objektiv wie bei der Automatic 330, aber Kunststoffobjektiv mit zwei Elementen. Kein eingebauter Entwicklungszeit-Timer. Dies war die preisgünstigste zusammenklappbare Pack-Kamera, Zubehör war nur begrenzt einsetzbar. • Même boîtier et objectif que l'Automatic 330, à ceci près que ce dernier est en plastique et composé de deux éléments. Pas de minuterie intégrée pour le développement. Ce modèle était le plus économique des appareils à soufflet à cartouches, et ne pouvait s'utiliser qu'avec un nombre limité d'accessoires.

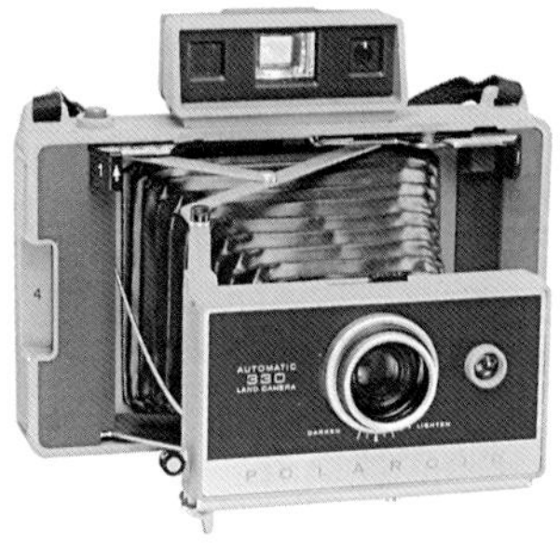

31. POLAROID AUTOMATIC 330 – 1969–71

Lens and body of the Automatic 340 but only 2 film speed settings and 2 apertures (f/8.8 and f/42). Built-in mechanical development timer. Single exposure range for black-and-white or color. Non-folding viewfinder/rangefinder. Had limited accessory capability as well. • Gehäuse und Objektiv wie bei der Automatic 340, aber nur zwei Filmempfindlichkeitseinstellungen und zwei Blendenöffnungen (f/8,8 und f/42). Eingebauter mechanischer Entwicklungszeit-Timer. Einzelbelichtungsspielraum für Schwarzweiß und Farbe. Kein einklappbarer Sucher/Entfernungsmesser, Zubehör war ebenfalls nur begrenzt einsetzbar. • Même objectif et boîtier que l'Automatic 340, mais n'avait que deux sensibilités de pellicule et deux ouvertures (f/8.8 et f/42). Minuterie mécanique intégrée pour le développement. Plage d'exposition unique en noir et blanc ou en couleurs. Viseur/télémètre sans soufflet. Comme l'appareil précédent, ce modèle ne pouvait s'utiliser qu'avec un nombre limité d'accessoires.

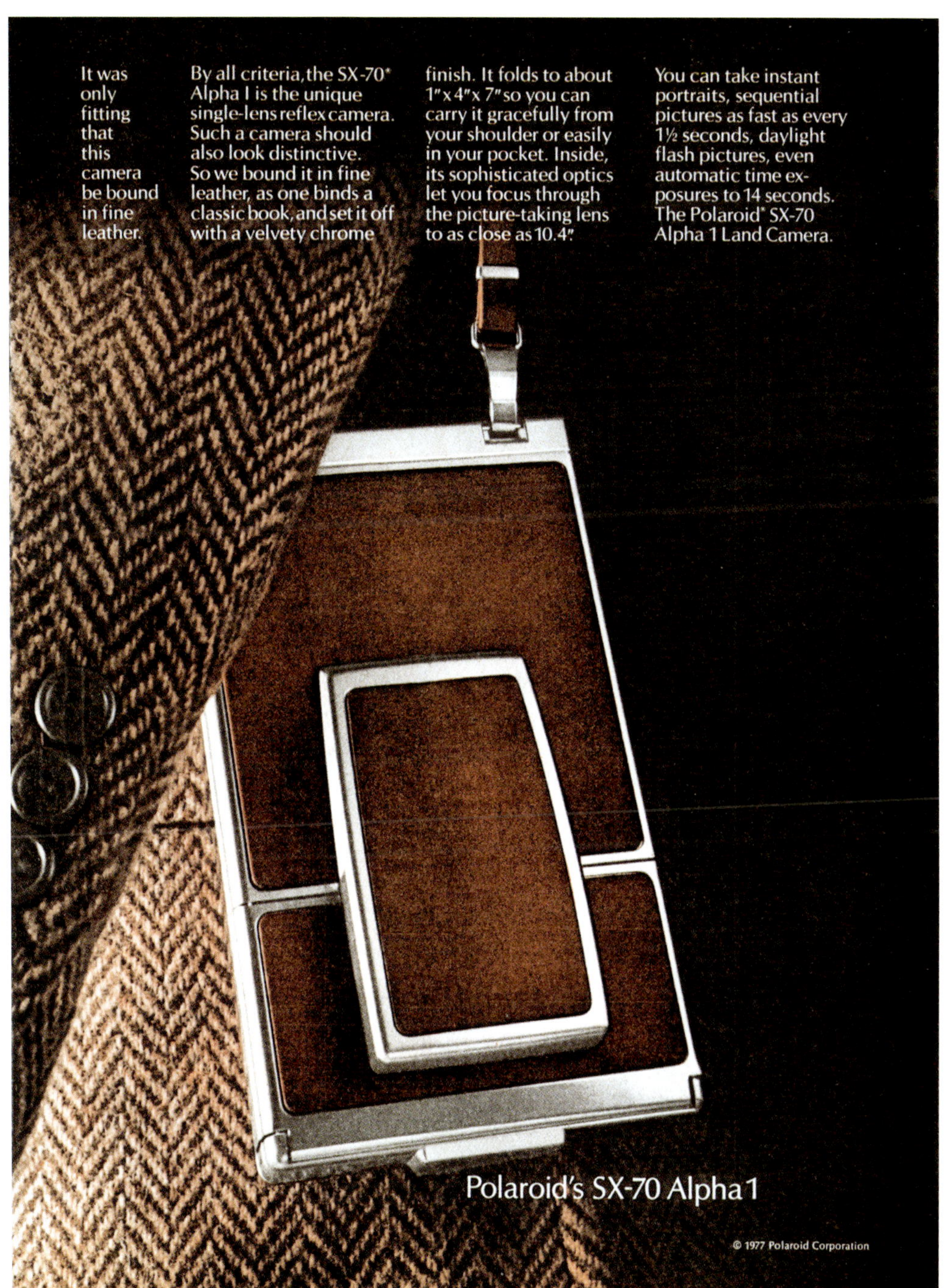

Polaroid SX-70 Alpha Camera, 1971

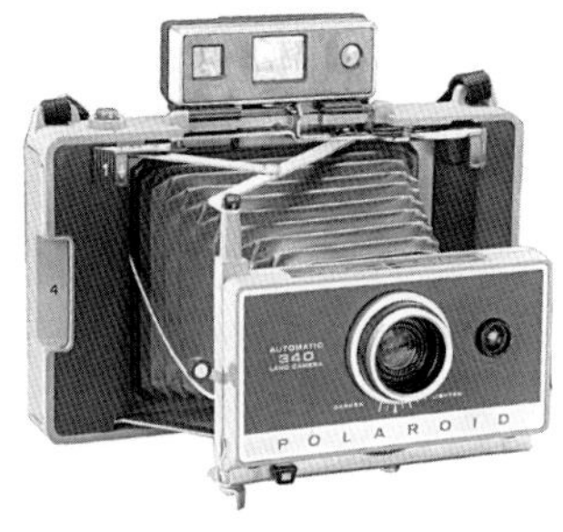

32. POLAROID AUTOMATIC 340 – 1969–71

Like the Automatic 230, but had built-in mechanical development timer. Able to use all available accessories. • Wie die Automatic 230, aber mit eingebautem mechanischen Entwicklungszeit-Timer. Alles erhältliche Zubehör ist verwendbar. • Semblable à l'Automatic 230, mais avec une minuterie mécanique intégrée pour le développement. Compatible avec tous les accessoires disponibles.

33. POLAROID AUTOMATIC 350 – 1969–71

Similar to the Automatic 250, but had automatic electronic development timer. Also able to use all accessories. • Ähnlich der Automatic 250, aber mit automatischem elektronischen Entwicklungszeit-Timer. Alles erhältliche Zubehör ist ebenfalls verwendbar. • Semblable à l'Automatic 250, mais avec une minuterie automatique électronique pour le développement. Cet appareil était lui aussi compatible avec tous les accessoires.

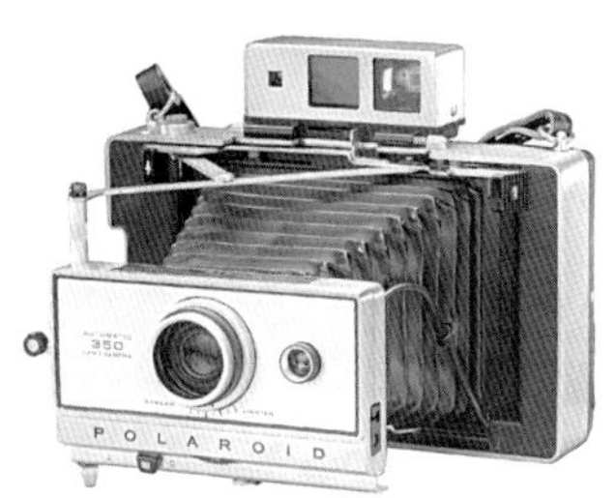

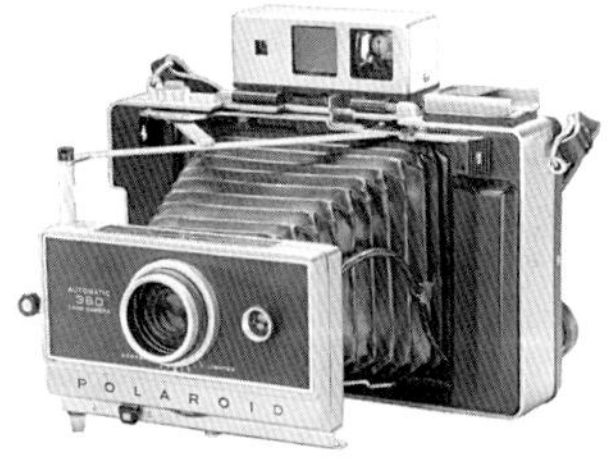

34. POLARIOD AUTOMATIC 360 – 1969–71

The first camera with electronic flash unit with automatic flash exposure control coupled to the rangefinder. Rechargeable nickel-cadmium battery; charger supplied with the camera. Similar to the Automatic 250 except: improved shutter, smallest aperture is f/60, electronic development timer starts when yellow film tab is pulled out of camera. • Die erste Kamera mit speziellem, aufsetzbarem Elektronik-blitz. Die Blitzlichtbelichtung wird automatisch über den Entfernungsmesser gesteuert. Wiederaufladbare Nickel-Cadmium-Batterie, Ladegerät wird mit der Kamera mitgeliefert. Vergleichbar mit der Automatic 250, jedoch: verbesserter Verschluss, kleinste Blende ist f/60; elektronischer Entwicklungszeit-Timer startet, wenn gelbe Filmlasche aus der Kamera gezogen wird. • Premier appareil photo muni d'un système de flash et d'un système de contrôle de l'exposition au flash intégré au télémètre. Batterie rechargeable au nickel cadmium ; chargeur fourni avec l'appareil. Semblable à l'Automatic 250, mais avec un obturateur amélioré et une ouverture minimale de f/60. La minuterie électronique pour le développement s'enclenche lorsqu'on tire sur la languette jaune.

35. POLAROID AUTOMATIC 420 – 1971

Similar to the Automatic 320 except different flash system. • Wie die Automatic 320, nur mit anderem Blitzsystem. • Semblable à l'Automatic 320 mais avec un système de flash différent.

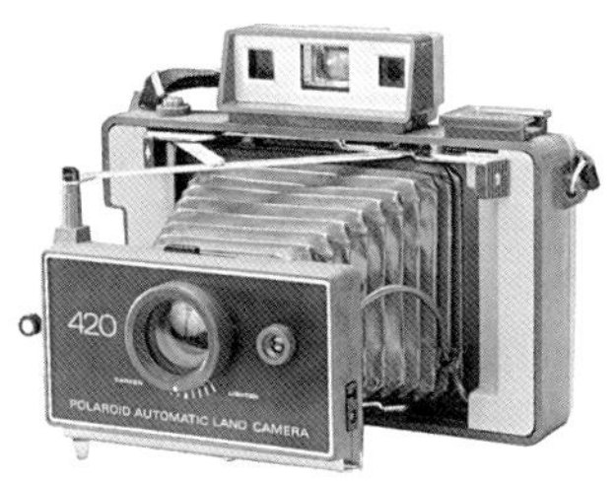

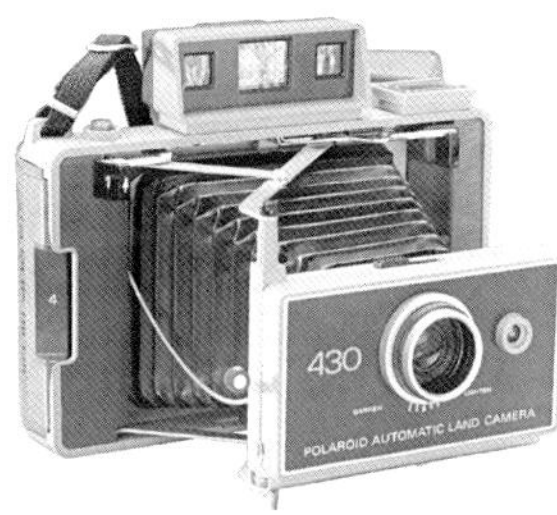

36. POLAROID AUTOMATIC 430 – 1971–77

Similar to Automatic 330 except different flash system. • Wie die Automatic 330, nur mit anderem Blitzsystem. • Semblable à l'Automatic 330 mais avec un système de flash différent.

37. POLAROID AUTOMATIC 440 – 1971–76

Similar to the Automatic 340 but different flash system. • Wie die Automatic 340, nur mit anderem Blitzsystem. • Semblable à l'Automatic 340 mais avec système de flash différent.

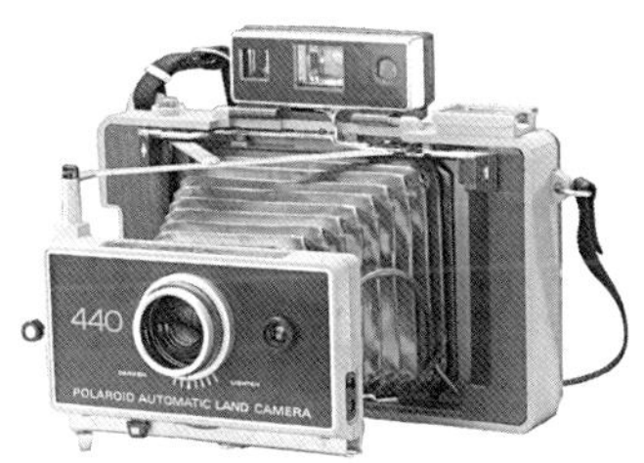

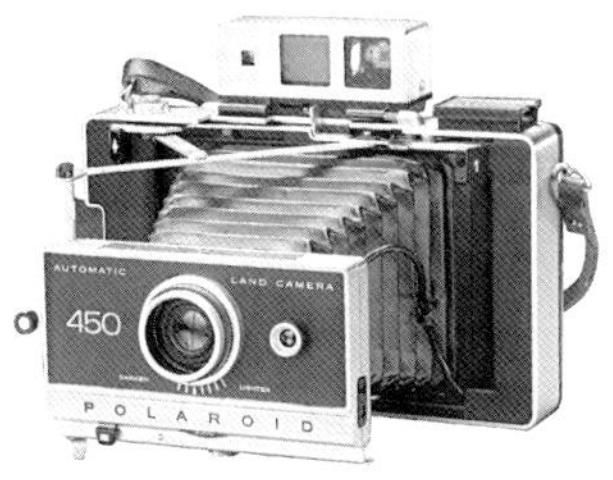

38. POLAROID AUTOMATIC 450 – 1971–74

Similar to the Automatic 350 but different flash system. • Wie die Automatic 350, nur mit anderem Blitzsystem. • Semblable à l'Automatic 350 mais avec un système de flash différent.

39. POLAROID 415 (NOT SHOWN)

Variation of the Swinger Model 20. • Variante des Swinger-Modells 20. • Variante du modèle Swinger 20.

40. POLAROID 700 – 1955–57

Uncoupled rangefinder version of the 95A. Gray leatherette covering. • Version der 95A mit separatem Entfernungsmesser. Grauer Kunstleder-überzug. • Version du modèle 95A à télémètre non couplé. Gainage en similicuir gris.

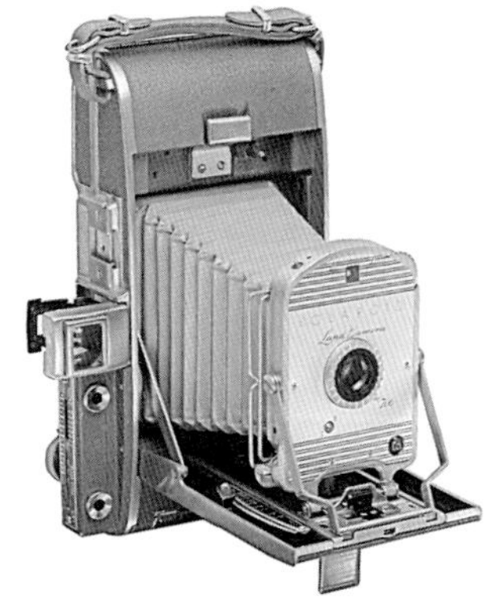

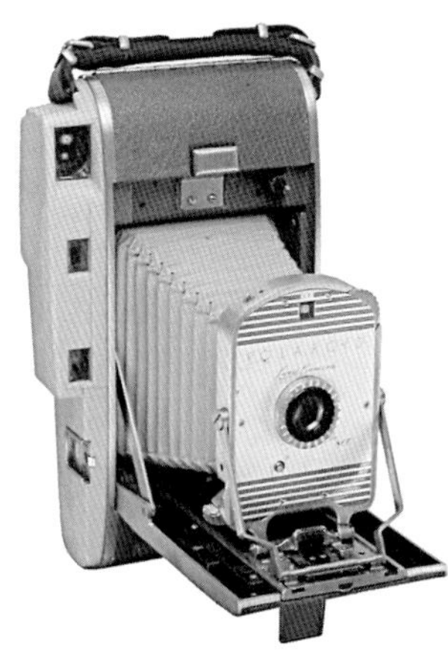

41. POLAROID 800 – 1957–62

All the features of the 150, but with carefully selected lens, electronically tested shutter, and permanently lubricated roller bearings. • Sämtliche Merkmale der 150, aber mit sorgfältig ausgewähltem Objektiv, elektronisch getestetem Verschluss und permanent gefetteter Schlittenlagerung. • Toutes les caractéristiques du modèle 150. Son objectif était en outre soigneusement sélectionné, son obturateur testé de manière électronique et ses châssis à pellicules bénéficiaient d'une lubrification constante.

42. POLAROID 850 – 1961–63

Similar to the 900 below, but with dual-eyepiece rangefinder and viewfinder. • Vergleichbar mit untenstehender 900, aber mit zweiäugigem Sucher und Entfernungsmesser. • Semblable au modèle 900 ci-dessous, à l'exception de son télémètre/ viseur à deux oculaires.

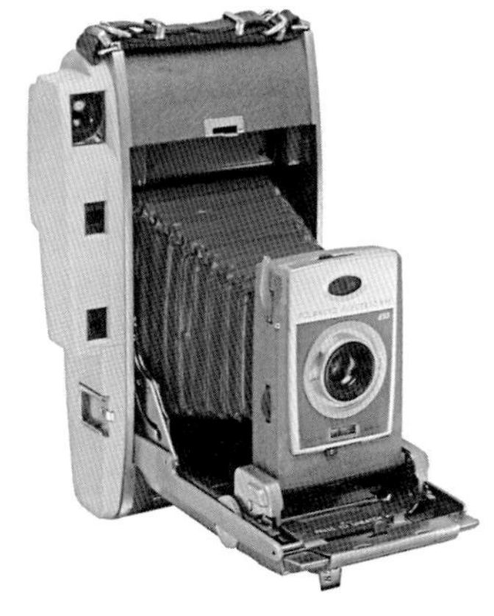

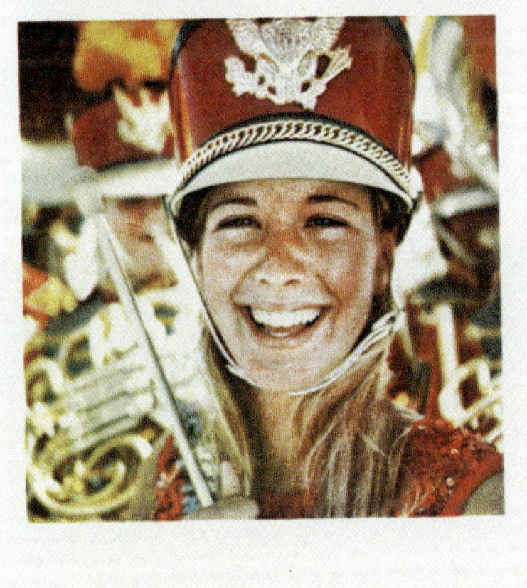

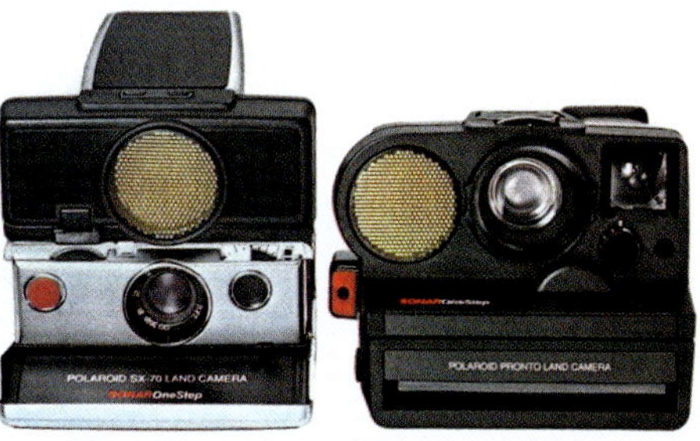

*Polaroid Sonar Camera SX-70
and Pronto SonarOneStep, 1978*

43. POLAROID 900 – 1960–63

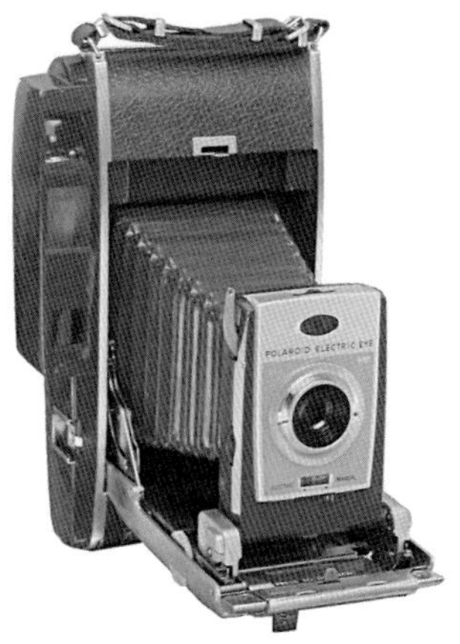

The first Polaroid with fully automatic electric-eye
controlled shutter. Continuously variable shutter
speeds of $^1/_{12}$–$^1/_{600}$ and apertures of f/8.8-f/82. •
Die erste Polaroid mit vollautomatischer Belich-
tungssteuerung („Electric Eye"). Stufenlos verstell-
bare Belichtungszeiten von $^1/_{12}$–$^1/_{600}$ und Blenden-
öffnungen von f/8,8–f/82. • Premier appareil
Polaroïd à être équipé d'un obturateur entièrement
commandé par une cellule photo-électrique. Vitesse
de l'obturateur et ouverture en variation continue,
respectivement de $^1/_{12}$ à $^1/_{600}$ et de f/8.8 à f/82.

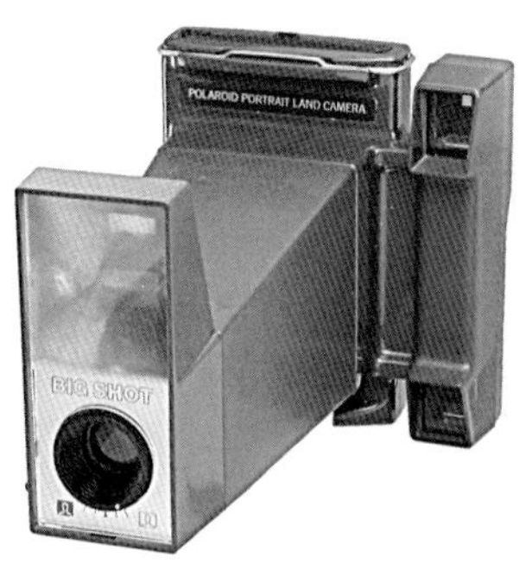

44. BIG SHOT – 1971–73

Unusually-designed pack-film camera for close-up
portraits at a fixed distance of one meter. Since the
lens is fixed focus, the rangefinder functions only
to position the operator and subject at the correct
distance. Built-in socket and diffuser for X-cubes. •
Ungewöhnlich aussehende Packfilm-Kamera für
Porträtaufnahmen im festen Abstand von einem
Meter. Da das Objektiv einen Fix-Fokus hat, dienen
die Entfernungsmesserfunktionen nur dazu, Foto-
graf und Motiv in korrekter Entfernung zu positionieren. Eingebauter Schuh und
Diffusor für Blitzwürfel. • Appareil à cartouches au design insolite, prévu pour
réaliser des portraits en gros plan à une distance d'un mètre. Étant donné que
l'appareil est à foyer fixe, le télémètre ne sert qu'à indiquer la distance entre le
photographe et son sujet. Prise et diffuseur intégrés pour Magicubes.

45. CAMEL (NOT SHOWN)

Special version of the Model 640, made in England for Camel Cigarettes.
Used as a prize in a contest among vending machine suppliers in Germany.
Uncommon. • Spezialversion von Modell 640, in England für Camel-Zigaretten
hergestellt. Kam als Gewinn bei einem Preisausschreiben für Automatenbefül-
ler in Deutschland zur Verwendung. Selten. • Version spéciale du modèle 640
fabriquée en Angleterre pour la marque de cigarettes Camel. L'appareil
fut offert comme prix lors d'un concours qui s'adressait à des fabricants
allemands de distributeurs automatiques. Peu répandu.

46. COUNTDOWN 90 – C. 1971 (NOT SHOWN)

Folding filmpack camera with gray plastic body. Double-window finder, slide-on flash shoe, electronic timer on back. • Zusammenklappbare Filmpack-Kamera mit grauem Plastikgehäuse. Sucher mit Doppelfenster, aufschiebbarem Blitzschuh und elektronischem Timer auf der Rückseite. • Appareil pliant à cartouches à boîtier en plastique gris. Viseur à double fenêtre, prise flash à coulisse, minuterie électronique sur le dos.

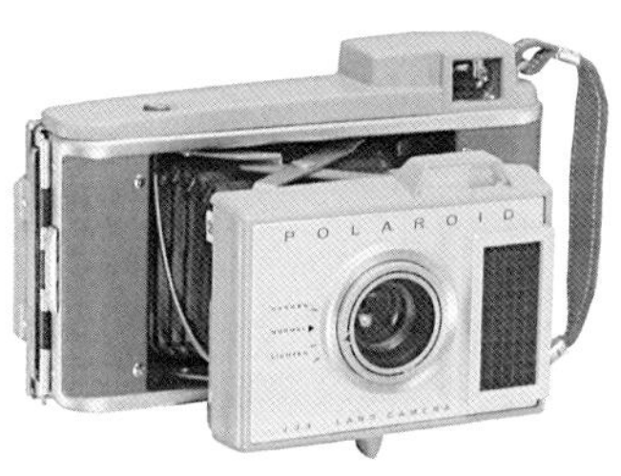

47. POLAROID J-33 – 1961–63

Newly-styled electric-eye camera to replace the "80" series. Still using the 30 series double-roll films for 6 x 8 cm pictures. • Kamera mit vollautomatischer Belichtungssteuerung im neuen Design, die die 80er-Serie ersetzt. Der doppelte Rollfilm der 30er-Serie für 6-x-8-cm-Bilder wird nach wie vor verwendet. • Cet appareil de style nouveau à cellule photo-électrique a remplacé la série « 80 ». Il fonctionnait encore avec les pellicules à doubles rouleaux de la série 30 qui produisaient des photos de 6 x 8 cm.

48. POLAROID J-66 – 1961–63

Newly-styled electric-eye camera, with simple f/19 lens. Tiny swing-out flash for AG-1 bulbs. • Kamera mit vollautomatischer Belichtungssteuerung im neuen Design mit einfachem f/19-Objektiv. Winziger ausklappbarer Blitz für AG-1-Birnchen. • Appareil de style nouveau à cellule photo-électrique équipé d'un objectif simple de f/19. Minuscule flash rétractable à ampoules AG-1.

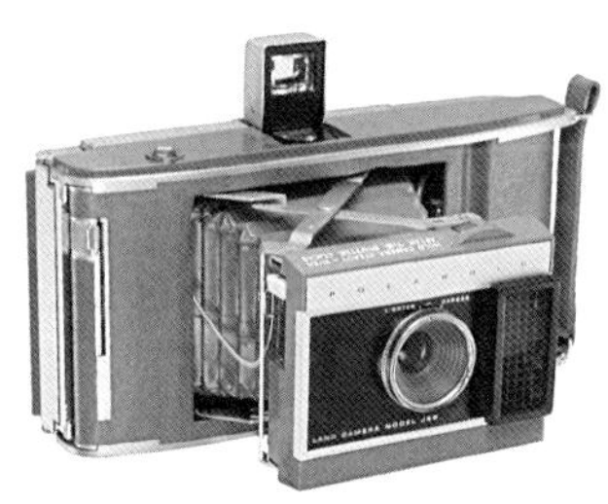

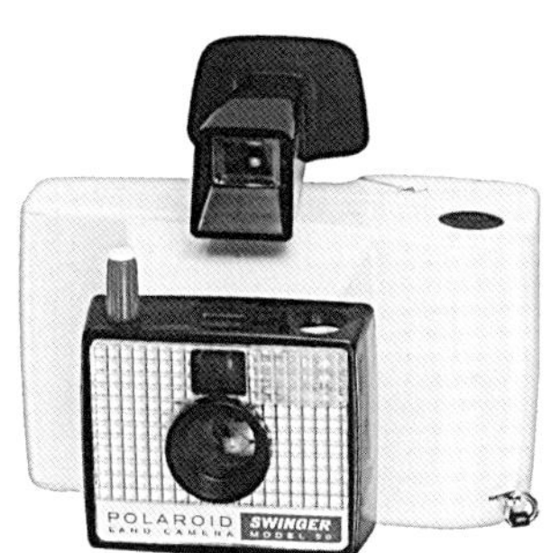

49. SWINGER MODEL 20 – 1965–70

White plastic camera for B&W photos on Type 20 roll film, the first roll film to develop outside the camera. If this is not the most common camera in the world, it certainly must be near the top of the list. • Weiße Kunststoffkamera für Schwarzweißbilder auf dem Typ-20-Rollfilm, dem ersten Rollfilm, der sich außerhalb der Kamera entwickelt. Dieses

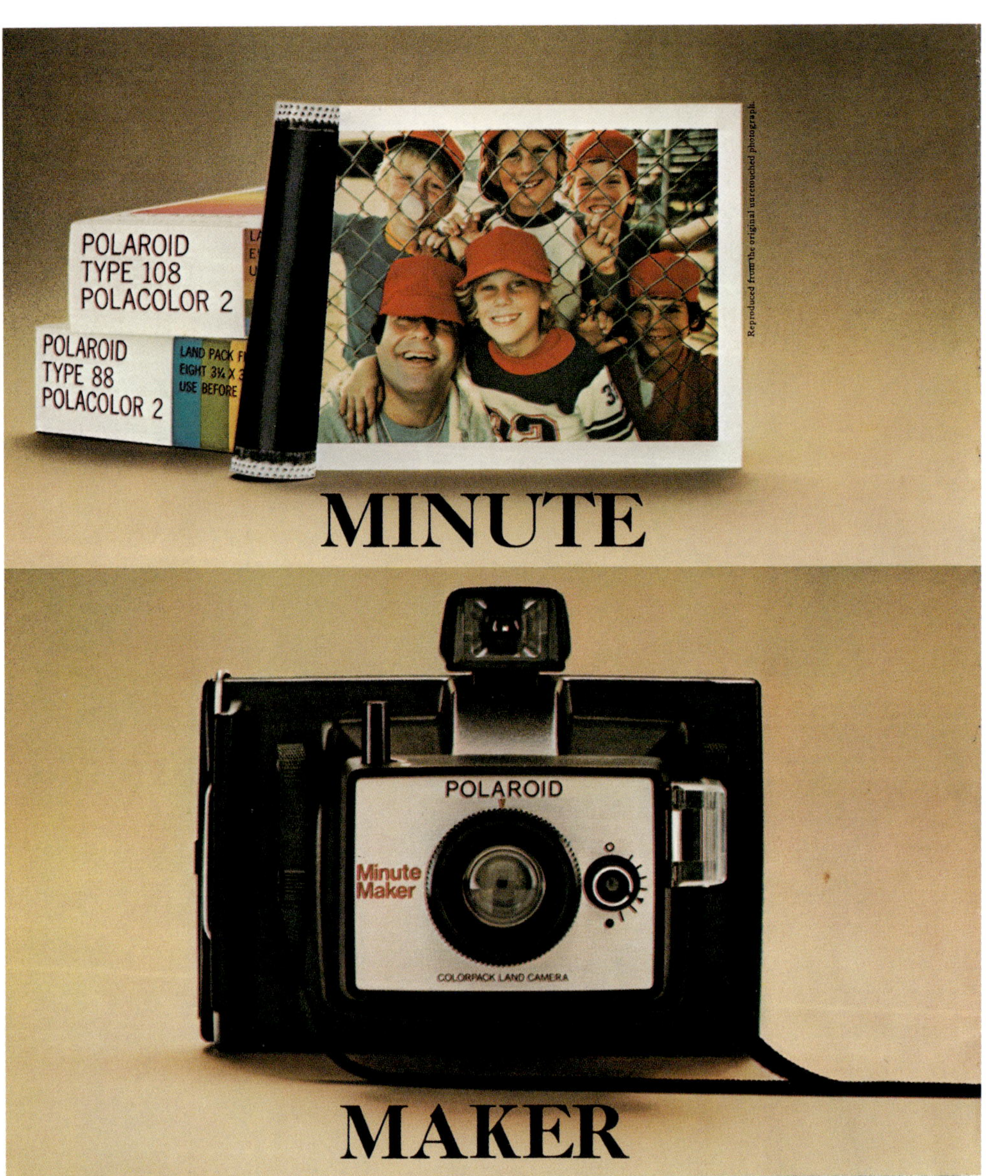

You can pass these finished pictures around for everyone to look at and share in just 60 seconds. And Polaroid's deep brilliant colors will last. They're made with our exclusive SX-70 dyes which are among the most fade-resistant ever known to photography.

Our new MinuteMaker gives you the excitement in 2 sizes, our big 3¼" x 4¼" or our economical square film. (The least expensive instant color there is.) This easy automatic sets all exposures for you. You can shoot 'n share in 60 seconds.

Polaroid's new MinuteMaker under $25.*

*Suggested List Price. © 1977 Polaroid Corporation. "Polaroid" "SX-70" and Minute Maker™

Polaroid MinuteMaker Camera, 1977

Modell belegt in der Liste der gebräuchlichsten Kameras der Welt einen der vorderen Plätze. • Appareil en plastique blanc réalisant des photos noir et blanc sur de la pellicule en rouleau de type 20 – première pellicule en rouleau à se développer en dehors de l'appareil. L'un des appareils les plus répandus au monde – sinon le plus courant.

50. SWINGER SENTINEL M15 – 1965–70

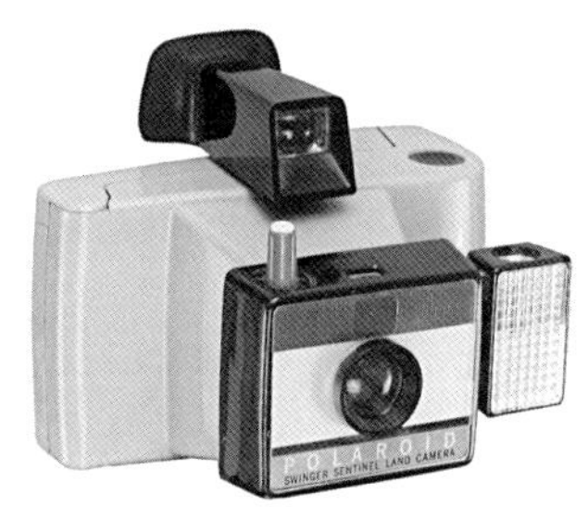

Variation of the Swinger Model 20. Lacks built-in flash. • Variante des Swinger-Modells 20. Kein eingebauter Blitz. • Variante du modèle Swinger 20. Pas de flash intégré.

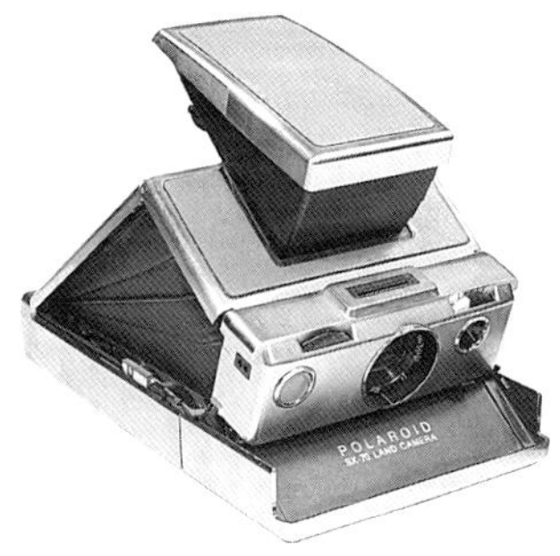

51. SX-70 (DELUXE MODEL) – 1972–77

The original SX-70 camera. Ingeniously designed folding SLR that ushered in a new era of instant photography. The miracle was watching the colored photo slowly appear in broad daylight after being automatically ejected from the camera. The technical and esthetic marvel was the compact machine that fit easily into a coat pocket. The basic folding design was not new. Perhaps one of Polaroid's engineers had seen the circa 1905 "Excentric" camera of R. Guénault, which is surprisingly similar. But Guénault would never have dreamed of an even more compact camera incorporating SLF focusing to 10 ½ inches, automatic exposure up to 14 seconds, and motorized print-ejection, all powered by a disposable flat battery hidden in the film pack. This is a landmark camera, but quite common because it was so popular. • Die originale SX-70-Kamera. Genial konstruierte, zusammenklappbare Spiegelreflexkamera, die eine neue Ära der Sofortbildfotografie einleitete. Zuzusehen, wie das Farbfoto langsam bei hellem Tageslicht sichtbar wurde, nachdem die Kamera es automatisch ausgeworfen hatte, war verblüffend. An ein technisches und ästhetisches Wunder grenzte die Kompaktheit des Fotoapparates, der problemlos in eine Jackentasche passte. Das Klappdesign war im Grunde nicht neu. Vielleicht hatte einer der Polaroid-Ingenieure die „Excentric"-Kamera von R. Guénault aus der Zeit um 1905 gesehen, die erstaunliche Ähnlichkeiten mit der SX-70 aufweist. Doch Guénault hätte sich nie

träumen lassen, dass es einmal eine noch kompaktere Kamera geben würde
mit Fokussierung durchs Objektiv bis auf 26 Zentimeter Nähe, mit automati-
scher Belichtung bis 14 Sekunden und motorgetriebenem Bildauswurf, all das
betrieben von einer flachen Einmalbatterie, die sich im Filmpack versteckte.
Diese Kamera war ein Meilenstein der Fotografie, und wegen ihrer Beliebtheit
war sie weit verbreitet. • Tout premier appareil SX-70. Son boîtier reflex pliant
mono-objectif révolutionna la photographie instantanée. La photographie en
couleurs était automatiquement éjectée de l'appareil et se développait peu à
peu en plein jour, comme par miracle. La taille compacte de l'appareil, qui
se glissait facilement dans une poche, était une véritable prouesse technique
et esthétique. Le concept de base de ce modèle pliant n'a pourtant rien de
nouveau : il n'est pas exclu qu'un ingénieur de chez Polaroïd se soit inspiré
du modèle « Excentric » créé par R. Guénault aux alentours de 1905, qui lui
ressemble de manière frappante. Mais jamais Guénault n'aurait pu imaginer
un modèle aussi compact pouvant faire la mise au point à un peu plus de 25
cm, dont l'exposition automatique pouvait aller jusqu'à 14 secondes, et équipé
d'un moteur pour éjecter le cliché, le tout actionné par une pile plate jetable
dissimulée dans la cartouche de pellicule. Véritable jalon dans l'histoire de la
photographie, cet appareil est assez répandu en raison du grand succès qu'il
rencontra.

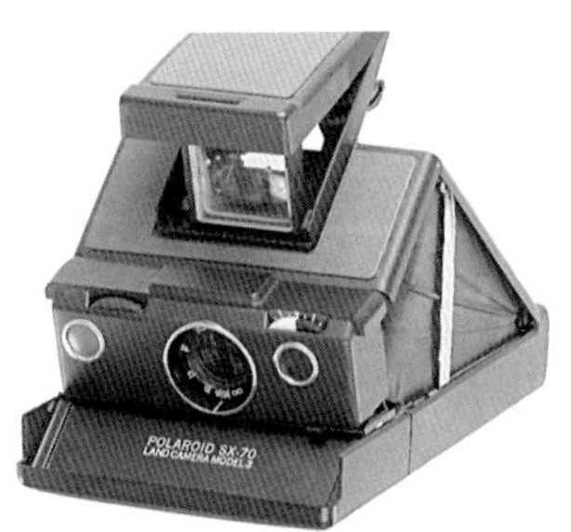

52. SX-70 MODEL 3 – 1975–78
Simplified model without SLR viewing. • Vereinfach-
tes Modell mit Sucher, keine Spiegelreflexkamera. •
Modèle simplifié sans reflex mono-objectif.

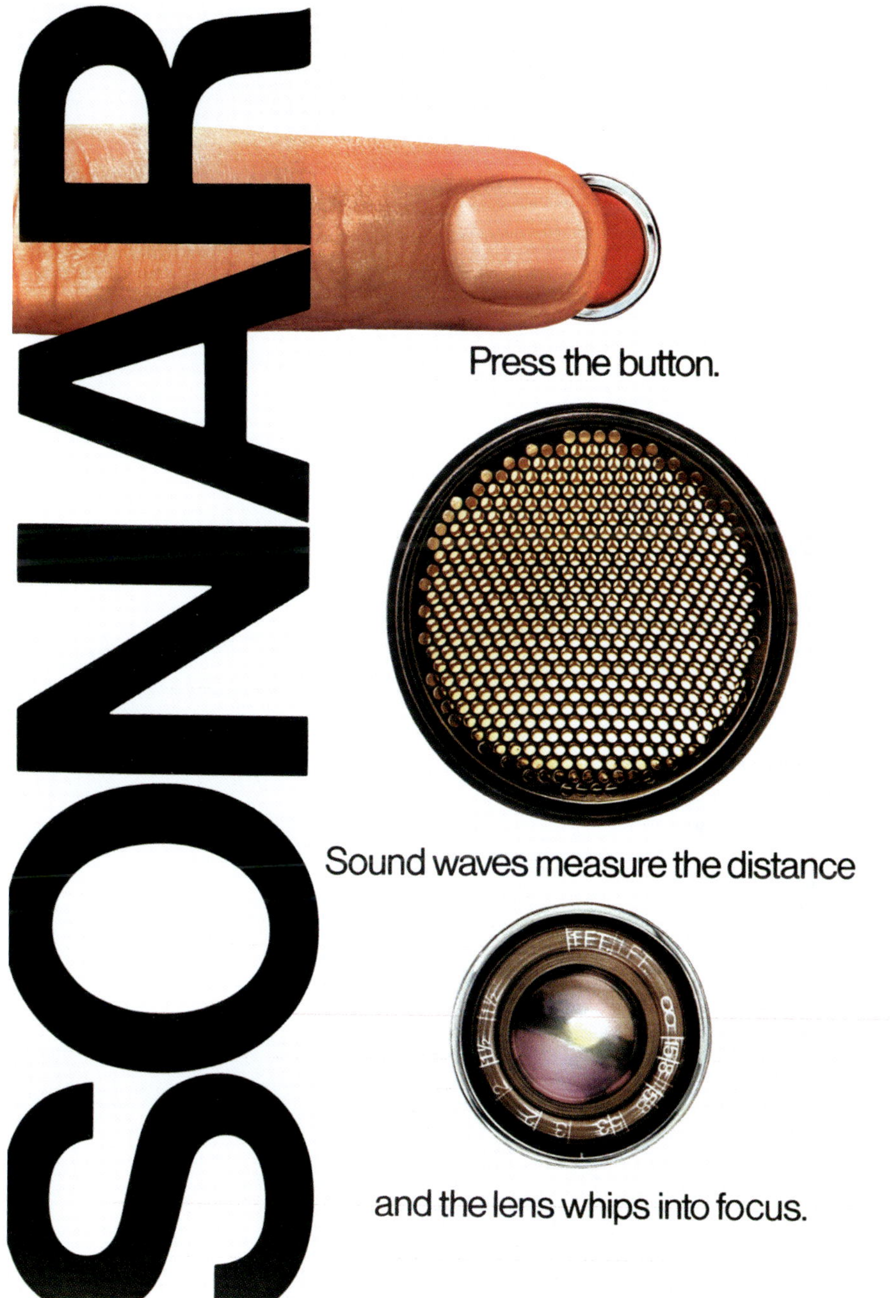

Polaroid Sonar Camera, 1978

ARTIST INDEX A – B

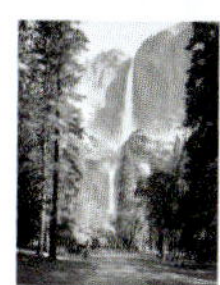

Adams, Ansel
Yosemite Fall, 1966
T-55 Film
© Photograph by Ansel Adams.
Used with permission of the
Trustees of the Ansel Adams
Publishing Rights Trust. All
rights reserved, p. 155

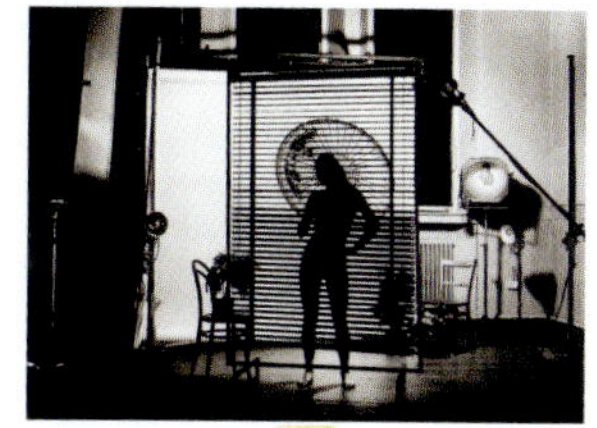

Adamson, Valene
(In Studio)
year unknown
T-665 Film
© Valene Adamson
pp. 252/53

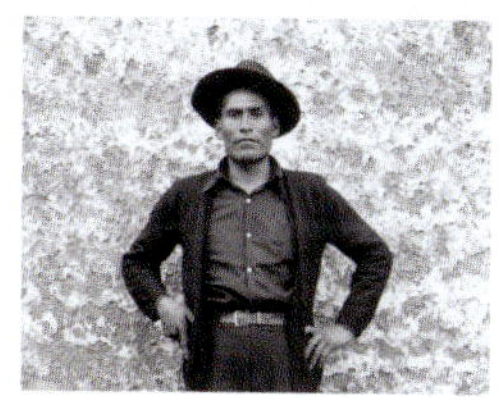

Alexanian, Nubar
Peru
1974
T-52 Film
© Nubar Alexanian
pp. 224/25

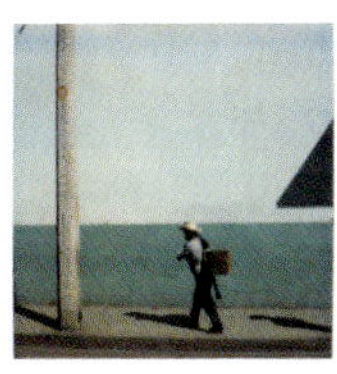

Allard, William Albert
Oaxaca, Mexico
1980
SX-70 Time Zero Film
© William Albert Allard
p. 53

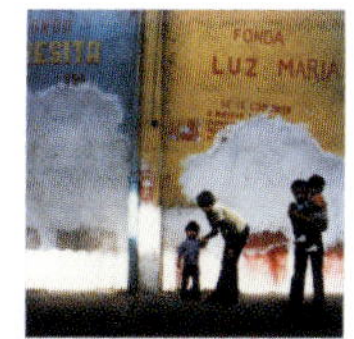

Allard, William Albert
Oaxaca, Mexico
1980
SX-70 Time Zero Film
© William Albert Allard
p. 87

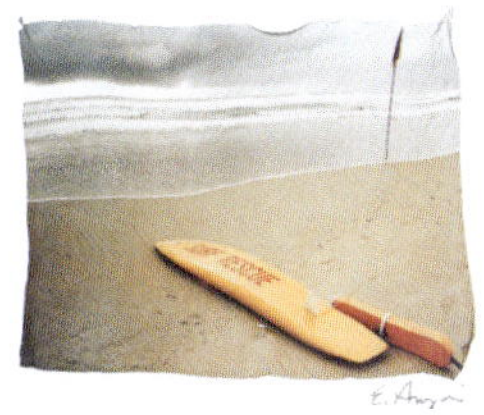

Anzai, Eiichi
Memories
May 1999
T-559 Film
© Eiichi Anzai
pp. 148/49

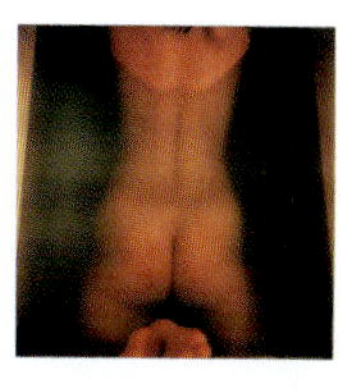

Aschkenas, David
Nude in Tub
1980
SX-70 Time Zero Film
© David Aschkenas
p. 63

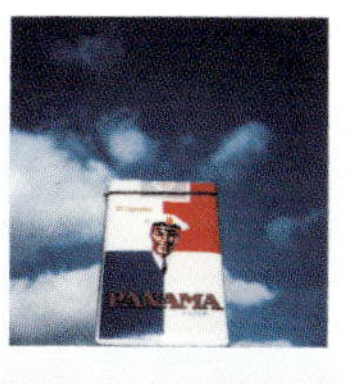

Assman, Ingrid
(Cigarettes, Panama)
year unknown
SX-70 Time Zero Film
© Ingrid Assman
p. 47

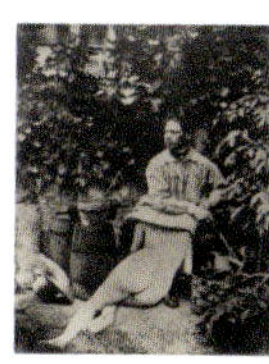

Baden, Karl
Drowned Woman (Bayard)
1989
T-55 Film
© Karl Baden
p. 134

ARTIST INDEX B

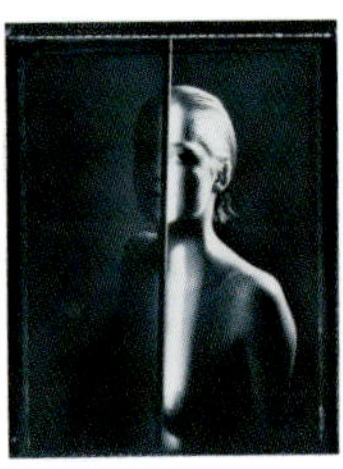

Banka, Pavel
Vertical Constructions
1985
T-55 Film
© Pavel Banka
p. 197

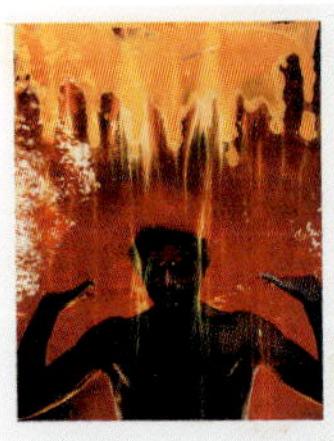

Barbieri, Gian Paolo
(Autoportrait)
year unknown
T-808 Film
© Gian Paolo Barbieri
p. 399

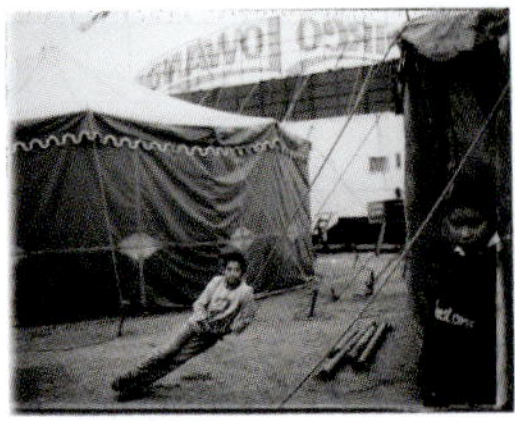

Barraco, Daniel
*Circus "Lowandi," Mendoza,
Argentina*, 1998
T-665 Film
© Daniel Barraco
pp. 344/45

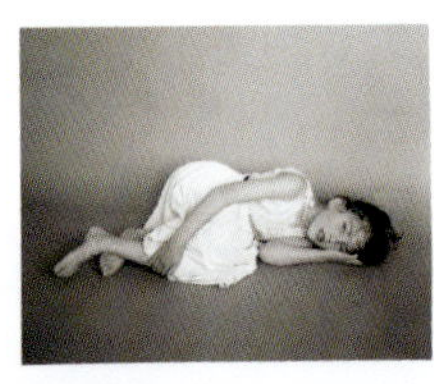

Barranti, Lou
Untitled (Kjrstn)
May 1989
T-55 Film
© Lou Barranti, 1989
p. 299

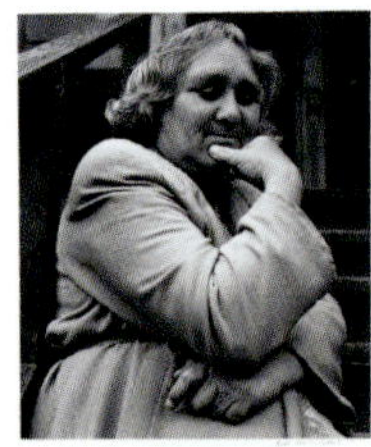

Baruch, Ruth-Marion
*Woman on Haight Street,
San Francisco*, 1957
film type unknown
© The Estate of
Ruth-Marion Baruch
p. 118

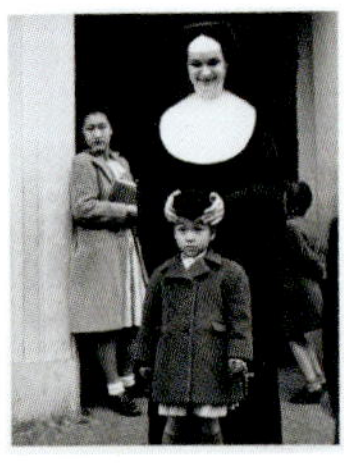

Baruch, Ruth-Marion
*Nun and Chinese Child, San
Francisco*, 1948
film type unknown
© The Estate of
Ruth-Marion Baruch
p. 135

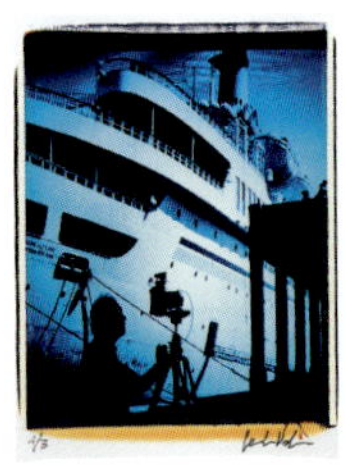

Basilico, Gabriele
*Photographer with Ship
(Assembled from "Genova
1985")*, 1985
20x24 Polacolor Film
© Gabriele Basilico
p. 295

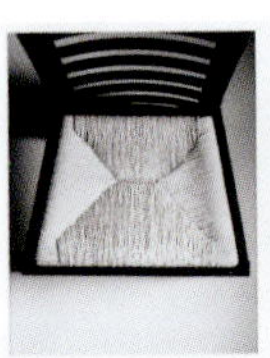

Basilico, Gabriele
Contact
1983
T-55 Film
© Gabriele Basilico
pp. 386/87

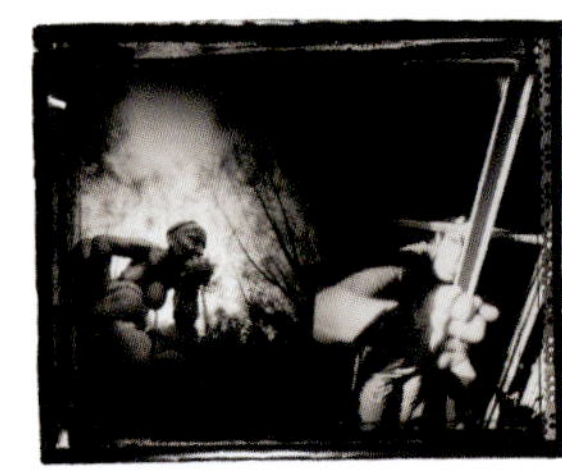

Bass, Pinky/MM
*Tequio Climbing (From
Limens and Sublimens Series)*
1994
T-55 Film
© Pinky/MM Bass
pp. 126/27

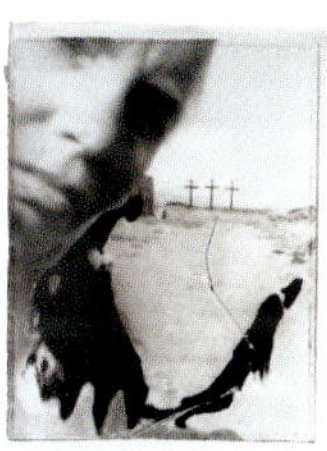

Bass, Pinky/MM
In Abiquiu (From Dreams of Death Series)
1987
T-55 Film
© Pinky/MM Bass
p. 305

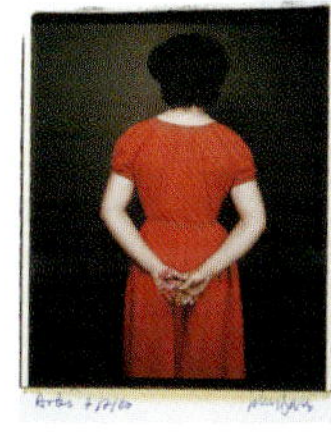

Batho, John
Arles, la robe rouge
1980
20x24 Polacolor Film
© John Batho
p. 25

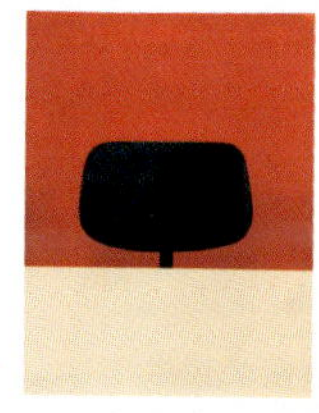

Bazen, Rien
(Blue Chair)
year unknown
T-58 Film
© Rien Bazen
p. 279

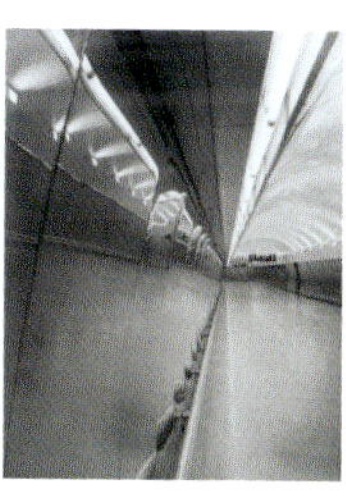

Benes, Jaroslav
Untitled
1985
T-55 Film
© Benes Jaroslav
p. 373

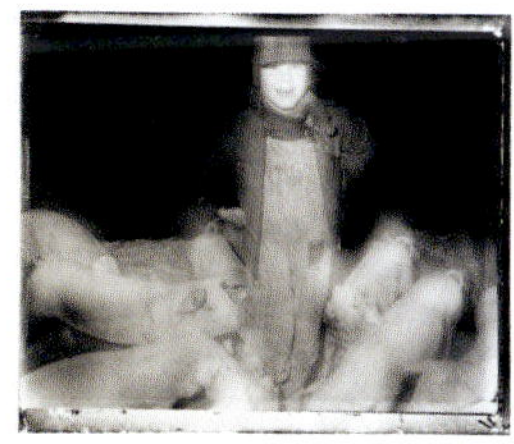

Bengston, Jim
Marius in the Pig Pen, from "Slow Motion" Series
1977
T-665 Film
© Jim Bengston, 1977
pp. 176/77

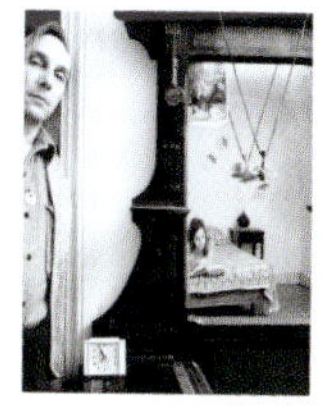

Benson, John
(Untitled)
year unknown
T-52 Film
© John Benson
p. 178

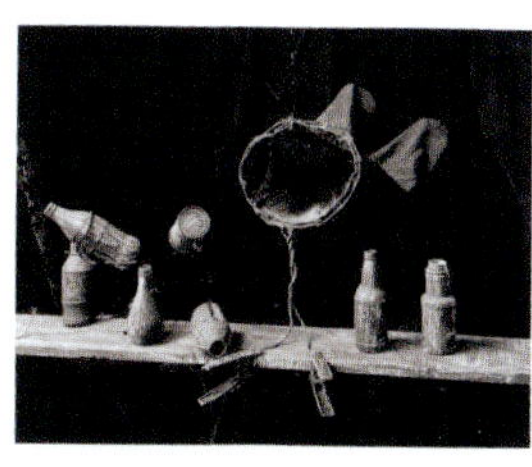

Berman, Zeke
Floating Pants
1997
T-55 Fillm
© Zeke Berman
p. 330

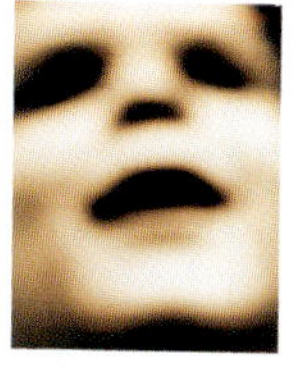

Bertoli, Giasco
Untitled
1993
T-59 Film
© Giasco Bertoli
p. 136

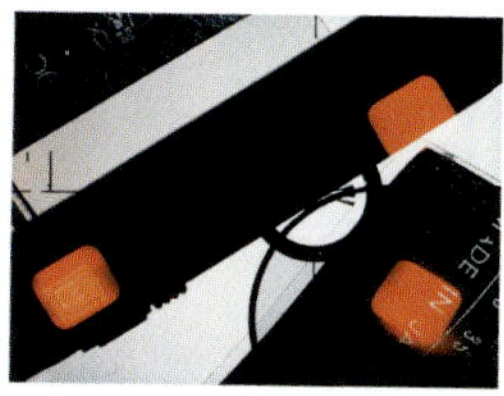

Bishop, Michael
Untitled (Photogram)
1973
T-58 Film
© Michael Bishop, 1973
pp. 150/51

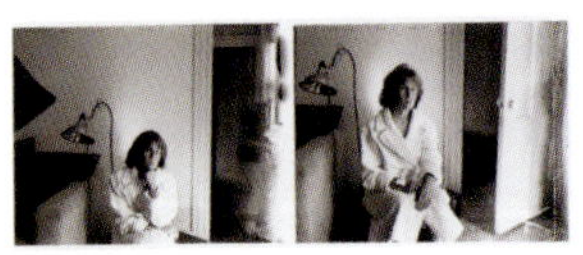

Black, Judith
Self-Portrait (40th Birthday)
June 11, 1985
T-55 Film
© Judith Black
pp. 204/05

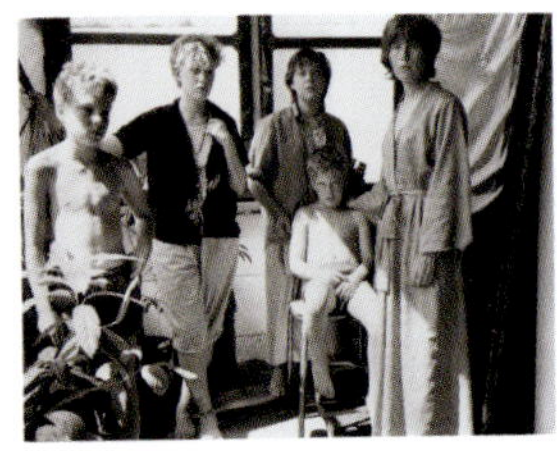

Black, Judith
Self with Children (Before Vacation with their Father)
July 14, 1984
T-55 Film
© Judith Black
pp. 352/53

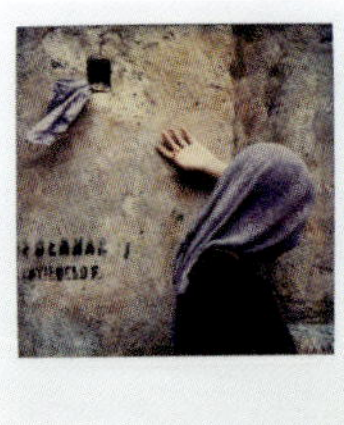

Blok, Diana & Broekmans, Marlo
The Message, 1981
SX-70 Time Zero Film
© Marlo Broekmans and Diana Blok
p. 75

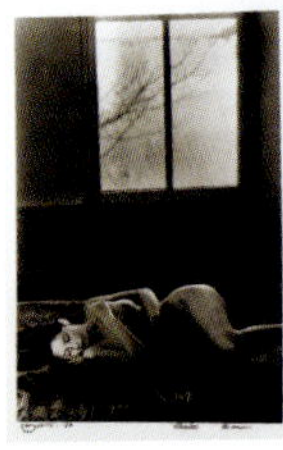

Blok, Diana & Broekmans, Marlo
Chrysalis, 1980
T-665 Film
@ Marlo Broekmans and Diana Blok
p. 395

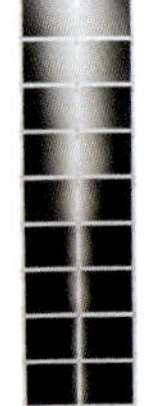

Blumenfeld, Erika
Light Leaks Variation No. 2 [2700 Seconds of the Setting Sun], 1998
T-54 Film
© Erika Blumenfeld
p. 235

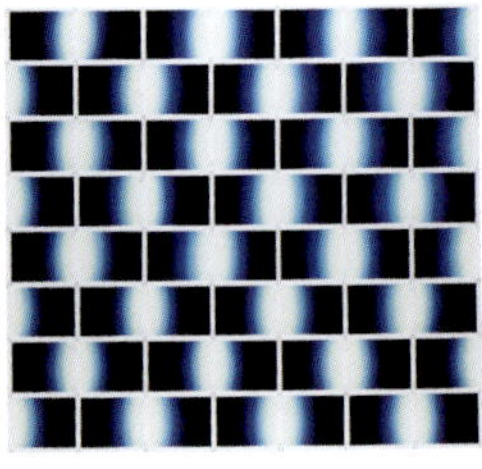

Blumenfeld, Erika
Light Leaks Variation No. 13 [Meditating on Evolution]
1999
T-59 Film
© Erika Blumenfeld
pp. 236/37

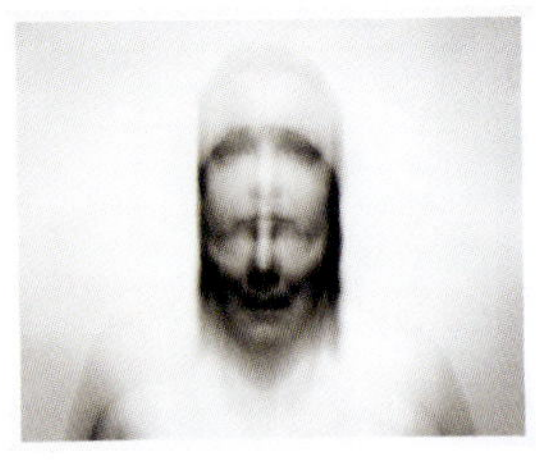

Bohnen, Blythe
Self-Portrait: Vertical Motion Up, Large
1983
T-55 Film
© Blythe Bohnen
p. 286

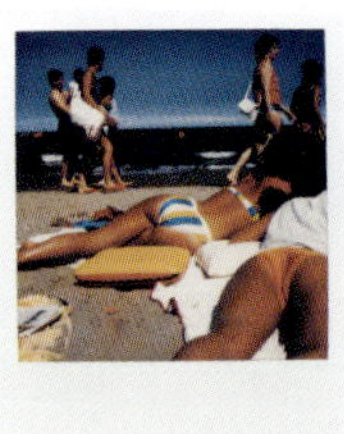

Bossan, Enrico
People on the Beach
year unknown
T-600 Film
© Enrico Bossan
p. 94

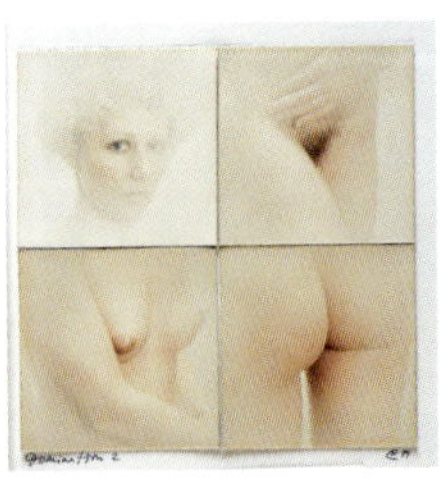

Bossard, Nicolas
(Collage of Nude)
year unknown
T-108 Film
© Nicolas Bossard
pp. 142/43

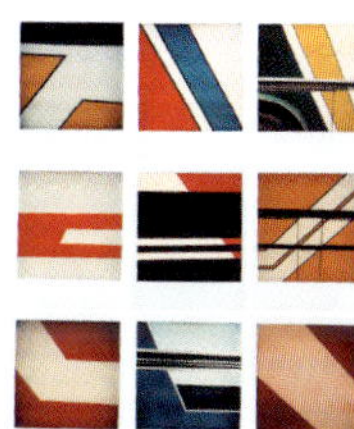

Bourel, Bruno
(9x Abstract)
year unknown
SX-70 Time Zero Film
© Bruno Bourel
p. 61

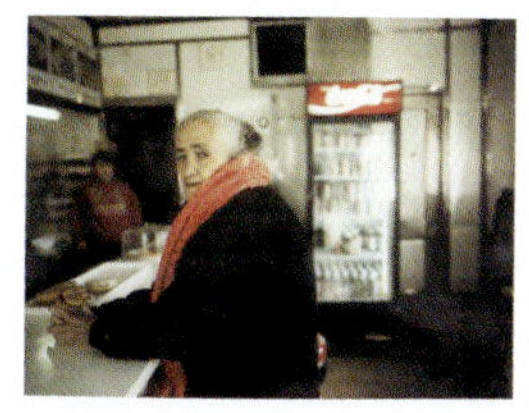

Braithwaite, Hilton
Newark, NJ
1993
PC PRO 100 Film
© Hilton Braithwaite
pp. 232/33

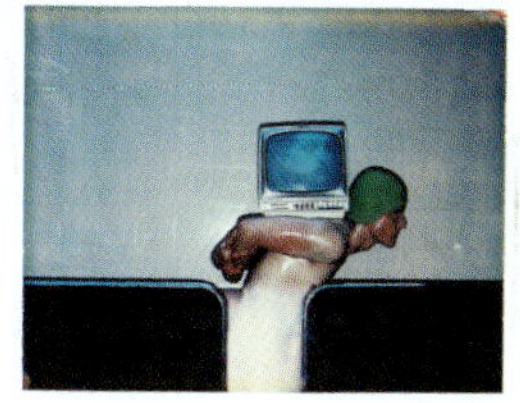

Braun-Eis, Rolf
(Man with T.V.)
year unknown
T-108 Film
© Rolf Braun-Eis
pp. 112/13

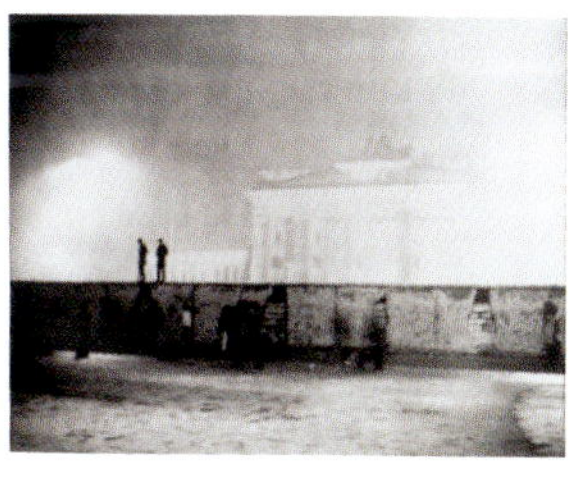

Brillot, Anne-Françoise
Brandenburg
Berlin, January 1990
T-667 Film
© Anne-Françoise Brillot
pp. 8/9

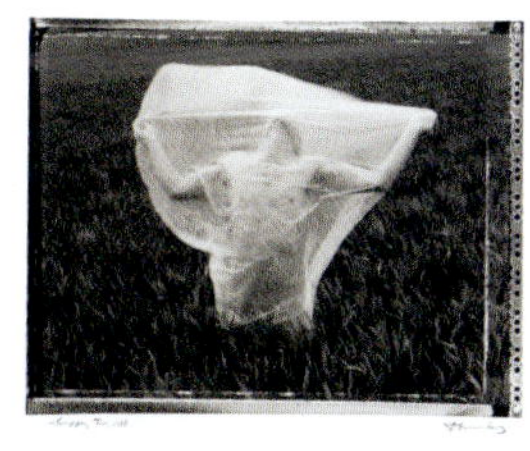

Brunenberg, Jo
Ton, Suippes, France, 1988
1988
T-55 Film
© Jo Brunenberg/
www.jobrunenberg.com
pp. 182/83

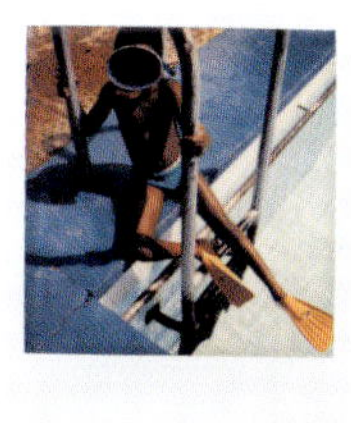

Bryan, Gail
Untitled
1981
SX-70 Time Zero Film
© Gail Bryan, 1981
p. 95

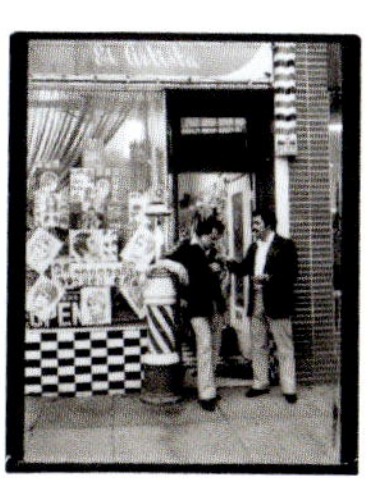

Burke, Bill
Smokers, Barber Shop,
San Francisco
1979
T-665 Film
© Bill Burke
p. 146

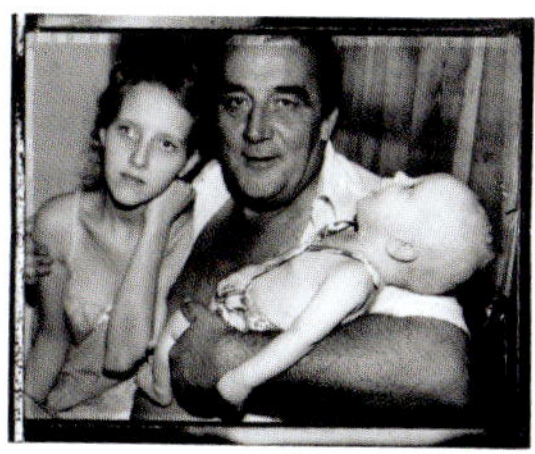

Burke, Bill
Family, Kermit. W. Va.
1979
T-665 Film
© Bill Burke
pp. 164/65

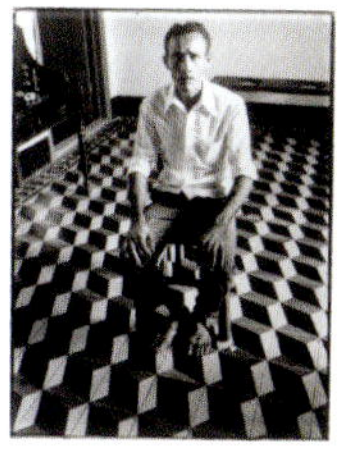

Burke, Bill
Seated Man, Tile Floor,
Oinda Brasil
1982
T-665 Film
© Bill Burke
p. 175

ARTIST INDEX B – C

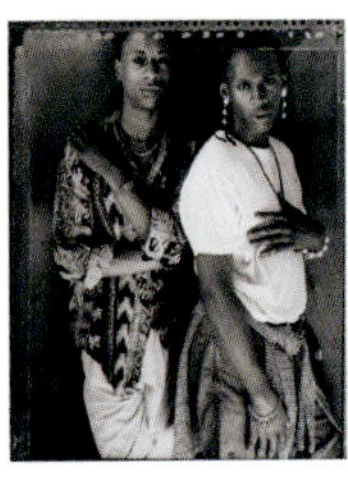

Burns, Marsha
Marcus and Edwin
Seattle
1993
T-55 Film
© Marsha Burns
p. 156

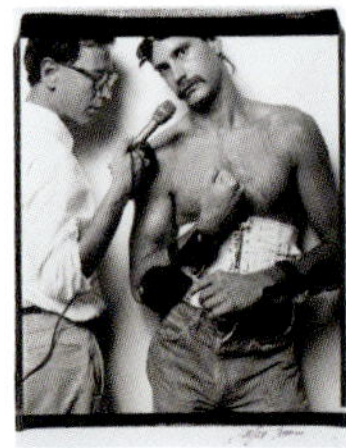

Burns, Marsha
Media Event
San Diego
1983
20x24 Polapan Film
© Marsha Burns
p. 338

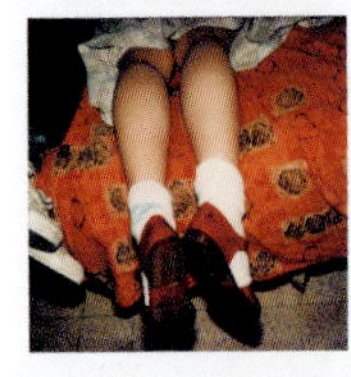

Burton, Valerie
Girl's Legs
France 1979
SX-70 Time Zero Film
© Valerie C. Burton,
Ottawa, Canada
p. 51

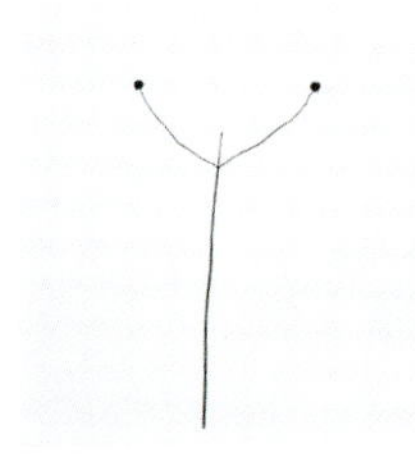

Callahan, Harry
Weed Against the Sky, Detroit
1948
film type unknown
© The Estate of Harry
Callahan. Courtesy Pace/
MacGill Gallery, New York
p. 290

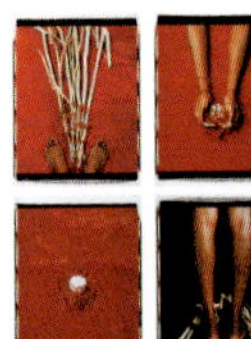

**Campos-Pons,
Maria Magdalena**
Abridor de Caminos, 1997
20x24 Polacolor Film
© Maria Magdalena
Campos-Pons
pp. 306/107

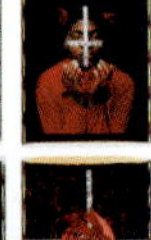

Caponigro, Paul
(View of Houses)
year unknown
T-55 Film
© Paul Caponigro
pp. 120/21

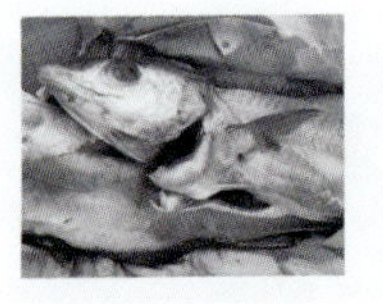

Caponigro, Paul
(Still Life – Dead Fish)
year unknown
T-55 Film
© Paul Caponigro
pp. 228/29

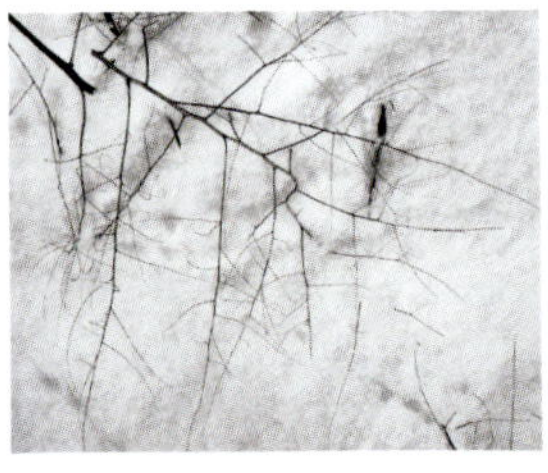

Caponigro, Paul
Branches over Ice
year unknown
T-55 Film
© Paul Caponigro
p. 320

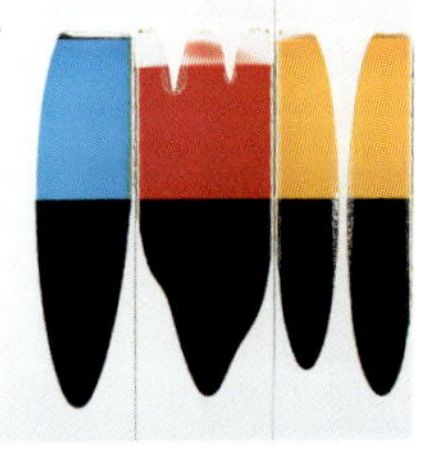

Carey, Ellen
No. 204, 1997
20x24 Polacolor Film
© Ellen Carey. Courtesy
of the Artist and the
Polaroid Collections
p. 291

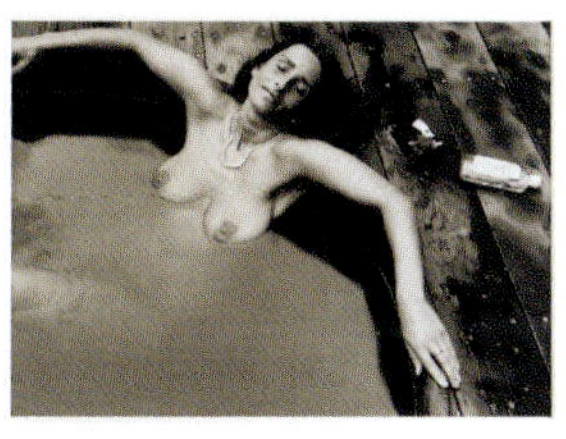

Casanave, Martha
Untitled
1979
T-665 Film
© Martha Casanave
p. 366

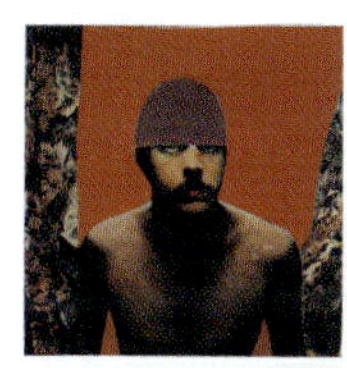

Charlesworth, Bruce
(Untitled)
1979
SX-70 Time Zero Film
© Bruce Charlesworth, 1979
p. 64

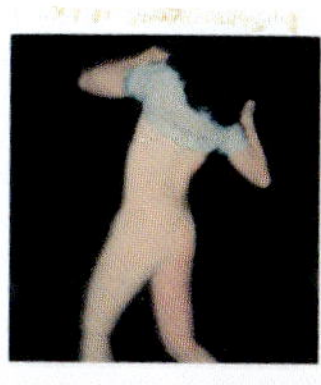

Charlesworth, Bruce
(Untitled)
1979
SX-70 Time Zero Film
© Bruce Charlesworth, 1979
p. 65

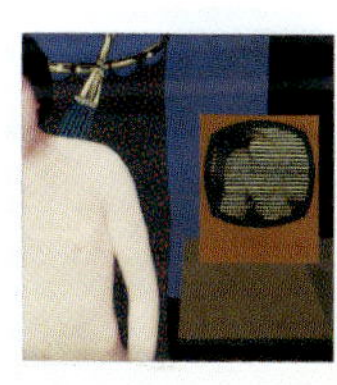

Charlesworth, Bruce
Domestic Scene #20
1979
SX-70 Time Zero Film
© Bruce Charlesworth, 1979
p. 98

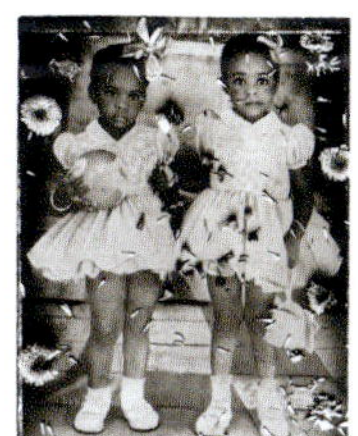

Chong, Albert
The Two Sisters
1986
T-55 Film
© Albert Chong
p. 157

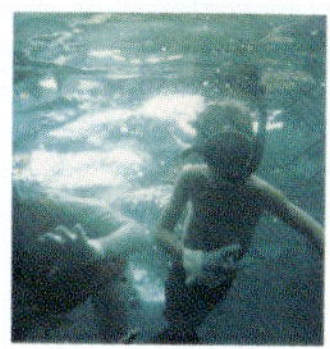

Church, Cathy
Underwater Divers with Masks
year unknown
SX-70 Time Zero Film
© Cathy Church
p. 59

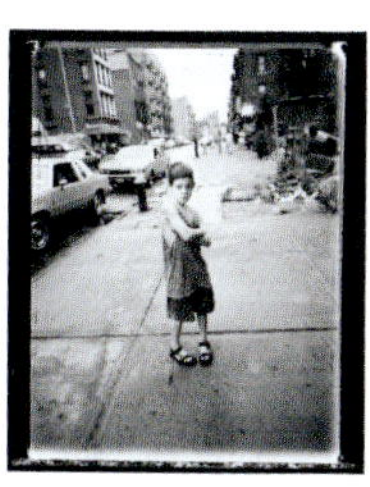

Cianni, Vincent
Young Homeboy, Bedford Avenue, Williamsburg, Brooklyn, 1995
T-665 Film
© Vincent Cianni
p. 174

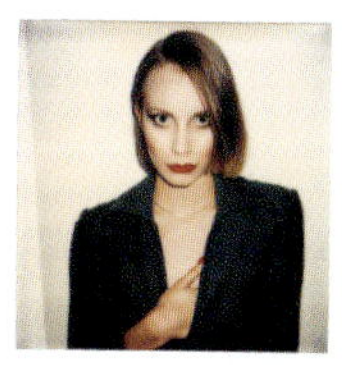

Cicic, Esad
Portrait of Woman
year unknown
SX-70 Time Zero Film
© Esad Cicic
p. 72

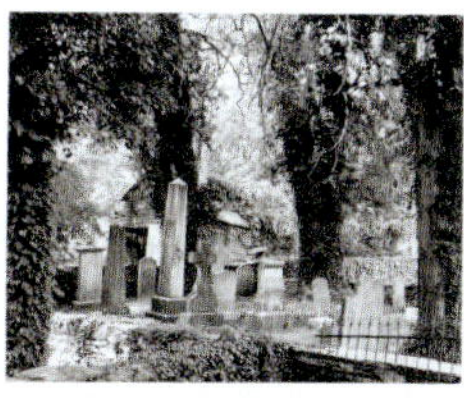

Clift, William
Hillsboro, North Carolina
1970
T-55 Film
© William Clift, 1970
pp. 184/85

ARTIST INDEX C – F

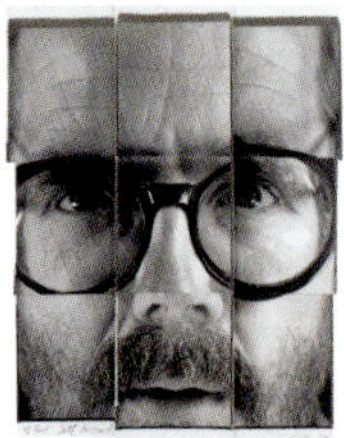

Close, Chuck
Self-Portrait
1987
20x24 Polapan Film
© Chuck Close
p. 359

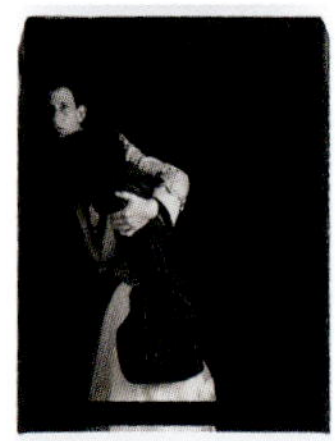

Cowin, Eileen
Untitled
1985
20x24 Polapan Film
© Eileen Cowin
p. 339

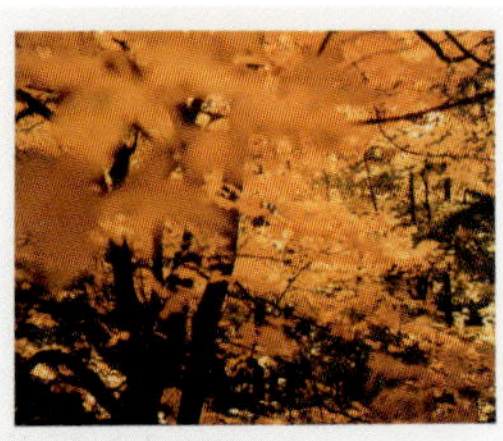

Crane, Barbara
From Coloma to Covert
1988
T-808 Film
© Barbara Crane
pp. 324/25

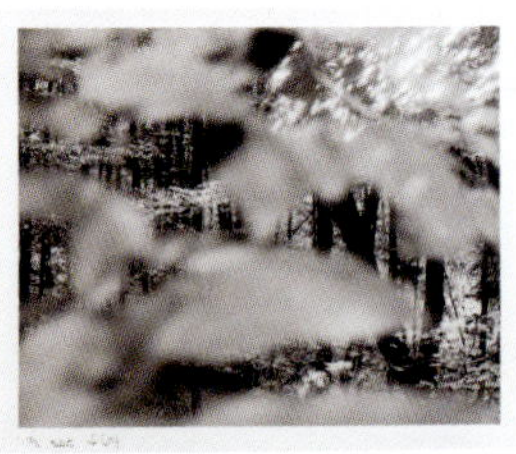

Crane, Barbara
From Coloma to Covert
1990
T-803 Film
© Barbara Crane
pp. 326/27

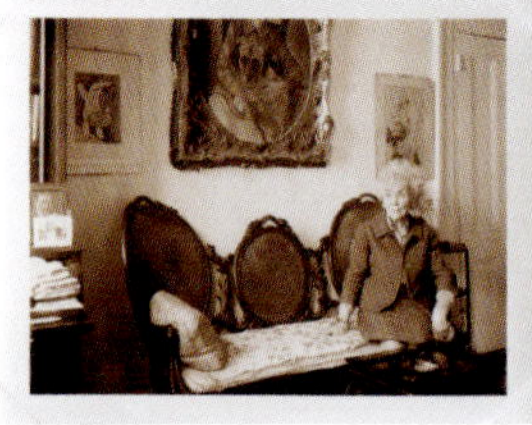

Curran, Donald
(Woman Seated on Couch)
year unknown
T-665 Film
© Donald Curran
pp. 230/31

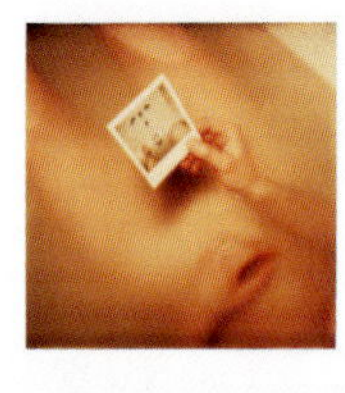

Dietz, Donald
Considering Her Feet
1976
SX-70 Time Zero Film
© Donald Dietz
p. 2

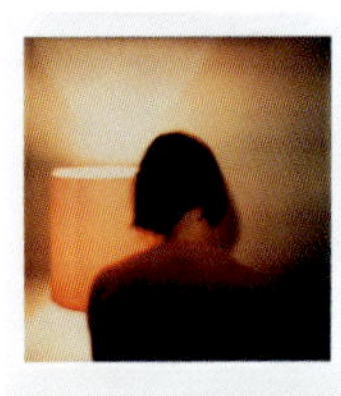

Dietz, Donald
Woman's Back
1976
SX-70 Time Zero Film
© Donald Dietz
p. 70

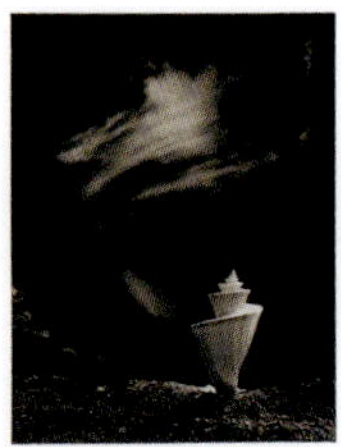

Dieuzaide, Jean
(Shell)
c. 1984
T-55 Film
© Jean Dieuzaide
p. 316

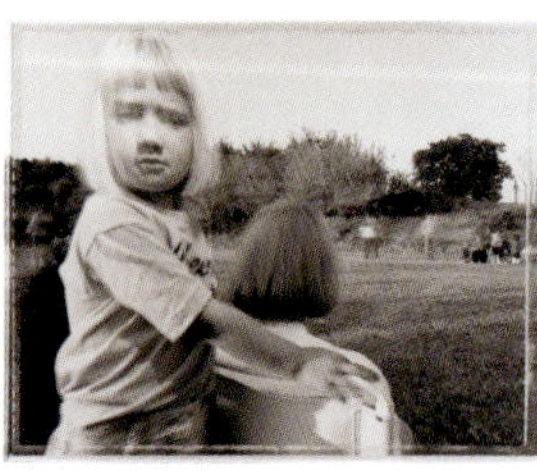

Doherty, Richard
Disturbed Girl (Allison, October 1992)
1992
T-55 Film
© Richard Doherty
pp. 160/61

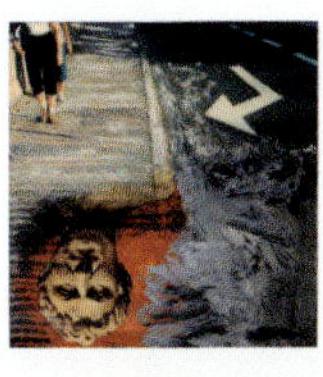

Dolfo, Ferdinando
A Philosophical Walk
1983
SX-70 Time Zero Film
© Ferdinando Dolfo
p. 74

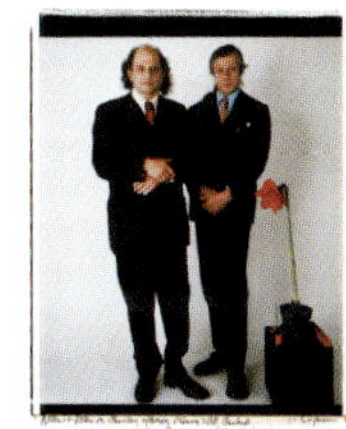

Dorfman, Elsa
*Allen and Peter on Thursday
Afternoon*, 1980
20x24 Polacolor Film
© Elsa Dorfman, February 7,
1980, all rights reserved.
elsa.photo.net., p. 374

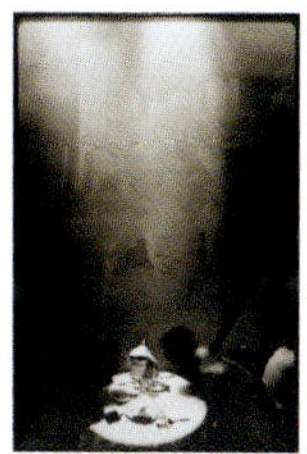

Erfurt, Stephan
New York Restaurants
1985
35mm PolaPan Film
© Stephan Erfurt
p. 317

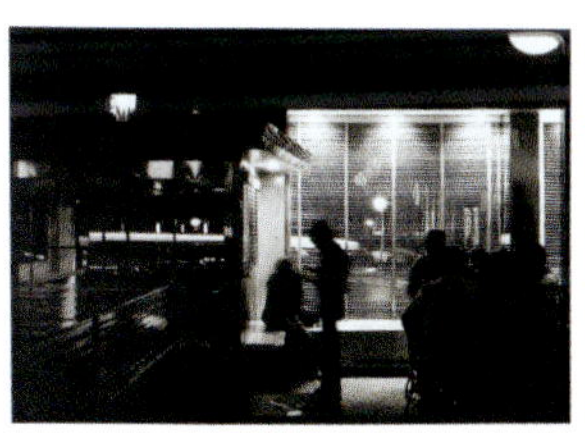

Erfurt, Stephan
New York Restaurants
1985
35mm PolaPan Film
© Stephan Erfurt
pp. 346/47

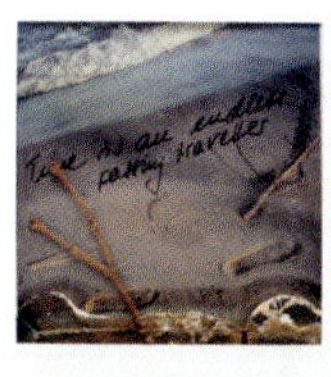

Ernst, Beatrice
*Time is an Endless
Passing Traveller*
1983
SX-70 Time Zero Film
© Beatrice Ernst
p. 86

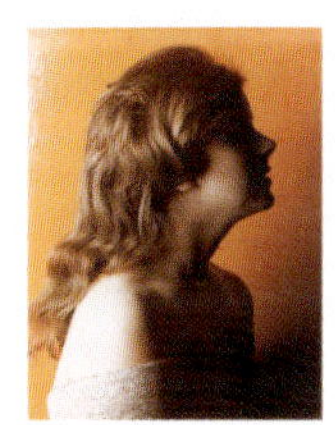

Erwitt, Elliott
(Woman/Side Profile)
year unknown
T-48 Film
© Elliott Erwitt
p. 245

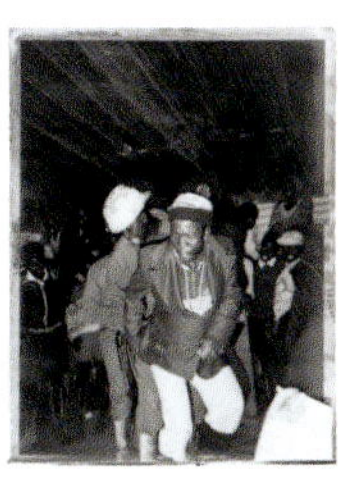

Ewald, Wendy
*"The Men are Dancing" by
Florence Maile*
1993
T-665 Film
© Wendy Ewald
p. 147

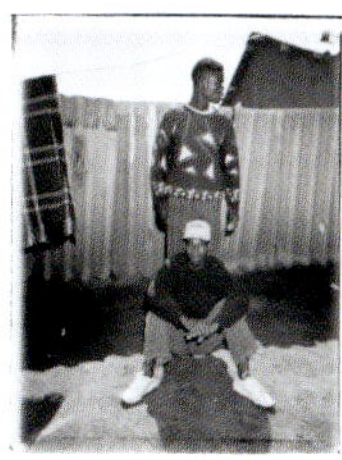

Ewald, Wendy
*"I Dreamed my Brother and
his Friend Sitting at his Feet"
by Franklin Monna Katla*, 1993
T-665 Film
© Wendy Ewald
p. 163

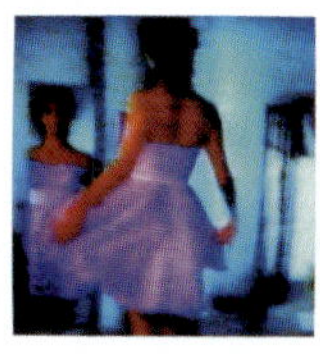

Federico, Maria Grazia
*Series: Eva Contro Eva;
Spot Publicitario "Tefal"*
1991
SX-70 Time Zero Film
© Maria Grazia Federico
p. 55

ARTIST INDEX F

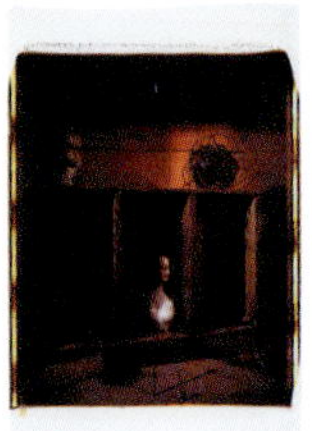

Ferguson, Jesseca
Theatre of Memory III
1996
20x24 Polacolor Film
© Jesseca Ferguson
p. 312

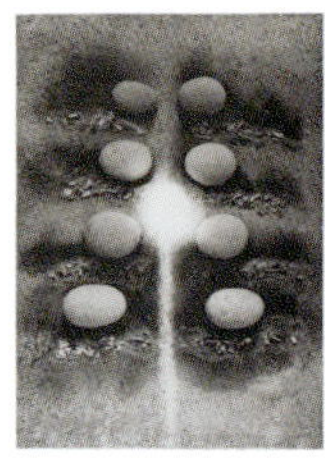

Ficek-Swenson, Bernice
Vessels and Vestiges III
1999
T-55 Film
© Bernice Ficek-Swenson
p. 331

Filhol, Alain
Bowling
1981
T-665 Film
© Alain Filhol
pp. 14/15

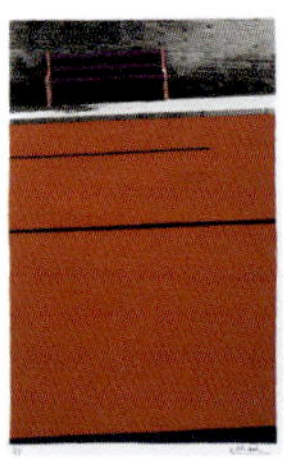

Filhol, Alain
Bench on Red Street
1979
T-665 Film
© Alain Filhol
p. 328

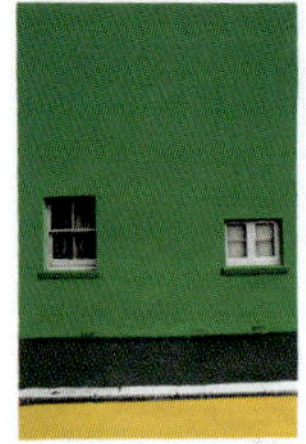

Filhol, Alain
Green House
1979
T-665 Film
© Alain Filhol
p. 329

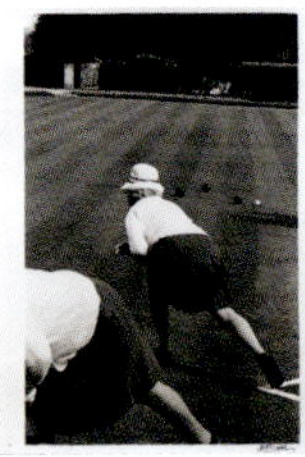

Filhol, Alain
Sport
1979
T-665 Film
© Alain Filhol
p. 397

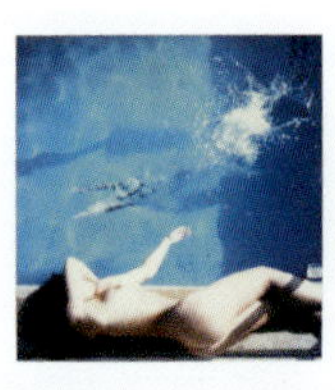

Fontana, Franco
Piscina
1984
T-600 Film
© Franco Fontana
p. 111

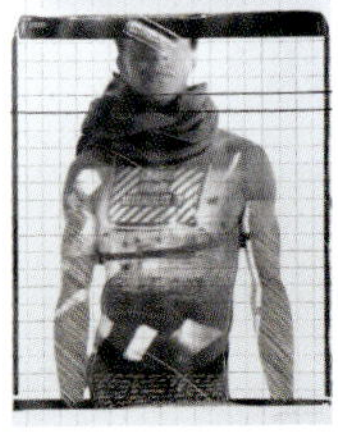

Franchi de Alfaro III, Luciano
Letter in Process, 1988
20x24 Polacolor Film
© Luciano Franchi de Alfaro III
p. 293

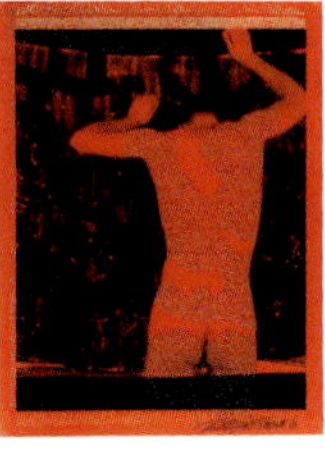

Franchi de Alfaro III, Luciano
Flesh Stroke #15, 1983
T-809 Film
© Luciano Franchi de Alfaro III
p. 321

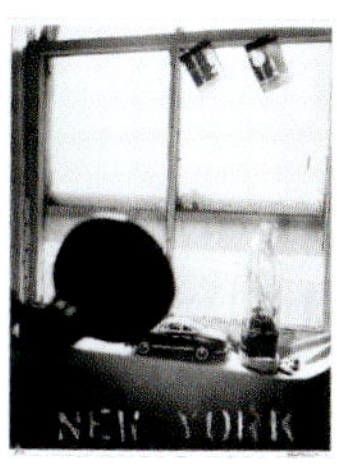

Frank, Robert
New York, 1977
T-665 Film
© Robert Frank. Courtesy
of Pace/MacGill Gallery,
New York
p. 376

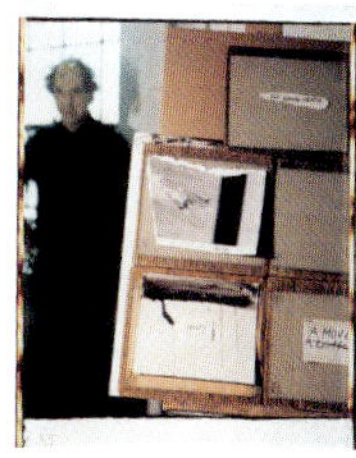

Frank, Robert
Boston, March 20, 1985
20x24 Polacolor Film
© Robert Frank. Courtesy
of Pace/MacGill Gallery,
New York
p. 377

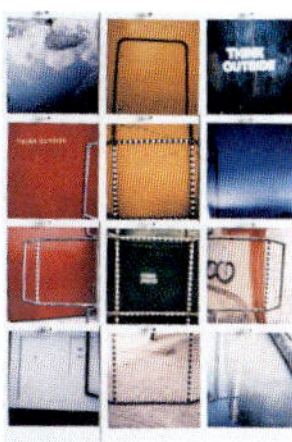

French, Andrew
title unknown
2000
T-809 Film
© Andrew French
p. 97

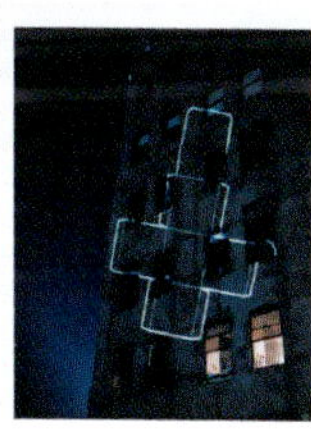

French, Andrew
title unknown
2000
T-809 Film
© Andrew French
p. 313

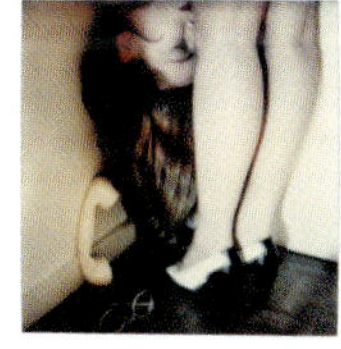

Frima, Toto
(Head, Legs, Telef.)
c. 1985
SX-70 Time Zero Film
© Toto Frima
p. 10

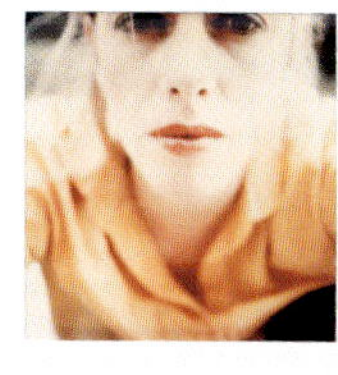

Frima, Toto
(Self-Portrait)
c. 1985
SX-70 Time Zero Film
© Toto Frima
p. 108

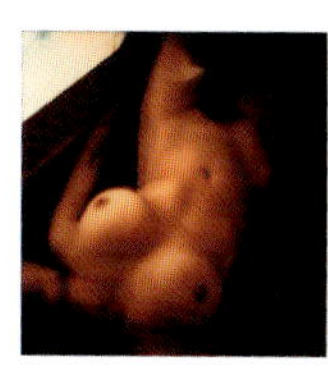

Frima, Toto
(Nude)
c. 1985
SX-70 Time Zero Film
© Toto Frima
p. 109

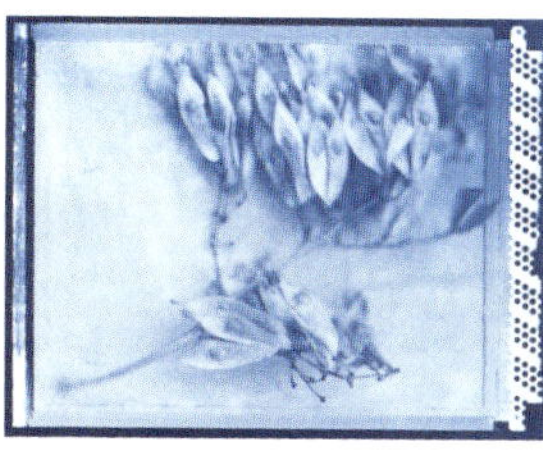

Fruitman, Sheva
Seeds
1996
T55 P/N
© Sheva Fruitman
pp. 128/29

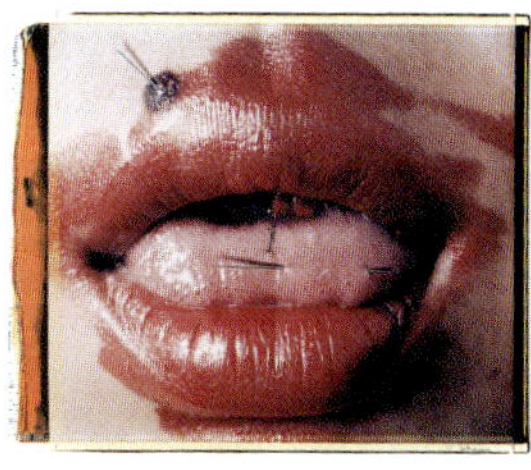

Fukase, Masahisa
A Game: Lips & Needles
1983
20x24 Polacolor Film
© Masahisa Fukase Estate
pp. 38/39

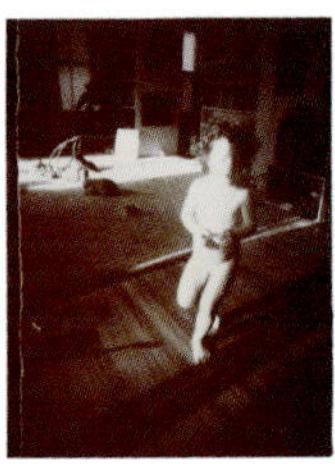

Garzoni, Micaela
(Child Running)
1986
35mm PolaChrome Film
© Micaela Garzoni
p. 337

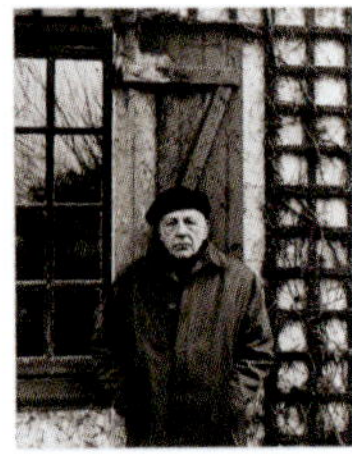

Gasparini, Paolo
*Paul Strand, Photographer,
France*
year unknown
film type unknown
© Paolo Gasparini
p. 28

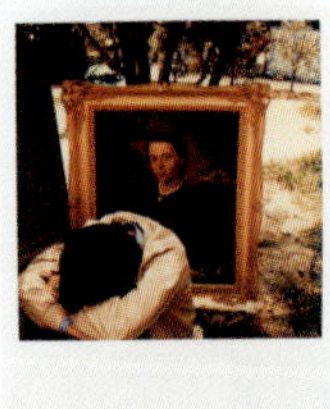

Ghirri, Luigi
From "Still-Life" Modena
1978
T-600 Film
© Archivio Eredi di Luigi
Ghirri — Reggio Emilia (I)
p. 78

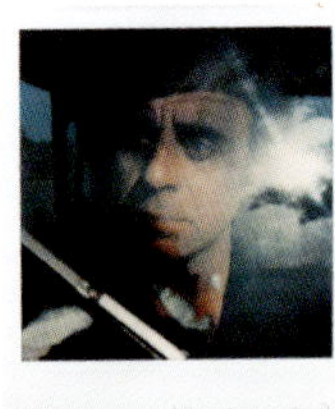

Gibson, Ralph
Self-Portrait
1977
SX-70 Time Zero Film
© Ralph Gibson
p. 79

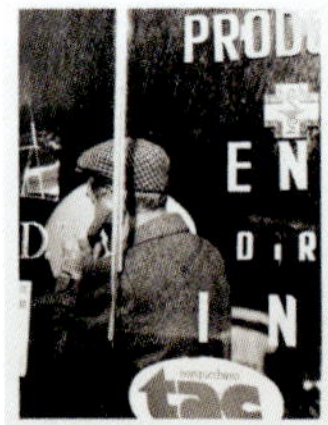

Gibson, Ralph
Roma #2
year unknown
T-665 Film
© Ralph Gibson
p. 315

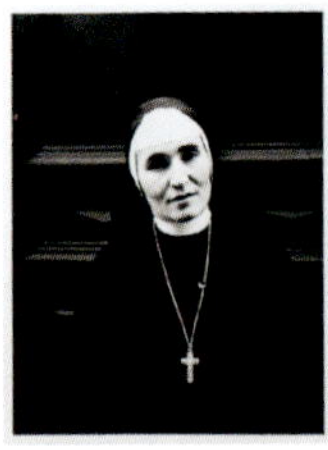

Gibson, Ralph
Roma #1
1980
T-665 Film
© Ralph Gibson
p. 360

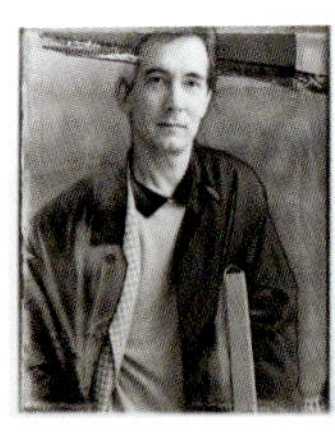

Gioia, Joe
Andy, NYC
1988
T-55 Film
© Joe Gioia, 1988, 2004
p. 361

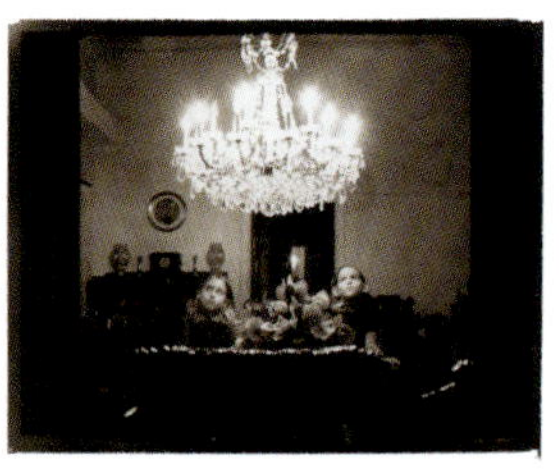

Gladys
*One Picture from the Series
"Casa Ortiz, Laredo, TX"
(Two Girls under a Luster)*, 1993
T-665 Film
© Gladys
pp. 152/53

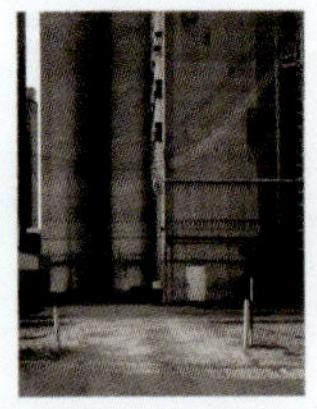

Gohlke, Frank
Grain Elevator #7
Minneapolis, 1973
T-52 Film
© Frank Gohlke
p. 154

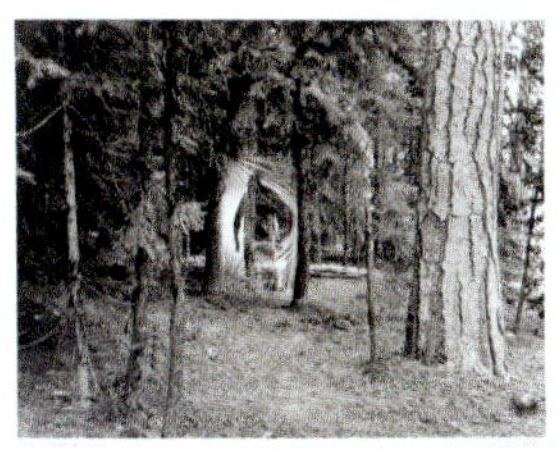

Goin, Peter
Shadow Figure in Forest
1989
T-55 Film
© Peter Goin
p. 342

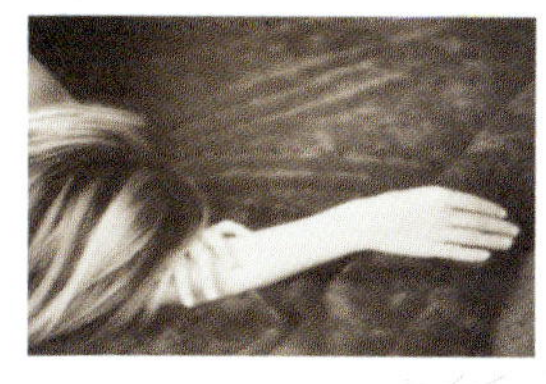

Goldman, Rob
Kim, New York,
1998 #1, 1998
35mm PolaPan Film
© Rob Goldman
pp. 340/41

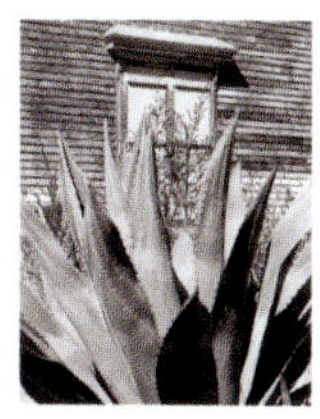

Gomes, Lyle
Angel Island, California
1980
T-52 Film
© Lyle Gomes
p. 131

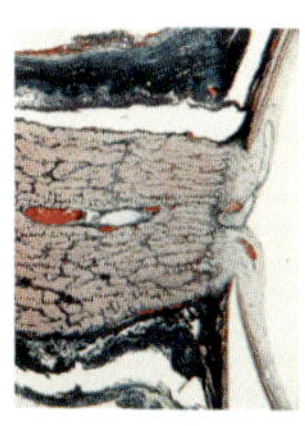

Goro, Fritz
Glaucoma Damage to Optic
Nerve and Fovea of Eye
1976
T-58 Film
© Fritz Goro
p. 256

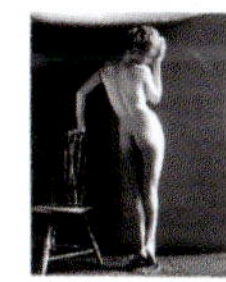

Gowland, Peter
Nude Woman by Chair
year unknown
T-53 Film
© Peter Gowland
p. 254

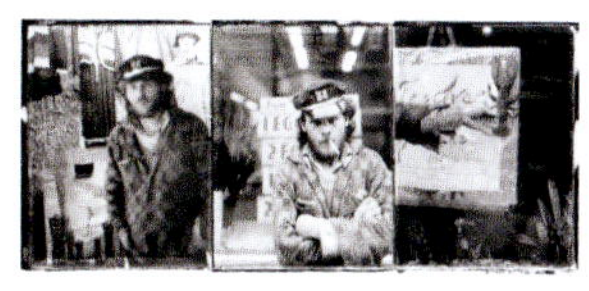

Graham, Brian
Saint Catherine
Street East, Montreal,
Quebec, Canada, 1981
T-665 Film
© Brian Graham 1981
pp. 188/89

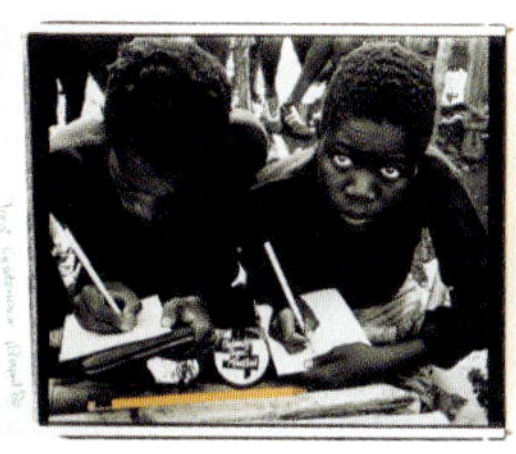

Guntenaar, Joost
In Apartheid
1980
20x24 Polacolor Film
© Joost Guntenaar
p. 385

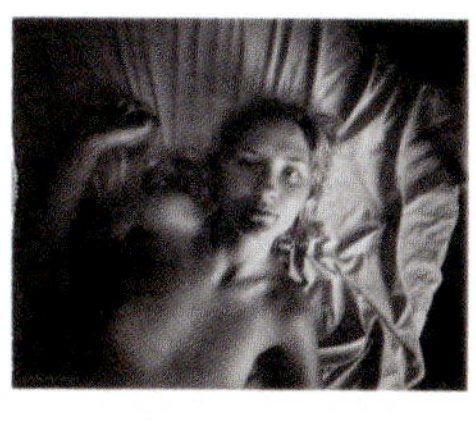

Haberman, Jim
Woman on Sheet
1976
T-55 Film
© Jim Haberman
pp. 140/41

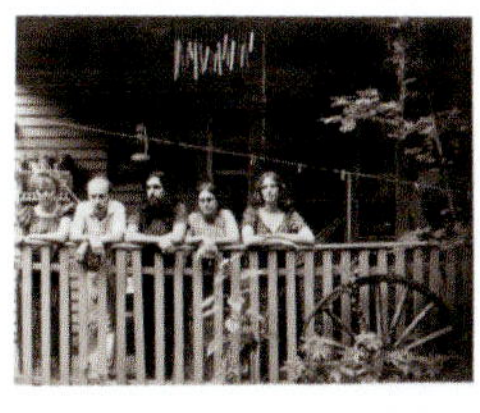

Haiko, Robert F.
On the Fence
1971
T-55 Film
© Robert F. Haiko
pp. 186/87

ARTIST INDEX H

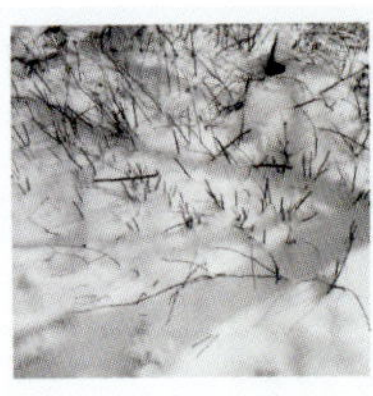

Haiko, Robert F.
Grass and Snow
1968
T-55 Film
© Robert F. Haiko
p. 194

Haiko, Robert F.
Nude #1
1976
T-52 Film
© Robert F. Haiko
p. 202

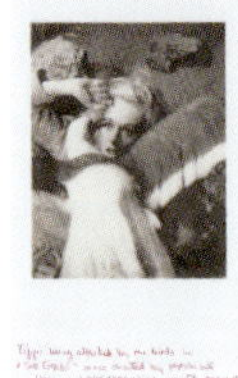

Halsman, Philippe
Tippi Hedren
1963
T-53 Film
© Photo by Philippe Halsman.
Courtesy The Halsman Estate
p. 179

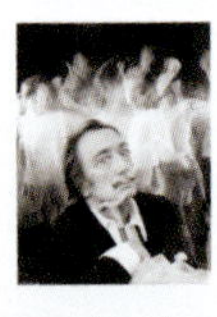

Halsman, Philippe
Salvador Dali
year unknown
T-42 Film
© Photo by Philippe Halsman
Courtesy The Halsman Estate.
p. 200

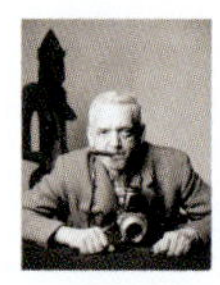

Halsman, Philippe
Weegee, 1961
T-53 Film
© Photo by Philippe
Halsman. Courtesy
The Halsman Estate
p. 201

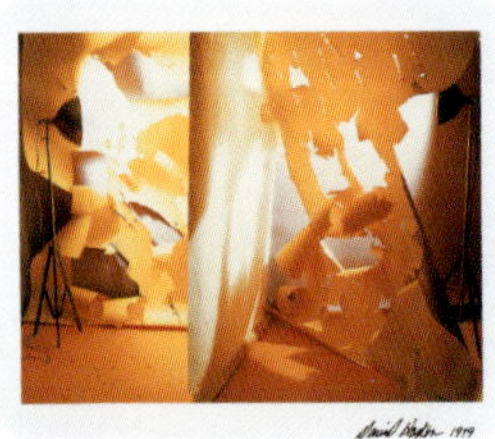

Haxton, David
*Side Lights on Torn
Yellow over Violet*
1979
T-58 Film
© David Haxton
pp. 190/91

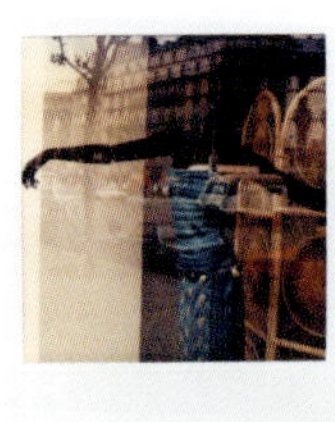

Hays, David M.
*Untitled (From the Series
The Mannequin)*
Paris, France, July 1981
SX-70 Time Zero Film
© David M. Hays
p. 82

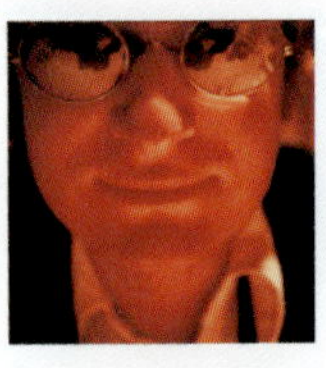

Heiting, Manfred
Rien
1975
SX-70 Time Zero Film
© Manfred Heiting
p. 90

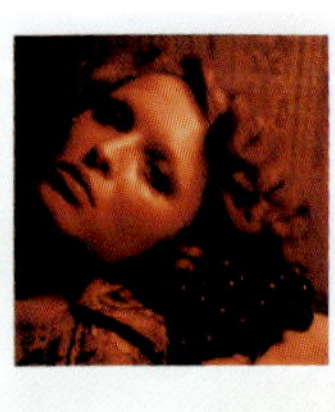

Heiting, Manfred
New York
1977
SX-70 Time Zero Film
© Manfred Heiting
p. 91

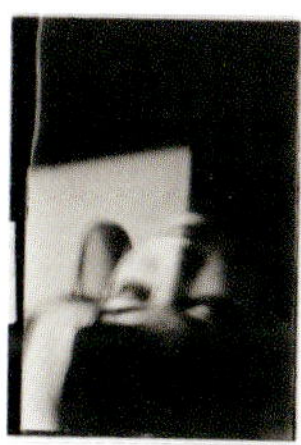

Herdy, Kenneth Laing
"M" from Anatomy Series
1993
35mm PolaPan Film
© Kenneth Laing Herdy
p. 139

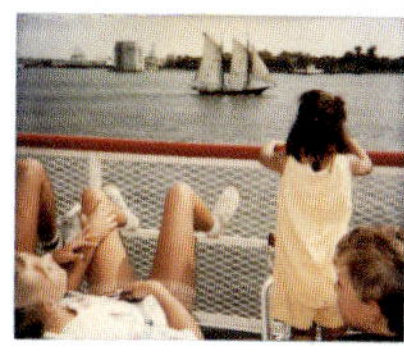

Hitchcock, Barbara
Circle Line, NYC
1986
SPECTRA (Image) Film
© Barbara Hitchcock
pp. 56/57

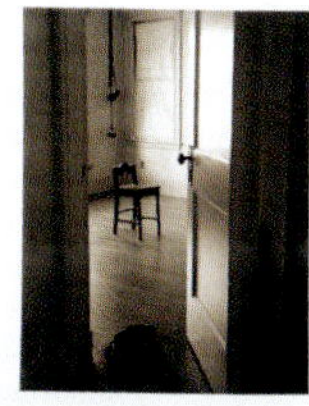

Hitchcock, Barbara
(Chair)
1979
T-52 Film
© Barbara Hitchcock
p. 264

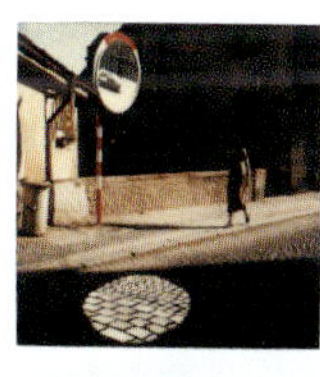

Hnizdo, Jan
(Woman on Street)
year unknown
SX-70 Time Zero Film
© Jan Hnizdo
p. 52

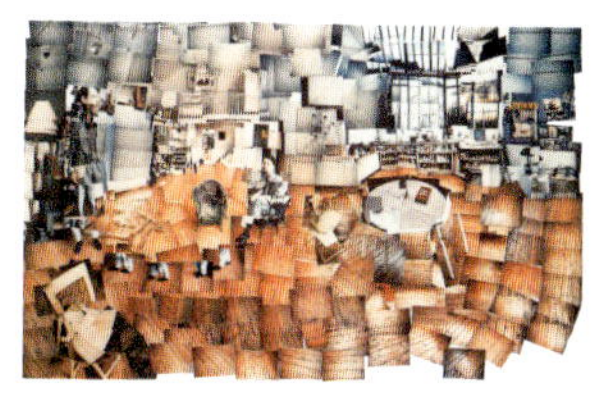

Hockney, David
*Interior, Pembroke Studios,
London 1986*
1986
40x80 Polacolor Film
© David Hockney
pp. 158/59

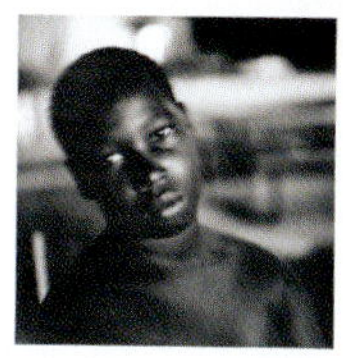

Hudnall, Earlie
Boy at Sundown
1993
T-665 Film
© Earlie Hudnall Jr.
p. 318

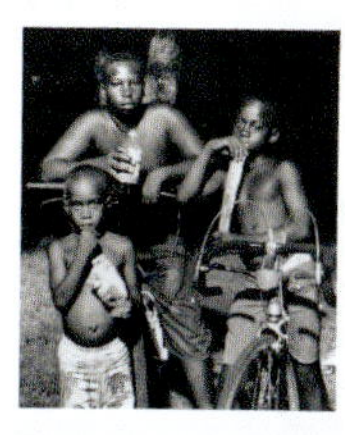

Hudnall, Earlie
Break Time
1993
T-665 Film
© Earlie Hudnall Jr.
p. 319

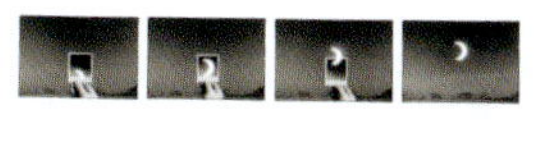

Huijbers, Ton
SX-70 Moonrise
1991
SX-70 Time Zero Film
© Ton Huijbers
pp. 66/67, endpapers

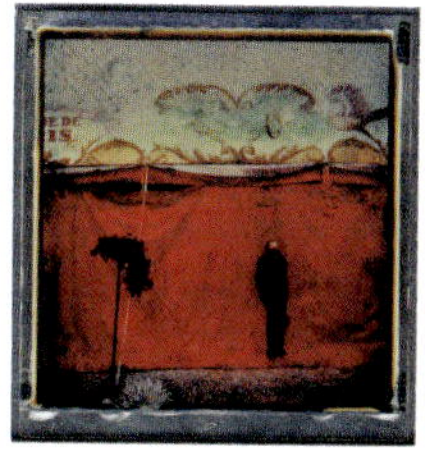

Humbert, Florence
*(Little Tree at the Left – Standing
Man at the Right – Big Top with
Red Tarpaulin in Background)*
1990
600 HS Film
© Florence Humbert, p. 173

ARTIST INDEX H – K

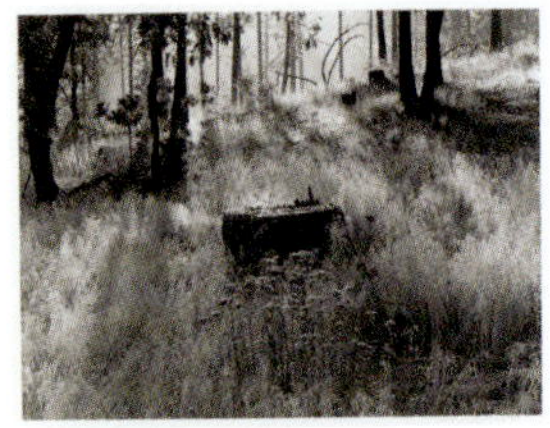

Hyde, Philip
*Photographer's Backyard,
Greenville, California*
year unknown
film type unknown
© Philip Hyde
p. 372

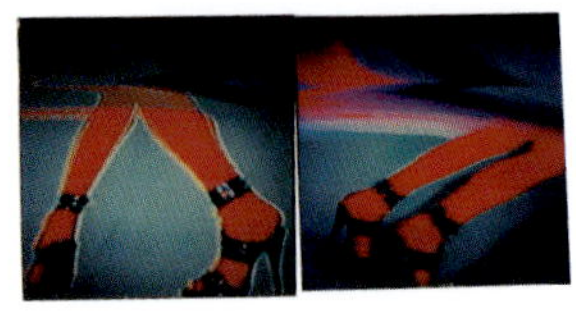

Irutchka
Revision
New York, 1983
SX-70 Time Zero Film
© Irutchka
pp. 116/17

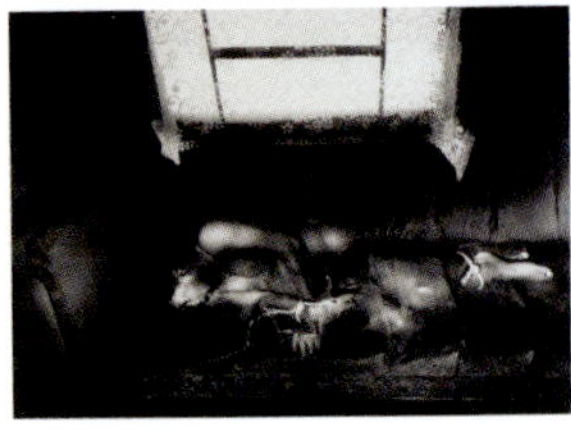

Johnson, Chris
Triptych
1991
T-55 Film
© Chris Johnson
pp. 332/33

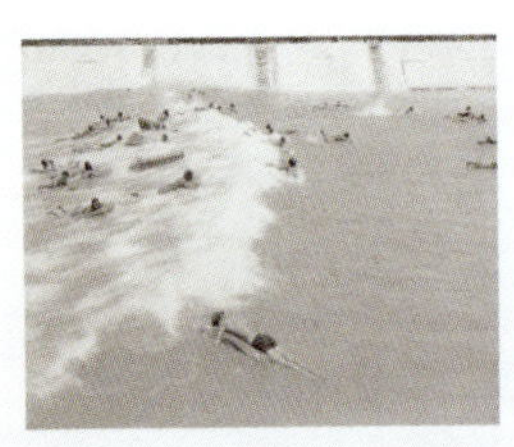

Jones, Harold
Big Surf
1980
T-55 Film
© Harold Jones
p. 195

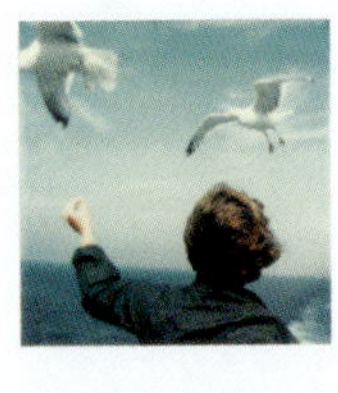

Jones, Peter
Seagulls and Boy
year unknown
SX-70 Time Zero Film
© Peter Jones
p. 44

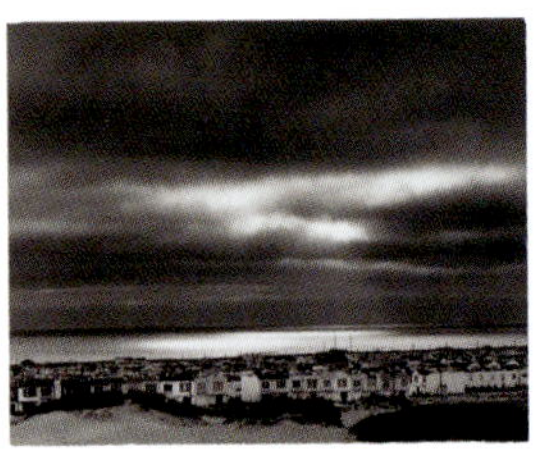

Jones, Pirkle
*Sunset District and Pacific
Ocean, San Francisco*
1951
film type unknown
© Pirkle Jones, 1951
pp. 302/03

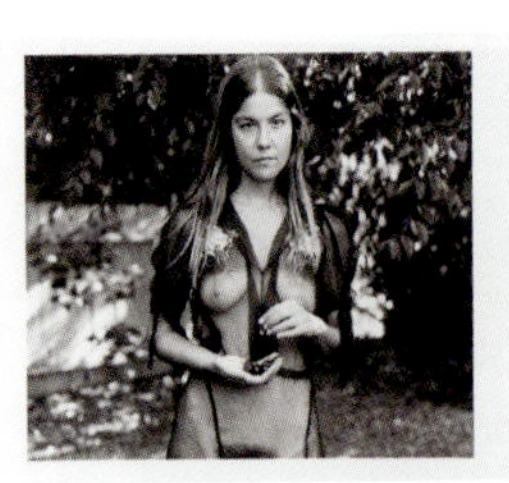

Kaida, Tamarra
Girl with Cherries
1983
T-55 Film
© Tamarra Kaida
pp. 392/93

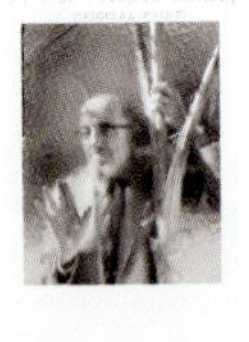

Kaminski, Edward
Portrait of Ansel Adams
1963
T-50 Film
© Edward Kaminski
p. 169

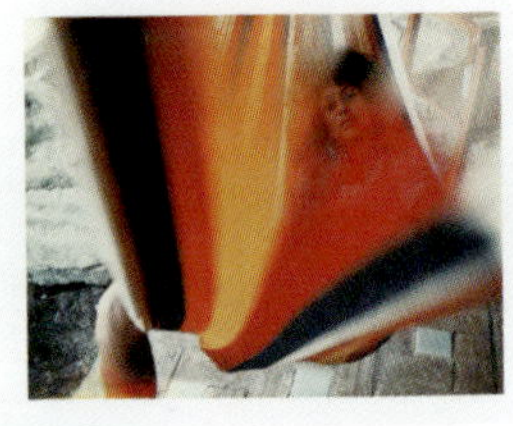

Kane, Art
Untitled
c. 1960
T-108 Film
© Art Kane Archives
pp. 166/67

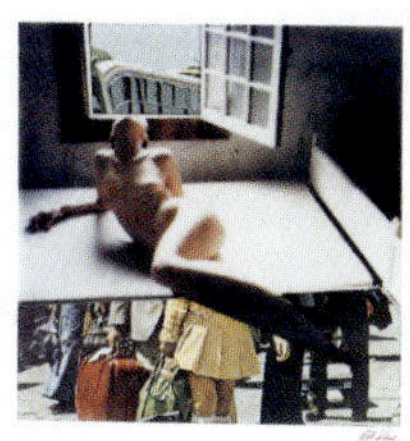

Kane, Art
Untitled, 1977
1977
SX-70 Time Zero Film
© Art Kane Archives
p. 323

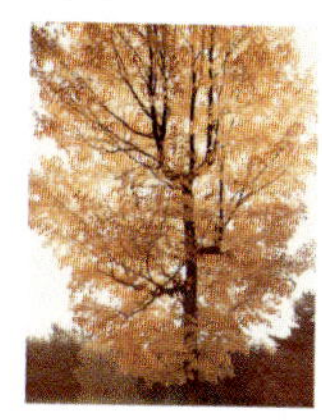

Kaufman, Daniel
(Fall Tree)
year unknown
T-58 Film
© Daniel Kaufman
p. 239

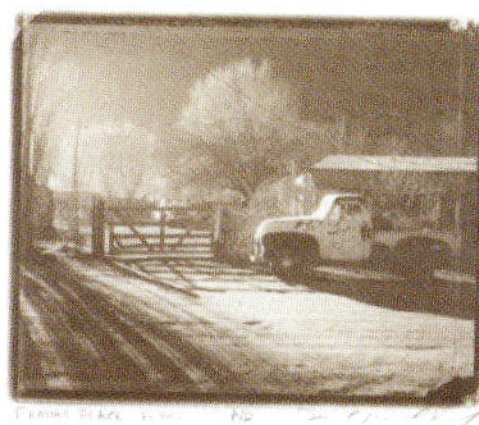

Kennedy, David Michael
Frank's Place
March 1988
T-55 Film
© David Michael Kennedy,
www.davidmichaelkennedy.com
pp. 250/51

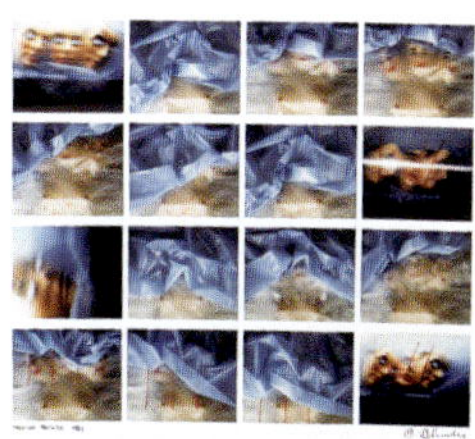

Keresztes, Lajos
Masculin-Feminin
1987
SX-70 Time Zero Film
© Lajos Keresztes
pp. 88/89

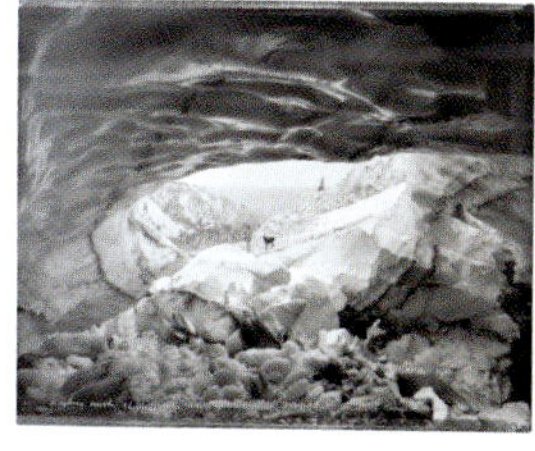

Klett, Mark
*Looking North through the
Snow Tunnel at Goat Lake,
Sawtooth Range, ID*
year unknown, T-55 Film
© Mark Klett
pp. 170/71

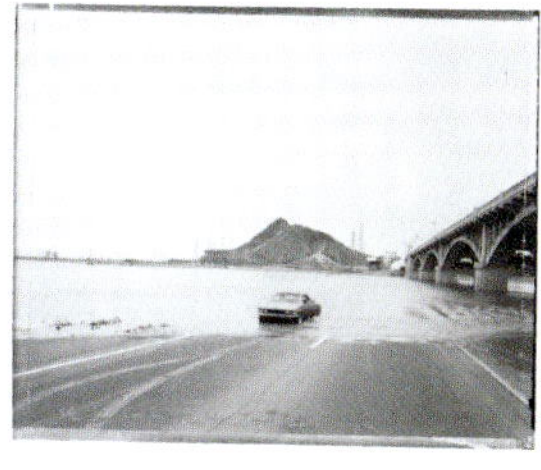

Klett, Mark
*The Salt River in Flood below
Tempe Butte, Tempe AZ*
year unknown
T-55 Film
© Mark Klett
pp. 362/63

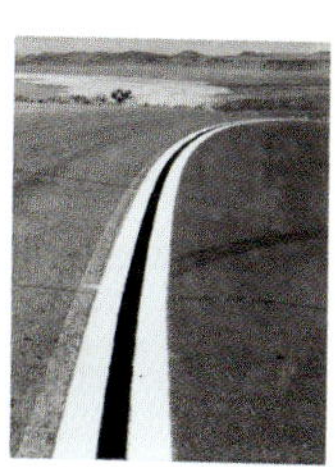

Kolbrener, Bob
Lake & Line
1977
T-52 Film
© Bob Kolbrener
p. 203

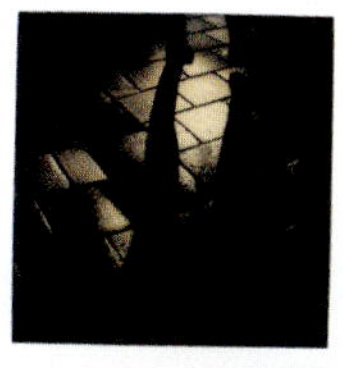

Kommer, Karen
Fantastische Vertellingen
1980
SX-70 Time Zero Film
© Karen Kommer
p. 92

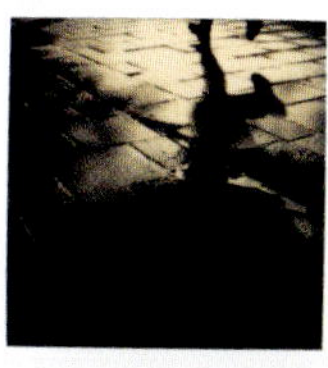

Kommer, Karen
Fantastiche Vertellingen
1980
SX-70 Time Zero Film
© Karen Kommer
p. 93

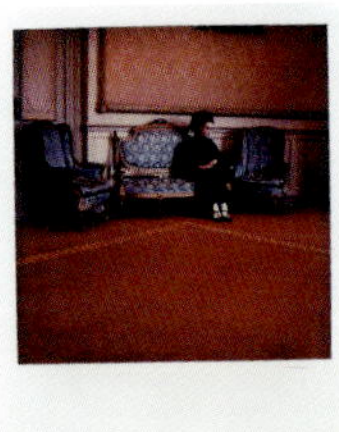

Kommer, Karen
Lady in Classic Interior
1980
SX-70 Time Zero Film
© Karen Kommer
p. 99

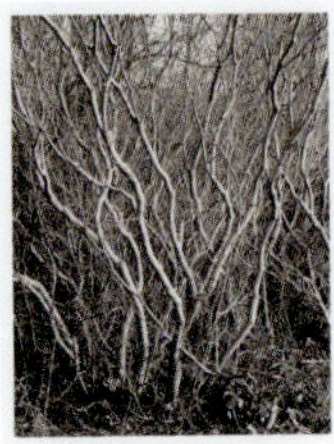

Krupsaw, Warren
Untitled
March 31, 1968
T-52 Film
© Warren Krupsaw
p. 262

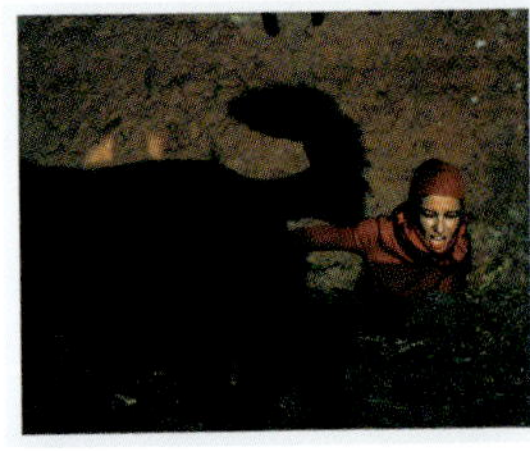

Kuru, Sachiko
(Girl with Dog)
c. 1979
T-808 Film
© Sachiko Kuru
pp. 388/89

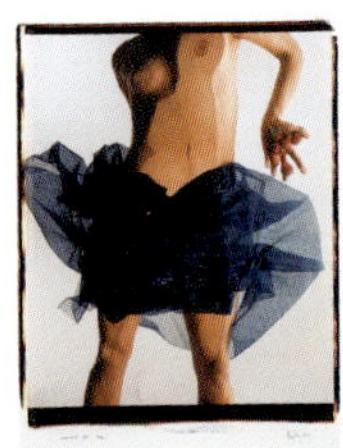

Lang, Cay
Jeanne IV
1987
20x24 Polacolor Film
© Cay Lang
p. 350

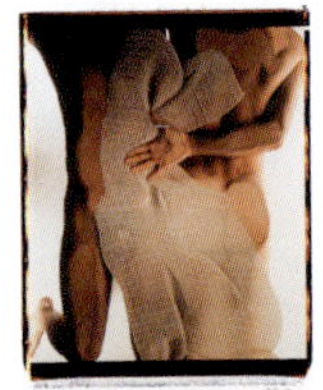

Lang, Cay
Thompson II
1987
20x24 Polacolor Film
© Cay Lang
p. 351

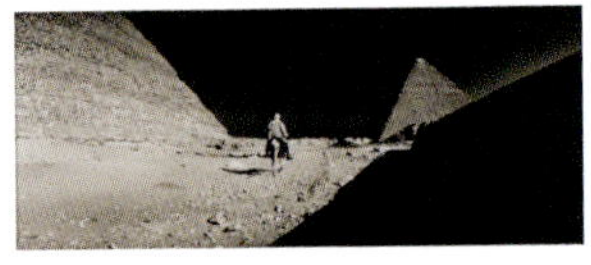

Laytin, Peter
Pyramids, Giza
1985
35mm PolaPan Film
© Peter Laytin
pp. 300/01

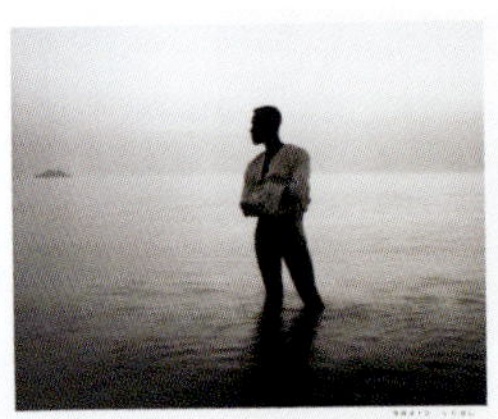

Lebe, David
*Stephen Love and the Cape
May Ferry*
1983
T-55 Film
© David Lebe, 1983
pp. 364/65

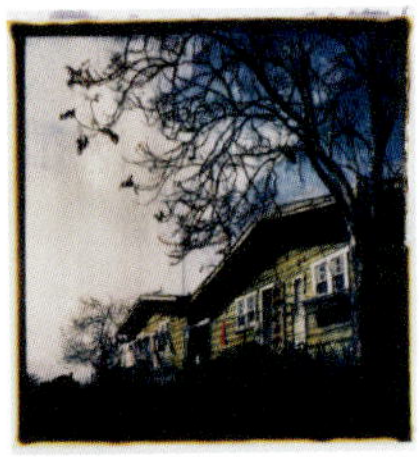

Lee, Jim
Two Green Houses
March 1998
SX-70 Time Zero Film
© Jim Lee
p. 381

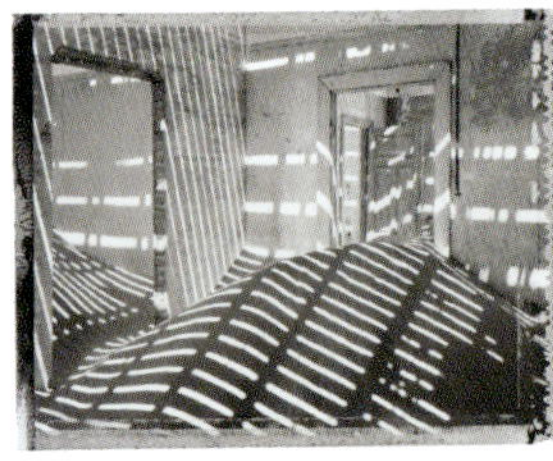

Ling, Elaine
Abandoned, Namib Desert #8
1997
T-55 Film
© Elaine Ling
pp. 248/49

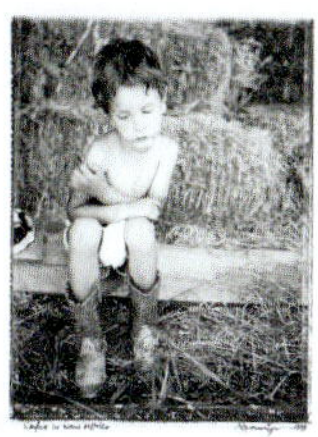

Lyon, Danny
*Raphael in New Mexico,
1979*, 1979
T-665 Film
© Danny Lyon, Courtesy
Edwynn Hour Gallery
p. 243

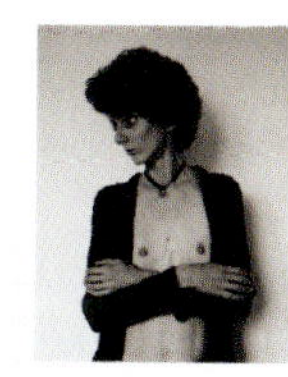

Mapplethorpe, Robert
Skinny Woman
year unknown
T-55 Film
© Robert Mapplethorpe
p. 132

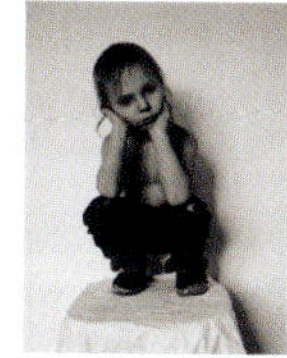

Mapplethorpe, Robert
title unknown
year unknown
T-55 Film
© Robert Mapplethorpe
p. 133

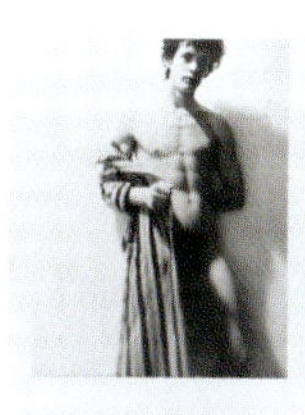

Mapplethorpe, Robert
*Untitled (Robe Series,
1/2 Dressed)*
1975
T-55 Film
© Robert Mapplethorpe
p. 355

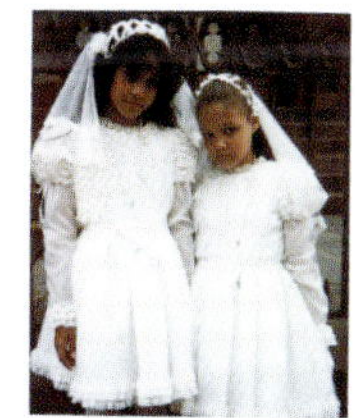

Mark, Mary Ellen
*(Bridesmaids) First
Communion Girls*
1986
SPECTRA (Image) Film
© Mary Ellen Mark
p. 58

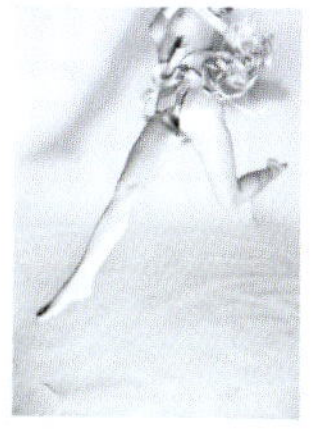

McQueen, Ann
*Jumping Naked Series:
A. with Ribbons*
1983
T-55 Film
© Ann McQueen
p. 282

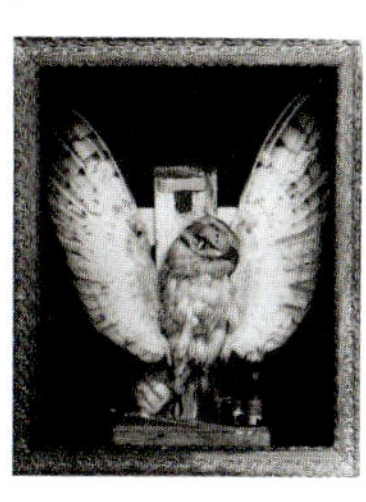

Medinger, Michel
Crucifiction
1991
T-55 Film
© Michel Medinger
p. 348

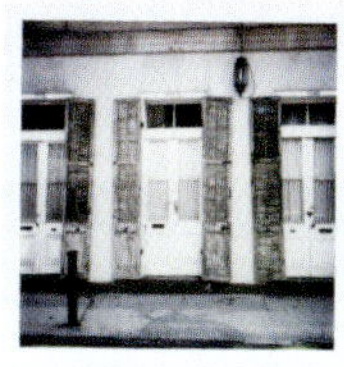

Michals, Duane
*Three Doors with Shutters
New Orleans*
year unknown
SX-70 Time Zero Film
© Duane Michals
p. 103

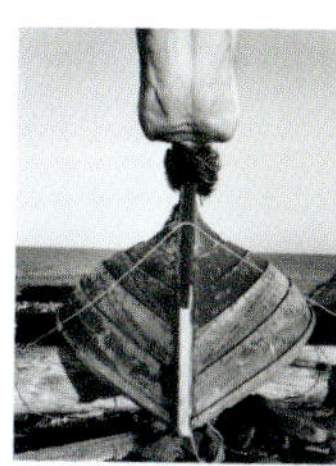

Minkkinen, Arno Rafael
*Self-Portrait, Kilberg, Vardø,
Norway*
July 1990
T-55 Film
© Arno Rafael Minkkinen
p. 349

ARTIST INDEX M – P

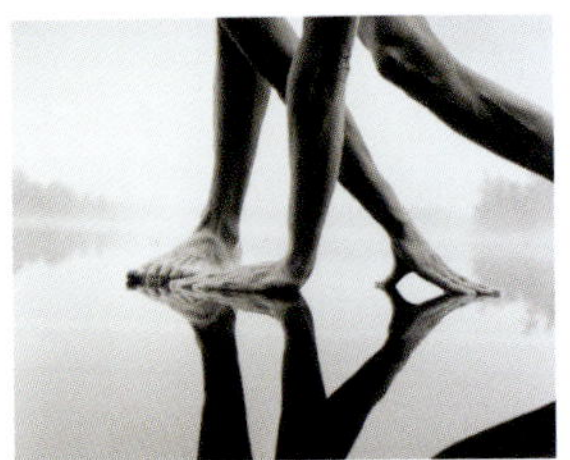

Minkkinen, Arno Rafael
Self-Portrait, Fosters Pond
1989
T-55 Film
© Arno Rafael Minkkinen
pp. 378/79

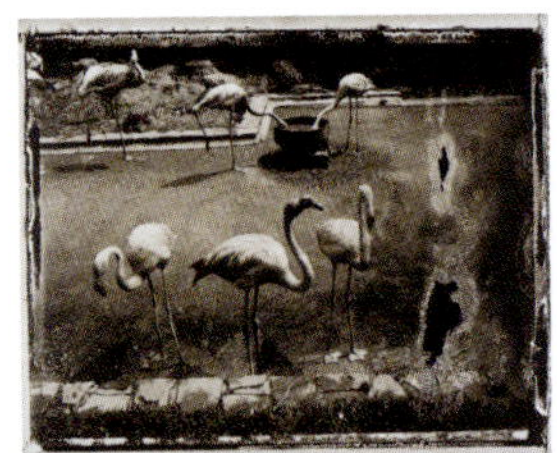

Moon, Sarah
Les oiseaux d'anvers
1990
T-665 Film
© Sarah Moon
pp. 266/67

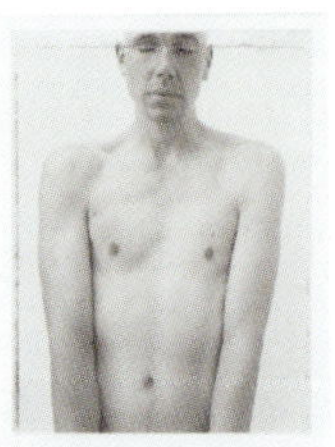

Morrison, Steve
#1 (Torso, Frontal)
1990
T-55 Film
© Steve Morrison
p. 124

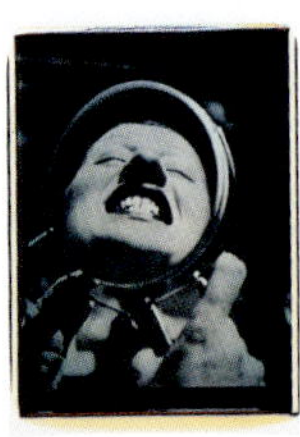

Mosconi, Davide
(Little Round Mirror)
1987
20x24 Polacolor Film
© Davide Mosconi
p. 334

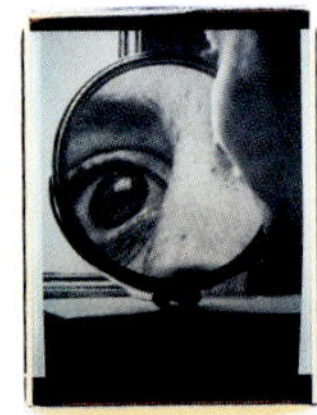

Mosconi, Davide
(Little Round Mirror)
1987
20x24 Polacolor Film
© Davide Mosconi
p. 335

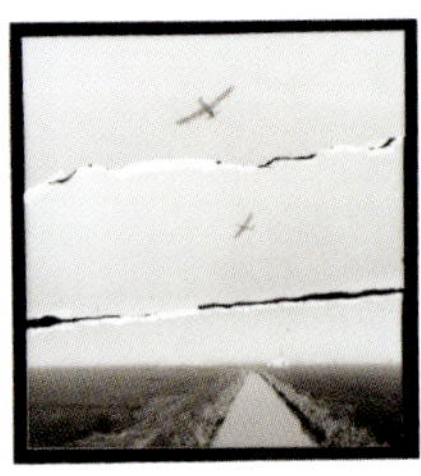

Müller-Pohle, Andreas
Albufera II
1985
T-665 Film
© Andreas Müller-Pohle,
Berlin
p. 380

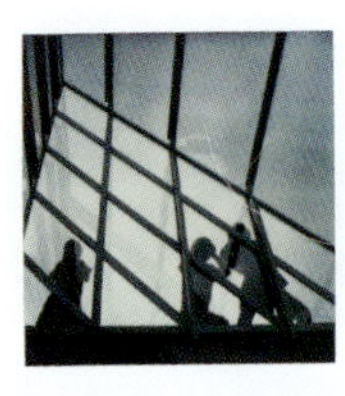

Namuth, Hans
title unknown
year unknown
SX-70 Time Zero Film
© Hans Namuth Ltd.
p. 102

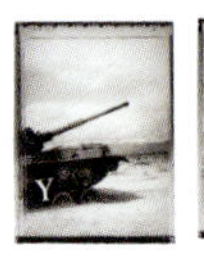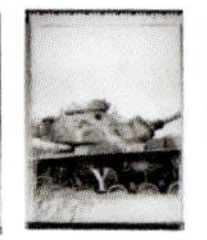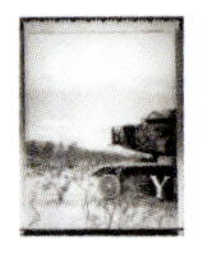

Natal, Judy
*Series: EarthWords, Title: Y-Y-Y
(Triptych)*
1999
T-55 Film
© Judy Natal
pp. 122/23

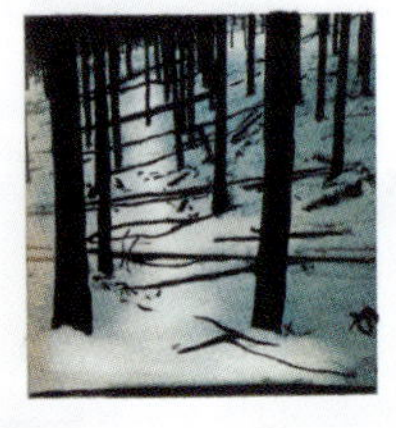

Nestler von Rosen, Monica
Untitled
1980
T-88 Film
© M. Nestler & M. von Rosen
p. 115

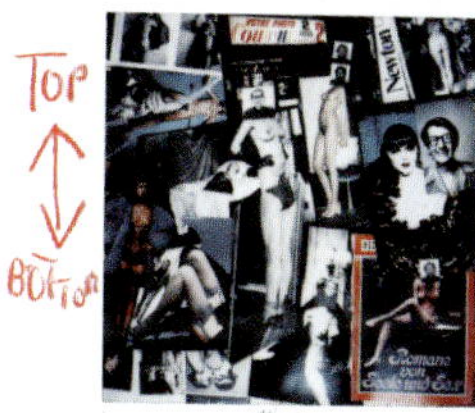

Newton, Helmut
title unknown, 1976
SX-70 Time Zero Film
© The Estate of
Helmut Newton
pp. 80/81

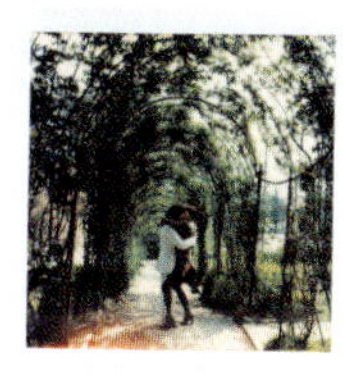

Newton, Helmut
(Kiss)
year unknown
SX-70 Time Zero Film
© The Estate of
Helmut Newton
p. 101

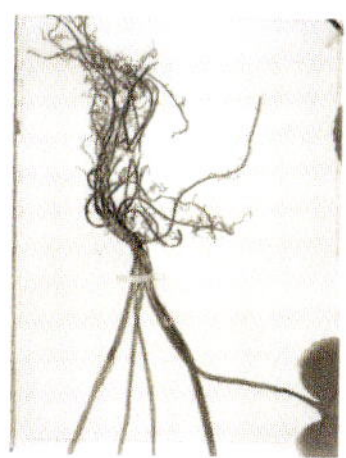

Oelbaum, Zeva
Roots, 1998
1998
T-55 Film
© Zeva Oelbaum
p. 382

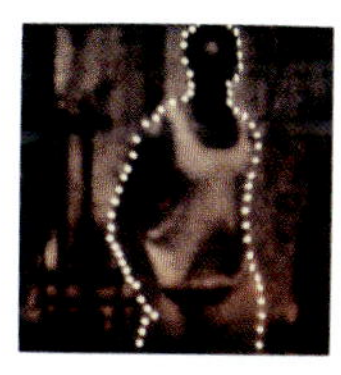

Ouazan, Paul
Rome
1985
SX-70 Time Zero Film
© Paul Ouazan
p. 83

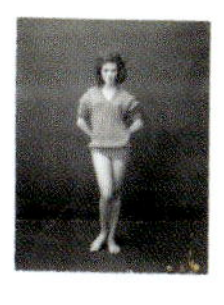

Paine, Wingate
(Woman in Sweater)
year unknown
T-53 Film
© Wingate Paine
p. 125

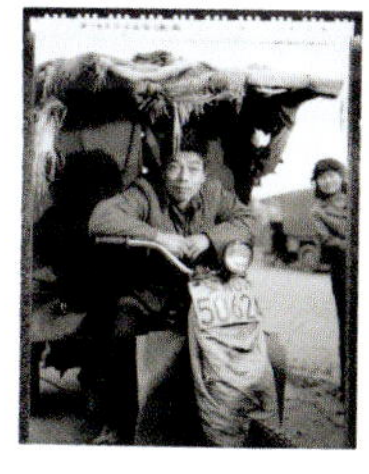

Perrin, Gilles
*Tian Lei, "Pom Pom" Driver
(Diesel Motor Tricycle),
He Xi Village, Anhui Province*
1989; T-55 Film
© Gilles Perrin
p. 213

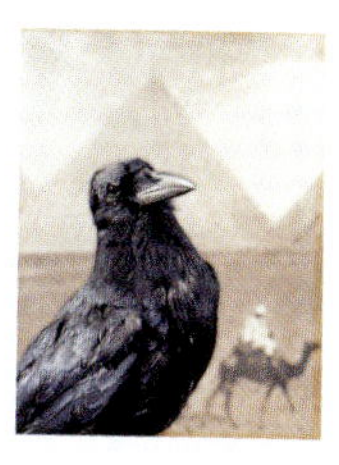

Petegorsky, Stephen
Untitled #30
1991
T-59 Film
© Stephen Petegorsky
p. 41

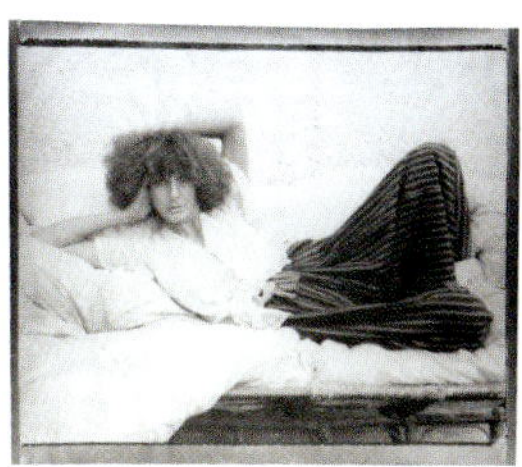

Pletka, Irene
*Woman in Turkish Trousers,
Jerusalem 1985, from the
Series "Women in Israel,"* 1985
T-665 Film
© Irene Pletka
pp. 206/07

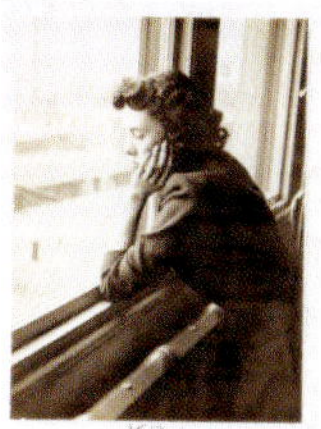

Polaroid Archives
(Woman in Front of Window)
year unknown
T-40 Film
© Courtesy The Polaroid
Collections
p. 119

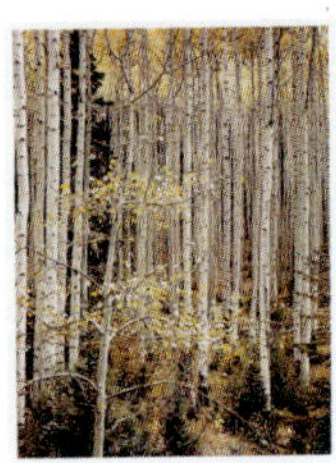

Porter, Eliot
Aspens, Autumn, N.M.
1949
film type unknown
© Amon Carter Museum,
Fort Worth, Texas 1990
p. 390

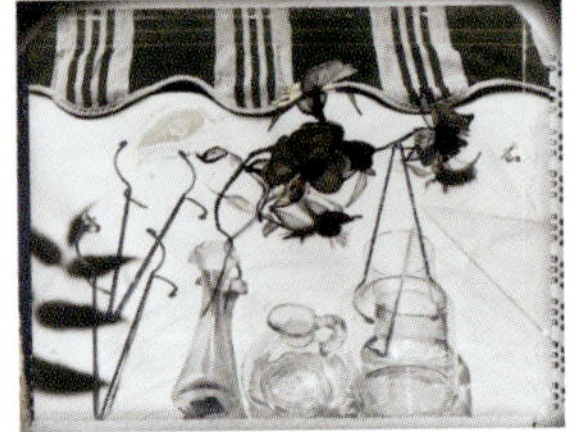

Powell, Dan
Chart of Brief Forms #16
1989
T-55 Film
© Dan Powell
p. 263

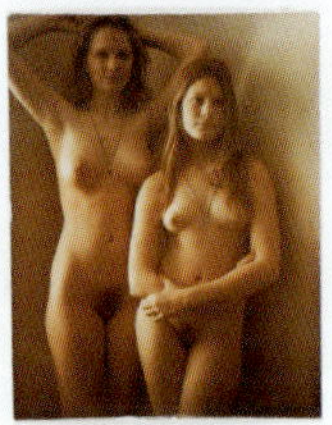

Power, Mark
Sisters 1
1970
T-58 Film
© Mark L. Power
p. 221

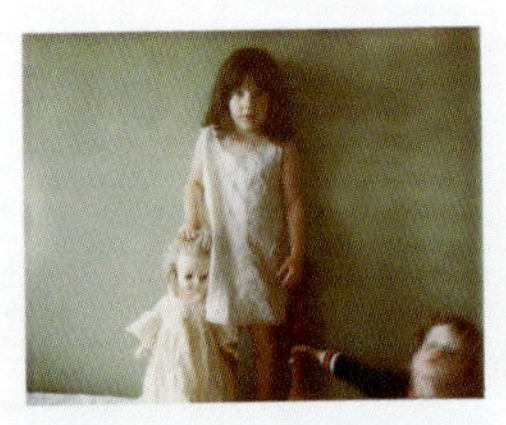

Power, Mark
Sisters 2
1971
T-58 Film
© Mark L. Power
p. 255

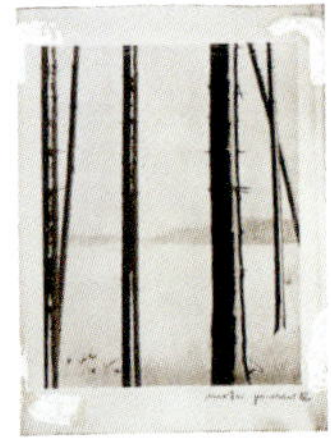

Pudenz, Martin
Trees
1986
T-665 Film
© Martin Pudenz
p. 33

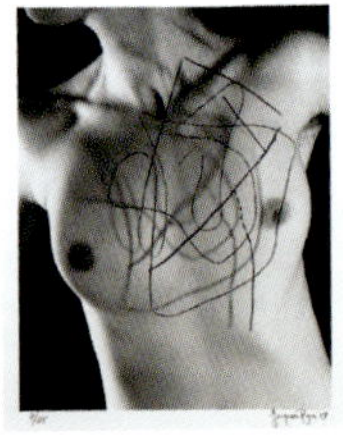

Pugin, Jacques
*Ombres et lumière
(Shadows & Light)*
1983
T-55 Film
© Jacques Pugin
p. 367

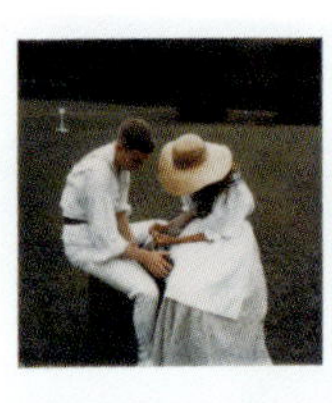

Purcell, Carl
Couple on Lawn
year unknown
SX-70 Time Zero Film
© Carl Purcell
p. 76

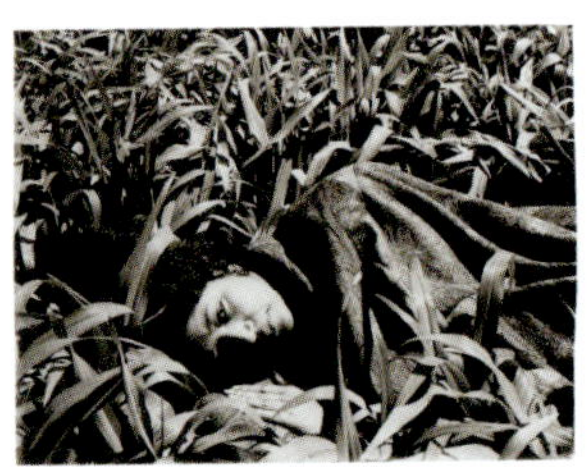

Purcell, Rosamond Wolff
(Bed of Leaves)
year unknown
T-55 Film
© Rosamond Wolff Purcell
p. 391

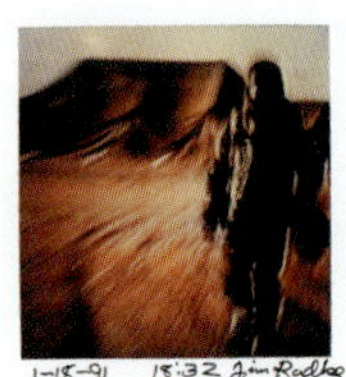

Radke, James
Saudi Arabia
January 18, 1991
SX-70 Time Zero Film
© James K. Radke
p. 48

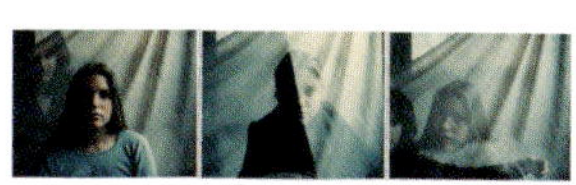 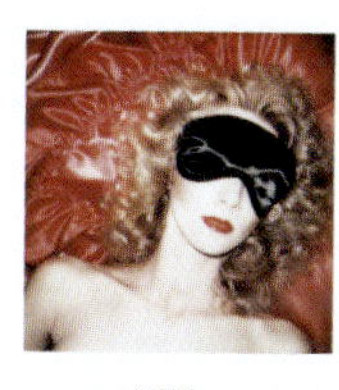

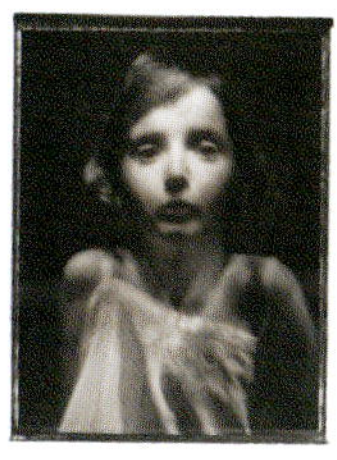

Reisberg, Leonie
Self-Portrait
1978
T-108 Film
© Leonie Reisberg
pp. 246/47

Rodan, Don
Hypnos
1977
SX-70 Time Zero Film
© Don Rodan
p. 73

Ropp, William
Lou
1999
T-55 Film
© William Ropp
p. 209

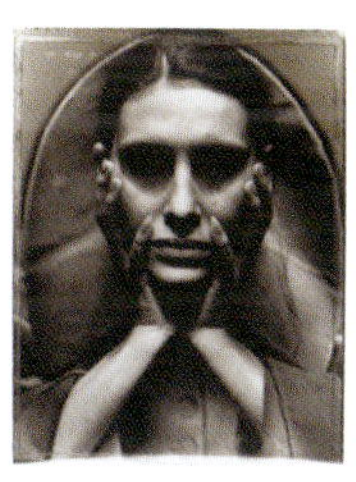 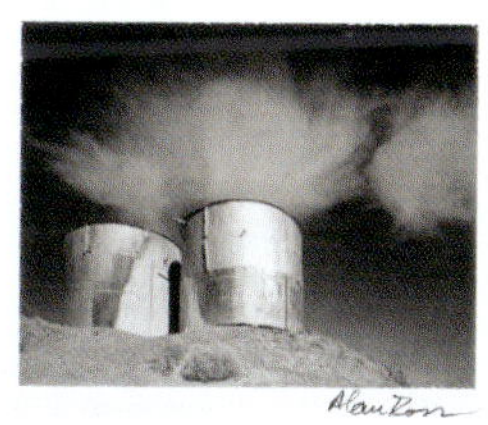 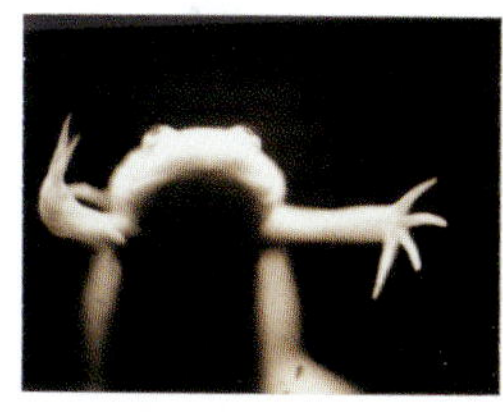

Ropp, William
Micha
1996
T-55 Film
© William Ropp
p. 223

Ross, Alan
Tanks and Clouds, Death Valley
October 7, 1977
T-52 Film
© Alan Ross
pp. 218/19

Rousakis, Helen
Untitled (Albino Frog)
1996
T-669 Film
© Helen Rousakis
p. 137

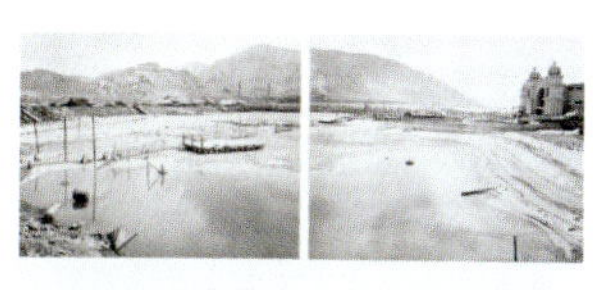 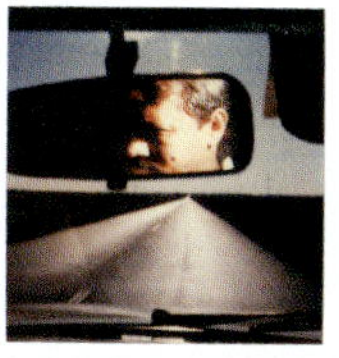 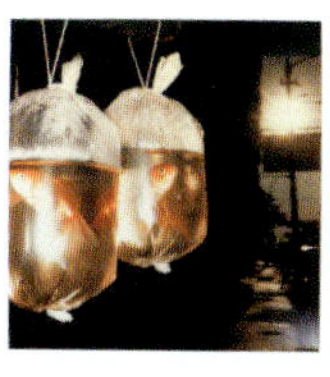

Ruwedel, Mark
*Oquirrh Mountains/Saltair
Pavilion*
1991
T-55 Film
© Mark Ruwedel
pp. 296/97

Saenz, Jorge
Ruta 2, Paraguay
1994
SX-70 Time Zero Film
© Jorge Saenz, 1994
p. 49

Saenz, Jorge
*Venta de Peces, Asuncion,
Paraguay*
1994
SX-70 Time Zero Film
© Jorge Saenz, 1994
p. 69

ARTIST INDEX S

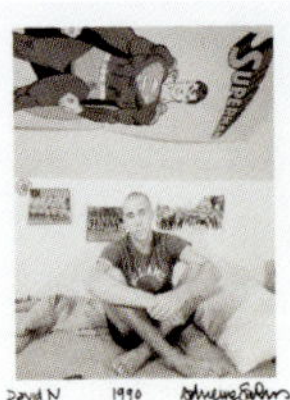

Salinger, Adrienne
David N.
1990
T-59 Film
© Adrienne Salinger
p. 258

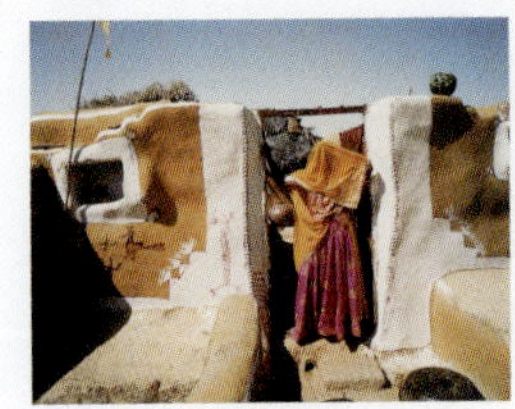

Salvo, Dana
Veiled Woman Jaisalmer India
1993
T-59 Film
© Dana Salvo
pp. 270/71

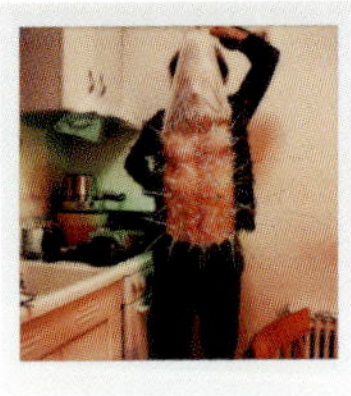

Samaras, Lucas
Photo Transformation
December 28, 1973
SX-70 Time Zero Film
© Lucas Samaras. Courtesy
Pace Wildenstein
p. 105

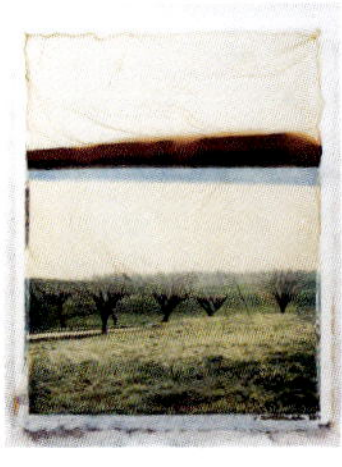

Sartoni, Danilo
Landscape
c. 1988
T-808 Film
© Danilo Sartoni
p. 357

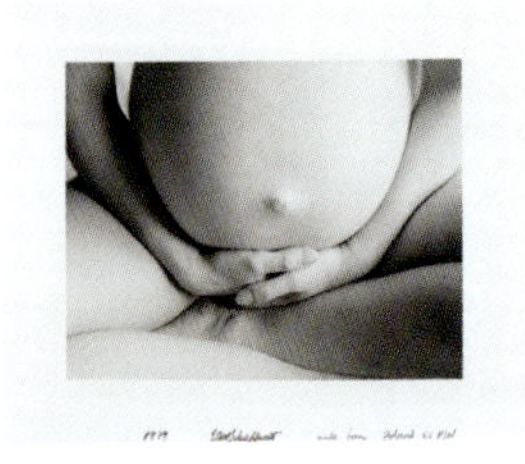

Schildkrout, Elliot
Barbara and Aaron
1979
T-55 Film
© Elliot Schildkrout
p. 394

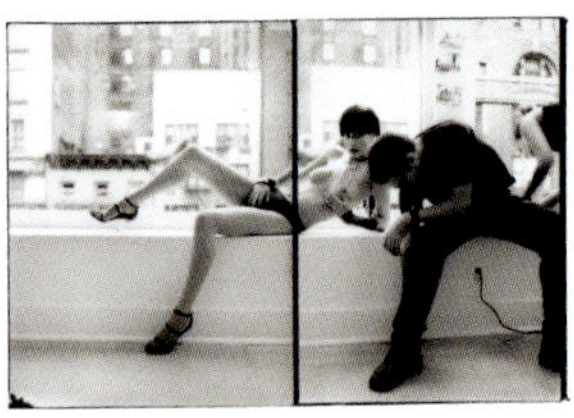

Scott, Nigel
title unknown
2000
T-665 Film
© Photograph by NIGEL SCOTT
pp. 308/09

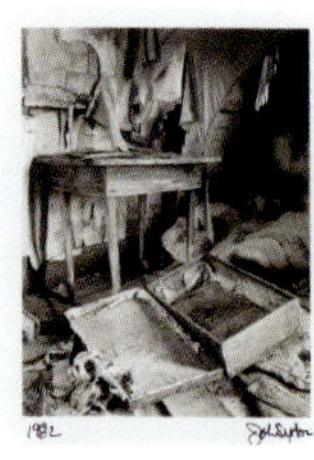

Sexton, John
Interior, Benton Crossing,
California, 1982
T-52 Film
© John Sexton, 1982.
All rights reserved
p. 265

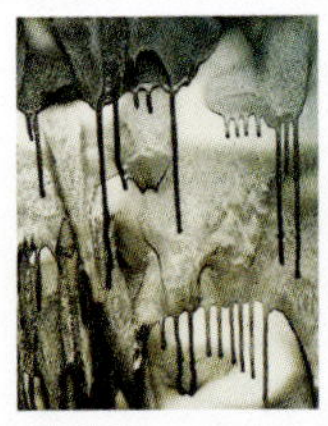

Sexton, John
Defaced Window,
Monterey, CA, 1982
T-808 Film
© John Sexton, 1982.
All rights reserved
p. 383

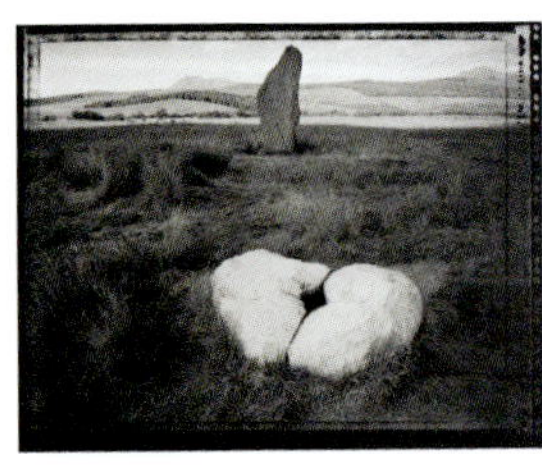

Sharlin, Jonathan
Stones, Arran, Scotland
1995
T-55 Film
© Jonathan Sharlin
pp. 180/81

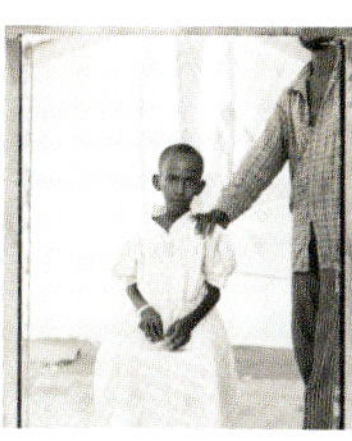

Sheikh, Fazal
Hadija and her Father Badel
Addan Gadel, Somali Refugee
Camp, Mandera, Kenya, 1992
T-665 Film
© Fazal Sheikh
p. 212

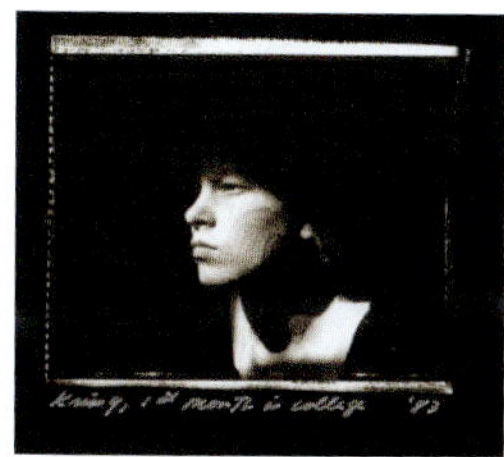

Shook, Melissa
Krissy, 1st Month in College
year unknown
T-55 Film
© Melissa Shook
p. 242

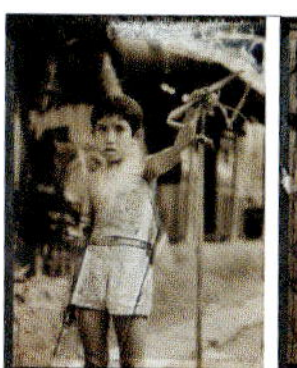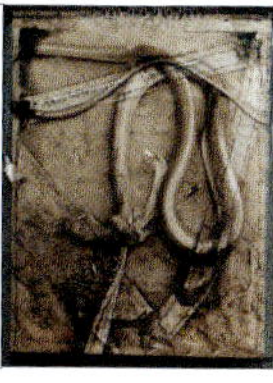

Short, William
Boy with Cobra on the Island of
the Coconut Monk, Viet Nam
1990
T-55 Film
© William Short
pp. 274/75

Shuden, Jungo
Zakubaran No. 12
1993
35mm PolaPan Film
© Jungo Shuden
pp. 260/61

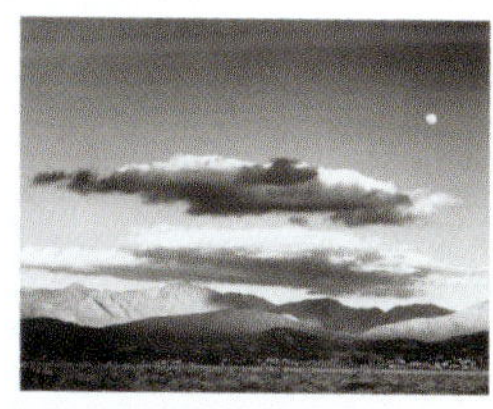

Shumaker, Andrew
Moonrise, Lake Isabella
year unknown
T-52 Film
© Andrew Shumaker
pp. 226/27

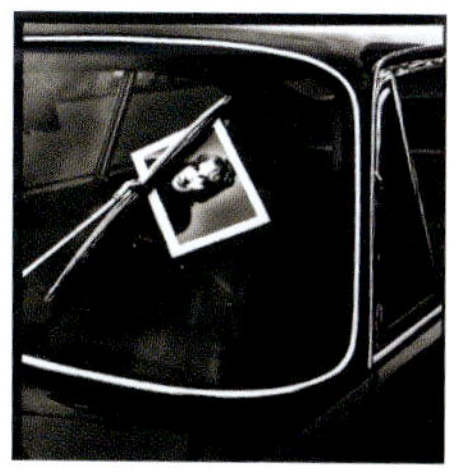

Sieff, Jeanloup
Self-Portrait
1978
T-665 Film
© The Estate of Jeanloup Sieff
p. 281

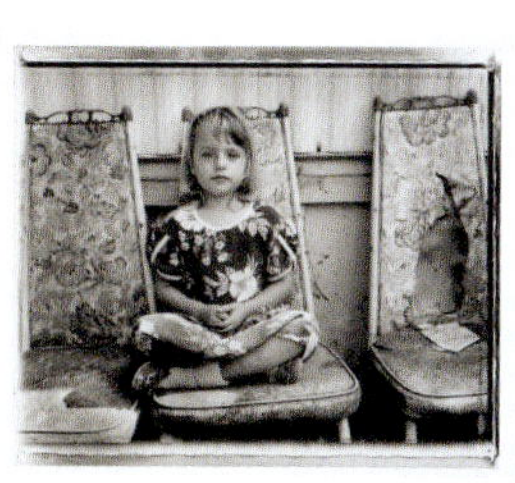

Sills, Vaughn
Tasha
1992
T-665 Film
© Vaughn Sills
p. 384

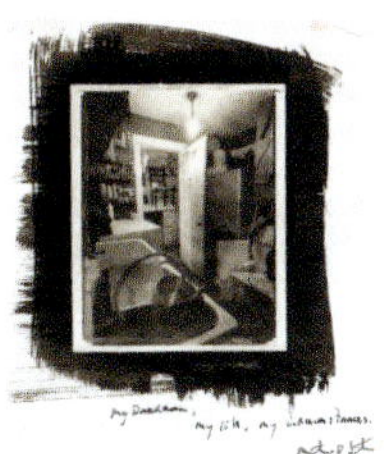

Silver, Michael D.
My Darkroom, My LIfe,
My Circumstances, 1988
T-665 Film
© The Estate of Michael Silver
p. 193

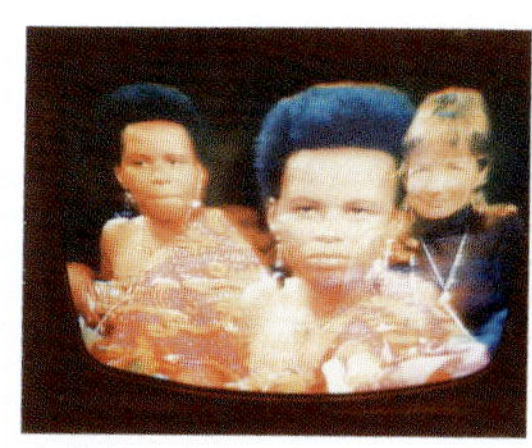

Silverthorne, Jeffrey
title unknown
year unknown
film type unknown
© Jeffrey Silverthorne
p. 198

ARTIST INDEX S – T

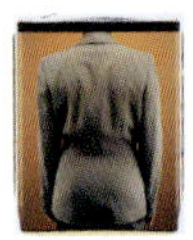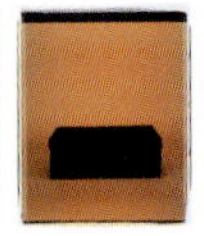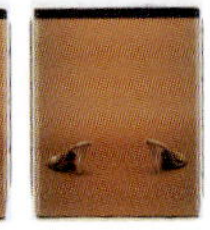

Simpson, Lorna
Shoe Lover
1992
20x24 Polacolor Film
© Lorna Simpson
pp. 310/11

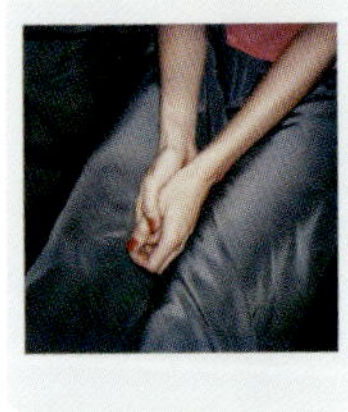

Siskind, Aaron
Untitled
1984
SX-70 Time Zero Film
© Aaron Siskind Foundation
p. 6

Sivack, Denis
Hands in Skirt
1980–81
SX-70 Time Zero Film
© Denis Sivack
p. 50

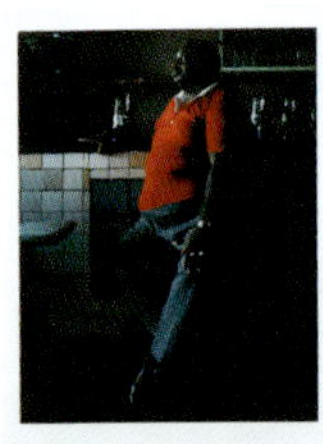

Slavin, Neal
title unknown
c. 1979
T-808 Film
© Neal Slavin
p. 287

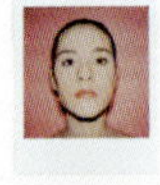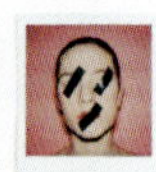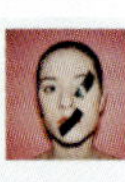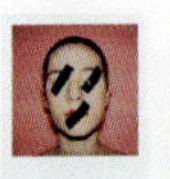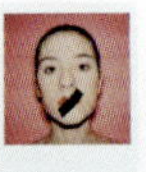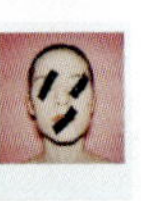

Small, Rena
Emotions Censored
New York City, 1979
SX-70 Time Zero Film
© Rena Small, 1979
pp. 84/85

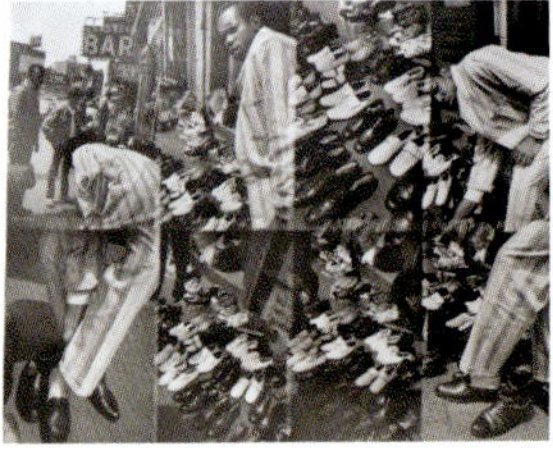

Spano, Michael
Canal Shoes
1984
T-665 Film
© Michael Spano, 1984
pp. 4/5

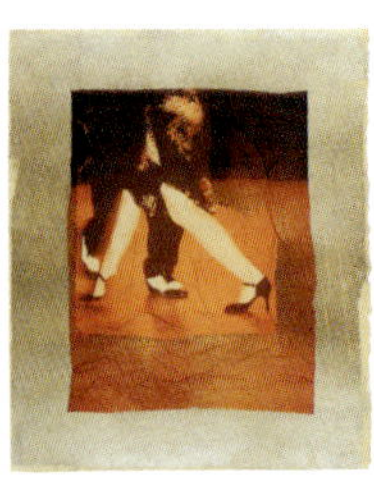

Stefanelli, Umberto
Passi a ritmo di Milonga 2002
T-809 Film
© Umberto Stefanelli
p. 283

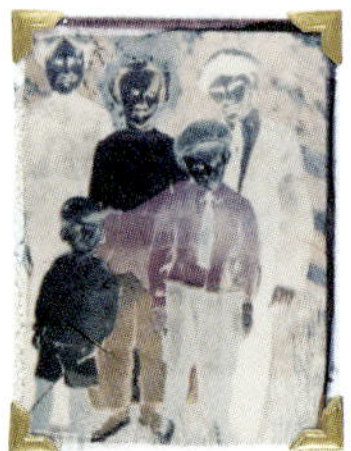

Struebing-Beazley, Kristen
Republic, Michigan: 1914
1997
T-669 Film
© Kristen Struebing-Beazley
p. 199

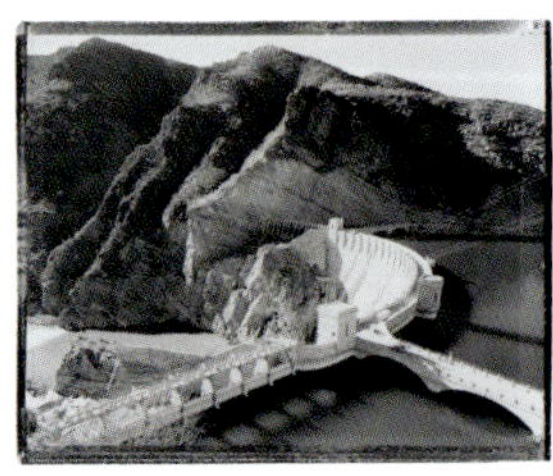

Stupich, Martin
*Roosevelt Dam before
Entombment, Arizona*
1987
T-55 Film
© Martin Stupich
pp. 144/45

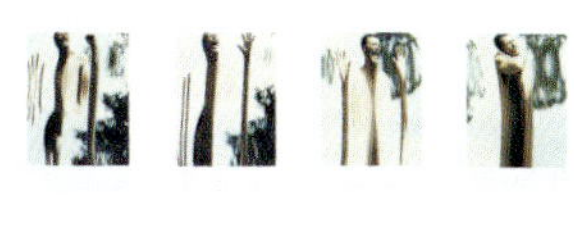

Sunday, Elisabeth
Changes: Johnny Spain,
Former Black Panther Leader,
California, 1993
SX-70 Time Zero Film
© Elisabeth Sunday
pp. 276/77

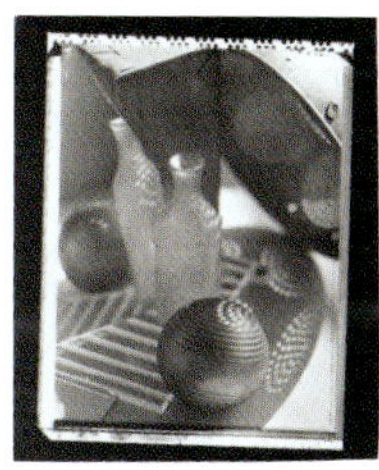

Taka, Rei
Still Life #57
1992
T-55 Film
© Rei Taka
p. 216

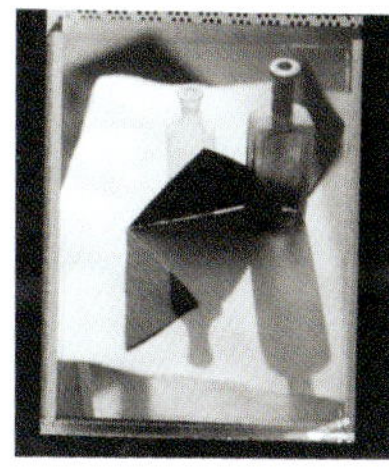

Taka, Rei
Still Life #62
1992
T-55 Film
© Rei Taka
p. 217

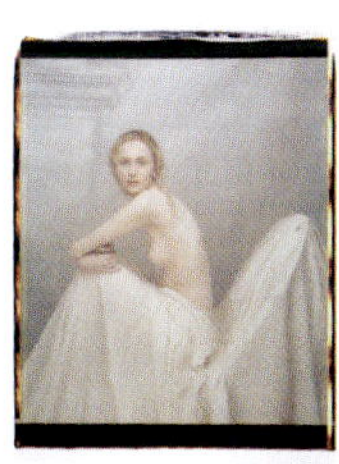

Tenneson, Joyce
Suzanne in Chair
1987
20x24 Polacolor Film
© Joyce Tenneson
p. 298

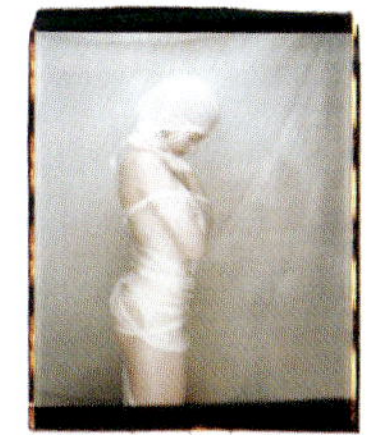

Tenneson, Joyce
Eaux
1987
20x24 Polacolor Film
© Joyce Tenneson
p. 368

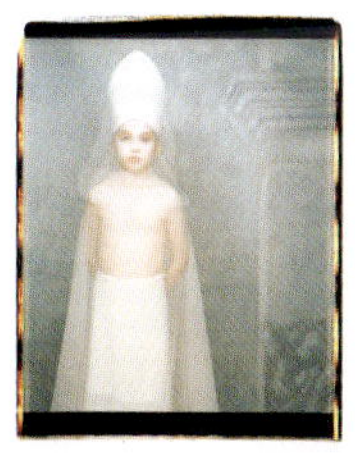

Tenneson, Joyce
title unknown
1987
20x24 Polacolor Film
© Joyce Tenneson
p. 369

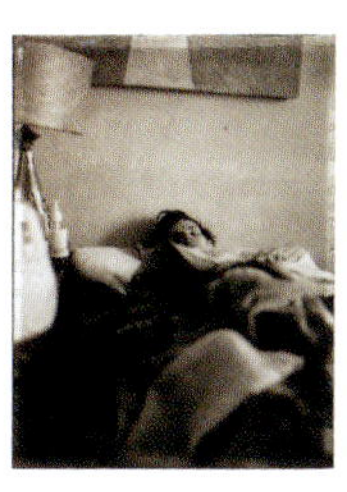

Thacker, Gail
Mark Morrisroe in Bed
1989
T-665 Film
© Gail Thacker
p. 211

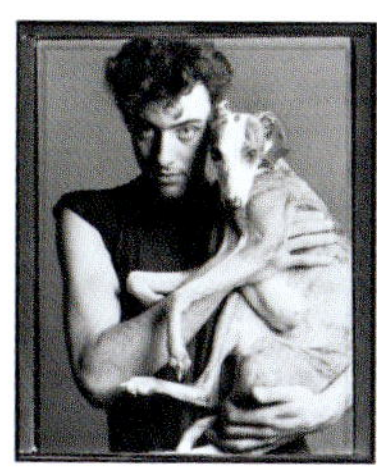

Thurber, Shellburne
Donald + Koko
1983
T-665 Film
© Shellburne Thurber
p. 214

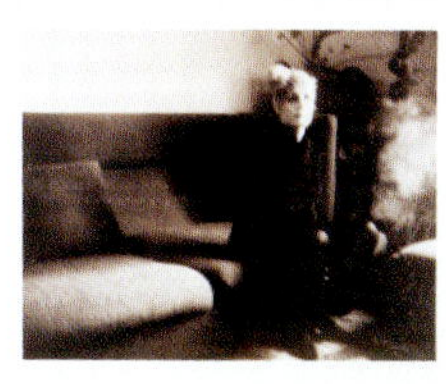

Turbeville, Deborah
Tannenbaum Hair Stylists
Poster for Salon
New York City, 1976
T-55 Film
© Deborah Turbeville
pp. 284/85

ARTIST INDEX T – W

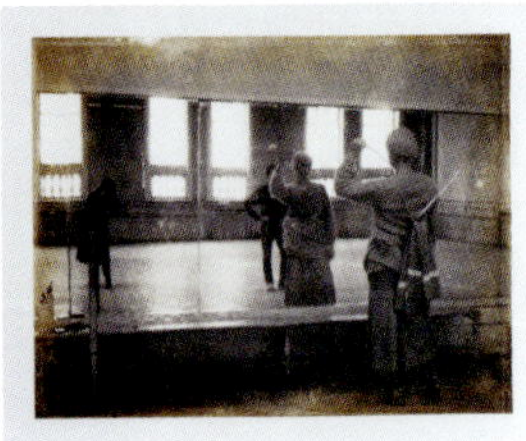

Turbeville, Deborah
Dayton's Oral Room
New York City, 1976
T-105 Film
© Deborah Turbeville
p. 343

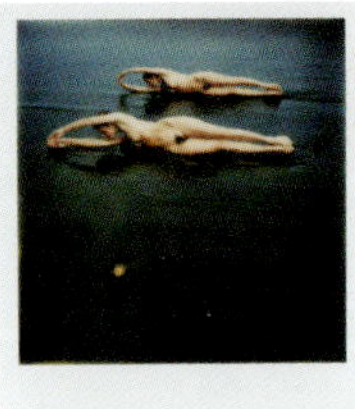

Turner, Pete
Women on Black Beach
1976
SX-70 Time Zero Film
© Pete Turner
p. 68

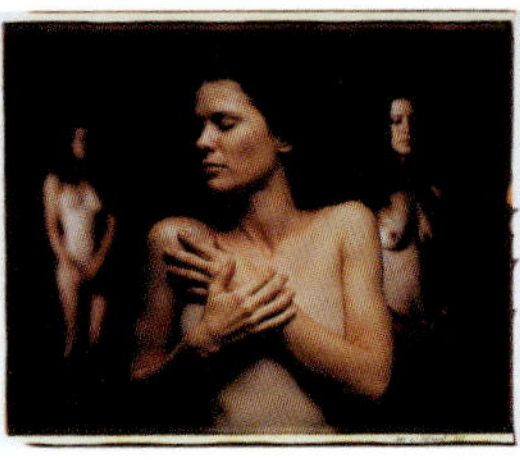

Uelsmann, Jerry N.
Untitled
1986
20x24 Polacolor Film
© Jerry N. Uelsmann
pp. 288/89

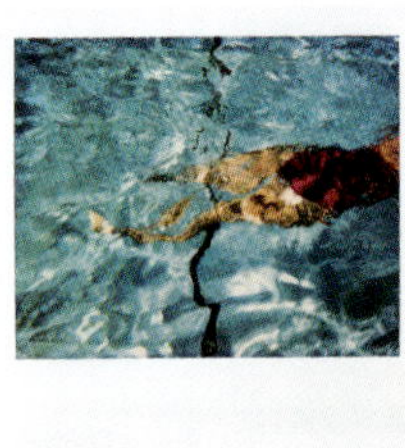

van Steenwijk, Jan
Waves
1986
SPECTRA (Image) Film
© Jan van Steenwijk
p. 106

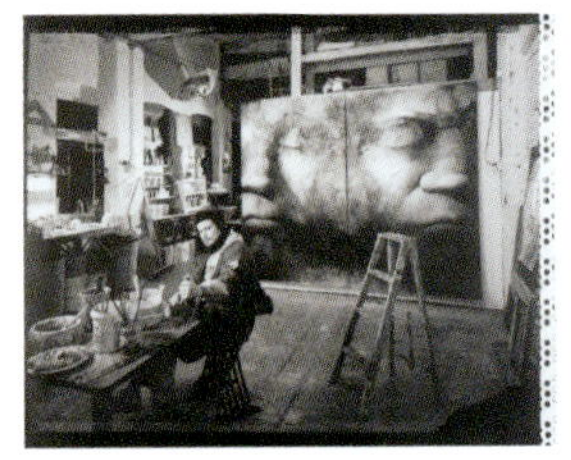

van Steenwijk, Jan
Tom Halloran – Painter
2000
T-55 Film
© Jan van Steenwijk
pp. 240/41

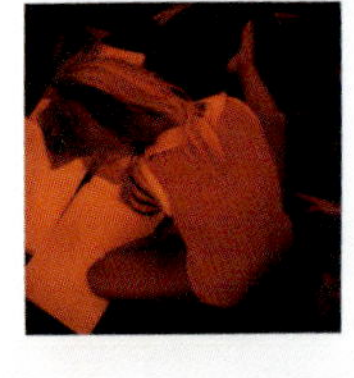

Van't Veen, David
(Child at Work)
year unknown
SX-70 Time Zero Film
© David Van't Veen
p. 107

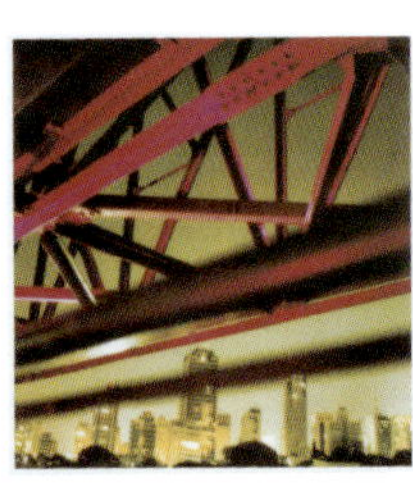

Vasconcellos, Cassio
Estadio do Pacaembu #1, from
Nocturnes Sao Paulo Series
2002
T-600 Film
© Cassio Vasconcellos
p. 23

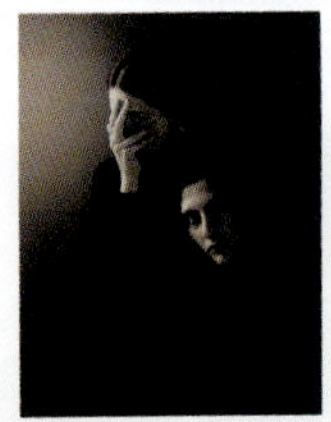

Vaughan, Caroline H.
Lauren and Jeanette
1973
T-52 Film
© Caroline H. Vaughan, 1973
p. 215

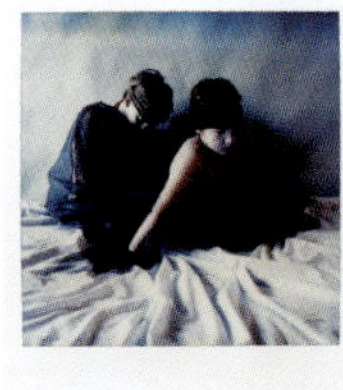

Wachler, E. Louise
Meditations #101
1983
SX-70 Time Zero Film
© E. Louise Wachler
p. 77

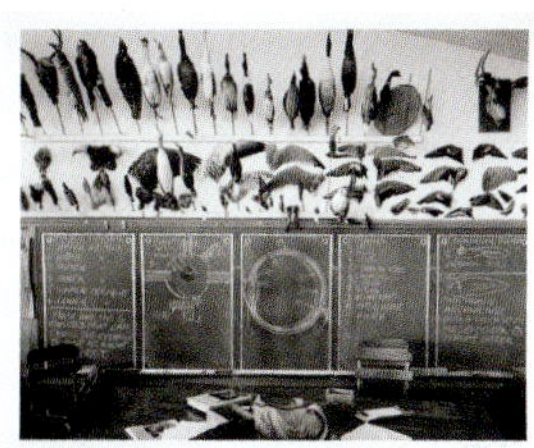

Wagner, Catherine
7th & 8th Grade Science Classroom/From American Classroom, 1984
T-55 Film
© Catherine Wagner
pp. 268/69

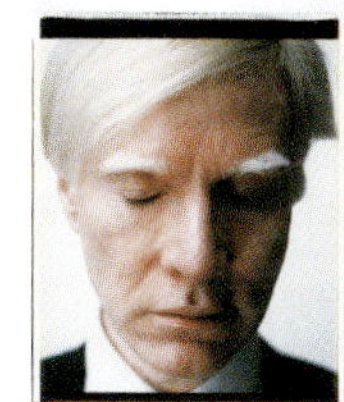

Warhol, Andy
Untitled, 1979
20x24 Polacolor Film
© 2019 The Andy Warhol Foundation for the Visual Arts, Inc./Licensed by Artists Rights Society (ARS), New York p. 371

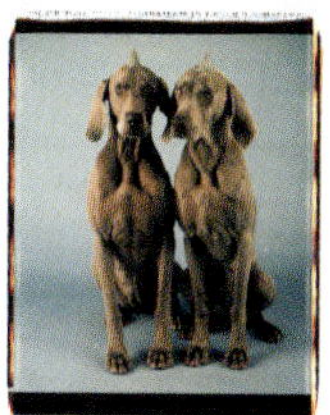

Wegman, William
Related (Models: Fay and Batty)
1994
20x24 Polacolor Film
© William Wegman
p. 375

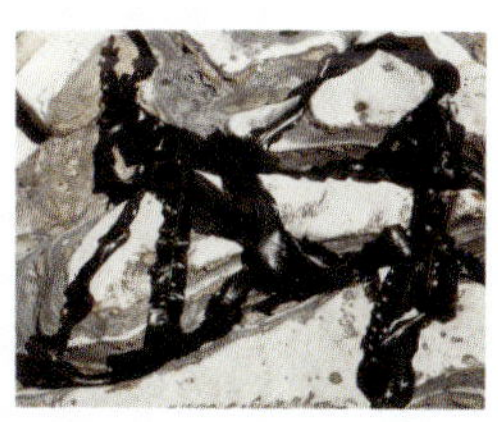

Weston, Brett
Untitled
1966
T-56 Film
© The Brett Weston Archive. Photograph by Brett Weston
p. 257

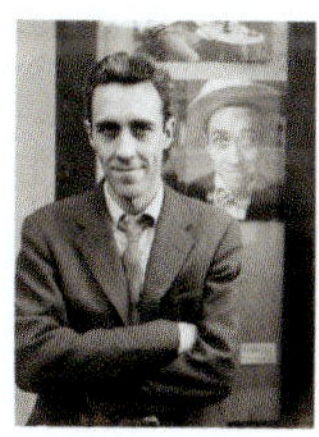

Weston, Brett
Jason Robards
1956
T-41 Film
© The Brett Weston Archive. Photograph by Brett Weston
p. 259

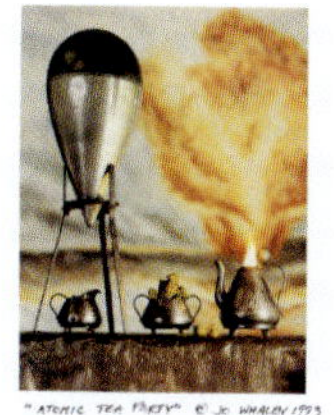

Whaley, Jo
Atomic Tea Party v.2
1993
PC PRO 100 Film
© Jo Whaley, 1993
p. 172

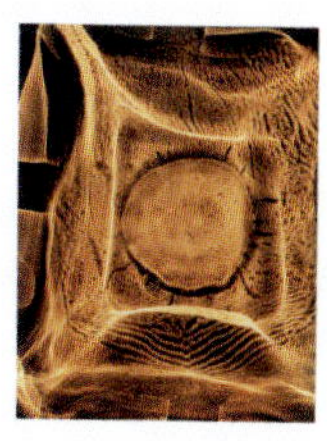

Whealton, Stephen
Ashtray Photogram/ Experimental Image
December 1977
T-58 Film
© Stephen Whealton
p. 238

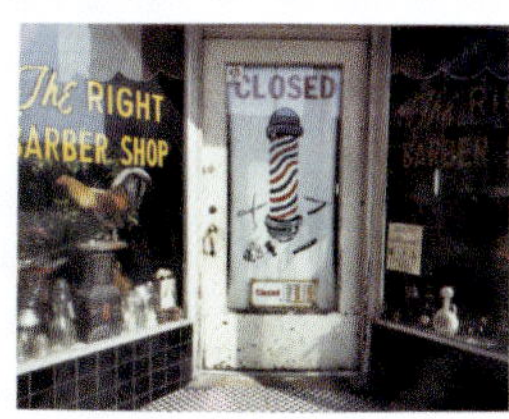

Willis, Deborah
Virginia Back Roads
1993
PC PRO 100 Film
© Deborah Willis
pp. 272/73

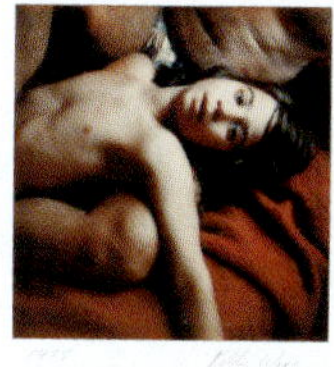

Wise, Kelly
(Child Leaning on Man's Leg)
year unknown
SX-70 Time Zero Film
© Kelly Wise
p. 46